행시 최종합격생 7인의

5급 PSAT
유형별 기출공략
언어논리

SD에듀
(주)시대고시기획

Always with you

사람이 길에서 우연하게 만나거나 함께 살아가는 것만이 인연은 아니라고 생각합니다.
책을 펴내는 출판사와 그 책을 읽는 독자의 만남도 소중한 인연입니다.
(주)시대고시기획은 항상 독자의 마음을 헤아리기 위해 노력하고 있습니다.
늘 독자와 함께하겠습니다.

머리말

5급 공채 PSAT 준비의 시작!
가장 효율적인 학습법은
기출문제를 분석하는 것입니다!

2004년 외무고등고시에 처음 도입된 공직적격성평가(이하 PSAT)는 이후 2005년 행정고등고시와 입법고등고시, 그리고 2011년 민간경력자 시험에도 도입되면서 그 중요성이 점차 강조되어 왔습니다. 이제 PSAT는 적용 범위를 더 확대하여 7급 공무원 채용시험에도 도입되는 등 그야말로 공무원 시험의 핵심요소로 자리 잡았습니다.

PSAT를 준비하는 수험생을 대상으로 한 설문조사에서, 대부분의 수험생이 PSAT를 대비하기 위한 방법으로 "기출문제"를 선택하고 있다는 조사 결과가 있었습니다. 이는 PSAT 시험이 해를 거듭하면서 어느 정도 고정된 문제 형태를 가지게 된 결과라고 할 수 있습니다.

처음 PSAT가 도입될 당시만 해도 생소한 출제유형과 평가제도로 인해 많은 수험생이 학습의 어려움을 호소했지만 각 영역에 대한 기출 분석 및 출제 방향에 대한 학습이 이루어지면서 이제는 어느 정도 PSAT의 대비책이 정립되었다고 볼 수 있습니다. 그러나 PSAT의 효율적인 학습을 위해서는 기출문제를 무작정 풀어보는 것이 아니라, 과목별로 기출 유형을 꼼꼼히 파악하고 정리해두는 것이 중요합니다.

본서는 이러한 사항들에 집중하여 가장 효과적인 기출문제 정리와 응용력 향상을 위한 방법이 어떤 것일지에 대한 고민의 결과물입니다. 5급 공채 시험을 준비하면서 PSAT에 여러 번 합격하였고, 마침내 최종합격한 합격생들로 이루어진 집필진이 2016년부터 2022년까지 총 7개년의 5급 PSAT 기출문제들을 분석하여 각 영역마다 대표 유형을 선별하고 관련된 문제를 수록하였습니다.

또한 처음 PSAT를 준비하는 수험생들의 눈높이에 맞도록 정확하고 상세한 해설로 구성하였으며, 그동안의 수험 과정에서 시행착오를 거듭하며 쌓은 문제접근 방법 및 풀이 방법에 대한 노하우를 아낌없이 담았습니다.

SD에듀는 수험생 여러분의 지치지 않는 노력을 응원하며 합격에 도달하는 가장 빠르고 정확한 길을 제시하고자 힘쓰고 있습니다. 수험생 여러분이 합격의 결승선에 도달하는 그날까지 언제나 함께 응원하겠습니다.

공직적격성평가 PSAT

● 도입 배경

21세기 지식기반사회가 필요로 하는 공직자는 정치·경제·사회·문화 등 각 분야에서 일어나는 급속한 변화에 신속히 적응하고 새롭게 발생하는 문제들에 대처할 수 있어야 한다. 이러한 시대적 요구에 부응하기 위해 단순히 암기된 지식이 아닌 잠재적 학습능력과 문제해결능력을 측정하기 위한 PSAT 시험을 도입, 공직자로서 갖추어야 할 소양과 자질을 평가하고 있다.

● 평가 영역

공직적격성평가(Public Service Aptitude Test)는 공직자에게 필요한 소양과 자질을 측정하는 시험으로, 논리적·비판적 사고능력, 자료의 분석 및 추론능력, 판단 및 의사 결정능력 등 종합적 사고력을 평가한다.

1. PSAT의 평가영역은 언어논리·자료해석·상황판단 세 영역으로 구성된다.

언어논리	글의 이해, 표현, 추론, 비판과 논리적 사고 등의 능력을 평가
자료해석	수치 자료의 정리와 이해, 처리와 응용계산, 분석과 정보 추출 등의 능력을 평가
상황판단	상황의 이해, 추론 및 분석, 문제 해결, 판단과 의사 결정 등의 능력을 평가

2. PSAT는 특정한 지식의 정도를 측정하는 것이 아니라 능력을 측정하는 시험이기 때문에, 대학입시 수학능력시험과 유사한 측면이 있다. 그러나 수학능력시험은 학습능력을 측정하고 있는 데 반해, PSAT는 새로운 상황에서 적응하는 능력과 문제해결, 판단능력을 주로 측정하고 있기 때문에 학습능력보다는 공직자로서 당면하게 될 업무와 문제들에 대한 해결능력과 종합적이고 심도 있는 사고력을 요하는 문제가 중점적으로 출제된다.

● PSAT 실시 시험 개관

구분	시행 형태		
	1차시험	2차시험	3차시험
5급 공개경쟁채용시험	PSAT · 헌법	직렬별 필수/선택과목(논문형)	면접
입법고시			
외교관후보자 선발시험		전공평가/통합논술(논문형)	
지역인재 7급 수습직원 선발시험		서류전형	
7급 공개경쟁채용시험	PSAT	전문과목(선택형)	
5 · 7급 민간경력자 선발시험		서류전형	
대통령경호처 7급 경호공무원		체력검정 및 인성검사	

🔵 시험 일정

구분	2022년도 원서접수	제1차시험		제2차시험		제3차시험 (면접시험)	최종합격자 발표
		시험일	합격자 발표일	시험일	합격자 발표일		
5급 행정				6.25.~6.30.	9.2.	9.19.~9.21.	10.4.
5급 기술	1.25.~1.27	2.26.	4.6.	7.1.~7.6.	9.2.	9.19.~9.21.	10.4.
외교관후보자 선발시험				6.25.~6.30.	9.2.	9.22.	10.4.

※ 2022년도 기준 시험일정입니다.
시험일정은 변경될 수 있으므로 인사혁신처 또는 사이버국가고시센터 온라인 페이지의 공고사항을 반드시 확인하시기 바랍니다.

🔵 시험 영역

헌법		PSAT		
25문항 (25분)	+	언어논리 영역 40문항(90분)	자료해석 영역 40문항(90분)	상황판단 영역 40문항(90분)

집필진의 합격수기

합격생 정○○

고시공부를 하면서 가장 큰 불안요소 중 하나는 PSAT 점수가 아닐까 생각합니다. 과도하게 시간을 투자하기도 부담스럽고, 1차에 떨어지면 2차 시험장에서 지금까지 공부했던 실력을 발휘할 기회조차 얻지 못하게 되니까요. 또한 PSAT 점수를 빠른 시간 내에 올리기 어렵다는 것도 수험생들에게 고민이 될 것 같습니다.

기본적으로 PSAT를 준비하려면 기출문제를 풀어보고, 자신의 취약한 부분을 파악하는 것에서 시작해야 합니다. 그리고 얼마만큼의 시간을 투자할 것인지 전략을 세워야 합니다. 자료해석은 빠르게 점수를 올릴 수 있지만, 언어논리나 상황판단은 오랜 시간을 두고 연습이 필요합니다. 행정고시에 진입할 것인지를 고민한다거나, 혹은 1차 공부를 시작하기로 마음먹었다면 우선 4~5개년 정도의 기출문제를 풀어보시길 권합니다.

스터디를 구성하여 함께 풀어보는 것도 좋습니다. 저는 매일 아침 스터디모임을 가지며 언어논리/자료해석/상황판단 1세트를 풀고, 그 전날 풀었던 문제 중 풀이가 필요한 문제들을 가져와 스터디원들과 "가장 합리적인 풀이"를 찾고자 했습니다. 이를 통해 강제적으로라도 문제 풀이를 하고, 또한 내가 생각하지 못한 새로운 접근방식을 터득할 수 있었던 것 같습니다. 이러한 과정에서 얻은 "가장 합리적인 풀이"를 이 책의 "합격생 가이드"에 담았습니다.

저는 **언어논리** 점수를 높이기 위해 모든 기출문제를 반복하여 풀었습니다. 처음에는 복습에 많은 시간을 투자했습니다. 틀린 문제는 왜 이 선택지가 답인지, 맞은 문제는 왜 이 선택지를 골라야 하고 왜 다른 것들은 오답인지를 계속해서 고민했습니다. 더 이상 오답 풀이가 의미 없어질 때 즈음해서 자연스럽게 언어논리에서 요구하는 사고흐름을 터득한 것 같습니다. 언어논리는 시중에 양질의 문제가 많이 없어 기출 의존도가 특히 높은데, 기출문제를 다시 풀더라도 이를 다 아는 문제라고 착각하지 말고 매번 새로운 방식으로 풀어보시길 권합니다. 그리고 자신이 생각한 "이것이 정답인 이유"가 타당한 것인지도 재차 검증해 보아야 합니다. 이를 반복하다 보면 언어논리가 요구하는 사고방식에 가까워질 수 있습니다.

자료해석은 처음에는 가장 어렵지만 나중에는 가장 쉬운 과목입니다. 처음에 어려운 이유는 접근 방식을 몰라서이고, 이를 터득하면 비교적 수월하게 점수를 올릴 수 있습니다. 핵심은 "모든 계산을 할 필요가 없다."입니다. 처음 문제를 보면 세세한 계산을 전부 해야 할 것처럼 보이지만, 조금만 생각해보면 식들이 간단히 정리된다거나, 어림산이 가능하다거나, 혹은 정작 계산해야 하는 항목은 1~2가지뿐이라거나 하는 식입니다. 이를 파악하기 위한 가장 빠른 방법은 숙련된 사람과 함께 공부하는 것입니다. 주변에 숙련자가 없다면 이 책의 "합격자 가이드"를 적극적으로 활용하시기 바랍니다. 한 번만 보면, 다음부터는 각 유형들에 대입하여 문제를 풀어나갈 수 있을 것입니다.

상황판단에서 가장 중요한 부분은 이 문제를 건드릴지 말지를 분간해내는 것입니다. 언어논리와 자료해석은 주어진 시간 내에 대부분의 문제를 풀 수 있으나, 상황판단의 경우는 3~4문제 정도는 시간 내(평균 2분 15초)에 풀기 어려운 문제가 섞여 있습니다. 1차에서는 모든 문제의 배점이 동일하므로, 이 킬러 문항들을 버리는 것이 상황판단 고득점에서 가장 핵심적인 부분입니다. 다음으로는 '틀리지 말아야 할 부분에서 틀리지 않는 것'이 중요합니다. 어려운 8문항을 포기하더라도, 다른 문제를 모두 맞혀 80점 이상의 높은 점수를 받을 수 있습니다. 따라서 킬러 문항을 푸는 연습보다도 쉬운 문제를 정확하게 맞히는 연습이 중요합니다.

처음 PSAT을 공부하는 분들, PSAT 점수에 부담을 느끼는 분들에게 이 책이 도움이 되었으면 좋겠습니다. 이 책에서 선별한 기출문제를 비롯하여 다른 기출문제들도 반복적으로 푸는 훈련을 하다 보면 유의미한 실력 상승이 따라올 것으로 기대합니다.

합격생 오○○

저는 2019년도 PSAT 시험에서 세 과목 모두 90점대 점수를 받았습니다. 저 역시 초시 때에는 상당한 점수 차이로 PSAT 시험에서 떨어졌지만 지속적인 연습 끝에 점수를 많이 끌어올렸습니다. PSAT 점수를 상승시키기 위해서는 기출문제를 반복해서 분석하는 것이 가장 중요하다고 생각합니다. 저는 매년 3개월 정도를 PSAT 준비에 투자했는데, 기출문제는 2~3번씩 다시 풀었습니다. 풀 때마다 더 빠른 풀이 방법은 무엇이 있을지 고민했던 것이 점수 상승의 주요인이었다고 생각합니다.

언어논리 영역은 언어 영역과 논리 영역으로 나뉩니다. 대부분의 수험생들이 논리 영역을 포기하고 언어 영역 풀이에 시간을 많이 들이지만, 언어 영역은 단기간에 점수를 끌어올리기에 어려움이 있기 때문에 논리 영역에서 최대한 점수를 끌어올리는 것이 좋다고 생각합니다. 우선 언어 영역은 문제당 무조건 2분 내로 풀어야 합니다. 문제 풀이를 연습하는 단계에서부터 한 문제당 2분을 넘길 것 같으면 고민을 멈추고 가장 정답에 가까울 것 같은 선지를 고른 후에 바로 다음 문제로 넘어가야 합니다. 논리 영역은 기호논리학 법칙들을 사용하는 데에 능숙해지면 풀이가 정말 쉬워집니다. 저는 학교에서 논리학 교양 강의를 수강한 이후에 기출문제 풀이를 통해 연습했지만 학교 강의 이외에도 다양한 수단을 통해서 기호논리학을 알아둔다면 단기간에 점수를 크게 끌어올릴 수 있을 것이라 생각합니다.

자료해석 영역은 일반적으로 점수를 올리기 가장 쉬운 영역이라고들 말하지만, 개인적으로는 80점 이상으로 점수를 끌어올리는 데에 가장 애를 먹었던 영역입니다. 자료해석 영역에서는 계산에서의 결벽을 없애는 것이 점수 상승의 핵심입니다. 주어진 계산을 1의 자리까지 모두 하려고 하지 말고, 숫자를 대충 보고 조건에 맞는지 아닌지를 판단하고 바로 넘어갈 수 있어야 합니다. 이외에도 차이값 비교, 곱셈 비교, 분수 비교 등 다양한 테크닉을 활용하면 풀이 시간을 단축할 수 있습니다. 그러나 자료해석 영역의 핵심은 결국 실수하지 않는 것이라고 생각합니다. 8문제를 버려도 푼 문제만 모두 맞춘다면 80점을 받을 수 있습니다. 실수하지 않기 위해 식을 작성한 이후에 계산을 했는데, 이처럼 침착하게 풀이하는 것이 점수 상승의 핵심이라고 생각합니다.

상황판단 영역은 점수를 올릴 수 있는 영역에서 점수를 올리고, 점수를 올리기 어려운 영역은 빠르게 넘기고 마지막에 풀어야 합니다. 법조문 유형이나 일치부합 유형과 같이 퀴즈 이외의 유형은 기출문제 분석을 통해서 점수를 올리기가 상대적으로 용이합니다. 반면, 퀴즈 유형은 문제의 숨겨진 장치가 무엇인지 바로 파악해야 2분 내에 풀 수 있기 때문에 점수를 올리기가 어렵습니다. 따라서 상황판단 영역의 핵심은 기출문제 풀이를 통해서 숨겨진 장치를 파악하는 연습을 하는 것, 그리고 비(非) 퀴즈 유형의 문제들을 우선 풀고 그 다음에 퀴즈 유형의 문제를 푸는 방식으로 시험을 운용하는 연습을 하는 것입니다. 통상 1-3-2-4 혹은 1-3-4-2 순서가 사용되는데, 최근 1~10번 문제에 퀴즈형 문제가 나오기도 하는 등 형식의 변형이 있기 때문에 지속적인 기출문제 풀이 연습을 통해서 본인에게 맞는 운용 방식을 찾아야 합니다. '조금만 더 하면 풀 수 있을 것 같은데.'라는 생각을 버리고, 어려운 문제라면 바로 넘어가야 한다는 점도 꼭 명심해주세요.

전체적인 난이도가 상승했다는 평이 많으나 응시자의 문해력에 따라 체감 난이도가 달랐을 것으로 예상합니다. 난이도 판단의 배경으로는 지문의 길이, 정답의 근거, 소재, 논리퀴즈 유형의 맥락에서 나누어 살펴볼 수 있습니다.

첫째, **지문의 길이** 측면에서는 작년에 이어 올해 역시 **길이가 짧아지고 있는 경향**을 보였습니다. 일치부합 지문당 평균 글자 수가 약 1,019자 정도로 감소했으며, 1,200자를 넘는 지문들이 적어도 행정고시 1차에서는 나타나지 않게 됐습니다. 그 결과 문제당 주어지는 약 2분 정도의 시간 내에 지문을 다 읽지 못해 독해 속도에 따라 개인별 언어논리 난이도가 다르다는 의견이 점점 설득력을 잃어가고 있습니다.

둘째, 다음 **정답의 근거** 측면에서 **난이도 상승과 하락 요인 모두가 나타났다**는 것입니다. 여러 문단에 걸쳐서 정답 선지를 도출해야 하는 문제들은 오히려 감소한 인상을 받았습니다. ㉮ 책형 기준 3, 21, 22번 등 정답의 근거를 한 문단에서 찾을 수 있는 문제가 나타나고 있는 만큼 일치부합 유형에서는 난이도가 감소했습니다. 그런 한편 제시문상 개념을 활용하는 1번과 같은 유형, 비슷한 개념들을 대비시키는 9, 24번과 같은 유형들이 증가하고 있다는 점에서 예상 가능한 선지 구성임에도 지문을 제대로 읽지 못할 경우 틀리기 쉬운 문제들이 나타나 난이도 상승 요인으로 작용했습니다.

셋째, **소재 측면**에서는 **과학 관련 지문과 실험 유형 문제가 좀 더 많이 출제**된 경향이 있습니다. 6, 11, 27, 31번 등 과학 소재 지문이 출제됐습니다. 11번과 같이 기하학적 감각이 요구되는 문제의 경우 소재 측면에서 수험생들에게 높은 난이도로 인식됐을 것이라고 예상됩니다. 또한 7급 모의평가 등에서 확대되고 있는 실험 유형이 이번 기출을 바탕으로 앞으로 5급 공채에서도 등장할 것으로 예상되는 만큼 관련한 준비가 필요합니다.

마지막으로 **논리퀴즈 유형**의 경우 작년에 비해 **전반적인 난이도나 조건 구성이 쉬워**졌습니다. 한편 35번과 같이 '어떤 ~ 존재다.'등의 조건을 활용하는 양화논리 형식을 활용한 논리문제가 등장하고 있어 LEET 등에서 이미 출제된 관련 시험의 기출을 활용해서 준비하는 것이 필요합니다. 그럼에도 불과하고 기호논리 문제는 점점 쉬워지고 있습니다. 따라서 논리 문제를 효율적인 득점 수단으로 준비하는 전략도 유용할 수 있습니다.

소재 측면과 실수를 유발하는 선지 구성이 난이도가 상승 요인으로 작용한 한편, 지문의 길이가 감소하고 단순하게 구성된 선지 또한 증가하고 있는 만큼 **발췌독을 지향하고 제시문을 구조화시켜 문제를 해결하는 전략을 준비**하는 것이 좋은 자세가 될 수 있습니다. 개인의 문해력이라는 게 단시간 내에 늘어나지 않으니, 준비과정에서부터 각 문단의 핵심 정보가 무엇이고, 비교의 대상 등이 어떻게 구조화되는지 분석하는 훈련을 2차 시험 공부 등과 병행하면서 준비하는 한편, 논리 퀴즈 유형의 정답율을 높이는 훈련을 병행하는 것이 언어논리 고득점에 도움이 될 것이라고 생각합니다.

2022년 5급 공개경쟁채용 제1차 시험 PSAT 언어논리 총평

2022년 5급 PSAT 언어논리는 2021년과 비슷하거나 소급 어려운 난도로 출제되었습니다. 책형 구분 상관없이 앞부분의 내용일치 문제에서는 비교적 빠른 속도로 문제를 풀 수 있었으나, 11~20번, 31~40번에 고난도 문제들이 출제되어 시간이 부족한 학생들이 많았습니다.

2022년 5급 PSAT 언어논리에서 보인 뚜렷한 특징은 다음과 같습니다.

첫째, 강화·약화 문제의 문항 수가 증가하고 난도가 상승하였습니다.

2022년 언어논리 시험의 변별력은 강화·약화 문제에서 판가름이 났다고 하여도 무방합니다. 강화·약화 문제가 7문제나 출제되었고, 난도가 있는 강화·약화 문제가 있어 전체적인 언어논리 시험 난도를 상승시켰습니다. 이를 대비하기 위해 기출문제를 반복적으로 풀이하며 강화·약화하는 선지의 논리적 구성이 어떻게 이루어지는지 감을 익혀야겠습니다.

둘째, 지문 소재가 난해한 경우가 있어 지문 자체를 이해하는데 시간이 많이 소요되었습니다.

철학 또는 논리학 소재의 어려운 지문이 있어 문제를 풀이하는데 지문을 여러 번 읽어야 하는 경우가 많았습니다. 한편 2021년에 비해서 과학 소재의 지문 개수는 줄어들었습니다. 앞으로의 경향성을 파악하여볼 때, 2021년과 비슷하게 어려운 지문 경향성이 유지될 것으로 보입니다.

셋째, 2021년과 비교하였을 때 논리퀴즈 문제의 난도는 감소하거나 비슷했습니다.

논리퀴즈 문제의 연습량을 충분히 늘려 쉬운 논리퀴즈 문제가 등장하였을 때 빠르게 해결하고 다른 문제에 고민할 시간을 확보하는 것도 좋은 전략이라고 판단됩니다.

마지막으로 지문의 길이는 2021년보다 다소 길었습니다.

길고 소재가 어려운 지문 자체를 독해하는 데 시간이 소요되었기 때문에 전체적인 체감 난도는 더욱 상승하였을 것이라 생각합니다. 다만 5급 공채 PSAT 언어논리의 경우, 지문 내에 불필요한 정보는 거의 없다는 것을 감안할 때 지문의 길이가 향후 더 늘어날 것이라고는 예상되지 않습니다.

구성과 특징

CHAPTER
01 일치부합

1 유형의 이해

매년 10개 내외의 문항이 이러한 유형으로 출제될 정도로, 다른 유형에 비해 출제 문항에서 차지하는 비중이 높ㅇ
소 여러 지문을 접하며 확실하게 대비할 필요가 있다. 기존에는 대부분의 일치부합 문제의 난도가 높지 않은 수
으나, 최근 PSAT 언어논리 영역 난도가 상승하는 경향에 따라 지문 주제가 어렵거나 풀이에 시간이 많이 소요되
수 출제되고 있다.

2 발문 유형

• 다음 글의 내용과 부합하는 것은?
• 다음 글에서 알 수 있는(없는) 것은?

3 접근법

이 유형은 주어진 지문과 선지를 정확하게 독해하고, 선지 중 지문의 내용과 부합하지 않는 것 혹은 부합하는 것
는지를 묻는 유형이다. 자신이 사전지식을 가지고 있는 내용의 지문이 출제된다면 상대적으로 유리할 수 있으나,
를 볼 때 매년 다양한 주제의 지문이 출제되고 있으므로 방대한 범위의 지식을 사전에 습득하여 해당 문제 유형에
질적으로 어렵다. 따라서, 이 유형의 문제풀이 시 지문 내용과 관련한 지식의 습득보다는 정확한 독해능력을 기르
라는 방향을 설정하고 접근하는 것이 바람직할 것이다.

4 생각해 볼 부분

01

유형별 가이드

PSAT 기출문제를 분석하여 유형을 구분
하였으며, 해당 유형에 대한 접근법 및 파
악해두어야 할 내용들을 정리하였습니다.

02

대표문항

유형을 구분하고 그에 해당하는 대표적인
PSAT 기출문제들을 엄선하였고, 유형별
가이드에서 다룬 내용을 구체적으로 어떻
게 적용할 것인지 파악해볼 수 있습니다.

대표문항   19년 행시(가) 4번

다음 글의 내용과 부합하지 않는 것은?

연방준비제도(이하 연준)가 고용 증대에 주안점을 둔 정책을 입안한다 해도 정책이 분배에 미치
는 영향을 고려하지 않는다면, 그 정책은 거품과 불평등만 부풀릴 것이다. 기술 산업의 거품 붕괴
로 인한 경기 침체에 대응하여 2000년대 초에 연준이 시행한 저금리 정책이 이를 잘 보여준다.

특정한 상황에서는 금리 변동이 투자와 소비의 변화를 통해 경기와 고용에 영향을 줄 수 있다.
하지만 다른 수단이 훨씬 더 효과적인 상황도 많다. 가령 부동산 거품에 대한 대응책으로는 금리
인상보다 주택 담보 대출에 대한 규제가 더 합리적이다. 생산적 투자를 위축시키지 않으면서 부동
산 거품을 가라앉힐 수 있기 때문이다.

경기 침체기라 하더라도, 금리 인하는 은행의 비용을 줄여주는 것 말고는 경기 회복에 별다른 도
움이 되지 않을 수 있다. 대부분의 부문에서 설비 가동률이 낮은 상황이라면, 대출 금리가 낮아져
도 생산적 투자가 별로 증대하지 않는다. 2000년대 초가 바로 그런 상황이었기 때문에, 당시의
저금리 정책은 생산적 투자 증가 대신에 주택 시장의 거품만 초래한 것이다.

금리 인하는 국공채에 투자했던 퇴직자들의 소득을 감소시켰다. 노년층에서 정부로, 정부에서
금융업으로 부의 대규모 이동이 이루어져 불평등이 심화되었다. 이에 따라 금리 인하는 다양한 경
로로 소비를 위축시켰다. 은퇴 후의 소득을 확보하기 위해, 혹은 자녀의 학자금을 확보하기 위해
사람들은 저축을 늘렸다. 연준은 금리 인하가 주가 상승으로 이어질 것이므로 소비가 늘어날 것이
라고 주장했다. 하지만 2000년대 초 연준의 금리 인하 이후 주가 상승에 따라 발생한 이득은 대체
로 부유층에 집중되었으므로 대대적인 소비 증가로 이어지지 않았다.

2000년대 초 고용 증대를 기대하고 시행한 연준의 저금리 정책은 노동을 자본으로 대체하는 투
자를 증대시켰다. 인위적인 저금리로 자본 비용이 낮아지자 이런 기회를 이용하려는 유인이 생겨
났다. 노동력이 풍부한 상황인데도 노동을 절약하는 방향의 혁신이 강화되었고, 미숙련 노동자들
의 실업률이 높은 상황인데도 가계들은 계산원을 해고하고 자동화 기계를 들여놓았다. 경기가 회
복되더라도 실업률이 떨어지지 않는 구조가 만들어진 것이다.

① 2000년대 초 연준의 금리 인하로 국공채에 투자한 퇴직자의 소득이 줄어들어 금융업으로부터
정부로 부가 이동하였다.
② 2000년대 초 연준은 고용 증대를 기대하고 금리를 인하했지만 결과적으로 고용 증대가 더
어려워지도록 만들었다.
③ 2000년대 초 기술 산업 거품의 붕괴로 인한 경기 침체기에 설비 가동률은 대부분의 부문에
서 낮은 상태였다.
④ 2000년대 초 연준이 금리 인하 정책을 시행한 후 주택 가격과 주식 가격은 상승하였다.

난도 중

풀이시간 2분

합격생 가이드

지문의 지엽적인 내용에 주
적인 내용을 파악하여 선
판단할 수 있도록 해야 한
경우 정책의 시행 결과 주
다른 요소들이 어떻게 변하
며 지문을 읽을 필요가 있

대표문항으로 선정한 이유

이 문제는 최근 들어 까다
치부합 유형의 대표적인
주는 문제라고 할 수 있다
장을 거의 변형하지 않고
이전의 출제 경향과는 달
일치부합 유형의 문제에서
대한 추론을 요구하는 경
추론 유형과 일치부합 유
모호해지고 있다. 이러한
지엽적인 내용 일치에 주
전체적인 내용 흐름을 파
의 정오 여부를 추론하는
야 한다.

03

난도별 문제 분류

유형을 구분하고 유사 문제들을 모아 난
도별로 구분하였습니다. 제일 쉬운 문제
부터 가장 어려운 문제까지 차근차근 풀
어가며 실력을 쌓을 수 있습니다.

04

정확하고 상세한 해설

행시 최종 합격생들이 자신의 경험에 비
추어 처음 PSAT을 준비하는 수험생들의
눈높이에 맞춰 정답과 오답에 대한 해설
을 상세하고 정확하게 집필하였습니다.

04 일치부합   답 ①

난도 하

풀이시간 1분 30초

정답해설

① 옳지 않다. 인간 사회의 특성과 사회 갈등 형성 및 해소를 희생제의
  와 희생양의 관계를 통해 설명하는 것은 인류학적 연구이다.

오답해설

② 옳다. 네 번째 문단에서 확인할 수 있다.
③ 옳다. 희생제의가 동서양을 막론하고 여러 문화권에서 지속적으로
  행해져 왔다는 내용을 통해 알 수 있다.
④ 옳다. 마지막 문단의 마지막 문장에서 확인할 수 있다.
⑤ 옳다. 제물은 인간과 제사를 받는 대상이 상호 소통하도록 돕는 역
  할을 하였다는 부분을 통해 알 수 있다.

합격생 가이드

(오른쪽 일부 카드)
선지 내용이
있다. 이 문제의
념들을 제시하고
있던 '문제 생성
템'에 대한 설명
고 문제를 풀이하

06 일치부합

난도 하

풀이시간 1분 30

정답해설

① 옳다. 공기 중
  별 디밍이 발생

오답해설

(왼쪽 일부 카드)
신들의 언어를 손
다. 이를 참고하
의 변천사에 집중

                                              답 ①

결국 아무 것도 배울 수 없다.'는 내용에서 확인 가능하다.
⑤ 옳다. 강화 학습 시스템과 생물학적 유기체는 배경 정보가 없는 경
  우 매우 간단한 문제조차 풀지 못하게 된다는 점에서 유사하다는 마
  지막 문단의 내용을 통해 알 수 있다.

합격생 가이드

지문에 있는 문장의 단어 등을 변경하여 선지를 구성한 문제로, 지문과
선지 내용이 완전히 동일하게 출제된 문제보다는 까다롭게 느껴질 수
있다. 이 문제의 경우, 다른 선지에서는 지문에 이미 언급된 단어나 개
념들을 제시하고 있는 반면에 선지 ④만 지문에서 한 번도 언급되지 않
았던 '문제 생성' 개념을 포함하고 있으므로, 선지 ④가 '강화 학습 시스
템'에 대한 설명으로 적절하지 않은 내용일 가능성이 높음을 염두에 두
고 문제를 풀이하면 쉽게 답을 찾을 수 있다.

해소를 희생제의
연구이다.

06 일치부합   답 ①

05

합격생 가이드

행시에 최종합격하기까지 PSAT을 오랫
동안 준비하며 쌓은 문제 유형에 따른 접
근법과 노하우를 담았습니다.

목차

2022년 5급 PSAT
언어논리
최신 기출문제

행시 최종합격생 7인의 5급 PSAT 유형별 기출공략 〈언어논리〉

Public Service Aptitude Test

문제별 정답 · 유형분석 · 난도 · 풀이시간을 수록하였습니다. 풀이시간의 경우,
문제풀이에 최적화된 시간을 제시한 것이오니, 학습 시 참고해 주시기 바랍니다.

2022년 공직적격성평가(PSAT)

2022년 2월 26일 시행

5급 공채·외교관후보자 및 지역인재 7급 선발 필기시험

응시번호	
성 명	

【시 험 과 목】

제1과목	언 어 논 리

문제풀이 시작과 종료 시간을 기입해 주시기 바랍니다.

• 언어논리(90분) _____시 _____분 ~ _____시 _____분

문 1. 다음 글에서 알 수 있는 것은?

조선의 군역제는 양인 모두가 군역을 담당하는 양인개병제였다. 그러나 양인 중 양반이 관료 혹은 예비 관료라는 이유로 군역에서 빠져나가고 상민 또한 군역 부담을 회피하는 풍조가 일었다.

군역 문제가 심각해지자 이에 대한 여러 대책이 제기되었다. 크게 보면 균등한 군역 부과를 실현하려는 대변통(大變通)과 상민의 군역 부담을 줄임으로써 폐단을 완화하려는 소변통(小變通)으로 나눌 수 있다. 전자의 예로는 호포론(戶布論)·구포론(口布論)·결포론(結布論)이 있고, 후자로는 감필론(減疋論)과 감필결포론이 있다. 호포론은 신분에 관계없이 식구 수에 따라 가호를 몇 등급으로 나누고 그 등급에 따라 군포를 부과하자는 주장이었다. 이는 신분에 관계없이 부과한다는 점에서 파격적인 것이었으나, 가호의 등급을 적용한다 하더라도 가호마다 부담이 균등할 수 없다는 문제가 있었다. 구포론은 귀천을 막론하고 16세 이상의 모든 남녀에게 군포를 거두자는 주장이었다. 결포론은 토지를 소유한 자에게만 토지 소유 면적에 따라 차등 있게 군포를 거두자는 것이었다. 결포론은 경제 능력에 따라 군포를 징수하여 조세 징수의 합리성을 기할 수 있음은 물론 공평한 조세 부담의 이상에 가장 가까운 방안이었다.

그러나 대변통의 실시는 양반의 특권을 폐지하는 것이었으므로 양반층이 강력히 저항하였다. 이에 상민이 내는 군포를 줄여주어 그들의 고통을 완화시켜 주자는 감필론이 대안으로 떠올랐다. 그런데 감필론의 경우 국가의 군포 수입이 줄어들게 되어 막대한 재정 결손이 수반되므로, 이에 대한 대책이 마련되어야 하였다. 이에 상민이 부담해야 하는 군포를 2필에서 1필로 감축하고 그 재정 결손에 대해서만 양반에게서 군포를 거두자는 감필결포론이 제기되었다. 양반들도 이에 대해 일정 정도 긍정적이었으므로, 1751년 감필결포론을 제도화하여 균역법을 시행하였다. 그러나 균역법은 양반층을 군역 대상자로 온전하게 포괄한 것이 아니었다. 양반이 지게 된 부담은 상민과 동등한 군역 대상자로서가 아니라 민생의 개선에 책임을 져야 할 지배층으로서 재정 결손을 보충하기 위한 양보에 불과한 것이었다. 결국 균역법은 불균등한 군역 부담에서 야기된 폐단을 근본적으로 해결하는 개혁이 될 수 없었다.

① 구포론보다 결포론을 시행하는 것이 양인의 군포 부담이 더 컸다.

② 양반들은 호포론이나 구포론에 비해 감필결포론에 우호적인 입장을 보였다.

③ 균역법은 균등 과세의 원칙 아래 군포에 대한 양반의 면세 특권을 폐지하였다.

④ 결포론은 공평한 조세 부담의 이상에, 호포론은 균등한 군역 부과의 이상에 가장 충실한 개혁안이었다.

⑤ 구포론은 16세 이상의 양인 남녀를 군포 부과 대상으로 규정한 반면, 호포론은 모든 연령의 사람에게서 군포를 거두자고 주장하였다.

문 2. 다음 글에서 알 수 있는 것은?

조선 후기에 백성의 작은 살림집을 짓는 목재 정도는 민간 목재 상인인 목상에게 사서 쓰면 되었지만, 궁궐이나 성곽 건설처럼 대규모 관영 공사에 사용되는 재료는 그럴 수가 없었다. 목상은 대개 수요가 많은 작은 목재만 취급했기 때문이다. 관영 공사에 필요한 재료는 임시건설 본부격인 도감에서 직접 구하거나 나라에 물자를 납품하는 공인으로부터 공급받았다. 공인은 전인과 도고 상인으로 나누어지는데, 선혜청에서 물건 값을 선불로 지급하고 납품받는 방식인 원공은 전인이, 호조에서 후불로 지급하는 방식인 별무는 도고 상인이 담당했다. 원공은 시가보다 물건 값을 많이 받을 수 있었지만 1768년에 폐지되었다. 이후 목재를 비롯한 건축 재료 납품은 도고 상인이 전담하였다. 도고 상인은 시가보다 낮은 비용을 받으면서 과중한 세금을 감내했는데, 그 이유는 벌목권을 얻기 위해서였다. 그러나 운송 기술 발달과 민간 상업 발전에 따라 공인의 경쟁력은 점점 약화됐고, 19세기부터는 주로 민간 목재 상인이 관영 공사의 목재를 공급했다.

산지의 목재는 수로를 통해 배로 운송되었다. 수로 운송을 맡았던 배는 시기별로 달랐다. 17세기에는 세곡을 운송하는 조세선이 주로 쓰이고 군선이 동원되기도 했다. 그러나 18세기에는 조세선보다는 군선과 개인이 소유한 사선의 비중이 커졌다. 군선은 조세선보다 크고 튼튼했기 때문에 자주 동원되었다. 그럼에도 조세선에 의한 건축 재료 운송이 완전히 사라지지 않은 것은, 원거리 운항 기술이 축적되어 있었고 항해술이 노련하여 군선보다는 사고 위험이 덜했기 때문이다. 이에 원거리 운송은 조세선이 담당했다.

17세기까지 건축 재료의 하역과 각 창고까지의 운송은 백성들의 부역 노동으로 해결하였지만, 1707년에 마계를 창설하여 이를 전담시켰다. 한편 관영 공사에 필요한 건축 재료를 구하고 운송하는 책임은 영역부장에게 있었는데, 1789년에 패장이 설치되어 이를 대신하였다. 영역부장은 도감의 최하위 관리직으로 작업소별로 몇 명씩 배정되어 실무를 맡았다. 영역부장 위의 도청은 재료의 반입 및 공사장의 검수 등 행정 전반을 진두지휘했다. 하지만 지방의 관영 공사에 필요한 재료 구입은 지방 감영 소속의 군수나 만호가 담당했다.

① 선혜청에 목재를 납품하는 것보다 도감에 납품하는 것이 보다 큰 수익을 올릴 수 있었다.

② 19세기부터 관영 공사의 목재 공급과 운송을 주로 목상이 담당하면서 영역부장이 폐지되었다.

③ 만호가 지방 관영 공사에 사용하기 위해 구입한 목재는 도청의 책임하에 마계가 창고까지 운송하였다.

④ 건축 재료 값을 관청에서 선불로 지급하고 납품받는 방식이 폐지된 해의 원거리 운송은 조세선이 담당하였다.

⑤ 17세기에 이루어진 관영 공사에서 도감의 영역부장은 전인으로부터 목재를 구입하여 운송할 책임이 있었다.

문 3. 다음 글에서 알 수 있는 것은?

'수치심'과 '죄책감'의 유발 원인과 상황들을 살펴보면, 두 감정은 그것들을 발생시키는 내용이나 상황에 있어서 그다지 차이가 나지 않는다. 발달심리학자 루이스에 따르면, 이 두 감정은 '자의식적이며 자기 평가적인 2차 감정'이며, 내면화된 규범에 비추어 부정적으로 평가받는 일을 했거나 그러한 상황에 처한 것을 공통의 조건으로 삼는다. 두 감정이 다른 종류의 감정들과 경계를 이루며 함께 묶일 수 있는 이유이다.

그러나 이 두 가지 감정은 어떤 측면에서는 확연히 구분된다. 먼저, 두 감정의 가장 근본적인 차이는 부정적 자기 평가에 직면한 상황에서 부정의 범위가 어디까지인지, 그리고 이 상황을 어떻게 심리적으로 처리하는지 등에서 극명하게 드러난다. 수치심은 부정적인 자신을 향해, 죄책감은 자신이 한 부정적인 행위를 향해 심리적 공격의 방향을 맞춘다. 그러다 보니 자아의 입장에서 볼 때 수치심은 자아에 대한 전반적인 공격이 되어 충격도 크고 거기에서 벗어나기도 어렵다. 이에 반해 죄책감은 자신이 한 그 행위에 초점이 맞춰져 자아에 대한 전반적인 문제가 아닌 행위와 관련된 자아의 부분적인 문제가 되므로 타격도 제한적이고 해결 방안을 찾는 것도 상대적으로 용이하다.

위와 같은 두 감정의 서로 다른 자기 평가 방식은 자아의 사후(事後) 감정 상태 및 행동 방식에도 상당히 다른 양상을 낳게 한다. 죄책감은 부정적 평가의 원인이 된 특정한 잘못이나 실수 등을 숨기지 않고 교정, 보상, 원상 복구하는 데에 집중하며, 다른 사람에게 자신의 잘못을 상담하기도 하는 등 적극적인 방식을 통해 부정된 자아를 수정하고 재구성한다. 반면 자신의 정체성과 존재 가치가 부정적으로 노출되어서 감당하기 어려울 정도의 심적 부담을 느끼는 수치심의 주체는 강한 심리적 불안 상태에 놓이게 된다. 그러므로 자신에 대한 부정적 평가를 만회하기보다 은폐나 회피를 목적으로 하는 심리적 방어기제를 동원하여 자신에 대한 스스로의 부정이 더 이상 진행되는 것을 차단하기도 한다.

① 수치심을 느끼는 사람과 죄책감을 느끼는 사람 중 잘못을 감추려는 사람은 드러내는 사람보다 자기 평가에서 부정하는 범위가 넓다.

② 자아가 직면한 부정적 상황에서 자의식적이고 자기 평가적인 감정들이 작동시키는 심리적 방어기제는 동일하다.

③ 부정적 상황을 평가하는 자아는 심리적 불안 상태에서 벗어나기 위해 행위자와 행위를 분리한다.

④ 수치심은 부정적 상황에서 심리적 충격을 크게 받는 성향의 사람이 느끼기 쉬운 감정이다.

⑤ 죄책감은 수치심과 달리 외부의 규범에 반하는 부정적인 일을 했을 때도 발생한다.

문 4. 다음 글에서 알 수 없는 것은?

봉수란 낮에는 연기를, 밤에는 불빛을 이용하여 변경의 상황에 대한 정보를 중앙에 알렸던 우리나라의 옛 통신 수단이다. 아궁이 5개로 이루어졌으며 각각의 아궁이에 불을 지핌으로써 연기나 불빛을 만들어 먼 곳까지 신호를 보낸다. 봉수는 이렇게 송신 지점에서 정보를 물리적인 형태로 변환시켜 보내고, 수신 지점에서는 송신측에서 보낸 정보를 정해진 규약에 따라 복원해내는 통신 방식이다. 이러한 방식은 현대 디지털 통신과 유사한 점이 많다.

정보를 송신하기 위해서는 먼저 보내려고 하는 정보를 송수신자가 합의한 일정한 규칙에 의거하여 부호로 변환시켜야 하는데, 이를 부호화 과정이라 한다. 디지털 통신에서는 정보를 불연속적인 신호 체계를 통해 보내기 때문에, 부호화는 표본화 및 이산화 두 단계의 과정을 통해 이루어진다. 여기에서 표본화는 정보에서 주요한 대목만을 추려내어 불연속적인 것으로 바꾸는 과정이다. 이산화란 표본화 과정을 거친 정보를 이진수 또는 자연수 등 불연속적 신호 체계에 대응시키는 과정이다. 이렇게 부호화된 정보는 또다시 전송 매체의 성질에 맞는 형태로 바꾸는 과정이 필요하며, 이를 변조라 한다.

봉수의 송신 체계도 이와 비슷한 과정을 거친다. 먼저 전달하고자 하는 정보를 위급한 정도에 따라 '아무 일도 없음', '적이 출현했음', '적이 국경에 다가오고 있음', '국경을 넘었음', '피아 간에 전투가 벌어지고 있음'으로 표본화한다. 표본화 과정을 거친 5개의 정보는 위급한 순서에 따라 가장 덜 위급한 것부터 1, 2, 3, 4, 5의 수에 대응시켜 이산화한다. 그리고 봉수의 신호는 불빛이나 연기의 형태로 전송되므로 이산화된 수만큼 불을 지피는 것으로 변조한다.

봉수의 신호 체계에서는 표본화된 정보를 아궁이에 불을 지핀 숫자에 대응하는 자연수로 이산화했지만, 이산화하는 방법이 이것만 있는 것은 아니다. 현대 디지털 통신 체계와 같이 이진 부호 체계를 도입하여 각각의 아궁이에 불을 지핀 경우를 1로, 지피지 않은 경우를 0으로 하여 이산화한다면 봉수에서도 원리상 5가지 이상의 정보를 전송할 수 있다.

① 봉수의 신호 전송 체계에서 아궁이에 불을 지피는 것은 변조 과정이다.

② 이산화 방법을 달리하면 봉수는 최대 10가지 정보를 전송할 수 있다.

③ 봉수 신호의 부호화 규칙을 알지 못한다면 수신자는 올바른 정보를 복원할 수 없다.

④ 봉수대에서 변조된 신호의 형태는 낮과 밤이 다르다.

⑤ 봉수를 이용한 신호 전송에서, 연기가 두 곳에서 피어오른 봉수 신호는 '적이 출현했음'을 나타낸다.

문 5. 다음 글의 핵심 논지로 가장 적절한 것은?

지식에 대한 상대주의자들은 한 문화에서 유래한 어떤 사고방식이 있을 때, 다른 문화가 그 사고방식을 수용하게 만들 만큼 논리적으로 위력적인 증거나 논증은 있을 수 없다고 주장한다. 왜냐하면 문화마다 사고방식의 수용 가능성에 대한 서로 다른 기준을 가지고 있기 때문이다. 이를 바탕으로 그들은 서로 다른 문화권의 과학자들이 이론적 합의에 합리적으로 이를 수 없다고 주장한다. 이러한 주장은 한 문화의 기준과 그 문화에서 수용되는 사고방식이 함께 진화하여 분리 불가능한 하나의 덩어리를 형성한다고 믿기 때문에 나타난다.

예를 들어 문화적 차이가 큰 A와 B의 두 과학자 그룹이 있다고 하자. 그리고 A그룹은 수학적으로 엄밀하고 놀라운 예측에 성공하는 이론만을 수용하고, B그룹은 실제적 문제에 즉시 응용 가능한 이론만을 수용한다고 하자. 그렇다면 각 그룹은 어떤 이론을 만들 때, 자신들의 기준을 만족할 수 있는 이론만을 만들 것이다. 그 결과 A그룹에서 만든 이론은 엄밀하고 놀라운 예측을 제공하겠지만, 응용 가능성의 기준에서 보면 B그룹에서 만든 이론보다 못할 것이다. 즉 A그룹이 만든 이론은 A그룹만이 수용할 것이고, B그룹이 만든 이론은 B그룹만이 수용할 것이다. 이처럼 문화마다 다른 기준은 자신의 문화에서 만들어진 이론만 수용하도록 만들 것이다. 이것이 상대주의자의 주장이다.

그러나 한 사람이 특정 문화나 세계관의 기준을 채택한다고 해서 그 사람이 반드시 그 문화나 세계관의 특정 사상이나 이론을 고집하는 것은 아니다. 다음과 같은 상상을 해 보자. A그룹이 어떤 이론을 만들었는데, 그 이론이 고도로 엄밀하고 놀라운 예측에 성공함과 동시에 즉각적으로 응용할 수 있는 것이라 하자. 그렇다면 A그룹뿐 아니라 B그룹도 그 이론을 받아들일 것이다. 실제로 데카르트주의자들은 뉴턴 물리학이 데카르트 물리학보다 데카르트적인 기준을 잘 만족했기 때문에 결국 뉴턴 물리학을 받아들였다.

① 과학 이론 중에는 다양한 문화의 평가 기준을 만족하는 것이 있다.
② 과학의 발전 과정에서 이론 선택은 문화의 상대적인 기준에 따라 이루어진다.
③ 과학자들은 당대의 다른 이론보다 탁월한 이론에 대해서는 자기 문화의 기준으로 평가하지 않는다.
④ 과학의 발전 과정에서 엄밀한 예측 가능성과 실용성을 판단하는 기준이 항상 고정된 것은 아니다.
⑤ 문화마다 다른 평가 기준을 따르더라도 자기 문화에서 형성된 과학 이론만을 수용하는 것은 아니다.

문 6. 다음 글의 ㉠~㉤에 들어갈 말로 적절하지 않은 것은?

한국어 특수조사 중 '은/는'은 그 의미를 추출하기가 가장 어려운 종류에 속한다. 특히 주어 자리에 쓰였을 때 주격조사 '이/가'와 그 용법이 어떻게 다른지를 가려내는 일은 만만치 않다. 일단, 주어 자리가 아닐 때 '은/는'의 의미는 비교적 선명하게 드러난다. 예컨대 "이 꽃이 그늘에서는 잘 자란다."는 이 꽃이 그늘이 아닌 곳에서는 잘 자라지 않는다는 전제를 깔고 있음을 나타낸다. ___㉠___ 가 그 예이다.

주어 자리에 쓰이는 '은/는' 역시 대조의 의미를 나타내기도 한다. ___㉡___ 에서 주어 자리에 쓰인 것들은 의미상 대조된다. 그러나 이러한 경우를 제외하고서 주어 자리의 '은/는'이 그 의미가 항상 잘 파악되는 것은 아니다. 앞의 예에서처럼 대조되는 두 항을 한 문장에서 말한다면 상대적으로 쉽게 파악되지만, 그렇지 않은 경우에는 말하지 않은 나머지 한쪽에 무엇이 함축되어 있는지가 주어 이외의 자리에서만큼 쉽게 떠오르지 않기 때문이다.

주격조사 '이/가'는 특수조사가 아니기 때문에 어떤 특별한 의미를 대표할 필요가 없다. 다른 것은 전혀 고려하지 않고 단지 바람 부는 현상을 말할 때 ___㉢___ 라고 해서는 안 되는 것이다. '은/는'의 경우 특별한 의미를 지니는데, 그 의미는 궁극적으로 '대조'와 관련되어 있겠지만 그것으로 모두 설명되지는 않는다. 그래서 관점을 달리하여 '알려진 정보'의 관점에서 설명하기도 하는데, 새로 등장하는 대상이 아니라 이미 알려진 대상일 경우에 '은/는'을 쓴다는 것이다. 이렇게 볼 때 ___㉣___ 는 어색하다.

'은/는'과 주격조사의 차이를 초점에서 찾기도 한다. 발화의 상황에서 이미 알려진 정보는 초점의 대상이 아닐 테니, '은/는'의 경우 서술어 쪽에 초점이 놓인다는 것이다. "소나무는 상록수이다."라고 하면 "여러분이 아는 소나무로 말할 것 같으면"의 뜻으로 하는 말이므로 소나무는 이미 초점의 대상에서 벗어나 있고 '상록수이다'에 초점이 놓인다. ___㉤___ 에서는 서술어 대신 '영미'에 초점이 놓이며 "여러 아이 중에서"의 뜻이 함축되어 있다.

① ㉠ : "그 작가는 원고를 만년필로는 쓰지 않는다."
② ㉡ : "소나무는 상록수이고, 낙엽송은 그렇지 않다."
③ ㉢ : "바람은 분다."
④ ㉣ : "그 사람이 결국 시험에 합격하였다."
⑤ ㉤ : "영미는 노래를 잘 한다."

문 7. 다음 글의 ㉠과 ㉡에 들어갈 말로 적절한 것은?

우리말의 어휘는 그 기원에 따라 가장 아래에 고유어가 있고, 그 위를 한자어가 덮고 있으며, 맨 위에는 한자어 이외의 외래어가 얹혀 있다. 토박이말이라고도 하는 고유어는 말 그대로 바깥에서 들어온 말이 아닌 한국어 고유의 말이다. 하늘·아들·나라 따위의 낱말들이 그 예이다. 고유어는 기초 어휘에 속하는 말들이 많고, 한자어나 외래어에 견주어 정서적 호소력이 크다. 그러나 낱말의 기원이 분명하지 않은 경우가 많아 그 범위를 엄밀하게 확정하기 힘들다는 문제도 있다. 그래서 현실적으로 고유어는 한자어와 외래어를 뺀 나머지 어휘 전체를 범위로 삼는다.

이렇게 느슨하게 정의된 고유어에는 많은 차용어들이 포함된다. 예컨대 보라매의 '보라'는 몽골어에서, '스라소니'는 여진어에서 차용한 것이다. 이보다 더 흔한 것은 한자어에서 차용한 낱말들이다. [㉠   ]. 벼락·서랍·썰매 같은 낱말들은 지금은 고유어가 맞지만 처음부터 고유어는 아니었고, 벽력(霹靂)·설합(舌盒)·설마(雪馬) 같은 한자어를 사용하다 형태가 변한 것들이다. 이런 유형의 낱말 가운데는 괴이하고 흉악하기 짝이 없다는 '괴악(怪惡)하다'에서 온 '고약하다'처럼 그 형태뿐 아니라 의미가 달라진 것들도 있다.

한국어 어휘의 두 번째 층인 한자어는 한자로 표기될 수 있다는 점에서 고유어와 구분된다. [㉡   ]. 한자어에는 신체(身體)·처자(妻子)처럼 중국에서 차용한 말들 이외에, 철학(哲學)·분자(分子)처럼 일본에서 만들어져 수입된 한자어도 있고, 또 어중간(於中間)·양반(兩班)처럼 우리나라에서 만들어진 한자어도 포함된다.

① ㉠ : 본디 한자어였던 것이 고유어의 발음과 유사해서 고유어로 바뀐 것이다
   ㉡ : 한자어가 한자로 표기된다고 해서 모두 중국에서 유래된 것은 아니다
② ㉠ : 본디 한자어였던 것이 고유어의 발음과 유사해서 고유어로 바뀐 것이다
   ㉡ : 언어 간 차용 이후 우리말에 동화된 정도는 낱말의 기원이 어디인지에 따라 다르다
③ ㉠ : 본디 한자어였던 것이 형태가 바뀌어 한자 표기를 할 수 없게 된 것이다
   ㉡ : 한자어가 한자로 표기된다고 해서 모두 중국에서 유래된 것은 아니다
④ ㉠ : 본디 한자어였던 것이 형태가 바뀌어 한자 표기를 할 수 없게 된 것이다
   ㉡ : 언어 간 차용 이후 우리말에 동화된 정도는 낱말의 기원이 어디인지에 따라 다르다
⑤ ㉠ : 본디 한자어였던 것이 기존의 고유어를 밀어내고 고유어의 지위를 차지한 것이다
   ㉡ : 한자어가 한자로 표기된다고 해서 모두 중국에서 유래된 것은 아니다

문 8. 다음 글에서 추론할 수 있는 것만을 〈보기〉에서 모두 고르면?

기계식 한글 타자기를 구현하는 것이 어려운 이유는 크게 두 가지이다.

첫째, 영문 타자기는 한 알파벳을 찍을 때마다 종이가 한 칸씩 움직인다. 그러나 한글은 자음과 모음을 조합하여 초성, 중성, 종성을 한 음절로 모아쓰는 문자이므로 타자기가 하나의 자음 또는 모음을 찍을 때마다 종이가 한 칸씩 움직인다면 받침을 제자리에 찍을 수 없다. 따라서 한글 타자기는 영문 타자기처럼 하나의 자음이나 모음을 찍을 때마다 종이가 움직이는 '움직글쇠'로만 구성되어서는 안 되며, 글쇠 중 일부는 자음 또는 모음이 찍혀도 종이가 움직이지 않는 '안움직글쇠'여야 한다.

둘째, 모아쓰는 과정에서 낱글자들의 모양이 조금씩 바뀌는 문제이다. 'ㄱ'이 초성으로 쓰일 때, 종성으로 쓰일 때는 물론, 어떤 모음과 어울려 쓰는지, 받침이 있는지 없는지에 따라 다른 모양을 갖는다. 중성에서 쓰이는 모음도 두 가지 이상의 다른 모양을 갖는다. 이러한 모양을 다 구현하는 타자기를 만들려면 적어도 300여 개의 글쇠가 필요하다.

이런 문제로 인해 한글 타자기는 적절한 글쇠의 수를 결정할 필요가 있었다. 다섯벌식 타자기의 경우, 'ㅗ'나 'ㅜ'처럼 가로로 긴 모음과 어울려 쓰는 초성 자음 한 벌, 나머지 모음('ㅣ'나 'ㅏ'처럼 세로로 긴 모음과 이 모음이 들어간 이중모음)과 어울려 쓰는 초성 자음 한 벌, 받침이 있을 때 쓰는 모음 한 벌, 받침이 없을 때 쓰는 모음 한 벌, 종성 자음 한 벌이 있다.

네벌식의 경우, 세로로 긴 모음과 어울려 쓰는 초성 자음 한 벌, 세로로 긴 모음이 들어간 이중모음과 어울려 쓰는 초성 자음 한 벌, 모음 한 벌이 있다. 가로로 긴 모음과 어울려 쓰는 초성 자음 한 벌은 다섯벌식 타자기와 같은 글쇠를 사용한다. 종성 자음은 가로로 긴 모음과 어울려 쓰는 초성 자음 글쇠를 기계적인 방법을 통해 글쇠가 찍히는 위치를 조정하는 방식으로 활용한다.

〈 보 기 〉

ㄱ. 한글 타자기의 받침이 있는 글자의 모음에 대한 글쇠는 움직글쇠이다.
ㄴ. 다섯벌식 한글 타자기에서 '밤'이라는 글자의 'ㅏ'를 쓰기 위해 사용하는 글쇠와 '나'라는 글자의 'ㅏ'를 쓰기 위해 사용하는 글쇠는 다르다.
ㄷ. 다섯벌식 한글 타자기에서 '꿈'이라는 글자의 'ㅁ'을 쓰기 위해 사용하는 글쇠와 '목'이라는 글자의 'ㅁ'을 쓰기 위해 사용하는 글쇠는 다르지만, 네벌식 한글 타자기에서는 같다.

① ㄱ
② ㄴ
③ ㄱ, ㄷ
④ ㄴ, ㄷ
⑤ ㄱ, ㄴ, ㄷ

문 9. 다음 글의 ㉠을 이끌어내기 위하여 추가해야 할 전제로 가장 적절한 것은?

사진작가 슬레이터는 '나루토'라는 이름의 원숭이에게 카메라를 빼앗긴 일이 있었는데 다시 찾은 그의 카메라에는 나루토의 모습이 찍힌 사진이 저장되어 있었다. 슬레이터는 나루토가 찍은 사진을 자신의 책을 통해 소개하였는데, 이 사진이 인터넷에 무단으로 돌아다니면서 나루토의 사진이 저작권의 대상이 되느냐가 논란이 되었다.

논란의 초점은 나루토의 사진이 과연 '셀카'인가 하는 것이었다. 셀카는 자신의 모습을 담으려는 의도로 스스로 찍은 사진이며, 그렇기에 셀카는 저작권의 대상이 된다는 것이 통념이다. 나루토가 찍은 사진이 셀카가 아니라면 저작권의 대상이 되지 않을 것이다. 나루토가 찍은 사진이 셀카로 인정받으려면, 그가 카메라를 사용하여 그 자신의 사진을 찍었을 뿐 아니라 찍을 때 자기 모습을 찍으려는 의도가 있어야 하고 그 의도를 실현할 능력이 있어야 한다. 슬레이터는 나루토가 이런 의미의 셀카를 찍었다고 주장한다. 하지만 이는 인간의 행위를 원숭이에 투사하는 바람에 빚어진 오해다. 자아가 없는 나루토가 한 일은 단지 카메라를 조작하는 인간의 행위를 흉내 낸 것뿐이기 때문이다. 따라서 ㉠ 나루토의 사진은 저작권의 대상이 될 수 없다. 나루토는 그저 카메라를 특별히 잘 다루는 원숭이였을 뿐이다.

① 자아를 가지지 않으면서 인간의 행위를 흉내 낼 수는 없다.
② 자기 모습을 찍으려는 의도가 있다는 것은 자아를 가졌다는 것이다.
③ 자기 모습을 찍으려는 의도를 실현할 능력이 있는 경우에만 자아를 가진다.
④ 자기 모습을 찍으려는 의도가 있다는 것은 그 사진에 대한 저작권이 있다는 것이다.
⑤ 자기 모습을 찍으려는 의도를 실현할 능력이 없으면서 인간의 행위를 흉내 낼 수는 없다.

문 10. 다음 대화의 ㉠과 ㉡에 들어갈 말을 적절하게 나열한 것은?

갑 : 당뇨 환자에게 처방할 약품 A~G를 어떤 방식으로 사용해야 할지 고민하고 있는데, 정말 난감한 상황이야. A를 사용하지 않으면 C를 사용해야 하고, B를 사용하지 않으면 D를 사용해야 해서 말이야.
을 : 그게 걱정이 되는 이유는 뭐야?
갑 : 결국 C나 D 중 적어도 하나를 사용할 수밖에 없게 되잖아. 그런데 지난달부터 C와 D가 금지 약물로 지정되어서 C나 D를 사용할 수 없게 되었어.
을 : 그렇게 걱정하는 걸 보니, 너는 [㉠   ]고 생각하고 있구나? 그렇다면 걱정할 필요 없어.
병 : 실은 나도 그것 때문에 걱정인데. 어째서 걱정할 필요가 없어?
을 : E와 F를 모두 사용하지 않을 경우에는 A와 B를 모두 사용해야 하거든.
병 : 그래? 그럼 너는 E도 F도 모두 사용하지 않게 될 것이라고 생각하는구나?
을 : 맞아.
병 : 네 말이 모두 참이라면 정말 금지 약물을 걱정할 필요가 없겠네.
갑 : 아니야. 을이 잘못 알고 있는 게 있어. F는 필수적으로 사용해야 하거든.
을 : 그래도 걱정할 필요는 없어. 왜냐하면 [㉡   ]고 하거든.
갑 : 그래? 그럼 걱정할 필요가 없겠네. G를 사용할 필요는 없으니까.

① ㉠ : A와 B 중 적어도 하나는 사용해야 한다
　 ㉡ : A와 B를 모두 사용할 경우 F는 사용해야 한다
② ㉠ : A와 B 중 적어도 하나는 사용하지 않아야 한다
　 ㉡ : A와 B를 모두 사용할 경우 F는 사용해야 한다
③ ㉠ : A와 B 중 적어도 하나는 사용하지 않아야 한다
　 ㉡ : A와 B를 모두 사용할 경우 G를 사용하지 않아야 한다
④ ㉠ : A와 B 중 적어도 하나는 사용해야 한다
　 ㉡ : F를 사용하고 G를 사용하지 않을 경우, A와 B를 모두 사용해야 한다
⑤ ㉠ : A와 B 중 적어도 하나는 사용하지 않아야 한다
　 ㉡ : F를 사용하고 G를 사용하지 않을 경우, A와 B를 모두 사용해야 한다

문 11. 다음 글의 내용이 참일 때 반드시 참인 것만을 〈보기〉에서 모두 고르면?

행복대학교 학생은 매 학기 성적, 봉사, 외국어, 윤리, 체험이라는 다섯 영역에 관해 평가 받는다. 이 중 두 영역은 동창회 장학금과 재단 장학금 수혜자를 선정할 때 고려하는 영역이기도 하다. 그 두 영역 중에서 어느 쪽이든 한 영역의 기준만 충족하면 동창회 장학금을 받고, 두 영역의 기준을 모두 충족하면 재단 장학금을 받는다. 그 외의 경우에는 둘 중 어느 것도 받지 못한다. 단, 두 장학금을 동시에 받을 수는 없다.

이 학교 학생 갑, 을, 병에 관하여 다음과 같은 사실이 알려져 있다.

• 갑은 봉사 영역과 외국어 영역 기준을 충족하지 못하고 성적 영역 기준은 충족했는데, 동창회 장학금 수혜자가 아니다.
• 을은 성적 영역 기준을 충족하지 못하고 나머지 네 영역 기준은 충족했는데, 재단 장학금 수혜자가 아니다.
• 병은 성적 영역과 윤리 영역 기준을 충족했는데, 동창회 장학금 수혜자이다.

〈보 기〉

ㄱ. 성적 영역 기준만 충족한 행복대학교 학생은 동창회 장학금 수혜자가 된다.
ㄴ. 체험 영역 기준을 충족하지 못한 행복대학교 학생은 재단 장학금 수혜자가 되지 못한다.
ㄷ. 봉사 영역과 외국어 영역 기준만 충족한 행복대학교 학생은 동창회 장학금과 재단 장학금 중 어느 쪽 수혜자도 되지 못한다.

① ㄱ
② ㄴ
③ ㄱ, ㄷ
④ ㄴ, ㄷ
⑤ ㄱ, ㄴ, ㄷ

문 12. 다음 글의 내용이 참일 때 반드시 참인 것은?

수습 사무관 갑, 을, 병, 정을 A, B, C, D 네 도시 중 필요한 도시에 배치해 연수 프로그램을 시행하였다. 이와 관련해 다음과 같은 사실이 알려져 있다.

• 세 명 이상의 수습 사무관이 배치되는 도시는 없다.
• 두 도시 이상에 배치되는 수습 사무관은 아무도 없다.
• 갑이 A시에 배치되면, 을은 C시에 배치되지 않는다.
• 갑은 B시에 배치되지 않는다.
• 을과 병은 같은 시에 배치된다.
• 병이 B시에 배치되면, 갑은 D시에 배치되지 않는다.
• D시에는 한 명이 배치된다.

① 갑이 C시에 배치되면, 병은 A시에 배치된다.
② 을이 B시에 배치되지 않으면, 정은 D시에 배치된다.
③ 병이 C시에 배치되면, 갑은 D시에 배치되지 않는다.
④ 정이 D시에 배치되면, 갑은 A시에 배치된다.
⑤ 정이 D시에 배치되지 않으면, 을은 B시에 배치되지 않는다.

문 13. 다음 글의 〈논증〉에 대한 분석으로 적절한 것만을 〈보기〉에서 모두 고르면?

> 철학자 A에 따르면, "오늘 비가 온다."와 같이 참, 거짓을 판단할 수 있는 문장만 의미가 있다. A는 이러한 문장과 달리 신의 존재에 대한 문장은 진위를 판단할 수 없고 따라서 무의미하다고 말한다. 하지만 그는 자신이 무신론자도 불가지론자도 아니라고 한다. 다음은 이와 관련된 A의 논증이다.
>
> 〈논증〉
>
> 무신론자에 따르면 ⊙ "신이 존재하지 않는다."가 참이다. 불가지론자는 신의 존재 여부를 알 수 없다고 말한다. 무신론자의 견해는 신의 존재를 주장하는 문장이 무의미하다는 것과 양립할 수 없다. ⓒ "신이 존재한다."가 무의미하다면, "신이 존재하지 않는다."도 마찬가지로 무의미하다. 그 이유는 ⓒ 의미가 있는 문장이어야만 그 문장의 부정문도 의미가 있다는 것이 성립하기 때문이다. 따라서 "신이 존재한다."가 무의미하다면, "신이 존재하지 않는다."가 참이라는 무신론자의 주장은 받아들일 수 없다. 한편 불가지론자는 ② "신이 존재한다."가 참인지 거짓인지 알 수 없다고 주장한다. 이 주장은 "신이 존재한다."가 의미가 있다는 것을 전제하고 있다. 그러므로 불가지론자의 주장도 "신이 존재한다."가 무의미하다는 것과 양립할 수 없다.

> 〈보 기〉
>
> ㄱ. ⓒ과 ⓒ으로부터 "신이 존재하지 않는다."가 무의미하다는 것이 도출된다.
> ㄴ. ⓒ의 부정으로부터 ⊙과 ② 중 적어도 하나가 도출된다.
> ㄷ. "의미가 없는 문장은 참인지 거짓인지 알 수 없다."라는 전제가 추가되면 ⓒ으로부터 ②이 도출된다.

① ㄴ
② ㄷ
③ ㄱ, ㄴ
④ ㄱ, ㄷ
⑤ ㄱ, ㄴ, ㄷ

문 14. 다음 글의 실험 결과를 가장 잘 설명하는 것은?

> 최근 A지역은 과도한 사냥으로 대형 포유류가 감소하였다. 이러한 대형 포유류의 감소는 식물과 동물 간의 상호작용 감소로 이어져 식물 생태계에 부정적인 영향을 줄 수 있다는 주장이 제기되었다. 식물 생태계 유지에 중요한 상호작용 중 하나는 식물 이외의 생물에 의한 씨앗 포식이다. 여기서 '포식'은 동물이 씨앗을 먹는 행위뿐만 아니라 곤충과 같이 작은 동물이 일부를 갉아먹는 행위, 진균류 등에 의한 감염까지 포함한다. 포식된 씨앗은 외피의 일부가 손상되는 효과 등으로 인해 발아할 가능성이 높아진다. 이렇게 씨앗 포식은 발아율을 결정하는 주된 원인이므로 발아율은 씨앗 포식의 정도를 알려주는 지표이다.
>
> 한 과학자는 대형 포유류, 소형 포유류, 곤충, 진균류 등 총 네 종류의 씨앗 포식자가 서식하는 A지역에서 같은 종류의 씨앗을 1~6그룹으로 나눈 뒤 일정한 넓이를 가진, 서로 인접한 6개의 구역에 뿌렸다. 이때 1그룹은 아무 울타리도 하지 않은 구역에 뿌려 모든 생물이 접근 가능하도록 하였다. 2그룹은 성긴 울타리만 친 구역에 뿌려 대형 포유류의 접근이 불가능하도록 하였다. 3~6그룹은 소형 포유류와 대형 포유류의 접근이 불가능하도록 촘촘한 울타리를 친 구역에 뿌리되, 4와 6그룹에는 살충제 처리를 하여 곤충이 접근하지 못하게 하였으며, 5와 6그룹에는 항진균제 처리를 하여 진균류의 접근을 차단하였다. 살충제와 항진균제는 씨앗 발아에 영향을 미치지 않는 것만을 사용하였다. 일정 시간 후에 각 그룹에 대해 조사하였다. 포유류에 의한 씨앗 포식량은 1그룹과 2그룹에서 각각 전체 씨앗 포식량의 25%와 7%였고, 발아율은 1~5그룹 사이에서 차이가 없었으며 6그룹에서는 다른 그룹에 비해 현저히 낮았다.

① 한 종류의 씨앗 포식자가 사라지면 남은 씨앗 포식자의 씨앗 포식량이 증가하여 전체 씨앗 포식량은 변화하지 않는다.

② 한 종류의 씨앗 포식자가 사라지더라도 남은 씨앗 포식자의 씨앗 포식량은 변화하지 않는다.

③ 씨앗 포식자 중 포유류가 사라지면 남은 씨앗 포식자의 씨앗 포식량이 변화한다.

④ 씨앗 포식자의 종류가 늘어나면 기존 포식자의 씨앗 포식량이 변화한다.

⑤ 포식자의 유무와 관계없이 씨앗 발아율은 변화하지 않는다.

문 15. 다음 글의 ㉠에 대한 평가로 적절한 것만을 〈보기〉에서 모두 고르면?

지식 귀속 문제는 한 사람이 특정 지식을 가졌는지를 다른 사람이 판단하는 것과 관련된 문제이다. 이와 관련해 두 가지 입장이 있다. 입장 X는 평가자가 평가 대상자(이하 대상자)에게 지식을 귀속시킬지 여부를 판단하는 데 있어서, 대상자와 관련된 이해관계가 중요할수록 평가자는 대상자에게 더 엄격한 기준을 적용한다는 것이다. 입장 Y는 평가자의 대상자에 대한 지식 귀속 여부 판단은 대상자의 이해관계와 무관하다는 것이다. 이 두 입장과 관련해 ㉠ X가 Y보다 대상자에 대한 평가자의 지식 귀속 판단을 더 잘 설명한다는 가설을 검증하기 위해 다음 두 사례를 이용한 실험이 진행되었다.

사례1 : 희수는 한자를 병용해야 하는 글쓰기 과제를 마무리했다. 담당교수는 잘못된 한자 표기를 싫어한다. 희수는 이번 과제에서 꼭 90점 이상을 받아야 할 동기가 없지만, 틀린 한자 표기가 하나도 없기를 바란다. 희수는 한자사전을 사용해서 과제를 꼼꼼히 검토할 예정이다.

사례2 : 서현도 같은 과목의 같은 과제를 마무리했다. 서현은 이 과제에서 90점 이상을 받아야만 A 학점을 받을 수 있고, A 학점을 받지 못하면 장학금을 받지 못해 학교를 계속 다닐 수 없게 된다. 서현도 한자사전을 사용해서 과제를 꼼꼼히 검토할 예정이다.

이 실험에서 귀속되는 지식은 "내 과제에는 한자 표기에 오류가 없다."이다. 이 사례를 제시한 뒤 평가자에게 희수와 서현이 몇 번이나 과제를 검토해야 이들에게 이 지식을 귀속시킬지 물었다. 평가자가 추정한 희수의 검토 횟수와 서현의 검토 횟수를 각각 m과 n이라고 하자.

――――――――〈보 기〉――――――――

ㄱ. m이 n보다 훨씬 더 작다면 ㉠이 강화된다.
ㄴ. 평가자의 이해관계가 중요할수록 m이 커지면 ㉠이 강화된다.
ㄷ. 서현이 이 과목에서 받을 학점과 상관없이 장학금을 받게 된다고 사례2의 내용을 변경하더라도, 평가자가 응답한 n에 변화가 없다면 ㉠이 약화된다.

① ㄱ
② ㄴ
③ ㄱ, ㄷ
④ ㄴ, ㄷ
⑤ ㄱ, ㄴ, ㄷ

문 16. 다음 글의 A~C에 대한 분석으로 적절한 것만을 〈보기〉에서 모두 고르면?

응보주의에 따르면, 정의에 합치하는 형벌은 평등의 원리에 기초해야 한다. 응보주의의 전통적인 입장인 A는 범죄와 동일한 유형의 행위로 처벌해야 정의롭다고 주장한다. 이 입장은 '눈에는 눈으로'라는 경구로도 널리 알려져 있다. 그러나 이 입장은 동일한 유형의 행위로 처벌할 수 없는 범죄들이 존재하기 때문에 현실적으로 적용할 수 없다는 비판을 받는다.

A의 기본적 관점을 수용하면서도 이러한 비판에 대응하기 위한 입장 B는, 범죄가 발생시킨 고통의 양과 정확히 동일한 고통의 양을 부과하는 형벌로도 정의를 달성할 수 있다고 주장한다. 예를 들어 방화범은 동일한 유형의 행위로 처벌할 수 없지만, 방화로 발생한 고통의 총량과 동일한 고통의 양을 부과하는 형벌로 처벌하는 것으로 정의를 달성할 수 있다. 그러나 B는 고문과 같은 극악무도한 범죄의 경우 동일한 유형의 행위로 처벌하지 않으면 범죄가 유발한 고통의 양에 상응하는 처벌을 할 수 없다는 비판을 받는다.

이런 문제점을 극복하기 위해 나온 입장 C는 형벌이 범죄가 초래한 고통의 양에 의존할 필요는 없다고 본다. 범죄의 엄중함에 비례하는 무거운 형벌로 처벌하는 것만으로도 충분하다는 것이다. 즉 한 사회의 모든 형벌을 무거운 것에서 가벼운 것 순으로 나열하고 범죄의 경중을 따져 배열된 순서대로 적용하여 처벌하면 정의가 달성될 수 있다.

――――――――〈보 기〉――――――――

ㄱ. 범죄와 정확히 동일한 유형의 행위로 처벌하는 것이 정의롭다는 것에 대해서 A는 동의하지만 B는 동의하지 않는다.
ㄴ. 범죄가 야기한 고통의 양과 형벌이 부과하는 고통의 양을 측정하기 어렵다면, B는 약화되고 C는 약화되지 않는다.
ㄷ. 살인이 가장 큰 고통을 유발하고 죽음 이외에는 같은 양의 고통을 유발할 수 없다면, A, B, C는 모두 사형제를 받아들여야 한다.

① ㄱ
② ㄴ
③ ㄱ, ㄷ
④ ㄴ, ㄷ
⑤ ㄱ, ㄴ, ㄷ

문 17. 다음 글의 갑~병에 대한 평가로 적절한 것만을 〈보기〉에서 모두 고르면?

> 에스키모는 노쇠한 부모를 벌판에 유기하는 관습을 가지고 있었다. 반면에 로마인은 노쇠한 부모를 정성을 다해 모셨다. 도덕 상대주의는 이와 같은 인류학적 사실에 근거하고 있다. 도덕 상대주의에 따르면, 사회마다 다른 도덕적 관습을 가지며 옳고 그름에 대한 신념 체계는 사회마다 상이하다. 또한 다양한 도덕적 관습과 신념 체계 중 어떤 것이 옳은지 판별할 수 있는 객관적인 기준은 없다.
>
> 다음은 도덕 상대주의에 대한 비판들이다.
>
> 갑 : 에스키모와 로마인의 관습상 차이는 서로 다른 도덕원리에서 기인한 것처럼 보일 수 있다. 그러나 하나의 도덕원리가 각기 다른 상황에 적용되면서 서로 다른 관습을 초래한 것일 수 있다. 부모와 자식 간의 애정에 근거한 동일한 도덕원리가 에스키모와 로마인에게서 다른 관습을 초래할 수 있다.
>
> 을 : 도덕 상대주의가 맞다면, 다른 사회의 관습과 신념 체계를 평가할 수 있는 객관적 기준은 존재하지 않는다. 그래서 다른 사회의 관습과 신념 체계에 대한 평가는 불가능하며 이에 대해 '침묵'해야 한다. 이런 침묵의 의무는 어떤 사회를 막론하고 모든 사회의 구성원에게 절대적인 구속력을 갖는다. 결국 도덕 상대주의는 도덕 절대주의의 이념을 수용해야 하는 역설에 빠지게 된다.
>
> 병 : 도덕 상대주의는 시간적 차원에도 적용된다. 따라서 도덕 상대주의를 받아들이면 사회 관습이나 신념 체계의 진보를 말할 수 없게 된다. 과거의 것과 달라졌을 뿐이지 더 낫거나 못하다고 말할 수 없기 때문이다. 그러나 사회 관습이나 신념 체계가 진보했다고 말할 수 있는 사례가 존재한다. 예를 들어 과거와는 달리 노예제를 받아들이는 도덕적 관습이나 신념 체계를 가진 사회는 없다.

───── 〈보 기〉 ─────

ㄱ. "두 사회의 관습이 같다면 그 사회들의 도덕원리가 같다." 라는 것이 사실이면 갑의 주장은 약화된다.

ㄴ. 우월한 도덕 체계와 열등한 도덕 체계를 객관적으로 구분할 수 있다면 을의 주장은 약화되지 않는다.

ㄷ. 현재의 관습과 신념 체계가 과거의 것보다 퇴보한 사회가 있다면 병의 주장은 약화된다.

① ㄱ

② ㄴ

③ ㄱ, ㄷ

④ ㄴ, ㄷ

⑤ ㄱ, ㄴ, ㄷ

문 18. 다음 글의 ㉠~㉢에 대한 평가로 적절한 것만을 〈보기〉에서 모두 고르면?

> 오줌을 생산하는 포유류 신장의 능력은 신장의 수질에 있는 헨리 고리와 관련 있다. 헨리 고리의 오줌 농축 방식을 탐구한 과학자들은 헨리 고리의 길이가 길수록 더 농축된 오줌을 생산한다는 ㉠ 가설을 세웠다. 동물은 몸의 크기가 클수록 체중이 무겁고 신장의 크기가 더 커서 헨리 고리가 더 길다. 그래서 코끼리와 같이 큰 포유류는 뾰족뒤쥐와 같은 작은 포유류에 비해 훨씬 더 농축된 오줌을 생산할 수 있어야 한다는 것이다. 그렇지만 지구에서 가장 건조한 환경에 사는 일부 포유류는 몸집이 매우 작은데도 몸집이 큰 포유류보다 더 농축된 오줌을 생산한다.
>
> 이런 문제점을 해결하기 위해, 과학자들은 몸의 크기와 비교한 헨리 고리의 상대적인 길이가 길수록 오줌의 농도가 높다는 ㉡ 가설을 제시하였다. 헨리 고리의 길이와 수질의 두께는 비례하므로 과학자들은 크기가 다른 포유류로부터 얻은 자료를 비교하기 위해 새로운 측정값으로 수질의 두께를 몸의 크기로 나눈 값을 '상대적인 수질의 두께(RMT)'로 제시하였다.
>
> 추가 연구를 통해 여러 종에서 헨리 고리는 유형 A와 유형 B 두 종류로 구성되어 있고, 유형 A가 유형 B보다 오줌 농축 능력이 뛰어나다는 것이 밝혀졌다. 이러한 연구 결과를 토대로 과학자들은 헨리 고리 중 유형 B가 차지하는 비중이 작을수록 더 농축된 오줌을 만들어낸다는 ㉢ 가설을 제시했다.
>
> 과학자들은 다른 환경에 사는 다양한 크기의 동물들에 대해 측정을 수행했다. 오줌은 농축될수록 어는점이 더 낮아진다. 과학자들은 측정 대상 동물의 체중(W), RMT, 헨리 고리 중 유형 B가 차지하는 비중(R), 오줌의 어는점(FP)을 각각 측정하였고 다음은 그 결과의 일부이다.

종	W(kg)	RMT	R(%)	FP(℃)
돼지	120	1.6	97	−2
개	20	4.3	0	−4.85
캥거루쥐	0.3	8.5	73	−10.4

───── 〈보 기〉 ─────

ㄱ. 돼지와 개의 측정 결과는 ㉠을 약화한다.

ㄴ. 개와 캥거루쥐의 측정 결과는 ㉡을 약화하지 않는다.

ㄷ. 돼지와 캥거루쥐의 측정 결과는 ㉢을 약화한다.

① ㄱ

② ㄷ

③ ㄱ, ㄴ

④ ㄴ, ㄷ

⑤ ㄱ, ㄴ, ㄷ

※ 다음 글을 읽고 물음에 답하시오. [문 19.~문 20.]

⊙ 역관계 원리(IRP)란 임의의 진술 P가 참일 확률과 P가 전달하는 정보량 사이의 역관계에 관한 것이다. IRP에 따르면 정보란 예측 불가능성과 관계가 있다. 동전 던지기에서 동전의 앞면이 나올 가능성이 더 커지게 조작할수록 '그 동전의 앞면이 나올 것이다.'라는 진술 H의 정보량은 적어진다. 그렇게 가능성이 점점 커진 끝에 만약 그 동전을 어떻게 던져도 무조건 앞면만 나오게 될 정도까지 조작을 가한다면 결국 동전 던지기와 관련하여 예측 불가능성이 완전히 사라지게 되는 것이고, 그럴 때 진술 H의 정보량은 0이 된다. 하지만 이런 원리는 두 가지 문제에 직면한다.

IRP에 따르면 P가 참일 확률이 더 커질수록 정보의 양은 더 줄어든다. 만약 누군가가 '언젠가는 코로나 바이러스가 퇴치될 것'이라고 말한다면, '코로나 바이러스가 한 달 내에 퇴치될 것'이라고 말하는 것보다 정보량이 적다. 왜냐하면, 후자의 메시지가 더 많은 상황을 배제하기 때문이다. 이제 P가 항상 참인 진술이라고 해 보자. 이 경우 P가 참일 확률은 가장 높은 100%가 된다. 그리고 IRP에 따르면 P가 항상 참인 진술이라면 그것의 정보량은 0이다. 만약 누군가에게 '코로나 바이러스가 미래에 퇴치된다면, 코로나 바이러스는 미래에 퇴치될 것이다.'라고 들었다면, 어떤 상황도 배제하지 않는 진술을 들은 것이다.

여기서 논리학에서 중요시되는 '논리적 타당성' 개념을 고려해 보자. 전제 X_1, X_2, …, X_n으로부터 결론 Y로의 추론이 논리적으로 타당하다는 것은 전제들이 모두 참이면 결론도 반드시 참이라는 것이다. 이것을 달리 말하면 'X_1이고 X_2이고 … X_n이면, Y이다.'라는 조건문이 그 어떤 경우에도 항상 참이 되는 진술이라는 것이다. 항상 참인 진술의 정보량은 0이므로, 논리적으로 타당한 모든 추론이 제공하는 정보량은 0이라는 결론이 나오게 된다. 이는 우리의 직관에 들어맞지 않는다. 이것이 소위 '연역의 스캔들'이라고 불리는 문제이다.

또 다른 문제를 살펴보자. IRP에 따르면 P가 참일 확률이 낮을수록 P는 더 많은 정보량을 지닌다. 누군가에게 '코로나 바이러스가 호흡기 질환을 일으킨다.'라는 말을 듣는 것이 '코로나 바이러스가 소화기 질환을 일으키거나 호흡기 질환을 일으킨다.'라는 말을 듣는 것보다 정보량이 더 많다. 그 이유는 전자를 만족시키는 상황들이 후자보다 더 적기 때문이다. 그렇다면 우리가 P의 확률을 계속해서 떨어뜨린다고 해 보자. 그러면 우리는 P의 확률이 0%가 되는 단계에 도달할 것이다. 이것은 P가 항상 거짓인 진술이 되었다는 의미이다. 하지만 IRP에 따르면, 이때가 P 최대의 정보량을 지니는 상황이다. 이처럼 또 다른 반직관적 결론에 도달하게 되는 문제를 소위 '바-힐렐-카르납 역설'이라고 부른다.

문 19. 위 글의 ⊙에 따른 판단으로 적절한 것은?

① P가 참일 확률이 Q가 참일 확률보다 크다면, Q가 제공하는 정보량은 P보다 더 많지만 예측 불가능성은 P가 Q보다 더 크다.

② 어떤 추론의 전제들이 모두 참이면서 결론이 거짓인 것이 불가능하다면, 그 추론은 최대의 정보량을 제공한다.

③ P가 배제하는 상황은 Q도 모두 배제한다면, Q의 정보량은 P의 정보량보다 적지 않다.

④ P의 정보량이 0보다 크기 위해서는 P의 예측 불가능성이 완전히 사라져야 한다.

⑤ 논리적으로 타당하지 않은 추론의 정보량은 0보다 클 수 없다.

문 20. 다음 〈조건〉을 받아들일 때, 〈사례〉에 대해 적절하게 평가한 것만을 〈보기〉에서 모두 고르면?

〈조 건〉

IRP를 받아들이되, 임의의 진술이 0보다 큰 정보량을 갖기 위해서는 그것이 참일 수 있어야 한다.

〈사 례〉

저녁 식사에 손님들이 오기로 했으나 정확히 몇 명이 올지는 아직 모르는 상태에서 다음과 같은 진술들을 듣는다.

A : 적어도 손님 한 명이 오거나 아무도 오지 않을 것이다.
B : 적어도 손님 세 명이 올 것이다.
C : 손님이 두 명 이상 올 것이다.
D : 손님이 다섯 명 이하로 올 것이다.
E : 적어도 손님 한 명이 오고 또한 아무도 오지 않을 것이다.

〈보 기〉

ㄱ. 0보다 큰 정보량을 지닌 진술의 개수는 3이다.
ㄴ. 전제가 B이고 결론이 C인 추론과 "D이면 A이다."라는 조건문의 정보량은 다르다.
ㄷ. "C이고 D이다."라는 진술의 정보량은 E의 정보량과 같다.

① ㄱ
② ㄴ
③ ㄱ, ㄷ
④ ㄴ, ㄷ
⑤ ㄱ, ㄴ, ㄷ

문 21. 다음 글에서 알 수 있는 것은?

> 일본은 청일전쟁으로 타이완을 차지한 뒤 러일전쟁을 통해 조선과 남만주 일부를 지배하는 대륙국가가 되었다. 일본은 언제부터 대륙 침략의 길을 지향했을까? 이 문제에 대한 한 · 중 · 일 3국의 견해는 다음과 같다.
>
> 종래 일본에서는 일본의 근대화와 대륙 침략은 불가분의 것이었다고 보았다. 다만 조선으로의 팽창 정책이 기본 노선이었지 중국은 팽창 대상이 아니라고 보았다. 언제부터 대륙으로의 팽창을 기본 방침으로 삼았는지에 대해서는 류큐 분도 교섭 이후와 임오군란 이후로 견해가 나뉘어 있다. 그러나 최근에 청일전쟁까지만 하더라도 일본은 제국주의 국가의 길 말고도 다른 선택지가 있었다는 견해가 대두되었다. 즉 일본의 근대화에서 팽창주의 · 침략주의는 필연이 아니었는데 청일전쟁이 전환점이 되었다는 것이다.
>
> 이에 대해 중국은, 일본의 대륙 침략 목표는 처음부터 한반도와 만주를 차지하는 것이었으며, 이 정책을 수립하기까지 일련의 과정을 거쳤다고 본다. 그에 따르면 메이지 정부는 1868년 천황의 이름으로 대외 확장 의지를 표명하고, 기도 다카요시의 정한론, 오가와 마타지의 청국정벌책안 등에서 대륙 침략의 대상을 명확히 했다. 1890년에는 내각총리대신이 일본의 주권선은 일본 영토, 이익선은 일본과 긴밀한 관계를 갖는 구역인 조선이라고 규정하고, 곧이어 조선, 만주, 러시아 연해주를 영유해야 한다고 했다. 이러한 대륙 침략 방침이 제국의회와 내각의 인가를 얻어 일본의 침략 정책으로 이어졌으며, 청일전쟁, 러일전쟁, 한국병합, 만주사변, 중일전쟁에 이르는 과정은 모두 이 방침을 지속적이고 철저하게 실행에 옮긴 결과라는 것이다.
>
> 한편 한국은 일본의 대륙 침략에 있어 정한론에 주목하고 있다. 메이지 정부가 수차례에 걸쳐 조선에 보낸 국서에는 전통적인 교린 관계에서 볼 수 없던 '천황', '황실' 따위의 용어가 있었고, 조선은 규범에 어긋난다며 접수하지 않았다. 정한론은 이를 빌미로 널리 확산되고 주창되었는데, 이에는 자국의 내란을 방지하기 위해 조선과 전쟁을 벌이고 이를 통해 대외 팽창을 꾀하겠다는 메이지 정부의 의도가 담긴 것이라고 한국은 보았다. 1875년 운요호의 강화도 침공은 이를 구체적으로 실행에 옮긴 것이며, 이후로도 일본의 대한국 정책은 이전과 마찬가지로 한결같이 대륙 침략의 방침하에 수행되었다고 한국은 파악하고 있다.

① 한국과 중국은 일본의 대륙 침략이 메이지 정부 이래로 일관된 방침이었다고 본다.

② 최근 일본은 일본이 조선을 침략하지 않았어도 근대화된 대륙국가가 될 수 있었다고 본다.

③ 한국은 조선이 일본과의 전통적 교린 관계를 고수하자 일본 내에서 정한론이 발생했다고 본다.

④ 중국은 일본이 주권선으로 규정한 지역이 정한론에서 이미 침략 대상으로 설정되었다고 본다.

⑤ 기존 일본은 일본이 추진한 조선으로의 팽창 정책이 임오군란 이후 기본 노선으로 결정되었다고 본다.

문 22. 다음 글에서 추론할 수 있는 것은?

> 영조 3년 6월 2일, 좌부승지 신택이 왕에게 주청하기를, "국경을 지키며 감시하는 파수는 무엇보다 중요한 일입니다. 그런데 압록강 중류에 위치한 강계(江界) 경내에서 국경 파수꾼들이 근무하는 파수보는 백여 곳이나 됩니다. 그곳의 파수는 평안도 지역에 거주하는 백성 중에서 군역을 져야 하는 사람들이 순번을 돌아가며 담당하는데, 파수는 5월부터 9월까지만 하고 겨울 추위가 오기 전에 철수합니다. 파수꾼이 복무하는 달은 다섯 달에 불과하지만, 그 기간 동안 식량도 제공되지 않고, 호랑이의 습격을 받기도 합니다. 그런 까닭에 파수보에 나가는 것을 마치 죽을 곳에 가는 것처럼 꺼리는 사람이 많습니다. 그나마 백성들이 파수를 나갈 때 위안으로 삼는 것은 선왕 때부터 산삼을 캘 수 있도록 허락했다는 사실 하나입니다. 선왕께서는 파수보에 배치된 파수꾼 중 파졸 2명과 지휘자인 파장만 파수보에 남고, 나머지는 부근의 산지에서 산삼을 캘 수 있도록 허락했습니다. 그 후 파졸들은 캐낸 산삼 중 일부는 세금으로 내고, 남은 것을 팔아 파수보에 있는 동안 사용할 식량이나 의복을 마련했습니다. 그런데 평안병사로 임명된 김수는 그런 사정도 모른 채 올해 3월 부임하자마자 파수보에 배치된 어떤 사람도 보를 떠나서는 안 되며 모든 인원은 보에서 소임을 다하라고 명령하고, 그 명령을 어긴 사람을 처벌했습니다. 이런 조치가 취해지니 민심이 동요하고, 몰래 파수보를 벗어나 사라지는 파졸까지 생겨나고 있습니다. 이는 아주 난처한 일이니, 제 소견으로는 규정에 정해진 파수보 정원 9명 중 파장을 제외한 파졸 8명은 절반씩 나누어 한 무리는 파수보를 지키게 하고, 나머지 한 무리는 산삼을 캐게 하되 저녁에는 반드시 파수보로 돌아와 다음날 교대로 근무할 수 있도록 하는 것이 좋을 듯합니다."라고 하였다.
>
> 이 말을 듣고 왕이 말하기를, "평안병사가 올 초에 내린 조치를 몇 달 지나지 않아 거두어들이도록 하는 것은 참 난감한 일이다. 하지만 좌부승지가 이렇게 간곡하게 말하니 거절할 수 없겠다."라고 하고 비변사에 명령하여 좌부승지의 의견대로 즉시 시행하게 조치하였다. 이후 강계 파수보에 관한 제반 사항은 영조 대에 그대로 유지되었다.

① 영조 4년 한 해 동안 파졸 1인이 파수보에 있는 시간은 영조 2년보다 2배로 늘었을 것이다.

② 강계의 파수보에 배치된 파졸은 평안도 지역의 군역 대상자 중에서 평안병사가 선발하였을 것이다.

③ 영조 4년 한 해 동안 강계 지역에서 채취된 산삼의 수량은 2년 전에 비해 절반으로 줄었을 것이다.

④ 김수의 부임 이전에 강계에 배치된 파졸들의 최대 사망 원인은 굶주림과 호랑이에 의한 피해였을 것이다.

⑤ 영조 3년 5월에 비해 다음 해 5월 강계의 파수보에서 파수 근무해야 하는 1일 인원수가 줄어들었을 것이다.

문 23. 다음 글에서 알 수 없는 것은?

　21세기 들어 서울을 비롯한 아시아의 도시들은 이전 세기와는 또 다른 변화를 겪고 있다. 인문·예술 분야의 종사자들이 한 장소에 터를 잡거나 장소를 오가면서 종전과 다른 새로운 미학과 감정을 부여하여 그 장소들의 전반적 성격을 변화시키고 있기 때문이다. 이들은 오래된 기존의 장소를 재생시키거나 새로운 장소로 만들어 냈다. 개발로부터 소외되었던 장소의 오래된 건물이나 좁은 골목길 등을 재발견하고 새로운 감각, 서사, 감정을 끌어냈다. 그런데 얼마 지나지 않아 이 새로운 변화를 만들어 낸 사람들이 원주민들과 함께 이곳에서 쫓겨나 다른 곳으로 옮겨가는 현상이 나타났다. 이를 함축적으로 지칭하는 용어가 '젠트리피케이션'이다. 이는 흔히 '도심의 노동계급 거주 지역이나 비어 있던 지역이 중간계급의 거주 및 상업 지역으로 변환되는 것'을 의미한다.

　서양 도시의 젠트리피케이션에서 기존 도시 공간이 중간계급의 주택가와 편의 시설로 전환되는 과정은 구역별로 점진적으로 진행된다. 반면 아시아 도시의 젠트리피케이션은 다소 다른 양상을 띤다. 기존 도시 공간이 대량의 방문객을 동반하는, 소비와 여가를 위한 인기 장소를 갖춘 상권으로 급격하게 전환되는 형태이다. 임대료가 상대적으로 싸지만 독특한 매력을 갖춘 문화·예술 관련 장소가 많던 곳에 점차 최신 유행의 카페, 레스토랑 등이 들어선다. 주택가의 상권 전환과 더불어 기존 상권의 성격 전환이 일어나는 것이다.

　이런 상업적 전치(轉置)의 부정적 양상은 부동산 중개업자의 기획, 임대업주의 횡포, 프랜차이즈 업체의 진출로 정점을 찍는다. 부동산 가격과 임대료의 상승으로 그곳에서 거주하거나 사업을 하던 문화·예술인과 원주민들이 다른 곳으로 밀려난다. 임대료를 감당하지 못하거나 재계약을 거부당하기도 하고 건물이 철거되어 재건축되기도 한다. 이런 상업적 전치는 다양한 모습으로 나타나지만 과정이 자발적이지 않다는 점은 공통된다. 창의적 발상으로 만들어지고 운영되면서 그저 상업적이라고만 부르기 힘들었던 곳들이 체계적 전략을 가진 최신의 전문적 비즈니스 공간으로 대체된다. 그리고 이곳에서 밀려날까 봐 불안한 사람들이 불만, 좌절, 분노 등이 집약된 감정에 사로잡힌다.

① 21세기 들어 서양의 도시에서는 중간계급이 도심 지역으로 이주하는 현상이 활발하게 나타났다.
② 상업적 전치 과정에서 원주민의 비자발적인 이주가 초래될 뿐 아니라 원주민의 감정적 동요가 발생한다.
③ 서양 도시의 젠트리피케이션에 비해 아시아의 도시에서 발생한 젠트리피케이션은 상권 개발에 집중되는 경향을 띤다.
④ 한국의 젠트리피케이션으로 인한 도시 변화의 속도는 서양의 젠트리피케이션으로 일어난 도시 변화의 속도보다 빠르다.
⑤ 21세기의 한국에서 일어난 기존 장소의 재생이나 재창조와 같은 도시 변화는 인문·예술 분야 종사자가 촉발하고 이끌었다.

문 24. 다음 글에서 알 수 있는 것은?

　'가짜 뉴스'란 허위의 사실을 고의적으로 유포하기 위해 언론 보도의 형식을 차용해 작성한 정보이다. 사람들이 가짜 뉴스의 수용 여부를 정할 때 그 뉴스가 자신의 신념에 얼마나 부합하는지가 영향을 미친다. 이는 자신의 신념을 보호하기 위해 그것에 부합하는 정보는 긍정적으로 평가하되, 부합하지 않는 정보는 부정적으로 평가하는 편향적인 정보 처리의 결과이다. 특히, 자신의 신념과 부합하지 않는 가짜 뉴스의 경우 그것이 언론 보도의 외피를 두르고 있어서 인지부조화를 발생시키는데, 이로 인해 해당 뉴스를 부정적으로 평가함으로써 인지부조화를 해소하려는 경향이 있다.

　이러한 편향적 사고는 가짜 뉴스가 가짜임을 밝힌 팩트체크의 효과에도 영향을 미친다. 자신의 신념이 가짜 뉴스와 부합할 때와 부합하지 않을 때 팩트체크 효과의 양상은 다르게 나타난다. 우선, 자신의 신념에 부합하지 않는 가짜 뉴스에 대해서는 원래부터 해당 뉴스가 가짜일 것이라는 생각을 가졌을 것이므로 가짜임을 판명하는 팩트체크의 결과를 접하더라도 인지부조화로 인한 내적 갈등의 발생 여지가 크지 않다. 오히려 팩트체크 전에 채 해소되지 않았던 인지부조화가 팩트체크를 통해 해소된다. 따라서 체계적인 정보 처리 대신 피상적인 정보 처리가 주로 이루어지게 된다. 이 경우 팩트체크에서 활용한 정보의 품질이 얼마나 우수한가보다는 정보의 출처가 얼마나 신뢰할 만하다고 생각하는지가 팩트체크의 효과에 더 영향을 미친다.

　반면, 자신의 신념에 부합하는 가짜 뉴스의 경우에는 그 뉴스가 가짜라는 팩트체크의 결과를 접하게 되면 자신의 신념과 팩트체크의 결과가 다른 데에서 심각한 인지부조화가 발생하게 되어 오히려 팩트체크의 진실성을 의심하게 된다. 또한 인지부조화에 따른 내적 갈등을 해소하기 위한 의도적 노력의 일환으로 어떻게든 팩트체크의 결과를 부정할 수 있는 근거를 찾아내기 위해 체계적이고 논리적인 정보 처리를 시도하게 된다. 그 결과 자신의 신념이 가짜 뉴스와 부합하지 않을 때와는 달리, 이 경우에는 팩트체크 자체가 얼마나 우수한 품질의 정보를 확보하고 있는지가 팩트체크의 효과에 더 큰 영향을 미친다.

① 가짜 뉴스로 인해 인지부조화가 발생한 사람이 그 뉴스에 대한 팩트체크 결과를 판단하려 할 경우는 팩트체크에서 활용한 정보 출처의 신뢰도에 주로 관심을 둔다.
② 사람들은 자신의 신념에 부합하지 않는 가짜 뉴스가 가짜라는 팩트체크 결과를 접하게 되면 주로 정보의 품질에 의존하여 인지부조화를 해소하려 한다.
③ 가짜 뉴스가 자신의 신념에 부합하는 사람이 그렇지 않은 사람보다 팩트체크에서 활용한 정보의 출처를 더 중시한다.
④ 가짜 뉴스로 인해 인지부조화가 발생한 경우 그 뉴스에 대한 팩트체크의 결과에 의해서도 인지부조화가 발생한다.
⑤ 정보 출처의 신뢰도보다 정보의 품질이 팩트체크의 효과에 더 영향을 미친다.

문 25. 다음 글의 ㉠~㉤을 문맥에 맞게 수정한 것으로 가장 적절한 것은?

가상의 물질 X에 대한 두 가설을 생각해 보자. 첫 번째는 'X는 1,000℃ 미만에서 붉은빛을 내며, 1,000℃ 이상에서는 푸른빛을 낸다.'라는 가설이다. 두 번째는 'X는 1,000℃ 미만에서 붉은빛을 내며, 1,000℃ 이상에서는 푸른빛을 내지 않는다.'라는 가설이다. ㉠ 이 두 가설은 동시에 참일 수는 없지만 동시에 거짓일 수는 있다. 이제 'X가 700℃에서 붉은빛을 낸다.'라는 사실이 관찰되었다고 하자. 이는 X에 대한 두 가설의 예측과 일치한다. 따라서 이 관찰 결과는 두 가설 모두에 긍정적인 증거라고 할 수 있다. 이렇듯 하나의 관찰 결과가 서로 양립불가능한 가설 모두에 긍정적인 증거가 될 수 있는데, 증거관계의 이러한 특징을 '증거관계 제1성질'이라고 하자.

한편, 위의 첫 번째 가설은 'X는 1,000℃ 미만에서 붉은빛을 내거나 푸른빛을 내지 않는다.'라는 가설을 함축한다. 첫 번째 가설이 참일 때 이 가설 역시 참일 수밖에 없기 때문이다. 'X가 700℃에서 붉은빛을 낸다.'라는 관찰 결과는 첫 번째 가설의 긍정적 증거이므로 이 가설에 대해서도 긍정적인 증거가 된다. 이런 점에서 '어떤 관찰 결과가 가설의 긍정적인 증거라면, 그 관찰 결과는 ㉡ 해당 가설이 함축하고 있는 다른 가설에도 긍정적인 증거이다.'라는 진술은 충분히 받아들일 수 있는 것으로 보인다. 이를 '증거관계 제2성질'이라고 하자.

마지막으로 우리는 '어떤 관찰 결과가 가설의 긍정적인 증거라면, 그 관찰 결과는 그 가설이 거짓이라는 것에 대한 부정적인 증거이다.'라는 진술도 받아들일 수 있다. 위에서 언급한 관찰 결과는 'X는 1,000℃ 미만에서 붉은빛을 낸다.'라는 것의 긍정적인 증거이다. 그렇다면 그 관찰 결과가 '㉢ X는 1,000℃ 미만의 어떤 온도에서는 붉은빛을 내지 않는다.'의 부정적인 증거인 것은 분명하다. 이런 특징을 '증거관계 제3성질'이라고 하자.

이 증거관계의 세 가지 성질은 설득력이 있어 보인다. 하지만 이 성질들은 서로 충돌한다. 예를 들어, 가설 H1과 H2가 양립불가능하며, 관찰 결과 O가 가설 H1의 긍정적 증거라고 가정하자. 그렇다면 ㉣ H2가 거짓이라는 것은 H1을 함축하기 때문에, 증거관계 제2성질에 의해서 O는 H2가 거짓이라는 것에 대한 긍정적 증거가 된다. 그리고 증거관계 제3성질에 의해서 ㉤ O는 H2가 거짓이 아니라는 것에 대한 부정적 증거일 수밖에 없게 된다. 이러한 결과는 증거관계 제1성질이 제3성질과 충돌한다는 것을 보여준다. 이렇게 볼 때 위에서 언급한 증거관계의 세 성질이 동시에 성립할 수 없다고 결론 내려야 한다.

① ㉠을 "이 두 가설은 동시에 참일 수 없으며 동시에 거짓일 수도 없다"로 바꾼다.
② ㉡을 "해당 가설을 함축하고 있는 다른 가설에도 긍정적인"으로 바꾼다.
③ ㉢을 "X는 1,000℃ 이상에서도 붉은빛을 낸다"로 바꾼다.
④ ㉣을 "H1은 H2가 거짓이라는 것을 함축"으로 바꾼다.
⑤ ㉤을 "O는 H2가 거짓이 아니라는 것에 대한 긍정적 증거일 수밖에 없게 된다"로 바꾼다.

문 26. 다음 글의 빈칸에 들어갈 내용으로 가장 적절한 것은?

어떤 수를 나누어떨어지게 하는 수를 약수라고 한다. 예를 들어 20의 약수는 1, 2, 4, 5, 10, 20이다. 소수는 자연수 중에서 1과 자신 이외의 수로는 나누어떨어지지 않는 수를 말한다. 이때 1은 소수가 아니라고 본다. 수학자들은 '1을 제외한 모든 자연수가 소수이거나 소수를 약수로 가진다.'라는 것을 증명했다. 더 나아가 수학자들은 '소수는 무한히 많다.'라는 명제를 증명하고 싶어 했다. 그런데 소수를 일일이 꼽아보는 과정을 통해서는 원하는 증명을 얻을 수 없다. 대신 수학자들은 논증을 통해 이 명제를 증명했는데, 이는 '임의의 소수 N에 대해서 N보다 큰 소수가 존재한다.'라는 것을 보임으로써 이루어진다.

우선 1부터 자연수 N 사이의 모든 자연수를 곱한 수, $1×2×3×\cdots×N$, 즉 $N!$을 생각해 보자. 이 수는 N까지의 모든 자연수로 나누어떨어진다. 그렇다면 $N!$에 1을 더한 수, $(N!+1)$은 어떤가? 이 수는 2로 나누어도 1이 남고, 3으로 나누어도 1이 남고, N으로 나누어도 1이 남는다. 따라서 $(N!+1)$은 2에서 N까지의 어떤 소수로도 나누어떨어지지 않는다. 그렇다면 _____. $(N!+1)$이 소수일 경우에는 $(N!+1)$은 N보다 크므로 N보다 큰 소수가 존재한다. $(N!+1)$이 그보다 작은 소수로 나누어떨어지는 경우에도, 그 소수는 N보다 클 수밖에 없다. 따라서 이런 경우에도 N보다 큰 소수가 존재한다. 이는 임의의 자연수에 대해서 참이므로, N이 소수인 경우에도 참이다. 즉 임의의 소수 N에 대해서, N보다 큰 소수가 존재한다는 것을 알 수 있다.

① $(N!+1)$은 소수이다
② $(N!+1)$은 소수이거나, N보다 작은 소수를 약수로 갖는다
③ $(N!+1)$은 소수이거나, N보다 크고 $(N!+1)$보다 작은 소수를 약수로 갖는다
④ $(N!+1)$은, N보다 크고 $(N!+1)$보다 작은 소수를 약수로 갖는다
⑤ $(N!+1)$은 소수가 아니고, N보다 크고 $(N!+1)$보다 작은 소수를 약수로 갖는다

문 27. 다음 글의 ㉠~㉣에 들어갈 말을 적절하게 나열한 것은?

"미래에 받기로 되어 있는 100만 원을 앞당겨 현재에 받는다면 얼마 이상이어야 수용할까?" 만일 누군가 미래 100만 원의 가치가 현재 100만 원의 가치보다 작다고 평가하면, 현재에 받아야 되는 금액은 100만 원보다 적어도 된다. 이때 현재가치는 미래가치를 할인하여 계산된다. 반대로 미래 100만 원이 현재 100만 원보다 가치가 크다고 판단하면 현재에 받는 금액은 100만 원보다 많아야 하고, 현재가치는 미래가치를 할증하여 계산된다.

이와 같이 현재가치를 계산하기 위한 미래가치의 할인 혹은 할증의 개념은 시간선호와 밀접하게 관련되어 있다. 시간선호는 선호하는 시점에 따라 현재선호가 될 수도 있고 미래선호가 될 수도 있다. 만일 누군가가 미래보다 현재를 선호한다면 그는 현재선호 성향을 가진 사람이고, 이들은 현재가치를 계산할 때 미래가치를 할인한다. 반대로 현재보다 미래를 선호한다면 미래선호 성향이라고 하고, 이 경우 현재가치를 계산할 때 미래가치를 할증한다.

그러나 시간 자체에 대한 선호 여부와 상관없이 가치를 할인하거나 할증할 수도 있다. 예컨대 현재보다 미래를 선호하는 성향을 가졌음에도 예상치 못한 사고가 발생하여 큰돈이 필요하다면 미래가치의 [㉠]을 선택할 수밖에 없다. 요컨대 현재선호는 할인의 [㉡]이 아닌 것이다.

이제 누군가가 1년 뒤의 100만 원과 현재의 90만 원을 동일하게 평가한다고 가정해 보자. 이와 같은 선택의 결과만 보았을 때는 그 사람은 할인을 하고 있는 것이 분명하지만, 이 선택의 결과가 현재선호 때문이라고 확언할 수는 없다. 그 사람이 1년 뒤의 물가가 변동할 것으로 예상한다면, 물가와 반대 방향으로 움직이는 화폐가치의 변동이 그 사람의 의사결정에 영향을 미칠 수도 있다. 물가가 큰 폭으로 [㉢] 것으로 예상하면서도 1년 뒤보다 낮은 수준의 현재 금액을 1년 뒤와 동일하게 평가한다면, 이는 현재선호 때문일 가능성이 크다. 반면 그 사람이 물가가 크게 [㉣] 것으로 확신하여 1년 뒤보다 낮은 수준의 현재 금액을 1년 뒤와 동일하게 평가한다면, 현재선호 때문일 가능성은 위의 상황보다 상대적으로 작아진다.

	㉠	㉡	㉢	㉣
①	할인	필요조건	내릴	오를
②	할인	필요조건	오를	내릴
③	할인	충분조건	내릴	오를
④	할증	필요조건	내릴	오를
⑤	할증	충분조건	오를	내릴

문 28. 다음 글에 비추어 볼 때, 〈사례〉에 대해 추론한 것으로 적절한 것만을 〈보기〉에서 모두 고르면?

우리는 여러 대상들에 대하여 다른 선호를 가지고 있다. 그러면 이 선호를 어떻게 비교할 수 있을까? 예를 들어 생각해보자. 갑은 한식, 중식, 일식, 양식 각각에 대한 선호도를 정량화할 수는 없지만, 그 좋아하는 정도는 한식이 제일 크고 일식이 제일 작다는 것은 분명히 알고 있다. 그러면 실제로 한식과 일식을 좋아하는 정도와 상관없이, 이를 각각 1과 0으로 둔다. 그리고 다음의 두 가지 대안을 놓고 선택하게 하면, 한식·일식에 비추어 다른 음식을 좋아하는 순위도 알 수 있다.

A : 무조건 중식을 먹는다.
B : 한식을 먹을 확률이 0.7, 일식을 먹을 확률이 0.3인 추첨을 한다.

B를 선택할 때 갑이 느끼는 만족의 기댓값은 0.7이다. 따라서 갑이 A와 B 가운데 어떤 선택이라도 상관없다고 생각한다면, 그가 중식을 좋아하는 정도는 0.7이 된다. 한편, 갑이 둘 중 B를 선택한다면 그가 중식을 좋아하는 정도는 0.7보다 작고, A를 선택한다면 그 정도는 0.7보다 크다.

이와 같은 방식을 다른 음식에도 적용하면, 모든 음식의 선호를 비교할 수 있다. 우리가 어떤 음식을 얼마나 좋아하는지 비록 그 절대적 정도를 알 수는 없어도, 다른 음식을 통하여 선호의 순위를 따져볼 수는 있는 것이다.

〈사 례〉

을이 한식, 중식, 일식, 양식 중 좋아하는 정도는 양식이 제일 크고 중식이 제일 작다. 을은 C와 D 중 D를 선택하고, E와 F 중 어떤 대안을 선택해도 상관하지 않는다.

C : 무조건 한식을 먹는다.
D : 양식을 먹을 확률이 0.8, 중식을 먹을 확률이 0.2인 추첨을 한다.
E : 무조건 일식을 먹는다.
F : 양식을 먹을 확률이 0.3, 중식을 먹을 확률이 0.7인 추첨을 한다.

〈보 기〉

ㄱ. 을은 일식보다 한식을 더 좋아할 것이다.
ㄴ. 을은 E보다 "양식을 먹을 확률이 0.5, 중식을 먹을 확률이 0.5인 추첨을 한다."라는 대안을 선택할 것이다.
ㄷ. 을의 음식 선호도가 중식이 제일 높고 양식이 제일 낮은 것으로 바뀌고 각 대안에 대한 선택 결과는 〈사례〉와 동일하다면, 을은 한식보다 일식을 더 좋아할 것이다.

① ㄱ
② ㄴ
③ ㄱ, ㄷ
④ ㄴ, ㄷ
⑤ ㄱ, ㄴ, ㄷ

문 29. 다음 대화에 대한 분석으로 적절한 것만을 〈보기〉에서 모두 고르면?

> A : 용기라는 덕목에 대해서 생각해 봅시다. 당신은 용기 있는 사람이라면 누구나 대담하다고 생각하나요?
>
> B : 그럼요. 그런 사람은 많은 사람이 두려워하는 일들을 대담하게 수행하지요.
>
> A : 높은 전봇대에 올라가 고압 전류를 다루는 전기 기사나 맹수를 길들이는 조련사는 모두 대담한 사람들이 맞겠죠?
>
> B : 그럼요. 당연하지요.
>
> A : 그럼 그들이 그렇게 대담할 수 있는 이유가 뭘까요?
>
> B : 그것은 전기 기사는 전기에 대해서, 조련사는 맹수에 대해서 풍부한 지식을 지닌 지혜로운 사람들이기 때문이라고 생각합니다. 지혜로운 사람들이란 누구나 자연스럽게 대담해지지요.
>
> A : 저도 동의합니다. 그런데 혹시 어떤 일에 완전히 무지해서 지혜라고는 전혀 없으면서도 대담하다는 것은 인정할 수밖에 없는 사람을 본 적이 있으십니까?
>
> B : 물론이죠. 있고 말고요.
>
> A : 그럼 그런 사람도 용기가 있다고 해야 할까요?
>
> B : 글쎄요. 그랬다간 용기가 아주 추한 것이 되겠지요. 그런 자라면 용기 있는 사람이 아니라 정신 나간 사람입니다.
>
> A : 그렇다면 [　　　　　 ㉠ 　　　　　]라고 추론할 수 있겠군요.

> ───── 〈보 기〉 ─────
>
> ㄱ. "용기 있는 사람은 누구나 지혜롭다."라는 진술은 ㉠에 들어가기에 적절하다.
>
> ㄴ. B의 견해에 따르면, 지혜롭기는 하지만 용기가 없는 사람은 있을 수 없다.
>
> ㄷ. 만약 B가 마지막 진술만 번복하여 '대담한 사람은 모두 용기가 있다.'라고 인정한다면, 세종대왕이 지혜로운 사람이라는 추가 정보를 통해 그가 용기 있는 사람이라고 추론할 수 있다.

① ㄱ
② ㄴ
③ ㄱ, ㄷ
④ ㄴ, ㄷ
⑤ ㄱ, ㄴ, ㄷ

문 30. 다음 글의 내용이 참일 때 반드시 거짓인 것은?

> 갑, 을, 병 세 사람이 A, B, C, D, E, F, G, H의 총 8권의 고서를 나누어 소장하고 있다. 이와 관련해 다음과 같은 사실이 알려져 있다.
>
> • 갑이 가장 많은 고서를 소장하고 있으며, 그 다음은 을이며, 병은 가장 적은 수의 고서를 소장하고 있다.
>
> • A, B, C, D, E는 서양서이며, F, G, H는 동양서이다.
>
> • B를 소장한 이는 D도 소장하고 있으나 C는 소장하고 있지 않다.
>
> • E를 소장한 이는 F도 소장하고 있으나 그 외 다른 동양서를 소장하고 있지는 않다.
>
> • G를 소장한 이는 서양서를 소장하고 있지 않다.
>
> • H는 갑이 소장하고 있다.

① 갑은 A와 D를 소장하고 있다.
② 을은 3권의 책을 소장하고 있다.
③ 병은 G를 소장하고 있다.
④ C를 소장한 이는 E도 소장하고 있다.
⑤ D를 소장한 이는 F도 소장하고 있다.

문 31. 다음 글의 내용이 참일 때 반드시 참인 것은?

> 프랜차이즈 회사 갑은 올해 우수매장을 선정했는데 선정 과정에 본사 경영진이 개입했다는 주장이 있지만 이는 아직 불분명하다. 본사 경영진이 우수매장 선정에 개입했다면, A매장이 선정되었을 것이다. 한편 B매장이 선정되었다면, 우수매장 선정에 본사 경영진이 개입했다는 주장이 거짓임이 밝혀진 셈이다. 최종 선정된 우수매장 후보는 A와 B매장 둘뿐이며 이 중 한 군데만이 선정될 상황이었다. 만약 A매장이 우수매장으로 선정되었다면, 갑의 매장 대부분이 본사 직영점이라는 주장이 거짓임이 밝혀졌을 것이다. 또한, B매장이 우수매장으로 선정되었다면, 갑의 매장은 모두 방역 클린 매장이라는 주장과 모두 친환경 매장이라는 주장이 둘 다 거짓인 것은 아니다. 10년째 영업 중인 갑의 B매장은 방역 클린 매장이지만 친환경 매장은 아니다.

① 갑의 올해 우수매장 선정에 본사 경영진의 개입이 없었다면, A매장이 선정되었을 것이다.
② 갑의 매장 대부분이 본사 직영점이라면, 갑의 매장은 모두 방역 클린 매장이다.
③ 갑의 매장 중에는 본사 직영점도 아니고 친환경 매장도 아닌 곳이 있다.
④ 우수매장으로 선정된 곳은 방역 클린 매장이자 친환경 매장이다.
⑤ 갑의 매장 중 방역 클린 매장이 아닌 곳도 있다.

문 32. 다음 글에 대한 분석으로 적절한 것만을 〈보기〉에서 모두 고르면?

㉠ 힘센 국가나 조직이 지구의 기상을 마음대로 조작하고 있다는 음모론은 수십 년 전부터 사람들의 입에 오르내려 왔다. 이에 따르면 수십 년 전부터 강대국들은 군사적 목적으로 기류의 흐름을 조종하고 폭풍우를 임의로 만들어내고, 적국에 한파나 폭염을 불러일으키는 등의 날씨를 조작하는 환경전(環境戰)을 펼쳐 왔다. 이들 중 특히 C단체에 따르면 ㉡ 산업 현장 등에서 배출하는 과다한 온실 기체 때문에 지구온난화 현상이 일어나는 것이 아니다. 이들은 ㉢ 강대국 정부가 군사적 목적에서 행하는 비밀스러운 기상조작 활동 때문에 지구온난화 현상이 일어난다고 주장한다.

C단체가 이렇게 주장하는 근거는 무엇인가? 이와 관련하여 이들은 ㉣ 기상조작 기술을 군사적 혹은 상업적으로 이용 및 수출하는 것을 금지하는 국제 통상 조항이 있다는 사실에 주목한다. 바로 이것이 ㉤ 기상조작 기술을 실제로 군사적 혹은 상업적으로 이용하고 있다는 증거라는 것이다. 그리고 C단체는 재해 예방을 위한 인공강우 활용 사례들이 보여주는 것처럼 기상조작 기술은 이미 실용화된 기술이라는 점도 지적한다. 이 때문에 이들은 ㉥ 기상조작 기술이 손쉽게 군사적으로 전용될 수 있다고 여긴다. 이에 더해 ㉦ 강대국 정부들은 자국의 기업들이 지구온난화의 책임으로 납부하는 거액의 세금을 환영한다는 사실 역시 정부가 실제로 기상조작 행위를 수행하고 있음을 보여준다고 C단체는 말한다.

그러나 지구온난화 현상이 일으키는 국가적 비용은 음모론자들이 말하는 환경전을 통해 얻을 수 있는 재정상의 이익을 압도한다. 그렇기에 정부가 그런 비용을 치르면서까지 기상조작을 수행할 이유가 없다. 따라서 기상조작 음모론은 터무니없다.

〈보 기〉

ㄱ. ㉠에 동의해도 ㉡에 동의할 필요는 없다.
ㄴ. ㉣, ㉥, ㉦에 모두 동의한다면 ㉢에 동의해야 한다.
ㄷ. 무언가가 실제로 행해지고 있을 때만 그것을 금지하는 규정이 존재한다고 전제하면 ㉣로부터 ㉤이 도출된다.

① ㄱ
② ㄴ
③ ㄱ, ㄷ
④ ㄴ, ㄷ
⑤ ㄱ, ㄴ, ㄷ

문 33. 다음 글에 비추어 볼 때, 〈실험〉에 대한 판단으로 적절한 것만을 〈보기〉에서 모두 고르면?

벼농사를 짓던 농부들은 어떤 어린 벼가 정상 벼에 비해 지나치게 빠르게 생장하여 낟알을 형성하기도 전에 죽는 것을 목격하였다. 과학자들은 이 질병이 특이 곰팡이 A의 감염으로 유발됨을 밝혀내었다. 과학자들은 이 곰팡이를 배양한 배양액을 여과한 후 충분히 끓여 배양액 속에 있던 곰팡이를 모두 제거하였다. 이렇게 멸균된 배양액이 여전히 어린 벼의 빠른 생장을 유도한다는 사실로부터 과학자들은 곰팡이가 만든 물질 B에 의해 식물의 생장이 촉진된다는 것을 밝혀내었는데, 이후에는 정상 식물에서도 물질 B가 발견되었다.

물질 B가 식물 생장에 영향을 미치는 유일한 경로가 과학자들의 추가 연구를 통해 밝혀졌다. 정상 식물에서 단백질 P는 식물의 생장을 촉진하는 물질의 유전자 발현을 일으킨다. 세포 내 단백질 Q는 단백질 P에 결합해 단백질 P의 생장 촉진 기능을 억제한다. 한편 물질 B가 세포 외부에서 내부로 들어오게 되면 물질 B는 복합체 M을 형성한다. 그리고 이 복합체 M은 P−Q 결합체에 작용하여 단백질 Q를 단백질 P에서 분리시킨다. 그러면 단백질 P는 단백질 Q와의 결합으로 억제되었던 원래 기능, 즉 식물의 생장을 촉진하는 물질의 유전자 발현을 일으키는 기능을 회복한다.

〈실 험〉

• 실험1 : 식물 C_1은 돌연변이 때문에 키가 정상보다 크게 자라는 식물인데, 물질 B를 주입해도 생장에는 특별한 변화가 없었다.
• 실험2 : 식물 C_2는 돌연변이 때문에 키가 정상보다 작게 자라는 식물인데, 물질 B를 주입해도 생장에는 특별한 변화가 없었다.

〈보 기〉

ㄱ. 식물 C_1에서 물질 B가 세포 외부에서 세포 내부로 들어갈 수 없게 되었다는 것은 C_1의 돌연변이 현상과 실험1의 결과를 모두 설명할 수 있다.
ㄴ. 식물 C_1에서 단백질 P에 대한 단백질 Q의 작용이 일어나지 않게 되었다는 것은 C_1의 돌연변이 현상과 실험1의 결과를 모두 설명할 수 있다.
ㄷ. 식물 C_2에서 P−Q 결합체에 대한 복합체 M의 작용이 일어나지 않게 되었다는 것은 C_2의 돌연변이 현상과 실험2의 결과를 모두 설명할 수 있다.

① ㄱ
② ㄴ
③ ㄱ, ㄷ
④ ㄴ, ㄷ
⑤ ㄱ, ㄴ, ㄷ

문 34. 다음 글의 A와 B에 대한 분석으로 적절한 것만을 〈보기〉에서 모두 고르면?

> 기체에 고전역학의 운동방정식을 직접 적용해야 하는지에 대하여 물리학자 A와 B는 다음과 같은 의견을 제시했다.
>
> A : 기체 상태 변화를 예측하기 위해서 고전역학을 직접 적용할 필요가 없다. 작은 부피의 기체에도 엄청나게 많은 수의 분자가 포함되어 있고, 이들은 복잡하게 운동하므로 개별 분자의 운동을 예측하기 위해서는 방대한 양의 고전역학의 운동방정식을 풀어야 한다. 반면, 기체 상태 변화를 예측하는 데 쓰이는 거시적 지표인 온도, 압력, 밀도 등의 물리량은 평균적 분자운동에 관한 것이기 때문에, 그것들을 얻기 위해 각 분자의 운동을 분석할 필요가 없다. 개별 분자의 운동을 정확히 알지 못하더라도 분자의 집단적인 운동은 통계적 방법만으로 분석할 수 있다.
>
> B : 모든 개별 분자의 운동 상태를 결정하는 것은 어렵지만 필요하다. 기체와 관련된 대부분의 현상에서, 개별 분자가 아닌 분자 집단에 대한 분석을 통해 평균속도를 포함한 기체 상태 변화에 대한 정보를 알아낼 수 있다는 사실에는 동의한다. 하지만 통계적 방법을 적용하기 어려운 상황에서는 기체 상태 변화를 정확히 예측할 수 없는 경우가 있다는 것에 주목해야 한다. 이때에는 분자와 분자의 충돌이나 각 분자의 운동에 대한 개별 방정식을 푸는 것이 필요하다. 외부에서 주어지는 힘 등의 조건을 이용하여 운동방정식을 계산하면 어떤 경우라도 개별 분자들의 위치와 속도를 포함하여 기체에 대한 완전한 정보를 얻을 수 있으므로, 이런 상황을 설명하는 데에도 아무 문제가 없다. 이런 정보들을 종합하면 모든 기체 상태 변화와 관련된 거시적 지표의 변화를 예측할 수 있다.

〈보 기〉

ㄱ. A는 개별 기체 분자의 운동을 완전히 예측하는 것이 불가능하다는 것에 동의한다.

ㄴ. B는 개별 기체 분자의 운동과 관련된 값을 계산하는 것보다는 이들의 집단적 운동을 탐구하는 것이 더 다양한 기체 상태 변화를 예측할 수 있다는 것에 동의한다.

ㄷ. 기체 분자 집단의 운동을 통계적 방법으로 분석하는 것으로는 기체 상태 변화 예측이 불가능한 경우가 있다는 것에 A는 동의하지 않지만, B는 동의한다.

① ㄴ

② ㄷ

③ ㄱ, ㄴ

④ ㄱ, ㄷ

⑤ ㄱ, ㄴ, ㄷ

문 35. 다음 논쟁에 대한 분석으로 적절한 것만을 〈보기〉에서 모두 고르면?

> 갑 : 신의 존재는 확신할 수 없지만, 신을 믿는 선택을 하지 않는 것은 비합리적이다. 신을 믿는 선택을 한다고 해 보자. 신이 존재한다면 사후에 무한한 행복을 얻게 될 것이고, 신이 존재하지 않는다면 생전에 얻은 행복이 전부이며 그 양은 유한할 것이다. 신이 존재할 확률은 적어도 0보다는 클 것이다. 그렇다면 신을 믿는 선택을 통해 얻게 될 행복의 기댓값은 무한대가 될 것이다. 이제 신을 믿지 않는 선택을 한다고 해 보자. 그러면 행복은 생전에 얻은 것이 전부일 것이며 그 값은 유한하므로 신을 믿지 않는 선택을 통해 얻게 될 행복의 기댓값은 유한하다. 우리는 기댓값이 최대가 아닌 선택을 하는 것은 비합리적이라는 일반 원칙을 받아들인다. 따라서 신을 믿는 선택을 하지 않는 것은 비합리적이다.
>
> 을 : 그 일반 원칙은 나도 받아들인다. 하지만 신을 믿는 선택을 하지 않는 것이 늘 비합리적인 것은 아니다. 동전을 던져 앞면이 나오면 신의 존재를 믿고, 뒷면이 나오면 믿지 않는 식으로 신의 존재에 관한 믿음 여부를 결정한다고 해 보자. 이때 앞면이 나오면, 신을 믿게 되고 행복의 기댓값은 무한대가 될 것이다. 뒷면이 나오면, 신을 믿지 않게 될 것이고 행복의 기댓값은 유한할 것이다. 앞면이 나올 확률은 1/2이므로 1/2의 확률로 무한한 기댓값을 얻게 된다. 무한한 기댓값을 얻을 확률이 0보다 높기만 하면 결과적으로 신의 존재에 대한 믿음을 동전 던지기로 결정하는 선택의 최종 기댓값 역시 무한대가 된다. 그렇다면 동전 던지기로 신을 믿을지 안 믿을지 결정하는 것이 비합리적이라고 말할 수 없다.

〈보 기〉

ㄱ. 갑과 을은 합리적인 사람은 최대의 기댓값을 가지는 선택을 할 것이라는 점에 동의한다.

ㄴ. 갑은 신을 믿는 선택을 하지 않는 것이 비합리적이라는 것에 동의하지만 을은 그렇지 않다.

ㄷ. 을의 논증에 따르면, 당첨 확률이 매우 낮지만 0보다는 큰 로또 복권에 당첨되면 신을 믿고, 그렇지 않으면 신을 믿지 않기로 하는 것은 신을 믿는 선택만큼 합리적이다.

① ㄱ

② ㄷ

③ ㄱ, ㄴ

④ ㄴ, ㄷ

⑤ ㄱ, ㄴ, ㄷ

문 36. 다음 글의 ⊙을 약화하는 것만을 〈보기〉에서 모두 고르면?

고대 아테네에서는 공적 기관에서 일할 공직자를 추첨으로 선발하였다. 이는 오늘날의 민주정과 구분되는 아테네 민주정의 핵심 특징이다. 아테네가 추첨으로 공직자를 뽑은 이유는 그들의 자유와 평등 개념에서 찾을 수 있다.

아테네 민주정의 고유한 정의 개념은 공직을 포함한 사회적 재화들이 모든 자유 시민에게 고루 배분되어야 한다는 것이다. 이러한 점에서 평등은 시민들이 통치 업무에서 동등한 몫을 갖는다는 의미로서 원칙상 공직을 맡을 기회가 균등할 때 실현가능하다. 바로 추첨이 이러한 평등을 보장해 주는 것이다. 자유의 측면에서도 추첨의 의미를 조명할 수 있다. 아테네에서 자유란 한 개인이 정치체제의 근본 원칙을 수립하는 통치 주체가되는 것이다. 추첨 제도 덕분에 아테네의 모든 시민은 자유를 누리고 있었다고 볼 수 있다. 공적 업무의 교대 원칙과 결합한 추첨 제도를 시행함으로써 아테네 시민은 누구나 일생에 적어도 한 번은 공직을 맡게 될 것이었기 때문이다.

또한 아리스토텔레스가 말한 것처럼, '통치하고 통치받는 일을 번갈아 하는 것'은 민주정의 기본 원칙 가운데 하나이고, 그렇게 통치와 복종을 번갈아 하는 것이 민주 시민의 덕성이기도 했다. 명령에 복종하던 시민이 명령을 내리는 통치자가 되면 자신의 결정과 명령에 영향을 받게 될 시민의 입장을 더 잘 참작할 수 있을 것이다. 자신의 통치가 피지배자에게 어떤 영향을 미칠지 생생하게 예측할 수 있게 되면서 정의로운 결정을 위해 더욱 신중하게 숙고할 것이기 때문에, 시민들이 통치와 복종을 번갈아 한다는 것은 좋은 정부를 만드는 훌륭한 수단이 되는 것이다.

결국 ⊙ 이런 점들을 고려할 때, 추첨식 민주정은 자유와 평등의 이념과 공동체 호혜의 정신을 실천하는 데 적합한 제도였다고 평가할 수 있다.

〈보 기〉

ㄱ. 추첨이 아닌 다른 제도를 통해서도 사실상 공직을 맡을 기회가 모든 시민에게 균등하게 배분될 수 있다.

ㄴ. 사람마다 능력과 적성이 다르며, 능력과 적성에 맞지 않는 일을 하는 사람은 그 일의 진정한 주체가 될 수 없다.

ㄷ. 도덕적 소양을 갖춘 사람이 아니라면, "내가 싫어하는 것은 남들에게 하지 말아야겠어!"라고 생각하기보다 "나도 당했으니 너도 당해봐!"라고 생각하는 경우가 더 흔하다.

① ㄱ
② ㄴ
③ ㄱ, ㄷ
④ ㄴ, ㄷ
⑤ ㄱ, ㄴ, ㄷ

문 37. 다음 글의 A와 B에 대한 평가로 적절한 것만을 〈보기〉에서 모두 고르면?

다음은 적조의 발생을 설명하는 두 가설이다.

A : 적조는 초여름 장마철에 하천으로부터 영양염류가 해양에 유입되어야만 발생한다. 육지의 영양염류는 비가 내리지 않는 기간에는 바다로 유입되지 않으나 장마에 의해 많은 비가 내리면서 바다로 유입된다. 이때는 바닷물이 따뜻하고 영양염류는 충분하지만 충분한 빛이 없어 식물성 플랑크톤의 성장이 활발하게 이루어지지 못한다. 그러다가 장마가 끝나거나 장마 중이라도 비가 멈추고 충분한 일사량이 며칠간 확보되면, 식물성 플랑크톤이 급속한 성장을 하여 적조가 발생하게 된다.

B : 적조는 유기오염 물질이 해양에 누적되어야만 발생한다. 인간에 의해 만들어진 유기오염 물질이 지속적으로 바다로 흘러들면 가라앉아 해저에 퇴적된다. 온도가 낮은 겨울에는 미생물 활성이 제한되어 유기오염 물질의 무기화 과정이 활발하지 않다. 계절이 바뀌어 기온이 상승하고 일사량이 증가하면 퇴적층의 미생물 활성이 점차 높아지게 된다. 그러면 유기오염 물질에서 영양염류가 용출되어 퇴적층 위에 쌓인다. 본래 퇴적층은 수온약층에 의해 해수면과 격리된 상태이므로 해저의 영양염류가 해수면으로 이동할 수 없다. 하지만 해당 해역에 식물성 편모조류가 있다면 영양염류를 해수면으로 운반할 수 있다. 식물성 편모조류는 운동기관인 편모를 가지고 있어 하루에 수십 미터를 이동할 수 있다. 이 방식으로 영양염류가 따뜻한 해수면에 모이고, 이후 충분한 일사량이 며칠간 확보되면 식물성 플랑크톤이 크게 번성하여 적조가 발생한다.

〈보 기〉

ㄱ. 직전 여름에 비가 많이 내린 차가운 겨울 바다에서 적조가 발생하였다면 A와 B 모두 약화된다.

ㄴ. 유기오염 물질이 해저에 퇴적되지 않은 바다에서 적조가 발생하였다면 A와 B 모두 약화된다.

ㄷ. 식물성 편모조류가 서식하지 않고 며칠간 햇빛이 잘 든 바다에서 적조가 발생하였다면 A는 약화되지 않지만 B는 약화된다.

① ㄱ
② ㄴ
③ ㄱ, ㄷ
④ ㄴ, ㄷ
⑤ ㄱ, ㄴ, ㄷ

문 38. 다음 글의 ㉠과 ㉡에 대한 평가로 적절한 것만을 〈보기〉에서 모두 고르면?

A국의 어업 규제는 일정 정도의 크기에 이르지 못한 개체는 잡을 수 없게 하고 있다. 이러한 규제는 ㉠ 큰 개체를 보호하면 그렇지 않은 경우보다 개체 수의 회복이 느리고, 작은 개체를 보호하면 그렇지 않은 경우보다 개체 수의 회복이 빠르다는 가설에 근거하고 있다. 이 가설을 받아들인다면 작은 개체를 많이 잡게 되면 개체 수의 회복이 어려울 것이다. 반면 큰 개체를 많이 잡게 되면, 그 후 작은 개체가 성장하고 번식하여 개체 수가 더 빨리 회복될 수 있을 것이다. 그러나, A국의 생태학자들은 크기를 이용한 이러한 규제가 인위적 선택에 의한 진화적 부작용을 유발할 수 있다는 우려를 나타내고 있다. 이들은 진화이론에 기반하여 도출한 ㉡ 정해진 크기에 해당하는 개체만 잡으면 세대가 지날수록 집단에서 그와 다른 크기의 개체의 비율이 점차 증가한다는 가설을 적용해야 한다고 주장한다. 이 가설을 바탕으로 생태학자들은 현재의 어업 규제와 같이 일정 크기 이상의 개체만 잡게 되면 결국 크기가 작은 개체만 남게 되어, 어족 자원의 질은 나빠질 것이라고 말한다.

이러한 쟁점과 관련하여 한 어류 생태학자는 연안에 서식하는 어류 X를 이용해 실험하였다. 그는 3개의 큰 물탱크를 준비하여 각 탱크에 1,000마리의 X를 넣고, 탱크 각각에 다음 처리를 하였다.

처리1 : 크기가 작은 순으로 900마리의 개체를 제거한다.
처리2 : 크기가 큰 순으로 900마리의 개체를 제거한다.
처리3 : 900마리의 개체를 무작위로 선택하여 제거한다.

이런 처리 이후, 각 탱크에서 개체 수가 회복되기까지 기다렸다. 그런 다음 같은 방식으로 각 탱크의 개체 중 90%를 제거하였다. 이런 식의 시도를 총 4번 반복하였다.

〈보 기〉

ㄱ. 탱크 속 개체 수가 회복되는 시간과 개체의 평균 크기를 비교했을 때, 처리1을 한 탱크와 처리3을 한 탱크 간의 유의미한 차이가 없었다면, ㉠은 강화되지만 ㉡은 약화된다.

ㄴ. 처리2를 한 탱크 속 개체의 수가 처리3을 한 탱크 속 개체의 수보다 빠르게 회복되었지만, 처리2를 한 탱크 속 개체의 평균 크기는 처리3을 한 탱크 속 개체의 평균 크기보다 작아졌다면, ㉠과 ㉡ 모두 강화된다.

ㄷ. 처리3을 한 탱크 속 개체의 수가 처리1을 한 탱크 속 개체의 수보다 빠르게 회복되었지만, 처리3을 한 탱크 속 개체의 평균 크기는 처리1을 한 탱크 속 개체의 평균 크기보다 커졌다면, ㉠은 강화되지만 ㉡은 약화된다.

① ㄱ
② ㄴ
③ ㄱ, ㄷ
④ ㄴ, ㄷ
⑤ ㄱ, ㄴ, ㄷ

※ 다음 글을 읽고 물음에 답하시오. [문 39.~문 40.]

갑은 ㉠ 환원 개념을 통해 과학 이론들의 통일과 진보를 설명할 수 있다고 제안한다. 그에 따르면, 이론 S1이 이론 S2로 환원된다는 것은 S1을 구성하는 모든 법칙을 S2를 구성하는 법칙들로 설명할 수 있다는 것이다. 여기서 설명 가능성이란 환원되는 이론 S1의 법칙들이 환원하는 이론 S2의 법칙들로부터 연역적으로 도출될 수 있어야 한다는 도출 가능성을 의미한다.

연역적 도출로서의 환원은 과학 이론들의 통일에 대해 설득력 있는 그림을 제공한다. 통일 과학을 구성하는 다양한 과학 분야들은 층위를 달리하는 계층 질서를 형성하게 되고, 이 계층 질서의 위쪽에 있는 상부 과학은 기저 역할을 하는 하부 과학으로 환원된다. 즉, [(가)] 과학의 법칙들로부터 [(나)] 과학의 법칙들이 연역적으로 도출되는 것이다. 연역적 도출이라는 관계를 부분과 전체의 관계로 이해하면, 전체에서 부분이 도출되어야 하므로 [(다)] 과학은 [(라)] 과학의 부분이 된다. 또한 이런 그림을 시차를 두고 등장한 과학 이론들에 적용함으로써 과학의 진보를 설명할 수도 있다. 역사 속의 선행 이론과 후행 이론 사이에 연역적 도출로서의 환원 관계가 성립함으로써 과학 변동의 형태가 선행 이론이 후행 이론에 포함되는 관계를 드러낼 때, 그것을 과학의 진보라 부를 수 있다는 것이다.

환원되는 이론 S1과 환원하는 이론 S2 사이에 일부 공유되지 않는 이론적 어휘가 있어서 온전한 포함관계가 성립할 수 없어 보이는 경우도 이런 환원 개념을 적용할 수 있을까? 갑은 그런 경우에는 [(마)] 에서는 사용하지 않지만 [(바)] 에서는 사용하는 용어를 연결해 주는 소위 '교량 원리'를 도입하면 된다고 주장한다. 예를 들어, 고전역학을 양자역학으로 환원할 때, 양자역학에서 사용하지 않는 고전역학 용어인 '입자'를 양자역학에서 사용하는 '양자 파동함수'라는 용어로 바꾸어주는 가교 역할로서 '입자란 양자 파동함수가 뭉쳐 있는 상태이다.'라는 교량 원리를 도입하면 된다는 것이다.

하지만 을은 ㉡ 위와 같은 환원 개념으로는 과학의 통일과 진보를 온전히 설명할 수 없다고 비판한다. 그에 따르면, 갑처럼 어떤 이론을 다른 이론으로 환원한다고 할 때 후자의 법칙으로부터 전자의 법칙을 연역적으로 도출해 낸 결과물이 전자의 법칙과 같아 보이지만, 실은 결코 같을 수가 없다. 연역적 도출은 단지 형식 논리에 따른 계산의 결과물일 뿐이기 때문이다. 예를 들어, 뉴턴 역학의 법칙에서 갈릴레오의 자유 낙하 운동 법칙이 연역적으로 도출된다고 하더라도 그 둘이 같은 것은 아니다. 갈릴레오의 자유 낙하 운동 법칙에서는 가속도가 일정하다고 간주하지만, 뉴턴 역학의 법칙으로부터 도출되는 자유 낙하 운동 법칙에서는 낙하 과정에서 가속도가 미세하나마 꾸준히 변화하는 것으로 간주하기 때문이다. 두 법칙에 따른 계산 결과의 차이가 측정하기 어려울 정도로 미세하다 할지라도 두 법칙의 개념적 내용은 엄연히 다른 것이다.

을에 따르면, 교량 원리에도 마찬가지 문제가 있다. '입자란 양자 파동함수가 뭉쳐 있는 상태이다.'와 같은 모범적인 교량 원리가 제시되더라도, 고전역학의 입자 개념과 양자 파동함수가 뭉쳐 있는 상태로 정의되는 입자 개념이 결코 동일시될 수 없다는 것이다. 심지어 두 이론이 공유하는 용어들도 저마다 그 의미가 다를 수 있다. 예를 들어, 고전역학과 상대성이론은 '질량'이라는 용어를 공유하지만, 질량은 고전역학에서는 각 물체가 지닌 고유한 상수인 반면, 상대성이론에서는 물체의 운동에 따라 바뀌는 변수이기 때문이다.

문 39. 위 글의 (가)~(바)에 들어갈 말을 적절하게 나열한 것은?

	(가)	(나)	(다)	(라)	(마)	(바)
①	하부	상부	상부	하부	S1	S2
②	하부	상부	하부	상부	S1	S2
③	상부	하부	하부	상부	S1	S2
④	하부	상부	상부	하부	S2	S1
⑤	상부	하부	하부	상부	S2	S1

문 40. 위 글의 ㉠과 ㉡에 대한 평가로 적절한 것만을 〈보기〉에서 모두 고르면?

― 〈보 기〉 ―

ㄱ. 두 이론 사이에 연역적 도출을 통한 환원 관계가 성립했다는 판단은 그 두 이론이 공유하는 용어들의 개념적 내용이 같다는 것을 함축한다는 주장이 받아들여지면, ㉠은 강화되고 ㉡은 약화된다.

ㄴ. 뉴턴 역학에는 중세 운동 이론에 등장하는 '임페투스'라는 용어를 연결할 수 있는 원리가 존재하지 않음에도 불구하고 후행 이론인 뉴턴 역학을 선행 이론인 중세 운동 이론으로부터의 과학적 진보로 평가한다는 주장이 받아들여지면, ㉠은 약화되고 ㉡은 강화된다.

ㄷ. 원래는 별개의 영역을 다루는 것으로 알려져 있던 두 이론이 나중에 교량 원리를 이용한 제3의 이론으로부터 둘 다 연역적으로 도출됨으로써 그 세 이론 사이에 포함 관계를 형성하게 된 역사적 사례가 다수 존재한다는 주장이 받아들여지면, ㉠은 강화되고 ㉡은 약화된다.

① ㄱ

② ㄷ

③ ㄱ, ㄴ

④ ㄴ, ㄷ

⑤ ㄱ, ㄴ, ㄷ

01	02	03	04	05	06	07	08	09	10
②	④	①	②	⑤	⑤	③	④	②	⑤
11	12	13	14	15	16	17	18	19	20
⑤	⑤	④	①	③	②	②	③	③	①
21	22	23	24	25	26	27	28	29	30
①	②	①	①	④	③	①	④	③	⑤
31	32	33	34	35	36	37	38	39	40
②	③	④	②	⑤	④	③	④	④	③

01 일치부합

답 ②

난도 하

정답해설

② 호포론이나 구포론은 대변통으로, 신분에 관계없이 군포를 부과하여 양반층이 강력히 저항하였다. 그러나 감필결포론은 소변통으로, 상민이 부담해야 하는 군포를 2필에서 1필로 감축하고, 그 감소분에 대해서만 양반에게 군포를 부과하는 것을 말하며, 양반이 일정 정도 긍정적 반응을 보였다.

오답해설

① 구포론은 귀천을 막론하고 16세 이상의 모든 남녀에게 군포를 거두자는 것이고, 결포론은 경제 능력에 따라 군포를 징수하자는 것이다. 이를 통해 양인의 군포 부담이 구포론보다 결포론에서 더 크다는 사실은 알 수 없다.

③ 균역법은 감필결포론을 제도화한 것으로, 양반은 재정 결손을 보충하기 위해 지배층으로서 양보의 측면에서 군포를 부담하였으므로 면세 특권이 폐지된 것은 아니다.

④ 결포론은 경제 능력에 따라 군포를 부과하여 공평한 조세 부담의 이상에 가장 가까운 방안이었다고 할 수 있지만, 호포론은 가호의 등급을 적용한다고 하더라도 가호마다 부담이 균등할 수 없다는 문제가 존재하였다.

⑤ 호포론은 식구 수에 따라 가호의 등급을 나누고 그 등급에 따라 군포를 부과하자는 주장으로, 연령과는 무관하다.

합격생 가이드

전형적인 일치부합 문제이므로 빠르게 해결하여 시간을 아낄 수 있도록 하여야 한다. 대변통과 소변통에 각각 어떠한 제도가 있는지 지문 옆에 메모를 하며 문제를 풀었다면 실수 없이 빠르게 답을 확인하고 넘어갈 수 있다. 특히 ②가 정답이었으므로, 그 뒤의 선지는 확인하지 않고 넘어가는 융통성이 필요하다.

02 일치부합

답 ④

난도 중

정답해설

④ 건축 재료 값을 관청에서 선불로 지급하고 납품받는 방식인 선혜청의 원공은 1768년(18세기)에 폐지되었다. 18세기에는 조세선보다는 군선과 개인이 소유한 사선의 비중이 커졌지만, 원거리 운송은 조세선이 담당하였다.

오답해설

① 선혜청 또는 도감에 목재를 납품하는 것에 대한 상대적인 수익은 비교할 수 없다.

② 영역부장은 관영 공사에 필요한 건축 재료를 구하고 운송하는 책임을 지고 있었는데, 1789년 패장이 설치되면서 이를 대신하게 되었다. 제시문에서 영역부장이 폐지되었다는 내용은 확인할 수 없다.

③ 관영 공사에 필요한 건축 재료를 운송하는 책임은 영역부장에게 있었지만, 1789년 패장이 설치되면서 관영 공사에 사용하기 위해 구입한 재료를 운송하는 책임을 맡게 되었다.

⑤ 17세기에 관영 공사에 필요한 재료는 도감에서 직접 구하거나 나라에 물자를 납품하는 공인(전인, 도고 상인)으로부터 구할 수 있었다.

합격생 가이드

언어논리에서 1~2번이나 21~22번에 의도적으로 정보가 많고 빨리 풀리지 않는 문제를 넣는 경우가 많다. 따라서 시험 시작부터 문제가 풀리지 않는 것에 대해 패닉하지 않아야 한다. 또한, 일치부합형 문제에서는 문단을 넘나들며 정보를 조합하여 옳고 그름을 판단하는 것이 중요한 만큼 도고 상인, 조세선, 영역부장 등의 키워드가 어떤 역할을 하는지 밑줄이나 메모를 해가며 읽는 것이 좋다.

03 일치부합

답 ①

난도 하

정답해설

① 수치심을 느끼는 사람은 자신의 잘못을 은폐하거나 회피하려고 하며, 부정적인 자신을 향해 심리적 공격의 방향을 맞추려 한다. 반면, 죄책감을 느끼는 사람은 자신이 한 부정적인 행위에 심리적 공격의 방향을 맞춘다. 따라서 수치심을 느끼는 사람이 죄책감을 느끼는 사람보다 자기 평가에서 부정하는 범위가 넓다.

오답해설

② 3문단에 따르면, 자의식적이고 자기 평가적인 감정들인 수치심과 죄책감은 심리적 방어기제가 서로 다르다.

③ 2문단에 따르면, 죄책감의 경우 자신과 자신의 부정적 행위를 분리하지만, 수치심은 그렇지 않다.

④ 수치심을 느낀 사람은 부정적 상황에서 심리적 충격을 크게 받지만, 심리적 충격을 크게 받는 성향의 사람이 수치심을 느끼기 쉽다고 판단할 수 없다.

⑤ 1문단에서 내면화된 규범에 대한 내용만 확인할 수 있을 뿐, 외부의 규범에 대한 내용은 없다.

합격생 가이드

죄책감과 수치심, 2개의 키워드가 상반되어 설명되는 지문이므로 공통점과 차이점을 명확하게 숙지하고 선지를 확인하여야 한다.

04 일치부합
합 ②

난도 하

정답해설

② 마지막 문단에서 이산화 방법을 달리하는 예시로 현대 디지털 통신 체계와 같은 이진법을 제시하였다. 이진법으로 다섯 자리의 숫자는 최대 2^5가지, 총 32가지의 정보를 전송할 수 있다.

오답해설

① 변조는 부호화된 정보를 전송 매체의 성질에 맞는 형태로 바꾸는 과정을 말한다. 3문단의 마지막 문장을 보면, 봉수의 신호 전송 체계에서 이산화된 수만큼 아궁이에 불을 지피는 것이 변조 과정이라고 설명하고 있다.

③ 봉수 수신 지점에서는 송신측에서 보낸 정보를 정해진 규약에 따라 복원해 낸다. 따라서 봉수 부호화 규칙을 알지 못한다면 수신자는 올바른 정보를 복원할 수 없다.

④ 봉수는 낮에는 연기, 밤에는 불빛을 이용한다.

⑤ 3문단에 따르면, 연기가 두 곳에서 피어오른 봉수 신호는 '적이 출현했음'을 의미한다.

> **합격생 가이드**
>
> 모의고사 등으로 접해본 익숙한 주제의 지문이기 때문에 신속하게 내용을 이해할 수 있어야 한다. 쉬운 일치부합형 문제를 빠르게 푸는 것이 고득점의 길이기도 하다. ②에서는 약간의 수학적 지식이 필요하였으나 어려운 정도는 아니라고 판단된다.

05 글의 문맥 · 구조
합 ⑤

난도 하

정답해설

⑤ 글의 논지는 지식에 대한 상대주의자들의 주장을 반박하는 것이다. 상대주의자들은 서로 다른 문화권의 과학자들이 이론적 합의에 합리적으로 이를 수 없다고 주장한다. 하지만 3문단에서는 한 사람이 특정 문화의 기준을 채택한다고 그 사람이 반드시 그 문화의 특정 사상이나 이론을 고집하는 것은 아니라고 주장한다. 따라서 문화마다 다른 평가 기준을 따르더라도 자기 문화에서 형성된 과학 이론만을 수용하는 것은 아니라는 것이 핵심 논지이다.

오답해설

① 3문단에 따르면, 과학 이론 중에는 다양한 문화의 평가 기준을 만족하는 것이 있다. 하지만 이 글의 핵심 논지라기 보다는 논지를 뒷받침하는 근거에 해당한다.

② 과학의 발전 과정에서 이론 선택은 문화의 상대적인 기준에 따른다는 것은 글의 핵심 논지가 아니다.

③ 과학자들이 당대의 다른 이론보다 탁월한 이론에 대한 평가를 자기 문화의 기준으로 하지 않는다는 것은 핵심 논지와 무관하다.

④ 과학의 발전 과정에서 예측 가능성과 실용성을 판단하는 기준이 항상 고정된 것이 아니라는 것은 핵심 논지와 무관하다.

> **합격생 가이드**
>
> 핵심 논지를 판단하는 문제에서는 글의 전체적인 주장만 파악하면 되고, 일치부합형 문제에서 요구하는 정도의 세세한 선지 근거는 찾을 필요가 없다. 실제로 이 문제에서도 글의 논지는 상대주의자들을 반박하는 것이므로 이에 해당하는 선지를 빠르게 선택하고 다음 문제로 넘어가야 한다.

06 밑줄 · 빈칸 채우기
합 ⑤

난도 하

정답해설

⑤ ㅁ에는 서술어 대신 주어 '영미'에 초점이 놓이는 주격조사의 용법 예시가 들어가야 한다. '은/는'을 활용하면 "영미는 노래를 잘 한다."에서 서술어 '노래를 잘 한다.'에 초점이 놓인다. 따라서 "영미가 노래를 잘 한다."가 들어가야 한다.

오답해설

① ㄱ에는 '은/는'의 의미가 주어가 아닌 자리에서 사용되고, 그 의미가 비교적 선명하게 드러나는 예시가 들어가야 한다. "그 작가는 원고를 만년필로는 쓰지 않는다."는 적절한 예시이다.

② ㄴ에는 '은/는'이 주어의 자리에서 사용되고, 대조의 의미로 활용된 예시가 들어가야 한다. 해당 예시는 소나무와 낙엽송의 대조가 드러나므로 적절하다.

③ ㄷ에는 어떤 특별한 의미를 대표할 필요가 없는 경우에 "바람은 분다."보다는 "바람이 분다."라고 해야 한다는 의미이므로 적절하다.

④ ㄹ에는 '알려진 정보'의 관점에서 '은/는'의 용법 예시가 들어가야 한다. 따라서 "그 사람이 결국 시험에 합격하였다."보다는 "그 사람은 결국 시험에 합격하였다."가 어색하지 않을 것이므로 적절하다.

> **합격생 가이드**
>
> 빈칸에 문맥상 적절한 문장을 넣는 문제에서는 글을 이해하면서 차례대로 읽어 내려가야 한다. 이러한 유형의 문제 역시 시간을 아낄 수 있는 문제라고 판단한다.

07 밑줄 · 빈칸 채우기
합 ③

난도 하

정답해설

㉠ : 2문단에 따르면 느슨하게 정의된 고유어에는 한자어에서 차용한 낱말들이 있다. 이러한 낱말들 중 벼락, 사랑, 썰매 같은 낱말들은 한자어를 사용하다가 형태가 변한 것들이다. 따라서 ㉠에는 "본디 한자어였던 것이 형태가 바뀌어 한자 표기를 할 수 없게 된 것이다"가 적절하다.

㉡ : 3문단에 따르면 한자어에는 중국에서 차용한 말들 이외에 일본에서 수입되거나 우리나라에서 만들어진 한자어도 있다. 따라서 ㉡에는 "한자어가 한자로 표기된다고 해서 모두 중국에서 유래된 것은 아니다"가 적절하다.

> **합격생 가이드**
>
> 빈칸에 적절한 문장을 넣는 문제이므로 글의 이해가 가장 중요하다. 또한 빈칸의 앞뒤 문장을 주의 깊게 살펴보아 빈칸에서 요구되는 논리상 연결고리나 문맥상 적절한 예시가 선지에 있는지 찾아야 한다.

08 추론

답 ④

난도 중

정답해설

ㄴ. 3문단에 따르면, 다섯벌식 타자기의 경우 모음 글쇠는 받침이 있을 때 쓰는 모음 한 벌과 받침이 없을 때 쓰는 모음 한 벌로 나뉜다. 따라서 '밤'은 받침이 있고, '나'는 받침이 없으므로 사용하는 모음 글쇠가 서로 다르다.

ㄷ. 3문단에 따르면, 다섯벌식 타자기의 경우 가로로 긴 모음과 어울려 쓰는 초성 자음 글쇠와 종성 자음 글쇠는 서로 다르다. 이는 네벌식 타자기에서도 동일하게 활용된다.

오답해설

ㄱ. 한글은 영문과 달리 자음과 모음을 조합하여 한 음절로 모아쓰는 문자이므로 타자기가 자음이나 모음을 찍을 때마다 종이가 움직인다면 받침을 제자리에 찍을 수 없다. 따라서 받침이 있는 글자의 모음에 대한 글쇠의 경우, 자음이나 모음이 찍혀도 종이가 움직이지 않는 안움직글쇠여야 한다.

합격생 가이드

한글 타자기가 영문 타자기와 왜 다른 구조를 보이는지에 대한 이해가 중요하였다. 이후에는 다섯벌식 타자기와 네벌식 타자기의 구조를 비교하여 선지에 대입한다면 실수 없는 풀이가 가능하다. 예를 들어 다섯벌식 타자기에 활용된 5개의 서로 다른 글쇠가 어떻게 활용되는지 번호를 매겨가며 풀이할 수 있다.

09 전제 · 결론

답 ②

난도 중

정답해설

지문의 내용을 정리하면 다음과 같다.

1) ~셀카 → ~저작권 대상
2) 셀카 → 의도∧능력
3) 나루토 → ~자아
4) 결론 : 나루토의 사진 → ~저작권의 대상

1)과 2)를 종합하면 '~(의도∧능력) → ~셀카 → ~저작권의 대상'이다. 따라서 추가해야 할 전제는 3)과 연계하여 ' ~자아 → ~(의도∧능력)'이다.

②의 대우는 '~자아 → ~의도'이므로 추가하여야 할 전제로 적절하다. 이를 통해 나루토는 자아가 없으므로 의도를 가지지 않고, 나루토의 사진은 셀카가 아니므로 저작권이 없다는 결론이 도출된다.

합격생 가이드

추가해야 할 전제를 찾는 문제를 푸는 방법은 크게 두 가지이다. 첫 번째는 정석적으로 논리 구조를 명확히 나타낸 이후에 빠진 논리를 생각해보는 것이다. 위 해설이 이와 같은 방식이다. 두 번째는 대입법으로 모든 선지를 전제로 생각하여 논리에 대입해본다. 경우에 따라 후자가 더 빨리 문제를 해결하는 경우도 있다.

10 전제 · 결론

답 ⑤

난도 중

정답해설

지문의 조건을 정리하면 다음과 같다.

갑1 : (~A → C)∧(~B → D)
갑2 : ~C∧~D
을2 : 갑1, 2의 전제는 ㉠이다.
　　　㉠은 걱정할 필요가 없다.
을3 : 왜냐하면 ~E∧~F → A∧B
병2 : ~E∧~F
갑3 : F(필수 사용)
을5 : ㉡이어도 을3은 참이다.
갑4 : ~G

㉠에 필요한 조건은 A와 B 둘 중 하나는 반드시 사용해야 한다는 것이다. 따라서 ㉠에는 '~A∨~B'가 적절하다. ㉡에는 F∧~G이더라도 A와 B 약품을 사용할 수 있는 명제가 들어가야 한다. 따라서 ㉡에는 'F∧~G → A∧B'가 적절하다.

합격생 가이드

전형적인 퀴즈형 형식논리 문제는 아니지만 형식논리를 활용하여 전제와 결론을 도출하는 문제이다. 대화 형식으로 문제가 출제되었기 때문에 논증을 차례대로 읽으며 빠진 전제나 결론을 유추하는 것이 좋다. '걱정할 필요 없다'라는 말이 반복되고 있는데, 이를 논리적으로 융통성 있게 해석하면 될 것이다. 예를 들어 을2의 '걱정할 필요가 없다'는 '거짓이다'로 해석하여도 무방하다.

11 논리퀴즈

답 ⑤

난도 중

정답해설

지문의 조건을 정리하면 다음과 같다.

1) 성적, 봉사, 외국어, 윤리, 체험 5개 영역 중 2개 영역(이하 '장학금 영역')은 동창회 장학금과 재단 장학금 수혜자를 선정할 때 고려하는 영역이다.
2) 2개의 장학금 영역 중 한 영역만 충족하면 동창회 장학금을 받는다.
3) 2개의 장학금 영역을 동시에 충족할 시 재단 장학금을 받는다.
갑, 을, 병의 각 영역 충족 여부를 파악하면 다음과 같다.

구분	성적	봉사	외국어	윤리	체험	(장학금)
갑	O	×	×			~동창회
을	×	O	O	O	O	~재단
병	O			O		동창회

먼저, 을은 성적 기준만 충족하지 못하였음에도 재단 장학금을 받지 못한 것으로 보아, 성적 영역은 2개의 장학금 영역 중 하나이다. 다음으로 갑을 보면, 2개의 장학금 영역 중 하나인 성적 기준을 충족하였음에도 동창회 장학금을 받지 않았다는 것을 볼 때, 갑은 재단 장학금을 받았으며 윤리 또는 체험 영역이 2개의 장학금 영역 중 하나인 것을 알 수 있다. 마지막으로 병을 통해 체험 영역이 2개의 장학금 영역 중 하나인 것을 알 수 있다. 따라서 2개의 장학금 영역은 성적, 체험 영역이다.

ㄱ. 성적 영역 기준만 충족한 행복대학교 학생은 2개의 장학금 영역 중 한 개만 충족한 것이므로 동창회 장학금 수혜자가 된다.

ㄴ. 체험 영역 기준을 충족하지 못하였다면 장학금 영역 2개 모두를 충족한 것이 아니기 때문에 재단 장학금 수혜자는 될 수 없다.

ㄷ. 봉사 영역과 외국어 영역만을 충족하였다면 어떤 장학금 영역도 충족하지 못한 것이므로 장학금을 받지 못한다.

12 논리퀴즈 답 ⑤

난도 중

정답해설

제시된 조건을 정리하면 다음과 같다.

1) 도시 : 두 명 이하의 수습 사무관 배치
2) 수습 사무관 : 한 개 도시 이하에 배치
3) 갑A → ~을C
4) ~갑B
5) 을=병
6) 병B → ~갑D
7) D=1명 배치

제시된 조건을 바탕으로 표를 그리면 다음과 같다.

구분	A	B	C	D(1명)
갑		×		
을(=병)				×
병(=을)				×
정				

⑤ 선지를 거짓으로 치환한 후, 모순이 발생하면 해당 선지는 참이다. 따라서 '~정D → ~을B'의 거짓인 '~정D∧을B'인 경우를 살펴보면 다음과 같다. 5)에 따라 '을B'이므로 '병B'이며, 6)에 따라 '~갑D'이다. 또한 7)과 2)에 따라 D시에 아무도 배치되지 않는 모순이 발생한다.

구분	A	B	C	D(1명)
갑		×		×(모순)
을(=병)		○		×
병(=을)		○		×
정				×

오답해설

① '갑C∧~병A'일 때 모순이 발생하지 않는다.
② '~을B∧~정D'일 때 모순이 발생하지 않는다.
③ '병C∧갑D'일 때 모순이 발생하지 않는다.
④ '정D∧~갑A'일 때 모순이 발생하지 않는다.

13 글의 문맥·구조 답 ④

난도 중

정답해설

ㄱ. ⓒ에 따르면 "신이 존재한다."가 무의미하다. ⓒ을 명제로 나타내면 '문장의 부정문이 의미 있음 → 그 문장은 의미가 있는 문장임'이다. ⓒ에 대우를 취하면 '무의미한 문장 → 문장의 부정문이 의미 없음'이다. 따라서 ⓒ과 ⓒ을 통해 "신이 존재한다."가 무의미한 문장이라면 그 문장의 부정문인 "신이 존재하지 않는다."가 무의미하다는 것을 도출할 수 있다.

ㄷ. ⓒ에 따르면 "신이 존재한다."가 무의미하다. '의미가 없는 문장은 참인지 거짓인지 알 수 없다.'라는 전제가 추가된다면 "신이 존재한다."라는 문장은 참인지 거짓인지 알 수 없다는 것이 도출될 것이다. 이는 ⓔ을 의미하므로 적절하다.

오답해설

ㄴ. ⓒ의 부정은 "신이 존재한다."가 의미가 있다는 것이다. 1문단의 철학자 A에 의미가 있는 문장은 참, 거짓을 판단할 수 있다. 이에 따르면 "신이 존재한다."가 의미가 있다면 "신이 존재한다."라는 진술은 참이거나, 거짓이다. 최소한 이를 판단할 수 있다. 따라서 ⊙, ⓔ 중 적어도 하나가 도출된다고 할 수 없다. 반례로 ⓒ의 부정으로부터 "신이 존재한다."가 거짓이라는 것이 도출될 수 있다.

14 전제·결론 답 ①

난도 상

정답해설

실험 그룹별 접근 가능한 씨앗 포식자 종류를 나타내면 다음과 같다.

그룹1 : 대형 포유류, 소형 포유류, 곤충, 진균류
그룹2 : 소형 포유류, 곤충, 진균류
그룹3 : 곤충, 진균류
그룹4 : 진균류
그룹5 : 곤충
그룹6 : 없음

실험 결과 : 발아율은 1~5그룹에서 차이가 없었으며, 6그룹에서는 다른 그룹에 비해 현저히 낮음

① 1문단에 따르면 발아율은 씨앗 포식의 정도를 알려주는 지표이다. 1~5그룹에서 발아율 차이가 없었다는 것은 포식자의 종류가 바뀌는 것과 관계없이 절대적인 씨앗 포식의 양은 거의 변하지 않았다는 것이다. 예를 들어 그룹3과 그룹4를 비교할 때, 곤충과 진균류가 포식자일 때, 곤충이 포식자에서 제외된다면, 그만큼 진균류의 포식 정도가 늘어나서 전체 씨앗 포식량은 변화하지 않는다.

오답해설

② 남은 씨앗 포식자의 씨앗 포식량이 변화해야 전체 포식량이 일정하게 유지된다.

③ 포유류가 사라져도 전체 포식량이 변화하지 않았다.

④ 그룹1과 그룹2를 비교할 때 포식자의 종류가 늘어나면 기존 포식자의 씨앗 포식량이 변화하는지 알 수 없다. 예를 들어 그룹2에서 소형 포유류가 7%, 그룹1에서도 소형 포유류가 7%의 포식량을 차지했다면 변화하지 않았다고 할 수 있다.

⑤ 그룹6의 경우에 포식자가 아예 없는 경우 발아율이 낮아졌다.

합격생 가이드

그룹1~그룹6의 차이점이 무엇인지 파악하고, 발아율이 포식량과 상관관계가 있다는 것을 이해하여야 한다. ④를 소거하기 까다로웠으나, 반례를 적절히 생각해본다면 어렵지 않게 풀 수 있다.

15 강화 · 약화 ▶ 답 ③

난도 중

정답해설

ㄱ. ㉠이 맞다면 대상자와 관련된 이해관계가 중요할수록 평가자는 대상자에게 더 엄격한 기준을 적용하게 된다. 희수보다 이해관계가 큰 서현의 필요 검토 횟수를 현저히 많이 부과하였다면, 즉 m이 n보다 훨씬 더 작다면 ㉠이 강화된다.

ㄷ. 서현이 이 과목에서 받을 학점과 상관없이 장학금을 받게 된다면 대상자인 서현과 관련된 이해관계가 더 이상 중요해지지 않는다. 그렇게 사례2의 내용을 변경하더라도 n에 변화가 없다면 이해관계가 중요할수록 평가자가 대상자에게 더 엄격한 기준을 적용한다는 ㉠은 약화된다.

오답해설

ㄴ. 평가자의 이해관계가 아닌 대상자의 이해관계가 문제된다.

합격생 가이드

문제에서 제시된 주장이 비교적 명확하고, 이를 강화하는 사례나 약화하는 사례가 선지로 구성되어 강화 · 약화 문제 중 쉬운 난이도에 해당한다. 더군다나 '강화된다' 또는 '약화된다' 식의 단정적인 선지가 제시되어 '강화하지 않는다' 등의 선지보다 풀이가 수월하였을 것이다. 지문에서 제시된 '대상자와의 이해관계'라는 개념이 혼동되지 않도록 유의하여야 한다.

16 강화 · 약화 ▶ 답 ②

난도 중

정답해설

ㄴ. B는 동일한 고통의 양을 부과하는 형벌로 정의를 달성할 수 있다고 본다. 만약 그 고통의 양을 측정하기 어렵다면 B는 약화된다. C는 형벌이 고통의 양에 의존할 필요가 없다고 본다. 따라서 C는 약화되지 않는다.

오답해설

ㄱ. A는 범죄와 정확히 동일한 유형의 행위로 처벌하여야 한다고 보아 이를 정의롭다고 판단할 것이다. B는 이 명제에 동의하지 않는 것은 아니다. 왜냐하면 B는 A의 기본적 관점을 수용하였으며, 동일한 정도의 고통의 양을 부과하는 형벌로도 정의를 달성할 수 있다고 보았기 때문이다.

ㄷ. C의 경우에는 고통의 양에 의존할 필요는 없다고 보므로, 살인이 가장 큰 고통을 유발한다고 하여 사형제를 받아들이지는 않을 것이다.

합격생 가이드

구분되는 견해의 중심적인 주장을 파악하여야 한다. ㄱ을 판단할 때 B는 A의 기본적인 입장을 수용하면서 A에 대한 비판을 보완하는 식으로 주장을 펼친다는 것을 이해하여야 한다.

17 강화 · 약화 ▶ 답 ②

난도 중

정답해설

ㄴ. 을의 주장에 따르면 도덕 상대주의가 맞다면 다른 사회의 관습을 평가할 수 없고, 침묵해야 한다. 결국 도덕 상대주의는 도덕 절대주의를 수용해야 하는 역설에 빠진다. 따라서 도덕 상대주의는 옳지 않다는 것이다. '우월한 도덕 체계와 열등한 도덕 체계를 객관적으로 구분할 수 있다'라는 사실은 을의 주장과 무관하거나 최소한 약화하지 않는다.

오답해설

ㄱ. 갑의 주장은 에스키모와 로마인의 관습상 차이는 하나의 도덕 원리가 각기 다른 상황에 적용되어 서로 다른 관습을 나타낸 것이라고 본다. 만약 "두 사회의 관습이 같다면 그 사회들의 도덕원리가 같다."라는 것이 사실이라도 갑의 주장은 약화되지 않는다.

ㄷ. 병의 주장은 도덕 상대주의를 받아들이면 사회 관습의 진보를 말할 수 없으므로 도덕 상대주의는 받아들일 수 없다는 것이다. 이때의 진보는 과거와 달라진 것만을 말하는 것이 아니라 '더 낫거나 못하다고 말할 수 있는 것'을 의미한다. 따라서 '현재의 관습과 신념 체계가 과거의 것보다 퇴보한 사회'가 있더라도 병의 주장은 강화되거나 최소한 약화되지는 않는다.

합격생 가이드

어떠한 주장을 약화하기 위해서는 논리적으로 해당 주장을 거짓으로 만들 수 있는 반례가 필요하다. 명제 'p→q'의 반례는 'p∧~q'인 것이다. 즉, p이면서 q가 아닌 것을 제시하는 경우 해당 주장을 약화한다고 말할 수 있다. ㄷ의 경우에도 병의 주장을 약화하기 위해서는 '도덕 상대주의를 받아들이더라도 사회 관습의 진보를 말할 수 있는' 사례를 제시하여야 한다.

18 강화 · 약화 ▶ 답 ③

난도 상

정답해설

ㄱ. ㉠ 가설을 정리하면 '동물은 체중이 무거울수록 농축된 오줌을 생산한다'이다. 가설에 따르면 돼지는 개보다 무거우므로 농축된 오줌을 생산하고, 어는 점이 낮아야 할 것이다. 하지만 반대의 결과가 도출되므로 측정 결과는 ㉠을 약화한다.

ㄴ. ㉡ 가설을 정리하면 '헨리 고리의 상대적 길이가 길수록 상대 수질 두께(RMT) 값이 높고 오줌 농도가 높다'이다. 가설에 따르면 개보다 캥거루쥐의 RMT가 높으므로 농축된 오줌을 생산하고, 어는점이 낮아야 할 것이다. 이에 부합하는 결과가 도출되므로 측정 결과는 ㉡을 강화한다.

오답해설

ㄷ. ㉢ 가설을 정리하면 'B의 비중(R)이 작을수록 오줌 농도가 높다'이다. 캥거루쥐가 돼지보다 R이 낮고, 오줌의 어는점이 낮으므로 ㉢을 강화한다.

19 종합   답 ③

난도 상

정답해설

③ 2문단에 따르면 더 많은 상황을 배제하는 메시지가 정보량이 더 많다. P가 배제하는 상황을 Q도 모두 배제한다면 Q가 적어도 P만큼 상황을 배제하는 것이고 이에 따라 Q의 정보량은 P의 정보량보다 적지 않을 것이다.

오답해설

① 1문단에 따르면 예측 불가능성이 작아질 때 정보량은 작아진다. Q가 제공하는 정보량이 P보다 많다면 예측 불가능성도 Q가 P보다 클 것이다.

② 3문단에 따르면 전제들이 모두 참이고 결론도 반드시 참이라면 항상 참인 진술의 정보량은 0이 된다. 이는 연역의 스캔들이라고 불린다.

④ 1문단에 따르면 P의 예측 불가능성이 완전히 사라진다면 P의 정보량은 0이된다. 따라서 P의 정보량이 0보다 크기 위해서는 P의 예측 불가능성이 완전히 사라지지 않아야 한다.

⑤ 논리적으로 타당하지 않은 추론의 정보량도 0보다 클 수 있다. 3문단에 따르면 논리적으로 타당한 것이란 전제가 참일 때 결론도 반드시 참이라는 것이다. 반례를 들자면, 2문단에 제시된 예시를 활용하여 '언젠가 코로나 바이러스가 퇴치된다면, 코로나 바이러스가 한 달 내에 퇴치될 것'이라는 진술은 논리적으로 타당하지 않다. 하지만 정보량은 0보다 크다.

20 종합   답 ①

난도 상

정답해설

〈조건〉에 따르면 0보다 큰 정보량을 갖기 위해서는 그것이 참일 수 있어야 한다.

ㄱ. A는 지문에 따르면 항상 참이므로 정보량이 0이다. ㄷ는 〈조건〉에 따라 참일 수 없으므로 0보다 큰 정보량을 가지지 않는다.

오답해설

ㄴ. 전제가 B이고 결론이 C인 추론은 '적어도 손님 세 명이 온다면, 손님이 두명 이상 올 것이다.'이다. 이 진술은 전제가 참이면 결론도 반드시 참이므로 논리적으로 타당하다. 3문단에 따르면 논리적으로 타당한 모든 추론의 정보량은 0이다. "D이면 A이다."라는 조건문은 '손님이 다섯 명 이하로 온다면, 적어도 손님 한 명이 오거나 아무도 오지 않을 것이다.'이다. 이 조건문 또한 반드시 참이므로 정보량이 0이다. 두 진술의 정보량은 0으로 같다.

ㄷ. "C이고 D이다."라는 진술은 '손님이 두 명 이상 온다면, 손님이 다섯 명 이하로 올 것이다.'이다. 정보량이 0보다 크므로 E의 정보량과 같지 않다.

21 일치부합   답 ①

난도 중

정답해설

① 중국은 일본이 메이지 정부 이후로 대외 확장 의지를 표명하고 정한론, 청국 정벌책안 등에서 대륙 침략의 대상을 명확히 했다는 입장이며 이러한 대륙 침략 방침이 일본의 침략 정책으로 이어졌다고 보았다. 한국 역시 정한론에 메이지 정부의 대외 팽창 의도가 담겨 있으며 일본의 대한국 정책이 한결같이 대륙 침략의 방침하에 수행되었다고 본다.

오답해설

② 최근 일본의 근대화에 있어 팽창주의·침략주의가 필연이 아니었다는 견해가 대두되었지만, 이것이 침략 없이도 근대화된 대륙국가가 될 수 있었다고 보는 견해라고 보기는 어렵다.

③ 한국은 조선의 교린관계 고수는 빌미일 뿐, 일본의 정한론에 숨은 의도가 자국의 내란을 방지하기 위해 조선과 전쟁을 벌이고 이를 통해 대외 팽창을 꾀하려는 것이라고 본다.

④ 일본이 주권선으로 규정한 구역은 일본 영토이다.

⑤ 기존 일본은 조선으로의 팽창 정책이 기본 노선이었다. 언제부터 대륙 팽창을 기본 방침으로 삼았는지에 대해서는 류큐 분도 교섭 이후와 임오군란 이후로 견해가 나뉘어 있다고만 언급하고 있다.

22 추론   답 ⑤

난도 중

정답해설

영조의 조치를 정리하면 다음과 같다.

구분	지휘자	파졸	산삼 허용
기존	파장	2명	6명
평안병사의 조치	파장	8명	0명
영조의 조치	파장	4명	4명

⑤ 평안병사는 영조 3년 3월에 부임하자마자 파수보에 배치된 인원 모두가 보를 떠나지 못하게 하였으므로, 영조 3년 5월에 파수보의 근무 인원은 총 9명(파장 1명, 파졸 8명)이었을 것이다. 영조 4년 5월에는 영조의 조치가 있어 총 5명(파장 1명, 파졸 4명)의 인원이 근무하고 있을 것이므로 1일 근무 인원 수는 줄어들었을 것이다.

오답해설

① 영조 2년(기존)보다 영조 4년(영조의 조치 이후) 파수보에 있는 시간이 더 늘기는 하였겠지만, 기존의 경우 파졸 2명이 어떠한 방식으로 교대하였는지 알 수 없으므로 파수보에 있는 시간은 계산할 수 없다. 2명씩 교대하여도 2배보다 클 것이다.
② 강계의 파수보에 배치된 파수는 평안도 백성 중 군역을 져야하는 사람들이 순번을 돌아가며 담당한다.
③ 채취된 산삼의 수량 증감 여부는 알 수 없다.
④ 파졸들의 최대 사망 원인은 알 수 없다.

합격생 가이드

시간순으로 서로 다른 제도가 도입된 문제라고 유형화할 수 있다. 이런 경우 표나 메모를 적극적으로 활용하여 평안병사의 조치 전후와 영조의 조치 이후 파수보의 근무형태를 정리하면 복잡한 지문을 간단히 정리할 수 있다.

23 일치부합　　답 ①

난도 하

정답해설

① 2문단에 따르면 서양 도시의 젠트리피케이션 양상은 알 수 있지만, 21세기 이후 서양 도시를 특정하여 중간계급의 도심 지역 이주 현상을 설명하고 있지는 않다.

오답해설

② 3문단에 따르면 상업적 전치의 부정적 양상은 그 과정이 자발적이지 않고, 원주민의 불안 등이 조성될 수 있다.
③ 2문단에 따르면 서양 도시의 젠트리피케이션와는 달리 아시아 도시는 상권 전환이 급격하게 일어난다는 특징이 있다.
④ 2문단에 따르면 한국의 젠트리피케이션으로 인한 도시 변화 속도는 서양 도시보다 급격하다는 것을 알 수 있다. 서양의 젠트리피케이션은 점진적이다.
⑤ 1문단에 따르면 한국에서의 기존 장소 재창조 등은 인문·예술 분야의 종사자들이 그 장소에 터를 잡으며 새로운 미학과 감정을 부여하여 일어났다.

합격생 가이드

①에서 정답이 나온 경우, 정확하게 선지의 가부를 파악하였다는 전제하에 나머지 선지를 확인하지 않고 과감하게 넘어가 시간을 절약하여야 한다. 또한 소재가 한번쯤 들어본 것일 경우, 지문의 이해가 어려운 편이 아니므로 시간을 절약할 수 있을 것이다.

24 일치부합　　답 ①

난도 하

정답해설

① 1문단에 따르면 가짜 뉴스로 인해 인지부조화가 발생한 사람이라면 자신의 신념에 부합하지 않는 가짜 뉴스를 접한 사람이므로 2문단에 따를 때, 팩트체크에서 활용한 정보의 품질이 얼마나 우수한가보다는 정보의 출처가 얼마나 신뢰할 만하다고 생각하는지가 팩트체크의 효과에 더 영향을 미친다.

오답해설

② 2문단에 따르면 자신의 신념에 부합하지 않는 가짜 뉴스가 가짜라는 팩트체크 결과를 접하게 되면 이 자체로 인지부조화가 이를 통해 해소되며, 주로 정보의 출처가 팩트체크의 효과에 더 큰 영향을 미친다.
③ 2문단과 3문단에 따르면 가짜 뉴스가 자신의 신념에 부합하는 사람이 그렇지 않은 사람보다 정보의 품질을 더 중시한다.
④ 2문단에 따르면 자신의 신념에 부합하지 않는 가짜 뉴스에 대해 원래부터 해당 뉴스가 가짜일 것이라는 생각을 가졌을 것이므로 가짜임을 판명하는 팩트체크의 결과를 접하더라도 인지부조화가 크지 않다.
⑤ 가짜 뉴스가 자신의 신념에 부합하는지, 그렇지 않은지에 따라 달라진다.

25 글의 문맥·구조　　답 ④

난도 중

정답해설

④ 가설 H1과 H2가 양립불가능하며, 관찰 결과 O가 가설 H1의 긍정적 증거이다. ⓔ을 "H1은 H2가 거짓이라는 것을 함축"으로 바꾸면 양립불가능하다는 가정에도 들어맞으며, O가 ~H2의 긍정적 증거가 된다.

오답해설

① 'X는 1,000℃ 미만에서 붉은빛을 내며, 1,000℃ 이상에서는 푸른빛을 낸다.'와 'X는 1,000℃ 미만에서 붉은빛을 내며, 1,000℃ 이상에서는 푸른빛을 내지 않는다.'가 동시에 참일 수는 없다. 1,000℃ 이상일 때 푸른빛을 내면서, 내지 않아야 하기 때문이다. 하지만 동시에 거짓일 수는 있다. 따라서 기존의 ⓐ이 적절하다.
② 2문단에 따르면 1문단 첫 번째 가설은 'X는 1,000℃ 미만에서 붉은빛을 내거나 푸른빛을 내지 않는다.'라는 가설을 함축한다. 따라서 관찰 결과는 해당 가설이 함축하는 다른 가설에도 긍정적인 것이다. 따라서 기존의 ⓑ이 적절하다.
③ ⓒ은 3문단에서 설명하는 '어떤 관찰 결과가 가설의 긍정적인 증거라면, 그 관찰 결과는 그 가설이 거짓이라는 것에 대한 부정적인 증거이다.'라는 진술 중 '그 가설의 거짓'을 의미한다. 따라서 기존의 ⓒ이 적절하다.
⑤ 3문단에 따르면 증거관계 제3성질에 의해 O는 H2가 거짓이 아니라는 것에 대한 부정적 증거이다. 따라서 기존의 ⓓ이 적절하다.

합격생 가이드

4문단의 적용례를 위의 문단에서 설명해온 방식에 그대로 대입하여 이해한다면 빠르게 문제 상황을 파악할 수 있다. 예를 들어, 4문단의 가설 H1은 1문단의 'X는 1,000℃ 미만에서 붉은빛을 내며, 1,000℃ 이상에서는 푸른빛을 낸다.'라는 가설과 대응된다.

26 밑줄·빈칸 채우기　　답 ③

난도 중

정답해설

③ 제시된 글에 따르면, 1부터 자연수 N 사이의 모든 자연수를 곱한 수 N!에 1을 더한 (N!+1)은 2에서 N까지 어떤 소수로도 나누어떨어지지 않는다. (N!+1)이 그보다 작은 소수 x로 나누어 떨어지는 경우에도 x는 N보다 크고 (N!+1)보다는 작다. 따라서 (N!+1)은 소수이거나, N보다 크고 (N!+1)보다 작은 소수를 약수로 갖는다.

ㄱ. 한식을 좋아하는 정도는 0.8보다 작다. 이는 일식을 좋아하는 정도인 0.3 보다도 작을 수 있다.

합격생 가이드

중식과 양식을 양 끝에 놓은 스펙트럼을 그려 만족의 기댓값을 표시하는 것이 풀이에 도움이 된다.

---

27 밑줄 · 빈칸 채우기 　　　　　답 ①

난도 상

정답해설

㉠ : '할인'이 적절하다. 시간 자체에 대한 선호 여부와 상관없이 가치를 할인하 거나 할증하는 경우를 설명한다. 예상치 못한 사고가 발생하여 큰돈이 '지금 당장' 필요하다면 미래보다 현재가 중요해지는 것이다. 따라서 미래가치의 할인을 선택할 수밖에 없다.

㉡ : '필요조건'이 적절하다. 시간 자체에 대한 선호 여부와 상관없이 가치를 할인하거나 할증할 수도 있다는 말은 '할인↛현재선호'임을 보인 것이다.

㉢ : '내릴'이 적절하다. 현재선호가 있다면 1년 뒤보다 낮은 수준의 현재 금액 을 1년 뒤와 동일하게 평가할 수 있다. 물가가 큰 폭으로 내릴 경우 미래 금액의 가치는 더 높아진다. 하지만 그럼에도 현재선호가 충분히 크다면 1년 뒤보다 낮은 수준의 현재 금액을 1년 뒤와 동일하게 평가할 수 있다.

㉣ : '오를'이 적절하다. 물가가 오른다면 미래 금액의 가치는 낮아진다. 물가가 크게 오른다면 1년 뒤보다 낮은 수준의 현재금액이 1년 뒤와 동일하게 평가될 가능성이 낮아지고, 오히려 더 낮게 평가될 수 있다. 그렇다면 현재 선호라기보다 오히려 미래선호가 될 수 있으므로 현재선호 때문일 가능성 은 상대적으로 작아진다.

합격생 가이드

㉢, ㉣을 평가할 때 적절한 사례로 판단을 해볼 수 있다. ㉢의 예를 들어 현 재선호가 있는 경우 미래의 100만 원을 현재 90만 원과 동일하게 평가할 수 있다. 물가가 내린다면 100만 원의 가치는 더 커짐에도 현재선호가 충분 히 큼에도 1년 뒤보다 낮은 수준의 현재 금액을 1년 뒤와 동일하게 평가할 수 있다. ㉣의 경우에도 미래의 100만 원을 현재 90만 원과 동일하게 평가 하고 있다고 생각해보자. 물가가 크게 올라 현재 살 수 있는 90만 원 어치의 물건을 미래에는 100만 원을 주고도 살 수 없게 된 경우가 있을 수 있다. 이 때에는 1년 뒤보다 낮은 수준의 현재 금액(90만 원)을 1년 뒤와 동일하게 선호한다면 미래선호 때문이라고 할 수 있다.

---

28 추론 　　　　　답 ④

난도 중

정답해설

을이 D를 선택할 때 을이 느끼는 만족의 기댓값은 0.80이다. C, D 중 D를 선택한 다는 것은 한식을 좋아하는 정도가 0.8보다는 작다는 것이다. E와 F는 동일하게 좋아한다는 것은 일식을 좋아하는 정도가 0.30이라는 것이다.

ㄴ. "양식을 먹을 확률이 0.5, 중식을 먹을 확률이 0.5인 추첨을 한다."라는 대안 의 기댓값은 0.50이다. 따라서 무조건 일식을 먹는 만족 0.3보다 크므로 해당 대안을 선택한다.

ㄷ. 을의 음식 선호도가 바뀐다면 일식 선호도는 0.7, 한식 선호도는 0.2보다 작 은 것이 된다. 따라서 을은 한식보다 일식을 더 좋아할 것이다.

---

29 전제 · 결론 　　　　　답 ③

난도 중

정답해설

제시된 논증을 정리하면 다음과 같다.

1) 용기 → 대담
2) 지혜 → 대담
3) ㅋ~지혜∧대담
4) ~지혜∧대담 → ~용기

ㄱ. 4)에 따르면 '용기 → 지혜∨~대담'이며, 1)에 따르면 '용기 → 대담'이므로 이를 종합하면 '용기 → 지혜'가 도출된다. 따라서 ㉠에 적절한 말은 "용기 있는 사람은 누구나 지혜롭다."이다.

ㄷ. 4)만 변경하여 '대담 → 용기'가 된다면 2)와 변경된 4)를 통하여 '지혜 → 대 담 → 용기'를 도출할 수 있다. 따라서 세종대왕이 지혜로운 사람이라면 그 가 용기 있는 사람이라고 추론할 수 있다.

오답해설

ㄴ. '지혜∧~용기'를 가정하여 1), 2), 3), 4)에 적용해보면 모순이 발생하지 않는 다. 따라서 지혜롭기는 하지만 용기가 없는 사람이 있을 수 있다.

합격생 가이드

논증 속에서 논리 퀴즈와 같은 명제를 뽑아내는 것이 중요하다. 이때 서술어로 된 문장에서 논리적 기호를 빠짐없이 도출하여야 함에 유의한다.

---

30 논리퀴즈 　　　　　답 ⑤

난도 상

정답해설

제시된 조건을 정리하면 다음과 같다.

1) 갑, 을, 병 순으로 많은 수의 고서 소장
2) A, B, C, D, E=서양서 / F, G, H=동양서
3) B → D∧~C
4) E → F∧~G∧~H
5) G → ~(A∧B∧C∧D∧E)
6) H → 갑

⑤ D를 소장한 이가 F도 소장하고 있는 경우를 나타내면 다음과 같다.

　• 갑이 D, F를 소장한 경우 : 6)에 따라 갑이 동양서 중 F, H를 소장하고 있 으며, 5)에 따라 G를 소장한 사람은 서양서를 소장하지 않으므로 가장 적 은 수의 고서를 소장하고 있는 병은 G만 소장한다. 4)에 따르면 '~F∨G∨ H → ~E'이므로 E를 소장할 사람이 없어 모순이 발생한다.

　• 을이 D, F를 소장한 경우 : 4), 5)에 따라 병이 G, 을이 D, E, F를 소장하였 다고 하면, 갑이 A, B, C, H를 소장하여야 하는데 3)에 모순된다.

　• 병이 D, F를 소장한 경우 : 1), 5)에 모순된다.

오답해설

① 갑이 A와 D를 소장한 경우 모순이 발생하지 않는다. 갑=(A, B, D, H), 을=(C, E, F), 병=(G)

② 을이 3권의 책을 소장한 경우 모순이 발생하지 않는다(①의 예).

③ 병이 G를 소장하고 있을 수 있다(①의 예).

④ 반드시 거짓이 아니다(①의 예).

> **합격생 가이드**
>
> '반드시 거짓인 것은?' 또는 '반드시 참인 것은?'이라는 논리퀴즈 문제가 있는 경우 모든 경우의 수를 나타내는 것보다. 선지소거법과 귀류법을 적절히 활용하여 문제를 신속하게 해결하는 데 초점을 맞추어야 한다.

31 논리퀴즈　　　　　　　答 ②

난도 상

정답해설

문제의 진술을 정리하면 다음과 같다.

1) 경영진 개입 → A선정
2) B선정 → ~경영진 개입
3) A선정∨B선정(∨는 둘 중 하나임을 뜻함)
4) A선정 → ~대부분 직영
5) B선정 → 방역클린∨친환경
6) B=방역클린∧~친환경

② 4)에 따라 '대부분 직영 → ~A선정'이고, 3)에 따라 'B선정'이다. 5)와 6)에 따르면 'B선정 → 방역클린'이다. 따라서 갑의 매장은 모두 방역클린 매장이다.

오답해설

① '~경영진 개입∧~A선정'이 가능하다.

③ 갑의 매장 중 본사 직영점이고, 친환경 매장이 아닌 경우가 가능하다.

④ B가 우수매장으로 선정된 경우 6)에 따라 B는 방역클린 매장이지만 친환경 매장은 아니다.

⑤ B가 우수매장으로 선정된 경우 5), 6)에 따라 갑의 매장은 모두 방역클린 매장이다.

> **합격생 가이드**
>
> 선지가 조건문으로 구성되어 있고 반드시 참인 것을 고르는 경우, 조건문의 부정을 통해 모순의 유무를 발견하는 귀류법을 활용할 수 있다. 또한 한 선지에서 가능한 경우가 있을 때, 그 사례를 다른 선지에 적용하면 모순의 발생 유무를 쉽게 파악할 수 있다.

32 글의 문맥 · 구조　　　　　　　答 ③

난도 중

정답해설

ㄱ. ⊙에 동의한다고 하여도 ⓒ은 동의하지 않을 수 있다. 힘센 국가나 조직이 지구의 기상을 마음대로 조작하고 있더라도 온실 기체 때문에 지구온난화 현상이 일어나고 있다고 판단할 수 있다.

ㄷ. '무언가가 실제로 행해지고 있을 때만 그것을 금지하는 규정이 존재한다'와 ⓔ을 종합하면 '기상조작 기술을 군사적 혹은 상업적으로 이용 및 수출하는 것이 실제로 행해지고 있다'가 도출된다. 이는 ⓜ과 일맥상통하다.

오답해설

ㄴ. ⓓ, ⓗ, ⓐ에 모두 동의한다면 '기상조작 기술을 군사적, 상업적으로 이용하고 있고, 또 손쉽게 군사적으로 전용될 수 있으며, 강대국 정부들은 자국 기업들이 지구온난화 책임으로 납부하는 세금을 환영한다.'를 도출할 수 있다. 하지만 이때에도 ⓒ에 반대할 수 있다. '지구온난화 현상은 강대국 정부의 기상조작 활동 때문'이 아닐 수 있기 때문이다.

> **합격생 가이드**
>
> ⊙~ⓐ으로 제시되는 논증 분석 문제는 ⊙~ⓐ으로 밑줄 친 해당 문장만을 읽고서도 논리적 풀이가 가능하다. 세세한 지문 독해보다 지문에 대한 전반적인 이해를 바탕으로 바로 선지의 가부를 판단하여야 시간을 절약할 수 있다.

33 사례 찾기 · 적용　　　　　　　答 ④

난도 상

정답해설

지문의 내용을 정리하면 다음과 같다. 식물 외부에서 내부로 들어온 물질 B는 복합체 M을 형성하고, 이 복합체 M은 P−Q 결합체에 작용하여 단백질 Q를 단백질 P에서 분리시킨다. 단백질 P는 단백질 Q와의 결합으로 억제되었던 원래 기능, 즉 식물의 생장을 촉진하는 물질의 유전자 발현을 일으키는 기능을 회복한다. 정리하면, P는 식물의 생장을 촉진하고, Q는 P에 결합하여 이를 억제한다. B는 M을 통하여 식물의 생장을 촉진한다.

ㄴ. C_1에서 단백질 P에 대한 Q의 작용이 일어나지 않았다면 식물의 생장이 억제되지 못하고 과하게 일어났을 것이다. 따라서 돌연변이 현상을 설명할 수 있다. 물질 B는 P, Q를 분리시키는 역할이므로 특별한 변화가 없었다는 실험1의 결과를 설명할 수 있다.

ㄷ. C_2에서 P−Q 결합체에 대한 M의 작용이 일어나지 않게 되었다면 P−Q 결합체가 분리되지 못하여 식물의 생장이 과하게 억제되고 있는 상태이다. 따라서 키가 정상보다 작게 자라는 돌연변이 현상을 설명할 수 있다. 물질 B를 주입하여도 그 매개체인 M의 작용이 일어나지 않으므로 특별한 변화가 없을 것이다. 실험2의 결과도 설명할 수 있다.

오답해설

ㄱ. 식물 C_1에서 물질 B가 세포 외부에서 세포 내부로 들어갈 수 없게 되었다면 식물의 생장이 촉진되지 않았을 것이다. 하지만 C_1은 정상보다 크게 자라는 식물이므로 돌연변이 현상을 설명할 수 없다.

> **합격생 가이드**
>
> 〈실험〉의 결과와 돌연변이 현상 모두를 설명할 수 있는 선지를 선택하여야 한다. 돌연변이 현상을 설명하지 못하는 선지를 선택하는 경우가 많아 오답률이 높은 문제였다.

34 견해 비교 · 대조　　　　　　　答 ②

난도 중

정답해설

A와 B의 견해를 정리하면 다음과 같다.

A : 기체 상태 변화를 예측하기 위해 고전역학을 적용할 필요가 없다. 대신, 평균적 분자운동에 관한 통계적 방법만으로 분석할 수 있다.

B : 기체 분자 집단에 대한 분석을 통해 평균속도를 포함한 기체 상태 변화에 대한 정보를 알아낼 수 있다는 것은 동의한다. 하지만 통계적 방법을 적용하기 어려운 상황에는 각 분자 운동에 관한 개별 방정식을 풀어야 한다.

ㄷ. 기체 분자 집단의 운동을 통계적 방법으로 분석하는 것으로는 기체 상태 변화 예측이 불가능한 경우가 있다는 것에 A는 동의하지 않는다. 그러나 B는 그것이 불가능한 경우, 개별 분자의 운동을 계산해야 한다고 보므로 B는 동의한다.

오답해설

ㄱ. A에 따르면 개별 기체 분자의 운동을 완전히 예측하기 위해서는 방대한 양의 운동방정식을 풀어야 한다고 보았다. 즉, 방대한 양의 운동방정식을 풀면 완전히 예측할 수 있다고 본 것이지 불가능하다고 한 것은 아니다.

ㄴ. B는 집단적 운동을 분석하는 것으로 정보를 얻는 것을 인정하나, 통계적 방법이 불가능할 경우 기체 개별분자의 운동과 관련된 값을 계산해야 한다고 본다.

합격생 가이드

A의 일부 견해를 B가 인정하지만 B의 주요 논지는 A의 견해에 따를 경우 불가능한 상황이 발생하며 이때에는 다른 방법을 활용하여야 한다는 것이다. 또한 ㄱ을 판단할 때에 A는 개별 기체 분자의 운동을 완전히 예측하는 것이 불가능하다는 논조가 아니라 그럴 필요가 없다는 식의 주장을 한 것에 주목하여야 한다.

35 견해 비교 · 대조 　　　　　　　　　　답 ⑤

난도 중

정답해설

갑과 을의 견해를 정리하면 다음과 같다.

갑 : 신을 믿는 선택을 하지 않는 것은 비합리적이다. 신이 존재할 확률은 적어도 0보다는 클 것이므로 신을 믿는 선택을 통해 얻게 될 행복의 기댓값은 무한대이다. 기댓값이 최대가 아닌 선택을 하는 것은 비합리적이므로 신을 믿는 선택을 하지 않는 것은 비합리적이다.

을 : 갑의 일반원칙은 받아들이나 신을 믿는 선택을 하지 않는 것이 늘 비합리적인 것은 아니다. 무한한 기댓값을 얻을 확률이 0보다 높기만 하면 결과적으로 동전 던지기로 결정하는 선택의 기댓값 역시 무한대이다. 그렇다면 동전 던지기로 신을 믿을지 안 믿을지 결정하는 것을 비합리적이라고 말할 수 없다.

ㄱ. 을은 갑이 말한 합리적인 사람은 최대의 기댓값을 가지는 선택을 할 것이라는 일반원칙에 동의한다.

ㄴ. 갑은 신을 믿는 선택을 하지 않는 것이 비합리적이라고 보지만, 을은 비합리적이지 않을 수 있다고 본다.

ㄷ. 무한한 기댓값을 얻을 확률이 0보다 높기만 하면 결과적으로 동전 던지기이든 로또이든 선택의 최종 기댓값 역시 무한대가 된다.

합격생 가이드

갑과 을의 견해 중 공통점과 차이점이 선지로 구성되는 경우가 대부분이다. ㄷ에서는 동전 던지기와 로또가 서로 대응되어 '무한한 기댓값을 얻을 확률이 0보다 높기만 한 것'에 적용된다.

36 강화 · 약화 　　　　　　　　　　답 ④

난도 중

정답해설

㉠ 주장은 '추첨식 민주정은 자유와 평등의 이념과 공동체 호혜의 정신을 실천하는 데 적합한 제도였다'라는 것이다.

ㄴ. 추첨식 민주정에 의하면 능력과 적성에 맞지 않는 일을 하는 사람이 나타날 수 있다. 그 사람이 그 일의 진정한 주체가 될 수 없다면 공동체 호혜의 정신을 실천하기는 어려워지며 ㉠은 약화된다.

ㄷ. 3문단에 따르면 통치와 복종을 번갈아 하였을 때 호혜성이 발현된다고 본다. 하지만 도덕적 소양을 갖춘 사람이 아닌 경우 "나도 당했으니 너도 당해봐."라고 생각하는 경우가 많다면 ㉠은 약화된다.

오답해설

ㄱ. 추첨이 아닌 다른 제도를 통해서도 공직을 맡을 기회가 시민들에게 있었다는 사실은 추첨식 민주정이 자유와 평등의 이념에 적합한 제도였다는 것을 약화하지 않는다.

합격생 가이드

'P → Q'라는 주장을 약화하는 방법은 크게 3가지가 있다. 첫 번째는 전제인 P가 사실과 다름을 주장하는 것이다. 두 번째는 결과인 Q가 잘못되었음을 주장하는 것이다. 마지막 세 번째는 P와 Q 모두 적절하나, P를 따랐을 때 Q가 아님을 주장하여 그 연결고리를 반박하는 것이다. ㄴ은 세 번째 방법으로, ㄷ은 첫 번째 방법으로 ㉠을 약화하였다.

37 강화 · 약화 　　　　　　　　　　답 ③

난도 중

정답해설

적조의 발생을 설명하는 두 가설 A, B를 정리하면 다음과 같다.

A : 적조는 초여름 장마철에 하천으로부터 영양염류가 해양에 유입되어야만 발생한다. 장마가 끝나거나 장마 중 비가 멈추고 충분한 일사량이 며칠간 확보되면, 식물성 플랑크톤이 급속한 성장을 하여 적조가 발생한다.

B : 적조는 유기오염 물질이 해양에 누적되어야만 발생한다. 기온이 상승하고 일사량이 증가하면 퇴적층 미생물 활성이 높아지고, 유기오염 물질에서 영양염류가 용출되어 퇴적층 위에 쌓인다. 해당 해역에 식물성 편모조류가 있다면 영양염류를 해수면으로 운반한다. 이후 일사량이 며칠간 확보되면 식물성 플랑크톤이 크게 번성하여 적조가 발생한다.

ㄱ. A, B 모두 기온이 상승한 바다에서 적조가 발생함을 설명한다. 따라서 차가운 겨울 바다에서 적조가 발생하였다면 A, B 모두 약화된다.

ㄷ. B는 식물성 편모조류가 영양염류를 해수면으로 운반하는 과정이 적조 형성의 원인이라고 주장하였으므로 B는 약화된다. A는 식물성 편모조류와 무관하므로 약화되지 않는다.

오답해설

ㄴ. B를 약화한다. A는 유기오염 물질의 해저 퇴적과 무관하다.

합격생 가이드

무관한 선지를 약화하거나, 강화하는 것으로 착각하지 않도록 주의하여야 한다.

38 강화 · 약화 답 ④

난도 중

정답해설

ㄴ. ㉠에 따르면 처리2를 한 탱크는 처리3을 한 탱크보다 회복 속도가 빠를 것이다. 따라서 ㉠이 강화된다. ㉡에 따르면 크기가 큰 개체를 반복적으로 제거한 처리2를 한 탱크 속 개체의 평균 크기는 처리3을 한 탱크 속 개체 평균 크기보다 작아졌을 것이므로 ㉡도 강화된다.

ㄷ. ㉠에 따르면 처리1은 크기가 작은 개체를 제거하므로 회복속도가 처리3보다 느릴 것이다. 따라서 ㉠은 강화된다. ㉡에 따르면 크기가 작은 개체를 반복적으로 제거한 처리1을 한 탱크의 개체는 평균 크기가 커져야 할 것이다. 하지만 처리3의 평균 크기가 더 커졌다면 ㉡은 약화된다.

오답해설

ㄱ. ㉠에 따르면 탱크 속 개체 수가 회복되는 시간은 처리1이 더 느릴 것이다. 따라서 ㉠을 약화한다. ㉡에 따르면 개체의 평균 크기는 처리1이 처리3보다 클 것이므로 ㉡을 약화한다.

합격생 가이드

㉠은 회복 속도, ㉡은 개체의 평균 크기가 변수가 됨을 알고 처리1, 2, 3을 비교하여야 한다.

39 종합 답 ④

난도 중

정답해설

(가) : 1문단에 따르면 S1이 S2로 환원된다는 것은 S1을 구성하는 모든 법칙을 S2를 구성하는 법칙들로 설명할 수 있다는 것이다. 이는 S1의 법칙들이 환원하는 이론인 S2의 법칙들로부터 연역적으로 도출된다는 것이다. 따라서 계층 질서의 위쪽에 있는 상부 과학이 하부 과학으로 환원된다면 하부 과학의 법칙들로부터 상부 과학의 법칙들이 연역적으로 도출된다. 따라서 (가)는 '하부'이다.

(나) : (가) 설명에 따라 (나)는 '상부'이다.

(다) : 전체에서 부분이 도출되는 것이므로 하부에서 상부가 도출되었다는 것을 이해하면 상부 과학은 하부 과학의 부분이 된다. 따라서 (다)는 '상부'이다.

(라) : (다) 설명에 따라 (라)는 '하부'이다.

(마) : 교량 원리에 대한 설명을 보면, 양자역학에서 사용하지 않는 고전역학 용어인 '입자'를 설명한다. 고전역학(S1)을 양자역학(S2)으로 환원한다고 하였으므로 고전역학은 환원되는 이론, 양자역학은 환원하는 이론이다. 따라서 (마)는 'S2'이다.

(바) : (마)의 설명에 따라 (바)는 'S1'이다.

합격생 가이드

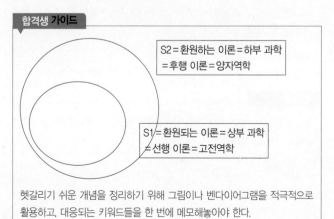

S2 = 환원하는 이론 = 하부 과학
　　= 후행 이론 = 양자역학

S1 = 환원되는 이론 = 상부 과학
　　= 선행 이론 = 고전역학

헷갈리기 쉬운 개념을 정리하기 위해 그림이나 벤다이어그램을 적극적으로 활용하고, 대응되는 키워드들을 한 번에 메모해놓아야 한다.

40 종합 답 ③

난도 상

정답해설

ㄱ. ㉠은 환원 개념을 통해 과학 이론들의 통일과 진보를 설명할 수 있다고 한다. 이때 두 이론 사이에 공유하는 용어의 개념적 내용이 같다는 것이 함축된다면 과학 이론의 연역적 도출에 문제가 발생하지 않게 된다. 과학 변동의 형태가 선행 이론이 후행 이론에 포함되는 관계를 드러낼 수 있게 되는 것이다. 따라서 ㉠은 강화된다. 4문단에 따르면 ㉡은 환원 관계가 성립한다고 하였을 때 두 법칙에서의 용어 개념이 내용적으로 엄연히 다른 것이므로 환원 개념으로는 과학의 통일과 진보를 설명할 수 없다고 한다. 따라서 환원 관계가 성립되었을 때 두 이론 사이에 공유하는 용어의 개념적 내용이 같다는 것이 함축된다면 ㉡은 약화된다.

ㄴ. 후행 이론인 뉴턴 역학에서는 중세 운동 이론에서의 '임페투스'라는 용어를 연결할 수 있는 원리가 존재하지 않음에도 뉴턴 역학을 과학적 진보로 평가한다는 주장이 받아들여지면 ㉠은 약화된다. ㉠은 환원 관계에서 공유하지 않는 용어에 대해서는 교량 원리를 활용하여야 한다고 보았기 때문이다. 반면 환원 개념으로는 과학의 진보를 온전히 설명할 수 없다고 주장한 ㉡은 강화된다.

오답해설

ㄷ. 제3의 이론이 등장하는 것과 ㉠, ㉡은 무관하다.

합격생 가이드

고난도의 강화 · 약화 문제가 출제되었다. 해당 문제를 깊게 고민하여 시간을 소비하기보다 다른 모든 문제를 빠르게 풀 수 있도록 시간을 배분하는 것이 중요할 것이다.

PSAT
Public Service Aptitude Test

PART
01

기출유형분석

CHAPTER 01 일치부합

1 유형의 이해

매년 10개 내외의 문항이 이러한 유형으로 출제될 정도로, 다른 유형에 비해 출제 문항에서 차지하는 비중이 높은 유형이므로 평소 여러 지문을 접하며 확실하게 대비할 필요가 있다. 기존에는 대부분의 일치부합 문제의 난도가 높지 않은 수준으로 출제되었으나, 최근 PSAT 언어논리 영역의 난도가 상승하는 경향에 따라 지문 주제가 어렵거나 풀이에 시간이 많이 소요되는 문제들이 다수 출제되고 있다.

2 발문 유형

- 다음 글의 내용과 부합하는 것은?
- 다음 글에서 알 수 있는(없는) 것은?

3 접근법

이 유형은 주어진 지문과 선지를 정확하게 독해하고, 선지 중 지문의 내용과 부합하지 않는 것 혹은 부합하는 것을 찾아낼 수 있는지를 묻는 유형이다. 자신이 사전지식을 가지고 있는 내용의 지문이 출제된다면 상대적으로 유리할 수 있으나, 역대 기출 문제를 볼 때 매년 다양한 주제의 지문이 출제되고 있으므로 방대한 범위의 지식을 사전에 습득하여 해당 문제 유형에 대비하기는 실질적으로 어렵다. 따라서, 이 유형의 문제풀이 시 지문 내용과 관련한 지식의 습득보다는 정확한 독해능력을 기르기 위한 연습이라는 방향을 설정하고 접근하는 것이 바람직할 것이다.

4 생각해 볼 부분

유형의 난도 자체는 크게 높지 않으므로 지문을 차분히 읽고 선지에서 지문의 내용에 부합하는 것 혹은 부합하지 않는 것을 확인해 나가면 누구나 정답을 찾을 수 있으나, PSAT 언어논리 시험의 특성상 독해와 문제풀이의 속도가 관건이다. 독해 속도에 자신이 있는 수험생이라면 지문을 전체적으로 다 읽고 문제풀이에 들어가더라도 시간상의 문제가 없을 것이나, 그렇지 않은 경우 지문부터 읽고 문제풀이를 하는 과정에서 지문의 내용이 기억나지 않아 지문을 다시 보다가 시간을 낭비할 수 있으므로 권하지 않는 풀이방법이다. 선지를 먼저 보고 지문의 대략적인 주제와 핵심이 되는 단어·내용을 먼저 확인한 후, 필요한 정보에 집중하면서 지문의 문장을 선택적으로 읽어 내려가는 방식으로 풀이하면 풀이시간을 줄일 수 있다.

다음 글의 내용과 부합하지 <u>않는</u> 것은?

연방준비제도(이하 연준)가 고용 증대에 주안점을 둔 정책을 입안한다 해도 정책이 분배에 미치는 영향을 고려하지 않는다면, 그 정책은 거품과 불평등만 부풀릴 것이다. 기술 산업의 거품 붕괴로 인한 경기 침체에 대응하여 2000년대 초에 연준이 시행한 저금리 정책이 이를 잘 보여준다.

특정한 상황에서는 금리 변동이 투자와 소비의 변화를 통해 경기와 고용에 영향을 줄 수 있다. 하지만 다른 수단이 훨씬 더 효과적인 상황도 많다. 가령 부동산 거품에 대한 대응책으로는 금리 인상보다 주택 담보 대출에 대한 규제가 더 합리적이다. 생산적 투자를 위축시키지 않으면서 부동산 거품을 가라앉힐 수 있기 때문이다.

경기 침체라 하더라도, 금리 인하는 은행의 비용을 줄여주는 것 말고는 경기 회복에 별다른 도움이 되지 않을 수 있다. 대부분의 부문에서 설비 가동률이 낮은 상황이라면, 대출 금리가 낮아져도 생산적인 투자가 별로 증대하지 않는다. 2000년대 초가 바로 그런 상황이었기 때문에, 당시의 저금리 정책은 생산적인 투자 증가 대신에 주택 시장의 거품만 초래한 것이다.

금리 인하는 국공채에 투자했던 퇴직자들의 소득을 감소시켰다. 노년층에서 정부로, 정부에서 금융업으로 부의 대규모 이동이 이루어져 불평등이 심화되었다. 이에 따라 금리 인하는 다양한 경로로 소비를 위축시켰다. 은퇴 후의 소득을 확보하기 위해, 혹은 자녀의 학자금을 확보하기 위해 사람들은 저축을 늘렸다. 연준은 금리 인하가 주가 상승으로 이어질 것이므로 소비가 늘어날 것이라고 주장했다. 하지만 2000년대 초 연준의 금리 인하 이후 주가 상승에 따라 발생한 이득은 대체로 부유층에 집중되었으므로 대대적인 소비 증가로 이어지지 않았다.

2000년대 초 고용 증대를 기대하고 시행한 연준의 저금리 정책은 노동을 자본으로 대체하는 투자를 증대시켰다. 인위적인 저금리로 자본 비용이 낮아지자 이런 기회를 이용하려는 유인이 생겨났다. 노동력이 풍부한 상황인데도 노동을 절약하는 방향의 혁신이 강화되었고, 미숙련 노동자들의 실업률이 높은 상황인데도 가계들은 계산원을 해고하고 자동화 기계를 들여놓았다. 경기가 회복되더라도 실업률이 떨어지지 않는 구조가 만들어진 것이다.

① 2000년대 초 연준의 금리 인하로 국공채에 투자한 퇴직자의 소득이 줄어들어 금융업으로부터 정부로 부가 이동하였다.

② 2000년대 초 연준은 고용 증대를 기대하고 금리를 인하했지만 결과적으로 고용 증대가 더 어려워지도록 만들었다.

③ 2000년대 초 기술 산업 거품의 붕괴로 인한 경기 침체기에 설비 가동률은 대부분의 부문에서 낮은 상태였다.

④ 2000년대 초 연준이 금리 인하 정책을 시행한 후 주택 가격과 주식 가격은 상승하였다.

⑤ 금리 인상은 부동산 거품 대응 정책 가운데 가장 효과적인 정책이 아닐 수 있다.

난도 중

풀이시간 2분

합격생 가이드

지문의 지엽적인 내용에 주목하기보다, 전반적인 내용을 파악하여 선지 내용의 정오를 판단할 수 있도록 해야 한다. 이러한 지문의 경우 정책의 시행 결과 주가, 부의 이동 등 다른 요소들이 어떻게 변화했는지에 주목하며 지문을 읽을 필요가 있다.

대표문항으로 선정한 이유

이 문제는 최근 들어 까다로워지고 있는 일치부합 유형의 대표적인 출제 경향을 보여주는 문제라고 할 수 있다. 지문에 있는 문장을 거의 변형하지 않고 선지를 구성했던 이전의 출제 경향과는 달리, 최근에는 단순 일치부합 유형의 문제에서도 지문 내용에 대한 추론을 요구하는 경우가 많아지면서 추론 유형과 일치부합 유형의 구분이 점차 모호해지고 있다. 이러한 문제 유형의 경우 지엽적인 내용 일치에 주목하기보다, 지문의 전체적인 내용 흐름을 파악하여 선지 내용의 정오 여부를 추론하는 방향으로 접근해야 한다.

정답해설

① 옳지 않다. 2000년대 초 연준의 금리 인하로 국공채에 투자한 퇴직자의 소득이 줄어들었다는 것은 지문의 내용과 일치하나, 지문의 4번째 문단 2번째 문장에서 금융업으로부터 정부로가 아닌, 정부로부터 금융업으로 부가 이동했다는 것을 알 수 있다. 따라서 ① 선지가 지문의 내용에 부합하지 않는다.

오답해설

② 옳다. 마지막 문단의 첫 번째 문장에서 확인할 수 있는 내용이다.

③ 옳다. 1문단 마지막 문장에서 2000년대 초가 산업 거품의 붕괴로 인한 경기 침체였다는 것을 알 수 있으며, 3문단 2, 3번째 문장에서 2000년대 초에 대부분의 부문에서 설비 가동률이 낮은 상황이었다는 것을 확인할 수 있다.

④ 옳다. 2문단 마지막 문장과 3문단 마지막 문장에서 각각 금리 인하 정책으로 인해 주택 가격과 주식 가격이 상승하였음을 알 수 있다.

⑤ 옳다. 2문단 2번째 문장에서 확인할 수 있는 내용이다.

답 ①

01 ○△✕

11년 행시(수) 3번

다음은 19세기말 영국 지리학자가 쓴 기행문의 일부이다. 이 글에서 알 수 있는 것은?

조선은 실로 눈부시게 아름다웠다. 거룻배를 타고 가로지르는 한강에서 바라본 조선은 물안개로 둘러싸여 신비스러운 자태를 뿜어내고 있었다. 내가 본 조선인들은 낡아빠진 관습, 고칠 수도 개혁할 수도 없는 동양적 사고로 반쯤은 겁에 질린 사람들이었다. 게다가 반짝거리는 금은사로 장식된 고상한 관을 쓴 관리들, 나무 곤봉을 들고 뒤따르는 포졸들과 이를 지켜보는 지저분하고 남루한 사람들의 모습을 잊을 수 없었다.

이번에 내가 연해주를 방문한 목적은 러시아로 이주한 조선 사람들의 난처한 문제를 조사하여 해결해 보려는 심산이었다. 그 지역의 조선 이주민들은 러시아계 정착민들처럼 부유한 농민층으로 성장해 있었다. 나는 그들의 재산 축적 정도와 부에 대한 태도로 볼 때, 조선에 있는 그들의 동포들도 정직한 행정에 의해 수입이 정당하게 지켜질 수 있다면 인간다운 삶을 영위할 수 있으리라 생각했다. 과연 이주민들이 본토 주민들보다 더 뛰어난 사람들이었을까? 그들은 대개 기근으로부터 피난 온 굶주리고 가난한 조선에서 만났던 사람들이었다. 어느새 게으른 농부의 어슬렁거리는 태도는 민첩하게 변해 있었고 아내에 대한 의심과 독단도 거의 볼 수 없었다. 그들은 재산에 대한 불안감보다는 신뢰에 찬 모습이었다. 러시아의 행정은 투르크스탄의 약탈민족과 유목민을 유순하고 평화로운 농경민족으로 바꾸어 놓았다. 물질적으로 열악한 조선의 이주민을 성공적으로 정착시킨 것도 그와 마찬가지로 주목할 만하다. 러시아 관리들은 단호할 때는 단호하지만 밖으로는 극도의 자유를 허용하고 다른 민족들 간의 관습과 특성에 맞추는 자치제 형태를 고무하였다.

며칠 후에 나는 중국 국경에 위치한 훈춘(琿春)으로 갔다. 혹독한 훈춘의 날씨도 온풍으로 다소 따뜻한 느낌이었다. 거기서 만난 국경 수비대 대장은 나를 융숭히 대접해 주었는데, 그는 주둔지의 병사들을 통제할 수 없게 되었다고 한탄하기도 했다. 내가 느낀 훈춘은 국경을 들고 나는 많은 사람들로 다소 어수선하고 들뜬 분위기였다. 훈춘은 최근 몇 년간 나무가 별로 없는 산악 부락의 중앙에 있었으나 그곳은 이제 조선 이주민들에 의해 물이 좋은 계곡이 되었다. 거칠고 삭막하며 바람이 휩쓸고 간 옛 모습은 발견하기 어려웠다.

① 연해주 이주민과 조선 본토 주민 사이에 별다른 자질의 차이가 없었다.
② 조선 이주민들의 근면성과 정직함은 러시아와 중국 정착에 밑거름이 되었다.
③ 연해주 일대의 비옥한 토지를 본 조선인들은 부에 대한 인식의 변화를 겪게 되었다.
④ 러시아와 중국 관리들의 자치적 행정 운영이 조선 이주민의 재산 축적을 가능케 했다.
⑤ 구한말 조선 관리들의 민중에 대한 가혹한 수탈이 연해주로 이주하는 원인을 제공했다.

02 ○△✕

12년 행시(인) 7번

다음 글의 내용과 부합하지 <u>않는</u> 것은?

국가의 정체(政體)를 규명할 때 공화정과 민주제를 혼동하지 않으려면 다음 두 가지를 구분해야 한다. 첫째, 국가의 최고 권력을 갖고 있는 통치자, 다시 말해 주권자가 누구인가? 둘째, 국가의 최고 권력이 실행되는 방식이 무엇인가? 첫 번째 질문에 대한 답으로 세 가지 정체만을 말할 수 있다. 통치자가 단 한 명인 군주제, 일부 특정 소수가 통치자인 귀족제, 모든 사람이 통치자인 민주제이다. 두 번째 질문에 대한 답으로 정부의 두 가지 형태만을 말할 수 있다. 공화정과 전제정이다. 공화정에서는 입법부에서 정부의 집행권(행정권)이 분리된다. 전제정에서는 정부가 법률을 제정할 뿐만 아니라 그것을 독단적으로 집행한다. 전제정은 공적 의지에 따른 행정이지만, 사실상 통치자의 개인적 의지와 동일하다. 민주제는 '민주(民主)'라는 그 의미에서 알 수 있듯이 필연적으로 전제정이다. 민주제에서는 설사 반대의견을 가진 개인이 존재하더라도, 형식상 그 반대자를 포함한 국민 전체가 법률을 제정하여 집행하기 때문이다. 이 경우 국민 전체는 실제로 전체가 아니라 단지 다수일 뿐이다.

대의(代議) 제도를 따르지 않은 어떤 형태의 정부도 진정한 정체라 말할 수 없다. 군주제와 귀족제는 통치방식이 기본적으로 대의적이지는 않지만, 대의 제도에 부합하는 통치 방식을 따를 수 있는 여지가 있다. 그러나 민주제에서는 대의 제도가 실현되기 어렵다. 왜냐하면 민주제에서는 국민 모두가 통치자이기를 바라기 때문이다. 한 국가의 통치자의 수가 적으면 적을수록 그리고 그들이 국민을 실제로 대표하면 할수록 그 국가의 정부는 공화정에 접근할 수 있다. 그리고 점진적 개혁에 의해 공화정에 근접할 것으로 기대할 수도 있다. 이런 이유로 완벽하게 합법적 정체인 공화정에 도달하는 것이 군주제보다는 귀족제에서 더 어려우며 민주제에서는 폭력 혁명이 아니면 도달하는 것이 불가능하다.

국민에게는 통치 방식이 매우 중요하다. 정부의 형태가 진정한 정체가 되려면 대의 제도를 실현해야 하고 그 제도를 통해서만 공화정이 가능하다. 대의 제도가 없는 정부의 형태는 전제정이나 폭정이 된다. 고대의 어떤 공화정도 대의 제도의 의의를 알지 못했고, 따라서 필연적으로 한 개인이 권력을 독점하는 절대적 전제주의가 되었다.

① 민주제는 반드시 전제정이 될 수밖에 없다.
② 대의 제도는 공화정이 되기 위한 필요조건이다.
③ 공화정의 가능성은 통치자의 수가 적을수록 커진다.
④ 민주제는 귀족제나 군주제와는 다르게 점진적 개혁을 통해 대의 제도를 실현한다.
⑤ 입법부에서 정부의 집행권이 분리되는가의 여부에 따라 공화정과 전제정을 구분할 수 있다.

03 ◯△✕

다음 글의 내용과 부합하는 것은?

역사 속에서 유대인들은 엄청난 대가를 치르면서도, 그들의 동질성을 유지하고 정체성을 지켜온 것으로 유명하다. 따라서 유대인이 자신들의 언어를 소중하게 지켜왔으리라고 여기는 일은 자연스럽다. 그러나 이는 사실과 크게 다르다. 유대인들은 별다른 고민이나 갈등 없이 자신들의 언어를 여러 번 바꾸었다.

기원전 6세기경 팔레스타인에 살던 유대인들은 바빌로니아에 종속되었고 이어 페르시아의 지배를 받았다. 그 이후 유대인들은 전통적 언어인 히브리어 대신 바빌로니아 상인들의 국제어였고 페르시아 제국의 공용어였던 아람어를 점점 더 많이 사용하게 되었다. 기원전 2세기경 유대인들은 마침내 아람어를 일상어로 쓰기 시작했고 히브리어는 지식인 계층만 사용하는 언어가 되었다. 성서의 『느헤미야』는 기원전 3세기 전반에 편집되었다. 이는 히브리어가 살아있는 언어였을 때 만들어진 마지막 책이다. 대부분의 유대인들이 히브리어를 잊었으므로 그들을 위한 아람어 성서가 나왔다. 이 성서는 번역을 뜻하는 아람어 '탈굼'으로 불렸는데, 구전으로는 기원전 6세기 말엽부터 그리고 기록된 것은 기원후 1세기부터 나오기 시작했다.

알렉산더 대왕의 정복 후 팔레스타인은 프톨레마이오스왕조가 집권한 이집트에 종속되었다. 알렉산드리아를 중심으로 하는 이집트의 유대인들은 아람어를 버리고 그리스어를 쓰게 되었다. 자연히 히브리어도 아람어도 모르는 유대인들을 위해 그리스어로 번역된 성서가 필요해졌다. 그래서 기원전 3세기에서 2세기에 걸쳐 알렉산드리아의 학술원에서 번역판을 냈다. 이 성서가 바로 이후 기독교도들의 경전이 된 '칠십인역'이다.

로마 제국이 득세했을 때 유대인들은 로마에 대항했다가 참담한 피해를 입고 뿔뿔이 흩어졌다. 이제 유대인들은 아람어나 그리스어를 버리고 그들이 이민 가서 정착한 곳의 언어를 쓰거나 이디시어, 라디노어와 같은 혼성어를 공용어로 썼다. 히브리어는 유대교 학자들에 의해 명맥이 이어지는 학자들의 언어가 되었다.

그 동안에도 히브리어를 되살리려는 노력은 꾸준히 이어졌다. 그런 노력은 근세에 특히 활발하여 히브리어를 글로 쓸 뿐 아니라 말해지기도 하는 언어로 만들려는 움직임까지 나왔다. 1948년에 이스라엘이 세워지면서 그런 노력은 성공했다. 세계 곳곳에서 모여들어 여러 언어를 쓰는 사람들이, 일부 지식층의 주도 하에 그리고 순전히 정치적인 이유만으로, 2천 년 이상 오직 학자들의 언어에 불과했던 언어를 공용어로 채택했던 것이다. 히브리어의 부활은 언어의 끈질긴 생명력을 드러내는 사건인 것처럼 보이지만, 역설적으로 사람들이 쉽게 언어를 버리고 채택한다는 것을 보여준다.

① 히브리어 성서가 보존될 수 있었던 것은 이 책이 유럽 기독교도들의 경전이 되었기 때문이다.

② 그리스어로 된 칠십인역 성서는 유대인들의 일상어가 바뀌었음을 보여주는 역사적 증거이다.

③ 아람어 성서 탈굼은 유대인의 성서가 바빌로니아인과 페르시아인에게도 널리 읽혔다는 역사적 증거이다.

④ 다양한 지역의 유대인들에게 지속적으로 사용되었기 때문에 히브리어가 현대 이스라엘의 공용어가 될 수 있었다.

⑤ 알렉산더 대왕의 정복은 전통적 언어였던 히브리어를 유대인 중 특정 계층만이 사용하는 언어로 만든 역사적 계기였다.

04 ◯△✕

다음 글에서 알 수 없는 것은?

희생제의란 신 혹은 초자연적 존재에게 제물을 바침으로써 인간 사회에서 발생하는 중요한 문제를 해결하려는 목적으로 이루어지는 의례를 의미한다. 이 제의에서는 제물이 가장 주요한 구성요소인데, 이때 제물은 제사를 올리는 인간들과 제사를 받는 대상 사이의 유대 관계를 맺게 해주어 상호 소통할 수 있도록 매개하는 역할을 수행한다.

희생제의의 제물, 즉 희생제물의 대명사로 우리는 '희생양'을 떠올린다. 이는 희생제물이 대개 동물일 것이라고 추정하게 하지만, 희생제물에는 인간도 포함된다. 인간 집단은 안위를 위협하는 심각한 위기 상황을 맞게 되면, 이를 극복하고 사회 안정을 회복하기 위해 처녀나 어린아이를 제물로 바쳤다. 이러한 사실은 인신공희(人身供犧) 설화를 통해 찾아볼 수 있다. 이러한 설화에서 인간들은 신이나 괴수에게 처녀나 어린아이를 희생 제물로 바쳤다.

희생제의는 원시사회의 산물로 머문 것이 아니라 아주 오랫동안 동서양을 막론하고 여러 문화권에서 지속적으로 행해져 왔다. 이에 희생제의의 기원이나 형식을 밝히기 위한 종교현상학적 연구들이 시도되어 왔다. 그리고 인류학적 연구에서는 희생제의에 나타난 인간과 문화의 본질에 대한 탐색이 있어 왔다. 인류학적 관점의 대표적인 학자인 지라르는 『폭력과 성스러움』, 『희생양』 등을 통해 인간 사회의 특징, 사회 갈등과 그 해소 등의 문제를 '희생제의'와 '희생양'으로 설명했다.

인간은 끊임없이 타인과 경쟁하고 갈등하는 존재이다. 이러한 인간들 간의 갈등은 공동체 내에서 무차별적이면서도 심각한 갈등 양상으로 치닫게 되고 극도의 사회적 긴장관계를 유발한다. 이때 다수의 사회 구성원들은 사회 갈등을 희생양에게 전이시켜 사회 갈등을 해소하고 안정을 되찾고자 하였다는 것이 지라르 논의의 핵심이다.

희생제의에서 희생제물로서 처녀나 어린아이가 선택되는 경우가 한국뿐 아니라 많은 나라에서도 발견된다. 처녀와 어린아이에게는 인간 사회의 세속적이고 부정적인 속성이 깃들지 않았다는 관념이 오래 전부터 지배적이었기 때문이다. 그러나 지라르는 근본적으로 이들이 희생제물로 선택된 이유를, 사회를 주도하는 주체인 성인 남성들이 스스로 일으킨 문제를 자신들이 해결하지 않고 사회적 역할 차원에서 자신들과 대척점에 있는 타자인 이들을 희생양으로 삼았기 때문인 것으로 설명하였다.

① 종교현상학적 연구는 인간 사회의 특성과 사회 갈등 형성 및 해소를 희생제의와 희생양의 관계를 통해 설명한다.

② 지라르에 따르면, 다수의 사회 구성원들은 사회 갈등을 희생양에게 전이시킴으로써 사회 안정을 이루고자 하였다.

③ 희생제물을 통해 위기를 극복하고 사회의 안정을 회복하고자 한 의례 행위는 동양에 국한된 것은 아니다.

④ 지라르에 따르면, 희생제물인 처녀나 어린아이들은 성인 남성들과 대척점에 있는 존재이다.

⑤ 인신공희 설화에서 희생제물인 어린아이들은 인간들과 신 혹은 괴수 간에 소통을 매개한다.

05 ○△×   13년 행시(인) 5번

다음 글에 제시된 '강화 학습 시스템'에 대한 설명으로 적절하지 않은 것은?

강화 학습 시스템은 현실의 다양한 문제를 자기 주도적으로 해결하는 프로그램을 실현하고자 한다. 대부분의 현실 문제는 매우 복잡하므로 정형화된 규칙에 한정되지 않는 방식으로 대처하는 매우 큰 유연성을 필요로 한다. 그런 유연성이 없는 프로그램은 결국 특정한 목적에만 사용된다. 강화 학습 시스템의 목적은 궁극적으로 자신의 목표를 유연하고도 창의적으로 성취할 수 있는, 다시 말해 자가 프로그래밍적인 시스템에 도달하는 것이다.

1980년대까지 강화 학습 시스템은 실제 세계의 문제를 해결하기에 너무 느렸고 이로 인해 이 시스템에 대한 연구를 지속할 필요가 있는지 의문이 제기되었다. 하지만 이 평가는 적절하지 않다. 그 어떤 학습 시스템도 아무런 가정 없이 학습을 시작할 수는 없는 법이다. 자신이 어떤 문제에 부딪히게 될지, 그 문제로부터 어떻게 학습할 수 있을지 등의 가정도 없는 시스템이라면 그 시스템은 결국 아무 것도 배울 수 없다. 생물계는 그런 가정을 가진 학습 시스템을 가장 잘 보여주는 사례이다. 생명체 모두는 각자의 DNA에 암호화된 생물학적 정보를 가지고 학습을 시작한다. 강화 학습 시스템이 가정을 거의 갖지 않은 상태로 문제를 해결하려고 할 경우, 그 시스템은 매우 느리게 학습하고 아주 간단한 문제조차 풀지 못하게 된다. 이는 생물학적 유기체인 경우에도 마찬가지이다. 쥐의 경우 물 밑에 있는 조개를 어떻게 사냥해야 할지에 관해서는 아는 바가 거의 없지만, 어둡고 특히 공간적으로 복잡한 장소에서 먹이를 구하는 데 있어서는 행동에 관한 엄청난 정보를 지니고 있다. 따라서 쥐는 생존에 필수적인 문제들에 대해 풍부한 내적 모형을 사전에 갖고 있다고 봐야 한다. 이를 통해 볼 때 강화 학습 시스템에 대한 연구가 진행되어야 할 이유는 분명하다.

① 강화 학습 시스템의 유연성은 임기응변 능력과 관련이 있다.
② 강화 학습 시스템의 목적은 자율적인 시스템을 만드는 데에 있다.
③ 강화 학습 시스템이 무에서 유를 생성할 것으로 기대하기는 어렵다.
④ 강화 학습 시스템은 생명체의 분자 구조에 관한 정보를 가질 때 빠르게 문제를 생성할 수 있다.
⑤ 강화 학습 시스템이 현실에서 부딪히는 문제를 효율적으로 해결하기 위해서는 그 문제에 관한 배경 정보가 필요하다.

06 ○△×   10년 행시(수) 8번

다음 글에서 알 수 있는 것은?

40여 년 전 이스라엘 농업 연구청에서는 농작물을 재배하는 들판에서 햇빛의 세기를 측정했다. 이를 기초로 관개시스템을 개발하기 위해서였다. 약 20년 뒤 시스템 점검을 위해 다시 데이터를 측정했을 때, 햇빛이 22% 정도 줄어든 것을 발견하게 되었다. 당시 과학계는 이러한 결과에 대해 냉소적이었다. 그러나 세계 여러 나라의 기후학자들은 비슷한 연구 결과를 내놓게 되었다. 1950년과 1990년 사이에 태양에너지가 남극에서 9%, 미국, 영국, 러시아에서 각각 10%, 16%, 30% 감소했다. 태양에서 지구에 도달하는 빛과 열이 줄어들고 있는 것이다. 기후학자들은 이 현상을 '글로벌 디밍(global dimming)'이라고 부른다.

미국 캘리포니아대 A교수는 인도양 중북부에 1,000개가 넘는 섬으로 이뤄진 몰디브 제도에서 4년 간 글로벌 디밍의 원인을 분석했다. 그는 몰디브 제도에서 인도와 가까운 북쪽 섬은 남쪽 섬보다 햇빛이 10% 이상 약하다는 사실을 발견했다. 북쪽 섬은 남쪽 섬보다 공기 중의 오염 입자가 10배나 많다. 공기 중의 오염 입자가 많을수록 구름은 물방울을 많이 머금게 된다. 이렇게 모인 물방울이 지구로 들어오는 태양광선을 반사시킨다.

글로벌 디밍이 글로벌 워밍(global warming)을 어느 정도 억제하는 효과가 있을 것으로 추측하는 과학자도 있다. 그렇다고 글로벌 디밍을 마냥 방치하고 있을 수는 없을 것이다. 화석연료를 태울 때 나오는 부산물인 재와 그을음, 그리고 이산화황 같은 오염 입자가 늘어나 글로벌 디밍을 일으키기 때문이다. 특히 이산화황은 산성비와 스모그를 유발하는 주범이다. 게다가 햇빛의 유입량이 감소하면 해수 온도가 낮아져서 강수량 패턴이 바뀌고 생태계에 큰 영향이 있게 된다.

한편 태양 자체도 수명을 다하면 빛을 잃게 될 것이다. 태양의 수명은 약 100억 년으로 추정되고 있다. 태양이 생긴 지 50억 년 쯤 지났으니 지금 우리가 보는 태양은 일생의 절반을 산 셈이다. 태양 중심에서는 높은 온도와 압력으로 수소가 연소하여 헬륨으로 바뀌는 핵융합 반응이 일어난다. 이때 나오는 어마어마한 에너지가 빛과 열의 형태로 지구로 오는 것이다. 내부에 헬륨이 점점 쌓이면 태양은 불안정해져 더 많은 빛과 열을 내게 된다. 그렇다면 태양은 계속 더 밝아지기만 하는 것일까? 태양 중심의 온도가 1억 도를 넘으면 헬륨이 탄소로 바뀌기 시작한다. 이때가 바로 태양이 빛을 잃기 시작하는 시기이다.

① 공기 중의 오염 입자가 늘어나면 해수 온도가 내려간다.
② 글로벌 디밍은 태양이 내는 빛과 열이 줄어드는 현상이다.
③ 글로벌 디밍은 환경오염을 심화시켜 생태계를 파괴한다.
④ 글로벌 워밍은 글로벌 디밍을 억제한다.
⑤ 태양이 불안정해지기 때문에 지구가 어두워지고 있다.

07 ⃝△✕   13년 행시(인) 23번

다음 글에서 알 수 있는 것은?

어떤 사람이 러시아 여행을 가려고 하는데 러시아어를 전혀 모른다. 그래서 그는 러시아 여행 시 의사소통을 하기 위해 특별한 그림책을 이용할 계획을 세웠다. 그 책에는 어떠한 언어적 표현도 없고 오직 그림만 들어 있다. 그는 그 책에 있는 사물의 그림을 보여줌으로써 의사소통을 하려고 한다. 예를 들어 빵이 필요하면 상점에 가서 빵 그림을 보여주는 것이다. 그 책에는 다양한 종류의 빵 그림뿐 아니라 여행할 때 필요한 것들의 그림이 빠짐없이 담겨 있다. 과연 이 여행자는 러시아 여행을 하면서 의사소통을 성공적으로 할 수 있을까? 유감스럽게도 그럴 수 없을 것이다. 예를 들어 그가 자전거 상점에 가서 자전거 그림을 보여준다고 해보자. 자전거 그림을 보여주는 게 자전거를 사겠다는 의미로 받아들여질 것인가, 아니면 자전거를 팔겠다는 의미로 받아들여질 것인가? 결국 그는 자신이 뭘 원하는지 분명하게 전달할 수 없는 곤란한 상황에 처하게 될 것이다.

구매자를 위한 그림과 판매자를 위한 그림을 간단한 기호로 구별하여 이런 곤란을 극복하려고 해볼 수도 있다. 예컨대 자전거 그림 옆에 화살표 기호를 추가로 그려서, 오른쪽을 향한 화살표는 구매자를 위한 그림임을, 왼쪽을 향한 화살표는 판매자를 위한 그림임을 나타내는 것이다. 하지만 이런 방법은 의사소통에 여전히 도움이 되지 않는다. 왜냐하면 기호가 무엇을 의미하는지는 약속에 의해 결정되기 때문이다. 상대방은 어떤 것이 판매를 의미하는 화살표이고, 어떤 것이 구매를 의미하는 화살표인지 전혀 알 수 없을 것이다. 설령 상대방에게 화살표가 의미하는 것을 전달했다 하더라도, 자전거를 사려는 사람이 책을 들고 있는 여행자의 바로 옆에 있는 사람이 아니라 바로 여행자 자신이라는 것은 또 무엇을 통해 전달할 수 있을까? 여행자가 사고 싶어하는 물건이 자전거를 그린 그림이 아니라 진짜 자전거라는 것은 또 어떻게 전달할 수 있을까?

① 언어적 표현의 의미는 확정될 수 없다.
② 약속에 의해서도 기호의 의미는 결정될 수 없다.
③ 한 사물에 대한 그림은 여러 의미로 이해될 수 있다.
④ 의미가 확정된 표현이 없어도 성공적인 의사소통은 가능하다.
⑤ 상이한 사물에 대한 그림들은 동일한 의미로 이해될 수 없다.

08 ⃝△✕   10년 행시(수) 25번

다음 글에 나타난 대한민국정부와 일본정부의 주장으로 적절하지 않은 것은?

대한민국정부와 일본정부는 독도 문제와 관련해서 수많은 논쟁을 해왔다. 그동안 대한민국정부는 독도 영유권에 관한 일본정부의 견해를 신중히 검토하였다. 그러나 일본정부가 역사적 사실로서 각종 문헌과 사적을 이용한 것은 다 부정확하고, 또 독도소유에 대한 국제법상의 여러 조건을 충족시켰다는 일본정부의 주장도 역시 전혀 근거가 없다. 우선 울릉도나 독도를 가리키는 '우산국, 우산, 울릉'에 대한 오해와 왜곡이 풀려야 한다. 따라서 대한민국정부는 아래의 증거를 들어 일본정부가 제시한 의견이 독단적인 억측에 기초하고 있다는 것을 말하고자 한다.

우산도와 울릉도가 두 개의 섬이라는 것을 구구하게 설명할 필요가 없다. 그러나 다시 한 번 오해가 없도록 명확하게 하기 위해 이제 『세종실록지리지(世宗實錄地理志)』와 『신증동국여지승람(新增東國輿地勝覽)』에 수록된 다음의 기사를 인용하고자 한다. "우산과 울릉의 두 섬이 울진현의 정동쪽 바다 가운데 위치하고 또 이 두 섬이 거리가 그리 멀지 않기 때문에 일기가 청명한 때는 이 두 섬 서로가 바라볼 수 있다." 여기에서 인용된 우산도와 울릉도 두 섬은 울진현의 정동쪽 바다에 위치한 별개의 섬이다. 이 두 섬은 떨어져 있으나 과히 멀지 않기 때문에 일기가 청명한 때는 서로 바라볼 수 있다고 기록되어 있다.

일본정부는 이와 같이 명확히 인정된 사실을 솔직하게 인정하지 않고 도리어 이 사실을 부인할 속셈으로 위 책의 본문에 기록되어 있는 다음 구절만을 맹목적으로 인용하고 있다. 즉 『세종실록지리지』에 기록되어 있는 "신라 때 칭하기를 우산국을 일러 울릉도"라고 한 대목과 『신증동국여지승람』에 기록되어 있는 "일설(一說)에 우산과 울릉은 본디 하나의 섬"이라고 한 대목이 그것이다. 그러나 『세종실록지리지』의 기사는 울릉도와 그 부속 도서를 포함하는 신라 시대의 우산국을 의미하는 것이지 우산도를 말하는 것이 아니다. 그리고 『신증동국여지승람』에서 말한 것은 막연한 일설에 지나지 않는다. 따라서 이 인용문들은 『세종실록지리지』와 『신증동국여지승람』이 편찬되었던 당시 두 섬이 두 개의 명칭으로 확인된 사실에 결코 영향을 미치지 못한다.

① 대한민국정부 : 우산도와 독도는 별개의 섬이다.
② 대한민국정부 : 울릉도와 우산도는 별개의 섬이다.
③ 일본정부 : 우산국과 우산도는 같은 섬이다.
④ 일본정부 : 우산국과 울릉도는 같은 섬이다.
⑤ 일본정부 : 울릉도와 우산도는 같은 섬이다.

09 ○△✕

다음 글의 내용과 부합하지 <u>않는</u> 것은?

디지털 연산은 회로의 동작으로 표현되는 논리적 연산에 의해 진행되며 아날로그 연산은 소자의 물리적 특성에 의해 진행된다. 하지만 디지털 연산의 정밀도는 정보의 연산 과정에서 최종적으로 정보를 출력할 때 필요한 것보다 항상 같거나 높게 유지해야 하므로 동일한 양의 연산을 처리해야 하는 경우라면 디지털 방식이 아날로그 방식에 비해 훨씬 더 많은 소자를 필요로 한다. 아날로그 연산에서는 회로를 구성하는 소자 자체가 연산자이므로 온도 변화에 따르는 소자 특성의 변화, 소자 간의 특성 균질성, 전원 잡음 등의 외적 요인들에 의해 연산 결과가 크게 달라질 수 있다. 그러나 디지털 연산에서는 회로의 동작이 0과 1을 구별할 정도의 정밀도만 유지하면 되므로 회로를 구성하는 소자 자체의 특성 변화에 거의 영향을 받지 않는다. 또한 상대적으로 쉽게 변경 가능하고 프로그램하기 편리한 점도 있다.

사람의 눈이나 귀 같은 감각기관은 아날로그 연산에 바탕을 둔 정보 처리 조직을 가지고 있지만 이로부터 발생되는 정보는 디지털 정보이다. 감각기관에 분포하는 수용기는 특별한 목적을 가지는 아날로그 – 디지털 변환기로 볼 수 있는데, 이것은 전달되는 입력의 특정 패턴을 감지하여, 디지털 신호와 유사한 부호를 발생시킨다. 이 신호는 다음 단계의 신경세포에 입력되고, 이 과정이 거미줄처럼 연결된 무수히 많은 신경세포의 연결 구조 속에서 반복되면서 뇌의 다양한 인지 활동을 형성한다. 사람의 감각기관에서 일어나는 아날로그 연산은 감각되는 많은 양의 정보 중에서 필요한 정보만을 걸러 주는 역할을 한다. 그렇기 때문에 실제 신경세포를 통해 뇌에 전달되는 것은 지각에 꼭 필요한 내용만이 축약된 디지털 정보이다. 사람의 감각은 감각기관의 노화 등으로 인한 생체 조직 구조의 변화에 따라 둔화될 수 있다. 그럼에도 불구하고 노화된 사람의 감각기관은 여전히 아날로그 연산이 가지는 높은 에너지 효율을 얻을 수 있다.

① 사람의 신경세포는 디지털화된 정보를 뇌로 전달한다.
② 디지털 연산은 소자의 물리적 특성을 연산자로 활용한다.
③ 사람의 감각기관은 아날로그 연산을 기초로 정보를 처리한다.
④ 디지털 연산은 소자 자체의 특성 변화에 크게 영향을 받지 않는다.
⑤ 사람의 감각기관이 감지하는 것은 외부에서 전달되는 입력 정보의 패턴이다.

10 ○△✕

다음 글에서 알 수 있는 것은?

고려 전기 문신 출신 문벌들의 정치적 특권과 경제적 풍요는 농민이나 무신 등에게 돌아가야 할 몫이 그들에게 집중된 결과였다. 이에 대해 농민들과 무신들은 강하게 반발하였고, 결국 농민 출신 병사들의 지지를 얻은 무신들이 문벌들을 몰아내고 권력을 장악하였다. 이 지배 세력의 교체는 문화에서도 변화를 가져왔다. 예를 들어 청자의 형태에도 영향을 미쳤다. 문양을 새기지 않았던 순청자의 아름다운 비색 바탕에 문양을 더하여 상감청자가 만들어지게 된 것이다.

상감청자는 무신들의 생활 도구였다. 무신들은 상감청자의 하늘처럼 푸른 빛깔과 아름다운 문양에 한껏 매료되었다. 무신들을 주요 수요자로 하여 성행하던 상감청자는 13세기 전반 몽골과의 항쟁을 위하여 무신정권이 강화도로 피난한 시기에 전성기를 맞았으며, 몽골과의 강화 이후 친원세력이 집권하면서 쇠락하기 시작하였다.

도자기 생산에 상감기법이 등장하게 된 것은 문신의 문화가 청산되었기 때문이었다. 특권 의식과 사대 의식을 특징으로 삼던 문신의 문화는 무신집권으로 인하여 사라졌다. 문신의 문화를 대체하여 이전과는 다른 새로운 문화가 모색되었고, 중국의 영향에서 벗어나 자주적 문화를 창조하려는 시대적 분위기가 도자기 생산을 비롯한 여러 분야에 영향을 미쳤다.

상감기법의 기술적 배경이 된 것은 당시 전성기에 도달해 있던 나전 기술의 이용이었다. 나전기술은 나무로 만든 생활용구 표면에 무늬를 음각하고 그 자리에다 자개를 박아 옻칠을 하는 것이다. 이러한 기술이 도자기 생산에도 적용되어, 독창적이고 고려화된 문양과 기법이 순청자에 적용된 것이다.

상감청자의 문양으로 자주 등장하는 것은 운학(雲鶴) 무늬이다. 운학 무늬는 그릇 표면에 학과 구름이 점점이 아로새겨진 무늬를 일컫는다. 학이 상서롭고 세속을 벗어난 고고한 동물이라는 점에서 고려 사람들은 이를 무늬로 즐겨 이용하였고 푸른 그릇 표면은 하늘로 생각했다. 하늘은 소란스러운 속세를 떠난, 정적만이 있는 무한한 공간이었다. 이러한 곳에서 세속을 벗어난 고고한 학처럼 살고 싶었던 무신들은 그들이 희구하던 세계를 그릇 위에 나타내도록 한 것이다.

① 나전기술이 무신집권기에 개발되어 상감청자를 만드는 데 적용되었다.
② 청자의 사용은 무신의 집권과 더불어 등장하게 된 자주적인 문화 양상이다.
③ 몽골과의 전쟁이 발발하자 상감청자를 사용하는 문화는 쇠퇴하기 시작하였다.
④ 무신들은 최고 권력을 쟁취하고자 하는 꿈을 상감청자의 학 문양에 담았다.
⑤ 문벌에서 무신으로 고려의 지배층이 변함에 따라 청자의 형태도 영향을 받았다.

11 ○△✕ 11년 행시(수) 24번

다음 글의 내용과 부합하는 것을 〈보기〉에서 모두 고르면?

20세기 후반 국제 정치경제 이슈는 통상과 금융이라는 핵심 의제와 환경, 노동, 부패, 인권이라는 부수 의제로 나뉘어 국제사회의 주목을 끌었다. 냉전기에 국제적 관심은 주로 핵심 의제에만 머물렀으나 탈냉전기에는 부수 의제에도 쏠리기 시작한 것이다.

오늘날 국제사회에서 부패 문제는 선진국 주도하에 논의되고 있으며, 그 내용도 보편적 부패 문제에 대한 해결을 중심으로 하기보다는 결국 통상문제와 직결되는 뇌물거래 방지를 위한 논의에 초점이 모아지고 있다. 이는 국가경쟁력 문제와 연결되는 이슈로, 전 세계적 차원의 해결의 실마리를 찾기가 쉽지는 않으나 보다 실효성 있는 결과를 얻어낼 가능성은 크다고 볼 수 있다.

국제사회는 최근 급속도로 세계화를 진전시키고 있다. 문제는 개도국이 겪고 있는 심각한 부패 상황이다. 이들 국가에서 시급히 요구되는 것은 실질적 정치 민주화와 근대적 경제 발전이다. 정치 민주화와 경제 발전이 부패 척결의 필요조건이기 때문이다. 정치 민주화를 통한 시민사회의 성숙과 정치 엘리트의 투명성 제고가 반부패의 요건이며 경제 발전이 그 토양이 되는 것이다. 따라서 개도국의 실질적 민주화와 경제 근대화 및 이에 따른 부패 척결을 위해 국제사회의 관심 및 이들 국가의 노력이 요구된다고 할 수 있다.

국제사회에서 보편적인 분야의 부패 척결을 목표로 하는 국가윤리 차원의 '윤리 레짐' 형성이 가까운 장래에는 어려울지 모른다. 하지만 투명한 국제 경제관계를 위한 뇌물거래 방지 및 돈세탁 방지를 목표로 하는 국가경쟁력 차원의 '반부패 레짐' 형성은 가능하며 달성해야 한다. 세계화와 민주화의 흐름을 가속화시키며 개도국이 이에 동참할 수 있는 환경적 요인을 제공한다면 투명한 국제사회는 현실로 다가올 것이다.

─────〈보 기〉─────

ㄱ. 반부패 레짐의 목표는 핵심 의제와 부수 의제에 모두 관련된다.

ㄴ. 과거 국제정치경제의 핵심 의제인 통상과 금융은 이제 부수 의제가 되고 있다.

ㄷ. 개도국의 부패 척결은 정치적 민주화 및 경제적 근대화 없이 이룩할 수 없다.

ㄹ. 오늘날 국제사회의 부패 척결 문제는 개도국의 요구에 의해 국가경쟁력 차원으로 다뤄지고 있다.

① ㄱ, ㄷ
② ㄱ, ㄹ
③ ㄴ, ㄷ
④ ㄱ, ㄴ, ㄹ
⑤ ㄴ, ㄷ, ㄹ

12 ○△✕ 14년 행시(A) 22번

다음 글의 내용과 부합하는 것만을 〈보기〉에서 모두 고르면?

지역 주민들로 이루어진 작은 집단에 국한된 고대 종교에서는 성찬을 계기로 신자들이 함께 모일 수 있었다. 그중에서도 특히 고대 셈족에게 성찬은 신의 식탁에 공동으로 참석해서 형제의 관계를 맺음을 의미했다. 사람들은 실제로 자신의 몫만을 배타적으로 먹고 마심에도 불구하고, 같은 것을 먹고 마신다는 생각을 통해서 공동의 피와 살을 만든다는 원시적인 표상이 만들어진다. 빵을 예수의 몸과 동일시한 기독교의 성찬식에 이르러서 신화의 토대 위에 비로소 '공동 식사'라는 것의 새로운 의미가 형성되고 이를 통해서 참가자들 사이에 고유한 연결 방식이 창출되었다. 이러한 공동 식사 중에는 모든 참가자가 각기 자기만의 부분을 차지하는 것이 아니라, 전체를 분할하지 않고 누구나 함께 공유한다는 생각을 함으로써 식사 자체의 이기주의적 배타성이 극복된다.

공동 식사는 흔히 행해지는 원초적 행위를 사회적 상호 작용의 영역과 초개인적 의미의 영역으로 고양시킨다는 이유 때문에 과거 여러 시기에서 막대한 사회적 가치를 획득했다. 식탁 공동체의 금지 조항들이 이를 명백히 보여 준다. 이를테면 11세기의 케임브리지 길드는 길드 구성원을 살해한 자와 함께 먹고 마시는 사람에게 무거운 형벌을 가했다. 또한 강한 반유대적 성향 때문에 1267년의 비엔나 공의회는 기독교인들은 유대인들과 같이 식사를 할 수 없다고 규정했다. 그리고 인도에서는 낮은 카스트에 속하는 사람과 함께 식사를 함으로써 자신과 자신의 카스트를 더럽히는 사람은 때로 죽임을 당하기까지 했다. 서구 중세의 모든 길드에서는 공동으로 먹고 마시는 일이 오늘날 우리가 상상할 수 없을 정도로 중요하였다. 아마도 중세 사람들은 존재의 불확실성 가운데서 유일하게 눈에 보이는 확고함을 같이 모여서 먹고 마시는 데에서 찾았을 것이다. 당시의 공동 식사는 중세 사람들이 언제나 공동체에 소속되어 있다는 확신을 얻을 수 있는 상징이었던 것이다.

─────〈보 기〉─────

ㄱ. 개별 집단에서 각기 이루어지는 공동 식사는 집단 간의 배타적인 경계를 강화시켜 주는 역할을 한다.

ㄴ. 일반적으로 공동 식사는 성스러운 음식을 공유함으로써 새로운 종교가 창출되는 계기로 작용했다.

ㄷ. 공동 식사는 식사가 본질적으로 이타적인 행위임을 잘 보여 주는 사례이다.

① ㄱ
② ㄷ
③ ㄱ, ㄴ
④ ㄴ, ㄷ
⑤ ㄱ, ㄴ, ㄷ

13 ○△✕

다음 글에서 알 수 없는 것은?

'캐리 벅 사건'(1927)은 버지니아주에서 시행하는 강제불임시술의 합헌성에 대한 판단을 다룬 것이다. 버지니아주에서는 정신적 결함을 가진 사람들의 불임시술을 강제하는 법을 1924년에 제정하여 시행하고 있었다. 이 법은 당시 과학계에서 받아들여지던 우생학의 연구 결과들을 반영한 것인데, 유전에 의해 정신적으로 결함이 있는 자들에게 강제불임시술을 함으로써 당사자의 건강과 이익을 증진하는 것을 목적으로 하였다. 우생학은 인간의 유전과 유전형질을 연구하여, 결함이 있는 유전자를 제거하여 인류를 개선하는 것이 주목적이었는데, 정신이상자, 정신박약자, 간질환자 등을 유전적 결함을 가진 대상으로 보았다.

이 사건의 주인공인 캐리 벅은 10대 후반의 정신박약인 백인 여성으로서 정신박약자들을 수용하기 위한 시설에 수용되어 있었다. 법에 따르면, 캐리 벅은 불임시술을 받지 않으면 수십 년 동안 수용시설에 갇혀 기본적인 의식주만 공급받고 다른 사회적 권리와 자유가 제약받을 수밖에 없는 상황이었다.

미국 연방대법원은 강제불임시술을 규정한 버지니아주의 주법을 합헌으로 판단하였다. 이 사건의 다수의견을 작성한 홈즈 대법관은 판결의 이유를 다음과 같이 밝혔다.

"사회 전체의 이익 때문에 가장 우수한 시민의 생명을 희생시키는 일도 적지 않다. 사회가 무능력자로 차고 넘치는 것을 막고자 이미 사회에 부담이 되는 사람들에게 그보다 작은 희생을 요구하는 것이 금지된다고 할 수는 없다. 사회에 적응할 능력이 없는 사람들의 출산을 금지하는 것이 사회에 이익이 된다. 법률로 예방접종을 하도록 강제할 수 있는 것과 같은 원리로 나팔관 절제도 강제할 수 있다고 해야 한다."

이 사건은 사회적 파장이 매우 컸다. 당시 미국의 주들 가운데는 강제불임시술을 규정하고 있는 주들이 있었지만 그 중 대부분의 주들이 이러한 강제불임시술을 실제로는 하고 있지 않았다. 하지만 연방대법원의 이 사건 판결이 나자 많은 주들이 새로운 법률을 제정하거나, 기존의 법률을 개정해서 버지니아주법과 유사한 법률을 시행하게 되었다. 버지니아주의 강제불임시술법은 1974년에야 폐지되었다.

① 당시 우생학에 따르면 캐리 벅은 유전적 결함을 가진 사람이었다.

② 버지니아주법은 정신박약이 유전되는 것이라는 당시의 과학 지식을 반영하여 제정된 것이었다.

③ 버지니아주법에 의하면 캐리 벅에 대한 강제불임시술은 캐리 벅 개인의 이익을 위한 것이다.

④ 홈즈에 따르면 사회가 무능력자로 넘치지 않기 위해서는 사회에 부담이 되는 사람들에게 희생을 요구할 수 있다.

⑤ 버지니아주법이 합헌으로 판단되기 이전, 불임시술을 강제하는 법을 가지고 있던 다른 주들은 대부분 그 법을 집행하고 있었다.

14 ○△✕

다음 글에서 알 수 있는 것은?

수명 연장의 꿈을 갖고 제안된 것들 중 하나로 냉동보존이 있다. 이는 낮은 온도에서는 화학적 작용이 완전히 중지된다는 점에 착안해, 지금은 치료할 수 없는 환자를 그가 사망한 직후 액화질소 안에 냉동한 후, 냉동 및 해동에 따른 손상을 회복시키고 원래의 병을 치료할 수 있을 정도로 의학기술이 발전할 때까지 보관한다는 생각이다. 그러나 인체 냉동보존술은 제도권 내에 안착하지 못했으며, 현재는 소수의 열광자들에 의해 계승되어 이와 관련된 사업을 알코어 재단이 운영 중이다.

그런데 시신을 냉동하는 과정에서 시신의 세포 내부에 얼음이 형성되어 심각한 세포 손상이 일어난다는 것이 밝혀졌다. 이를 방지하기 위하여 저속 냉동보존술이 제시 되었는데, 이는 주로 정자나 난자, 배아, 혈액 등의 온도를 1분에 1도 정도로 천천히 낮추는 방식이었다. 이 기술에서 느린 냉각은 삼투압을 이용해 세포 바깥의 물을 얼음 상태로 만들고 세포 내부의 물은 냉동되지 않도록 하는 방식이다. 그러나 이 또한 치명적이지는 않더라도 여전히 세포들을 손상시킨다. 최근에는 액체 상태의 체액을 유리질 상태로 변화시키는 방법을 이용해 세포들을 냉각시키는 방법이 개발되었다. 유리질 상태는 고체이지만 결정 구조가 아니다. 그것의 물 분자는 무질서한 상태로 남아있으며, 얼음 결정에서 보이는 것과 같은 규칙적인 격자 형태로 배열되어 있지 않다. 알코어 재단은 시신 조직의 미시적 구조가 손상되는 것을 줄이기 위해 최근부터 유리질화를 이용한 냉동방법을 활용하고 있다.

하지만 뇌과학자 A는 유리질화를 이용한 냉동보존에 대해서 회의적인 입장이다. 그에 따르면 우리의 기억이나 정체성을 이루고 있는 것은 신경계의 뉴런들이 상호 연결되어 있는 연결망의 총체로서의 커넥톰이다. 냉동보존된 인간을 다시 살려냈을 때, 그 사람이 냉동 이전의 사람과 동일한 사람이라고 할 수 있기 위해서는 뉴런들의 커넥톰이 그대로 보존되어 있어야 한다. 그러나 A는 이러한 가능성에 대해서 회의적이다. 인공호흡기로 연명하던 환자를 죽은 뒤에 부검해보면, 신체의 다른 장기들은 완전히 정상으로 보이지만 두뇌는 이미 변색이 일어나고 말랑하게 되거나 부분적으로 녹은 채로 발견되었다. 이로부터 병리학자들은 두뇌가 신체의 나머지 부분보다 훨씬 이전에 죽는다고 결론을 내렸다. 알코어 재단이 냉동보존할 시신을 수령할 무렵 시신의 두뇌는 최소한 몇 시간 동안 산소 결핍 상태에 있었으며, 살아있는 뇌세포는 하나도 남아있지 않았고 심하게 손상된 상태였다.

① 냉동보존술이 제도권 내에 안착하지 못한 원인은 높은 비용 때문이다.

② 유리질화를 이용한 냉동보존술은 뉴런들의 커넥톰 보존을 염두에 둔 기술이다.

③ 저속 냉동보존술은 정자나 난자, 배아, 혈액을 냉각시킬 때 세포를 손상시키지 않는다.

④ 뇌과학자 A에 따르면, 알코어 재단이 시신을 보존하기 시작하는 시점에 뉴런들의 커넥톰은 이미 정상 상태에 있지 않았다.

⑤ 뇌과학자 A에 따르면, 머리 이외의 신체 보존 방식은 저속 냉동보존술이나 유리질화를 이용한 냉동보존술이나 차이가 없다.

15 ○△✕

다음 글에서 알 수 있는 것은?

17년 행시(가) 2번

김치는 자연 발효에 의해 익어가기 때문에 미생물의 작용에 따라 맛이 달라진다. 김치가 발효되기 위해서는 효모와 세균 등 여러 미생물의 증식이 일어나야 하는데, 이를 위해 김치를 담글 때 찹쌀가루나 밀가루로 풀을 쑤어 넣어 준다. 이는 풀에 들어 있는 전분을 비롯한 여러 가지 물질이 김치 속에 있는 미생물을 쉽게 자랄 수 있도록 해주는 영양분의 역할을 하기 때문이다. 김치는 배추나 무에 있는 효소뿐만 아니라 그 사이에 들어가는 김칫소에 포함된 효소의 작용에 의해서도 발효가 일어날 수 있다.

김치의 발효 과정에 관여하는 미생물에는 여러 종류의 효모, 호기성 세균 그리고 유산균을 포함한 혐기성 세균이 있다. 갓 담근 김치의 발효가 시작될 때 호기성 세균과 혐기성 세균의 수가 두드러지게 증가하지만, 김치가 익어갈수록 호기성 세균의 수는 점점 줄어들어 나중에는 그 수가 완만하게 증가하는 효모의 수와 거의 비슷해진다. 그러나 혐기성 세균의 수는 김치가 익어갈수록 증가하며 결국 많이 익어서 시큼한 맛이 나는 김치에 있는 미생물 중 대부분을 차지한다. 김치를 익히는 데 관여하는 균과 매우 높은 산성의 환경에서도 잘 살 수 있는 유산균이 그 예이다.

김치를 익히는 데 관여하는 세균과 유산균뿐만 아니라 김치의 발효 초기에 증식하는 호기성 세균도 독특한 김치 맛을 내는 데 도움을 준다. 김치에 들어 있는 효모는 세균보다 그 수가 훨씬 적지만 여러 종류의 효소를 가지고 있어서 김치 안에 있는 여러 종류의 탄수화물을 분해할 수 있다. 또한 김치를 발효시키는 유산균은 당을 분해해서 시큼한 맛이 나는 젖산을 생산하는데, 김치가 익어가면서 김치 국물의 맛이 시큼해지는 것은 바로 이런 이유 때문이다.

김치가 익는 정도는 재료나 온도 등의 조건에 따라 달라지는데 이는 유산균의 발효 정도가 달라지기 때문이다. 특히 이 미생물들이 만들어 내는 여러 종류의 향미 성분이 더해지면서 특색 있는 김치 맛이 만들어진다. 김치가 익는 기간에 따라 여러 가지 맛을 내는 것도 모두가 유산균의 발효 정도가 다른 데서 비롯된다.

① 김치를 담글 때 넣는 풀은 효모에 의해 효소로 바뀐다.
② 강한 산성 조건에서도 생존할 수 있는 혐기성 세균이 있다.
③ 김치 국물의 시큼한 맛은 호기성 세균의 작용에 의한 것이다.
④ 특색 있는 김치 맛을 만드는 것은 효모가 만든 향미 성분 때문이다.
⑤ 시큼한 맛이 나는 김치에 있는 효모의 수는 호기성 세균이나 혐기성 세균에 비해 훨씬 많다.

16 ○△✕

다음 글에서 알 수 있는 것은?

17년 행시(가) 3번

1965년 노벨상 수상자 게리 베커는 '시간의 비용'이 시간을 소비하는 방식에 따라 변화한다고 주장했다. 예를 들어 수면이나 식사활동은 영화 관람에 비해 단위 시간당 시간의 비용이 작다. 그 이유는 수면과 식사가 생산적인 활동에 기여하기 때문이다. 잠을 못 자거나 식사를 제대로 하지 못해 체력이 떨어진다면, 생산적인 활동에 제약을 받기 때문에 수면과 식사활동에 들어가는 시간의 비용이 영화 관람에 비해 작다고 볼 수 있다. 베커는 "주말이나 저녁에는 회사들이 문을 닫기 때문에 활용할 수 있는 시간의 길이가 길어지고 이에 따라 특정 행동의 시간의 비용이 줄어든다"고도 지적한다. 시간의 비용이 가변적이라는 개념은, 기대 수명이 늘어나서 사람들에게 더 많은 시간이 주어지는 것이 시간의 비용에 영향을 미칠 수 있다는 점에서 의미가 있다.

시간의 비용이 가변적이라고 생각한 이는 베커만이 아니었다. 스웨덴의 경제학자 스테판 린더는 서구인들이 엄청난 경제 성장을 이루고도 여유를 누리지 못하는 이유를 논증한다. 경제가 성장하면 사람들의 시간을 쓰는 방식도 달라진다. 임금이 상승하면 직장 밖 활동에 들어가는 시간의 비용이 늘어난다. 일하는 데 쓸 수 있는 시간을 영화나 책을 보는 데 소비하면 그만큼의 임금을 포기하는 것이다. 따라서 임금이 늘어난 만큼 일 이외의 활동에 들어가는 시간의 비용도 함께 늘어난다는 것이다.

베커와 린더는 사람들에게 주어진 시간을 고정된 양으로 전제했다. 1965년 당시의 기대수명은 약 70세였다. 하루 24시간 중 8시간을 수면에 쓰고 나머지 시간에 활동이 가능하다면, 평생 408,800시간의 활동가능 시간이 주어지는 셈이다. 하지만 이 방정식에서 변수 하나가 바뀌면 어떻게 될까? 기대수명이 크게 늘어난다면 시간의 가치 역시 달라져서, 늘 시간에 쫓기는 조급한 마음에도 영향을 주게 되지 않을까?

① 베커에 따르면, 2시간의 수면과 1시간의 영화 관람 중 시간의 비용은 후자가 더 크다.
② 베커에 따르면, 평일에 비해 주말에 단위 시간당 시간의 비용이 줄어드는데, 그 감소폭은 수면이 영화 관람보다 더 크다.
③ 린더에 따르면, 임금이 삭감되었는데도 노동의 시간과 조건이 이전과 동일한 회사원의 경우, 수면에 들어가는 시간의 비용은 이전보다 줄어든다.
④ 베커와 린더 모두 개인이 느끼는 시간의 비용이 작아질수록 주관적인 시간의 길이가 길어진다고 생각한다.
⑤ 베커와 린더 모두 시간의 비용이 가변적이라고 생각했지만, 기대수명이 시간의 비용에 영향을 미치는지 여부에 관해서는 서로 다른 견해를 가지고 있었다.

17 ◯△✕

다음 글에서 알 수 있는 것은?

'인간'이란 말의 의미는 '호모 속(屬)에 속하는 동물'이고, 호모 속에는 사피엔스 외에도 여타의 종(種)이 존재했다. 불을 가졌던 사피엔스는 선조들에 비해 치아와 턱이 작았고 뇌의 크기는 우리와 비슷한 수준이었다. 사피엔스는 7만 년 전 아라비아 반도로 퍼져나갔고, 이후 다른 지역으로 급속히 퍼져나가 번성했다. 기술과 사회성이 뛰어난 사피엔스는 이미 그 지역에 정착해 있었던 다른 종의 인간들을 멸종시키기 시작하였다.

사피엔스의 확산은 인지혁명 덕분이었다. 이 혁명은 약 7만 년 전부터 3만 년 전 사이에 출현한 사고방식의 변화와 의사소통 방식의 변화를 가리킨다. 이와 같은 변화의 중심에는 그들의 언어가 있었다. 그렇다면, 사피엔스의 언어에 어떤 특별한 점이 있었기에 그들이 세계를 정복할 수 있었을까?

사피엔스는 제한된 개수의 소리와 기호를 연결해 각기 다른 의미를 지닌 무한한 개수의 문장을 만들 수 있었다. 곧 그들의 언어는 유연성을 지녔다. 이로써 그들은 자기 주변 환경에 대한 막대한 양의 정보를 공유할 수 있었다. 사피엔스가 다른 종의 인간들을 내몰 수 있었던 까닭이 공유된 정보의 양 때문이었다는 이론이 널리 알려져 있기는 하다. 그러나 공유된 정보의 양이 성공의 직접적 원인은 아니라는 이론 또한 존재한다. 이에 따르면 사피엔스가 세계를 정복할 수 있었던 원인은 오히려 그들의 언어가 사회적 협력을 다른 언어보다 더 원활하게 해주었다는 데 있다. 사피엔스는 주변 환경에 대한 담화를 할 수 있었을 뿐 아니라 다른 사회 구성원에 대한 담화도 할 수 있었다. 그런 담화는 상호 간의 관계를 더욱 긴밀하게 했고 협력을 증진시켰다. 작은 무리의 사피엔스는 이렇게 더욱 긴밀한 협력 관계를 유지할 수 있었다.

위의 두 이론, 곧 유연성 이론과 담화 이론은 사피엔스의 정복을 부분적으로는 설명해 줄 수 있을 것이다. 하지만 그 직접적 원인은 그들이 사용한 언어만이 존재하지도 않는 것에 대한 정보를 공유할 수 있게끔 해주었다는 데 있다. 직접 보거나 만지거나 냄새 맡지 못한 것에 대해 이야기할 수 있었던 존재는 사피엔스뿐이었다. 그들이 지닌 언어의 이와 같은 특성 때문에 사피엔스는 개인적인 상상을 집단적으로 공유할 수 있게 되었으며 공통의 신화들을 짜낼 수 있었다. 그 덕분에 그들의 사회는 서로 모르는 구성원들 사이에서도 협력 관계를 유지하고 복잡한 거대 사회로 발전될 수 있었다.

① 사피엔스의 뇌 크기는 인지혁명 이후에야 현재 인류의 그것과 비슷해졌다.
② 유연성 이론과 담화 이론에 따르면 공유한 정보의 양이 사피엔스 성공의 직접적 원인이었다.
③ 사피엔스가 다른 인간 종을 몰아내기 시작한 것은 그들이 이주를 시도한 때부터 약 4만 년 후였다.
④ 담화 이론에 따르면, 자기 주변 환경에 대한 정보가 사회 구성원들에 대한 정보보다 사피엔스에게 더 중요하였다.
⑤ 사피엔스가 다른 인간 종을 멸종시킬 수 있었던 원인은 상상이나 신화와 같은 허구를 사회적으로 공유할 수 있는 능력에 있었다.

18 ◯△✕

다음 글에 부합하는 것은?

세상에는 혐오스러운 소리가 수없이 많다. 도자기 접시를 포크로 긁는 소리라든가 칠판에 분필이 잘못 긁히는 소리에 대해서는 대부분의 사람들이 혐오스럽다고 생각한다. 왜 이런 소리들이 혐오감을 유발할까? 최근까지 혐오감을 일으키는 원인은 소리의 고주파라고 생각해왔다. 고주파에 오래 노출될 경우 청각이 손상될 수 있어서 경계심이 발동되기 때문이다.

1986년 랜돌프 블레이크와 제임스 힐렌브랜드는 소음에서 고주파를 걸러내더라도 여전히 소리가 혐오스럽다는 점을 밝혀냈다. 사실 3~6 kHz의 중간 주파수 대역까지는 낮은 주파수가 오히려 사람을 견딜 수 없게 하는 것처럼 보인다. 이들은 세 갈래로 갈라진 갈퀴가 긁히는 소리와 같은 소음이 사람에게 원초적인 경고음 또는 맹수의 소리 같은 것을 상기시키기 때문에 이러한 소리를 혐오하는 것은 선천적이라는 이론을 세웠다. 그러나 이러한 이론은 2004년 메사추세츠 공과대학에서 수행된 솜머리비단원숭이를 대상으로 한 연구에서 입증되지 못했다. 피실험자인 원숭이들은 석판에 긁히는 소리를 전혀 소음으로 느끼지 않았다. 블레이크는 오늘날까지 이 이론을 지지하지만 힐렌브랜드는 더 이상 이 이론에 동의하지 않는다. 그는 소리보다는 시각이 어떤 혐오감을 불러일으킨다고 주장한다.

심리학 전공자인 필립 호지슨이 행한 실험은 힐렌브랜드의 손을 들어준다. 호지슨은 선천적으로 귀머거리인 피실험자들에게 칠판을 손톱으로 긁는 모습을 보여주며 이것이 혐오감을 주는지 물었다. 응답자의 83%가 그렇다고 답했다.

① 솜머리비단원숭이들은 고주파보다 저주파를 더 혐오한다.
② 블레이크는 소음이 혐오감을 주는 이유를 소리의 고주파에서 찾았다.
③ 솜머리비단원숭이들에게 석판 긁는 소리는 맹수의 소리와 유사하게 들린다.
④ 선천적으로 귀머거리인 사람들을 피실험자로 사용한 이유는 그들이 가장 시각에 민감하기 때문이다.
⑤ 힐렌브랜드는 청각을 손상시킬 수 있는 위험 때문에 소음이 혐오스럽다는 생각에 동의하지 않는다.

19 ⃞O⃞△⃞X

다음 글의 내용에 부합하지 않는 것은?

'도'(道)를 명백히 아는 사람들은 모두 혼에는 세 종류가 있다고 말합니다. 저급이 생혼(生魂)입니다. 이것은 단지 부여받은 존재를 살게 하여 성장하게 해 줍니다. 이것이 초목들의 혼입니다. 중급은 각혼(覺魂)입니다. 이것은 부여받은 존재를 생장시키고 또한 눈과 귀로 보고 듣게 하며 입과 코로 맛보고 냄새를 맡게 하고 다리와 몸으로 사물들의 실정을 느끼게 합니다. 이것이 짐승들의 혼입니다. 최상급이 영혼(靈魂)입니다. 이것은 생혼과 각혼의 기능을 함께 갖추어 생장하게 하며 사물의 실정을 느끼게 하고, 또한 이를 부여받은 존재들로 하여금 사물들을 추론하고 '이치'를 명백히 분석하게 합니다. 이것이 사람들의 혼입니다.

만약 짐승의 혼과 사람의 혼을 하나로 하면, 이것은 혼에는 단지 두 종류만 있다는 것이기 때문에 세상의 통론(通論)을 어지럽히는 것이 아니겠습니까? 무릇 사물들을 분류함에 단지 겉모양으로 그 본성을 정할 수 없는 것이요, 오직 혼에 따라서 결정하는 것입니다. 처음에 본래의 혼이 있는 다음에 본성이 있게 되고, 그 본성이 있는 다음에 각기 부류[種]가 결정됩니다. 부류가 정해진 다음에 모습이 생겨나는 것입니다. 따라서 본성의 '같고 다름'은 혼의 '같고 다름'에 말미암은 것이요, 부류의 '같고 다름'은 본성의 '같고 다름'에 말미암은 것입니다. 모습의 '같고 다름'은 부류의 '같고 다름'에 말미암은 것입니다. 새나 짐승의 모습이 일단 사람들과 다르다면 이것들의 부류나 본성이나 혼이 어찌 모두 다르지 않겠습니까?

사람이 사물의 이치를 궁구하는 것[格物窮理]은 다른 방도가 없습니다. 그 겉으로써 그 속을 검증하고, 드러난 것을 관찰하여 숨겨진 것에 통달하는 것입니다. 따라서 우리들이 초목의 혼이 무엇인가를 알고자 한다면 그것들은 그저 크게 자라기만 하고 지각(知覺)은 하지 않는다는 것을 보고서 그것들의 속은 다만 생혼만을 가졌다는 것을 검증해내는 것입니다. 새나 짐승들의 혼이 무엇인지를 알려면 그것들은 다만 지각만을 할 뿐 이치를 추론하지 못하는 것을 보고서 그것들은 다만 각혼만을 가졌다는 것을 검증해내는 것입니다. 즉 사람에게만 영혼이 있습니다.

① 각혼과 영혼을 하나로 할 수 없는 것은 그 기능이 다르기 때문이다.
② 사물의 부류가 다른 것은 외양이 다르기 때문이 아니라 본성이 다르기 때문이다.
③ 인간이 사물의 본성과 혼에 대해서 추리를 할 수 있는 것은 영혼의 기능 때문이다.
④ 영혼은 생혼과 각혼의 기능을 포함할 뿐만 아니라 다른 부류를 추론할 수 있으므로 높은 위치에 있다.
⑤ 식물과 동물, 사람의 부류는 외양의 같고 다름에 따르되, 그것을 확정짓는 것은 혼의 기능인 지각이다.

20 ⃞O⃞△⃞X

다음 글의 내용과 부합하는 것은?

중국의 '영원한 철학'은 유기체적 유물론이었다. 기계론적 세계관은 중국인의 사고 속에서 결코 발전하지 못했으며, 각각의 현상이 계층적 질서에 의해 모든 다른 현상과 연결되었다는 유기체적 관점이 중국의 사상가들 사이에서는 보편적이었다. 그럼에도 불구하고 이것이 지진계와 같은 위대한 과학 발명품의 출현을 방해하지는 않았다. 어떤 면으로는 자연에 관한 이 같은 철학이 그것들의 출현을 도왔을 수도 있다. 만일 사람들이 우주에 유기체적인 유형이 존재한다고 확신한다면, 천연자석이 지구의 극을 가리킨다는 사실은 그렇게 이상하거나 놀라운 사실이 아닌 것이다. 유럽인들이 극성(極性)에 관해서 알게 되기도 전에 중국인들은 자석의 편차에 대해 걱정하고 있었는데, 그것은 아마도 작용이 일어나기 위해서는 하나의 물체가 다른 별개의 물체에 충격을 주는 것이 필요하다는 기계론적 생각에 물들지 않았기 때문일 것이다. 3세기 문헌에서 이미 '분리된 것들 사이의 작용'이 아무런 물리적 접촉 없이 공간 상의 방대한 거리를 건너서 일어난다는 놀라운 언급을 발견할 수 있다.

또한, 중국의 수학적 사고와 활동은 기하학적이 아니라 변함없이 대수적이었다. 유클리드식의 기하학은 그들 사이에서 자생적으로 발전하지 않았다. 유클리드 기하학이 중국에 전해진 것은 원(元)대로 추정되지만 예수회 신부들의 도래 이전에는 뿌리를 내리지 못했다. 이는 중국인들이 광학에서 이루었을 수도 있는 발전을 저해했을 가능성도 있다. 그러나 이 모든 것이 위대한 기술적인 발명들의 성공적인 실현을 막지는 못했다. 그러한 발명의 예를 들자면, 하나는 편심 연결축과 피스톤축을 이용해서 회전운동과 직선운동을 상호 변환시키는 유용한 방법이며, 다른 하나는 기계적 시계의 가장 오래된 형태를 성공적으로 만들어낸 것이었다. 후자에는 조속(調速)장치의 발명이 포함되었는데, 이것은 톱니바퀴 장치들의 회전을 감속시켜서 인류 최초로 시계가 눈에 보이는 하늘의 일주운동과 서로 시간을 맞출 수 있게 하는 기계장치였다. 또한 중국에는 유클리드가 없었지만, 그 사실이 천문학적 좌표 체계를 발전시키고 그것을 일관되게 사용하는 것이나 적도의(赤道儀)를 정교히 발전시키는 것을 막지는 않았다.

다음으로는, 파동과 입자의 대조가 있다. 중국 사람들은 진·한 이후 파동이론에 계속 몰두해 왔고, 이 이론은 두 가지 근본적인 자연원리인 음과 양의 영원한 상승과 하강에 연결되어 있었다. 2세기 이래로 원자론적 이론은 인도를 통해 중국에 여러 번 도입되었으나 이는 중국의 과학문화 속에 어떤 뿌리도 내리지 못했다. 서구의 입자론과 같은 이론이 없었음에도 불구하고 중국인들은 유럽보다 수 세기 앞서 눈 결정이 육각형이라는 사실을 발견했다. 또한 당·송·원 시기의 몇몇 연금술 저술에서 보이는 화학적 친화력의 개념도 입자론적 이론의 도움 없이 형성된 것이다. 유럽에서도 입자론적 이론들이 근대화학의 출현에 매우 중요하게 된 것은 결국 르네상스 이후 시기였던 것이다.

① 입자론은 화학이 발전하는 데 필수적이다.
② 유기체적 관점에서 보면 원격 작용의 개념은 성립하지 않는다.
③ 중국에서 천문학이 발전하지 못한 것은 기하학의 부재 때문이다.
④ 중국인들이 눈 결정의 형태를 발견한 데에는 원자론의 기여가 컸다.
⑤ 중국인의 대수 중심의 수학적 사고는 그들의 과학적 발명 활동을 저해하지 않았다.

21 ◯△✕

07년 행시(외) 23번

다음 글에 대한 이해로 가장 적절한 것은?

지식인들의 강력한 비판에 대항하여 대중예술을 옹호하는 일이 어려운 이유는 그 옹호가 어느 정도는 적진에서 수행되어야만 하기 때문이다. 지식인들의 비판에 맞서려는 시도는 검증되지 않은 그들의 주장과 그들이 사용하는 중립적이지 않은 용어를 받아들이면서 시작할 수밖에 없다. 대중문화 열광자 대부분은 이러한 수고를 들이면서까지 지식인들의 비판에 대응하여 자신들의 취미를 옹호할 필요를 느끼지 않는다. 그들은 대중예술이 자신들 및 다른 많은 사람에게 만족을 주고 있다는 사실 이외에 어떠한 옹호도 더 필요하지 않다고 생각한다.

대중예술에 대한 변호를 자청하는 지식인들도 있기는 하다. 그러나 그들의 문제점은 대개 대중예술이 지닌 미적 결점을 너무 쉽게 인정해 버린다는 점이다. 그들은 고급예술을 뒷받침하는 미학적 이데올로기와, 대중예술에 대한 고급예술 지지자들의 미적 비판을 무비판적으로 지지한다. 그러면서 대중예술 자체의 미적 타당성에 호소하는 것이 아니라 사회적 필요와 민주적 원리 같은 '정상 참작'에 호소한다. 예를 들어 대중문화에 대한 강력한 옹호자인 허버트 갠스도 대중문화의 미적 빈곤함과 열등함은 인정한다. 창조적 혁신, 형식에 대한 실험, 심오한 사회적 · 정치적 · 철학적 질문들의 탐구, 여러 층위에서 이해할 수 있는 깊이 등을 가진 고급예술은 더 크고 더 지속적인 미적 만족을 제공하는 반면, 대중문화는 이러한 미적 특징을 결여하고 있다는 것이다. 그러나 자신들이 즐길 수 있는 유일한 문화적 산물인 대중문화를 선택한다는 이유로 하류계층을 비난할 수는 없다고 갠스는 주장한다. 왜냐하면 그들은 고급문화를 선택하는 데 필요한 사회 · 경제적 교육 기회를 가지고 있지 못하기 때문이다. 민주사회는 그들에게 고급문화를 즐길 수 있는 적정한 교육과 여가를 제공하고 있지 못하므로, 그들의 실제적인 취미에 대한 욕구와 기준을 충족시켜 줄 수 있는 문화로서의 대중예술을 허용해야 한다고 갠스는 주장하였다.

이것은 대중문화는 더 나은 선택을 할 수 없는 사람들에게만 유효한 것이라는 결론을 이끌 뿐이다. 대중예술은 찬양의 대상이 아니라 모든 사람이 더 높은 취향의 문화를 선택할 수 있는 충분한 교육적 자원이 제공될 때까지만 관대히 다루어져야 하는 대상이 되는 셈이다. 대중예술에 대한 이러한 사회적 변호는 진정한 옹호를 침해한다. 대중예술에 대한 옹호는 미적인 변호를 필요로 하는 것이다. 그러나 그러한 옹호가 쉽지 않은 또 하나의 이유가 있다. 우리는 고급예술로는 천재의 유명한 작품만을 생각하는 반면, 대중예술의 예로는 대중예술 중에서도 가장 평범하고 규격화된 것들을 생각한다는 점이다. 하지만 불행히도 미적으로 평범한, 심지어는 나쁜 고급예술도 많다. 고급예술에 대한 가장 열성적인 옹호자조차도 이 점은 인정할 것이다. 모든 고급예술이 흠 없는 명작들이 아니듯, 모든 대중예술이 미적 기준이 전혀 발휘되지 못한 몰취미하고 획일적인 산물인 것도 아니다. 이 두 예술 모두에서 성공과 실패의 미적 차이는 존재하며 또 필요하다.

① 갠스에 따르면 대중예술과 고급예술의 구분 자체가 고급예술 옹호자들의 편견일 수 있다.
② 필자에 따르면 미적으로 나쁜 예술이 곧 대중예술은 아니지만 미적으로 나쁜 대중예술 작품은 있다.
③ 갠스에 따르면 대중예술이 열등하다는 인식을 극복하기 위해 그것의 미적 특징을 밝히는 데 힘써야 한다.
④ 필자에 따르면 미적 결점에도 불구하고 대중예술이 존재하는 이유는 향유 계층의 교육 수준과 소득 수준 때문이다.
⑤ 필자에 따르면 어떤 예술이든지 형식적 한계를 실험하고 깊은 철학적 내용을 다루거나 다양한 해석을 가능하게 할 때 고급예술이 될 수 있다.

01 ☐△✕

다음 글에서 알 수 있는 것은?

　　정도전은 불교와 도교를 이단으로 배척하며 이른바 벽이단론(闢異端論)의 실천운동과 이론적 체계화에 앞장섰다. 『심기리편(心氣理篇)』은 이단 배척에 대한 그의 대표작 중의 하나이다.

　　『심기리편』에서 정도전은 불교와 도교 및 유교의 중심 개념을 각각 마음[心], 기운[氣], 이치[理]로 표출시키고, 그 개념이 지니는 가치의식의 정당성을 평가하였다. 그에 따르면 불교에서는 '마음'을 신령하며 무궁한 변화에 대응하는 것이라고 보지만, '기운'은 물질의 욕망일 뿐이라고 하였다. 이에 반해 도교에서는 기운은 천진하고 자연스러운 것이지만, 마음은 타산적이고 근심에 사로잡힌 것이라고 하였다. 이에 대해 유교에서는 '이치'를 마음과 기운의 근거로 보고, 이치가 없이는 마음도 욕심에 빠지고 기운도 동물적인 데로 빠진다고 보았다. 정도전은 『심기리편』에서, 불교의 마음과 도교의 기운이 서로 비난하게 하면서 유교의 이치가 양자를 올바르게 주재해야 한다고 주장하였으며, 이를 통해 불교와 도교에 대한 유교의 우월함을 강조하였다.

　　정도전은 『심기리편』에서 불교와 도교에 대해 날카로운 비판을 이어갔다. 그는 정념이 일어나는 것을 두려워하여 적멸(寂滅)에로 돌아가려 한다고 불교를 비판하였다. 동시에 "어린 아이가 우물로 기어가는 것을 보면 측은히 여기는 감정[인(仁)의 단서]이 일어나니, 유교는 정념이 일어나는 것을 두려워하지 않는다."라고 하면서 정념에 대한 유교의 긍정적 인식을 제기하였다. 정도전은 수련을 통해 장생(長生)을 꾀하는 도교도 비판하였다. 그는 "죽어야 할 때 죽는 것은 의리가 신체보다 소중하기 때문이니, 군자는 자기 몸을 죽여서 인을 이룬다."라고 하며, 유교에는 신체의 죽음을 넘어선 의리(義理)가 있음을 말하였다. "의롭지 못하면서 장수하는 것[도교의 양생(養生)]은 거북이나 뱀과 같으며, 졸면서 앉아 있는 것[불교의 좌선(坐禪)]은 흙이나 나무와 같다."라는 정도전의 말은 도교와 불교의 기본 수양방법을 비판한 것이다. 정도전은 "마음을 간직하면 맑고 밝게 될 것이요, 기운을 기르면 호연한 기상이 일어날 것이다."라고 하면서 유교적인 마음과 기운의 배양을 통해 도교와 불교의 이상이 올바르게 성취될 수 있음을 강조하였다.

① 정도전은 보편적인 이치가 성립하려면 감정을 배제할 것을 주장하였다.
② 정도전은 불교와 도교를 모두 비판하였지만 상대적으로 불교를 더 비판하였다.
③ 정도전은 도교를 비판하면서 살신성인(殺身成仁)을 가치있는 일로 간주하였다.
④ 정도전은 불교와 도교의 가치의식이 잘못된 근본 이유를 수행방법에서 찾았다.
⑤ 정도전은 도교와 불교가 서로의 장점을 흡수할 때 자신들의 이상을 성취할 수 있다고 보았다.

02 ☐△✕

다음 글에서 알 수 있는 것은?

　　조선 시대에는 농지에서 생산된 곡물의 일정량을 조세로 징수했는데, 건국 초에는 면적 단위 1결마다 거두도록 규정된 조세량이 일정했다. 하지만 이에 불만을 품은 사람들이 많았다. 생산성이 좋은 농지를 가진 자는 정해진 액수만 내면 남은 양에 상관없이 그 모두를 가질 수 있었던 반면, 생산성이 낮은 농지를 가진 자는 수확량이 적어 정해진 세액도 못 낼 수 있기 때문이었다. 이는 모든 농지를 결이라는 동일한 크기의 면적으로 나누고 결마다 같은 액수의 조세를 받기 때문에 생긴 문제였다. 조선 왕조는 이런 문제점을 완화하고자 작황을 살핀 후 적당히 세액을 깎아주는 '답험손실법'이라는 제도를 시행하였다.

　　답험손실법에 따라 작황을 살펴보는 행위를 '답험'이라고 불렀다. 답험 실행 주체는 농지의 성격에 따라 달랐다. 국가에 조세를 내야 하는 땅은 그 농지가 위치한 곳의 지방관이 답험을 했다. 또 과전법의 적용을 받아 국가 대신 조세를 받는 사람이 지정된 땅의 경우에는 권리 수급자가 직접 답험을 했다. 그런데 답험 과정에서 지방관이 납세 의무자로부터 뇌물을 받거나 제대로 답험을 하지 않는 문제가 자주 일어났다.

　　세종은 이러한 문제점을 없애고자 조세 개혁에 관한 초안을 만들었다. 이 초안에는 이전에 했던 방식대로 결당 세액을 고정하는 대신, 중앙 관청이 모든 토지의 작황을 일괄적으로 답험하겠다는 내용이 담겼다. 세종은 이 초안에 대해 백성들이 어떻게 생각하는지 알아보았다. 그 결과 함경도 농민들은 1결마다 부과할 세액을 고정하는 데 반대하지만, 전라도 농민들은 환영한다는 것을 알게 되었다. 전라도 농민들은 생산성이 높은 농지가 많았기 때문에 찬성한 것이고, 함경도 농민들은 생산성이 낮은 농지가 많았기 때문에 반대한 것이다. 이처럼 찬반이 엇갈리자 세종은 1결당 세액을 동일한 액수로 고정하되, 전국의 농지를 비옥도에 따라 6개의 등급으로 나누고 등급에 따라 결의 면적을 달리 하였다. 6등전과 1등전의 절대 면적을 기준으로 비교할 때, 6등전 1결의 절대 면적이 1이라면 1등전 1결은 0.4다. 한편 세종은 도 관찰사로 하여금 관할 도 안에 있는 모든 농지의 작황을 매년 조사한 후 그에 따라 결당 세액을 군현별로 조정하는 정책을 시행하였다. 이와 같이 세종 때 농지의 생산성과 연도별 작황을 감안해 세액과 결을 조정한 제도를 '공법'이라고 부른다.

① 공법에 따르면 같은 군현 안에 있고 농지 절대 면적의 총합이 동일한 마을들 중 1등전만 있는 마을 주민들이 내는 조세의 총액이 2등전만 있는 마을의 조세 납부 총액보다 많아진다.
② 공법 시행 후에 같은 등급에 속한 농지들은 1결의 크기가 같아지므로 지역에 상관없이 매년 같은 액수의 조세를 냈다.
③ 절대 면적이 동일한 경우라도 공법 시행 후에는 1등전만 있는 마을이 2등전만 있는 마을보다 결의 수가 더 적어졌다.
④ 과전법에 의해 조세를 국가 대신 받는 개인은 공법 시행으로 매년 그 땅의 작황을 조사해 중앙 관청에 보고해야 했다.
⑤ 세종의 초안대로라면 함경도 주민들이 내는 조세의 총액은 전라도 주민들이 내는 조세의 총액보다 많아진다.

03 ○△✕   06년 행시 24번

다음 글의 내용과 부합하지 <u>않는</u> 것은?

컴퓨터의 주메모리는 일정한 크기의 기억 장소인 메모리 셀(cell)들로 이루어져 있다. 또 각각의 셀에는 순서대로 주소가 지정되어 있어, 주소를 가지고 해당 셀에 접근할 수 있다. 메모리에 주어진 자료들을 저장하고 특정 자료의 값을 읽어오거나 수정, 삭제하려면 자료의 일정한 구조가 요구되는데 이를 '자료구조'라고 한다. 프로그래머는 자료의 크기, 용도에 따라 자신의 프로그램 내에서 적당한 자료구조를 선택할 수 있다.

많이 쓰이는 자료구조로는 '배열'(array)과 '연결 리스트'(linked list)가 있다. 자료구조가 배열인 경우 프로그램이 처음 실행될 때 저장할 수 있는 자료들의 최대 개수(N)와 자료 하나 당 소요되는 메모리 셀의 개수(M)를 미리 정한다. 프로그램은 주메모리 상의 빈 공간에 N×M개의 연속된 메모리 셀을 미리 확보하여 최대 N개의 자료를 차례로 저장할 수 있게 된다. 특정 자료에 접근하려면 그 자료가 위치한 메모리 셀의 주소가 필요하다. 배열의 경우 그 주소는 다음과 같이 쉽게 계산될 수 있다. k번째 자료의 주소는 맨 처음 자료의 첫째 셀 주소에 $(k-1)×M$을 더하면 된다.

연결 리스트의 경우, 자료의 추가가 필요할 때에만 노드 하나 크기만큼의 메모리 공간을 할당받아 새로운 자료를 추가한다. 노드 하나는 자료 하나를 저장할 자료셀과 메모리 주소 하나를 저장할 주소셀로 이루어진다. 예를 들어 저장될 자료가 정수로 구성되어 있고 메모리 주소를 저장하는 데 셀 두 개를 사용한다면, 하나의 노드는 정수 하나를 저장할 자료셀 하나와 주소셀 둘을 합하여 총 세 개의 셀로 이루어진다. 연결 리스트에서 새로운 자료는 다음과 같이 추가된다. 먼저 이 노드를 추가하려고 하는 프로그램의 실행 단계에서 주메모리의 비어 있는 곳에 노드 하나에 필요한 셀 크기만큼 메모리 셀을 새로 확보하고, 자료를 이 새로운 노드의 자료셀에 추가한다. 그리고 그 전 노드의 주소셀에는 이 노드의 자료셀 주소가 저장된다. 다시 말하면 연결 리스트 내의 $(k-1)$번째 자료의 주소셀에는 k번째 자료를 찾아갈 수 있도록 해주는 주소값이 저장되어 있다. 결국 연결 리스트에서는 처음 노드에서 시작하여 각 노드의 주소셀에 저장된 주소값을 따라 다음 노드를 찾아감으로써 저장된 모든 자료에 접근할 수 있다. 어떤 자료가 필요하지 않게 되면 그 자료가 속한 노드를 삭제하고 앞뒤 노드의 주소를 연결하면 된다. 이 과정에서 얻어진 빈 메모리 셀은 다른 자료의 저장 공간으로 재활용될 수 있다.

① 전체 자료의 개수를 미리 알 수 없을 경우에는 연결 리스트가 유리하다.

② 연결 리스트는 자료를 추가할 때마다 메모리 공간을 추가로 할당받아야 한다.

③ 한 연결 리스트를 이루는 모든 노드들은 연속된 메모리 위치에 인접하여 저장되어야 한다.

④ 일정한 개수의 같은 크기의 자료들을 저장하는 경우에 배열이 연결 리스트보다 메모리 공간을 적게 사용한다.

⑤ 주어진 연결 리스트에 포함된 어떤 자료를 찾아서 읽어오는 데 걸리는 시간은 자료구조에서 그 자료가 몇 번째에 위치하는가에 따라 달라진다.

04 ○△✕   09년 행시(경) 2번

다음은 조선 현종(顯宗) 10년, 부안 김씨 가문의 재산분배 문서이다. 이 글의 내용과 부합하는 것을 〈보기〉에서 모두 고르면?

종가에서 제사를 받드는 법은 예제(禮制)를 다룬 글에 소상히 적혀 있듯이 제사를 종가(宗家)에서만 지내고 여러 자손에게는 윤행(輪行)시키지 않도록 되어 있다. 그런데 우리나라에서는 종가의 법이 제대로 지켜지지 않은 지 오래되어 제사를 여러 자식들에게 윤행시켜 사대부 양반가의 집에서 모두 관례가 되었으니 이를 바꿀 수는 없다. 그러나 출가한 딸자식의 경우 다른 집안의 사람이 되어 남편을 따라야 하는 의리가 있으므로 성인(聖人)의 예제에서도 딸은 그 등급을 낮추었다.

세상의 사대부 양반집에서는 이를 가볍게 보고, 사위집에 제사를 윤행시키는 경우가 수없이 많다. 그러나 일찍이 사위와 외손을 보건대, 핑계를 대고 제사를 지내지 않고 거르는 경우가 많았다. 예(禮)에도 정성과 공경함이 들어가지 않으면 오히려 제사를 지내지 않음이 차라리 낫다고 했다.

우리 가문에서는 일찍이 아버님께 아뢰고 우리 형제들이 직접 합의하여 사위와 외손에게 제사를 윤행시키지 않음을 정식으로 하여 대대로 준행토록 하였다. 정리(情理)상으로 보면 비록 아들과 딸 사이에 차이가 없지만 딸은 부모가 살아있을 때에 봉양할 길이 없고 죽은 후에는 제사를 지내지 않게 되니 어찌 재산인 토지와 노비를 아들과 똑같이 줄 수 있겠는가?

딸자식에게는 아들에게 물려줄 재산의 3분의 1만 주어도 정리상 조금도 불가함이 없을 것이니, 딸자식과 외손이 어찌 감히 이를 어기고 서로 다툴 마음을 낼 것인가? 이 글을 보고 그 뜻을 헤아린다면 잘한 조처임을 알 수 있을 것이니 누가 일반 관례와 달라 안 된다고 하겠는가?

─────── 〈보 기〉 ───────

ㄱ. 딸과 아들의 구별 없이 재산을 분배하는 것이 관행이었다.

ㄴ. 다른 집안에서는 일반적으로 아들만 제사를 지냈다.

ㄷ. 부안 김씨 가문에서는 종가에서만 제사를 지내도록 했다.

ㄹ. 재산의 상속과 제사의 상속은 밀접한 관계가 있었다.

① ㄱ, ㄴ

② ㄱ, ㄷ

③ ㄱ, ㄹ

④ ㄴ, ㄷ

⑤ ㄴ, ㄹ

05 ⃞⃞⃞

다음 글에서 알 수 있는 것은?

조선시대에는 변경의 급보를 전할 때 봉수를 이용하는 경우가 많았다. 봉수의 '봉'은 횃불을 의미하며, '수'는 연기라는 뜻을 지닌다. 봉수란 밤에는 횃불, 낮에는 연기를 사용해 릴레이식으로 신호를 보내는 것이다.

봉수 제도는 삼국시대부터 있었다. 그러나 그것이 체계적으로 정비된 것은 조선시대 세종 때의 일이다. 세종은 병조 아래에 무비사(武備司)라는 기구를 두어 봉수를 관할하도록 하는 한편, 각 지방에 봉수대를 설치하였다. 봉수대는 연변봉수대, 내지봉수대, 경봉수대로 나뉘어져 있었다. 연변봉수대에서는 외적이 접근할 때 곧바로 연기나 불을 올려 급보를 전했다. 그러면 그 소식이 여러 곳의 봉수대를 거쳐 한양으로 전해지도록 되어 있었다.

봉수로는 다섯 개 노선으로 나뉘어져 있었다. 제1로는 함경도 경흥에서 출발하여 각지의 봉수대를 거친 다음 한양의 경봉수대로 이어졌다. 제2로는 동래에서 출발하는 노선이었고, 제3로와 제4로는 평안도 강계와 의주에서 각각 출발하는 노선이었다. 제5로도 순천에서 시작하여 경봉수대까지 연결되어 있었다. 봉수대에서는 봉수를 다섯 개까지 올릴 수 있었다. 평상시에는 봉수를 1개만 올렸고, 적이 멀리서 접근하는 것이 보이면 2개를 올렸다. 적이 국경에 거의 다가왔을 때에는 3개, 국경을 침범하면 4개를 올렸다. 또 조선군이 외적과 전투를 시작할 때 5개를 올려 이를 알려야 했다.

연변봉수대가 외적의 접근을 알리는 봉수를 올리면 그 소식이 하루 안에 한양으로 전달되었다고 한다. 그러나 아무리 봉수를 올려도 어떤 내지봉수대에서는 앞 봉수대의 신호가 잘 보이지 않는 경우가 있었다. 날씨 때문에 앞 봉수대에서 봉수가 몇 개 올라갔는지 분간하기 어려울 수 있었던 것이다. 그때에는 봉수군이 직접 그 봉수대까지 달려가서 확인해야 했다.

봉수대를 지키는 봉수군에게는 매일 올리는 봉수를 꺼지지 않도록 할 의무가 있었다. 그러나 그 일이 너무 고되었기 때문에 의무를 다하지 않고 도망가 버리는 경우가 적지 않았다. 이 때문에 을묘왜변 때에는 연변봉수대의 신호가 내지봉수대들에게 제대로 전달되지 못했다. 선조는 선왕이 을묘왜변 당시 발생한 이 문제를 시정하지 못했다는 점을 인지하고, 봉수가 원활하게 전달되지 않을 때를 대비하여 파발 제도를 운영하였다.

① 선조는 내지봉수대가 제 기능을 하지 않자 을묘왜변 때 봉수 제도를 폐지하고 파발을 운영하였다.
② 햇빛이 강한 날에는 정해진 규칙에 따라 봉수를 올리지 않고 봉수군이 다음 봉수대로 달려가 소식을 전했다.
③ 연변봉수대는 군사적으로 긴급한 상황이 발생할 때 낮에 횃불을 올리고 밤에는 연기를 올려 경봉수대에 알려야 했다.
④ 연변봉수대는 평상시에 1개의 봉수를 올렸지만, 외적이 국경을 넘으면 바로 2개의 봉수를 올려 위급한 상황을 알렸다.
⑤ 조선군이 국경을 넘은 외적과 싸우기 시작할 때 연변봉수대는 5개의 봉수를 올려 이 사실을 내지봉수대로 전해야 했다.

CHAPTER 02 추론

1 유형의 이해

이 유형은 지문의 내용을 정확히 독해하고 선지 중 지문의 내용에 부합하는 선지를 찾아야 한다는 점에서 일치부합 유형과 유사하나, 단순히 지문에 제시된 내용과 일치 여부를 판단하는 것에서 한발 더 나아가, 지문 내용으로부터 적절한 내용을 유추할 수 있는 능력을 요구하는 유형이다. 일반적으로 발문에서 '～바르게 추론한 것은?' 혹은 '～추론될 수 없는 것은?' 등의 형식으로 제시되나, 간혹 일치부합 유형과 같이 '～알 수 있는 것은?'의 형식으로 문제를 제시하고 문제 내용에서는 일치하는 것을 찾는 것에서 나아가 더 심화된 추론을 요구하는 형태로 출제되기도 한다. 이 유형에서는 지문에서 사고실험, 혹은 과학적 원리 등의 내용을 제시한 후, 지문에 제시된 내용으로부터 적절하게 추론될 수 있는 보기가 무엇인지 선택하도록 하는 문제가 다수 출제되었다.

2 발문 유형

- 다음 지문을 읽고 바르게 추론한 것은?
- 다음 지문에서 추론될 수 없는 것은?

3 접근법

지문에서 제시된 실험, 원리, 제도의 핵심 내용 또는 메커니즘을 정확히 이해하고 선지에 적용해서 참·거짓 여부를 가릴 수 있어야 한다. 복잡한 실험이나 원리의 내용이 주어지는 경우가 많으므로 지문의 내용을 그림이나 도식으로 정리하면서 읽어나가는 것이 문제풀이에 도움이 된다.

4 생각해 볼 부분

선지 혹은 보기에서 '～할 수 있다' 등의 가정적 표현을 사용하는 경우 지문의 내용을 이용해 선지나 보기의 가정에 해당하는 사례가 존재할 수 있는지를 판단하고, 반대로 '항상 ～이다'와 같은 단정적 표현을 사용하고 있는 경우 지문의 내용을 활용하여 선지 혹은 보기가 단정하고 있는 내용에 대한 반례를 찾아 해당 선지의 정오판단을 하면 보다 수월하게 풀이할 수 있다.

다음 글에서 바르게 추론한 것만을 〈보기〉에서 모두 고르면?

> 우리가 현재 가지고 있는 믿음들은 추가로 획득된 정보에 의해서 수정된다. 뺑소니사고의 용의자로 갑, 을, 병이 지목되었고 이 중 단 한 명만 범인이라고 하자. 수사관 K는 운전 습관, 범죄 이력 등을 근거로 각 용의자가 범인일 확률을 추측하여, '갑이 범인'이라는 것을 0.3, '을이 범인'이라는 것을 0.45, '병이 범인'이라는 것을 0.25만큼 믿게 되었다고 하자. 얼마 후 병의 알리바이가 확보되어 병은 용의자에서 제외되었다. 그렇다면 K의 믿음의 정도는 어떻게 수정되어야 할까?
>
> 믿음의 정도를 수정하는 두 가지 방법이 있다. 방법 A는 0.25를 다른 두 믿음에 동일하게 나누어 주는 것이다. 따라서 병의 알리바이가 확보된 이후 '갑이 범인'이라는 것과 '을이 범인'이라는 것에 대한 K의 믿음의 정도는 각각 0.425와 0.575가 된다. 방법 B는 기존 믿음의 정도에 비례해서 분배하는 것이다. 위 사례에서 '을이 범인'이라는 것에 대한 기존 믿음의 정도 0.45는 '갑이 범인'이라는 것에 대한 기존 믿음의 정도 0.3의 1.5배이다. 따라서 믿음의 정도 0.25도 이 비율에 따라 나누어 주어야 한다. 즉 방법 B는 '갑이 범인'이라는 것에는 0.1을, '을이 범인'이라는 것에는 0.15를 추가하는 것이다. 결국 방법 B에 따르면 병의 알리바이가 확보된 이후 '갑이 범인'이라는 것과 '을이 범인'이라는 것에 대한 K의 믿음의 정도는 각각 0.4와 0.6이 된다.

―〈보 기〉―

ㄱ. 만약 기존 믿음의 정도들이 위 사례와 달랐다면, 병이 용의자에서 제외된 뒤 '갑이 범인'과 '을이 범인'에 대한 믿음의 정도의 합은, 방법 A와 방법 B 중 무엇을 이용하는지에 따라 다를 수 있다.

ㄴ. 만약 기존 믿음의 정도들이 위 사례와 달랐다면, 병이 용의자에서 제외된 뒤 '갑이 범인'과 '을이 범인'에 대한 믿음의 정도의 차이는 방법 A를 이용한 결과가 방법 B를 이용한 결과보다 클 수 있다.

ㄷ. 만약 '갑이 범인'에 대한 기존 믿음의 정도와 '을이 범인'에 대한 기존 믿음의 정도가 같았다면, '병이 범인'에 대한 기존 믿음의 정도에 상관없이 병이 용의자에서 제외된 뒤 방법 A를 이용한 결과와 방법 B를 이용한 결과는 서로 같다.

① ㄴ
② ㄷ
③ ㄱ, ㄴ
④ ㄱ, ㄷ
⑤ ㄴ, ㄷ

정답해설

ㄷ. 옳다. 만약 '갑이 범인'과 '을의 범인'에 대한 기존 믿음의 정도가 같았다면, 방법 A를 이용하는 경우 '병이 범인'에 대한 믿음의 정도를 절반씩 분배하고, 방법 B를 이용하는 경우에도 동일한 비율로 '병이 범인'에 대한 믿음의 정도를 분배하게 된다. 따라서 두 방법을 사용한 이후 믿음의 정도의 분배 결과가 서로 같다.

오답해설

ㄱ. 옳지 않다. 기존의 믿음의 정도들이 어떠했는지와 관계없이, 병을 제외한 후 '갑이 범인'이라는 믿음의 정도와 '을이 범인'이라는 믿음의 정도의 합은 항상 1로 동일하다.

ㄴ. 옳지 않다. 방법 A는 기존의 믿음의 정도와 관계없이 '병이 범인'에 대한 믿음의 정도를 동일하게 '갑이 범인'과 '을이 범인'의 믿음의 정도에 분배하는 방식이고, 방법 B는 '병이 범인'에 대한 믿음의 정도를 '갑이 범인'과 '을이 범인'의 기존의 믿음의 정도에 비례해서 나누어 주는 방식이므로, 방법 B를 사용하는 경우 '갑이 범인'과 '을의 범인'의 믿음의 정도의 차이가 방법 A를 사용하는 경우의 믿음의 정도의 차이보다 항상 크거나 같을 수밖에 없다(기존에 '갑이 범인'과 '을의 범인'의 믿음의 정도가 같았던 경우 두 방법에서 병을 제외한 후 믿음의 정도가 같을 수 있다). 따라서 방법 A를 이용한 결과의 믿음의 정도의 차이가 방법 B를 이용한 결과의 믿음의 정도의 차이보다 클 수 없다.

답 ②

01 ☐△✕

다음 글에서 추론할 수 있는 것만을 〈보기〉에서 모두 고르면?

예술과 도덕의 관계, 더 구체적으로는 예술작품의 미적 가치와 도덕적 가치의 관계는 동서양을 막론하고 사상사의 중요한 주제들 중 하나이다. 그 관계에 대한 입장들로는 '극단적 도덕주의', '온건한 도덕주의', '자율성주의'가 있다. 이 입장들은 예술작품이 도덕적 가치 판단의 대상이 될 수 있느냐는 물음에 각기 다른 대답을 한다.

극단적 도덕주의 입장은 모든 예술작품을 도덕적 가치판단의 대상으로 본다. 이 입장은 도덕적 가치를 가장 우선적인 가치이자 가장 포괄적인 가치로 본다. 따라서 모든 예술 작품은 도덕적 가치에 의해서 긍정적으로 또는 부정적으로 평가된다. 또한 도덕적 가치는 미적 가치를 비롯한 다른 가치들보다 우선한다. 이러한 입장을 대표하는 사람이 바로 톨스토이이다. 그는 인간의 형제애에 관한 정서를 전달함으로써 인류의 심정적 통합을 이루는 것이 예술의 핵심적 가치라고 보았다.

온건한 도덕주의는 오직 일부 예술작품만이 도덕적 판단의 대상이 된다고 보는 입장이다. 따라서 일부의 예술작품들에 대해서만 긍정적인 또는 부정적인 도덕적 가치판단이 가능하다고 본다. 이 입장에 따르면, 도덕적 판단의 대상이 되는 예술작품의 도덕적 가치와 미적 가치는 서로 독립적으로 성립하는 것이 아니다. 그것들은 서로 내적으로 연결되어 있기 때문에 어떤 예술작품이 가지는 도덕적 장점이 그 예술작품의 미적 장점이 된다. 또한 어떤 예술작품의 도덕적 결함은 그 예술작품의 미적 결함이 된다.

자율성주의는 어떠한 예술작품도 도덕적 가치판단의 대상이 될 수 없다고 보는 입장이다. 이 입장에 따르면, 도덕적 가치와 미적 가치는 서로 자율성을 유지한다. 즉, 도덕적 가치와 미적 가치는 각각 독립적인 영역에서 구현되고 서로 다른 기준에 의해 평가된다는 것이다. 결국 자율성주의는 예술작품에 대한 도덕적 가치 판단을 범주착오에 해당하는 것으로 본다.

〈보 기〉

ㄱ. 자율성주의는 극단적 도덕주의와 온건한 도덕주의가 모두 범주착오를 범하고 있다고 볼 것이다.

ㄴ. 극단적 도덕주의는 모든 도덕적 가치가 예술작품을 통해 구현된다고 보지만 자율성주의는 그렇지 않을 것이다.

ㄷ. 온건한 도덕주의에서 도덕적 판단의 대상이 되는 예술 작품들은 모두 극단적 도덕주의에서도 도덕적 판단의 대상이 될 것이다.

① ㄱ
② ㄴ
③ ㄱ, ㄷ
④ ㄴ, ㄷ
⑤ ㄱ, ㄴ, ㄷ

02 ☐△✕

다음 글의 두 경우에 관한 〈보기〉의 대화에서 추론할 수 있는 것은?

다음과 같은 두 경우를 생각해 보자. 첫째 경우, 임신 중인 한 여성이 간단한 치료로 완치될 수 있지만 그냥 놔두면 태아가 위태롭게 되는 어떤 질병에 걸렸다. 둘째 경우는 이와 비슷하지만 중요한 차이점이 있다. 결혼 직후 한 아이만을 임신할 계획을 갖고 있는 한 여성이 어떤 질병에 걸렸다. 이 상태에서 치료를 미루고 임신을 한다면 태어날 아이는 기형아가 될 가능성이 높다. 만일 이 여성이 임신하려는 계획을 반년 정도 미루고 치료를 받는다면 이 질병 역시 완치될 수 있다. 첫째 경우라면 우리는 통상적으로 임신 중인 여성은 치료를 받아야 한다고 생각한다. 왜냐하면 그 선택이 태아의 보다 나은 삶을 보장하기 때문이다. 하지만 둘째 경우는 이와 동일한 이유로 치료를 받아야 한다고 주장할 수 없다.

〈보 기〉

갑 : 두 경우 모두 질병을 치료하는 시점이 임신부의 건강에는 아무런 영향을 주지 않는다는 것이 암묵적으로 전제되어 있군.

을 : 맞아. 그렇다면 질병을 언제 치료하는가의 문제는 임신된 아이든 계획대로라면 태어날 아이든 간에 아이의 삶을 보장하는 방식으로 결정해야겠군.

갑 : 그래. 그렇지만 반 년을 미루어 아이를 갖는다 하더라도 원래 가지려 했던 아이가 달라졌다고는 볼 수 없어.

을 : 이 문제는 '계획대로라면 태어날 아이'의 관점에서 보아야 해. 이 관점에서 보자면, 건강하지 않더라도 태어나는 것이 태어나지 않은 것보다는 더 나아. 태어나지 않는다면 보장받을 삶도 없는 셈이니까.

갑 : 그럴까? 언제 출산을 하든 '첫째 아이'라는 점에서 동일하다고 해야 하지 않을까?

을 : 특정한 시점에 특정한 정자와 난자가 결합한다는 점을 생각해봐. 시점이 다르다면 같은 사람이라고 할 수 없지.

① 갑은 첫째 경우의 여성이 치료를 미뤄야 한다고 주장할 것이다.
② 을은 첫째 경우의 여성이 치료를 미뤄야 한다고 주장할 것이다.
③ 갑은 둘째 경우의 여성이 계획대로 임신을 하는 것이 옳다고 주장할 것이다.
④ 을은 둘째 경우의 여성이 계획대로 임신을 하는 것이 옳다고 주장할 것이다.
⑤ 갑과 을은 두 경우 모두 태아의 건강을 우선시하여 치료 시기가 결정되어야 한다고 주장할 것이다.

03 ◻◻◻◻   07년 행시(외) 31번

다음 정보로부터 올바른 추론을 하고 있는 사람을 〈보기〉에서 모두 고른 것은?

지난 달 출고된 소프트웨어 패키지 〈빨간 꾸러미〉에는 작년 소프트웨어 시장에서 높은 인기를 누렸던 〈패키지 블루〉의 프로그램들과 유사한 용도의 소프트웨어 프로그램이 여러 개 포함되어 있다. 공부나 문서 작업을 하다가 잠시 머리를 식히는 데 그만인 두더지 잡기 게임이 그 한 예라고 할 수 있다. 〈패키지 블루〉는 2003년에 출시되었던 〈유니버스 2004〉를 확장한 것으로, 〈유니버스 2004〉의 프로그램들에다가 사용자들이 아쉬움을 호소했던 몇 가지 기능을 보완하는 부수적 프로그램을 추가하여 만든 것이다. 〈유니버스〉 시리즈와 〈패키지 블루〉를 연달아 출시하고 있는 Z사가 어떤 개발·판매 전략을 가지고 있는지를 짐작할 수 있게 하는 장면이라고 하겠다.

〈빨간 꾸러미〉를 사용하는 사람은 2년 전 출시된 〈패키지 오렌지〉에 포함되었던 기능을 하나도 아쉬워할 필요가 없을 것이다. 게다가 〈빨간 꾸러미〉는 소프트웨어 시장의 일반적인 추세와는 달리 용량을 줄여 한 장의 CD에 모두 들어가도록 제작되었다. 이는 〈패키지 오렌지〉, 〈패키지 블루〉와의 큰 차이점이다. 〈패키지 오렌지〉와 〈패키지 블루〉는 각각 CD 두 장과 석 장으로 구성되어 있을 뿐만 아니라 설치했을 때 차지하는 하드디스크의 양 또한 〈빨간 꾸러미〉보다 훨씬 크고, 작동 시 필요로 하는 메인메모리의 크기도 더 크다. 〈패키지 오렌지〉와 〈패키지 블루〉가 거의 동일한 목적과 유사한 기술적 기반 위에서 만들어졌음에도 불구하고 단 개의 프로그램도 공통된 것이 없다는 점은 아주 흥미롭다. 이것은 아마 이 두 제품을 개발한 양쪽 개발팀을 이끌어 온 두 팀장 간의 유명한 경쟁 의식이 낳은 결과가 아닌가 싶다.

───── 〈보 기〉 ─────

수진 : 〈유니버스 2004〉와 〈패키지 오렌지〉 사이엔 공통된 프로그램이 하나도 없네요.

우보 : 〈빨간 꾸러미〉와 〈패키지 블루〉는 모두 Z사의 제품이란 말이죠.

미경 : 두더지 잡기 게임은 〈유니버스 2004〉에도 들어 있네요.

① 수진
② 우보
③ 미경
④ 수진, 우보
⑤ 우보, 미경

04 ◻◻◻◻   06년 행시 35번

다음 글로부터 추론할 수 있는 것은?

물리계 중에는 예측 불가능한 물리계가 있다. 이와 같은 물리계가 예측 불가능한 이유는 초기 조건의 민감성 때문이지, 물리 현상이 물리학의 인과법칙을 따르지 않기 때문은 아니다. 지구의 대기에서 나비 한 마리가 날갯짓을 한 경우와 하지 않은 경우를 비교하면, 그로부터 3주 뒤 두 경우의 결과는 판이하게 달라질 수 있다. 따라서 몇 주일 뒤의 기상이 어떻게 전개될지 정확히 예측하려면 초기 데이터와 수많은 변수들을 아주 정밀하게 처리해야만 가능하다. 그러나 아무리 성능이 뛰어난 컴퓨터라고 해도 이를 제대로 처리하기 어렵다. 초기 상태가 완전히 파악되지 못한 물리계의 경우, 초기 데이터의 불완전성은 이 물리계의 미래 상태에 대한 예측의 정밀도를 훼손할 것이다. 그리하여 예측은 시간이 흐를수록 점차 부정확해지지만, 부정확성이 증가하는 양상은 물리계마다 다르다. 부정확성은 어떤 물리계에서는 느리게, 어떤 물리계에서는 빠르게 증가한다.

부정확성이 천천히 증가하는 물리계의 경우, 기술 발전에 따라 정밀하게 변화를 예측하는 데 필요한 시간은 점점 더 줄어들 것이다. 그러나 부정확성이 빠르게 증가하는 물리계의 경우, 예측에 필요한 계산 시간은 그다지 크게 단축되지 않을 것이다. 흔히 앞의 유형을 '비카오스계'라고 부르고 뒤의 유형을 '카오스계'라고 부른다. 카오스계는 예측 가능성이 지극히 제한적이라는 것이 그 특징이다. 지구의 대기 같은 아주 복잡한 물리계는 카오스계의 대표적인 사례이다. 그러나 연결된 한 쌍의 진자처럼 몇 안 되는 변수들만으로 기술할 수 있고 단순한 결정론적 방정식을 따르는 물리계라 하더라도, 초기 조건에 민감하며 아주 복잡한 운동을 보인다는 점은 놀라운 일이다.

카오스 이론은 과학의 한계를 보여주었다고 단언하는 사람들이 적지 않지만, 자연 속에는 비카오스계가 더 많다. 그리고 카오스계를 연구하는 과학자들은 자신들이 막다른 골목에 봉착했다고 생각하지 않는다. 카오스 이론은 앞으로 연구가 이루어져야 할 드넓은 영역을 열어주었고, 수많은 새로운 연구 대상들을 제시한다.

① 연결된 두 진자로만 구성된 물리계는 카오스계가 아니다.

② 이해가 아닌 예측이 자신의 주요 임무라고 생각하는 과학자에게 카오스계의 존재는 부담이 될 것이다.

③ 슈퍼컴퓨터의 성능이 충분히 향상된다면, 기상청은 날씨 변화를 행성의 위치만큼이나 정확하게 예측할 것이다.

④ 부정확성이 빠르게 증가하는 물리계에 동일한 물리법칙이 적용되는 경우 변화를 예측하는 데 필요한 시간은 감소한다.

⑤ 카오스 현상은 결정론적 법칙을 따르지 않는 물리계가 나비의 날갯짓처럼 사소한 요인에 의해 교란되기 때문에 생기는 현상이다.

05 ◻◁✗   08년 행시(꿈) 11번

다음 글에서 추론할 수 있는 것은?

EU는 1995년부터 철제 다리 덫으로 잡은 동물 모피의 수입을 금지하기로 했다. 모피가 이런 덫으로 잡은 동물의 것인지, 아니면 상대적으로 덜 잔혹한 방법으로 잡은 동물의 것인지 구별하는 것은 불가능하다. 그렇기 때문에 EU는 철제 다리 덫 사용을 금지하는 나라의 모피만 수입하기로 결정했다. 이런 수입 금지 조치에 대해 미국, 캐나다, 러시아는 WTO에 제소하겠다고 위협했다. 결국 EU는 WTO가 내릴 결정을 예상하여, 철제 다리 덫으로 잡은 동물의 모피를 계속 수입하도록 허용했다.

또한 1998년부터 EU는 화장품 실험에 동물을 이용하는 것을 금지했을 뿐만 아니라, 동물실험을 거친 화장품의 판매조차 금지하는 법령을 채택했다. 그러나 동물실험을 거친 화장품의 판매 금지는 WTO 규정 위반이 될 것이라는 유엔의 권고를 받았다. 결국 EU의 판매 금지는 실행되지 못했다.

한편 그 외에도 EU는 성장 촉진 호르몬이 투여된 쇠고기의 판매 금지 조치를 시행하기도 했다. 동물복지를 옹호하는 단체들이 소의 건강에 미치는 영향을 우려해 호르몬 투여 금지를 요구했지만, EU가 쇠고기 판매를 금지한 것은 주로 사람의 건강에 대한 염려 때문이었다. 미국은 이러한 판매 금지 조치에 반대하며 EU를 WTO에 제소했고, 결국 WTO 분쟁패널로부터 호르몬 사용이 사람의 건강을 위협한다고 믿을 만한 충분한 과학적 근거가 없다는 판정을 이끌어내는 데 성공했다. EU는 항소했다. 그러나 WTO의 상소기구는 미국의 손을 들어주었다. 그럼에도 불구하고 EU는 금지 조치를 철회하지 않았다. 이에 미국은 1억 1,600만 달러에 해당하는 EU의 농업 생산물에 100% 관세를 물리는 보복 조치를 발동했고 WTO는 이를 승인했다.

① EU는 환경의 문제를 통상 조건에서 최우선적으로 고려한다.
② WTO는 WTO 상소기구의 결정에 불복하는 경우 적극적인 제재조치를 취한다.
③ WTO는 사람의 건강에 대한 위협을 방지하는 것보다 국가 간 통상의 자유를 더 존중한다.
④ WTO는 제품의 생산과정에서 동물의 권리를 침해한다는 이유로 해당 제품 수입을 금지하는 것을 허용하지 않는다.
⑤ WTO 규정에 의하면 각 국가는 타국의 환경, 보건, 사회 정책 등이 자국과 다르다는 이유로 타국의 특정 제품의 수입을 금지할 수 있다.

06 ◻◁✗   11년 행시(수) 34번

다음 글로부터 올바른 추론을 하고 있는 사람을 〈보기〉에서 모두 고르면?

아리스토텔레스가 얼마나 위대한지는 삼단논법의 타당성을 증명한 그의 방식만 보아도 알 수 있다. 가령 다음과 같은 삼단논법을 생각해 보자.

(가) 여학생은 모두 화장을 한다.
(나) 우리반 학생 가운데 일부는 화장을 하지 않는다.
따라서 (다) 우리반 학생 가운데 일부는 여학생이 아니다.

그는 이 삼단논법의 전제가 모두 참이라면 결론도 참일 수밖에 없음을 다음과 같이 증명한다. 우선 논의를 위해 이 논증의 전제는 모두 참인데 결론은 거짓이라고 가정해보자. 결론 (다)가 거짓이라면, (다)와 모순인 ▢ (라) ▢가 참임을 추리해 낼 수 있다. 또한 (라)와 (가)로부터 우리는 ▢ (마) ▢가 참이라는 것도 알아낼 수 있다. 그런데 (마)는 (나)와 모순이므로, 결국 이는 (나)가 참이라는 애초 가정과 모순된다.

또 다른 예로 다음 삼단논법의 타당성을 증명해보자.

(바) 화장을 하는 학생 가운데 일부는 여학생이 아니다.
(사) 화장을 하는 학생은 모두 우리반 학생이다.
따라서 (아) 우리반 학생 가운데 일부는 여학생이 아니다.

앞서처럼 이 논증의 전제는 모두 참인데 결론은 거짓이라고 가정해보자. 결론 (아)가 거짓이라면, (아)와 모순인 ▢ (자) ▢가 참임을 알 수 있다. 그리고 (사)와 (자)가 참이라는 것으로부터 ▢ (차) ▢가 참이라는 사실도 알아낼 수 있다. 그런데 (차)는 (바)와 모순이므로, 결국 이는 (바)가 참이라는 우리의 애초 가정과 모순된다.

─────〈보 기〉─────

지훈 : (라)와 (자)에는 같은 명제가 들어가는군.
연길 : (마)와 (차)에 들어갈 각 명제가 참이라면 (라)에 들어갈 명제도 참일 수밖에 없겠군.
혁진 : (라)와 (마)에 들어갈 각 명제가 참이라면 (차)에 들어갈 명제도 참일 수밖에 없겠군.

① 연길
② 혁진
③ 지훈, 연길
④ 지훈, 혁진
⑤ 지훈, 연길, 혁진

07 ○△✕   12년 행시(인) 31번

다음 글에서 알 수 있는 것은?

주인-대리인 이론의 모델에서 '주인-대리인 관계'는 1인 이상의 사람(주인)이 다른 사람(대리인)에게 자신을 대신하여 의사결정을 할 수 있도록 의사결정권한을 위임한 계약 관계라고 정의된다. 주주와 경영자가 주인-대리인 관계의 실례라고 할 수 있다. 주인-대리인 관계에 있는 해당 이해 관계자들은 모두 자신의 이익을 극대화하기 위해 노력한다. 이 과정에서 서로간의 이해가 상충하면 '대리인 문제'가 발생하며, 이 문제를 해결하기 위해서 '대리인 비용'이 발생한다. 대리인 비용은 대리인 문제의 방지 수단에 따라 다음과 같이 구분할 수 있다.

첫째, '감시비용'은 대리인의 활동이 주인의 이익을 감소시키지 않는지를 감시하는 데 소요되는 비용이다. 기업경영에서 주주는 경영자의 행동이 주주가 바라는 행동에서 벗어나지 못하도록 감시하는 활동을 하게 된다. 대표적인 예는 이사회의 구성, 감사의 임명, 예산제약설정 등이다. 이러한 통제시스템을 운영하는 데 감시 비용이 소요된다.

둘째, '확증비용'은 대리인의 행동이 주인의 이익에 상반되지 않는다는 것을 증명할 때 소요되는 비용이다. 경영자는 주주가 원하지 않는 행동을 하지 않겠다는 것을 증명해야 한다. 예를 들어, 기업의 재무상황에 대한 공인과 보고, 회계감사를 받은 영업보고서의 공시가 대표적인 증명활동이다. 이런 활동에 소요되는 비용이 확증비용이다.

셋째, '잔여손실'이란 확증비용과 감시비용이 지출되었음에도 대리인 때문에 발생한 주인의 손실이다. 주주와 경영자 간에 감시활동과 확증활동이 최적으로 이루어진다고 하더라도 회사의 가치를 극대화하는 의사결정과 경영자의 의사결정 사이에는 괴리가 생길 수 있다. 이러한 차이로 말미암아 생기는 회사 이익의 감소가 바로 잔여손실이다.

① 잔여손실이 줄면 확증비용이 증가한다.
② 영업보고서의 공시는 감시비용을 발생시킨다.
③ 경영자는 자신의 이익보다 주주의 이익을 우선시한다.
④ 경영자와 주주의 이해가 상충하지 않더라도 대리인 문제가 발생한다.
⑤ 주주가 적절히 이사회를 구성하고 올바른 감사를 임명하더라도 회사의 잔여손실은 발생할 수 있다.

08 ○△✕   13년 행시(인) 9번

다음 글에서 추론할 수 있는 것을 〈보기〉에서 모두 고르면?

부족 A의 사람들의 이름은 살면서 계속 바뀔 수 있다. 사용하는 이름의 종류는 '고유명'과 '상명(喪名)'이다. 태어나면 먼저 누구나 고유명을 갖는다. 그러다 친척 중 누군가가 죽으면 고유명을 버리고 상명을 갖는다. 또 다른 친척이 죽으면 다시 새로운 상명을 갖는다. 이런 방식으로 친척 누군가가 죽을 때마다 계속 이름이 바뀐다. 만약 친척 두 명 이상이 동시에 죽을 경우에는 두 개 이상의 상명을 다 갖게 된다.

부족 B의 사람들도 이름이 계속 바뀔 수 있다. 예를 들어 손자의 이름을 지어 준 조부가 죽으면 그 손자는 새로운 이름을 받을 때까지 이름 없이 그대로 있어야 한다. 이렇게 어떤 사람이 죽으면 그 사람이 지어 준 이름은 쓸 수 없다. 한편 여성이 재혼하면 새 남편은 전남편과의 사이에서 낳은 아이에게 새로운 이름을 붙여준다. 부족 B의 여자는 일찍 결혼하는 데 반해 남자는 35세 이전에 결혼하는 경우가 매우 드물다. 그래서 일반적으로 남편이 아내보다 빨리 죽는다. 더구나 부족 B에는 여자가 부족하기 때문에 여자는 반드시 재혼한다.

── 〈보 기〉 ──

ㄱ. 부족 A의 어떤 사람이 죽을 때까지 가졌던 상명의 수는 그와 친척이었던 모든 사람의 수보다 많지 않다.

ㄴ. 부족 B의 사람들은 모친이 죽으면 비로소 최종적인 이름을 갖게 된다.

ㄷ. 부족 B와 마찬가지로 부족 A에도 이름 없이 지내는 사람이 있을 수 있다.

① ㄱ   ② ㄴ
③ ㄱ, ㄴ   ④ ㄱ, ㄷ
⑤ ㄴ, ㄷ

09 ○△×   14년 행시(A) 9번

다음 글에서 추론할 수 <u>없는</u> 것은?

우주는 물체와 허공으로 구성된다. 물체와 허공 이외에는 어떠한 것도 존재한다고 생각할 수 없다. 그리고 우리가 허공이라고 부르는 것이 없다면, 물체가 존재할 곳이 없고, 움직일 수 있는 공간도 없을 것이다. 허공을 제외하면, 비물질적인 것은 존재하지 않는다. 허공은 물체에 영향을 주지도 받지도 않으며, 다만 물체가 자신을 통과해서 움직이도록 허락할 뿐이다. 물질적인 존재만이 물질적 존재에 영향을 줄 수 있다.

영혼은 아주 미세한 입자들로 구성되어 있기 때문에, 몸의 나머지 구조들과 더 잘 조화를 이룰 수 있다. 감각의 주요한 원인은 영혼에 있다. 그러나 몸의 나머지 구조에 의해 보호되지 않는다면, 영혼은 감각을 가질 수 없을 것이다. 몸은 감각의 원인을 영혼에 제공한 후, 자신도 감각 속성의 몫을 영혼으로부터 얻는다. 영혼이 몸을 떠나면, 몸은 더 이상 감각을 소유하지 않는다. 왜냐하면 몸은 감각 능력을 스스로 가진 적이 없으며, 몸과 함께 태어난 영혼이 몸에게 감각 능력을 주었기 때문이다. 물론 몸의 일부가 소실되어 거기에 속했던 영혼이 해체되어도 나머지 영혼은 몸 안에 있다. 또한 영혼의 한 부분이 해체되더라도, 나머지 영혼이 계속해서 존재하기만 한다면 여전히 감각을 유지할 것이다. 반면에 영혼을 구성하는 입자들이 전부 몸에서 없어진다면, 몸 전체 또는 일부가 계속 남아 있더라도 감각을 가지지 못할 것이다. 더구나 몸 전체가 분해된다면, 영혼도 더 이상 이전과 같은 능력을 가지지 못하고 해체되며 감각 능력도 잃게 된다.

① 허공은 물체의 운동을 위해 반드시 필요하다.
② 감각을 얻기 위해서는 영혼과 몸 모두가 필요하다.
③ 영혼은 비물질적인 존재이며 몸에게 감각 능력을 제공한다.
④ 영혼이 담겨있던 몸 전체가 분해되면 영혼의 입자들은 흩어져 버린다.
⑤ 육체의 일부가 소실되면 영혼의 일부가 해체되지만 나머지 영혼은 여전히 감각의 능력을 유지할 수 있다.

10 ○△×   13년 행시(인) 29번

다음 글에서 추론할 수 있는 것은?

우리의 선택은 상대방의 선택에 어떤 영향을 받을까? 상대방이 무엇을 선택하든 상관없이 나에게 가장 높은 이익을 가져다주는 전략을 'D전략'이라고 하고, 상대방이 무엇을 선택하든 상관없이 나에게 가장 낮은 이익을 가져다주는 전략을 'S전략'이라고 하자. 예를 들어, 두 사람 갑, 을이 각각 상대방의 선택에 따라 자신에게 유리한 전략을 세우려고 한다. 두 사람은 P와 Q 중에서 어떤 선택을 할지 고려하고 있다. 갑은 을이 P를 선택 할 경우 Q보다 P를 선택하는 것이 더 높은 이익을 얻고, 을이 Q를 선택할 경우에도 Q보다 P를 선택하는 것이 더 높은 이익을 얻는다면, P를 선택하는 것이 갑의 D전략이 된다. 또한 을이 P나 Q 어떤 것을 선택하든지 갑은 P보다 Q를 선택하는 것이 더 낮은 이익을 얻는다면, Q는 갑의 S전략이 된다. 이를 일상적 상황에 적용해서 설명해 보자.

두 스마트폰 회사가 있다. 각 회사는 TV 광고를 해야 할지를 결정해야 한다. 각 회사가 선택할 수 있는 전략에는 TV 광고를 자제하는 전략과 대대적으로 TV 광고를 하는 공격적인 전략 두 가지가 있다. 두 회사 모두 광고를 하지 않을 경우 각 회사는 5억 원의 순이익을 올린다. 한 회사가 광고를 하는데 다른 회사는 하지 않을 경우, 광고를 한 회사는 6억 원의 순이익을 올릴 수 있다. 반면 광고를 하지 않은 회사의 매출은 대폭 감소하여 단지 2억 원의 순이익을 올릴 수 있다. 두 회사가 모두 경쟁적으로 TV 광고를 할 경우 상대방 회사에 비해 판매를 더 늘릴 수 없는 반면 막대한 광고비를 지출해야하므로 각자의 순이익은 3억 원에 머문다.

또 다른 예를 생각해 보자. 어떤 지역에 경쟁관계에 있는 두 병원이 있다. 각 병원에는 우수한 의료장비가 완비되어 있으며, 현재 꾸준한 이익을 내고 있다. 각 병원은 값비싼 첨단 의료장비의 구입을 고려하고 있다. 주민들은 첨단 의료장비를 갖춘 병원을 더 신뢰하여 감기만 걸려도 첨단 장비를 갖춘 병원으로 달려간다. 한 병원이 다른 병원에는 없는 첨단 장비를 구비한 경우를 가정해 보자. 첨단 장비를 갖춘 병원은 총수입이 늘어나며, 첨단 장비를 사는 데 드는 비용을 제외하고 최종적으로 4억 원의 순이익을 확보하여 이전보다 순이익이 증가할 것이다. 반면에 첨단 장비를 갖추지 못한 병원은 환자를 많이 잃게 되어 순이익이 1억 원에 머물게 된다. 한편 두 병원이 모두 첨단 장비를 도입할 경우, 환자는 반반씩 차지할 수 있지만 값비싼 장비의 도입 비용으로 인하여 각 병원의 순이익은 2억 원이 된다.

① 각 회사의 광고 자제와 각 병원의 첨단 장비 구입은 S전략이다.
② 각 회사의 공격적인 광고와 각 병원의 기존 장비 유지는 S전략이다.
③ 각 회사의 공격적인 광고와 각 병원의 기존 장비 유지는 D전략이다.
④ 각 회사의 공격적인 광고와 각 병원의 첨단 장비 구입은 D전략이다.
⑤ 각 회사의 공격적인 광고는 D전략이고, 각 병원의 첨단 장비 구입은 S전략이다.

11 ☐☐☐

다음 글에서 추론할 수 있는 것만을 〈보기〉에서 모두 고르면?

대선후보 경선 여론조사에서 후보에 대한 지지 정도에 따라 피조사자들은 세 종류로 분류된다. 특정 후보를 적극적으로 지지하는 사람들과 소극적으로 지지하는 사람들, 그리고 기타에 해당하는 사람들이다.

후보가 두 명인 경우로 한정해서 생각해 보자. 여론조사 방식은 설문 문항에 따라 두 가지로 분류된다. 하나는 선호도 방식으로 "차기 대통령 후보로 누구를 더 선호하느냐?"라고 묻는다. 선호도 방식은 적극적으로 지지하는 사람들과 소극적으로 지지하는 사람들을 모두 지지자로 계산하는 방식이다. 이 여론조사 방식에서 적극적 지지자들과 소극적 지지자들은 모두 지지 의사를 답한다.

다른 한 방식은 지지도 방식으로 "내일(혹은 오늘) 투표를 한다면 누구를 지지하겠느냐?"라고 묻는다. 특정 후보를 적극적으로 지지하는 지지자들은 두 경쟁 후보를 놓고 두 물음에서 동일한 반응을 보일 것이다. 문제는 어느 한 후보를 적극적으로 지지하지 않는 소극적 지지자들이다. 이들은 특정 후보가 더 낫다고 생각하기 때문에 선호도를 질문할 경우에는 특정 후보를 선호한다고 대답하지만, 지지 여부를 질문할 경우에는 지지하는 후보가 없다는 '무응답'을 선택한다. 따라서 지지도 방식은 적극적 지지자만 지지자로 분류하고 나머지는 기타로 분류하는 방식에 해당한다.

─────〈보 기〉─────

ㄱ. A후보가 B후보보다 적극적 지지자의 수가 많고 소극적 지지자의 수는 적을 경우, 지지도 방식을 사용 할 때 A후보가 B후보보다 더 많은 지지를 받을 것이다.

ㄴ. A후보가 B후보보다 적극적 지지자의 수는 적고 소극적 지지자의 수가 많을 경우, 선호도 방식을 사용할 때 A후보가 B후보보다 더 많은 지지를 받을 것이다.

ㄷ. A후보가 B후보보다 적극적 지지자와 소극적 지지자의 수가 각각 더 많다면, 선호도 방식에 비해 지지도 방식에서 A후보와 B후보 사이의 지지자 수의 격차가 더 클 것이다.

① ㄱ
② ㄷ
③ ㄱ, ㄴ
④ ㄴ, ㄷ
⑤ ㄱ, ㄷ

01 ◻◁✕

다음 글에서 추론할 수 있는 것을 〈보기〉에서 모두 고르면?

화학반응이 일어나기 위해서는 반드시 어느 정도의 에너지 장벽을 넘어야만 한다. 반응물의 에너지가 생성물의 에너지보다 작은 경우는 당연히 말할 것도 없거니와 반응물의 에너지가 생성물의 에너지보다 큰 경우에도 마찬가지다. 에너지 장벽을 낮추는 것은 화학반응의 속도를 증가시키고 에너지 장벽을 높이는 것은 화학반응의 속도를 감소시킨다. 에너지 장벽의 높이를 조절하는 물질을 화학반응의 촉매라고 한다. 촉매에는 에너지 장벽을 낮추는 정촉매도 있지만 장벽을 높이는 부촉매도 있다.

촉매는 산업 생산에서 요긴하게 활용된다. 특히, 수요가 큰 화학제품을 생산하는 경우 충분히 빠른 화학반응 속도를 얻는 것이 중요하다. 반응 속도가 충분히 빠르지 않으면 생산성이 떨어져 경제성이 악화된다. 생산공정에서는 반응로의 온도를 높여서 반응 속도를 증가시킨다. 이 때 적절한 촉매를 사용하면, 그런 비용을 획기적으로 절감하면서 생산성을 높이는 것이 가능하다.

그러나 반응하는 분자들이 복잡한 구조를 지닐 경우에는 반응에 얽힌 상황도 더 복잡해져서 촉매의 투입만으로는 반응 속도를 조절하기 어려워진다. 그런 분자들 간의 반응에서는 분자들이 서로 어떤 방향으로 충돌하는가도 문제가 된다. 즉 에너지 장벽을 넘어설 수 있을 만큼의 에너지가 주어지더라도 반응이 일어날 수 있는 올바른 방향으로 충돌하지 못할 경우에는 화학반응이 일어나지 않는다.

―――――――〈보 기〉―――――――

ㄱ. 부촉매는 화학반응의 속도를 감소시킨다.

ㄴ. 복잡한 구조를 지닌 분자들 간의 화학반응에서는 에너지 장벽이 촉매에 의해 조절되지 않는다.

ㄷ. 화학반응 시 온도를 올리면 에너지 장벽이 낮아진다.

① ㄱ
② ㄱ, ㄴ
③ ㄱ, ㄷ
④ ㄴ, ㄷ
⑤ ㄱ, ㄴ, ㄷ

02 ◻◁✕

다음 글에서 추론할 수 <u>없는</u> 것은?

악기에서 나오는 복합음은 부분음이 여러 개 중첩된 형태이다. 이 부분음 중에서 가장 낮은 음을 '기음'이라고 부르며 다른 부분음은 이 기음이 가지고 있는 진동수의 정수배 값인 진동수를 갖는다. 헬름홀츠는 공명기라는 독특한 장치를 사용하여 부분음이 물리적으로 존재한다는 것을 입증하였다.

헬름홀츠는 이 공명기를 이용하여 복합음 속에서 특정한 부분음만을 선택하여 들을 수 있었다. 이는 공명기의 내부에 존재하는 공기의 양에 따라 특정한 진동수를 갖는 부분음에 대해서만 공명이 일어나고 다른 진동수의 음에 대해서는 공명이 일어나지 않기 때문이었다. 그는 이 특정한 공명 진동수를 공명기의 '고유 진동수'라고 불렀다. 공명기의 이러한 특성은 추후에 음향학 연구에서 널리 활용되었다.

헬름홀츠는 공명기를 활용하여 악기에서 이러한 부분음이 어떻게 발생하는지를 탐구하였다. 헬름홀츠가 우선적으로 선택한 악음은 다양한 현에서 나오는 음이었다. 현은 일정한 장력으로 양단이 고정되었을 때 일정한 음을 내는데, 현이 진동할 때 진폭이 0이 되어 진동이 일어나지 않는 곳을 '마디'라 하고 진폭이 가장 큰 곳을 '배'라 한다. 현은 하나의 배를 갖는 진동부터 여러 개의 배를 갖는 진동이 모두 가능하다. 가령, 현의 중앙을 가볍게 퉁기면 그 위치가 배가 되고 현의 양단이 마디가 되는 1배 진동을 하게 된다. 1배 진동에서는 기음이 발생한다. 그렇지만 현의 중앙을 퉁길 때 현은 1배 진동만 하는 것이 아니라 퉁긴 위치를 배로 하는, 배가 3개인 진동, 5개인 진동, 7개인 진동도 동시에 일어난다. 이와 함께 기음의 진동수의 3배, 5배, 7배 등의 진동수를 갖는 부분음도 발생하게 된다. 3배 진동의 경우, 현의 길이가 L이면 한쪽 끝에서 거리가 0, $\frac{1}{3}L$, $\frac{2}{3}L$, L인 위치에 마디가 생기고 한쪽 끝에서 거리가 $\frac{1}{6}L$, $\frac{3}{6}L$, $\frac{5}{6}L$인 위치에 배가 형성된다.

이렇게 현을 퉁기면 여러 배의 진동이 동시에 형성되면서 현에 형성된 파형은 여러 배의 진동이 중첩되어 나타나는 복잡한 형태를 띠게 된다. 이러한 현으로부터 나오는 음도 현의 파형처럼 복잡한 형태를 띠게 된다.

① 양단이 고정된 현의 양단은 항상 마디이다.

② 진동하는 현의 배의 수가 증가하면 그 현의 기음이 갖는 진동수도 커진다.

③ 양단이 고정된 현의 중앙을 퉁겼을 때 발생하는 배의 수는 마디의 수보다 항상 작다.

④ 현을 진동시킬 때 나오는 복합음은 기음을 포함한 여러 개의 부분음이 중첩되어 나온 것이다.

⑤ 헬름홀츠의 공명기에 의해 분석할 수 있는 특정한 부분음의 진동수는 공명기 내에 있는 공기의 양에 따라 다르다.

03 ○△✕

다음 글에서 추론할 수 있는 것만을 〈보기〉에서 모두 고르면?

수정란은 모체의 자궁에서 발생과정을 거친다. 수정란의 발생과정은 수정란으로부터 태아가 형성되는 과정이다. 수정란의 발생과정 중에 생식샘, 생식관, 외생식기 각각이 남성형 또는 여성형으로 분화되는 성 분화가 일어난다. 수정란의 발생과정이 시작될 때까지는 남성이 될 수정란과 여성이 될 수정란의 차이는 Y염색체를 가지는가의 여부 이외에는 없다. 발생과정 중 수정란은 분열하여 배아가 되고 배아는 발생과정이 진행되면서 태아가 된다. 발생과정을 시작하면서 남성이 될 수정란에서는 Y염색체로부터 나오는 성 결정인자가 만들어진다. 이 수정란이 배아가 되면, 생식샘은 만들어진 성 결정인자에 의해 남성 호르몬인 테스토스테론을 분비하는 고환으로 발달한다. 반면 여성이 될 수정란에서는 Y염색체가 없기 때문에 성 결정인자가 만들어지지 않아 배아가 되어도 생식샘은 고환으로 발달하지 못하고 여성 호르몬인 에스트로겐을 분비하는 난소로 발달한다.

고환에서 생성된 테스토스테론은 남성형 외생식기와 생식관의 발달을 유도하고, 이런 과정을 거친 임신 10~12주경 태아는 외생식기의 해부학적 모양을 통해 성 구분이 가능해진다. 이런 생식관의 발달은 배아의 원시 생식관의 분화로 시작된다. 배아의 성별과 관계없이 배아는 원시 생식관인 볼프관과 뮐러관을 모두 가지고 있다. 생식샘이 고환으로 발달한 경우 고환에서 분비되는 테스토스테론은 볼프관의 분화를 일으켜 부고환과 정관을 형성한다. 그리고 고환에서 또 다른 물질인 뮐러관 억제인자가 분비되어 뮐러관이 퇴화하게 된다. 반면 생식샘이 난소로 발달한 경우 테스토스테론이 분비되지 않아 뮐러관이 퇴화하지 않고 분화한다. 이는 여성형 생식관인 난관과 자궁을 형성하게 한다. 볼프관은 테스토스테론이 없으면 퇴화한다.

〈보 기〉

ㄱ. 수정란 발생과정이 시작될 때, 여성이 될 수정란에 Y염색체를 가지게 하면 이 수정란의 정상적인 발생과정 중에 뮐러관 억제인자가 분비된다.
ㄴ. 외생식기의 해부학적 모양을 통해 어떤 태아의 성 구분이 가능하다면 이 태아를 형성한 수정란에서 성 결정인자가 만들어졌다.
ㄷ. 볼프관과 뮐러관을 모두 가지고 있는 배아는 Y염색체를 가지지 않는다.

① ㄱ
② ㄷ
③ ㄱ, ㄴ
④ ㄴ, ㄷ
⑤ ㄱ, ㄴ, ㄷ

04 ○△✕

다음 글에서 추론할 수 없는 것은?

흑체복사(blackbody radiation)는 모든 전자기파를 반사 없이 흡수하는 성질을 갖는 이상적인 물체인 흑체에서 방출하는 전자기파 복사를 말한다. 20℃의 상온에서 흑체가 검게 보이는 이유는 가시영역을 포함한 모든 전자기파를 반사 없이 흡수하고 또한 가시영역의 전자기파를 방출하지 않기 때문이다. 하지만 흑체가 가열되면 방출하는 전자기파의 특성이 변한다. 가열된 흑체가 방출하는 다양한 파장의 전자기파에는 가시영역의 전자기파도 있기 때문에 흑체는 온도에 따라 다양한 색을 띨 수 있다.

흑체를 관찰하기 위해 물리학자들은 일정한 온도가 유지되고 완벽하게 밀봉된 공동(空洞)에 작은 구멍을 뚫어 흑체를 실현했다. 공동이 상온일 경우 공동의 내벽은 전자기파를 방출하는데, 이 전자기파는 공동의 내벽에 부딪혀 일부는 반사되고 일부는 흡수된다. 공동의 내벽에서는 이렇게 전자기파의 방출, 반사, 흡수가 끊임없이 일어나고 그 일부는 공동 구멍으로 방출되지만 가시영역의 전자기파가 없기 때문에 공동 구멍은 검게 보인다. 또 공동이 상온일 경우 이 공동 구멍으로 들어가는 전자기파는 공동 안에서 이리저리 반사되다 결국 흡수되어 다시 구멍으로 나오지 않는다. 즉 공동 구멍의 특성은 모든 전자기파를 흡수하는 흑체의 특성과 같다. 한편 공동이 충분히 가열되면 공동 구멍으로부터 가시영역의 전자기파도 방출되어 공동 구멍은 색을 띨 수 있다. 이렇게 공동 구멍에서 방출되는 전자기파의 특성은 같은 온도에서 이상적인 흑체가 방출하는 전자기파의 특성과 일치한다.

물리학자들은 어떤 주어진 온도에서 공동 구멍으로부터 방출되는 공동 복사의 전자기파 파장별 복사에너지를 정밀하게 측정하여, 전자기파의 파장이 커짐에 따라 복사에너지 방출량이 커지다가 다시 줄어드는 경향을 보인다는 것을 발견하였다.

① 흑체의 온도를 높이면 흑체가 검지 않게 보일 수도 있다.
② 공동의 온도가 올라감에 따라 복사에너지 방출량은 커지다가 줄어든다.
③ 공동을 가열하면 공동 구멍에서 다양한 파장의 전자기파가 방출된다.
④ 흑체가 전자기파를 방출할 때 파장에 따라 복사에너지 방출량이 달라진다.
⑤ 상온으로 유지되는 공동 구멍이 검게 보인다고 공동 내벽에서 방출되는 전자기파가 없는 것은 아니다.

05 ○△× 09년 행시(경) 12번

다음 글에서 추론할 수 있는 내용은?

어떤 시점에 당신만이 느끼는 어떤 감각을 지시하여 'W'라는 용어의 의미로 삼는다고 해보자. 그 이후에 가끔 그 감각을 느끼게 되면, "'W'라고 불리는 그 감각이 나타났다."고 당신은 말할 것이다. 그렇지만 그 경우에 당신이 그 용어를 올바로 사용했는지 그렇지 않은지를 어떻게 결정할 수 있는가? 만에 하나 첫 번째 감각을 잘못 기억할 수도 있는 것이고, 혹은 실제로는 단지 희미하고 어렴풋한 유사성밖에 없는데도 첫 번째 감각과 두 번째 감각 사이에 밀접한 유사성이 있는 것으로 착각할 수도 있다. 더구나 그것이 착각인지 아닌지를 판단할 근거가 없다. 만약 'W'라는 용어의 의미가 당신만이 느끼는 그 감각에만 해당한다면, 'W'라는 용어의 올바른 사용과 잘못된 사용을 구분할 방법은 어디에도 없게 될 것이다. 올바른 적용에 관해 결정을 내릴 수 없는 용어는 아무런 의미도 갖지 않는다.

① 본인만이 느끼는 감각을 지시하는 용어는 아무 의미도 없다.
② 어떤 용어도 구체적 사례를 통해서 의미를 얻게 될 수 없다.
③ 감각을 지시하는 용어는 사용하는 사람에 따라 상대적인 의미를 갖는다.
④ 감각을 지시하는 용어의 의미는 그것이 무엇을 지시하는가와 아무 상관이 없다.
⑤ 감각을 지시하는 용어의 의미는 다른 사람들과 공유하는 의미로 확장될 수 있다.

06 ○△× 18년 행시(나) 11번

다음 글에서 알 수 있는 것만을 〈보기〉에서 모두 고르면?

손익이 동일해도 상황에 따라 그 손익에 대한 효용은 달라질 수 있다. 손익이 양수이면 수익을 얻고 손익이 음수이면 손실을 입는다. 효용이 양수이면 만족감을 느끼고 효용이 음수이면 상실감을 느낀다. 효용의 차이는 다음과 같은 세 가지 특징을 통해 설명할 수 있다.

첫 번째 특징은 준거점 의존성이다. 사람들은 기대손익을 준거점으로 삼는다. 기대손익이 다르면 실제 손익이 같다 하더라도 그에 따른 만족감이나 상실감이 달라진다. 철수의 기대수익이 200만 원이었을 때 실제 수익이 300만 원이라면 그는 100만큼의 만족감을 느낀다. 하지만 그의 실제 수익이 300만 원으로 같아도 기대수익이 1,000만 원이었다면 그는 700만큼의 상실감을 느낀다. 두 번째 특징은 민감성 반응이다. 재산의 상황에 따라 민감성 반응도 달라진다. 재산이 양수이면 자산을 갖고 재산이 음수이면 부채를 갖는다. 사람들은 자산이 많을수록 동일한 수익에 대해 둔감하게 반응한다. 마찬가지로 부채가 많을수록 동일한 손실에 대해 둔감하게 반응한다. 예를 들어 100만 원의 손실을 입을 경우, 부채가 200만 원일 때 발생하는 상실감보다 부채가 1,000만 원일 때 발생하는 상실감이 더 작다. 세 번째 특징은 손실 회피성이다. 이는 심리적으로 수익보다 손실에 더 큰 가중치를 두는 것을 말한다. 기대손익과 재산이 고정되어 있는 경우, 한 사람이 100만 원의 수익을 얻었을 때 느끼는 만족감보다 100만 원의 손실을 입었을 때 느끼는 상실감이 더 크다. 연구에 따르면, 이 경우 상실감은 만족감의 2배로 나타났다.

─────── 〈보 기〉 ───────
ㄱ. 손실을 입은 사람은 상실감을 느낀다.
ㄴ. 동일한 수익을 얻은 경우라도 자산이 x였을 때 자산이 y였을 때보다 더 큰 만족감을 느꼈다면, x는 y보다 작다.
ㄷ. 갑이 x의 손실을 입고 을이 x의 수익을 얻은 경우, 갑이 느끼는 상실감은 을이 느끼는 만족감의 2배이다.

① ㄱ
② ㄴ
③ ㄱ, ㄷ
④ ㄴ, ㄷ
⑤ ㄱ, ㄴ, ㄷ

07 ○△✕

다음 글에서 추론할 수 있는 것만을 〈보기〉에서 모두 고르면?

가상의 동전 게임을 하나 생각해 보자. 이 게임의 규칙은 동전을 던져서 제일 높은 점수를 얻는 사람이 이기는 것이다. 게임 참여자는 A, B 두 그룹으로 구분된다. 두 그룹의 인원수는 100명으로 같지만, 각 참여자에게 같은 수의 동전을 주지 않는다. A 그룹에는 한 사람당 동전을 10개씩 주고, B 그룹에는 한 사람당 100개씩 준다. 모든 동전은 1개당 한 번씩 던지는 것으로 한다.

〈게임 1〉에서는 앞면이 나온 동전 1개당 1점씩 점수를 준다고 하자. 이때 게임의 승자는 B 그룹에서 나올 가능성이 매우 높다. B 그룹 사람들 중 상당수는 50점쯤 얻을 텐데, 그것은 A 그룹 사람들 중에서 누구도 이길 수 없는 점수이다. A 그룹 인원을 아무리 늘리더라도 최고 점수는 10점일 것이기 때문이다.

〈게임 2〉에서는 〈게임 1〉과 달리 앞면이 나오는 동전의 개수가 아니라 앞면이 나온 비율로 점수를 매겨 가장 높은 점수를 받은 사람이 이긴다고 하자. A 그룹 중에서 한 명쯤은 동전 10개 중 앞면이 8개 나올 것이다. 이 경우 그는 80점을 얻는다. B 그룹은 어떨까? B 그룹 사람 100명 중에서 누구도 80점을 받기는 어려울 것이다. 물론 그런 일이 물리적으로 불가능하지는 않겠지만, 현실에서는 거의 벌어지지 않을 것이다. 동전을 더 많이 던질수록 앞면과 뒷면의 비율은 50대 50에 더 가깝게 수렴되기 때문이다. B 그룹에서 80점을 받는 사람이 한 명쯤 나오려면, B 그룹 인원수는 100명이 아니라 그보다 훨씬 더 커야 한다. 이처럼 동전 개수가 증가했을 때 80점을 받는 사람이 한 명쯤 나오려면 그 동전 개수의 증가에 맞춰 그룹 인원수도 크게 증가해야 한다.

─── 〈보 기〉 ───

ㄱ. 〈게임 1〉에서 A 그룹 참가자와 B 그룹 참가자의 동전 개수를 각각 절반으로 줄일 경우, 게임의 승자가 나올 그룹은 바뀔 것이다.

ㄴ. 〈게임 2〉에서 B 그룹만 인원을 늘릴 경우, 그 수를 아무리 늘리더라도 90점을 받는 사람은 A 그룹에서만 나올 것이다.

ㄷ. 〈게임 2〉에서 A 그룹만 참가자 각각의 동전 개수를 1,000개로 늘릴 경우, A 그룹에서 80점을 받는 사람이 한 명쯤 나오기 위해 필요한 A 그룹 인원수는 80점을 받는 사람이 한 명쯤 나오기 위해 필요한 B 그룹 인원수보다 훨씬 더 커야 할 것이다.

① ㄱ
② ㄷ
③ ㄱ, ㄴ
④ ㄴ, ㄷ
⑤ ㄱ, ㄴ, ㄷ

01 ○△×   10년 행시(수) 35번

다음 글로부터 추론할 수 있는 것을 〈보기〉에서 모두 고르면?

K씨는 막대한 재산을 탄자니아 남부에 있는 한 가난한 마을의 복지 개선에 쓰기로 결심했다. 이 작은 마을에는 100명의 사람들이 살고 있다. K씨의 요청에 따라 국제원조기구가 계획 A와 계획 B를 마련했다. 계획 A는 산아 제한 정책을 포함하지 않는 계획이고, 계획 B는 산아 제한 정책을 포함한다. 계획 A를 채택하면 이 마을의 인구는 100명에서 150명으로 증가할 것이지만, 계획 B를 채택하면 인구는 100명으로 유지될 것이다.

두 계획 중 어느 것을 채택하더라도 '삶의 질 지수'는 증가한다. 한 사람의 '삶의 질 지수'는 실수로 나타나는데, 이 지수가 클수록 삶의 질이 높다. 이 지수가 1.0 미만인 경우에만 사람들은 살아갈 가치가 없다고 생각한다.

삶의 질 지수가 얼마나 증가할지는 어떤 계획을 취하느냐에 따라 달라진다. 계획 A를 채택하면 이 마을 구성원의 삶의 질 지수 평균이 2.4에서 3.2로 증가할 것이고, 계획 B를 채택하면 삶의 질 지수 평균이 2.4에서 4.0으로 증가할 것이다. 또한 삶의 질 지수가 1.0 미만인 사람의 수는, 계획 A를 채택하면 현재 30명에서 40명으로 늘고, 계획 B를 채택하면 현재 30명에서 20명으로 줄 것이다. 이런 상황에서 K씨는 계획 A와 계획 B 중 어떤 것이 옳은가를 놓고 고민을 하고 있다.

─────────── 〈보 기〉 ───────────

ㄱ. 인구 수에 삶의 질 지수 평균을 곱한 값이 더 높은 마을이 더 좋은 마을이라고 한다면, 계획 A를 채택하는 것이 옳다.

ㄴ. 살아갈 가치가 있다고 생각하는 사람들의 수가 더 많은 마을이 더 좋은 마을이라면, 계획 B를 채택하는 것이 옳다.

ㄷ. 삶의 질 지수가 1.0 미만인 사람이 차지하는 비율이 더 작은 마을이 더 좋은 마을이라고 한다면, 계획 B를 채택하는 것이 옳다.

ㄹ. 삶의 질 지수가 가장 높은 사람과 가장 낮은 사람 사이의 삶의 질 지수 차이가 더 작은 마을이 더 좋은 마을이라면, 계획 A를 채택하는 것이 옳다.

① ㄱ, ㄴ
② ㄱ, ㄷ
③ ㄱ, ㄴ, ㄷ
④ ㄱ, ㄷ, ㄹ
⑤ ㄴ, ㄷ, ㄹ

02 ○△×   17년 행시(가) 5번

다음 글에서 알 수 있는 것만을 〈보기〉에서 모두 고르면?

골격근에서 전체근육은 근육섬유를 뼈에 연결시키는 주변 조직인 힘줄과 결합조직을 모두 포함한다. 골격근의 근육섬유가 수축할 때 전체근육의 길이가 항상 줄어드는 것은 아니다. 근육 수축의 종류 중 근육섬유가 수축함에 따라 전체근육의 길이가 변화하는 것을 '등장수축'이라 하는데, 등장수축은 근육섬유 수축과 함께 전체근육의 길이가 줄어드는 '동심 등장수축'과 전체근육의 길이가 늘어나는 '편심 등장수축'으로 나뉜다.

반면에 근육섬유가 수축함에도 불구하고 전체근육의 길이가 변하지 않는 수축을 '등척수축'이라고 한다. 예를 들어 아령을 손에 들고 팔꿈치의 각도를 일정하게 유지하고 있는 상태에서 위팔의 이두근 근육섬유는 끊임없이 수축하고 있지만, 이 근육에서 만드는 장력이 근육에 걸린 부하량 즉 아령의 무게와 같아 전체근육의 길이가 변하지 않기 때문에 등척수축을 하는 것이다. 등척수축은 골격근의 주변 조직과 근육섬유 내에 있는 탄력섬유의 작용에 의해 일어난다. 근육에 부하가 걸릴 때, 이 부하를 견디기 위해 탄력섬유가 늘어나기 때문에 근육섬유는 수축하지만 전체 근육의 길이는 변하지 않는 등척수축이 일어날 수 있다.

아래 그래프는 근육이 최대 장력으로 수축운동을 하는 동안 해당 근육에 걸린 초기 부하량이 전체근육의 수축 속도에 어떤 영향을 미치는지를 나타내고 있다. 그래프의 Y축에서 양의 값은 전체근육의 길이가 줄어드는 속도를 나타내고, 음의 값은 근육에 최대 장력을 초과하는 부하가 걸리면 근육섬유는 수축하지만 전체 근육의 길이가 늘어나는 속도를 나타낸다.

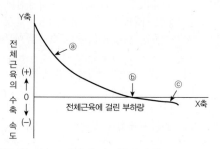

─────────── 〈보 기〉 ───────────

ㄱ. ⓐ에서 일어나는 근육 수축은 편심 등장수축이다.

ㄴ. ⓑ는 탄력섬유의 작용에 의해 일어나는 근육 수축에 해당한다.

ㄷ. 최대 장력이 10kg인 이두근이 있는 팔의 팔꿈치가 일정한 각도를 유지하고 있을 때, 이두근에 10kg을 초과하는 부하를 걸어주면 ⓒ가 발생할 수 있다.

① ㄱ   ② ㄴ
③ ㄱ, ㄷ   ④ ㄴ, ㄷ
⑤ ㄱ, ㄴ, ㄷ

03 ⓞ△✕

다음 글의 미첼의 이론에서 추론할 수 있는 것은?

> 1783년 영국 자연철학자 존 미첼은 빛은 입자라는 생각과 뉴턴의 중력이론을 결합한 이론을 제시하였다. 그는 우선 별들이 어떻게 보일 것인지 사고 실험을 통해 예측하였다.
>
> 별의 표면에서 얼마간의 초기 속도로 입자를 쏘아 올려 아무런 방해 없이 위로 올라간다고 가정해보자. 만약에 초기 속도가 충분히 빠르지 않으면 별의 중력은 입자의 속도를 점점 느리게 할 것이며, 결국 그 입자를 별의 표면으로 되돌아가게 할 것이다. 만약 초기 속도가 충분히 빠르면 입자는 중력을 극복하고 별을 탈출할 수 있을 것이다. 이렇게 입자가 별을 탈출할 수 있는 최소한의 초기 속도는 '탈출 속도'라고 불린다. 미첼은 뉴턴의 중력이론을 이용해서 탈출 속도를 계산할 수 있었으며, 그 속도가 별 질량을 별의 둘레로 나눈 값의 제곱근에 비례한다는 것을 유도하였다.
>
> 이를 바탕으로 미첼은 '임계 둘레'라는 것도 추론해냈다. 임계 둘레란 탈출 속도와 빛의 속도를 같게 만드는 별의 둘레를 말한다. 빛 입자는 다른 입자들처럼 중력의 영향을 받는다. 그로 인해 빛은 임계 둘레보다 작은 둘레를 가진 별에서는 탈출할 수 없다. 그런 별에서 약 30만 km/s의 초기 속도로 빛 입자를 쏘아 올렸을 때 입자는 우선 위로 날아갈 것이다. 그런 다음 멈출 때까지 느려지다가, 결국 별의 표면으로 되돌아갈 것이다. 미첼은 임계 둘레를 쉽게 계산할 수 있었다. 태양과 동일한 질량을 가진 별의 임계 둘레는 약 19km로 계산되었다. 이러한 사고 실험을 통해 미첼은 임계 둘레보다 작은 둘레를 가진 암흑의 별들이 무척 많을 테고, 그 별들에선 빛 입자가 빠져나올 수 없기에 지구에서는 볼 수 없을 것으로 추측했다.

① 임계 둘레 이하의 둘레를 가진 별에 사는 존재는 임계 둘레보다 큰 둘레를 가진 별에서 오는 빛을 관찰할 수 없다.

② 빛보다 빠른 초기 속도로 쏘아 올린 입자가 있다면, 그 입자는 모두 별에서 탈출할 수 있다.

③ 별의 질량이 커지더라도 별의 둘레가 변하지 않는다면 탈출속도는 빨라지지 않는다.

④ 임계 둘레 이하의 둘레를 가진 별의 표면에서는 빛을 쏘아 올릴 수 없다.

⑤ 별의 질량이 커질수록 그 별의 임계 둘레는 커진다.

CHAPTER
03 밑줄·빈칸 채우기

1 유형의 이해

매년 출제 비중이 일정하지 않지만 2018년에는 5개 이상 출제될 정도로 큰 비중을 차지하는 경우도 있으므로 소홀히 할 수 없는 유형이다. 빈칸 채우기는 주로 핵심이 되는 내용이나 지문의 결론에 해당하는 내용을 물어보는 경우가 많다. 주로 실험, 이론이나 주장 등의 결론이나 핵심을 물어보는 경우가 많고, 지문에 빈칸이 여러 개 있어 해당 빈칸에 들어갈 단어를 적절하게 나열하도록 요구하는 문제가 출제되기도 한다. 지문에 밑줄이 있는 문제 유형의 경우, 지문의 핵심적인 소재나 결론에 밑줄이 쳐져 있고, 해당 밑줄 내용에 대한 적절한 해석이 무엇인지 찾도록 하는 문제가 주로 출제되었다.

2 발문 유형

- 다음 빈칸에 들어갈 문장으로 적절한 것은?
- 다음 밑줄에 대한 추론으로 옳은 것은?

3 접근법

전반적인 접근방식은 일치부합, 추론 유형과 크게 다르지 않으나, 해당 유형들보다 좀 더 지문의 핵심 내용을 묻는 경우가 많아 지문의 지엽적인 내용에 집중하기보다는 전반적인 맥락 파악을 통해 지문의 중심 내용을 파악해야 한다. 빈칸 채우기는 주로 핵심이 되는 내용이나 지문의 결론에 해당하는 내용을 물어보는 경우가 많으므로, 평소 기출문제나 모의고사 문제를 풀이하면서 지문의 결론, 핵심을 정확하게 파악하는 연습을 통해 대비할 필요가 있다.

4 생각해 볼 부분

이 유형의 경우 일치부합, 추론 문제와 달리 지문의 지엽적인 내용에 집중하면서 읽기보다는 지문을 전체적으로 빠르게 읽으면서 빈칸과 관련된 핵심 내용 또는 결론이 무엇인지 찾아내야 한다. 이때 지문에서 주어지지 않은 내용이나 단어가 등장하는 선지는 오답일 가능성이 크므로, 지문의 핵심 내용을 파악한 후 그 내용에서 크게 벗어나는 2~3개의 선지를 우선 정답 후보에서 제외하고 시작하는 것이 좋다.

다음 글의 빈칸에 들어갈 진술로 가장 적절한 것은?

기분관리 이론은 사람들의 기분과 선택 행동의 관계에 대해 설명하기 위한 이론이다. 이 이론의 핵심은 사람들이 현재의 기분을 최적 상태로 유지하려고 한다는 것이다. 따라서 기분관리 이론은 흥분 수준이 최적 상태보다 높을 때는 사람들이 이를 낮출 수 있는 수단을 선택한다고 예측한다. 반면에 흥분 수준이 낮을 때는 이를 회복시킬 수 있는 수단을 선택한다고 예측한다. 예를 들어, 음악 선택의 상황에서 전자의 경우에는 차분한 음악을 선택하고 후자의 경우에는 흥겨운 음악을 선택한다는 것이다. 기분조정 이론은 기분관리 이론이 현재 시점에만 초점을 맞추고 있다는 점을 지적하고 이를 보완하고자 한다. 기분조정 이론을 음악 선택의 상황에 적용하면, _____고 예측할 수 있다.

연구자 A는 음악 선택 상황을 통해 기분조정 이론을 검증하기 위한 실험을 했다. 그는 실험 참가자들을 두 집단으로 나누고 집단 1에게는 한 시간 후 재미있는 놀이를 하게 된다고 말했고, 집단 2에게는 한 시간 후 심각한 과제를 하게 된다고 말했다. 집단 1은 최적 상태 수준에서 즐거워했고, 집단 2는 최적 상태 수준을 벗어날 정도로 기분이 가라앉았다. 이때 연구자 A는 참가자들에게 기다리는 동안 음악을 선택하게 했다. 그랬더니 집단 1은 다소 즐거운 음악을 선택한 반면, 집단 2는 과도하게 흥겨운 음악을 선택했다. 그런데 30분이 지나고 각 집단이 기대하는 일을 하게 될 시간이 다가오자 두 집단 사이에는 뚜렷한 차이가 나타났다. 집단 1의 선택에는 큰 변화가 없었으나, 집단 2는 기분을 가라앉히는 차분한 음악을 선택하는 쪽으로 변하는 경향을 보인 것이다. 이러한 선택의 변화는 기분조정 이론을 뒷받침하는 것으로 간주되었다.

① 사람들은 현재의 기분을 지속하는 데 도움이 되는 음악을 선택한다
② 사람들은 다음에 올 상황을 고려해 흥분을 유발할 수 있는 음악을 선택한다
③ 사람들은 다음에 올 상황에 맞추어 현재의 기분을 조정하는 음악을 선택한다
④ 사람들은 현재의 기분과는 상관없이 자신이 평소 선호하는 음악을 선택한다
⑤ 사람들은 현재의 기분이 즐거운 경우에는 그것을 조정하기 위해 그와 반대되는 기분을 자아내는 음악을 선택한다

난도 중

풀이시간 2분

합격생 가이드

빈칸의 바로 앞뒤 문장만으로는 곧바로 정답을 도출하기 어려운 문제이다. 최근 출제 경향은 이러한 문제와 같이 시간을 절약하기 위해 빈칸 또는 밑줄의 앞뒤 문장 읽고 곧바로 선지를 보기보다 지문 전체 내용을 파악해야 확실한 정답을 찾을 수 있는 문제가 출제된다는 점에 유의하도록 하자.

대표문항으로 선정한 이유

기존에 많이 출제되던 쉬운 밑줄공식·조건 빈칸 채우기 유형 문제의 경우 밑줄 또는 빈칸의 바로 앞과 뒤 내용만 확인하더라도 어느 정도 확정적인 정답 도출이 가능했던 것과 달리, 최근 문제 경향은 지문의 전반적인 내용과 논지를 파악해야 정답 도출이 가능하다는 것을 확인할 수 있는 문제이다. 이 유형에서 시간을 절약하고자 빈칸 또는 밑줄의 바로 앞뒤만 확인하고 정답을 체크하고 넘어가는 경우, 문제의 함정에 빠지게 될 수 있으므로 주의해야 한다.

정답해설

기분조정 이론의 핵심 내용을 기분관리 이론과의 비교를 통해 설명하는 지문이다. 기분관리 이론이 '현재 시점에만 초점을 맞추고 있음'을 지적하고, 기분조정 이론으로 이를 보완하려는 것이므로 빈칸의 내용에는 기분조정 이론이 '현재 시점 이외에 다른 시점을 고려한다'는 내용이 들어갈 가능성이 높다는 것을 첫 번째 문단의 내용을 통해 유추할 수 있다. 집단 1과 집단 2의 실험 결과를 모두 설명할 수 있는 선지를 찾아야 한다.

③ 적절하다. 집단 1의 경우, 재미있는 놀이를 하기 전 최적 상태 수준에서 즐거운 기분을 유지하기 위해 다소 흥겨운 음악을 선택하였고, 집단 2의 경우 과도하게 흥겨운 음악을 선택했다가 심각한 과제 수행이 임박함에 따라 기분이 가라앉을 것을 예상하여, 차분한 음악으로 바꾸었다고 설명할 수 있다.

오답해설

① 적절하지 않다. 집단 2의 경우 과도하게 흥겨운 음악을 선택했다가 과제 시간이 임박하면서 차분한 음악으로 선택을 바꾸었다는 사례에서, 집단 2의 사람들이 현재의 기분을 유지하는 데 도움이 되는 음악을 선택한다고 볼 수 없다.

② 적절하지 않다. 이 선지는 집단 2의 경우 과제 시간이 다가옴에 따라 차분한 음악을 선택했다는 실험 결과를 설명할 수 없다.

④ 적절하지 않다. 지문의 내용에서 사람들의 선호와 음악 선택과의 관련성을 확인할 수 없다.

⑤ 적절하지 않다. 집단 1의 경우, 재미있는 놀이를 하게 된다는 말을 들은 이후 최적 상태 수준에서 즐거운 기분 상태였으나, 다소 즐거운 음악을 선택했으므로 기분이 즐거운 경우 그와 반대되는 음악을 선택한다는 것은 옳지 않다.

답 ③

01 ◯△✕

다음 글의 문맥상 ㉮와 ㉯에 들어가기에 가장 적절한 것을 〈보기〉에서 골라 알맞게 짝지은 것은?

우리는 도시의 세계에 살고 있다. 2010년에 인류 역사상 처음으로 세계 전체에서 도시 인구수가 농촌 인구수를 넘어섰다. 이제 우리는 도시가 없는 세계를 상상하기 힘들며, 세계 최초의 도시들을 탄생시킨 근본적인 변화가 무엇이었는지를 상상하는 것도 쉽지 않다.

인류는 약 1만 년 전부터 5천 년 전까지 도시가 아닌 작은 농촌 마을에서 살았다. 이 시기 농촌 마을의 인구는 대부분 약 2천 명 정도였다. 약 5천 년 전부터 이라크 남부, 이집트, 파키스탄, 인도 북서부에서 1만 명 정도의 사람이 모여 사는 도시가 출현하였다. 이런 세계 최초의 도시들을 탄생시킨 원인은 무엇인가? 이 질문에 대해서 몇몇 사람들은 약 1만 년 전부터 5천 년 전 사이에 일어난 농업의 발전에 의해서 농촌의 인구가 점차적으로 증가해 도시가 되었다고 말한다. 과연 농촌의 인구는 점차적으로 증가했는가? 고고학적 연구는 그렇지 않다고 말해주는 듯하다. (㉮) 그러나, 2천 명이 넘는 인구를 수용한 마을은 거의 발견되지 않았다. 이 점은 약 5천 년 전 즈음 마을의 거주 인구가 비약적으로 증가했다는 것을 보여준다.

무엇 때문에 이런 거주 인구의 비약적인 변화가 가능했는가? 이 질문에 대한 답은 사회적 제도의 발명에서 찾을 수 있다. (㉯) 따라서 거주 인구가 비약적으로 증가하기 위해서는 사람들을 조직하고, 이웃들 간의 분쟁을 해소하는 것과 같은 문제들을 해결하는 사회적 제도의 발명이 필수적이다. 이런 이유에서 도시의 발생은 사회적 제도의 발명에 영향을 받았다고 생각할 수 있다. 그리고 이런 사회적 제도의 출현은 이후 인류 역사의 모습을 형성하는 데 결정적인 역할을 한 사건이었다.

─── 〈보 기〉 ───

ㄱ. 농업 기술의 발전에 의해서 마을이 점차적으로 거대화 되었다면, 거주 인구가 2천 명과 1만 명 사이인 마을들이 빈번하게 발견되어야 한다.

ㄴ. 거주 인구가 2천 명이 넘지 않는 마을은 도시라고 할 수 없다.

ㄷ. 농업 기술의 발전에 의해서 마을이 점차적으로 거대화 되었다면, 약 1만 년 전 농촌 마을의 거주 인구는 2천 명 정도여야 한다.

ㄹ. 행정조직, 정치제도, 계급과 같은 사회적 제도 없이 사람들이 함께 모여 살 수 있는 인구 규모의 최대치는 2천 명 정도밖에 되지 않는다.

ㅁ. 2천 명 정도의 인구를 가진 농촌 마을도 행정조직과 같은 사회적 제도를 가지고 있었다.

ㅂ. 도시인의 삶이 정치제도, 계급과 같은 사회적 제도에 의해 제한되었다는 사실은 수많은 역사적 자료에 의해 검증된다.

	㉮	㉯
①	ㄱ	ㄹ
②	ㄱ	ㅁ
③	ㄴ	ㅁ
④	ㄷ	ㄹ
⑤	ㄷ	ㅂ

02 ◯△✕

다음 빈칸에 들어갈 말로 가장 적절한 것은?

어느 시대든 사람들은 원인이 무엇인지 알고 있다고 믿었다. 사람들은 그런 앎을 어디서 얻는가? 원인을 안다고 믿는 사람들의 믿음은 어디서 생기는 것일까?

새로운 것, 체험되지 않은 것, 낯선 것은 원인이 될 수 없다. 알려지지 않은 것에서는 위험, 불안정, 걱정, 공포감이 뒤따라 나오기 때문이다. 우리 마음의 불안한 상태를 없애고자 한다면, 우리는 알려지지 않은 것을 알려진 것으로 환원해야 한다. 이러한 환원은 우리 마음을 편하게 해주고 안심시키며 만족하게 하고 힘을 느끼게 한다. 이 때문에 우리는 이미 알려진 것, 체험된 것, 기억에 각인된 것을 원인으로 설정하게 된다. '왜?'라는 물음의 답으로 나온 것은 그것이 진짜 원인이기 때문에 우리에게 떠오른 것이 아니다. 그것이 우리에게 떠오른 것은 그것이 우리를 안정시켜주고 성가신 것을 없애주며 무겁고 불편한 마음을 가볍게 해주기 때문이다. 따라서 원인을 찾으려는 우리의 본능은 위험, 불안정, 걱정, 공포감 등에 의해 촉발되고 자극받는다.

우리는 '설명이 없는 것보다 설명이 있는 것이 언제나 더 낫다'고 믿는다. 우리는 특별한 유형의 원인만을 써서 설명을 만들어 낸다. ⬚⬚⬚⬚⬚⬚ 그래서 특정 유형의 설명만이 점점 더 우세해지고, 그러한 설명들이 하나의 체계로 모아져 결국 그런 설명이 우리의 사고방식을 지배하게 된다. 기업인은 즉시 이윤을 생각하고, 기독교인은 즉시 원죄를 생각하며, 소녀는 즉시 사랑을 생각한다.

① 이것은 우리의 호기심과 모험심을 자극한다.

② 이것은 인과관계에 대한 우리의 지식을 확장시킨다.

③ 이것은 우리가 왜 불안한 심리 상태에 있는지를 설명해준다.

④ 이것은 낯설고 체험하지 않았다는 느낌을 가장 빠르고 가장 쉽게 제거해 버린다.

⑤ 이것은 새롭고 낯선 것에서 원인을 발견하려는 우리의 본래 태도를 점차 약화시키고 오히려 그 반대의 태도를 우리의 습관으로 굳어지게 한다.

03 ○△✕

다음 글의 (가)와 (나)에 들어갈 진술을 〈보기〉에서 골라 알맞게 짝지은 것은?

사실 진술로부터 당위 진술을 도출할 수 없다는 것을 명시적으로 주장한 최초의 인물은 영국의 철학자 데이비드 흄이었다. 그의 주장은 논리적으로 타당하다고 할 수 있다. 그 이유를 이해하기 위해 일단 명제 P와 Q가 있는데 Q는 P로부터 도출될 수 있는 것이라 가정해 보자. 즉, P가 Q를 논리적으로 함축하는 경우를 생각해보자. 가령, "비가 오고 구름이 끼어 있다."는 "비가 온다."를 논리적으로 함축한다. 이제 이 두 문장이 다음과 같이 결합되는 경우를 생각해 보자.

"비가 오고 구름이 끼어 있지만, 비가 오지 않는다."

이 명제는 분명히 자기모순적인 명제이다. 왜냐하면 "비가 오고 비가 오지 않는다."라는 자기모순적인 명제를 포함하고 있기 때문이다. 이러한 결과를 바탕으로, 우리는 이제 다음과 같이 결론지을 수 있다.

(가)

우리는 이러한 결론을 이용하여, 사실 진술로부터 당위 진술을 도출할 수 없다고 하는 흄의 주장을 이해해 볼 수 있다. 예를 들어, 명제 A를 "타인을 돕는 행동은 행복을 최대화한다."라고 해보자. 이것은 사실 진술로 이루어진 명제이다. 명제 B를 "우리는 타인을 도와야 한다."라고 해보자. 이것은 당위 진술로 이루어진 명제이다. 물론 "B가 아니다."는 "우리는 타인을 돕지 않아도 된다."가 될 것이다. 이제 우리는 이러한 명제들에 대해 앞의 논리를 그대로 적용시켜 볼 수 있다. 즉, "A이지만 B가 아니다."는 자기모순적인 명제가 아니라는 것이다. 따라서 B는 A로부터 도출되지 않는다. 이 점을 일반화시켜 말하자면 다음과 같다.

(나)

── 〈보 기〉 ──

ㄱ. Q가 P로부터 도출될 수 있다면, "P이지만 Q는 아니다."라는 명제는 자기모순적인 명제이다.

ㄴ. Q가 P로부터 도출될 수 없다면, "P이지만 Q는 아니다."라는 명제는 자기모순적인 명제가 아니다.

ㄷ. 어떤 행동이 행복을 최대화한다는 것으로부터 그 행동을 행하여야만 한다는 것을 도출할 수 없다.

ㄹ. 어떤 행동을 행하여야만 한다는 것으로부터 그 행동이 행복을 최대화한다는 것을 도출할 수 없다.

ㅁ. "어떤 행동이 행복을 최대화한다."라는 명제와 "그 행동을 행하여야만 한다."라는 명제는 둘 다 참일 수 있다.

	(가)	(나)
①	ㄱ	ㄷ
②	ㄱ	ㅁ
③	ㄴ	ㄷ
④	ㄴ	ㄹ
⑤	ㄴ	ㅁ

04 ○△✕

다음 글의 ㉠~㉢에 들어갈 말을 바르게 나열한 것은?

다음 세대에 유전자를 남기기 위해서는 반드시 암수가 만나 번식을 해야 한다. 그런데 왜 이성이 아니라 동성에게 성적으로 끌리는 사람들이 낮은 빈도로나마 꾸준히 존재하는 것일까? 진화심리학자들은 이 질문에 대해서 여러 가지 가설로 동성애 성향이 유전자를 통해 다음 세대로 전달된다고 설명한다. 그중 캄페리오−치아니는 동성애 유전자가 X염색체에 위치하고, 동성애 유전자가 남성에게 있으면 자식을 낳아 유전자를 남기는 번식이 감소하지만, 동성애 유전자가 여성에게 있으면 여타 조건이 동일한 상황에서 자식을 많이 낳아 유전자를 많이 남기기 때문에 동성애 유전자가 계속 유지된다고 주장하였다. 인간은 23쌍의 염색체를 갖는데, 그중 한 쌍이 성염색체로 남성은 XY염색체를 가지며 여성은 XX염색체를 가진다. 한 쌍의 성염색체는 아버지와 어머니로부터 각각 하나씩 받아서 쌍을 이룬다. 즉 남성 성염색체 XY의 경우 X염색체는 어머니로부터 Y염색체는 아버지로부터 물려받고, 여성 성염색체 XX는 아버지와 어머니로부터 각각 한 개씩의 X염색체를 물려받는다. 만약에 동성애 남성이라면 동성애 유전자가 X염색체에 있고 그 유전자는 어머니로부터 물려받은 것이다. 따라서 캄페리오−치아니의 가설이 맞다면 확률적으로 동성애 남성의 [㉠] 한 명이 낳은 자식의 수가 이성애 남성의 [㉡] 한 명이 낳은 자식의 수보다 [㉢].

	㉠	㉡	㉢
①	이모	이모	많다
②	고모	고모	많다
③	이모	고모	적다
④	고모	고모	적다
⑤	이모	이모	적다

05 ⃞○△× 10년 행시(수) 10번

빈칸에 들어갈 내용으로 가장 적절한 것은?

민주주의의 목적은 다수가 폭군이나 소수의 자의적인 권력 행사를 통제하는 데 있다. 민주주의의 이상은 모든 자의적인 권력을 억제하는 것으로 이해되었는데 이것이 오늘날에는 자의적 권력을 정당화하기 위한 장치로 변화되었다. 이렇게 변화된 민주주의는 민주주의 그 자체를 목적으로 만들려는 이념이다. 이것은 법의 원천과 국가권력의 원천이 주권자 다수의 의지에 있기 때문에 국민의 참여와 표결 절차를 통하여 다수가 결정한 법과 정부의 활동이라면 그 자체로 정당성을 갖는다는 것이다. 즉, 유권자 다수가 원하는 것이면 무엇이든 실현할 수 있다는 말이다.

이런 민주주의는 '무제한적 민주주의'이다. 어떤 제약도 없는 민주주의라는 의미이다. 이런 민주주의는 자유주의와 부합할 수가 없다. 그것은 다수의 독재이고 이런 점에서 전체주의와 유사하다. 폭군의 권력이든, 다수의 권력이든, 군주의 권력이든, 위험한 것은 권력 행사의 무제한성이다. 중요한 것은 이러한 권력을 제한하는 일이다.

민주주의 그 자체를 수단이 아니라 목적으로 여기고 다수의 의지를 중시한다면, 그것은 다수의 독재를 초래하고, 그것은 전체주의만큼이나 위험하다. 민주주의 존재 그 자체가 언제나 개인의 자유에 대한 전망을 밝게 해 준다는 보장은 없다. 개인의 자유와 권리를 보장하지 못하는 민주주의는 본래의 민주주의가 아니다. 본래의 민주주의는 _____.

① 다수의 의견을 수렴하여 이를 그대로 정책에 반영해야 한다.
② 서로 다른 목적의 충돌로 인한 사회적 불안을 해소할 수 있어야 한다.
③ 다수 의견보다는 소수 의견을 채택하면서 진정한 자유주의의 실현에 기여해야 한다.
④ 무제한적 민주주의를 과도기적으로 거치며 개인의 자유와 권리 보장에 기여해야 한다.
⑤ 민주적 절차 준수에 그치지 않고 과도한 권력을 실질적으로 견제할 수 있어야 한다.

06 ⃞○△× 14년 행시(A) 26번

다음 글의 문맥상 (가)와 (나)에 들어가기에 가장 적절한 것을 〈보기〉에서 골라 알맞게 짝지은 것은?

자연발생설이란 적당한 유기물과 충분한 공기가 있는 환경이라면 생명이 없는 물질로부터 생명체가 생겨날 수 있다는 학설을 말한다. 17세기 이후 자연발생설에 대한 비판은 주로 실험을 통해서 진행되었다. 18세기 생물학자 스팔란차니는 우유나 나물죽과 같은 유기 물질을 충분히 끓이면 그 속에 있는 미생물들이 모두 파괴될 것이라고 가정했다. 그리고 끓인 유기 물질을 담은 플라스크를 금속으로 용접하여 밀폐한 뒤 유기 물질이 부패하는지 관찰하였다. 실험 결과 유기 물질의 부패를 관찰할 수 없었던 스팔란차니는 미생물이 없는 유기 물질에서는 새로운 미생물이 발생할 수 없다고 결론 내렸다. 하지만 이 결과가 자연발생설 지지자들의 주장을 결정적으로 논박한 것은 아니었다. 왜냐하면 자연발생설 지지자들은 __(가)__고 할 수 있었기 때문이다.

이 문제에 직면한 몇몇 19세기 생물학자들은 새로운 실험을 진행하였다. 그들은 우선 스팔란차니의 가정을 받아들였다. 즉 당시 자연발생설 지지자들이나 비판자들 모두 유기 물질을 끓이면 그 속의 미생물은 모두 파괴된다는 것을 받아들였다. 따라서 스팔란차니의 실험과 마찬가지로 유기 물질을 담은 플라스크를 가열하여 유기 물질을 끓였다. 이때 플라스크 안의 공기는 전부 밖으로 빠져나가도록 장치하였다. 그리고 수은을 이용해 정화된 공기를 플라스크에 충분히 주입하였다. 그 뒤 플라스크에 미생물이 발생하는지 관찰하였다. 그러나 이런 실험들의 결과는 엇갈렸다. 어떤 실험에서는 미생물이 발견되기도 하였고, 어떤 실험에서는 미생물이 발견되지 않기도 하였던 것이다. 이런 실험 결과에 대해서 자연발생설의 지지자들과 비판자들은 자신들에게 유리한 방향으로 각각의 실험 결과들을 해석하였다. 가령, 미생물이 발견되지 않은 실험에 대해서 자연발생설의 지지자들은 __(나)__고 결론 내렸으며, 미생물이 발견된 실험에 대해서 자연발생설의 비판자들은 공기를 정화하는 데 사용된 수은이 미생물에 오염되어 있었다고 결론 내렸다.

── 〈보 기〉 ──

ㄱ. 유기 물질을 부패하게 만들지 않는 미생물도 존재한다
ㄴ. 플라스크 속에는 생명체의 발생에 필요한 만큼의 공기가 없었다
ㄷ. 유기 물질을 끓일 때 유기물 중 미생물의 발생에 필요한 성분도 파괴되었다
ㄹ. 유기 물질을 끓인다고 하더라도 그 속에 있던 미생물은 사멸하지 않는다

	(가)	(나)
①	ㄱ	ㄷ
②	ㄱ	ㄹ
③	ㄴ	ㄱ
④	ㄴ	ㄷ
⑤	ㄹ	ㄴ

07 ○△✕

17년 행시(가) 9번

다음 ㉠의 내용으로 가장 적절한 것은?

인지부조화는 한 개인이 가지는 둘 이상의 사고, 태도, 신념, 의견 등이 서로 일치하지 않거나 상반될 때 생겨나는 심리적인 긴장상태를 의미한다. 인지부조화는 불편함을 유발하기 때문에 사람들은 이것을 감소시키려고 한다. 인지부조화를 감소시키는 방법은 서로 모순관계에 있어서 양립할 수 없는 인지들 가운데 하나 이상의 인지가 갖는 내용을 바꾸어 양립할 수 있게 만들거나, 서로 모순되는 인지들 간의 차이를 좁힐 수 있는 새로운 인지를 추가하여 부조화된 인지상태를 조화된 상태로 전환하는 것이다.

그런데 실제로 부조화를 감소시키는 행동은 비합리적인 면이 있다. 그 이유는 그러한 행동들이 사람들로 하여금 중요한 사실을 배우지 못하게 하고 자신들의 문제에 대해서 실제적인 해결책을 찾지 못하도록 할 수 있기 때문이다. 부조화를 감소시키려는 행동은 자기방어적인 행동이고, 부조화를 감소시킴으로써 우리는 자신의 긍정적인 이미지, 즉 자신이 선하고 현명하며 상당히 가치 있는 인물이라는 긍정적인 측면의 이미지를 유지하게 된다. 비록 자기방어적인 행동이 유용한 것으로 생각될 수 있지만, 이러한 행동은 부정적 결과를 초래할 수 있다.

한 실험에서 연구자는 인종차별 문제에 대해서 확고한 입장을 보이는 사람들을 선정하였다. 일부는 차별에 찬성하였고, 다른 일부는 차별에 반대하였다. 선정된 사람들에게 인종차별에 대한 찬성과 반대 의견이 실린 글을 모두 읽게 하였는데, 어떤 글은 지극히 논리적이고 그럴듯하였고, 다른 글은 터무니없고 억지스러운 것이었다. 실험에서는 참여자들이 과연 어느 글을 기억할 것인지에 관심이 있었다. 인지부조화 이론에 따르면, 사람들은 현명한 사람을 자기 편, 우매한 사람을 다른 편이라 생각할 때 마음이 편안해질 것이다. 그렇다면이 실험에서 인지부조화 이론은 다음과 같은 ㉠ 결과를 예측할 것이다.

① 참여자들은 자신의 의견에 동의하는 논리적인 글과 반대편의 의견에 동의하는 논리적인 글을 기억한다.

② 참여자들은 자신의 의견에 동의하는 모든 글을 기억하고 반대편의 의견에 동의하는 모든 글을 기억하지 않는다.

③ 참여자들은 자신의 의견에 동의하는 논리적인 글과 반대편의 의견에 동의하는 터무니없고 억지스러운 글을 기억한다.

④ 참여자들은 자신의 의견에 동의하는 터무니없고 억지스러운 글과 반대편의 의견에 동의하는 논리적인 글을 기억한다.

⑤ 참여자들은 자신의 의견에 동의하는 모든 글을 기억하고 반대편의 의견에 동의하는 논리적인 글은 기억하지 않는다.

08 ○△✕

19년 행시(가) 6번

다음 글의 ㉠에 들어갈 진술로 가장 적절한 것은?

흔히들 과학적 이론이나 가설을 표현하는 엄밀한 물리학적 언어만을 과학의 언어라고 생각한다. 그러나 과학적 이론이나 가설을 검사하는 과정에는 이러한 물리학적 언어 외에 우리의 감각적 경험을 표현하는 일상적 언어도 사용될 수밖에 없다. 그런데 우리의 감각적 경험을 표현하는 일상적 언어에는 과학적 이론이나 가설을 표현하는 물리학적 언어와는 달리 매우 불명료하고 엄밀하게 정의될 수 없는 용어들이 포함되어 있다. 어떤 학자는 이러한 용어들을 '발룽엔'이라고 부른다.

이제 과학적 이론이나 가설을 검사하는 과정에 발룽엔이 개입된다고 해보자. 이 경우 우리는 증거와 가설 사이의 논리적 관계가 무엇인지 결정할 수 없게 될 것이다. 즉, 증거가 가설을 논리적으로 뒷받침하고 있는지 아니면 논리적으로 반박하고 있는지에 관해 미결정적일 수밖에 없다는 것이다. 그 이유는 증거를 표현할 때 포함될 수밖에 없는 발룽엔을 어떻게 해석할 것인지에 따라 증거와 가설 사이의 논리적 관계에 대한 다양한 해석이 나오게 될 것이기 때문이다. 발룽엔의 의미는 본질적으로 불명료할 수밖에 없다. 즉, 발룽엔을 아무리 상세하게 정의하더라도 그것의 의미를 정확하고 엄밀하게 규정할 수는 없다는 것이다.

논리실증주의자들이나 포퍼는 증거와 가설 사이의 관계를 논리적으로 정확하게 판단할 수 있고 이를 통해 가설을 정확히 검사할 수 있다고 생각했다. 그러나 증거와 가설이 상충하면 가설이 퇴출된다는 식의 생각은 너무 단순한 것이다. 증거와 가설의 논리적 관계에 대한 판단을 위해서는 증거가 의미하는 것이 무엇인지 파악하는 것이 선행되어야 하기 때문이다. 따라서 우리가 발룽엔의 존재를 염두에 둔다면, '[㉠]'라고 결론지을 수 있다.

① 과학적 가설과 증거의 논리적 관계를 정확하게 판단할 수 있다는 생각은 잘못된 것이다.

② 과학적 가설을 정확하게 검사하기 위해서는 우리의 감각적 경험을 배제해야 한다.

③ 과학적 가설을 검사하기 위한 증거를 표현할 때 발룽엔을 사용해서는 안 된다.

④ 과학적 가설을 표현하는 데에도 발룽엔이 포함될 수밖에 없다.

⑤ 증거가 의미하는 것이 무엇인지 정확히 파악해야 한다.

09 ○△✕ 09년 행시(경) 17번

다음 글에 나타난 논증을 타당하게 만들기 위해 빈칸에 들어가야 할 것은?

한 존재가 가질 수 있는 욕망과 그 존재가 가졌다고 할 수 있는 권리 사이에는 모종의 개념적 관계가 있는 것 같다. 권리는 침해될 수 있는 것이며, 어떤 것에 대한 개인의 권리를 침해하는 것은 그것과 관련된 욕망을 좌절시키는 것이다. 예를 들어서 당신이 차를 가지고 있다고 가정해 보자. 그럴 때 나는 우선 그것을 당신으로부터 빼앗지 말아야 한다는 의무를 가진다. 그러나 그 의무는 무조건적인 것이 아니다. 이는 부분적으로 당신이 그것과 관련된 욕망을 가지고 있는지 여부에 달려 있다. 만약 당신이 차를 빼앗기든지 말든지 관여치 않는다면, 내가 당신의 차를 빼앗는다고 해서 당신의 권리를 침해하는 것은 아닐 수 있다.

물론 권리와 욕망 간의 관계를 정확히 설명하는 것은 어렵다. 이는 졸고 있는 경우나 일시적으로 의식을 잃은 경우와 같은 특수한 상황 때문인데, 그러한 상황에서도 졸고 있는 사람이나 의식을 잃은 사람에게 권리가 없다고 말하는 것은 옳지 않을 것이다. 그러나 이와 같이 권리의 소유가 실제적인 욕망 자체와 연결되지는 않는다고 하더라도, 권리를 소유하려면 어떤 방식으로든 관련된 욕망을 가지는 능력이 있어야 한다. 어떤 권리를 소유할 수 있으려면 최소한 그 권리와 관련된 욕망을 가질 수 있어야 한다는 것이다.

이러한 관점을 생명에 대한 권리라는 경우에 적용해 보자. 생명에 대한 권리는 개별적인 존재의 생존을 지속시킬 권리이고, 이를 소유하는 데 관련되는 욕망은 개별존재로서 생존을 지속시키고자 하는 욕망이다. 따라서 자신을 일정한 시기에 걸쳐 존재하는 개별존재로서 파악할 수 있는 존재만이 생명에 대한 권리를 가질 수 있다. 왜냐하면,

[   ]

① 생명에 대한 권리를 가질 수 있는 존재만이 개별존재로서 생존을 지속시키고자 하는 욕망을 가질 수 있기 때문이다.

② 자신을 일정한 시기에 걸쳐 존재하는 개별존재로서 파악할 수 있는 존재는 다른 존재자의 생명을 빼앗지 말아야 한다는 의무를 지니기 때문이다.

③ 자신을 일정한 시기에 걸쳐 존재하는 개별존재로서 파악할 수 있는 존재만이 개별존재로서 생존을 지속시키고자 하는 욕망을 가질 수 있기 때문이다.

④ 개별존재로서 생존을 지속시키고자 하는 욕망을 가질 수 있는 존재만이 자신을 일정한 시기에 걸쳐 존재하는 개별존재로서 파악할 수 있기 때문이다.

⑤ 자신을 일정한 시기에 걸쳐 존재하는 개별존재로서 파악할 수 있는 존재는 어떤 실제적인 욕망을 가지지 않는다고 하여도 욕망을 가질 수 있는 능력이 있다고 파악되기 때문이다.

10 ○△✕ 08년 행시(꿈) 2번

다음 괄호에 들어갈 내용을 〈보기〉에서 찾아 순서대로 나열한 것은?

실학을 과연 근대정신이라 부를 수 있는 것인가? 현재와 동일한 생활 및 시대 형태를 가진 시대를 근대라 한다면, (   ). 실학은 그 비판적인 입장에서 봉건사회의 본질을 해부하고, 노동하지 않는 계급을 비방하였을 뿐만 아니라, 신분 세습과 대토지 사유화를 비판·부인하였다. 그러나 그 비판의 기조는 당우(唐虞) 삼대※에 속하는 것이었으며, (   ). 이에 반해 서양의 문예부흥은 고대 희랍에서 확립되었던 시민의 자유를 이상으로 하고, 또 강제·숙명·신비·인습 등의 봉건적 가치를 완전히 척결하였다. 이것은 실학과 좋은 대조를 이룬다. 실학은 봉건사회의 제 현상에 대한 회의와 반항이기는 하였다. 그러나 (   ). 또 사실상 보수적 행동으로 이를 따랐던 것이다. 다만 (   ). 실학은 근대정신의 내재적인 태반(胎盤)의 역할을 담당하였던 것이다.

※ 당우(唐虞) 삼대 : 유교에서 말하는 중국 고대의 이상적인 태평시대

──────── 〈보 기〉 ────────

ㄱ. 비판의 입장도 역사적 한계를 넘어설 만큼 질적으로 다르지 않았다

ㄴ. 실학은 이러한 정체된 봉건사회를 극복하고, '근대'라는 별개의 역사와의 접촉을 준비하는 한 시기의 사상이었다

ㄷ. 실학은 여전히 유교를 근저로 하는 봉건사회의 규범 안에서 생겨난 산물이었다

ㄹ. 실학은 결코 근대의 의식도 근대의 정신도 아니다

① ㄱ, ㄴ, ㄹ, ㄷ

② ㄷ, ㄱ, ㄴ, ㄹ

③ ㄷ, ㄴ, ㄱ, ㄹ

④ ㄹ, ㄱ, ㄷ, ㄴ

⑤ ㄹ, ㄷ, ㄱ, ㄴ

11 ○△✕

다음 〈논증〉의 빈칸 A, B에 들어갈 진술로 가장 적합한 것은?

─── 〈논 증〉 ───

1.	[전제]	근대 국가들은 인구에 있어서나 지역에 있어서나 고대 희랍의 폴리스에 비하여 수백, 수천 배 이상의 규모를 가지고 있었다.
2.	[전제]	직접 민주주의의 시행이 어려운 경우, 대의제가 발달한다.
3.	[전제]	A
4.	[중간 결론]	그러므로 서구에서 근대 민주주의는 대의제 형태로 발전할 수밖에 없었다.
5.	[전제]	정보 사회의 도래로 인류는 공간적인 한계를 점차 극복해가고 있다.
6.	[전제]	인터넷과 네트워크 기술의 발달은 대규모의 의견 처리를 가능하게 하고 있다.
7.	[전제]	공간적 한계를 극복하고 대규모 의견 처리가 가능하면, 직접 민주주의를 시행할 수 있다.
8.	[전제]	실현시킬 수만 있다면 직접 민주주의는 대의제보다 더 나은 제도이다.
9.	[전제]	B
10.	[결론]	머지않은 장래에 직접 민주주의가 다시 도래할 것이다.

① A : 인구와 지역 규모는 정치 제도와 연관되어 있다.
 　B : 직접 민주주의는 실현될 수 있는 제도이다.
② A : 인구와 지역 규모가 매우 큰 경우 직접 민주주의는 실현되기 어렵다.
 　B : 인류는 더 나은 제도를 선택한다.
③ A : 인구와 지역 규모가 큰 경우 대의제를 통해 민주 체제를 실현할 수 있다.
 　B : 인터넷과 네트워크 기술이 발전하면 직접 민주주의는 실현될 수 있다.
④ A : 인구와 지역 규모가 큰 경우에만 대의제가 실현될 수 있다.
 　B : 더 나은 제도는 반드시 선택되어야 한다.
⑤ A : 인구 규모가 작은 경우 직접 민주주의가 실현될 수 있다.
 　B : 대규모 의견 처리가 가능하면 직접 민주주의는 실현될 수 있다.

12 ○△✕

다음 글의 내용으로 볼 때 밑줄 친 '이 문제'가 가리키는 것은?

　미합중국 역사만큼이나 유서 깊은 이 문제는, 대중 정부의 본성에 관한 깊이 있는 연구들을 촉발했다. '미국헌법의 아버지'라고 불렸던 제임스 매디슨 역시 이 문제를 연구한 사람 중의 하나였다. 그에 따르면 민주주의란 기본적으로 다수의 의견에 따르는 정치 체제이다. 그런데 매디슨은 이 다수가 민주주의의 최대 위협이 될 수 있다는 딜레마를 지적한다. 다수는 자신들에 속하지 않는 타인들의 권리나 전체의 장기적 이익보다 자신들의 권익을 우선적으로 고려할 수 있다. 이 때 다수는 개인들의 집합을 넘어 하나의 '파벌'을 형성한다. 소수로 이루어진 파벌도 공화국 정부에 혼란을 일으킬 수 있다. 그러나 다수로 이루어진 파벌이 공화국 정부에 미치는 영향은 훨씬 더 위협적이다. 다수로 이루어진 파벌은 자신의 의지대로 정부 기관을 통제할 수 있기 때문이다.

　매디슨은 이러한 위협을 해소하는 두 가지 방안을 고려했다. 첫 번째 방안은 다수 파벌이 아예 형성되지 못하도록 막는 것이었고, 두 번째 방안은 다수 파벌의 형성 및 활동을 허용하되 그로부터 비롯되는 결과들을 통제하는 방안이었다. 매디슨은 후자가 더 낫다고 보았다. 매디슨의 관점에서 볼 때, 민주주의 정치 체제 속에서 개인들이 파벌을 형성하고 이를 통해 자신들의 의지를 관철하고자 노력하는 근본적 동인은 자유였다. 그는 이 원인을 제거하는 것이 다수 파벌의 폐해보다도 더 나쁘다고 보았다. 따라서 그는 파벌들의 활동 결과를 적절하게 관리할 수 있는 방안을 모색했다. 그는 당시 검토 중이던 헌법 초안에서 그 해법을 구했다. 헌법의 초안자들은 자의적 권력을 행사할 수 없도록 하는 장치를 마련했다. 그것은 어떤 집단도 다수의 통제되지 않는 힘을 행사하지 못하게 하는 것이었다. 이것은 국가의 통치 영역을 확대하고 국가의 이익을 증진할 수 있다고 여겨졌다. 매디슨은 "야망은 야망을 견제하도록 해야 한다."고 선언하고, "그런 장치들이 필요하다는 것은 인간 본성의 반영"이라고 말했다.

① 어떻게 하면 다수 파벌의 형성 원인을 제거할 것인가?
② 어떻게 하면 다수 파벌들 간의 갈등을 최소화할 것인가?
③ 어떻게 하면 민주주의를 다수 파벌의 횡포로부터 보호할 수 있는가?
④ 어떻게 하면 다수 파벌의 존재가 인간 본성을 위협하지 않도록 할 것인가?
⑤ 어떻게 하면 효과적으로 국가의 통치 영역을 확대하고 국익을 증진할 수 있는가?

01 ○△✕　　　　　　　　　　　　　　　11년 행시(수) 7번

다음 글의 ㉠에 들어갈 말로 가장 적절한 것은?

최근 미국 국립보건원은 벤젠 노출과 혈액암 사이에 연관이 있다고 보고했다. 직업안전보건국은 작업장에서 공기 중 벤젠 노출 농도가 1ppm을 넘지 말아야 한다는 한시적 긴급 기준을 발표했다. 당시 법규에 따른 기준은 10ppm이었는데, 직업안전보건국은 이 엄격한 새 기준이 영구적으로 정착되길 바랐다. 그런데 벤젠 노출 농도가 10ppm 이상인 작업장에서 인명피해가 보고된 적은 있지만, 그보다 낮은 노출 농도에서 인명피해가 있었다는 검증된 데이터는 없었다. 그럼에도 불구하고 직업안전보건국은 벤젠이 발암물질이라는 이유를 들어, 당시 통용되는 기기로 쉽게 측정할 수 있는 최소치인 1ppm을 기준으로 삼아야 한다고 주장했다. 직업안전보건국은 직업안전보건법의 구체적 실행에 관여하는 핵심 기관인데, 이 법은 "직장생활을 하는 동안 위험 물질에 업무상 주기적으로 노출되더라도 그로 인해 어떤 피고용인도 육체적 손상이나 작업 능력의 손상을 입어서는 안 된다."고 규정하고 있다.

이후 대법원은 직업안전보건국이 제시한 1ppm의 기준이 지나치게 엄격하다고 판결하였다. 대법원은 "직업안전보건법이 비용 등 다른 조건은 무시한 채 전혀 위험이 없는 작업장을 만들기 위한 표준을 채택하도록 직업안전보건국에게 무제한의 재량권을 준 것은 아니다."라고 밝혔다. 　㉠　 직업안전보건국은 과학적 불확실성에도 불구하고 사람의 생명이 위험에 처할 수 있는 경우에는 더욱 엄격한 기준을 시행하는 것이 옳다면서, 자신들에게 책임을 전가하는 것에 반대했다. 직업안전보건국은 노동자를 생명의 위협이 될 수 있는 화학물질에 노출시키는 사람들이 그 안전성을 입증해야 한다고 보았다.

① 여러 가지 과학적 불확실성으로 인해, 직업안전보건국의 기준이 합당하다는 것을 대법원이 입증할 수 없으므로 이를 수용할 수 없다는 것이다.

② 대법원은 벤젠의 노출 수준이 1ppm을 초과할 경우 노동자의 건강에 실질적으로 위험하다는 것을 직업안전보건국이 입증해야 한다고 주장했다.

③ 대법원은 재량권의 범위가 클수록 그만큼 더 신중하게 사용해야 한다는 점을 환기시키면서, 10ppm 수준의 벤젠 농도가 노동자의 건강에 정확히 어떤 손상을 가져오는지를 직업안전보건국이 입증해야 한다고 주장했다.

④ 직업안전보건국은 발암물질이 함유된 공기가 있는 작업장들 가운데서 전혀 위험이 없는 환경과 미미한 위험이 있는 환경을 구별해야 한다고 주장했는데, 대법원은 이것이 무익하고 무책임한 일이라고 지적했다.

⑤ 국립보건원의 최근 보고를 바탕으로, 직업안전보건국은 벤젠이 인체에 미치는 위해 범위가 엄밀한 의미에서 과학적으로 불확실하다는 점을 강조하면서, 자신들이 비용에 대한 고려를 간과하고 있다는 대법원의 언급은 근거 없는 비방이라고 맞섰다.

02 ○△✕　　　　　　　　　　　　　　　19년 행시(가) 8번

다음 글의 ㉠에 근거한 추론으로 옳은 것만을 〈보기〉에서 모두 고르면?

우리는 믿음과 관련하여 여러 종류의 태도를 가질 수 있다. 예를 들어, 우리는 내일 비가 온다는 명제가 참이라고 믿을 수도 있고, 거짓이라고 믿을 수도 있다. 또한 그 명제가 참이라고 믿지도 않고 거짓이라고 믿지도 않을 수 있다. 이렇게 거칠게 세 가지 종류로만 구분된 믿음 태도는 '거친 믿음 태도'라고 불린다.

한편, 우리의 믿음 태도는 아주 섬세하게 구분될 수도 있다. 우리는 내일 비가 온다는 명제가 참이라는 것을 0.2의 확률로 믿을 수도 있고 0.5의 확률로 믿을 수도 있고 0.8의 확률로 믿을 수도 있다. 말하자면, 그 명제가 참일 확률에 따라 우리의 믿음 태도는 섬세하게 구분될 수도 있다는 것이다. 이렇게 확률에 따라 구분된 믿음 태도는 '섬세한 믿음 태도'라고 불린다.

이 두 종류의 믿음 태도는 ㉠ '믿음의 문턱'이라는 개념을 이용한 규정을 통해 서로 연결될 수 있다. 그 규정은 이렇다. '어떤 명제를 참이라고 믿기 위한 필요충분조건은 그 명제가 참이라는 것을 특정 확률 값 k보다 크게 믿는 것이다. 그리고 어떤 명제를 거짓이라고 믿기 위한 필요충분조건은 그 명제가 거짓이라는 것을 그 확률 값 k보다 크게 믿는 것이다. 단, k의 값은 0.5보다 작지 않다.' 이때 확률 값 k를 믿음의 문턱이라고 부른다.

이제 이러한 규정을 적용해 보기 위해 일단 당신의 믿음의 문턱이 0.8이라고 해보자. 그리고 당신은 내일 비가 온다는 명제가 참이라는 것을 0.9의 확률로 믿고 있다고 하자. 이 경우 우리는 '당신은 내일 비가 온다는 명제를 참이라고 믿고 있다.'고 말할 수 있다. 이번에는 당신이 내일 비가 온다는 명제가 거짓이라는 것을 0.9의 확률로 믿고 있다고 해 보자. 그럼 우리는 당신의 믿음의 문턱이 0.8이라는 점을 고려하여 '당신은 내일 비가 온다는 명제가 거짓이라고 믿고 있다.'고 말할 수 있다.

그럼, 당신이 내일 비가 온다는 명제가 참이라는 것도 0.5의 확률로 믿고 있고, 그 명제가 거짓이라는 것도 0.5의 확률로 믿고 있는 경우는 어떨까? 이 경우 우리는 당신의 믿음의 문턱이 0.8이라는 점을 고려하여 '당신은 내일 비가 온다는 명제를 참이라고 믿지도 않고 거짓이라고 믿지도 않는다.'고 말할 수 있다.

〈 보 기 〉

ㄱ. 철수의 믿음의 문턱이 0.5인 경우, 철수는 모든 명제를 참이라고 믿지도 않고 거짓이라고 믿지도 않는다.

ㄴ. 영희의 믿음의 문턱이 고정되어 있을 경우, 내일 비가 온다는 명제에 대한 영희의 섬세한 믿음 태도가 변한다고 하더라도 그 명제에 대한 영희의 거친 믿음 태도는 변하지 않는 경우도 있다.

ㄷ. 철수와 영희가 동일한 수치의 믿음의 문턱을 가지고 있을 경우, 두 사람 모두 내일 비가 온다는 명제를 참이라고 믿고 있지 않다면 두 사람 모두 내일 비가 온다는 명제를 거짓이라고 믿고 있다.

① ㄱ

② ㄴ

③ ㄱ, ㄷ

④ ㄴ, ㄷ

⑤ ㄱ, ㄴ, ㄷ

03 ○△✕

다음 ㉠과 ㉡에 들어갈 말을 가장 적절하게 나열한 것은?

사람들은 모국어의 '음소'가 아닌 소리를 들으면, 그 소리를 변별적으로 인식하지 못한다. 가령, 물리적으로 다르지만 유사하게 들리는 음성 [x]와 [y]가 있다고 가정해 보자. 이때 우리는 [x]와 [y]가 서로 다르다고 인식할 수도 있고 다르다는 것을 인식하지 못할 수도 있다. [x]와 [y]가 다르다고 인식할 때 우리는 두 소리가 서로 변별적이라고 하고, [x]와 [y]가 다르다는 것을 인식하지 못할 때 두 소리가 서로 비변별적이라고 한다. 변별적으로 인식하는 소리를 음소라고 하고, 변별적으로 인식하지 못하는 소리를 이음 또는 변이음이라고 한다. 우리가 [x]와 [y]를 변별적으로 인식한다면, [x]와 [y]는 둘 다 음소로서의 지위를 갖는다. 반면 [x]와 [y] 가운데 하나가 음소이고 다른 하나가 음소가 아니라면, [x]와 [y]를 서로 변별적으로 인식하지 못한다. 다시 말해 ㅤㅤㅤㅤㅤㅤㅤ㉠ㅤㅤㅤㅤㅤㅤㅤ

여기서 변별적이라는 것은 달리 말하면 대립을 한다는 것을 뜻한다. 어떤 소리가 대립을 한다는 말은 그 소리가 단어의 뜻을 갈라내는 기능을 한다는 것을 의미한다. 비변별적이라는 것은 대립을 하지 못한다는 것을 뜻한다. 그러므로 대립을 하는 소리는 당연히 변별적이고, 대립을 하지 못하는 소리는 비변별적이다.

인간이 발성 기관을 통해 낼 수 있는 소리의 목록은 비록 언어가 다르더라도 동일하다고 가정하지만, 변별적으로 인식하는 소리 즉, 음소의 수와 종류는 언어마다 다르다. 언어가 문화적 산물이라는 사실을 이해하면, 이는 당연한 일이다. 나라마다 문화가 다르듯이 언어 역시 문화적 산물이므로 차이가 나는 것은 당연하고, 언어를 구성하는 가장 작은 단위인 음소의 수와 종류에도 차이가 나는 것은 당연하다. 우리가 다른 문화권의 사람이라는 것을 인지하는 가장 기본적인 요소 중의 하나가 언어라면, 언어가 다르다고 인지하는 가장 핵심적인 요소 중의 하나가 바로 음소 목록의 차이이다. 그렇기 때문에 모국어의 음소 목록에 포함되어 있지 않은 소리를 들었다면, ㅤㅤㅤㅤㅤ㉡ㅤㅤㅤㅤㅤ

① ㉠ : [x]를 들어도 [y]로 인식한다면 [x]는 음소이다.
　㉡ : 소리는 들리지만 그 소리가 무슨 소리인지 알 수 없다.
② ㉠ : [y]를 들어도 [x]로 인식한다면 [y]는 음소이다.
　㉡ : 그 소리를 모국어에 존재하는 음소 중의 하나로 인식하게 된다.
③ ㉠ : [x]를 들어도 [y]로 인식한다면 [x]는 [y]의 변이음이다.
　㉡ : 그 소리를 모국어에 존재하는 음소 중의 하나로 인식하게 된다.
④ ㉠ : [x]를 들어도 [y]로 인식한다면 [x]는 [y]의 변이음이다.
　㉡ : 그 소리를 듣고 모국어에 존재하는 유사한 음소들의 중간음으로 인식하게 된다.
⑤ ㉠ : [y]를 들어도 [x]로 인식한다면 [x]는 [y]의 변이음이다.
　㉡ : 그 소리를 듣고 모국어에 존재하는 유사한 음소들의 중간음으로 인식하게 된다.

04 ○△✕

다음 글의 문맥상 빈 칸에 들어갈 진술로 가장 적절한 것은?

오늘날 프랑스 영토의 윤곽은 9세기 샤를마뉴 황제가 유럽 전역을 평정한 후, 그의 후손들 사이에 벌어진 영토 분쟁의 결과로 만들어졌다. 제국 분할을 둘러싸고 그의 후손들 사이에 빚어진 갈등은 제국을 독차지하려던 로타르의 군대와, 루이와 샤를의 동맹군 사이의 전쟁으로 확대되었다. 결국 동맹군의 승리로 전쟁이 끝나면서 왕자들 사이에 제국의 영토를 분할하는 원칙을 명시한 베르됭 조약이 체결되었다. 영토 분할을 위임받은 로마 교회는 조세 수입이나 영토 면적보다는 '세속어'를 그 경계의 기준으로 삼는 것이 더 공정하다는 결론을 내렸다. 그래서 게르만어를 사용하는 지역과 로망어를 사용하는 지역을 각각 루이와 샤를에게 할당했다. 그리고 힘없는 로타르에게는 이들 두 국가를 가르는 완충지대로서, 이탈리아 북부 롬바르디아 지역으로부터 프랑스의 프로방스 지방, 스위스, 스트라스부르, 북해로 이어지는 긴 복도 모양의 영토가 주어졌다.

루이와 샤를은 베르됭 조약 체결에 앞서 스트라스부르에서 서로의 동맹을 다지는 서약 문서를 상대방이 분할 받은 영토의 세속어로 작성하여 교환하고, 곧이어 각자 자신의 군사들로부터 자신이 분할 받은 영토의 세속어로 충성 맹세를 받았다. 학자들은 두 사람이 서로의 동맹에 충실할 것을 상대측 영토의 세속어로 서약했다는 점에 주목한다. 또한 역사적 자료에 의해 ㅤㅤㅤㅤㅤㅤㅤㅤㅤ 그러므로 루이와 샤를 중 적어도 한 명은 서약 문서를 자신의 모어로 작성한 것이 아니다. 게다가 그들의 군대는 필요에 따라 여기저기서 수시로 징집된 다양한 언어권의 병사들로 구성되어 있었으므로 세속어의 사용이 군사들의 이해를 목적으로 한다는 설명도 설득력이 없다. 결국 학자들은 상대측 영토의 세속어 사용이 상대 국민의 정체성과 그에 따른 권력의 합법성을 상호 인정하기 위한 상징행위로서 의미를 갖는다고 결론을 내렸다.

① 게르만어와 로망어는 세속어가 아니었다는 사실이 알려져 있다.
② 루이와 샤를 모두 게르만어를 모어로 사용하였다는 사실이 알려져 있다.
③ 스트라스부르의 세속어는 루이와 샤를의 모어와 달랐다는 사실이 알려져 있다.
④ 루이와 샤를의 모어는 각각 상대방이 분할 받은 영토의 세속어와 일치하였다는 사실이 알려져 있다.
⑤ 각자 자신의 모어로 서약 문서를 작성하는 것은 서로의 동맹에 충실하겠다는 상징행위라는 사실이 알려져 있다.

CHAPTER
04 사례 찾기·적용

1 유형의 이해

이 유형은 지문에서 주어진 내용에 부합하는 사례를 보기에서 찾거나, 지문의 주장을 뒷받침하는 사례나 지문에서 주어진 원리를 적절하게 적용한 사례를 고르는 유형으로 다양하게 출제될 수 있다. 지문의 내용을 이해하고 사례에 적절히 적용하는 능력까지 요구하기 때문에 단순 일치부합 유형보다 다소 난도가 높게 느껴질 수 있으나, 최근 자주 출제되는 유형은 아니다.

2 발문 유형

- 다음 사례에 대한 평가로 옳은 것은?
- 다음 지문의 내용에 부합하는 사례로 옳은 것은?

3 접근법

지문–사례–선지 형태로 구성되는 경우가 가장 보편적이므로, 주어진 사례 보기가 지문에서 제시된 유형들 중 어떤 공식·조건 혹은 입장에 해당하는지 지문의 원리를 사례에 직접 대입하면서 풀어나가는 식으로 접근하는 것이 무난하다.

4 생각해 볼 부분

실험, 과학 원리나 여러 가지의 입장이 지문에 제시된 경우 추론 유형과 마찬가지로 복잡한 내용을 도식이나 요약으로 정리하면서 읽고, 정리한 내용을 바탕으로 각 사례에 적용해보면서 풀이하는 방식으로 접근한다. 지문 내에 밑줄이 여러 개 있고 각각의 밑줄 내용과 사례를 단순 매칭하는 경우도 있으나, 간혹 지문의 핵심 혹은 결론에 해당하는 부분에 밑줄이 그어져 있고 해당 밑줄 내용에 부합하는 사례를 고르도록 하는 문제가 출제되기도 하므로, 이 경우 밑줄·빈칸 채우기 유형과 마찬가지로 지문의 지엽적인 내용보다 핵심 내용을 빠르게 추출하는 것이 효율적인 풀이방법이다.

다음 ⓐ~ⓔ에 해당하는 것을 〈사례〉에서 골라 알맞게 짝지은 것은?

> 선호 공리주의는 사람들 각자가 지닌 선호의 만족을 모두 고려하는데, 고려되는 선호들은 여러 가지다. ⓐ 개인적 선호는 내가 나 자신의 소유인 재화, 자원, 기회 등에 대해 갖는 선호이다. ⓑ 외재적 선호는 타인이 그의 소유인 재화, 자원 그리고 기회 등을 그를 위해 사용하는 것에 대해 내가 갖는 선호이다. ⓒ 이기적 선호는 다른 사람이 어떤 자원에 대한 정당한 권리가 있다는 사실을 무시하고 그 자원이 나를 위해 쓰이기를 원하는 것이다. ⓓ 적응적 선호는 사람들이 환경에 이미 적응하여 형성된 선호이다. 이것은 자신의 소유인 재화, 자원, 기회 등에 대해 갖는 선호라는 점에서 개인적 선호의 특징을 가질 수 있다. 그럼에도 선호의 결정에 있어서 적응된 환경이 중요하게 작용한다는 점이 특징적이다. 환경의 작용이 반대의 영향을 미치는 선호도 있다. ⓔ 반적응적 선호가 그것이다. 이것은 자신의 욕구를 금지하는 환경에서 오히려 그 욕구를 실현하기를 더 원하는 것이다.

〈사 례〉

ㄱ. 회사 건물 전체가 금연 구역으로 지정되었고 정부에서 금연 정책의 일환으로 담뱃값을 올리자, 갑순이는 불편함과 비용 때문에 흡연보다는 금연을 선호하게 되었다.

ㄴ. 을순이네 마을에는 공동 우물이 없다. 그런데 가장 수량이 풍부한 을순이네 우물은 공동 우물로 적합하기 때문에 이웃 사람들은 을순이네 우물을 공동 우물로 사용하기를 원한다.

ㄷ. 농촌에서 태어나 자란 병순이는 시골의 삶이 더 좋고 도시 생활이 낯설고 어렵다고 생각해서 농촌에 머무르는 것을 선호한다. 도시에 살아보면 오히려 도시에 남는 것을 선호할 수도 있을 텐데도 말이다.

ㄹ. 정순이는 친구가 월급 중 많은 비중을 곤란한 처지의 가족과 지인들에게 지출하는 것보다는 친구 자신의 미래를 위해 더 많이 투자하기를 원한다.

① ⓐ - ㄴ
② ⓑ - ㄱ
③ ⓒ - ㄹ
④ ⓓ - ㄷ
⑤ ⓔ - ㄱ

정답해설

ㄱ사례는 금연 구역 지정과 담뱃값 인상이라는 환경의 작용으로 인해 갑순이의 금연에 대한 선호가 결정되었다는 점에서 ⓓ 적응적 선호에 해당한다. ㄴ사례는 이웃 사람들이 을순이가 자신의 우물에 대한 정당한 권리를 가지고 있다는 사실을 무시하고 자신들을 위해 을순이의 우물이 사용되기를 원하는 것이므로 ⓒ 이기적 선호에 해당한다. ㄷ사례는 병순이가 농촌 생활이라는 환경에 적응하여 농촌 생활을 선호하게 된 것이므로 ⓓ 적응적 선호에 해당한다. ㄹ사례는 정순이가 친구의 월급을 친구 자신을 위해 사용하는 것에 대해 정순이가 갖는 선호이므로 ⓑ 외재적 선호이다. 따라서 ⓐ~ⓔ에 해당하는 것을 사례에서 알맞게 짝지은 것은 ④이다.

답 ④

01 ○△✕　　　　　　　　　　　　　　　　　　　11년 행시(수) 9번

다음 글의 물음에 대하여 아래 〈조건〉에 따라 옳게 답한 것은?

슈미트라는 수학자가 수학의 불완전성을 증명했지만 그는 이 증명을 발표하기 전에 죽었다. 그런데 그의 동료 수학자 쿠르트가 이 증명을 마치 자신의 성과인 양 세상에 발표했다. 그러나 이러한 역사적 진실은 알려지지 않았다.

이제 우리는 쿠르트에 대해 이야기할 때 '수학의 불완전성 정리를 증명한 사람'이라고 말할 것이다. 분명 '수학의 불완전성 정리를 증명한 사람'은 세계의 무수한 사물들 중에서 어느 한 사람을 가리킬 것이다. 그런데 이 표현이 가리키는 사람이 쿠르트인지 슈미트인지 판단하기 어렵다.

다음과 같은 물음을 생각해보자. 어제 상규는 "쿠르트는 수학의 불완전성 정리를 증명한 수학자이다."라고 주장했다. 오늘 상규는 "쿠르트는 수학의 불완전성 정리를 증명한 수학자가 아니다."라고 주장했다. 상규가 어제 말한 '쿠르트'와 오늘 말한 '쿠르트'는 각각 쿠르트와 슈미트 중 누구를 가리킬까?

――― 〈조 건〉 ―――
• 주장은 역사적 진실과 일치하면 참이고 일치하지 않으면 거짓이다.
• '쿠르트'가 가리키는 대상은 쿠르트나 슈미트 중 한 명이다.

① 상규의 어제 주장과 오늘 주장이 둘 다 참이라고 가정하면, 상규의 두 '쿠르트'는 모두 쿠르트를 가리킬 것이다.
② 상규의 어제 주장은 거짓이고 오늘 주장이 참이라고 가정하면, 상규의 두 '쿠르트'는 모두 쿠르트를 가리킬 것이다.
③ 상규의 어제 주장은 거짓이고 오늘 주장이 참이라고 가정하면, 상규의 두 '쿠르트'는 모두 슈미트를 가리킬 것이다.
④ 상규의 어제 주장은 참이고 오늘 주장이 거짓이라고 가정하면, 상규의 어제 '쿠르트'는 슈미트를 가리키고, 오늘 '쿠르트'는 쿠르트를 가리킬 것이다.
⑤ 상규의 어제 주장은 참이고 오늘 주장이 거짓이라고 가정하면, 상규의 어제 '쿠르트'는 쿠르트를 가리키고, 오늘 '쿠르트'는 슈미트를 가리킬 것이다.

02 ○△✕　　　　　　　　　　　　　　　　　　　17년 행시(가) 29번

다음 글에 비추어 볼 때, 구들에 의한 영향으로 볼 수 있는 사례만을 〈보기〉에서 모두 고르면?

우리 민족은 고유한 주거문화로 바닥 난방 기술인 구들을 발전시켜 왔는데, 구들은 우리 민족에 다양한 영향을 주었다. 우선 오랜 구들 생활은 우리 민족의 인체에 적지 않은 변화를 초래하였다. 태어나면서부터 따뜻한 구들에서 누워자는 것이 습관이 된 우리 아이들은 사지의 활동량이 적고 발육이 늦어졌다. 구들에서 자란 우리 아이들은 다른 어떤 민족의 아이들보다 따뜻한 곳에서 안정감을 느꼈으며, 우리 민족은 아이들에게 따뜻함을 느낄 수 있는 환경을 만들어주기 위해 여러 가지를 고안하여 발전시켰다.

구들은 농경을 주업으로 하는 우리 민족의 생산도구의 제작과 사용에 많은 영향을 주었다. 구들에 앉아 오랫동안 활동하는 습관은 하반신보다 상반신의 작업량을 증가시켰고 상반신의 움직임이 상대적으로 정교하게 되었다. 구들 생활에 익숙해진 우리 민족은 방 안에서의 작업뿐만 아니라 농사를 비롯한 야외의 많은 작업에서도 앉아서 하는 습관을 갖게 되었는데 이는 큰 농기구를 이용하여 서서 작업을 하는 서양과는 완전히 다른 방식이었다.

구들에서의 생활은 우리의 음식문화에도 많은 영향을 미쳤다. 구들에 앉거나 누우면 엉덩이나 등은 따뜻하게 되지만 상대적으로 소화계통이 있는 배는 고루 덥혀지지 않게 된다. 이 때문에 소화과정에 불균형이 발생하는데 우리 민족은 자극적인 음식을 발전시켜 이를 해결하였다. 구들 생활에 맞추어 식생활에 쓰이는 도구들의 크기도 앉아서 팔을 들어 사용하기 편리하게끔 만들어졌다. 밥솥의 크기는 아낙네들이 팔을 휘 두르면 어디나 닿을 수 있게 만들어졌으며 맷돌도 구들에 앉아 혼자서 돌리기에 맞게 만들어졌다.

――― 〈보 기〉 ―――
ㄱ. 우리 민족은 아주 다양한 찌개 음식을 발전시켰는데, 찌개 음식은 맵거나 짠 경우가 대부분이다.
ㄴ. 호미, 낫 등 우리 민족의 농경도구들은 대부분 팔의 길이보다 짧아 앉아서 사용하기에 편리하다.
ㄷ. 우리 민족의 남자아이들은 연날리기나 팽이치기 등의 놀이를 즐겨했고, 여자아이들은 공기놀이나 널뛰기 등의 놀이를 즐겨했다.

① ㄱ　　　　　　　　　　　　② ㄴ
③ ㄱ, ㄴ　　　　　　　　　　④ ㄱ, ㄷ
⑤ ㄱ, ㄴ, ㄷ

03 ☐△✕　　　　　　　　　　　　　　　11년 행시(수) 10번

다음 글에 나타난 배분원칙이 적용된 것을 〈보기〉에서 모두 고르면?

신장이식의 경우, 지금까지는 기증된 신장이 대기 순번에 따라 배분되었다. 하지만 이것은 각 수요자의 개별적 특성을 고려하지 못한 비효율적인 배분이다. 환자의 수술 성공 확률, 수술 성공 후 기대 수명, 병의 위중 정도 등을 고려할 필요가 있다.

―――――〈보 기〉―――――

ㄱ. 시립 유치원에 취학을 신청한 아동들은 그 시 주민들의 자녀이고 각자 취학의 권리를 가지고 있으므로 취학 연령 아동들은 모두 동등한 기회를 가져야 한다. 유치원에 다니는 기간을 한정해서라도 모든 아이들에게 같은 기간 동안 유치원에 다닐 수 있는 기회를 제공해야 한다는 것이다. 그러기 위해서는 추첨으로 선발하는 방법이 유용하다.

ㄴ. 국고는 국민들의 세금으로 충당되고 모든 국민은 동등한 주권을 가지며 모든 유권자는 동등한 선거권을 가지므로 선거자금 지원의 대상은 후보가 아니라 유권자다. 유권자는 이 자금을 사용해 자신의 이해관계를 대변할 대리인으로서 후보를 선택하는 것이다. 따라서 유권자 한 명 당 동일한 지원액을 산정해 유권자 개인에게 분배하고 유권자들이 후보에게 이 지원금을 직접 기부하게 해야 한다. 그 결과 특정 후보들에게 더 많은 자금 지원이 이루어질 수는 있다.

ㄷ. 이해 당사자들이 한정되어 있고 그 이해관계의 연관성과 민감도가 이해 당사자마다 다른 사회문제에 있어서는 결정권을 달리 할 필요가 있다. 예를 들어 혐오시설 유치를 결정하는 투표에서 그 유치 지역 주민들이 각자 한 표씩 행사하는 것이 아니라, 혐오시설 유치 장소와 거주지의 거리 및 생업의 피해 정도를 기준으로 이해관계가 클수록 더 많은 표를 행사할 수 있어야 한다.

① ㄱ
② ㄴ
③ ㄷ
④ ㄱ, ㄴ
⑤ ㄴ, ㄷ

04 ☐△✕　　　　　　　　　　　　　　　12년 행시(인) 24번

다음 글의 ㉠의 부정적 측면을 해소하기 위한 방안으로 적절한 것은?

1960년대 말 조나단 콜의 연구는 엘리트 과학자 집단의 활동을 조망할 수 있게 해주었다. 당시 미국에서는 가장 많이 인용되는 논문을 발표하는 물리학자들의 분포가 최상위 아홉 개 물리학과에 집중되는 경향이 있었고, 동시에 이 물리학자들은 국립과학아카데미의 회원인 경우가 많았다. 이런 상황은 일종의 '후광 효과'로 이어진다. 그것은 엘리트 과학자의 손길이 닿은 흔적만으로도 연구논문이 빛나 보이는 현상이다. 문제는 이것이 연구의 공헌도에 대한 사회적 인정을 잘못 배당하는 결과를 낳기도 한다는 점이다. 이미 명성을 얻은 과학자는 덜 알려진 젊은 과학자를 희생시켜서 특정 아이디어에 대한 공로를 인정받는 경향이 있다. 그런 희생을 의도하지 않았더라도 마찬가지다. 이런 현상은 공동연구 프로젝트에서 특히 두드러진다. 무명의 과학자와 노벨상을 받은 그의 지도교수가 공동으로 논문을 게재한 경우, 실질적인 공헌과는 무관하게 대개 노벨상 수상자에게 그 공로가 돌아간다. 이런 현상을 과학사회학자 머튼은 "있는 자는 받아 넉넉하게 되되 없는 자는 그 있는 것도 빼앗기리라."라는 마태복음의 구절을 인용하며 ㉠'마태 효과'라고 불렀다.

게재 논문의 수가 급증하는 상황에서, 소수 엘리트 연구자의 논문에 전문가들의 관심을 집중시키는 편이 효율적일 것이다. 이것은 마태 효과의 긍정적 측면이다. 하지만 마태 효과가 연구 프로젝트 선정이나 논문 심사 단계부터 나타날 경우 부정적 측면이 생기게 된다. 엘리트 과학자들의 명성을 우상화한 나머지 그들의 제안서나 투고 논문의 질은 따지지 않고 높이 평가하는 반면, 신진 과학자의 것은 상대적으로 과소평가될 것이다. 더욱이 연구비의 수혜자나 심사위원도 대개 엘리트 집단에 속한 사람들이고, 이번 연구비 수혜자는 다음번 심사의 심사위원이 될 확률이 높다. 이는 보편적이고도 객관적인 지식을 추구해야 할 과학의 진보를 왜곡할 위험이 있다.

① 소수 엘리트 과학자로 심사 위원을 구성하여 심사 절차를 간소화한다.
② 우수 게재 논문에 대한 포상금 제도를 신설하여 신진 과학자의 투고율을 높인다.
③ 신진 연구자의 투고 논문에 대한 심사 절차를 까다롭게 하여 학술지의 하향 평준화를 막는다.
④ 엘리트 과학자가 참여한 논문의 경우 연구의 공헌이 뚜렷하더라도 저자 명단에 포함시키지 않는다.
⑤ 심사의 공정성을 확보하기 위해 연구 프로젝트나 논문의 심사가 완료되기까지 심사자와 피심사자의 익명성을 유지한다.

05 ☑ ◯△✕

다음 글을 읽고 〈사례〉에 등장하는 가희와 나영에 대해서 옳게 추론한 것은?

부러움과 질투심은 일반적으로 비슷한 감정 상태로 이해되기도 하지만 이 둘을 구별하는 사람들도 있다. 갑과 을, 두 사람이 어떤 종류의 물건 X를 소유하거나 소유하지 않은 경우들을 생각해보자. 이때 가능한 상황은 다음 네 가지다.

(1) 갑과 을 모두 X를 소유한 경우
(2) 갑은 X를 소유하지만, 을은 그렇지 않은 경우
(3) 을은 X를 소유하지만, 갑은 그렇지 않은 경우
(4) 갑과 을 모두 X를 소유하지 않은 경우

이런 경우들을 이용해서, 'X와 관련해 갑은 을을 부러워한다.'와 'X와 관련해 갑은 을을 질투한다.'는 다음과 같이 정의될 수 있다.

〈부러움에 대한 정의〉
X와 관련해 갑이 을을 부러워한다면, 다음 두 가지가 성립한다.
• 갑은 (1), (2), (4) 중에서 (2)를 가장 선호하고 (1)을 가장 덜 선호한다.
• 갑은 (2), (3), (4) 중에서 (2)를 가장 선호하고 (3)을 가장 덜 선호한다.

〈질투심에 대한 정의〉
X와 관련해 갑이 을을 질투한다면, 다음 두 가지가 성립한다.
• 갑은 (3)보다는 (1)을 선호한다.
• 갑은 (2)와 (4) 중 어떤 것을 더 선호하지는 않는다.

―――〈사 례〉―――

설을 맞아 가희는 어머니로부터 새 옷을 받았지만 나영은 아무 것도 받지 못했다. 슬퍼하던 나영에게 먼 친척 할아버지가 찾아와 가희가 얻은 옷과 똑같은 종류의 옷 한 벌을 선물해 주었다. 옷과 관련해, 가희는 나영을 질투하지만 나영은 가희를 부러워한다. 단, 가희의 질투와 나영의 부러움은 위의 정의를 따른다.

① 가희는 나영의 새 옷이 없어지길 바랄 것이다.
② 나영은 가희의 새 옷이 없어지길 바랄 것이다.
③ 나영은 자신과 가희의 새 옷 모두 없어지길 가장 바랄 것이다.
④ 나영은 둘 다 새 옷을 갖고 있는 것이 모두 새 옷을 잃는 것보다 낫다고 생각할 것이다.
⑤ 가희는 자신의 새 옷이 없어지는 한이 있더라도, 나영의 새 옷이 없어지길 바랄 것이다.

06 ☑ ◯△✕

다음 글에서 설명하고 있는 네트워크의 특성을 가장 잘 보여 주는 사례는?

9.11 사태는 네트워크라는 개념을 대중들에게 새롭게 인식시킨 계기가 되었다. 이 사건은 허브의 중요성과 네트워크의 복구 능력을 동시에 보여 준 사건이었다. 공격 목표는 무작위로 선택된 것이 아니었다. 테러리스트들은 미국 경제력과 안정의 상징인 건물들을 공격함으로써 세계 자본주의의 허브를 파괴하려 했던 것이다. 그들은 네트워크를 뒤집어엎기 위해 연쇄 사고를 일으켰지만, 인터넷과 경제 시스템 등 모든 네트워크는 버젓이 살아남았다.

한편 9.11 사태에 깊이 연관된 테러 조직인 알 카에다는 하루아침에 생겨난 것이 아니라 종교적, 사회적, 정치적 신념을 공유하는 수천 명의 사람들이 수년간 참여하여 생겨난 조직이라고 할 수 있다. 이 조직망은 시간이 갈수록 팽창하고 있으며, 거미줄을 만드는 거미 역할을 하는 총괄 지휘관 없이도 네트워크가 형성되고 있었다. 알 카에다 조직은 각 구성원이 허브에 있는 사람과 직접 연락하고 명령을 따르는 체계를 가지고 있지 않다. 또 군대 조직과 같이 나뭇가지 구조의 명령 하달 체계를 가지고 있지도 않다. 알 카에다 조직은 자발적으로 형성된 구조를 가진다. 알 카에다 조직은 분산되어 있고, 자체적으로 유지되고 있기 때문에 오사마 빈 라덴 또는 그의 대리인의 제거만으로는 조직을 와해시킬 수도 없고, 이 테러 조직의 위협에서 완전히 벗어날 수도 없다.

① 인터넷의 큰 허브들을 하나하나 차례로 파괴하면 네트워크는 붕괴하기 시작한다.
② 웹상의 두 페이지는 평균적으로 19클릭만큼 떨어져 있지만, 거대한 허브인 야후닷컴은 대부분의 웹페이지에서 두 세 클릭 만에 도달할 수 있다.
③ 인터넷에 연결된 컴퓨터의 멀티미디어 파일 등을 삭제하는 러브버그바이러스는 백신 프로그램을 널리 배포하여 설치하더라도 인터넷의 상호 연결성으로 인해 사라지지 않는다.
④ 1996년 여름 미국 서부 지역 11개 주의 정전 사태는, 무더운 날씨 때문에 늘어진 전선에 의해 발생한 과잉전류가 연쇄적으로 송전선과 발전기에 전달되어 생겨난 고장에서 비롯되었다.
⑤ 버클리 대학을 중심으로 진행되고 있는 'SETI@home' 프로젝트는, 개인 컴퓨터의 유휴 시간을 활용하여 외계인을 찾는 프로젝트로, 전 세계의 자발적 지원자들의 컴퓨터를 인터넷을 통해 하나의 컴퓨터처럼 작동하게 하는 기술을 사용하고 있다.

07 ▢○△✕

다음 연구 결과를 각각 활용하고자 할 때, 〈보기〉의 분야와 적절하게 연결된 것은?

A. 한국의 한 연구자는 심하게 말을 더듬고 그것을 매우 부끄럽고 수치스럽게 여기는 25명의 사람들을 대상으로 실험하였다. 연구자는 피실험자들에게 이어폰을 주고 자신이 말하는 목소리가 들리지 않을 정도로 시끄러운 음악을 들려주었다. 그리고 책을 큰 소리로 읽게 했다. 실험 결과 심하게 말을 더듬던 사람들이 눈에 띄게 읽기와 말하기 능력이 개선되었다. 연구자는 이러한 결과가 말하는 소리를 스스로 들을 수 없는 것뿐만 아니라, 말을 더듬는 자신에 대한 낮은 평가와 관련이 있다고 발표했다.

B. 미국의 한 연구자는 뇌졸중으로 한 쪽 팔이 마비된 환자 222명을 두 집단으로 나누었다. 이때 한 집단은 표준 물리치료를 실시하였고, 나머지 한 집단은 성한 팔을 부목으로 묶어 사용하지 못하게 한 채 마비된 팔만을 사용하게 하는 재활 훈련을 실시했다. 그 결과 성한 팔을 묶어 놓고 재활 훈련을 한 집단이 회복 정도가 훨씬 높다는 것을 알게 되었다. 연구자는 이 결과가 뇌의 회로 재구성이 촉진되어 보다 많은 회복 신호를 보냈기 때문이라고 발표했다.

─────── 〈보 기〉 ───────

ㄱ. 자신에 대한 철저한 관리만이 능사는 아니라고 말하는 상담심리사

ㄴ. 자신의 사소한 게으름을 너무 심각하게 고민하는 학생에게 완벽한 자기통제가 능사가 아니라고 설명하는 학생상담센터 연구원

ㄷ. 상처나 두려움 때문에 정신적 장애를 그대로 둔다면, 자기 변화가 있을 수 없다고 주장하는 자기계발 프로그램 운영자

ㄹ. 자기비판과 감시가 강화되면 표현능력이 개선된다고 말하는 웅변학원 강사

ㅁ. 회복을 위해 깁스를 막 푼 왼쪽 팔을 자주 움직이라고 환자에게 말하는 정형외과 의사

	A	B
①	ㄱ	ㄷ
②	ㄱ	ㅁ
③	ㄴ	ㄷ
④	ㄴ	ㄹ
⑤	ㄴ	ㅁ

08 ▢○△✕

다음 글의 ㉠에 해당하지 않는 것은?

키르케의 섬에 표류한 오디세우스의 부하들은 키르케의 마법에 걸려 변신의 형벌을 받았다. 변신의 형벌이란 몸은 돼지로 바뀌었지만 정신은 인간의 것으로 남아 자신이 돼지가 아니라 인간이라는 기억을 유지해야 하는 형벌이다. 그 기억은, 돼지의 몸과 인간의 정신이라는 기묘한 결합의 내부에 견딜 수 없는 비동일성과 분열이 담겨 있기 때문에 고통스럽다. "나는 돼지이지만 돼지가 아니다, 나는 인간이지만 인간이 아니다."라고 말해야만 하는 것이 비동일성의 고통이다.

바로 이 대목이 현대 사회의 인간을 '물화(物化)'라는 개념으로 파악하고자 했던 루카치를 전율케 했다. 물화된 현대 사회에서 인간 존재의 모습은 두 가지로 갈린다. 먼저 인간은 상품이 되었으면서도 인간이라는 것을 기억하는, 따라서 현실에서 소외당한 자신을 회복하려는 가혹한 노력을 경주해야 하는 존재이다. 자신이 인간이라는 점을 기억하고 있지 않다면 그에게 구원은 구원이 아닐 것이므로, 인간이라는 본질을 계속 기억하는 일은 그에게 구원의 첫째 조건이 된다. 키르케의 마법으로 변신의 계절을 살고 있지만, 자신이 기억을 계속 유지하면 그 계절은 영원하지 않을 것이라는 희망을 가질 수 있다. 그는 소외 없는 저편의 세계, 구원과 해방의 순간을 기다린다.

반면 ㉠ 망각의 전략을 선택하는 자는 자신이 인간이었다는 기억 자체를 포기하는 인간이다. 그는 구원을 위해 기억에 매달리지 않는다. 그는 그에게 발생한 변화를 받아들이고 그것을 새로운 현실로 인정하며 그 현실에 맞는 새로운 언어를 얻기 위해 망각의 정치학을 개발한다. 망각의 정치학에서는 인간이 고유의 본질을 갖고 있다고 믿는 것 자체가 현실적인 변화를 포기하는 것이 된다. 일단 키르케의 돼지가 된 자는 인간 본질을 붙들고 있는 한 새로운 변화를 꾀할 수 없다.

키르케의 돼지는 자신이 인간이었다는 기억을 망각하고 포기할 때 새로운 존재로 탄생할 수 있겠지만, 바로 그 때문에 그는 소외된 현실이 가져다주는 비참함으로부터 눈을 돌리게 된다. 대중소비를 신성화하는 대신 왜곡된 현실에는 관심을 두지 않는다고 비판받았던 1960년대 팝아트 예술은 망각의 전략을 구사하는 키르케의 돼지들이다.

① 물화된 세계를 비판 없이 받아들인다.

② 고유의 본질을 버리고 변화를 선택한다.

③ 왜곡된 현실을 자기합리화하여 수용한다.

④ 자신의 정체성이 분열되었음을 직시한다.

⑤ 소외된 상황에 적응할 수 있는 언어를 찾는다.

09 ○△✕ 14년 행시(A) 14번

다음 원칙들에 따를 때, 합헌인 것만을 〈사례〉에서 모두 고르면?

- 합헌 원칙 : 법률이 관련 가치관에 대해 중립이면 그 법률은 합헌이고, 그렇지 않으면 위헌이다.

  한 법률이 관련 가치관에 대해 다음 '중립 원칙'들 가운데 적어도 하나를 어긴다면 그 법률은 관련 가치관에 대해 중립이 아니다. 모두를 준수한다면 그 법률은 관련 가치관에 대해 중립이다.

- 법률을 정당화할 때 특정 관련 가치관에만 의존해서는 안 된다.
- 법률은 시민들을 차별하는 가치관이 아닌 한, 특정 관련 가치관을 억제해서는 안 된다.
- 법률은 관련 가치관 중에서 하나만 장려하려는 의도를 가져서는 안 된다.

〈사 례〉

- 초 · 중등 교육과정에 관한 법률 A는 교과서에서 인종차별을 옹호하는 내용을 강화하도록 장려한다. 이 법률의 관련 가치관은 인종차별 찬성과 반대뿐이다.
- 인간 배아 연구를 합법화하는 법률 B의 입법을 정당화하면서 여러 주요 종교와 생태주의에 관련된 근거를 모두 사용했다. 이 법률의 관련 가치관은 여러 주요 종교에 담긴 가치관과 생태주의에 담긴 가치관뿐이다.
- 법률 C는 특정 단체가 시가행진을 통해 동물실험을 옹호하는 것을 허용하고 동물실험에 반대하는 다른 단체가 반대 집회를 하는 것도 허용한다. 이 법률의 관련 가치관은 동물실험 찬성과 반대뿐이다.

① 법률 A
② 법률 C
③ 법률 A, 법률 B
④ 법률 B, 법률 C
⑤ 법률 A, 법률 B, 법률 C

10 ○△✕ 14년 행시(A) 24번

다음 A~E에 해당하는 것을 〈보기〉에서 골라 알맞게 짝지은 것은?

심리적 장애의 하나인 성격 장애는 다음과 같이 몇 가지 유형으로 구분할 수 있다.

A는 타인에 대한 강한 불신과 의심으로 적대적인 태도를 나타내는 성격 장애이다. 이런 사람은 과도한 의심과 적대감으로 인해 반복적인 불평, 격렬한 논쟁, 공격적인 행동을 보인다. 자신에 대한 타인의 위협 가능성을 지나치게 경계하기 때문에 행동이 조심스럽고 비밀이 많으며 미래를 치밀하게 계획하는 경향이 있다.

B는 타인과의 친밀한 관계 형성에 관심이 없고 감정 표현이 부족하여 사회적 적응에 어려움을 나타내는 성격 장애이다. 이런 사람은 타인의 칭찬이나 비판에 신경 쓰지 않고 반응하지 않는다. 이들은 흔히 대인관계가 요구되는 업무는 제대로 수행하지 못하지만 혼자서 하는 일에서는 능력을 발휘하기도 한다.

C는 타인의 애정과 관심을 끌기 위해 지나친 노력과 과도한 감정 표현을 하는 성격 장애이다. 이런 사람은 마치 연극을 하듯이 자신의 경험과 감정을 과장되게 표현한다. 그러나 이들은 감정 기복이 심하며 거절에 대한 두려움으로 자신의 요구가 관철될 수 있도록 타인을 조정한다.

D는 지나치게 완벽을 추구하고 세부적인 사항에 집착하며 과도한 성취 의욕과 인색함을 보이는 성격 장애이다. 이런 사람은 상황을 자기 뜻대로 조절할 수 없게 되었을 때 불안해하거나 분노를 느낀다. 또한 씀씀이가 매우 인색하여 상당한 경제적 여유가 있음에도 만일의 상황에 대비해야 한다는 생각으로 가족들과 자주 갈등을 빚는다.

E는 무한한 성공과 권력에 대한 공상에 집착하고 자신의 성취나 재능을 근거 없이 과장하며 특별대우를 바라는 성격 장애이다. 이런 사람은 불합리한 기대감을 갖고 거만하고 방자한 태도를 보이기 쉽다.

〈보 기〉

ㄱ. 타인에 무관심하여 사람을 사귀려는 노력을 하지 않으며, 개인 업무는 잘하나 공동 업무는 못함
ㄴ. 자신이 해고당할 것에 대비하여 회사의 비리에 대한 증거를 모아 놓고 항상 법적 소송에 대비함
ㄷ. 타인의 호감을 얻기 위해 자신의 경험을 과장하거나 극적으로 표현하며, 자신이 주목받지 못하면 우울해 함
ㄹ. 자신이 동료들보다 우월하다는 자만심에 빠져 있고, 자신의 승진은 이미 예정된 것처럼 행동함
ㅁ. 친척들이 집을 어지럽힐까봐 집에 오지 못하게 하며, 재난에 대비하여 비상 물품을 비축해 놓고 늘 점검함

① A - ㄱ
② B - ㄴ
③ C - ㄷ
④ D - ㄹ
⑤ E - ㅁ

01 ○△✕

㉠과 ㉡에 해당하는 사례를 〈보기〉에서 모두 고르면?

> 명제들 사이에는 일정한 논리적 관계가 있다. 예를 들어 어떤 명제들의 쌍은 ㉠ 하나의 명제(Ⅰ)가 참이면 다른 명제(Ⅱ)도 반드시 참이 된다. 또 어떤 명제들의 쌍은 ㉡ 하나의 명제(Ⅰ)가 참이면 다른 명제(Ⅱ)는 반드시 거짓이 되고, 한 명제(Ⅰ)가 거짓이면 다른 명제(Ⅱ)는 반드시 참이 된다.

─────── 〈보 기〉 ───────

ㄱ. (Ⅰ) 폐암 환자들 중에는 본인은 물론 그의 가족 중 누구도 담배를 피우지 않은 경우가 있다.
(Ⅱ) 상당수의 폐암 환자들은 담배를 피운 경험이 있는 사람들이며 그 중에는 30년이 넘게 담배를 피워 온 사람들도 있다.

ㄴ. (Ⅰ) 태양계 밖의 외계 행성계인 게자리 55의 바깥 궤도를 돌고 있는 행성 A의 공전궤도는 행성 B의 공전에 영향을 미친다.
(Ⅱ) 행성 A는 '항성이 되려다 실패한 행성'이라 불릴 정도로 큰 부피와 질량을 가지고 있다.

ㄷ. (Ⅰ) 모든 고양이는 육식성이며 혀에는 가시돌기가 돋아 있다.
(Ⅱ) 페르시안 고양이 중 혀에 가시돌기가 없는 개체가 발견된 적은 없다.

ㄹ. (Ⅰ) 방탄조끼 m9는 모든 소총의 탄환으로부터 신체를 보호할 수 있도록 설계되었다.
(Ⅱ) 특수부대에서 사용하는 저격용 소총인 SSG67은 어떤 방탄조끼도 뚫을 수 있다.

ㅁ. (Ⅰ) 루비듐이란 광물은 알콜램프로 가열할 경우 진한 붉은 색을 띠는 성질을 지녔다.
(Ⅱ) 루비듐 중에는 알콜램프로 가열할 때 진한 붉은 색을 띠지 않는 것도 있다.

	㉠	㉡
①	ㄱ	ㄹ
②	ㄱ	ㅁ
③	ㄴ	ㅁ
④	ㄷ	ㄹ
⑤	ㄷ	ㅁ

02 ○△✕

다음 ㉠의 사례로 가장 적절한 것은?

> 보통 '관용'은 도덕적으로 바람직한 것으로 간주된다. 관용은 특정 믿음이나 행동, 관습 등을 잘못된 것이라고 여김에도 불구하고 용인하거나 불간섭하는 태도를 의미한다. 여기서 관용이란 개념의 본질적인 두 요소를 발견할 수 있다. 첫째 요소는 관용을 실천하는 사람이 관용의 대상이 되는 믿음이나 관습을 거짓이거나 잘못된 것으로 여긴다는 점이다. 이런 요소가 없다면, 우리는 '관용'을 말하고 있는 것이 아니라 '무관심'이나 '승인'을 말하는 셈이다. 둘째 요소는 관용을 실천하는 사람이 관용의 대상을 용인하거나 최소한 불간섭해야 한다는 점이다. 하지만 관용을 이렇게 이해하면 역설이 발생할 수 있다.
>
> 자국 문화를 제외한 다른 문화는 모두 미개하다고 생각하는 사람을 고려해보자. 그는 모든 문화가 우열 없이 동등하다는 생각이 틀렸다고 확신하고 있다. 하지만 그는 그런 자신의 믿음에도 불구하고 전략적인 이유로, 예를 들어 동료들의 비난을 피하기 위해 자신이 열등하다고 판단하는 문화를 폄하하려는 욕구를 억누르고 있다고 하자. 다른 문화를 폄하하고 싶은 그의 욕구가 크면 클수록, 그리고 그가 자신의 이런 욕구를 성공적으로 자제하면 할수록, 우리는 그가 더 관용적이라고 말해야 할 것 같다. 하지만 이는 받아들이기 어려운 역설적 결론이다.
>
> 이번에는 자신이 잘못이라고 믿는 수많은 믿음을 모두 용인하는 사람을 생각해 보자. 이 경우 이 사람이 용인하는 믿음이 많으면 많을수록 우리는 그가 더 관용적이라고 말해야 할 것 같다. 그런데 그럴 경우 우리는 인종차별주의처럼 우리가 일반적으로 잘못인 것으로 판단하는 믿음까지 용인하는 경우에도 그 사람이 더 관용적이라고 말해야 한다. 하지만 도덕적으로 잘못된 것을 용인하는 것은 그 자체가 도덕적으로 잘못이라고 보는 것이 마땅하다. 결국 우리는 관용적일수록 도덕적으로 잘못을 저지르게 될 가능성이 높아지게 되는데 이는 역설적이다.
>
> 이상의 논의를 고려하면 종교에 대한 관용처럼 비교적 단순해 보이는 사안에 대해서조차 ㉠ 역설이 발생한다. 이로부터 우리는 관용의 맥락에서, 용인하는 믿음이나 관습의 내용에 일정한 한계가 있어야 함을 알 수 있다.

① 종교적 문제에 대해 별다른 의견이 없는 사람을 관용적이라고 평가하게 된다.
② 모든 종교적 믿음은 거짓이라고 생각하고 배척하는 사람을 관용적이라고 평가하게 된다.
③ 자신의 종교가 주는 가르침만이 유일한 진리라고 믿는 사람일수록 덜 관용적이라고 평가하게 된다.
④ 보편적 도덕 원칙에 어긋나는 가르침을 주장하는 종교까지 용인하는 사람을 더 관용적이라고 평가하게 된다.
⑤ 자신이 유일하게 참으로 믿는 종교 이외의 다른 종교적 믿음에 대해서도 용인하는 사람일수록 더 관용적이라고 평가하게 된다.

01 ▢△✕   17년 행시(가) 27번

다음 ㉠의 사례로 적절한 것만을 〈보기〉에서 모두 고르면?

적혈구는 일정한 수명을 가지고 있어서 그 수와 관계 없이 총 적혈구의 약 0.8% 정도는 매일 몸 안에서 파괴된다. 파괴된 적혈구로부터 빌리루빈이라는 물질이 유리되고, 이 빌리루빈은 여러 생화학적 대사 과정을 통해 간과 소장에서 다른 물질로 변환된 후에 대변과 소변을 통해 배설된다.

적혈구로부터 유리된 빌리루빈은 강한 지용성 물질이어서 혈액의 주요 구성물질인 물에 녹지 않는다. 이런 빌리루빈을 비결합 빌리루빈이라고 하며, 혈액 내에서 비결합 빌리루빈은 알부민이라는 혈액 단백질에 부착된 상태로 혈류를 따라 간으로 이동한다. 간에서 이 비결합 빌리루빈은 담즙을 만드는 간세포에 흡수되고 글루쿠론산과 결합하여 물에 잘 녹는 수용성 물질인 결합 빌리루빈으로 바뀌게 된다. 결합 빌리루빈의 대부분은 간세포에서 만들어져 담관을 통해 분비되는 담즙에 포함되어 소장으로 배출되지만 일부는 다시 혈액으로 되돌려 보내져 혈액 내에서 알부민과 결합하지 않고 혈류를 따라 순환한다.

간세포에서 분비된 담즙을 통해 소장으로 들어온 결합 빌리루빈의 절반은 장세균의 작용에 의해 소장에서 흡수되어 혈액으로 이동하는 유로빌리노젠으로 전환된다. 나머지 절반의 결합 빌리루빈은 소장에서 흡수되지 않고 대변에 포함되어 배설된다. 혈액으로 이동한 유로빌리노젠의 일부분은 혈액이 신장을 통과할 때 혈액으로부터 여과되어 신장으로 이동한 후 소변으로 배설된다. 하지만 대부분의 혈액 내 유로빌리노젠은 간으로 이동하여 간세포에서 만든 담즙을 통해 소장으로 배출되어 대변을 통해 배설된다.

빌리루빈의 대사와 배설에 장애가 있을 때 여러 임상 증상이 나타날 수 있다. 따라서 빌리루빈이나 빌리루빈 대사물의 양을 측정한 후, 그 값을 정상치와 비교하면 임상 증상을 일으키는 원인이 되는 질병이나 문제를 ㉠ 추측할 수 있다.

─────〈보 기〉─────

ㄱ. 소변 내 유로빌리노젠의 양이 정상치보다 높으면, 혈액의 적혈구 파괴 비율이 증가하는 용혈성 질병이 있을 수 있다.

ㄴ. 혈액 내 비결합 빌리루빈의 양이 정상치보다 높으면, 담즙을 만드는 간세포의 기능이 망가진 간경화가 있을 수 있다.

ㄷ. 대변 내 결합 빌리루빈이 발견되지 않으면, 담석에 의해 담관이 막혀 담즙이 배출되지 않은 담관폐쇄증이 있을 수 있다.

① ㄱ   ② ㄴ
③ ㄱ, ㄷ   ④ ㄴ, ㄷ
⑤ ㄱ, ㄴ, ㄷ

02 ▢△✕   19년 행시(가) 9번

다음 글의 ㉠에 해당하는 사례만을 〈보기〉에서 모두 고르면?

'부재 인과', 즉 사건의 부재가 다른 사건의 원인이라는 주장은 일상 속에서도 쉽게 찾아볼 수 있다. 인과 관계가 원인과 결과 간에 성립하는 일종의 의존 관계로 분석될 수 있다면 부재 인과는 인과 관계의 한 유형을 표현한다. 예를 들어, 경수가 물을 주었더라면 화초가 말라죽지 않았을 것이므로 '경수가 물을 줌'이라는 사건이 부재하는 것과 '화초가 말라죽음'이라는 사건이 발생하는 것 사이에는 의존 관계가 성립한다. 인과 관계를 이런 의존 관계로 이해할 경우 화초가 말라죽은 것의 원인은 경수가 물을 주지 않은 것이며 이는 상식적 판단과 일치한다. 하지만 화초가 말라죽은 것은 단지 경수가 물을 주지 않은 것에만 의존하지 않는다. 의존 관계로 인과 관계를 이해하려는 견해에 따르면, 경수의 화초와 아무 상관없는 영희가 그 화초에 물을 주었더라도 경수의 화초는 말라죽지 않았을 것이므로 영희가 물을 주지 않은 것 역시 그 화초가 말라죽은 사건의 원인이라고 해야 할 것이다. 그러나 상식적으로 경수가 물을 주지 않은 것은 그가 키우던 화초가 말라죽은 사건의 원인이지만, 영희가 물을 주지 않은 것은 그 화초가 말라죽은 사건의 원인이 아니다. 인과 관계를 의존 관계로 파악해 부재 인과를 인과의 한 유형으로 받아들이면, 원인이 아닌 수많은 부재마저도 원인으로 받아들여야 하는 ㉠ 문제가 생겨난다.

─────〈보 기〉─────

ㄱ. 어제 영지는 늘 타고 다니던 기차가 고장이 나는 바람에 지각을 했다. 그 기차가 고장이 나지 않았다면 영지는 지각하지 않았을 것이다. 하지만 영지가 새벽 3시에 일어나 직장에 걸어갔더라면 지각하지 않았을 것이다. 그러므로 어제 영지가 새벽 3시에 일어나 직장에 걸어가지 않은 것이 그가 지각한 원인이라고 보아야 한다.

ㄴ. 영수가 야구공을 던져서 유리창이 깨졌다. 영수가 야구공을 던지지 않았더라면 그 유리창이 깨지지 않았을 것이다. 하지만 그 유리창을 향해 야구공을 던지지 않은 사람들은 많다. 그러므로 그 많은 사람 각각이 야구공을 던지지 않은 것을 유리창이 깨어진 사건의 원인이라고 보아야 한다.

ㄷ. 햇빛을 차단하자 화분의 식물이 시들어 죽었다. 하지만 햇빛을 과다하게 쪼이거나 지속적으로 쪼였다면 화분의 식물은 역시 시들어 죽었을 것이다. 그러므로 햇빛을 쪼이는 것은 식물의 성장 원인이 아니라고 보아야 한다.

① ㄱ
② ㄴ
③ ㄱ, ㄷ
④ ㄴ, ㄷ
⑤ ㄱ, ㄴ, ㄷ

03 ⊙△✕

㉠~㉤의 예로서 옳게 연결하지 못한 것은?

옛날이나 지금이나 치세와 난세가 없을 수 없소. 치세에는 왕도정치와 패도정치가 있소. 군주의 재능과 지혜가 출중하여 뛰어난 영재들을 잘 임용하거나, 비록 군주의 재능과 지혜가 모자라더라도 현자를 임용하여, 인의의 도를 실천하고 백성을 교화하는 것은 ㉠ 왕도(王道)정치입니다. 군주의 지혜와 재능이 출중하더라도 자신의 총명만을 믿고 신하를 불신하며, 인의의 이름만 빌려 권모술수의 정치를 행하여 백성들로 하여금 자신의 사익만 챙기고 도덕적 교화를 이루게 하지 못하는 것은 ㉡ 패도(覇道)정치라오.

나아가 난세에는 세 가지 경우가 있소. 속으로는 욕심 때문에 마음이 흔들리고 밖으로는 유혹에 빠져서 백성들의 힘을 모두 박탈하여 자기 일신만을 받들고 신하의 진실한 충고를 배척하면서 자기만 성스러운 체하다가 자멸하는 자는 ㉢ 폭군(暴君)의 경우이지요. 정치를 잘해 보려는 뜻은 가지고 있으나 간사한 이를 분별하지 못하고 등용한 관리들이 재주가 없어 나라를 망치는 자는 ㉣ 혼군(昏君)의 경우이지요. 심지가 나약하여 뜻이 굳지 못하고 우유부단하며 구습만 고식적으로 따르다가 나날이 쇠퇴하고 미약해지는 자는 ㉤ 용군(庸君)의 경우이지요.

① ㉠ – 상(商)의 태갑(太甲)과 주(周)의 성왕(成王)은 자질이 오제, 삼황에 미치지 못했지요. 만약 성스러운 신하의 도움이 없었다면 법률과 제도가 전복된다 한들 누가 구제할 수 있었겠소. 필시 참소하는 사람들이 서로 난을 일으켰을 것이오. 그러나 태갑은 이윤(伊尹)에게 정사를 맡겨 백성을 교화하고 성왕은 주공에게 정사를 맡김으로써 인의의 도를 기르고 닦아 결국 대업을 계승했지요.

② ㉡ – 진(晉) 문공(文公)과 한(漢) 고조(高祖)는 황제의 대업을 성취하여 나라를 부강하게 하고 백성을 부유하게 하였소. 다만 아쉬운 점은 인의의 도를 체득하지 못하고 권모술수에 능하였을 뿐, 백성을 교화시키지 못했다는 것이오.

③ ㉢ – 당의 덕종(德宗)은 현명하지 못해 인자와 현자들을 알아보지 못했소. 자신의 총명에 한계가 있음을 깨닫지 못하여 때때로 유능한 관리의 충언을 들었으나 곧 그들을 멀리했기에 간사한 소인배들이 그 틈을 타 아첨할 경우 쉽게 빠져들었소.

④ ㉣ – 송의 신종(神宗)은 유위(有爲)정치의 뜻을 크게 발하여 왕도정치를 회복하고자 했소. 그러나 왕안석(王安石)에게 빠져서 그의 말이라면 모두 따르고 그의 정책이라면 모두 채택하여 재리(財利)를 인의(仁義)로 알고, 형법전서를 시경(詩經), 서경(書經)으로 알았지요. 사악한 이들이 뜻을 이뤄 날뛰는 반면 현자들은 자취를 감춰 백성들에게 그 해독이 미쳤고 전란의 조짐까지 야기했소.

⑤ ㉤ – 주의 난왕(赧王), 당의 희종(僖宗), 송의 영종(寧宗) 등은 무기력하고 나태하여 구습만 답습하면서 한 가지 폐정도 개혁하지 못하고, 한 가지 선책도 제출하지 못한 채 묵묵히 앉아서 나라가 망하기를 기다리고 있던 자들이오.

※ 다음 글을 읽고 물음에 답하시오.

어떤 명제 P를 안다고 말하는 것은 무엇인가? 이에 대한 고전적인 설명은, 다음에 설명될 세 조건이 충족되면 'P를 안다'고 말할 수 있다는 것이다. 이를 '지식에 대한 세 가지 요소 이론'이라고 한다. 수학의 명제를 예로 들어 보기로 하자. 내가 65537은 소수(1과 자기 자신 이외에는 약수를 가지지 않는 수)임을 안다고 하자. 이 경우에 다음의 세 조건이 성립해야 한다.

첫째, 65537이 소수라는 것이 참이어야 한다. 65537이 소수가 아니라면 내가 그것을 사실로서 안다고 할 수 없음은 명백하다.

둘째, 나는 65537이 소수임을 믿는다. 내가 그것을 믿지도 않는다면 그것을 안다고 할 수 없을 것이다. 지구가 평평하다고 믿는 사람에 대해서 그들이 지구가 둥글다는 것을 안다고 말할 수는 없기 때문이다.

셋째, 65537이 소수라는 내 믿음을 정당화할 수 있어야 한다. 즉 나에게는 그것을 믿을 타당한 이유가 있어야 한다. 계산상의 착오나 육감에 근거해서, 또는 하늘의 별자리를 보고 믿거나 일시적인 정신착란 때문에 믿어서는 안 된다. 이 세 번째 조건인 정당화 조건이 없다면, 어떤 것을 운 좋게 맞추거나, 잘못된 이유로 사실인 것을 믿게 되는 경우를 지식에 포함시키게 된다. 케네디의 암살 사건과 레이건의 암살 미수 사건 이후에 자기들이 그 사건을 예측했다고 주장하는 심령술사가 여럿 있었다. 어떤 이는 비슷한 날짜에 두 대통령이 위험에 처하게 될 것이라고 예측했고 이 예측을 출판하거나 사건 전 기자회견에서 발표하기도 했다. 심령술사들은 해마다 너무 많은 예측을 발표하기 때문에 그 중에 맞는 것이 있을 수도 있다. 이것이 '지식'이라고 해도 그리 쓸모 있는 것은 아닐 것이다.

결론적으로 내가 어떤 것을 안다면 그에 관한 위의 세 조건을 충족시킬 것이고, 역으로 이 세 조건을 충족시킨다면 나는 그것을 안다고 할 수 있다는 것이다.

과학의 역사는 앎에 관한 위 세 조건의 진리값을 각각 치환한 사례를 모두 보여준다. 한 조건이 성립한다는 것을 T로, 성립하지 않는다는 것을 F로 나타내고, 세 조건의 순서를 진리, 믿음, 정당화라고 하자.

TTT는 참이고, 믿어지며, 그 믿음이 정당성을 갖는 경우이다. 이것을 일반적으로 정당화된 참된 믿음이라고 하고, 고전적인 설명은 이 경우를 진정한 지식이라고 한다. 이 범주에 대부분의 과학적 믿음, 어쨌거나 옳다고 여겨지는 과학의 믿음이 들어간다. FFF는 거짓이며, 불신되며, 정당화되지도 않는 경우이다. '영구운동기계를 만들 수 있다'거나 '달은 찹쌀로 되어 있다'와 같은 엉터리 명제를 사람들이 믿지 않는 것이 이 경우에 해당한다.

TFT는 참이고 믿을 만한 정당한 근거가 있음에도 불신되는 경우를 나타낸다. 이 경우에 해당하는 사례도 많은데, 프랑스 학술원이 운석의 존재를 인정하지 않은 것이나 물리학자 허버트 딩글이 상대성 이론을 괴상한 이유로 거부한 것도 여기에 해당한다. TTF는 참이고 믿어지지만, 믿을 만한 정당한 근거가 없는 경우이다. 심령술사들의 운 좋은 짐작처럼 합리적이지 못한 이유로 우연히 맞는 결론을 찾은 경우이다. 이러한 사례 역시 많다. 또한 TFF는 참이지만 정당성이 없어 불신되는 경우를 나타낸다. 어떤 사람이 어떤 것을 정당한 이유를 가지고 의심하였는데 그럼에도 불구하고 그것이 진리로 드러나는 경우이다. 여러 세대를 통하여 원자에 대한 데모크리토스의 믿음을 거부하였던 철학자들을 그 사례로 들 수 있겠다. FFT는 특이한 경우인데, 이는 거짓이기는 하나, 믿을 만한 합당한 이유가 있어 정당성이 있지만 실제로는 믿음을 얻지 못한 경우이다. 중세 교회가 태양이 우주의 중심이라는 코페르니쿠스의 정당화된 주장을 불신한 것이 바로 이러한 경우이다.

04 ○△✕   07년 행시(외) 19번

위의 밑줄 친 주장을 반박하는 가장 적절한 사례는?

① 선이는 수학 선생님께서 슈퍼컴퓨터에 의해서 π가 유한소수임이 밝혀졌다고 말해서 'π가 유한소수이다'라고 믿는데, 수학 선생님께서 선이에게 농담을 한 경우

② 석이는 꿈에서 돌아가신 할아버지가 오늘 보는 시험의 1번 문제 정답이 1번이라고 알려주셔서 '오늘 보는 시험의 1번 문제 정답은 1번이다'라고 믿는데, 실제로 1번이 정답인 경우

③ 민이는 주사위가 3이 나올 수밖에 없도록 마술사가 조작하는 것을 보았기 때문에 '이번에 마술사가 주사위를 던지면 3이 나올 것이다'라고 믿는데, 실제로 마술사가 주사위를 던지자 3이 나온 경우

④ 경이는 경찰 복장의 두 남자가 경찰차에서 내리는 것을 창을 통해 보고 '골목에 경찰이 와 있다'라고 믿는데, 경이가 본 경찰 복장의 남자들은 영화배우이고, 그 골목 보이지 않는 곳에 실제 경찰이 와 있는 경우

⑤ 숙이는 연못에 다섯 마리의 오리가 무리 지어 있음을 보고 '연못에 다섯 마리의 오리가 있다'라고 믿는데, 실제로 숙이가 보고 있는 연못에는 네 마리의 오리와 플라스틱으로 만들어진 오리모형이 하나 있는 경우

CHAPTER
05 논리퀴즈

1 유형의 이해

이 유형의 경우 주로 '반드시 참인 것은?' 또는 '지문 내용으로부터 올바르게 추론될 수 있는 것은?' 등의 질문 형태로 출제된다. 출제되는 개수에 편차가 있으나 꾸준히 비중을 차지하고 있는 유형이며, 해를 거듭함에 따라 지문의 길이가 좀 더 길어지고 풀이가 복잡해지는 추세이다. 최근 한 화자가 여러 문장을 발화하고 한 문장 안에 참인 문장과 거짓인 문장이 혼재하고 있는 형태의 문제가 많이 출제되고 있으며 부서 배치, 날짜, 범인 찾기 등 대표적인 문제 형식이 조금씩 변형되어 출제되는 경우가 많다.

2 발문 유형

• 다음 지문의 내용이 모두 참이라고 할 때, 반드시 참인 것은?
• 다음 중 자신이 한 진술들이 모두 참인 사람을 고르면?
• 다음 진술이 모두 참이라고 할 때, 회의에 참가할 수 있는 최대 인원은?

3 접근법

다른 유형에 비해 전반적인 난도가 높은 편이나, 평소에 형식 논리학 관련 문제를 다양하게 풀이하면서 대비한다면 유형이 크게 변형되지 않기 때문에 오히려 대비하기 어렵지 않은 유형이다. 이 유형에 대한 기본적인 접근방식은 특정한 경우를 가정했을 때 모순이 생기는지 확인하면서 정답을 찾아가는 것이다. 복잡한 문장으로 구성된 지문의 내용을 빠르게 기호화 혹은 도식화해서 풀이가 용이하도록 만드는 연습이 필요하다.

4 생각해 볼 부분

평소 다양한 논리학 문제를 많이 풀어보면서 이 유형의 풀이 방식에 익숙해질 필요가 있다. 표나 논리식을 쓰면서 풀이하는 방식이 가장 효과적이며, 실수를 줄일 수 있다. 부처 배치, 날짜의 경우 부처 배치도나 달력을 작게 그리면서 풀이하는 것도 도움이 되며, 벤다이어그램을 활용하면 더 쉽게 풀 수 있는 경우도 있으므로 참고하도록 하자. 반드시 참인 것을 찾는 유형의 경우 반례가 하나라도 있으면 정답이 될 수 없으므로, 반례를 빠르게 찾아 보기를 배제해나가는 식으로 접근해야 한다. 반례 하나로 여러 개의 보기를 한 번에 배제할 수도 있으므로, 각각의 보기마다 다른 반례를 떠올릴 필요 없이 하나의 사례를 여러 번 적용해보는 방식으로 풀이시간을 절약할 수도 있다.

다음 글의 내용이 참일 때, 반드시 참인 것만을 〈보기〉에서 모두 고르면?

> 세 사람, 가영, 나영, 다영은 지난 회의가 열린 날짜와 요일에 대해 다음과 같이 기억을 달리 하고 있다.
>
> • 가영은 회의가 5월 8일 목요일에 열렸다고 기억한다.
> • 나영은 회의가 5월 10일 화요일에 열렸다고 기억한다.
> • 다영은 회의가 6월 8일 금요일에 열렸다고 기억한다.
>
> 추가로 다음 사실이 알려졌다.
>
> • 회의는 가영, 나영, 다영이 언급한 월, 일, 요일 중에 열렸다.
> • 세 사람의 기억 내용 가운데, 한 사람은 월, 일, 요일의 세 가지 사항 중 하나만 맞혔고, 한 사람은 하나만 틀렸으며, 한 사람은 어느 것도 맞히지 못했다.

―――――――〈보 기〉―――――――

ㄱ. 회의는 6월 10일에 열렸다.
ㄴ. 가영은 어느 것도 맞히지 못한 사람이다.
ㄷ. 다영이 하나만 맞힌 사람이라면 회의는 화요일에 열렸다.

① ㄱ
② ㄷ
③ ㄱ, ㄴ
④ ㄴ, ㄷ
⑤ ㄱ, ㄴ, ㄷ

난도 상

풀이시간 2분 15초

합격생 가이드

논리퀴즈 유형의 경우, 지문의 내용을 간단한 논리식으로 빠르고 정확하게 치환하는 것이 문제의 핵심이다. 이 문제의 경우에는 고려해야 할 조건이 여러 가지이므로, 간략하게 도표 혹은 메모를 통해 지문의 내용을 정리해서 문제 풀이에 활용하도록 한다.

대표문항으로 선정한 이유

이 문제는 제시된 진술 중 맞는 진술과 틀린 진술이 있고, 그 진술의 참거짓 여부를 임의로 가정하면서 그 중 모순이 없는 경우를 찾아내야 하는 전형적인 논리퀴즈 문제이다. 이전에 기출되었던 비슷한 유형의 문제들과 달리, 진술의 참거짓 조건을 하나만 맞힌 사람, 하나만 틀린 사람, 어느 것도 맞히지 못한 사람으로 세분화하였고, 회의의 월, 일, 요일 세 가지 요소를 찾아내야 하는 등 점차 복잡해지는 논리퀴즈 문제의 출제경향을 잘 반영하고 있는 문제이다.

정답해설

회의가 가영, 나영, 다영이 언급한 월, 일, 요일에 열렸다고 하였으므로, 회의가 열릴 수 있는 월은 5, 6월이고, 일은 8, 10일이며, 요일은 화, 목, 금이다. 이 중 글의 내용에서 주어진 조건에 위배되지 않는 회의 날짜를 찾으면 다음과 같다. 우선 회의가 열린 월을 찾기 위해 임의로 회의가 열린 월이 5월이라고 가정하면, 회의 날짜가 5월 8일인 경우와 5월 10일인 경우 모두 주어진 조건에 위배되기 때문에 모순이다. 따라서, 회의는 6월에 열려야 하는 것을 알 수 있다. 회의가 6월에 열리는 경우, 회의 날짜를 8일이라고 가정하면 다영이 두 가지를 맞힌 사람, 나영이 한 가지도 맞히지 못한 사람, 가영이 한 가지만 맞힌 사람이 되어야 하는데 이 경우 회의가 열린 요일이 세 사람이 언급한 요일 중에 있을 수 없으므로 모순이다. 따라서 회의 날짜는 6월 10일이 되어야 하고, 이 경우 회의 요일로 가능한 경우는 화요일 혹은 금요일이다.

ㄱ. 옳다. 회의는 6월 10일에 열렸다.

ㄴ. 옳다. 회의가 6월 10일에 열리는 두 가지의 경우에서 모두 가영은 아무 것도 맞히지 못한 사람이다.

ㄷ. 옳다. 다영이 하나만 맞힌 사람이라면, 회의가 6월에 열린 것만 맞혔을 것이므로, 나영이 두 가지를 맞힌 사람이 되고, 회의는 6월 10일 화요일에 열렸을 것이다.

답 ⑤

01 ○△× 　　　　16년 행시(5) 30번

다음 글의 대화 내용이 참일 때, 갑수보다 반드시 나이가 적은 사람만을 모두 고르면?

갑수, 을수, 병수, 철희, 정희 다섯 사람은 어느 외국어 학습 모임에서 서로 처음 만났다. 이후 모임을 여러 차례 갖게 되었지만 그들의 관계는 형식적인 관계 이상으로는 발전하지 않았다. 이 모임에서 주도적인 역할을 하고 있는 갑수는 서로 더 친하게 지냈으면 좋겠다는 생각에 뒤풀이를 갖자고 제안했다. 갑수의 제안에 모두 동의했다. 그들은 인근 맥줏집을 찾아갔다. 그 자리에서 그들이 제일 먼저 한 일은 서로의 나이를 묻는 것이었다.

먼저 갑수가 정희에게 말했다. "정희 씨, 나이가 몇살이에요?" 정희는 잠시 머뭇거리더니 다음과 같이 말했다. "나이 묻는 것은 실례인거 아시죠? 저는요, 갑수 씨 나이는 알고 있거든요. 어쨌든 갑수 씨보다는 나이가 적어요." 그리고는 "그럼 을수 씨 나이는 어떻게 되세요?"라고 을수에게 물었다. 을수는 "정희 씨, 저는 정희 씨와 철희 씨보다는 나이가 많지 않아요."라고 했다.

그때 병수가 대뜸 갑수에게 말했다. "그런데 저는 정작 갑수 씨 나이가 궁금해요. 우리들 중에서 리더 역할을 하고 있잖아요. 진짜 나이가 어떻게 되세요?" 갑수가 "저요? 음, 많아야 병수 씨 나이죠."라고 하자, "아, 그렇군요. 그럼 제가 대장해도 될까요? 하하 ……."라고 병수가 너털웃음을 웃으며 대꾸했다.

이때, "그럼 그렇게 하세요. 오늘 술값은 리더가 내시는 거 아시죠?"라고 정희가 끼어들었다. 그리고 "그런데 철희 씨는 좀 어려 보이는데, 몇 살이에요?"라고 물었다. 철희는 다소 수줍은 듯이 고개를 숙였다. 그리고는 "저는 병수 씨와 한 살 차이밖에 나지 않아요. 보기보다 나이가 많죠?"라고 대답했다.

① 정희
② 철희, 을수
③ 정희, 을수
④ 철희, 정희
⑤ 철희, 정희, 을수

02 ○△× 　　　　15년 행시(인) 32번

다음 글의 내용이 참일 때, 반드시 채택되는 업체의 수는?

농림축산식품부는 구제역 백신을 조달할 업체를 채택할 것이다. 예비 후보로 A, B, C, D, E 다섯 개 업체가 선정되었으며, 그 외 다른 업체가 채택될 가능성은 없다. 각각의 업체에 대해 농림축산식품부는 채택하거나 채택하지 않거나 어느 하나의 결정만을 내린다.

정부의 중소기업 육성 원칙에 따라, 일정 규모 이상의 대기업인 A가 채택되면 소기업인 B도 채택된다. A가 채택되지 않으면 D와 E 역시 채택되지 않는다. 그리고 수의학산업 중점육성 단지에 속한 업체인 B가 채택된다면, 같은 단지의 업체인 C가 채택되거나 혹은 타지역 업체인 A는 채택되지 않는다. 마지막으로 지역 안배를 위해, D가 채택되지 않는다면, A는 채택되지만 C는 채택되지 않는다.

① 1개
② 2개
③ 3개
④ 4개
⑤ 5개

03 ○△× 　　　　05년 행시(2) 16번

먼 은하계에 X, 알파, 베타, 감마, 델타 다섯 행성이 있다. X 행성은 매우 호전적이어서 기회만 있으면 다른 행성을 식민지화하고자 한다. 다음 진술이 참이라고 할 때, X 행성이 침공할 행성을 모두 고르면?

ㄱ. X 행성은 델타 행성을 침공하지 않는다.
ㄴ. X 행성은 베타 행성을 침공하거나 델타 행성을 침공한다.
ㄷ. X 행성이 감마 행성을 침공하지 않는다면 알파 행성을 침공한다.
ㄹ. X 행성이 베타 행성을 침공한다면 감마 행성을 침공하지 않는다.

① 베타 행성
② 감마 행성
③ 알파와 베타 행성
④ 알파와 감마 행성
⑤ 알파와 베타와 감마 행성

04 ○△× 　　　　12년 행시(인) 34번

다음 글의 내용이 참이라고 할 때 반드시 참인 것을 〈보기〉에서 모두 고르면?

인간은 누구나 건전하고 생산적인 사회에서 타인과 함께 평화롭게 살아가길 원한다. 도덕적이고 문명화된 사회를 가능하게 하는 기본적인 사회 원리를 수용할 경우에만 인간은 생산적인 사회에서 평화롭게 살 수 있다. 기본적인 사회 원리를 수용한다면, 개인의 권리는 침해당하지 않는다. 인간의 본성에 의해 요구되는 인간 생존의 기본 조건, 즉 생각의 자유와 자신의 이성적 판단에 따라 행동할 수 있는 자유가 인정되지 않는다면, 개인의 권리는 침해당한다.

물리적 힘의 사용이 허용되는 경우에만 개인의 권리는 침해당한다. 어떤 사람이 다른 사람의 삶을 빼앗거나 그 사람의 의지에 반하는 것을 강요하기 위해서는 물리적 수단을 사용할 수밖에 없기 때문이다. 이성적인 수단인 토론이나 설득을 사용하여 다른 사람의 의견이나 행동에 영향을 미친다면, 개인의 권리는 침해당하지 않는다.

인간이 생산적인 사회에서 평화롭게 사는 것은 매우 중요하다. 왜냐하면 인간이 생산적인 사회에서 평화롭게 살 수 있을 경우에만 인간은 지식 교환의 가치를 사회로부터 얻을 수 있기 때문이다.

〈 보 기 〉

ㄱ. 생각의 자유와 자신의 이성적 판단에 따라 행동할 수 있는 자유가 인정될 경우에만 인간은 생산적인 사회에서 평화롭게 살 수 있다.
ㄴ. 물리적 힘이 사용되는 것이 허용되지 않는다면, 인간은 생산적 사회에서 평화롭게 살 수 있다.
ㄷ. 물리적 힘이 사용되는 것이 허용된다면, 생각의 자유와 자신의 이성적 판단에 따라 행동할 수 있는 자유가 인정되지 않는다.
ㄹ. 개인의 권리가 침해당한다면, 인간은 지식 교환의 가치를 사회로부터 얻을 수 없다.

① ㄱ, ㄷ
② ㄱ, ㄹ
③ ㄴ, ㄷ
④ ㄴ, ㄹ
⑤ ㄷ, ㄹ

01 ⊙△✕

A, B, C, D 네 사람만 참여한 달리기 시합에서 동순위 없이 순위가 완전히 결정되었다. A, B, C는 각자 아래와 같이 진술하였다. 이들의 진술이 자신보다 낮은 순위의 사람에 대한 진술이라면 참이고, 높은 순위의 사람에 대한 진술이라면 거짓이라고 하자. 반드시 참인 것은?

> A : C는 1위이거나 2위이다.
> B : D는 3위이거나 4위이다.
> C : D는 2위이다.

① A는 1위이다.
② B는 2위이다.
③ D는 4위이다.
④ A가 B보다 순위가 높다.
⑤ C가 D보다 순위가 높다.

02 ⊙△✕

다음 진술들이 참일 때, 반드시 참인 것은?

> • 범인의 머리카락이 갈색이거나 키가 크다.
> • 만약 범인의 머리카락이 갈색이라면, 그는 안경을 쓴다.
> • 범인은 안경을 쓰거나 왼손잡이다.
> • 만약 범인의 머리카락이 갈색이라면, 그는 안경을 쓰지 않는다.
> • 만약 범인이 안경을 쓰지 않는다면, 그는 키가 크지 않다.

① 범인은 왼손잡이고 키가 크다.
② 범인은 키가 크고 안경을 쓴다.
③ 범인은 안경을 쓰고 왼손잡이다.
④ 범인의 머리카락이 갈색인지는 확실히 알 수 없지만 키는 크다.
⑤ 범인이 왼손잡이인지도 확실히 알 수 없고 키가 큰지도 확실히 알 수 없다.

03 ⊙△✕

다음 글을 읽고 반드시 참인 것을 〈보기〉에서 모두 고르면?

> 시험관 X에 어떤 물질이 들어 있는지 검사하기 위해 아래와 같은 네 가지 검사방법을 사용하고자 한다. 이 시험관에 물질 D가 들어 있지 않다는 것은 이미 알려져 있다. 검사 방법의 사용 순서에 따라 양성과 음성이 뒤바뀔 가능성도 있다.
>
> • 알파 방법 : 시험관에 물질 A와 C가 둘 다 들어있을 때 양성이 나온다. 그렇지 않을 때 음성이 나온다.
> • 베타 방법 : 시험관에 물질 C는 들어 있지만 B는 들어있지 않을 때 양성이 나온다. 그렇지 않을 때 음성이 나온다.
> • 감마 방법 : 베타 방법을 아직 쓰지 않았으며 시험관에 물질 B도 D도 들어 있지 않을 때 음성이 나온다. 그렇지 않을 때 양성이 나온다.
> • 델타 방법 : 감마 방법을 이미 썼으며 시험관에 물질 D와 E 둘 가운데 적어도 하나가 들어 있을 때 양성이 나온다. 그렇지 않을 때 음성이 나온다.
>
> 이 시험관 X에 알파, 베타, 감마, 델타 방법을 한 번씩 사용한 결과 모두 양성이 나왔다. 하지만 어떤 순서로 이 방법들을 사용했는지는 기록해두지 않았다.

> ─── 〈보 기〉 ───
> ㄱ. 시험관 X에 물질 E가 들어 있다.
> ㄴ. 시험관 X에 적어도 3가지 물질이 들어 있다.
> ㄷ. 시험관 X에 가장 마지막으로 사용한 방법은 베타 방법이 아니다.

① ㄱ
② ㄷ
③ ㄱ, ㄴ
④ ㄴ, ㄷ
⑤ ㄱ, ㄴ, ㄷ

04 ○△✕   13년 행시(인) 12번

다음 글에서 추론할 수 있는 것은?

> 다문화 자녀들이 한국생활에 잘 적응하도록 돕기 위해서는 이들과 문화적으로 교류할 수 있는 인재가 필요하다. 이에 정부는 다문화 자녀들과 문화적으로 소통할 수 있는 대학인재를 양성하기로 하였다. 이를 위해 장학제도가 마련되었는데, 올해 다문화 모집분야는 이해, 수용, 확산, 융합, 총 4분야이고, 각 분야마다 한 명씩 선정되었다.
>
> 최종심사에 오른 갑, 을, 병, 정, 무는 심사결과에 대해 다음과 같이 추측하였는데, 이 중 넷은 옳았지만 하나는 틀렸다.
>
> 갑 : "을이 이해분야에 선정되었거나, 정이 확산분야에 선정되었다."
> 을 : "무가 수용분야에 선정되었거나, 정이 확산분야에 선정되지 않았다."
> 병 : "을은 이해분야에 선정되지 않았고, 무는 수용분야에 선정되지 않았다."
> 정 : "갑은 융합분야에 선정되었고, 무는 수용분야에 선정되었다."
> 무 : "병을 제외한 나머지 학생들이 선정되었고, 정이 확산분야에 선정되었다."

① 갑은 선정되지 않았다.
② 을이 이해분야에 선정되었다.
③ 병이 확산분야에 선정되었다.
④ 정이 수용분야에 선정되었다.
⑤ 무가 융합분야에 선정되었다.

05 ○△✕   07년 행시(외) 29번

수덕, 원태, 광수는 임의의 순서로 빨간색·파란색·노란색 지붕을 가진 집에 나란히 이웃하여 살고, 개·고양이·원숭이라는 서로 다른 애완동물을 기르며, 광부·농부·의사라는 서로 다른 직업을 갖는다. 알려진 정보가 아래와 같을 때 반드시 참이라고 할 수 없는 것을 〈보기〉에서 모두 고른 것은?

> 가. 광수는 광부이다.
> 나. 가운데 집에 사는 사람은 개를 키우지 않는다.
> 다. 농부와 의사의 집은 서로 이웃해 있지 않다.
> 라. 노란 지붕 집은 의사의 집과 이웃해 있다.
> 마. 파란 지붕 집에 사는 사람은 고양이를 키운다.
> 바. 원태는 빨간 지붕 집에 산다.

〈 보 기 〉
> ㄱ. 수덕은 빨간 지붕 집에 살지 않고, 원태는 개를 키우지 않는다.
> ㄴ. 노란 지붕 집에 사는 사람은 원숭이를 키우지 않는다.
> ㄷ. 수덕은 파란 지붕 집에 살거나, 원태는 고양이를 키운다.
> ㄹ. 수덕은 개를 키우지 않는다.
> ㅁ. 원태는 농부다.

① ㄱ, ㄴ
② ㄴ, ㄷ
③ ㄷ, ㄹ
④ ㄱ, ㄴ, ㅁ
⑤ ㄱ, ㄷ, ㅁ

06 ○△✕   13년 행시(인) 30번

다음 글에서 추론할 수 있는 것은?

> 비자발적인 행위는 강제나 무지에서 비롯된 행위이다. 반면에 자발적인 행위는 그것의 단초가 행위자 자신 안에 있다. 행위자 자신 안에 행위의 단초가 있는 경우에는 행위를 할 것인지 말 것인지가 행위자 자신에게 달려 있다.
>
> 욕망이나 분노에서 비롯된 행위들을 모두 비자발적이라고 할 수는 없다. 그것들이 모두 비자발적이라면 인간 아닌 동물 중 어떤 것도 자발적으로 행위하는 게 아닐 것이며, 아이들조차 그럴 것이기 때문이다. 우리가 욕망하는 것들 중에는 마땅히 욕망해야 할 것이 있는데, 그러한 욕망에 따른 행위는 비자발적이라고 할 수 없다. 실제로 우리는 어떤 것들에 대해서는 마땅히 화를 내야 하며, 건강이나 배움과 같은 것은 마땅히 욕망해야 한다. 따라서 욕망이나 분노에서 비롯된 행위를 모두 비자발적인 것으로 보아서는 안 된다.
>
> 합리적 선택에 따르는 행위는 모두 자발적인 행위지만 자발적인 행위의 범위는 더 넓다. 왜냐하면 아이들이나 동물들도 자발적으로 행위하기는 하지만 합리적 선택에 따라 행위하지는 못하기 때문이다. 또한 욕망이나 분노에서 비롯된 행위는 어떤 것도 합리적 선택을 따르는 행위가 아니다. 이성이 없는 존재는 욕망이나 분노에 따라 행위할 수 있지만, 합리적 선택에 따라 행위할 수는 없기 때문이다. 또 자제력이 없는 사람은 욕망 때문에 행위하지만 합리적 선택에 따라 행위하지는 않는다. 반대로 자제력이 있는 사람은 합리적 선택에 따라 행위하지, 욕망 때문에 행위하지는 않는다.

① 욕망에 따른 행위는 모두 자발적인 것이다.
② 자제력이 있는 사람은 자발적으로 행위한다.
③ 자제력이 없는 사람은 비자발적으로 행위한다.
④ 자발적인 행위는 모두 합리적 선택에 따른 것이다.
⑤ 마땅히 욕망해야 할 것을 하는 행위는 모두 합리적 선택에 따른 것이다.

07 ○△✕   14년 행시(A) 12번

다음 정보가 모두 참일 때, 대한민국이 반드시 선택해야 하는 정책은?

> • 대한민국은 국무회의에서 주변국들과 합동 군사훈련을 실시하기로 확정 의결하였다.
> • 대한민국은 A국 또는 B국과 상호방위조약을 갱신하여야 하지만, 그 두 국가 모두와 갱신할 수는 없다.
> • 대한민국이 A국과 상호방위조약을 갱신하지 않는 한, 주변국과 합동 군사훈련을 실시할 수 없거나 또는 유엔에 동북아 안보 관련 안건을 상정할 수 없다.
> • 대한민국은 어떠한 경우에도 B국과 상호방위조약을 갱신해야 한다.
> • 대한민국이 유엔에 동북아 안보 관련 안건을 상정할 수 없다면, 6자 회담을 올해 내로 성사시켜야 한다.

① A국과 상호방위조약을 갱신한다.
② 6자 회담을 올해 내로 성사시킨다.
③ 유엔에 동북아 안보 관련 안건을 상정한다.
④ 유엔에 동북아 안보 관련 안건을 상정하지 않는다면, 6자 회담을 내년 이후로 연기한다.
⑤ A국과 상호방위조약을 갱신하지 않는다면, 유엔에 동북아 안보 관련 안건을 상정한다.

08 ◯△✕

다음 대화의 내용이 참일 때, 거짓인 것은?

> 상학 : 위기관리체계 점검 회의를 위해 외부 전문가를 위촉해야 하는데, 위촉 후보자는 A, B, C, D, E, F 여섯 사람이야.
>
> 일웅 : 그건 나도 알고 있어. 그런데 A와 B 중 적어도 한 명은 위촉해야 해. 지진 재해와 관련된 전문가들은 이들 뿐이거든.
>
> 상학 : 나도 동의해. 그런데 A는 C와 같이 참여하기를 바라고 있어. 그러니까 C를 위촉할 경우에만 A를 위촉해야 해.
>
> 희아 : 별 문제 없겠는데? C는 반드시 위촉해야 하거든. 회의 진행을 맡을 사람이 필요한데, C가 적격이야. 그런데 C를 위촉하기 위해서는 D, E, F 세 사람 중 적어도 한 명은 위촉해야 해. C가 회의를 진행할 때 도움이 될 사람이 필요하거든.
>
> 일웅 : E를 위촉할 경우에는 F도 반드시 위촉해야 해. E는 F가 참여하지 않으면 참여하지 않겠다고 했거든.
>
> 희아 : 주의할 점이 있어. B와 D를 함께 위촉할 수는 없어. B와 D는 같은 학술 단체 소속이거든.

① 총 3명만 위촉하는 방법은 모두 3가지이다.
② A는 위촉되지 않을 수 있다.
③ B를 위촉하기 위해서는 F도 위촉해야 한다.
④ D와 E 중 적어도 한 사람은 위촉해야 한다.
⑤ D를 포함하여 최소인원을 위촉하려면 총 3명을 위촉해야 한다.

09 ◯△✕

다음 글의 내용이 참일 때, 반드시 참인 것만을 〈보기〉에서 모두 고르면?

> 이번에 우리 공장에서 발생한 화재사건에 대해 조사해 보았습니다. 화재의 최초 발생 장소는 A지역으로 추정됩니다. 화재의 원인에 대해서는 여러 가지 의견이 존재합니다.
>
> 첫째, 화재의 원인을 새로 도입한 기계 M의 오작동으로 보는 견해가 존재합니다. 만약 기계 M의 오작동이 화재의 원인이라면 기존에 같은 기계를 도입했던 X공장과 Y공장에서 이미 화재가 났을 것입니다. 확인 결과 이미 X공장에서 화재가 났었다는 것을 파악할 수 있었습니다.
>
> 둘째, 방화로 인한 화재의 가능성이 존재합니다. 만약 화재의 원인이 방화일 경우 감시카메라에 수상한 사람이 찍히고 방범용 비상벨이 작동했을 것입니다. 또한 방범용 비상벨이 작동했다면 당시 근무 중이던 경비원 갑이 B지역과 C지역 어느 곳으로도 화재가 확대되지 않도록 막았을 것입니다. B지역으로 화재가 확대되지는 않았고, 감시카메라에서 수상한 사람을 포착하여 조사 중에 있습니다.
>
> 셋째, 화재의 원인이 시설 노후화로 인한 누전일 가능성도 제기되고 있습니다. 화재의 원인이 누전이라면 기기관리자 을 또는 시설관리자 병에게 화재의 책임이 있을 것입니다. 만약 을에게 책임이 있다면 정에게는 책임이 없습니다.

〈보 기〉
> ㄱ. 이번 화재 전에 Y공장에서 화재가 발생했어도 기계 M의 오작동이 화재의 원인은 아닐 수 있다.
> ㄴ. 병에게 책임이 없다면, 정에게도 책임이 없다.
> ㄷ. C지역으로 화재가 확대되었다면, 방화는 이번 화재의 원인이 아니다.
> ㄹ. 정에게 이번 화재의 책임이 있다면, 시설 노후화로 인한 누전이 이번 화재의 원인이다.

① ㄱ, ㄷ
② ㄱ, ㄹ
③ ㄴ, ㄹ
④ ㄱ, ㄴ, ㄷ
⑤ ㄴ, ㄷ, ㄹ

10 ◯△✕

다음 글의 내용이 참이라고 할 때 〈보기〉에서 반드시 참인 것을 모두 고르면?

> 진화 심리학의 가르침과 유전자 결정론이 둘 다 옳다면, 인간에게 자유 의지가 있다는 주장은 더 이상 근거가 없어 보인다. 그러나 인간에게 자유 의지가 없다는 말이 과연 성립할 수 있을까? 인간에게 자유 의지가 없다면, 우리는 양심과 도덕의 문제에 관심을 가질 필요가 없다. 인간의 행위는 모두 마지못해 한 행위에 불과할 것이기 때문이다. 하지만 우리는 양심과 도덕의 문제에 관심을 가질 필요가 있을 뿐만 아니라 그런 문제에 관심을 갖지 않을 수 없다. 나아가 만일 유전자 결정론이 옳지 않다면, 우리는 이에 근거하고 있는 현대 생물학의 몇몇 이론을 포기해야 한다. 그런데 우리는 분명히 그럴 수 없다. 그것은 마침내 과학 전반을 불신하는 결과를 낳을 것이기 때문이다.

〈보 기〉
> ㄱ. 인간에게 자유 의지가 있다.
> ㄴ. 유전자 결정론은 옳지 않다.
> ㄷ. 진화 심리학의 가르침은 옳지 않다.
> ㄹ. 현대 생물학은 인간의 자유 의지를 설명할 수 없다.

① ㄱ, ㄴ
② ㄱ, ㄷ
③ ㄴ, ㄹ
④ ㄱ, ㄷ, ㄹ
⑤ ㄴ, ㄷ, ㄹ

11 ⓞ△✕

19년 행시(가) 34번

다음 글의 내용이 참일 때, 반드시 참인 것만을 〈보기〉에서 모두 고르면?

2016년 1월 출범한 특별업무지원팀 〈미래〉가 업무적격성 재평가 대상에서 제외된 것은 다행한 일이다. 꼬박 일 년의 토론과 준비 끝에 출범한 〈미래〉의 업무가 재평가로 인해 불필요하게 흔들리는 것은 바람직하지 않다는 인식이 부처 내에 널리 퍼진 덕분이다. 물론 가용이나 나윤 둘 중 한 사람이라도 개인 평가에서 부적격 판정을 받을 경우, 〈미래〉도 업무적격성 재평가를 피할 수 없는 상황이었다. 만일 〈미래〉가 첫 과제로 수행한 드론 법규 정비 작업이 성공적이지 않았다면, 나윤과 다석 둘 중 적어도 한 사람은 개인 평가에서 부적격 판정을 받았을 것이다. 아울러 〈미래〉의 또 다른 과제였던 나노 기술 지원 사업이 성공적이지 않았다면, 라율과 가용 두 사람 중 누구도 개인 평가에서 부적격 판정을 피할 수 없었을 것이다.

───────〈보 기〉───────

ㄱ. 〈미래〉의 또 다른 과제였던 나노 기술 지원 사업이 성공적이었다.

ㄴ. 다석이 개인 평가에서 부적격 판정을 받지 않았다면, 그것은 첫 과제로 수행한 〈미래〉의 드론 법규 정비 작업이 성공적이었음을 의미한다.

ㄷ. 〈미래〉가 첫 과제로 수행한 드론 법규 정비 작업이 성공적이지 않았다면, 라율은 개인 평가에서 부적격 판정을 받았다.

① ㄱ
② ㄷ
③ ㄱ, ㄴ
④ ㄴ, ㄷ
⑤ ㄱ, ㄴ, ㄷ

12 ⓞ△✕

15년 행시(인) 14번

다음 글의 (가)와 (나)에 들어갈 진술을 〈보기〉에서 골라 알맞게 짝지은 것은?

자동차 회사인 ○○사는 신차를 개발할 것이다. 그 개발은 ○○사의 연구개발팀들 중 하나인 A팀이 담당한다.

그런데 [(가)] 그리고 A팀에서는 독신이거나 여성인 사원은 모두 다른 팀으로 파견을 나간 경력이 없다. 또한 다른 팀으로 파견을 나간 경력이 없거나 자동차 관련 박사학위를 지닌 A팀원은 모두 여성이다. 그러므로 A팀에는 독신이면서 여성인 사원이 한 명 이상 있다.

그런데 ○○사 내의 또 다른 경쟁 연구개발팀인 B팀에는 남성이면서 독신인 사원이 여럿 있다. 그리고 ○○사의 모든 독신 사원들은 어떤 이유에서인지는 몰라도 사내의 이성과 연인이 되기를 갈망한다. 그러므로 [(나)] 그래서 B팀의 누군가는 A팀의 신차 개발 프로젝트로 파견을 나가고 싶어할지도 모르겠다고 많은 사원들이 추측하고 있는 것도 그다지 이상한 일은 아니다.

───────〈보 기〉───────

ㄱ. A팀에는 독신인 사원이 한 명 이상 있다.

ㄴ. 독신인 A팀원은 누구도 다른 팀으로 파견을 나간 경력이 없다.

ㄷ. B팀에는 사내의 이성과 연인이 되기를 갈망하는 남성 사원이 한 명 이상 있다.

ㄹ. B팀에서 사내의 이성과 연인이 되기를 갈망하지 않는 남성 사원은 모두 독신이다.

(가)	(나)
① ㄱ	ㄷ
② ㄱ	ㄹ
③ ㄴ	ㄷ
④ ㄴ	ㄹ
⑤ ㄷ	ㄴ

13 ⓞ△✕

08년 행시(꿈) 14번

네 개의 상자 A, B, C, D 중의 어느 하나에 두 개의 진짜 열쇠가 들어 있고, 다른 어느 한 상자에 두 개의 가짜 열쇠가 들어 있다. 또한 각 상자에는 다음과 같이 두 개의 안내문이 쓰여 있는데, 각 상자의 안내문 중 적어도 하나는 참이다. 다음 중 진위를 알 수 없는 것은?

- A상자 : 1) 어떤 진짜 열쇠도 순금으로 되어 있지 않다.
  2) C 상자에 진짜 열쇠가 들어 있다.
- B상자 : 1) 가짜 열쇠는 이 상자에 들어 있지 않다.
  2) A 상자에는 진짜 열쇠가 들어 있다.
- C상자 : 1) 이 상자에 진짜 열쇠가 들어 있다.
  2) 어떤 가짜 열쇠도 구리로 되어 있지 않다.
- D상자 : 1) 이 상자에 진짜 열쇠가 들어 있고, 모든 진짜 열쇠는 순금으로 되어 있다.
  2) 가짜 열쇠 중 어떤 것은 구리로 되어 있다.

① B상자에 가짜 열쇠가 들어 있지 않다.
② C상자에 진짜 열쇠가 들어 있지 않다.
③ D상자의 안내문 1)은 거짓이다.
④ 가짜 열쇠 중 어떤 것은 구리로 되어 있다.
⑤ 어떤 진짜 열쇠도 순금으로 되어 있지 않다.

14 ○△✕

다음 글의 내용이 참일 때, 외부 인사의 성명이 될 수 있는 것은?

사무관들은 지난 회의에서 만났던 외부 인사 세 사람에 대해 얘기하고 있다. 사무관들은 외부 인사들의 이름은 모두 정확하게 기억하고 있다. 하지만 그들의 성(姓)에 대해서는 그렇지 않다.

혜민 : 김지후와 최준수와는 많은 대화를 나눴는데, 이진서와는 거의 함께 할 시간이 없었어.
민준 : 나도 이진서와 최준수와는 시간을 함께 보낼 수 없었어. 그런데 지후는 최씨였어.
서현 : 진서가 최씨였고, 다른 두 사람은 김준수와 이지후였지.

세 명의 사무관들은 외부 인사에 대하여 각각 단 한 명씩의 성명만을 올바르게 기억하고 있으며, 외부 인사들의 가능한 성씨는 김씨, 이씨, 최씨 외에는 없다.

① 김진서, 이준수, 최지후
② 최진서, 김준수, 이지후
③ 이진서, 김준수, 최지후
④ 최진서, 이준수, 김지후
⑤ 김진서, 최준수, 이지후

15 ○△✕

다음 글의 내용이 모두 참일 때 반드시 참인 것만을 〈보기〉에서 모두 고르면?

대한민국의 모든 사무관은 세종, 과천, 서울 청사 중 하나의 청사에서만 근무하며, 세 청사의 사무관 수는 다르다. 단, 세종 청사의 사무관 수가 서울 청사의 사무관 수보다 많다. 세 청사 중 사무관 수가 두 번째로 많은 청사의 사무관은 모두 일자리 창출 업무를 겸임한다. 세 청사의 사무관들 중 갑~정에 관하여 다음과 같은 사실이 알려져 있다.
• 갑과 병 중 적어도 한 명은 세종 청사에서 근무하고, 정은 서울 청사에서 근무한다.
• 일자리 창출 업무를 겸임하지 않는 사람은 이들 중 을뿐이다.
• 과천 청사에서 근무하는 사무관은 이들 중 2명이다.
• 을이 근무하는 청사는 사무관 수가 가장 적은 청사가 아니다.

〈보 기〉

ㄱ. 갑, 을, 병, 정 중 사무관 수가 가장 적은 청사에서 일하는 사무관은 일자리 창출 업무를 겸임하지 않는다.
ㄴ. 을이 세종 청사에서 근무하거나 병이 서울 청사에서 근무한다.
ㄷ. 정이 근무하는 청사의 사무관 수가 가장 적다.

① ㄱ
② ㄷ
③ ㄱ, ㄴ
④ ㄴ, ㄷ
⑤ ㄱ, ㄴ, ㄷ

16 ○△✕

쓰레기를 무단투기하는 사람을 찾기 위해 고심하던 주민센터 직원은 다섯 명의 주민 A, B, C, D, E를 면담했다. 이들은 각자 아래와 같이 이야기했다. 이 가운데 두 명의 이야기는 모두 거짓인 반면, 세 명의 이야기는 모두 참이라 하자. 다섯 명 가운데 한 명이 범인이라고 할 때, 쓰레기를 무단투기한 사람은 누구인가?

A : 쓰레기를 무단투기하는 것을 나와 E만 보았다. B의 말은 모두 참이다.
B : 쓰레기를 무단투기한 것은 D이다. D가 쓰레기를 무단투기하는 것을 E가 보았다.
C : D는 쓰레기를 무단투기하지 않았다. E의 말은 참이다.
D : 쓰레기를 무단투기하는 것을 세 명의 주민이 보았다. B는 쓰레기를 무단투기하지 않았다.
E : 나와 A는 쓰레기를 무단투기하지 않았다. 나는 쓰레기를 무단투기하는 사람을 아무도 보지 못했다.

① A
② B
③ C
④ D
⑤ E

01 ○△× 　　　　　　　　　　　　　　　10년 행시(수) 31번

다음 글의 내용이 참이라고 할 때 반드시 참인 것은?

바이러스의 감염방식은 두 가지인데 바이러스는 그 둘 중 하나의 감염방식으로 감염된다. 첫 번째 감염방식은 뮤-파지 방식이라고 불리는 것이고, 다른 하나는 람다-파지라고 불리는 방식이다. 바이러스 감염 경로는 다양하다. 가령 뮤-파지 방식에 의해 감염되는 바이러스는 주로 호흡기와 표피에 감염되지만 중추신경계에는 감염되지 않는다. 반면 람다-파지 방식으로 감염되는 바이러스는 주로 중추신경계에 감염되지만 호흡기와 표피에 감염되는 종류도 있다.

바이러스의 형태는 핵산을 둘러싸고 있는 캡시드의 모양으로 구별하는데 이 형태들 중에서 많이 발견되는 것이 나선형, 원통형, 이십면체형이다. 나선형 바이러스는 모두 뮤-파지 방식으로 감염되고, 원통형 바이러스는 모두 람다-파지 방식으로 감염된다. 그러나 이십면체형 바이러스는 때로는 뮤-파지 방식으로, 때로는 람다-파지 방식으로 감염된다. 작년 가을 유행했던 바이러스 X는 이십면체형이 아닌 것으로 밝혀졌고, 람다-파지 방식으로 감염되었다. 올해 기승을 부리면서 우리를 위협하고 있는 바이러스 Y는 바이러스 X의 변종인데 그 형태와 감염방식은 X와 동일하다.

① 바이러스 X는 원통형이다.
② 바이러스 X는 호흡기에 감염되지 않는다.
③ 바이러스 Y는 호흡기에 감염된다.
④ 바이러스 Y는 나선형이 아니다.
⑤ 나선형이면서 중추신경계에 감염되는 바이러스가 있다.

02 ○△× 　　　　　　　　　　　　　　　16년 행시(5) 28번

다음 글의 내용이 참일 때, 반드시 참인 것은?

만일 A 정책이 효과적이라면, 부동산 수요가 조절되거나 공급이 조절된다. 만일 부동산 가격이 적정 수준에서 조절된다면, A 정책이 효과적이라고 할 수 있다. 그리고 만일 부동산 가격이 적정 수준에서 조절된다면, 물가 상승이 없다는 전제 하에서 서민들의 삶이 개선된다. 부동산 가격은 적정 수준에서 조절된다. 그러나 물가가 상승한다면, 부동산 수요가 조절되지 않고 서민들의 삶도 개선되지 않는다. 물론 물가가 상승한다는 것은 분명하다.

① 서민들의 삶이 개선된다.
② 부동산 공급이 조절된다.
③ A 정책이 효과적이라면, 물가가 상승하지 않는다.
④ A 정책이 효과적이라면, 부동산 수요가 조절된다.
⑤ A 정책이 효과적이라도, 부동산 가격은 적정 수준에서 조절되지 않는다.

03 ○△× 　　　　　　　　　　　　　　　17년 행시(가) 11번

다음 글의 내용이 참일 때, 반드시 참인 것은?

전 세계적 금융위기로 인해 그 위기의 근원지였던 미국의 경제가 상당한 피해를 입었다. 미국에서는 경제 회복을 위해 통화량을 확대하는 양적완화 정책을 실시할 것인지를 두고 논란이 있었다. 미국의 양적완화는 미국 경제회복에 효과가 있겠지만, 국제 경제에 적지 않은 영향을 줄 수 있기 때문이다.

미국이 양적완화를 실시하면, 달러화의 가치가 하락하고 우리나라의 달러 환율도 하락한다. 우리나라의 달러 환율이 하락하면 우리나라의 수출이 감소한다. 우리나라 경제는 대외 의존도가 높기 때문에 경제의 주요지표들이 개선되기 위해서는 수출이 감소하면 안 된다.

또 미국이 양적완화를 중단하면 미국 금리가 상승한다. 미국 금리가 상승하면 우리나라 금리가 상승하고, 우리나라 금리가 상승하면 우리나라에 대한 외국인 투자가 증가한다. 또한 우리나라 금리가 상승하면 우리나라의 가계부채 문제가 심화된다. 가계부채 문제가 심화되는 나라의 국내소비는 감소한다. 국내소비가 감소하면, 경제의 전망이 어두워진다.

① 우리나라의 수출이 증가했다면 달러화 가치가 하락했을 것이다.
② 우리나라의 가계부채 문제가 심화되었다면 미국이 양적 완화를 중단했을 것이다.
③ 우리나라에 대한 외국인 투자가 감소하면 우리나라 경제의 전망이 어두워질 것이다.
④ 우리나라 경제의 주요지표들이 개선되었다면 우리나라의 달러 환율이 하락하지 않았을 것이다.
⑤ 우리나라의 국내소비가 감소하지 않았다면 우리나라에 대한 외국인 투자가 감소하지 않았을 것이다.

04 ⊙△✕　　　　　　　　　　　18년 행시(나) 14번

다음 글의 내용이 모두 참일 때 반드시 참인 것만을 〈보기〉에서 모두 고르면?

> A 부서에서는 올해부터 직원을 선정하여 국외 연수를 보내기로 하였다. 선정 결과 가영, 나준, 다석이 미국, 중국, 프랑스에 한 명씩 가기로 하였다. A 부서에 근무하는 갑~정은 다음과 같이 예측하였다.
>
> 갑 : 가영이는 미국에 가고 나준이는 프랑스에 갈 거야.
> 을 : 나준이가 프랑스에 가지 않으면, 가영이는 미국에 가지 않을 거야.
> 병 : 나준이가 프랑스에 가고 다석이가 중국에 가는 그런 경우는 없을 거야.
> 정 : 다석이는 중국에 가지 않고 가영이는 미국에 가지 않을 거야.
>
> 하지만 을의 예측과 병의 예측 중 적어도 한 예측은 그르다는 것과 네 예측 중 두 예측은 옳고 나머지 두 예측은 그르다는 것이 밝혀졌다.

> ───── 〈보 기〉 ─────
> ㄱ. 가영이는 미국에 간다.
> ㄴ. 나준이는 프랑스에 가지 않는다.
> ㄷ. 다석이는 중국에 가지 않는다.

① ㄱ
② ㄴ
③ ㄱ, ㄷ
④ ㄴ, ㄷ
⑤ ㄱ, ㄴ, ㄷ

05 ⊙△✕　　　　　　　　　　　18년 행시(나) 34번

윗마을에 사는 남자는 참말만 하고 여자는 거짓말만 한다. 아랫마을에 사는 남자는 거짓말만 하고 여자는 참말만 한다. 이 마을들에 사는 이는 남자거나 여자다. 윗마을 사람 두 명과 아랫마을 사람 두 명이 다음과 같이 대화하고 있을 때, 반드시 참인 것은?

> 갑 : 나는 아랫마을에 살아.
> 을 : 나는 아랫마을에 살아. 갑은 남자야.
> 병 : 을은 아랫마을에 살아. 을은 남자야.
> 정 : 을은 윗마을에 살아. 병은 윗마을에 살아.

① 갑은 윗마을에 산다.
② 갑과 을은 같은 마을에 산다.
③ 을과 병은 다른 마을에 산다.
④ 을, 병, 정 가운데 둘은 아랫마을에 산다.
⑤ 이 대화에 참여하고 있는 이들은 모두 여자다.

06 ⊙△✕　　　　　　　　　　　19년 행시(가) 14번

다음 글의 내용이 참일 때, 영희가 들은 수업의 최소 개수와 최대 개수는?

> 심리학과에 다니는 가영, 나윤, 다선, 라음은 같은 과 친구인 영희가 어떤 수업을 들었는지에 대해 이야기했다. 이들은 영희가 〈인지심리학〉, 〈성격심리학〉, 〈발달심리학〉, 〈임상심리학〉 중에서만 수업을 들었다는 것은 알고 있지만, 구체적으로 어떤 수업을 듣고 어떤 수업을 듣지 않았는지에 대해서는 잘 알지 못했다. 그들은 다음과 같이 진술했다.
>
> • 영희가 〈성격심리학〉을 듣지 않았다면, 영희는 대신 〈발달심리학〉과 〈임상심리학〉을 들었다.
> • 영희가 〈임상심리학〉을 들었다면, 영희는 〈성격심리학〉 또한 들었다.
> • 영희가 〈인지심리학〉을 듣지 않았다면, 영희는 〈성격심리학〉도 듣지 않았고 대신 〈발달심리학〉을 들었다.
> • 영희는 〈인지심리학〉도 〈발달심리학〉도 듣지 않았다.
>
> 추후 영희에게 확인해 본 결과 이들 진술 중 세 진술은 옳고 나머지 한 진술은 그른 것으로 드러났다.

	최소	최대
①	1개	2개
②	1개	3개
③	1개	4개
④	2개	3개
⑤	2개	4개

CHAPTER
06 견해 비교·대조

1 유형의 이해

이 유형은 여러 견해의 공통점과 차이점을 파악할 수 있는지를 평가한다. 일반적으로 두 개의 견해가 제시되지만 문제에 따라 더욱 다양한 견해가 제시되기도 한다. 견해 외에도 이론·가설·실험 등으로 표현되는 경우도 있다. 매년 3∼4문항 정도로 꾸준히 출제되고 있다.

이 유형에서 묻고자 하는 것은 어떤 요소가 어떤 견해에 해당하는가이다. 각 견해의 입장이 여러 문단에 분산되어 있는 경우가 많으므로 앞 문단에서 체크해둔 키워드를 다음 문단에서 적극적으로 찾으면서 읽으면 효과적이다. 제시되는 견해의 수가 많으면 서로 유사한 견해인지, 상충되는 견해인지를 파악하며 읽어야 한다.

2 발문 유형

- 다음 글에 대한 분석으로 적절한 것만을 〈보기〉에서 모두 고르면?
- 다음 A, B 학파에 대한 판단으로 적절하지 않은 것은?
- 다음 글의 A∼D에 대한 분석으로 적절한 것만을 모두 고르면?

3 접근법

이 유형에서는 지문을 읽고 선지에서 여러 견해의 공통점과 차이점을 찾아야 한다. 이 때 지문을 다시 읽는 시간을 아끼기 위해서는 처음 읽을 때 각 견해의 핵심을 파악하는 것이 중요하다. 지문을 읽으면서 각 견해가 상충하는 지점을 찾고, 키워드 위주로 체크해 두자. 두 견해의 키워드가 일치한다면, 이는 선지로 활용될 가능성이 매우 높다. 또한 견해 간 관계를 파악하면서 읽어야 한다. 3개 이상의 여러 견해가 제시되는 경우에는 각 견해의 세부적인 내용보다 각 견해의 관계를 묻는 경우가 많다. 이러한 경우 어떤 견해가 서로 지지하는 관계인지, 다른 견해를 반박하고 있는지를 빠르게 파악해야 한다. 처음 글을 읽으면서 화살표나 기타 기호를 활용하여 지지·반박 관계를 표시해두자.

4 생각해 볼 부분

지문에서 '그러나', '한편', '그런데'와 같이 주위를 전환시키는 단어에 유의해야 한다. 또 선지에서 각 견해의 입장을 반대로 제시한 경우, 혹은 한 견해에 대해서는 옳은 진술을 하고 다른 견해에 대해서는 틀린 진술을 한 경우가 많다. 시간에 쫓기다보면 실수할 수 있으므로 어떤 견해에 대한 진술인지를 꼼꼼히 확인해야 한다.

다음 글에 대한 분석으로 적절한 것만을 〈보기〉에서 모두 고르면?

난도 중

풀이시간 2분 20초

> 이론 A는 행위자들의 선호가 제도적 맥락 속에서 형성된다고 본다. 한편, 행위를 설명하기 위해 선호를 출발점으로 삼는 이론 B는 선호의 형성 과정에 주목하지 않는다. 왜냐하면 선호는 '주어진 것'이며 제도나 개인의 심리에 의해 설명해야 할 대상이 아니라고 보기 때문이다. 이 주어진 선호는 합리적인 것으로 간주된다. 왜냐하면 이론 B에서 상정된 개인은 자기 자신의 이익을 최대화하는 전략을 선택하는 존재, 즉 합리적 존재라 가정되기 때문이다.
>
> 이론 A는 행위자들의 선호를 주어진 것으로 간주해서는 안 된다고 본다. 행위의 구체적 맥락을 이해하지 못한다면 자기 이익을 최대화하는 전략을 따른 행위를 강조하는 것이 아무런 의미를 갖지 못한다고 보기 때문이다. 구체적인 상황 속에서 행위자는 특정한 목적과 수단을 가지고 행위하기 마련이다. 그렇다면 그런 행위자들의 행위를 제대로 설명하기 위해서는 그 목적과 수단이 왜 자신의 이익을 최대화한다고 생각했는지, 즉 왜 그런 선호가 형성되었는지 설명해야 한다. 그런데 제도와 같은 맥락적 요소를 배제하면, 그런 선호 형성을 설명할 수 없다. 따라서 이론 A는 행위자들의 선호 형성도 설명해야 할 대상으로 상정한다.
>
> 이론 A가 선호의 형성을 설명하려 한다고 해서 개인의 심리를 분석하려는 것은 아니다. 이론 A에 따르면, 제도는 구체적 상황에 처한 행위자들의 선택을 제약함으로써 그들의 전략에 영향을 준다. 또한 제도는 행위자들이 자신이 추구하는 목적을 구체화하는 데도 영향을 미친다. 그렇다고 행위가 제도에 의해 완전히 결정된다는 것은 아니다. 구체적 상황에서의 행위자들의 행위를 이해하게 해주는 단서는 제도적 맥락으로부터 찾아야 한다는 것이 이론 A의 견해이다.

───────── 〈보 기〉 ─────────

ㄱ. 선호 형성과 관련해 이론 A와 이론 B는 모두 개인의 심리에 대한 분석에 주목하지 않는다.

ㄴ. 이론 A는 맥락적 요소를 이용해 선호 형성 과정을 설명하려고 하지만 이론 B는 선호 형성 과정을 설명하려 하지 않는다.

ㄷ. 이론 B는 행위자가 자기 자신의 이익을 최대화하는 전략에 따른다는 것을 부정하지만 이론 A는 그렇지 않다.

① ㄱ
② ㄷ
③ ㄱ, ㄴ
④ ㄴ, ㄷ
⑤ ㄱ, ㄴ, ㄷ

합격생 가이드

이론 A와 이론 B가 제시되어 있다. 이 중 이론 A를 중심으로 글이 서술되고 있으므로 이론 A에 대한 설명 중 이론 B와 대조되는 부분을 찾으며 읽어야 한다. 〈보기〉를 먼저 읽고 쟁점이 되는 부분을 역으로 도출해 내는 것도 가능하다.

대표문항으로 선정한 이유

이 문제는 견해 비교 · 대조 유형의 전형을 따르면서도, 문제를 해결하기 위해서는 어느 정도 추론이 필요하다. 지문을 읽는 횟수를 최소화한다고 생각하고 처음 읽을 때 핵심 키워드를 찾아보자.

정답해설

ㄱ. 옳다. 첫 번째 문단에서 "왜냐하면 (B는) 선호는 '주어진 것'이며 제도나 개인의 심리에 의해 설명해야 할 대상이 아니라고 보기 때문이다."라고 하였다. 또한 마지막 문단에서 "이론 A가 선호의 형성을 설명하려 한다고 해서 개인의 심리를 분석하려는 것은 아니다."라고 하였다. 이를 고려할 때 이론 A와 이론 B 모두 개인의 심리에 대한 분석은 고려하지 않고 있다.

ㄴ. 옳다. 두 번째 문단에서 이론 A는 제도와 같은 맥락적 요소를 통해 어떻게 선호가 형성되었는지를 설명해야 한다고 주장한다. 반면 첫 번째 문단에서 이론 B는 선호의 형성 과정에 주목하지 않는다.

오답해설

ㄷ. 옳지 않다. 두 번째 문단에서 "행위의 구체적 맥락을 이해하지 못한다면 자기 이익을 최대화하는 전략을 따른 행위를 강조하는 것이 아무런 의미를 갖지 못한다고 보기 때문이다."라고 하여, 이론 A에서 상정하는 개인이 자기 이익을 최대화하는 전략에 따른다는 것을 알 수 있다. 그리고 첫 번째 문단에 이론 B도 자신의 이익을 최대화하는 합리적 개인을 상정하고 있음이 나타나 있다. 결국 이론 A에 대한 서술은 옳으나, 이론 B에 대한 서술이 옳지 않다.

답 ③

01 ▢△×

다음 글의 A와 B에 대한 평가로 적절한 것만을 〈보기〉에서 모두 고르면?

지구중심설을 고수하던 프톨레마이오스의 추종자 A와 B는 '지구가 태양 주위를 1년 주기로 공전하고 있다'는 지구 공전 가설에 대하여 나름의 논증으로 대응한다.

A : 오른쪽 눈을 감고 본 세상과 왼쪽 눈을 감고 본 세상은 사물의 상대적 위치가 미묘하게 다르다. 지구 공전 가설이 옳다면, 지구의 공전 궤도 상에서 서로 가장 멀리 떨어진 두 위치에서 별을 관측한다면 별의 위치가 다르게 보일 것이다. 그러나 별은 늘 같은 위치에 있는 것으로 관측된다. 그러므로 지구 공전 가설은 틀렸다.

B : 바람과 반대 방향으로 빠르게 달리는 마차에서 보면 빗방울은 정지한 마차에서 볼 때보다 더 비스듬하게 떨어지는 것으로 보이지만 마차가 같은 속도로 바람과 같은 방향으로 달릴 때에는 그보다는 덜 비스듬하게 떨어지는 것으로 보인다. 지구 공전 가설이 옳다면 지구의 운동 속도는 상당히 빠를 것이고 반년이 지나면 운동 방향이 반대가 될 것이다. 그러므로 지구의 운동 방향에 따라 별빛이 기울어지는 정도가 변할 것이고 별의 가시적 위치가 달라질 것이다. 그러나 별은 늘 같은 위치에 있는 것으로 관측된다. 그러므로 지구 공전 가설은 틀렸다.

〈보 기〉

ㄱ. A와 B 모두 일상적 경험에 착안하여 얻은 예측과 별을 관측한 결과를 근거로 지구 공전 가설을 평가했다.

ㄴ. A와 B 모두 당시 관측 기술의 한계로 별의 위치 변화가 관측되지 않았을 가능성을 고려하지 않았다.

ㄷ. 지구가 공전하면 별의 위치가 달라져 보일 이유를, A는 관측자의 관측 위치가 달라진 것에서, B는 관측자의 관측 대상에 대한 운동 방향이 뒤바뀐 것에서 찾았다.

① ㄱ
② ㄷ
③ ㄱ, ㄴ
④ ㄴ, ㄷ
⑤ ㄱ, ㄴ, ㄷ

02 ▢△×

다음 글의 갑~병의 견해에 대한 분석으로 가장 적절한 것은?

갑 : 현대 사회에 접어들어 구성원들의 이해관계는 더욱 복잡해졌으며, 그 이해관계 사이의 충돌은 심각해졌다. 그리고 현대 사회에서 발생하는 다양한 범죄는 바로 이런 문제에서 비롯되었다고 말할 수 있다. 이에 범죄자에 대한 처벌 여부와 처벌 방식의 정당성은 그의 범죄 행위뿐만 아니라 현대 사회의 문제점도 함께 고려하여 확립되어야 한다. 처벌은 사회 전체의 이득을 생각해서, 다른 사회 구성원들을 교육하고 범죄자를 교화하는 기능을 수행해야 한다.

을 : 처벌 제도는 종종 다른 사람들의 공리를 위해 범죄자들을 이용하곤 한다. 이는 범죄자를 다른 사람들의 이익을 위한 수단으로 대우하는 것이다. 하지만 사람의 타고난 존엄성은 그런 대우에 맞서 스스로를 보호할 권리를 부여한다. 따라서 처벌 여부와 처벌 방식을 결정하는 데 있어 처벌을 통해 얻을 수 있는 사회의 이익을 고려해서는 안 된다. 악행을 한 사람에 대한 처벌 여부와 그 방식은 그 악행으로도 충분히, 그리고 그 악행에 의해서만 정당화되어야 한다.

병 : 범죄자에 대한 처벌의 교화 효과에 대해서는 의문의 여지가 있다. 처벌의 종류에 따라 교화 효과는 다른 양상을 보인다. 가령 벌금형이나 단기 징역형의 경우 충분한 교화 효과가 있는 것처럼 보이기도 하지만, 장기 징역형의 경우 그 효과는 불분명하고 복잡하다. 특히, 범죄사회학의 연구 결과는 장기 징역형을 받은 죄수들은 처벌을 받은 이후에 보다 더 고도화된 범죄를 저지르며 사회에 대한 강한 적개심을 가지게 되는 경향이 있다는 것을 보여준다.

① 처벌의 정당성을 확립하기 위한 고려사항에 대해 갑과 을의 의견은 양립 가능하다.

② 갑과 달리 을은 현대 사회에 접어들어 구성원들 간 이해 관계의 충돌이 더욱 심해졌다는 것을 부정한다.

③ 을과 달리 갑은 사람에게는 타고난 존엄성이 있다는 것을 부정한다.

④ 병은 처벌이 갑이 말하는 기능을 수행하지 못할 수도 있다는 것을 보여준다.

⑤ 병은 처벌이 을이 말하는 방식으로 정당화될 수 없다는 것을 보여준다.

03 ⊙△✕

15년 행시(인) 4번

다음 대화에 대한 분석으로 옳지 <u>않은</u> 것은?

A : 과학자는 사실의 기술에 충실해야지, 과학이 초래하는 사회적 영향과 같은 윤리적 문제에 대해서는 고민할 필요가 없습니다. 윤리적 문제는 윤리학자, 정치인, 시민의 몫입니다.

B : 과학과 사회 사이의 관계에 대해 생각할 때 우리는 다음 두 가지를 고려해야 합니다. 첫째, 우리가 사는 사회는 전문가 사회라는 점입니다. 과학과 관련된 윤리적 문제를 전문적으로 연구하는 윤리학자들이 있습니다. 과학이 초래하는 사회적 문제는 이들에게 맡겨두어야지 전문가도 아닌 과학자가 개입할 필요가 없습니다. 둘째, 과학이 불러올 미래의 윤리적 문제는 과학이론의 미래와 마찬가지로 확실하게 예측하기 어렵다는 점입니다. 이런 상황에서 과학자가 윤리적 문제에 집중하다 보면 신약 개발처럼 과학이 가져다 줄 수 있는 엄청난 혜택을 놓치게 될 위험이 있습니다.

C : 과학윤리에 대해 과학자가 전문성이 없는 것은 사실입니다. 하지만 중요한 것은 과학자들과 윤리학자들이 자주 접촉을 하고 상호이해를 높이면서, 과학의 사회적 영향에 대해 과학자, 윤리학자, 시민이 함께 고민하고 해결책을 모색해 보는 것입니다. 또한 미래에 어떤 새로운 과학이론이 등장할지 그리고 그 이론이 어떤 사회적 영향을 가져올지 미리 알기는 어렵다는 점도 중요합니다. 게다가 연구가 일단 진행된 다음에는 그 방향을 돌리기도 힘듭니다. 그렇기에 연구 초기단계에서 가능한 미래의 위험이나 부작용에 대해 자세히 고찰해 보아야 합니다.

D : 과학의 사회적 영향에 대한 논의 과정에 과학자들의 참여가 필요합니다. 현재의 과학연구가 계속 진행되었을 때, 그것이 인간사회나 생태계에 미칠 영향을 예측하는 것은 결코 만만한 작업이 아닙니다. 그래서 인문학, 사회과학, 자연과학 등 다양한 분야의 전문가들이 함께 소통해야 합니다. 그렇기에 과학자들이 과학과 관련된 윤리적 문제를 도외시해서는 안 된다고 봅니다.

① A와 B는 과학자가 윤리적 문제에 개입하는 것에 부정적이다.
② B와 C는 과학윤리가 과학자의 전문 분야가 아니라고 본다.
③ B와 C는 과학이론이 앞으로 어떻게 전개될지 정확히 예측하기 어렵다고 본다.
④ B와 D는 과학자의 전문성이 과학이 초래하는 사회적 문제 해결에 긍정적 기여를 할 것이라고 본다.
⑤ C와 D는 과학자와 다른 분야 전문가 사이의 협력이 중요하다고 본다.

04 ⊙△✕

15년 행시(인) 24번

다음 글의 (가)와 (나)에 대한 설명으로 옳은 것만을 〈보기〉에서 모두 고르면?

(가) 오늘날 권력에서 소외된 대중은 자발적으로 자신의 영역에서 투쟁을 시작한다. 그러한 투쟁에서 지식인이 갖는 역할에 대해 재고해 보자. 과거 지식인들은 궁극적인 투쟁의 목표와 전반적인 가치기준을 제시하면서 대중의 현실 인식과 그들의 가치판단에 큰 영향을 미쳤다. 그러나 세계의 모든 기준을 독점하고 대중을 이끌던 지식인의 시대는 지나갔다. 나는 지식인의 역할이 과거처럼 자신의 현실 인식과 가치기준에 맞춰 대중의 의식을 일깨우고 투쟁의 방향을 제시하는 것을 목표로 삼아서는 안 된다고 본다. 오늘날의 대중은 과거와 달리 지식인이 정해준 기준과 예측, 방향성을 피동적으로 받아들이는 존재가 아니다. 그들은 자신들의 가치기준과 투쟁 목표를 스스로 설정한다. 그러므로 진정한 지식인은 대중과 함께 사회의 여러 영역에서 구체적인 변화를 위한 투쟁에 참여해야 하며, 그러한 투쟁이야말로 현실 사회의 문제점을 해결할 수 있는 것이다.

(나) 진정한 지식인의 역할은 무엇인가. 이를 알기 위해서 먼저 지난 2세기 동안 나타난 지식인의 병폐를 지적해 보자. 과거 지식인들은 현실을 올바로 인식하고 바람직한 가치기준을 제시하고 선도한다고 확신하면서 대중 앞에서 전혀 현실에 맞지 않는 기준을 쏟아내는 병폐를 보여 왔다. 과거 지식인들은 실제 현실에 대해 연구도 하지 않고 현실을 제대로 파악하지도 못하면서 언론에 장단을 맞추어 설익은 현실 인식과 가치기준의 틀을 제시하여 대중을 호도했다. 그 결과 대중은 현실을 제대로 파악하지 못했고 그로 인해 실제 삶에 맞는 올바른 가치판단을 내리지 못했다. 진정한 지식인은 과거 지식인의 병폐로부터 벗어나 무엇보다 실제 현실의 문제와 방향성, 가치기준에 대한 진지한 고민과 탐색을 게을리 하지 않아야 한다. 또한 대중은 지금도 여전히 현실을 제대로 반영할 수 있는 올바른 인식과 가치기준을 스스로 찾지 못하기에, 진정한 지식인은 사회 전체를 올바르게 바라볼 수 있는 기준과 틀을 대중에게 제공하기 위해 노력해야 한다.

〈보 기〉

ㄱ. (가)는 오늘날의 대중을 과거의 대중에 비해 능동적인 존재라고 본다.
ㄴ. (나)는 과거 지식인이 현실을 올바르게 인식하였음에도 불구하고 대중을 잘못된 방식으로 인도하였다고 본다.
ㄷ. (가)와 (나)는 과거 지식인이 대중의 현실 인식과 가치 판단에 영향을 미쳤다고 본다.

① ㄱ
② ㄴ
③ ㄷ
④ ㄱ, ㄷ
⑤ ㄱ, ㄴ, ㄷ

05 ◯△✕　　　　　　　　　　　　　　　　13년 행시(인) 24번

A와 B의 견해 차이를 가장 잘 기술한 것은?

> A : 진화론이 인간에 대해 설명할 때 동원하는 두 개의 핵심 개념은 '생존'과 '번식'이다. 그러나 그것만으로는 인간의 행동, 가치, 목표를 다 설명할 수 없다. 현대 생물학이 인간 존재와 그의 행동에 대한 모든 답을 가진 것처럼 발언하는 순간, 인문학은 생물학에 의심의 눈초리를 보내게 된다. 물론 인간도 동물이고 생물인 이상 생물학의 차원을 떠날 수는 없다. 인간은 다른 모든 생명체와 생물학의 차원을 공유한다. 인간의 심리, 행동방식, 취향과 습관도 생물학의 차원에 뿌리내리고 있다. 그러나 인문학의 관심 대상은 이런 차원 위에 만들어진 독특한 세계이다. '인간을 인간이게 하는 것은 무엇인가'라는 질문은 인문학의 핵심 관심사이다. 말하자면 인문학은 인간의 고유성을 말해주는 층위와 지점들을 찾아내는 작업이다. 여기에는 사회·정치·윤리의 차원을 고려해야 한다. 가령 평등이나 인간 존엄과 같은 사회 원칙과 이상을 생각해 보자. 인간 사회에 이러한 가치와 규범이 유효해야 한다는 요구는 진화의 결과라기보다 선택의 결과이다. 그런 점에서 분명 인간에게는 생물학만으로는 설명할 수 없는 생물학 너머의 차원이 있다.
>
> B : A의 생각은 '생물학'이라는 말에서 유전자 결정론을 연상하기 때문에 나왔다. 한 인간은 유전과 환경 사이의 관계 속에서 탄생하고 성장한다. 유전자에 의해서 발현되는 형질들과 환경 사이의 상호작용과 관련된 것이라면 무엇이든지 생물학에 포함된다. 그래서 생물학에는 생리학, 생화학, 분자생물학, 신경생물학, 생태학, 환경생물학, 우주생물학 등이 포함된다. 결국 우리 삶 전체가 생물학의 차원 안으로 들어오게 된다. 생물학 너머의 차원이란 존재하지 않는다. 법학은 인간의 법률 행위를 연구하는 인간 생물학이고 경제학은 인간의 경제 행위를 연구하는 인간 생물학이다. 모든 학문은 인간 생물학의 일부이다.

① 한쪽은 유전자 결정론을 받아들이고 다른 쪽은 받아들이지 않는다.
② 한쪽은 생물학의 역할을 부정하고 다른 쪽은 생물학의 역할을 높게 평가한다.
③ 한쪽은 인간 삶에 대한 모든 탐구가 생물학의 영역 내에 있다고 생각하고 다른 쪽은 이에 반대한다.
④ 한쪽은 인문학이 생물학의 차원에 놓여 있다고 생각하고 다른 쪽은 사회과학의 차원에 놓여 있다고 생각한다.
⑤ 한쪽은 인문학이 사회·정치·윤리의 차원과 구별되지 않는다고 생각하고 다른 쪽은 인문학이 그런 차원과 구별된다고 생각한다.

06 ◯△✕　　　　　　　　　　　　　　　　11년 행시(수) 1번

다음 (가)~(다)에 대한 판단으로 가장 적절한 것은?

> (가) 지금 열 사람이 굶주리는데 한 그릇의 밥을 먹게 되면 그 밥을 다 먹기 전에 싸움이 일어날 것이다. 조정의 붕당(朋黨)도 어찌 이와 다르겠는가. 오늘날 붕당의 폐해가 날로 극심하니 한 당이 득세하면 현우(賢愚)의 구별 없이, 그리고 청직(淸職)과 요직(要職)을 불문하고 다투어 자기 사람을 심어 세력을 떨친다. 그리하여 가난한 문필가의 가문들에서는 과거의 홍패(紅牌)※를 안고서 관직을 얻지 못해 탄식하는 자가 셀 수조차 없이 많게 된다.
>
> (나) 3백 년 동안 사색(四色)의 당파 싸움은 국가에 큰 해를 끼쳤다고도 한다. 하지만 당론이 극렬할수록 제각기 나는 옳고 저는 그르다는 것을 퍼뜨리기 위하여 개인적인 역사 기술이 성행했다. 마침내 한백겸, 안정복, 한치윤 등 뛰어난 인물이 등장하게 되었다. 혹 어떤 이는, "사색 이후의 역사는 서로 모순되어 그 시비를 가릴 수가 없어서 역사의 난관이 된다."고 한다. 그러나 그들의 시비를 보면 아무 당이 조선의 충신이니, 역적이니, 아무 선생이 주자학의 정통이니 아니니 하는 문제들뿐이므로, 오늘날 우리의 눈으로 보면 칼을 휘둘러 임금의 시체를 두 동강 낸 연개소문을 쾌남아라 할 것이요, 자기의 의견을 주장하여 명륜당(明倫堂) 기둥에 공자를 비평한 글을 붙인 윤백호를 걸물이라 할 것이다.
>
> (다) 조선왕조의 정치가 양반관료체제로 귀결된 것은 지배 신분층의 확대라는 역사적 변환과 밀접하게 관련되어 있다. 중소 지주층의 대부분이 신분적으로 관인이 될 수 있는 자격을 획득한 조건 아래서 그들의 정치 참여 욕구를 수렴하려면, 체제의 운영 방식이 보다 많은 수의 참여를 가져와야 했다. 고려시대에 비하여 관료제도가 더 발달하고 관료의 선발 방식으로서의 과거제도가 활성화된 까닭이 바로 여기에 있다. 정치체제의 기반이 그러한 역사적 조건을 가진 이상, 국체가 왕정으로 내세워졌다 하더라도 전제왕권은 일시적인 것에 그치지 않을 수 없었다.

※ 홍패 : 급제자에게 주는 증서

① (가)에 의하면 붕당의 폐해가 심해지면서 과거에 급제하고도 기용되기 힘들어지는 사례가 많아졌다.
② (나)에 의하면 당파의 성립과 당파 간 논쟁이 민주적인 공론의 장을 형성했다.
③ (다)에 의하면 과거제의 활성화로 인해 중소 지주들의 정치 참여 욕구가 높아져 지배층이 확대되었다.
④ 전근대 시기 우리나라가 당파 간 대립이 극심했다는 점에서 (가)와 (다)는 일치하는 견해를 보여준다.
⑤ 과거제도가 문제점과 더불어 순기능도 있었다는 점에서 (나)와 (다)는 일치하는 견해를 보여준다.

07 ○△✕   17년 행시(가) 33번

다음 ⊙∼㉣에 대한 판단으로 가장 적절한 것은?

동물실험이란 교육, 시험, 연구 및 생물학적 제제의 생산 등 과학적 목적을 위해 동물을 대상으로 실시하는 실험 및 그 절차를 말한다. 동물실험은 오랜 역사를 가진 만큼 이에 대한 찬반 입장이 복잡하게 얽혀있다.

인간과 동물의 몸이 자동 기계라고 보았던 근대 철학자 ⊙ 데카르트는 동물은 인간과 달리 영혼이 없어 쾌락이나 고통을 경험할 수 없다고 믿었다. 데카르트는 살아있는 동물을 마취도 하지 않은 채 해부 실험을 했던 것으로 악명이 높다. 당시에는 마취술이 변변치 않았을 뿐더러 동물이 아파하는 행동도 진정한 고통의 반영이 아니라고 보았기 때문에, 그는 양심의 가책을 느끼지 않았을 것이다. ⓒ 칸트는 이성 능력과 도덕적 실천 능력을 가진 인간은 목적으로서 대우해야 하지만, 이성도 도덕도 가지지 않는 동물은 그렇지 않다고 보았다. 그는 동물을 학대하는 일은 옳지 않다고 생각했는데, 동물을 잔혹하게 대하는 일이 습관화되면 다른 사람과의 관계에도 문제가 생기고 인간의 품위가 손상된다고 보았기 때문이다.

동물실험을 옹호하는 여러 입장들은 인간은 동물이 가지지 않은 언어 능력, 도구 사용 능력, 이성 능력 등을 가진다는 점을 근거로 삼는 경우가 많지만, 동물들도 지능과 문화를 가진다는 점을 들어 인간과 동물의 근본적 차이를 부정하는 이들도 있다. 현대의 ⓒ 공리주의 생명윤리학자들은 이성이나 언어 능력에서 인간과 동물이 차이가 있더라도 동물실험이 정당화되는 것은 아니라고 본다. 이들에게 도덕적 차원에서 중요한 기준은 고통을 느낄 수 있는지 여부이다. 인종이나 성별과 무관하게 고통은 최소화되어야 하듯, 동물이 겪고 있는 고통도 마찬가지이다. 이들이 문제 삼는 것은 동물실험 자체라기보다는 그것이 초래하는 전체 복지의 감소에 있다. 따라서 동물에 대한 충분한 배려 속에서 전체적인 복지를 증대시킬 수 있다면, 일부 동물실험은 허용될 수 있다.

이와 달리, 현대 철학자 ㉣ 리건은 몇몇 포유류의 경우 각 동물 개체가 삶의 주체로서 갖는 가치가 있다고 주장하면서, 이 동물에게는 실험에 이용되지 않을 권리가 있다고 본다. 이러한 고유한 가치를 지닌 존재는 존중되어야 하며 결코 수단으로 취급되어서는 안 된다. 따라서 개체로서의 가치와 동물권을 지니는 대상은 그 어떤 실험에도 사용되지 않아야 한다.

① ⊙과 ⓒ은 이성과 도덕을 갖춘 인간의 이익을 우선시하기 때문에 동물실험에 찬성한다.

② ⊙과 ⓒ은 동물이 고통을 느낄 수 있는지 여부에 관해 견해가 서로 다르다.

③ ⓒ과 ㉣은 인간과 동물의 근본적 차이로 인해 동물을 인간과 다르게 대우해도 좋다고 본다.

④ ⓒ은 언어와 이성 능력에서 인간과 동물이 차이가 있음을 부정한다.

⑤ ㉣은 동물이 고통을 느낄 수 있는 존재이기 때문에 각 동물 개체가 삶의 주체로서 가치를 지닌다고 본다.

08 ○△✕   16년 행시(5) 12번

다음 대화에 대한 분석으로 적절하지 <u>않은</u> 것은?

가영 : 확보된 증거에 비추어볼 때 갑과 을 두 사람 중 적어도 한 사람에게 사고의 책임이 있을 개연성이 무척 높기는 하지만, 갑에게 책임이 없다고 밝혀진 것만으로는 을의 책임 관계를 확정할 수 없습니다.

나정 : 책임소재에 관한 어떤 증거도 없는 경우라면 모르지만, 둘 중 한 사람에게 사고의 책임이 있다는 것을 꽤 지지하는 증거가 확보된 경우에는 그렇게 말할 수 없습니다. '갑 아니면 을이다. 그런데 갑이 아니다. 그렇다면 을이다.'라고 추론해야지요.

가영 : 그 논리적 추론이야 물론 당연합니다. 하지만 문제는 우리가 지금 토론하고 있는 상황이 그 추론의 결론을 반드시 수용해야 하는 경우가 아니라는 것입니다. '갑 아니면 을이다.'가 확실히 참이라고 말할 수 없기 때문이지요.

나정 : 앞에서 증거에 의해 '갑, 을 두 사람 중 적어도 한 사람에게 사고의 책임이 있을 개연성이 무척 높다.'라고 전제하지 않았습니까? 그런 경우에 '갑 아니면 을이다.'를 참이라고 수용해야 하는 것 아닌가요?

가영 : 그렇지 않습니다. 아무리 개연성이 높은 판단이라고 할지라도 결국에는 거짓으로 밝혀지는 경우가 드물지 않습니다. 가령, 나중에 을에게 책임이 없음을 확실히 입증하는 증거가 나타나는 상황을 배제할 수 없습니다. 그런 증거가 나타나는 경우, 둘 중 적어도 한 사람에게 책임이 있다고 보았던 최초의 전제의 개연성이 흔들리고 그 전제를 참이라고 수용할 수 없게 됩니다.

나정 : 여러 가지 상황 때문에 우리가 취할 수 있는 증거는 제한적일 수밖에 없으며, 이에 제한된 증거만으로 책임 관계의 판단을 확정하는 것은 쉽지 않습니다. 하지만 그렇다고 언제까지 판단을 미룰 수는 없습니다. 우리는 확보된 증거를 이용해 전제들의 개연성을 파악해야 하고 그 전제들로부터 논리적으로 추론하여 결론을 이끌어 내야합니다. 나타나지도 않은 증거를 기다릴 일이 아니라, 확보된 증거를 충분히 고려해 을에게 사고의 책임을 물어야 한다는 것입니다.

① 가영과 나정은 모두 책임 소재의 규명에서 증거의 역할을 부정하지 않는다.

② 가영은 책임 소재를 규명하는 과정에서 사용되는 전제의 개연성은 달라질 수 있다고 주장한다.

③ 가영과 달리 나정은 어떤 판단의 개연성이 충분히 높다면 그 판단을 수용할 수 있다고 주장한다.

④ 나정은 가영의 견해에 따를 경우 책임 소재에 관한 판단이 계속 미결 상태로 표류할 수도 있다고 주장한다.

⑤ 나정과 달리 가영은 참인 전제들로부터 논리적 추론을 이용해서 도출된 결론이 거짓일 수 있다고 주장한다.

01 ○△✕　　　　　　　　　　　　08년 행시(꿈) 3번

두 과학자 진영 A와 B의 진술 내용과 부합하지 <u>않는</u> 것은?

　　우리 은하와 비교적 멀리 떨어져 있는 은하들이 모두 우리 은하로부터 점점 더 멀어지고 있다는 사실이 확인되었다. 이 사실을 두고 우주의 기원과 구조에 대해 서로 다른 견해를 가진 두 진영이 다음과 같이 논쟁하였다.

　　A진영 : 우주는 시간적으로 무한히 오래되었다. 우주가 팽창하는 것은 사실이다. 그렇다고 우리 견해가 틀렸다고 볼 필요는 없다. 우주는 팽창하지만 전체적으로 항상성을 유지한다. 은하와 은하가 멀어질 때 그 사이에서 물질이 연속적으로 생성되어 새로운 은하들이 계속 형성되기 때문이다. 비록 우주는 약간씩 변화가 있겠지만, 우주 전체의 평균 밀도는 일정하게 유지된다. 만일 은하 사이에서 새로 생성되는 은하를 관측한다면, 우리의 가설을 입증할 수 있다. 반면 우주가 자그마한 씨앗으로부터 대폭발에 의해 생겨났다는 주장은 터무니없다. 이처럼 방대한 우주의 물질과 구조가 어떻게 그토록 작은 점에 모여 있을 수 있겠는가?

　　B진영 : A의 주장은 터무니없다. 은하 사이에서 새로운 은하가 생겨난다면 도대체 그 물질은 어디서 온 것이라는 말인가? 은하들이 우리 은하로부터 점점 더 멀어지고 있다는 사실은 오히려 우리 견해가 옳다는 것을 입증할 뿐이다. 팽창하는 우주를 거꾸로 돌린다면 우주가 시공간적으로 한 점에서 시작되었다는 결론을 얻을 수 있다. 만일 우주 안의 모든 물질과 구조가 한 점에 있었다면 초기 우주는 현재와 크게 달랐을 것이다. 대폭발 이후 우주의 물질들은 계속 멀어지고 있으며 우주의 밀도는 계속 낮아지고 있다. 대폭발 이후 방대한 전자기파가 방출되었는데, 만일 우리가 이를 관측한다면, 우리의 견해가 입증될 것이다.

① A에 따르면 물질의 총 질량이 보존되지 않는다.
② A에 따르면 우주는 시작이 없고, B에 따르면 우주는 시작이 있다.
③ A에 따르면 우주는 국소적인 변화는 있으나 전체적으로는 변화가 없다.
④ A와 B는 인접한 은하들 사이의 평균 거리가 커진다는 것을 받아들인다.
⑤ A와 B 모두 자신의 주장을 경험적으로 입증하기 위한 방법을 제안하고 있다.

02 ○△✕　　　　　　　　　　　　06년 행시 25번

다음 두 사람의 대화를 통해 알 수 있는 내용은?

　　A : 현대 의학의 틀을 만들어낸 지난 한 세기 동안 의학의 발전상은 괄목할 만한 것이었습니다. 특히 페니실린 발견 이후 다양한 항생제가 개발되면서 여러 질병들을 치료할 수 있게 되었습니다.

　　B : 물론 현대 의학이 여러 질병들로부터 인간을 '해방'시킨 것은 사실입니다. 그러나 여기에는 현대 의학에 대한 하나의 '신화'가 자리 잡고 있다는 점도 간과해서는 안 될 것입니다. 현대 의학의 본질에 대한 좀 더 정밀한 검토가 필요합니다. 현대 의학이 엄청나게 발전한 것은 사실이지만, 아직 질병은 정복되지 않았습니다.

　　A : 그렇습니다. 암 문제만 하더라도 아직 획기적인 치료제를 개발해내지 못한 것이 사실입니다. 그러나 최근 연구 성과에 비춰 볼 때, 그리 멀지 않은 시간 내에 정복될 수 있을 것이라 믿습니다.

　　B : 제가 강조하고 싶은 것은 우리가 지금까지 현대 의학의 힘을 과대평가해 왔다는 점입니다. 단적인 예로 항생제만 하더라도 그렇습니다. 항생제에 내성을 지닌 세균들이 지속적으로 발생하고 있다는 점은 현대 의학의 문제점을 적나라하게 보여줍니다.

　　A : 물론 백 퍼센트 만족스러울 수는 없습니다. 하지만 인간의 평균 수명이 최근까지 큰 폭으로 증가해 온 것 하나만으로도 현대 의학의 공을 높이 평가할 수 있을 것입니다.

　　B : 하지만 평균 수명의 증가를 또 다른 관점에서 설명하는 의견에도 귀를 기울일 필요가 있습니다. 예컨대 건강 증진을 생활 조건의 향상이라는 측면에서 바라보는 맥퀸이나, 19세기 말에서 20세기 초에 걸쳐 영국에서의 사망률 감소가 노동자들의 실질 임금 증가와 노동 조건 개선에 힘입은 바 크다고 밝힌 블레인의 지적에 관심을 기울일 필요가 있습니다. 특히 고르에 따르면, 프랑스에서 개인당 약품 구매량은 1959년에서 1972년까지 13년 동안 2.7배로 늘어났음에도 불구하고 이 시기를 전후하여 사람들의 평균 수명은 거의 증가하지 않았습니다. 또 일리치의 말처럼, 의사의 개입이 병을 낫게 하기보다는 오히려 약의 부작용이나 잘못된 수술 후유증과 같은 병원성 질환을 초래할 가능성도 있습니다.

① B는 인간의 평균 수명 증가에 미친 의학 외적 요인의 중요성을 고려해야 한다고 지적한다.
② B는 지금까지 정복하지 못했던 난치병 역시 현대 의학의 발전으로 곧 치료 가능할 것이라는 사실에 동의한다.
③ A와 B 두 사람은 모두 현대 의학의 발전이 인간의 복지를 실질적이고 보편적으로 향상시킬 것이라는 점에 동의한다.
④ B는 약품 사용 증가와 그에 따른 부작용이 가까운 시일 내에 평균 수명의 증가에 심각한 악영향을 미칠 것이라고 주장한다.
⑤ B는 현대 의학의 발전이 질병으로부터 인간을 해방시키는 것에 그쳐서는 안 되고, 질병을 완전히 정복하는 수준까지 도달해야 한다고 주장한다.

03 ◯△✕

다음 글에 나타난 견해들의 관계에 대한 진술로 적절하지 <u>않은</u> 것은?

엘베시우스는 말했다. "사람은 누구나 똑같이 태어난다고 가정하자. 하지만 어떤 환경에서 자라고 어떤 교육을 받느냐에 따라서 누구는 영재가 되고, 누구는 평범한 사람, 심지어는 바보가 된다. 환경과 교육이 똑같은 재능을 갖고 태어난 사람들을 영재나 바보로 만든다." 자녀 교육에 관심 많은 사람이 금과옥조로 여길만한 말이다. 그렇다면 어떤 아이라 하더라도 좋은 환경에서 키우면 모두 영재로 키울 수 있을까?

예로부터 교육계에는 영재를 바라보는 두 가지 대립적인 관점이 존재했다. 루소는 재미난 비유를 했다. "한 어미에서 태어난 강아지가 같은 곳에서 같은 교육을 받아도 그 결과는 천차만별이다. 어떤 강아지는 똑똑하고 기민한데 비해 또 다른 강아지는 멍청하고 둔한데, 이런 차이는 타고난 능력이 서로 다르기 때문이다. 특별한 교육을 받아도 멍청한 강아지가 똑똑한 강아지가 되지는 않는다." 반면에 페스탈로치는 다른 관점의 우화를 내놓았다. "타고난 능력이 같은 쌍둥이 망아지 두 마리가 각각 어리석고 가난한 사람과 현명한 부자에게 보내져 자랐다. 가난한 사람에게 보내진 망아지는 어릴 때부터 돈벌이에 이용돼 결국 보잘 것 없는 말이 되었다. 하지만 현명한 부자에게 보내진 망아지는 주인의 정성어린 보살핌으로 명마가 되었다."

두 우화는 영재에 관한 서로 다른 관점을 잘 보여준다. 학계에서는 루소의 관점에 동의하는 사람이 많은 편이다. 자신의 독특한 조기 교육으로 자식을 영재로 키운 비테는 다음과 같은 교육론을 피력했다. "아이들은 서로 다른 재능을 타고 태어난다. 편의상 좋은 재능을 100, 바보가 될 재능을 10 이하, 평범한 재능을 50이라고 하자. 이 경우 모든 아이들이 똑같이 교육받으면 재능에 따라서 운명이 달라질 것이다. 하지만 실제 교육 현실 속에서 많은 아이들은 타고난 재능의 절반도 발휘하지 못한다. 따라서 아이들의 잠재력을 개발할 수 있는 교육을 실시하여 재능의 90%까지 발휘하게 하면 50의 재능을 타고난 평범한 아이도 80의 재능을 타고난 아이보다 더 뛰어날 수 있다고 결론 내릴 수 있다."

① 루소는 비테의 결론에 동의하지 않을 것이다.
② 엘베시우스는 페스탈로치의 주장에 동의할 것이다.
③ 비테는 엘베시우스의 가정에 동의하지 않을 것이다.
④ 페스탈로치의 주장과 루소의 주장은 양립 가능하지 않다.
⑤ 페스탈로치의 주장과 비테의 주장은 양립 가능하지 않다.

04 ◯△✕

다음 글에 나타난 견해들 간의 관계를 바르게 서술한 것은?

고대 그리스의 원자론자 데모크리토스는 자연의 모든 변화를 원자들의 운동으로 설명했다. 모든 자연현상의 근거는, 원자들, 빈 공간 속에서의 원자들의 움직임, 그리고 그에 따른 원자들의 배열과 조합의 변화라는 것이다.

한편 데카르트에 따르면 연장, 즉 퍼져있음이 공간의 본성을 구성한다. 그런데 연장은 물질만이 가지는 속성이기 때문에 물질 없는 연장은 불가능하다. 다시 말해 아무 물질도 없는 빈 공간이란 원리적으로 불가능하다. 데카르트에게 운동은 물속에서 헤엄치는 물고기의 움직임과 같다. 꽉 찬 물질 속에서 물질이 자리바꿈을 하는 것이다.

뉴턴에게 3차원 공간은 해체할 수 없는 튼튼한 집 같은 것이었다. 이 집은 사물들이 들어올 자리를 마련해주기 위해 비어 있다. 사물이 존재한다는 것은 어딘가에 존재한다는 것인데 그 '어딘가'가 바로 뉴턴의 절대 공간이다. 비어 있으면서 튼튼한 구조물인 절대공간은 그 자체로 하나의 실체는 아니지만 '실체 비슷한 것'으로서, 객관적인 것, 영원히 변하지 않는 것이었다.

라이프니츠는 빈 공간을 부정한다는 점에서 데카르트와 의견을 같이했다. 그러나 데카르트가 뉴턴과 마찬가지로 공간을 정신과 독립된 객관적 실재로 보았던 반면, 라이프니츠는 공간을 정신과 독립된 실재라고 보지 않았다. 그가 보기에는 '동일한 장소'라는 관념으로부터 '하나의 장소'라는 관념을 거쳐 모든 장소들의 집합체로서의 '공간'이라는 관념이 나오는데, '동일한 장소'라는 관념은 정신의 창안물이다. 결국 '공간'은 하나의 거대한 관념적 상황을 표현하고 있을 뿐이다.

① 만일 공간의 본성에 관한 뉴턴의 견해가 옳다면, 라이프니츠의 견해도 옳다.
② 만일 공간의 본성에 관한 데카르트의 견해가 옳다면, 데모크리토스의 견해도 옳다.
③ 만일 공간의 본성에 관한 라이프니츠의 견해가 옳다면, 데카르트의 견해는 옳지 않다.
④ 만일 빈 공간의 존재에 관한 데카르트의 견해가 옳다면, 뉴턴의 견해도 옳다.
⑤ 만일 빈 공간의 존재에 관한 데모크리토스의 견해가 옳다면, 뉴턴의 견해는 옳지 않다.

05 ○△✕　　10년 행시(수) 36번

다음 네 사람의 논증에 대한 평가로 옳지 않은 것은?

갑 : 내가 죽기 직전에 나의 두뇌정보를 인조인간의 두뇌에 이식함으로써, 나는 내가 그 인조인간으로 지속적인 삶을 살 수 있다고 기대한다. 이렇게 이식한 두뇌정보가 새로운 몸으로 번갈아가며 계속하여 이식될 수 있다면, 나는 영생을 성취할 수 있을 것이다. 이런 나의 생각은 다음과 같은 논증에 의존하고 있다. 즉, (i) A의 두뇌정보를 이식받은 사람은 A와 동일한 사람이고, (ii) B는 A의 두뇌정보를 이식받았다면, (iii) B는 A이다.

을 : 그러나 당신의 두뇌정보가 B와 C에게 동시에 이식되었다고 하자. 둘 중에 누가 당신인가? 당신의 주장대로라면 당신의 두뇌정보를 이식받은 B도 당신이고 C도 당신이 될 터인데, B와 C는 서로 다른 인조인간이다. 따라서 당신의 두뇌정보를 이식받은 B도 당신이 아니고 당신의 두뇌정보를 이식받은 C도 당신이 아니다.

병 : 나의 두뇌정보를 한 명에게만 이식한다는 조건을 붙이면 그런 문제는 발생하지 않을 것이다. 나의 두뇌정보를 단 한 명에게만 이식하고 이 원칙이 영원히 지켜지도록 하면 된다. 이렇게 되면 동일한 시각에 나라는 존재는 언제나 유일하다. 나는 이것을 '유일성 조건'이라고 부르겠다.

정 : 그렇다 하더라도 나는 갑이나 병이 말하는 방식으로 영생할 수 있을 지에 대해 회의적이다. 만약 당신이 죽는 순간에 당신의 두뇌정보를 인조인간 I에게 이식하고 그 인조인간 I이 수명을 다할 때, 그 인조인간의 두뇌정보를 새로운 인조인간 Ⅱ의 두뇌에 이식하면 어떻게 되는가? 그때 인조인간 Ⅱ는 당신과 유사한 두뇌정보를 가지겠지만 바로 당신이라고 할 수는 없다. 왜냐하면 인조인간 Ⅱ에 이식한 인조인간 I의 두뇌정보는 당신의 두뇌정보에 인조인간 I의 경험이나 사고 등이 덧붙어 있는 변형된 정보이기 때문이다.

① 동시에 존재하는 두 인간은 동일인일 수 없다고 전제하면 을의 논증이 성립한다.

② 을에 따르면 두 사람이 동일한 두뇌정보를 이식받았다고 해도 서로 동일인이 되는지는 않는다.

③ 병의 유일성 조건은 을의 비판에 대해 갑의 입장을 옹호할 수 있는 전략을 제시한 것이다.

④ 정의 논증에 따르면 인조인간 I에게 두뇌정보를 이식한 사람과 인조인간 Ⅱ가 동일인이 아닌 이유는 병의 유일성 조건을 충족시키지 못했다는 데 있다.

⑤ 정의 논증에 따르면 인조인간 I이 나의 삶을 이어가고 인조인간 Ⅱ가 인조인간 I의 삶을 이어간다 하더라도 인조인간 Ⅱ는 나와 동일인이라고 할 수 없다.

06 ○△✕　　08년 행시(꿈) 4번

다음 A, B, C, D의 견해에 대한 평가로 부적절한 것은?

서구 열강이 동아시아에 영향력을 확대시키고 있던 19세기 후반, 동아시아 지식인들은 당시의 시대 상황을 전환의 시대로 인식하고 이러한 상황을 극복하기 위해 여러 방안을 강구했다. 조선 지식인들 역시 당시 상황을 위기로 인식하면서 다양한 해결책을 제시하고자 했지만, 서양 제국주의의 실체를 정확하게 파악할 수 없었다. 그들에게는 서양 문명의 본질에 대해 치밀하게 분석하고 종합적으로 고찰할 지적 배경이나 사회적 여건이 조성되지 못했기 때문이다. 그들은 자신들의 세계관에 근거하여 서양 문명을 판단할 수밖에 없었다. 당시 지식인들에게 비친 서양 문명의 모습은 대단히 혼란스러웠다. 과학기술 수준은 높지만 정신문화 수준은 낮고, 개인의 권리와 자유가 무한히 보장되어 있지만 사회적 품위는 저급한 것으로 인식되었다. 그래서 그들은 서양 자본주의 문화의 원리와 구조를 정확히 인식하지 못해 빈부격차의 심화, 독점자본의 폐해, 금융질서의 혼란에 대처할 능력이 없었다. 이뿐만 아니라 겉으로는 보편적 인권과 민주주의를 표방하면서도 실제로는 제국주의적 야욕을 드러내는 서구 열강의 이중성을 깊게 인식할 수 없었다.

당시 조선 지식인들은 근대 서양 문화에 대한 이러한 인식에 기초하여 전통과 근대성, 동양과 서양의 문화에 대해 다양한 관점을 드러냈다. A는 전통 유가 이데올로기와 조선의 주체성을 중시하며 서양 문화 전반을 배척하는 관점을 드러내었다. B는 전통 문화를 비판하고 근대화와 개화를 중시하며, 개인적 자유의 확립과 부강한 근대적 국민국가의 건설을 위해 서양 문화 전반에 대한 적극적인 수용을 주장했다. C는 일본과 서양 문화를 비롯한 외세의 침략에 저항하고, 민중의 생존권을 확보하고 만민평등권을 쟁취하기 위해 전통사상과 제도를 타파하고자 했다. D는 동양 문화와 서양 문화가 대립적인 것이 아니라 상호보완적인 것이라고 생각하고, 동양 문화의 장점과 서양 문화의 장점을 융합하고자 하였다. 그래서 유교적 가치를 바탕으로 서양의 과학기술뿐 아니라, 근대 민주주의, 시장경제 등 사회 분야에서도 서양 제도의 수용이 필요하다고 주장했다. 특히 D는 이전의 상당수 성리학자들이 부국강병의 문제를 소홀하게 취급했던 것을 비판했다. 그는 서양의 발전이 경제의 발전에 있다고 판단하고, 부국강병의 원천이 국가 경제 발전에 있다고 보았다.

① A와 C는 군왕제에 대해 서로 다른 입장을 보일 것이다.

② A는 D의 경제사상에 대해 반대할 것이다.

③ B와 C는 과학기술에 대해 같은 입장을 취할 것이다.

④ B는 D의 정치사상은 받아들일 수 있지만 유가윤리는 거부할 것이다.

⑤ C와 D는 신분제에 대해 부정적 태도를 취할 것이다.

01 ○△× 　　　　　　　　　　　　17년 행시(가) 13번

다음 갑과 을의 견해에 대한 분석으로 가장 적절한 것은?

갑 : 좋아. 우리 둘 다 전지전능한 신이 존재한다는 가정에서 시작하는군. 이제 철수가 t 시점에 행동 A를 할 것이라고 해볼까? 신은 전지전능하니까 철수가 t 시점에 행동 A를 할 것임을 알겠지. 그런데 신은 전지전능하므로, 철수가 t 시점에 행동 A를 한다는 것은 필연적이야. 그리고 필연적으로 발생하는 것은 자유로운 것이 아니지. 따라서 철수의 행동 A는 자유롭지 않아.

을 : 비록 어떤 행동이 필연적이더라도 그 행동에 누군가의 강요가 없다면 자유로운 행동이 될 수 있어. 그러므로 철수가 t 시점에 행동 A를 할 것임이 필연적이라 하더라도, 그것만으로부터 행동 A가 자유롭지 않다고 판단할 수는 없어. 신이나 다른 누군가가 그 행동을 철수에게 강요했는지의 여부를 확인해야 해. 만약 신이 철수가 t 시점에 행동 A를 할 것임을 안다면 철수의 행동 A가 필연적이라는 것은 나도 인정해. 하지만 그로부터 신이 철수의 그 행동을 강요했음이 곧바로 도출되지는 않아. 따라서 철수의 행동은 여전히 자유로울 수 있지.

갑 : 필연적인 행동이 자유롭지 않은 이유는 다른 행동을 할 가능성이 차단되었기 때문이야. 만일 전지전능한 신이 존재하고 그 신이 철수가 t 시점에 행동 A를 할 것임을 안다면, 철수가 t 시점에 행동 A를 할 것이 필연적이라는 것은 너도 인정했지? 그것이 필연적이라면 철수가 t 시점에 행동 A 외에 다른 행동을 할 가능성은 없지. 신의 강요가 없을지라도 말이야.

을 : 맞아. 그렇지만 신이 강요하지 않는 한, 철수의 행동 A에는 A에 대한 철수 자신의 의지가 반영되어 있어. 즉, 철수의 행동 A는 철수 자신의 판단에 의한 행동이라는 것이지. 그렇기 때문에 철수의 행동 A는 자유로울 수 있어. 반면에 철수의 행동 A가 강요된 것이라면 행동 A에는 철수 자신의 의지가 반영되어 있지 않았겠지만 말이야. 그러니까 철수의 행동 A가 필연적인지의 여부는 그 행동이 자유로운 것인지의 여부를 가리는 데 결정적인 게 아니야.

① 갑과 을은 전지전능한 신이 존재할 경우 철수의 행동에 철수의 의지가 반영될 수 없다는 데 동의한다.

② 갑은 강요에 의한 행동을 자유로운 것으로 생각하지 않지만, 을은 그것을 자유로운 것으로 생각한다.

③ 갑은 필연적인 행동에는 다른 행동의 가능성이 차단된다고 생각하지만, 을은 필연적인 행동에도 다른 행동의 가능성이 있다고 생각한다.

④ 갑은 만약 전지전능한 신이 존재하지 않는다면 철수의 행동은 자유로울 것이라고 생각하지만, 을은 그러한 신이 존재하더라도 철수의 행동은 자유로울 수 있다고 생각한다.

⑤ 갑은 다른 행동을 할 가능성이 없으면 행동의 자유가 없다고 생각하지만, 을은 그런 가능성이 없다는 것으로부터 행동의 자유가 없다는 것이 도출된다고 생각하지 않는다.

02 ○△× 　　　　　　　　　　　　17년 행시(가) 14번

다음 A, B 두 사람의 논쟁에 대한 분석으로 가장 적절한 것은?

A1 : 최근 인터넷으로 대표되는 정보통신기술 혁명은 과거 유례를 찾을 수 없을 정도로 세상이 돌아가는 방식을 근본적으로 바꿔놓았다. 정보통신기술 혁명은 물리적 거리의 파괴로 이어졌고, 그에 따라 국경 없는 세계가 출현하면서 국경을 넘나드는 자본, 노동, 상품에 대한 규제가 철폐될 수밖에 없는 사회가 되었다. 이제 개인이나 기업 혹은 국가는 과거보다 훨씬 더 유연한 자세를 견지해야 하고, 이를 위해서는 강력한 시장 자유화가 필요하다.

B1 : 변화를 인식할 때 우리는 가장 최근의 것을 가장 혁신적인 것으로 생각하는 경향이 있다. 인터넷 혁명의 경제적, 사회적 영향은 최소한 지금까지는 세탁기를 비롯한 가전제품만큼 크지 않았다. 가전제품은 집안일에 들이는 노동시간을 대폭 줄여줌으로써 여성들의 경제활동을 촉진했고, 가족 내의 전통적인 역학관계를 바꾸었다. 옛것을 과소평가해서도 안 되고 새것을 과대평가해서도 안 된다. 그렇게 할 경우 국가의 경제정책이나 기업의 정책은 물론이고 우리 자신의 직업과 관련해서도 여러 가지 잘못된 결정을 내리게 된다.

A2 : 인터넷이 가져온 변화는 가전제품이 초래한 변화에 비하면 전 지구적인 규모이고 동시적이라는 점에 주목해야 한다. 정보통신기술이 초래한 국경 없는 세계의 모습을 보라. 국경을 넘어 자본, 노동, 상품이 넘나들게 됨으로써 각 국가의 행정 시스템은 물론 세계 경제 시스템에도 변화가 불가피하게 되었다. 그런 점에서 정보통신기술의 영향력은 가전제품의 영향력과 비교될 수 없다.

B2 : 최근의 기술 변화는 100년 전에 있었던 변화만큼 혁명적이라고 할 수 없다. 100년 전의 세계는 1960~1980년에 비해 통신과 운송 부문에서의 기술은 훨씬 뒤떨어졌으나 세계화는 오히려 월등히 진전된 상태였다. 사실 1960~1980년 사이에 강대국 정부가 자본, 노동, 상품이 국경을 넘어 들어오는 것을 엄격하게 규제했기에 세계화의 정도는 그리 높지 않았다. 이처럼 세계화의 정도를 결정하는 것은 정치이지 기술력이 아니다.

① 이 논쟁의 핵심 쟁점은 정보통신기술 혁명과 가전제품을 비롯한 제조분야 혁명의 영향력 비교이다.

② A1은 최근의 정보통신기술 혁명으로 말미암아 자본, 노동, 상품이 국경을 넘나드는 것이 보편적 현상이 되었다는 점을 근거로 삼고 있다.

③ B1은 A1이 제시한 근거가 다 옳다고 하더라도 A1의 주장을 받아들일 수 없다고 주장하고 있다.

④ B1과 A2는 인터넷의 영향력에 대한 평가에는 의견을 달리 하지만 가전제품의 영향력에 대한 평가에는 의견이 일치한다.

⑤ B2는 A2가 원인과 결과를 뒤바꾸어 해석함으로써 현상에 대한 잘못된 진단을 한다고 비판하고 있다.

03 ○△✕

다음 글의 A~D에 대한 분석으로 적절한 것만을 〈보기〉에서 모두 고르면?

A : '정격연주'란 음악을 연주할 때 그것이 작곡된 시대에 연주된 느낌을 정확하게 구현하는 것을 목표로 하는 연주이다. 그럼 어떻게 정격연주가 가능할까? 그 방법은 옛 음악을 작곡 당시에 공연된 것과 똑같이 재연하는 것이다. 이런 연주는 가능하며, 그렇다면 우리는 음악이 작곡되었던 때와 똑같은 느낌을 구현할 수 있을 것이다.

B : 옛 음악을 작곡 당시에 연주된 것과 똑같이 재연하는 것은 이상일 뿐이지 현실화할 수 없다. 18세기 오페라 공연에서 거세된 사람만 할 수 있었던 카스트라토 역을 오늘날에는 도덕적인 이유에서 여성 소프라노가 맡아서 노래한다. 따라서 과거와 현재의 연주 관습상 차이 때문에, 옛 음악을 작곡 당시와 똑같이 재연하는 것은 불가능하다.

C : 똑같이 재연하지 못한다고 해서 정격연주가 불가능한 것은 아니다. 작곡자는 명확히 하나의 의도를 갖고 작품을 창작한다. 작곡자가 자신의 작품이 어떻게 들리기를 의도했는지 파악해 연주하면, 작곡된 시대에 연주된 느낌을 정확하게 구현할 수 있다. 따라서 작곡자의 의도를 파악할 수 있다면 정격연주를 할 수 있다.

D : 작곡자의 의도대로 한 연주가 작곡된 시대에 연주된 느낌을 정확하게 구현하지 못할 수 있다. 작곡된 시대에 연주된 느낌을 정확하게 구현하려면 작곡자의 의도뿐만 아니라 당시의 연주 관습도 고려해야 한다. 전근대 시대에 악기 구성이나 프레이징 등은 작곡자의 의도만이 아니라 연주자와 연주 상황에 따라 관습적으로 결정되었다. 따라서 작곡자의 의도와 연주 관습을 모두 고려하지 않는다면 정격연주를 실현할 수 없다.

─── 〈보 기〉 ───

ㄱ. A와 C는 옛 음악을 과거와 똑같이 재연한다면 과거의 연주 느낌이 구현될 수 있다는 것을 부정하지 않는다.

ㄴ. B는 어떤 과거 연주 관습은 현대에 똑같이 재연될 수 없다는 것을 인정하지만 D는 그렇지 않다.

ㄷ. C와 D는 작곡자의 의도를 파악한다면 정격연주가 가능하다는 것에 동의한다.

① ㄱ
② ㄴ
③ ㄱ, ㄷ
④ ㄴ, ㄷ
⑤ ㄱ, ㄴ, ㄷ

04 ○△✕

다음 A, B 학파에 대한 판단으로 적절하지 않은 것은?

비정규 노동은 파트타임, 기간제, 파견, 용역, 호출 등의 근로형태를 의미한다. IMF 외환위기 이후 정규직과 비정규직 사이의 차별이 사회문제로 대두되었는데 그중 가장 심각한 문제가 임금차별이다. 정규직과 비정규직 사이의 임금수준 격차는 점차 커져 비정규직 임금이 2001년에는 정규직의 63% 수준이었다가 2016년에는 53.5% 수준으로 떨어졌다. 이 문제를 어떻게 해결할 것인가를 놓고 크게 두 가지 시각이 대립한다.

A 학파는 차별적 관행을 고수하는 기업들은 비차별적 기업들과의 경쟁에서 자연적으로 도태되기 때문에 기업 간 경쟁이 임금차별 완화의 핵심이라고 이야기한다. 기업이 노동자 개인의 능력 이외에 다른 잣대를 바탕으로 차별하는 행위는 비합리적이기 때문에, 기업들 사이의 경쟁이 강화될수록 임금차별은 자연스럽게 줄어들 수밖에 없다는 것이다. 예를 들어 정규직과 비정규직 가릴 것 없이 오직 능력에 비례하여 임금을 결정하는 회사는 정규직 또는 비정규직이라는 이유만으로 무능한 직원들을 임금 면에서 우대하고 유능한 직원들을 홀대하는 회사보다 경쟁에서 앞서나갈 것이다.

B 학파는 실제로는 고용주들이 비정규직을 차별한다고 해서 기업 간 경쟁에서 불리해지지는 않는 현실을 근거로 A 학파를 비판한다. B 학파에 따르면 고용주들은 오직 사회적 비용이라는 추가적 장애물의 위협에 직면했을 때에만 정규직과 비정규직 사이의 임금차별 관행을 근본적으로 재고한다. 여기서 말하는 사회적 비용이란, 국가가 제정한 법과 제도를 수용하지 않음으로써 조직의 정당성이 낮아짐을 뜻한다. 기업의 경우엔 조직의 정당성이 낮아지게 되면 조직의 생존 가능성 역시 낮아지게 된다. 그래서 기업은 임금차별을 줄이는 강제적 제도를 수용함으로써 사회적 비용을 낮추는 선택을 하게 된다는 것이다. 따라서 B 학파는 법과 제도에 의한 규제를 통해 임금차별이 줄어들 것이라고 본다.

① A 학파에 따르면 경쟁이 치열한 산업군일수록 근로형태에 따른 임금 격차는 더 적어진다.

② A 학파는 시장에서 기업 간 경쟁이 약화되는 것을 방지하기 위한 보완 정책이 수립되어야 한다고 본다.

③ A 학파는 정규직과 비정규직 사이의 임금차별이 어떻게 줄어드는가에 대해 B 학파와 견해를 달리한다.

④ B 학파는 기업이 자기 조직의 생존 가능성을 낮춰가면서까지 임금차별 관행을 고수하지는 않을 것이라고 전제한다.

⑤ B 학파에 따르면 다른 조건이 동일할 때 기업의 비정규직에 대한 임금차별은 주로 강제적 규제에 의해 시정될 수 있다.

05 ◯△✕

다음 글에 대한 설명으로 적절하지 않은 것은?

> A : 사람과 동물의 본성은 모두 똑같이 오상[五常 : 仁義禮智信]의 전
> 부를 구비하고 있다. 오행[五行 : 金木水火土]이 갖추어진 뒤에라
> 야 조화(造化)가 이루어지고 만물이 생(生)하는 것이다. 인간과 동
> 물은 모두 오행인 다섯 가지 기(氣)를 얻어 태어나므로 오행의 이
> 치[理]인 오상을 동일하게 얻었음은 재론의 여지가 없다. 다만 인
> 간과 동물이 오상을 발휘하는데 차이가 없다는 의미는 아니다. 동
> 물도 오상의 전부를 갖추었지만, 인간과 동물 사이에는 순수함
> [粹]과 불순함[不粹]이라는 차이가 있다. 인간의 본성은 순수하
> 지만 동물의 본성은 불순한데, 이러한 차이는 바로 부여받은 기에
> 달려 있다. 인간이 부여 받은 기는 정통(正通)한 것인 반면, 동물
> 이 부여받은 기는 편색(偏塞)한 것이다. 그러므로 인간은 오상 즉
> 인·의·예·지·신의 다섯 가지의 덕을 모두 발휘할 수 있지만,
> 동물은 그 일부밖에 발휘하지 못하는 것이다.
>
> B : 사람과 사람의 본성은 같지만 사람과 동물의 본성은 다르다. 오행
> 인 기 가운데서도 뛰어난 기의 이치만 오상이 되는 것이다. 사람
> 은 다섯 가지 뛰어난 기를 얻었으므로 오상을 모두 갖추었지만 동
> 물은 뛰어난 기를 하나 둘밖에는 얻지 못하므로 오상을 전부 갖추
> 었다고는 말할 수 없다. 그러므로 호랑이와 이리의 본성에 인(仁)
> 이 있고, 벌과 개미의 본성에 의(義)가 있지만, 오상 가운데에서
> 겨우 하나의 덕을 얻은 것이며 나머지의 덕은 얻지 못한 것이다.
> 그래서 사람과 동물이 오행인 기를 부여받은 것은 마찬가지라 하
> 더라도 그 본성에 있어서는 차이가 있다고 말하는 것이다.

① A, B 모두 오상을 기의 이치로 본다.
② A, B 모두 인간과 동물이 오행인 기를 부여받았다고 본다.
③ A에 따르면, 인간과 동물은 오상을 발휘하는 데 차이가 있다.
④ B에 따르면, 인간과 동물 모두 오상의 일부만을 구비하고 있다.
⑤ A, B 모두 기의 차이를 통해 인간과 동물 간 오상의 차이를 설명
하고 있다.

CHAPTER

07 전제 · 결론

---

1 유형의 이해

이 유형은 글의 전제 혹은 결론을 파악할 수 있는지를 평가한다. 보통 전제를 모두 제시하고 결론을 묻는 문제가 출제되나, 종종 결론과 일부 전제를 제시하고 부족한 전제를 묻는 문제가 출제되기도 한다. 전자의 경우 쉽게 문제를 해결할 수 있으나 후자는 난도가 높다. 매년 1~2문항 정도로 출제되고 있다.

2 발문 유형

- 다음 글의 논지로 가장 적절한 것은?
- 다음 실험의 결과를 가장 잘 설명하는 가설은?
- 다음 글의 암묵적 전제로 볼 수 있는 것은?

3 접근법

결론을 묻는 문제는 지문 전체를 아우르는 진술을 찾아야 한다. 오답 선지는 대부분 틀린 진술로 구성되어 있으나, 때로는 옳은 진술이라도 지나치게 지엽적이어서 오답이 되는 경우가 있다. 일치부합 문제가 아니라 글 전반을 포괄하는 주제를 묻고 있음을 유의해야 한다. 간혹 실험의 결과를 묻는 경우가 있는데, 결국은 글의 논지를 찾는 것이고 글의 소재만 과학실험일 뿐이다. 다만 이 경우에는 보다 지문을 꼼꼼히 읽어야 한다.

전제를 묻는 문제는 지문을 도식화하며 읽어야 한다. 보통 마지막 문단에 결론이, 앞 문단에서 해당 결론을 도출하기 위한 논증이 제시된다. 지문에 제시된 전제와 결론을 도식화하면 중간에 논리의 비약이 있는 부분을 파악할 수 있다. 이 때 선지를 우선 읽고 지문을 읽는 것이 도움이 된다.

4 생각해 볼 부분

결론을 묻는 유형은 세부적인 내용을 꼼꼼하게 읽을 필요가 없다. 오히려 빠르게 지문을 훑어 전반적인 인상을 파악하는 것이 중요하다. 보통 평이한 난도로 출제되므로 글의 전반적인 인상이나 마지막 1~2개의 문단만으로 문제가 해결되는 경우가 많다. 시간이 부족하다면 여기에서 시간을 아끼도록 하자. 지나친 고민은 오히려 독이 될 수 있다.

난도 중

풀이시간 2분

다음 글의 논지로 가장 적절한 것은?

> 베블런에 의하면 사치품 사용 금기는 전근대적 계급에 기원을 두고 있다. 즉, 사치품 소비는 상류층의 지위를 드러내는 과시소비이기 때문에 피지배계층이 사치품을 소비하는 것은 상류층의 안락감이나 쾌감을 손상한다는 것이다. 따라서 상류층은 사치품을 사회적 지위 및 위계질서를 나타내는 기호(記號)로 간주하여 피지배계층의 사치품 소비를 금지했다. 또한 베블런은 사치품의 가격 상승에도 그 수요가 줄지 않고 오히려 증가하는 이유가 사치품의 소비를 통하여 사회적 지위를 과시하려는 상류층의 소비행태 때문이라고 보았다.
>
> 그러나 소득 수준이 높아지고 대량 생산에 의해 물자가 넘쳐흐르는 풍요로운 현대 대중사회에서 서민들은 과거 왕족들이 쓰던 물건들을 일상생활 속에서 쓰고 있고 유명한 배우가 쓰는 사치품도 쓸 수 있다. 모든 사람들이 명품을 살 수 있는 돈을 갖고 있을 때 명품의 사용은 더 이상 상류층을 표시하는 기호가 될 수 없다. 따라서 새로운 사회의 도래는 베블런의 과시소비이론으로 설명하기 어려운 소비행태를 가져왔다. 이때 상류층이 서민들과 구별될 수 있는 방법은 오히려 아래로 내려가는 것이다. 현대의 상류층에게는 차이가 중요한 것이지 사물 그 자체가 중요한 것이 아니기 때문이다. 월급쟁이 직원이 고급 외제차를 타면 사장은 소형 국산차를 타는 것이 그 예이다.
>
> 이와 같이 현대의 상류층은 고급, 화려함, 낭비를 과시하기보다 서민들처럼 소박한 생활을 한다는 것을 과시한다. 이것은 두 가지 효과가 있다. 사치품을 소비하는 서민들과 구별된다는 점이 하나이고, 돈 많은 사람이 소박하고 겸손하기까지 하여 서민들에게 친근감을 준다는 점이 다른 하나이다.
>
> 그러나 그것은 극단적인 위세의 형태일 뿐이다. 뽐냄이 아니라 남의 눈에 띄지 않는 겸손한 태도와 검소함으로 자신을 한층 더 드러내는 것이다. 이런 행동들은 결국 한층 더 심한 과시이다. 소비하기를 거부하는 것이 소비 중에서도 최고의 소비가 된다. 다만 그들이 언제나 소형차를 타는 것은 아니다. 차별화해야 할 아래 계층이 없거나 경쟁 상대인 다른 상류층 사이에 있을 때 그들은 마음 놓고 경쟁적으로 고가품을 소비하며 자신을 마음껏 과시한다. 현대사회에서 소비하지 않기는 고도의 교묘한 소비이며, 그것은 상류층의 표시가 되었다. 그런 점에서 상류층을 따라 사치품을 소비하는 서민층은 순진하다고 하지 않을 수 없다.

① 현대의 상류층은 낭비를 지양하고 소박한 생활을 지향함으로써 서민들에게 친근감을 준다.

② 현대의 서민들은 상류층을 따라 겸손한 태도로 자신을 한층 더 드러내는 소비행태를 보인다.

③ 현대의 상류층은 그들이 접하는 계층과는 무관하게 절제를 통해 자신의 사회적 지위를 과시한다.

④ 현대에 들어와 위계질서를 드러내는 명품을 소비하면서 과시적으로 소비하는 새로운 행태가 나타났다.

⑤ 현대의 상류층은 사치품을 소비하는 것뿐만 아니라 소비하지 않기를 통해서도 자신의 사회적 지위를 과시한다.

합격생 가이드

글의 논지를 묻는 유형은 세부적인 내용에 주목하기보다는 글 전체의 인상을 빠르게 파악해야 한다. 글의 소재가 쉽다면 예시는 읽지 않아도 된다. '그러나', '그런데'와 같은 접속사를 찾아서 읽으면 시간을 더욱 단축할 수 있을 것이다.

대표문항으로 선정한 이유

이 문제는 해당 유형에서 가장 전형적인 구성과 난도의 문제이다. 처음에는 글 전체를 읽고 풀어보고, 다시 복습할 때에는 답을 고르기 위해 필요한 부분이 어디인지 찾아보자.

정답해설
⑤ 옳다. 이 글의 논지는 상류층이 소박한 생활을 함으로써 또 다른 방법으로 자신을 과시한다는 것이다.

오답해설
① 옳지 않다. 세 번째 문단에서 상류층이 소박한 생활을 함으로써 서민들에게 친근감을 주는 효과가 있다고 하였으나, 바로 다음 문단에서 이것이 극단적인 위세의 형태라고 설명하고 있다. 이 선지는 지문 전체를 포괄하지 못하는 지엽적 서술이다.

② 옳지 않다. 서민들이 겸손한 태도로 자신을 드러내는지는 나와 있지 않다. 오히려 "상류층을 따라 사치품을 소비하는 서민층은 순진하다고 하지 않을 수 없다."라는 진술을 고려할 때, 이 선지는 틀린 것으로 볼 수 있다.

③ 옳지 않다. 마지막 문단에서 상류층은 경쟁 상대인 다른 상류층이 있을 때 경쟁적으로 고가품을 소비하고 자신을 과시한다고 설명하고 있다.

④ 옳지 않다. 첫 문단에 따르면 과시적 소비는 전근대적 사회에서도 나타나고 있다.

달 ⑤

01 ⬜△✕

14년 행시(A) 10번

다음 글의 논지로 가장 적절한 것은?

아! 이 책은 붕당의 분쟁에 관한 논설을 실었다. 어째서 '황극(皇極)'으로 이름을 삼았는가? 오직 황극만이 붕당에 대한 옛설을 혁파할 수 있기에 이로써 이름 붙인 것이다.

내가 생각하기에 옛날에는 붕당을 혁파하는 것이 불가능했다. 왜 그러한가? 그때는 군자는 군자와 더불어 진붕(眞朋)을 이루고 소인은 소인끼리 무리지어 위붕(僞朋)을 이루었다. 만약 현부(賢否), 충사(忠邪)를 살피지 않고 오직 붕당을 제거하기에 힘쓴다면 교활한 소인의 당이 뜻을 펴기 쉽고 정도(正道)로 처신하는 군자의 당은 오히려 해를 입기 마련이었다. 이에 구양수는 『붕당론』을 지어 신하들이 붕당을 이루는 것을 싫어하는 임금의 마음을 경계하였고, 주자는 사류(士類)를 고르게 보합하자는 범순인의 주장을 비판하였다. 이들은 붕당이란 것은 어느 시대에나 있는 것이니, 붕당이 있는 것을 염려할 것이 아니라 임금이 군자당과 소인당을 가려내는 안목을 지니는 것이 관건이라고 하였다. 군자당의 성세를 유지시킨다면 정치는 저절로 바르게 되기 때문이다. 이것이 옛날에는 붕당을 없앨 수 없었던 이유이다.

그러나 지금 붕당을 만드는 것은 군자나 소인이 아니다. 의논이 갈리고 의견을 달리하여 저편이 저쪽의 시비를 드러내면 이편 또한 이쪽의 시비로 대응한다. 저편에 군자와 소인이 있으면 이편에도 군자와 소인이 있다. 따라서 붕당을 그대로 둔다면 군자를 모을 수 없고 소인을 교화시킬 수 없다. 이제는 붕당이 아닌 재능에 따라 인재를 등용하는 정책을 널리 펴야 한다. 그런 까닭에 영조대왕은 황극을 세워 탕평정책을 편 것을 50년 재위 기간의 가장 큰 치적으로 삼았다.

① 군자들만으로 이루어진 붕당을 만들어야 한다.

② 붕당을 혁파하고 유능한 인재를 등용하여야 한다.

③ 옛날의 붕당과 현재의 붕당 사이의 조화를 도모해야 한다.

④ 강력한 왕권을 확립하여 붕당 간의 대립을 조정해야 한다.

⑤ 붕당마다 군자와 소인이 존재하므로 한쪽 붕당만을 등용하거나 배격하는 것은 옳지 않다.

02 ⬜△✕

13년 행시(인) 13번

다음 글의 실험 결과를 가장 잘 설명하는 가설은?

오래 전에 미생물학자들은 여러 세균에 필요한 영양 조건을 알아내어 실험실에서 세균을 키울 수 있는 배양액을 개발하였다. 정상 세균은 최소배양액에 있는 단순한 성분을 사용하여 생장과 생식에 필요한 모든 필수 분자를 합성할 수 있음을 알았다. 최소배양액은 탄소원, 질소, 비타민, 그리고 그 밖의 이온과 영양물질만을 포함하는 것이다. 하지만 특정한 필수 분자를 합성하는 유전자가 있는데 이 유전자에 변형이 일어나 그 특정한 필수 분자를 합성하지 못하는 돌연변이 세균은 최소배양액에 그 특정한 필수 분자가 추가되어 만들어진 완전배양액에서만 생장과 생식을 할 수 있음을 알았다.

20세기 중반에 과학자들은 다양한 돌연변이 세균을 이용하여 다음과 같은 실험을 하였다. 첫 번째 연구에서는, 필수 분자 A를 합성하는 유전자에 돌연변이가 일어나 A를 합성하지 못하는 세균과 필수 분자 B를 합성하는 유전자에 돌연변이가 생겨 B를 합성하지 못하는 세균을 최소배양액 내에서 함께 섞었다. 그 후, 일정 시간이 지났더니 최소배양액 내에서 생장과 생식을 하는 정상 세균이 발견되었다.

두 번째 연구에서는 최소배양액으로 채워진 U자 형태의 시험관의 중간에 필터가 있어, 필터의 한 쪽에는 필수 분자 A를 합성하지 못하는 돌연변이 세균을 넣었고 다른 한 쪽에는 필수 분자 B를 합성하지 못하는 돌연변이 세균을 넣었다. 중간에 있는 필터의 구멍 크기는 세균의 크기보다 작아서 필터를 통해 배양액 내에 있는 이온과 영양물질의 이동은 가능하였지만 세균의 이동은 가능하지 않았다. 이 상태에서 오랫동안 세균을 배양하였지만 생장하는 세균을 발견하지 못했다.

① 정상 세균의 생식과 생장을 위해서는 완전배양액에 필수 분자가 필요하지 않다.

② 돌연변이 세균의 생식과 생장을 위해서는 정상 세균의 유전자 변형이 필요하다.

③ 특정 유전자에 돌연변이가 생긴 세균은 완전배양액에서만 생식과 생장을 할 수 있다.

④ 세균의 생식과 생장을 위해서는 완전배양액과 최소배양액 사이에 지속적인 흐름이 필요하다.

⑤ 돌연변이 세균이 정상 세균으로 변이하기 위해서는 서로 다른 유형의 세균들 간의 직접적인 접촉이 필요하다.

03 ○△✕　　　　　　　　　　　　　11년 행시(수) 2번

다음 글의 핵심 논지로 가장 적절한 것은?

　인문학의 중요성을 강조하는 사람들은 흔히 인간이란 정신적 존재이기 때문에 참다운 인간적 삶을 위해서는 물질적 욕구의 충족을 넘어서서 정신적 풍요로움을 누려야 하며 이 때문에 인문학이 필수적이라고 주장한다. 뿐만 아니라 인문학은 인간의 삶에 필수적인 건전한 가치관의 형성에도 중요한 역할을 한다고 주장한다. 그러나 과연 현대 인문학은 이러한 상식적인 주장들을 감당할 수 있을까?

　분명 인간은 의식주라는 생물학적 욕구와 물질적 가치의 추구 외에 정신적 가치들을 추구하며 사는 존재이다. 그렇다고 이것이 그대로 인문학의 가치를 증언하는 것은 아니다. 그 이유는 무엇보다 인문적 활동 자체와 그것에 대한 지식 혹은 인식을 추구하는 인문학은 구별되기 때문이다. 춤을 추고 노래를 부르거나 이야기를 하는 등의 제반 인간적 활동에 대한 연구와 논의를 하는 이차적 활동인 인문학, 특히 현대의 인문학처럼 고도로 추상화된 이론적 논의들이 과연 인간적 삶을 풍요롭게 해주느냐가 문제이다.

　현대 인문학은 대부분 과거의 인문적 활동의 산물을 대상으로 한 역사적 연구에 치중하고 있다. 전통적인 인문학도 역시 과거의 전통과 유산, 특히 고전을 중시하여 그것을 가르치고 연구하는 데 역점을 두었으나 그 교육방법과 태도는 현대의 역사적 연구와는 근본적으로 달랐다. 현대의 역사적 연구는 무엇보다도 연구 대상과의 시간적, 문화적 거리감을 전제로 하여 그것을 명확하게 의식하는 가운데서 이루어진다. 현대의 역사주의는 종교나 철학사상 혹은 문학 등 동서고금의 모든 문화적 현상들을 현재 우리와는 전혀 다른 시대에 산출된 이질적인 것으로 의식하면서 그것들을 우리들의 주관적 편견을 제거한 객관적인 역사적 연구 대상으로 삼는다.

　인문학이 자연과학처럼 객관적 지식을 추구하는 학문이 되면서, 인문학은 인격을 변화시키고 삶의 의미를 제공해주던 전통적 기능이 상실되고 그 존재 가치를 의심받게 되었다. 학문과 개인적 삶이 확연히 구분되고 인문학자는 더 이상 인문주의자가 될 필요가 없어졌다. 그는 단지 하나의 전문 직업인이 되었다.

① 현대 인문학자는 인문주의자로서만 아니라 전문 직업인으로서의 위상 또한 가져야 한다.
② 현대 인문학은 자연과학의 접근방식을 수용함으로써 학문의 엄밀성을 확보해야 한다.
③ 현대 인문학은 인문적 삶과 활동에 대한 이차적 반성이라는 점에서 자연과학적 지식과 변별된다.
④ 현대 인문학의 위기는 생물학적 욕구와 물질적 가치가 정신적 가치보다 중시됨으로써 초래된 것이다.
⑤ 현대 인문학은 객관적 지식을 추구하는 학문이 되면서 인간의 삶을 풍요롭게 만드는 본연의 역할을 하지 못한다.

04 ○△✕　　　　　　　　　　　　　08년 행시(꿈) 25번

다음 글의 핵심 주장으로 가장 적합한 것은?

　2004년 2월에 발생한 A 씨의 '위안부 누드' 사건을 영화 「원초적 본능」의 감독 폴 버호벤의 후속작 「쇼걸」을 통해 살펴보자. 한 마디로 말해 「쇼걸」은 그 제목답게 많은 여성들이 벗었지만, 기대와 달리 흥행에 실패했다. 이 예상치 못한 결과는 성차별 사회에서 포르노 및 누드 산업이 생산하는 에로틱한 쾌락의 작동 양상을 분명하게 보여준다. 「쇼걸」은 쇼걸들의 벗은 몸을 보여주었지만, 이 영화의 주제는 여성의 벗은 몸을 보여주어 남성 관객의 시선을 만족시키는 데 있지 않았다. 오히려 쇼걸들의 연대와 자매애를 강조했기 때문에, 돈벌이에 성공할 수 없었다. 남성 사회의 관객들은 여성들의 단결을 좋아하지 않기 때문이다.

　모든 재현은 현실을 구성하는 담론의 일부이며 실천이고, 그것은 현실의 권력 관계를 반영한다. 현실에서 권력과 자원이 있는 집단은 포르노그래피의 대상으로 구성되지 않는다. 구성된다 하더라도 이러한 재현물은 흥행에 실패한다. 현실세계에서 인간성을 박탈당하고 열등한 자로 낙인찍힌 사람이 화면에서 고문당하는 경우와 권력 있고 존경받는 사람이 고문당할 때, 관객의 반응은 완전히 다르다. 전자의 경우 쾌락을 느낀다면 후자의 경우는 심한 불쾌감으로 다가온다.

　A 씨의 '위안부 누드'는 제작사의 주장대로 "식민의 역사적 아픔을 상기하기 위해서" 제작된 것이 아니라 화면에서 재현되는 남성과 여성의 성별 권력 차이를 극대화하기 위해 만들어졌으며, 이는 누드 산업의 당연한 귀결이라고 할 수 있다. 남성과 여성의 권력 격차가 최대치일 때, 남성 관객의 권력도 최대한 보장될 것이다. 가장 자극적인 소재는 바로 이 권력 관계가 극단화되었을 경우이다. 일반 포르노 화면에서 남성의 사회적 지위가 더 높은 경우도 있지만, 대개는 남자와 여자라는 성별 권력 차이 그 자체가 주요 쾌락 코드이다. 이번에 논란이 된 '위안부 누드'는 남성과 여성이라는 성별 권력 차이에다가 남성은 일본, 제국주의, 군인, 성폭력 가해자이고 여성은 한국인, 순진하고 겁먹은 처녀, 피해자라는 코드가 더해져 남성 권력을 극대화했다. 그만큼 재미있으며 더 팔릴 수 있는 상품이 되었던 것이다.

　그러므로 '위안부 누드'의 제작은 황당한 일이 아니라, 남성의 이윤과 쾌락을 보장하려는 자연스러운 발상이었다. '위안부' 누드여서 문제인가, 위안부 '누드'여서 문제인가? 누드의 소재가 위안부였기 때문에 분노한 것이라면, 일반 누드와 포르노그래피는 별 문제가 없다는 것일까. 여성에 대한 남성의 지배와 폭력이 이처럼 성애화될 때, 남성 권력은 보이지 않게 되고 여성 억압은 생물학적 질서로 비정치화된다. 한국 사회에서 여성 누드나 포르노그래피는 쾌락이나 표현의 자유의 실천이 아니라 오히려 정치적인 사건이며 권력 관계의 문제이다. 포르노에서 남성 관객 혹은 남성화된 관객이 느끼는 쾌락은 권력 행동의 결과이다.

　이러한 포르노의 쾌락은 여성이 벗었기 때문이 아니라 여성이 응시의 대상, 폭력의 대상으로 재현되어 남성 소비자가 자신에게 권력이 있다는 느낌과 의식이 충족될 때 발생한다.

　따라서 이 사건에 대한 가장 중요한 질문은 왜 인간의 감성이 평등이나 정의보다 지배와 폭력을 에로틱하게 느끼는지를 묻는 것이다. 만일 우리가 평등을 에로틱한 것으로 느낀다면, '위안부 누드'는 제작되지 않았을 것이다. "일반 누드는 되지만 위안부 누드는 안 된다"라는 사람들에게 들려주고 싶은 이야기다.

① '위안부 누드' 사건은 권력 관계의 문제를 드러낸다.
② '위안부 누드' 사건은 위안부라는 소재가 결정적이다.
③ '위안부 누드' 사건은 강조점에 따라 해석이 달라진다.
④ '위안부 누드' 사건을 정치적 관점에서 해석하면 그 의미가 왜곡된다.
⑤ '위안부 누드' 사건은 평등을 에로틱하게 여겨야 하는 이유를 알려준다.

05 ⃞○△☒

다음 글에 제시된 초파리 실험의 결과를 가장 잘 설명할 수 있는 가설은?

> 초파리는 물리적 자극에 의해 위로 올라가는 성질이 있다. 그런데 파킨슨씨병에 걸린 초파리는 운동성이 결여되어 물리적 자극을 주어도 위로 올라가지 않는다. 이번 실험은 파킨슨씨병에 관련이 있다고 추정되는 유전자 A와 약물 B를 이용하였다. 먼저 정상 초파리와 유전자 A가 돌연변이 된 초파리를 준비하여 각각 약물 B가 들어 있는 배양기와 들어 있지 않은 배양기에 일정 시간 동안 두었다. 이후 물리적 자극을 주어 이들의 운동성을 테스트한 결과, 약물 B가 들어 있는 배양기의 정상 초파리와 약물 B가 들어 있지 않은 배양기의 정상 초파리 모두 위로 올라가는 성질을 보였다. 반면, 유전자 A가 돌연변이 된 초파리는 약물 B를 넣은 배양기에서 위로 올라가지 못하고, 약물 B를 넣지 않은 배양기에서는 위로 올라가는 것을 관찰할 수 있었다.

① 약물 B를 섭취한 초파리의 유전자 A는 돌연변이가 된다.
② 유전자 A가 돌연변이 된 초파리는 약물 B를 섭취하면 파킨슨씨병에 걸린다.
③ 유전자 A가 돌연변이 된 초파리는 약물 B를 섭취하지 않으면 운동성이 결여된다.
④ 물리적 자극에 대한 운동성이 정상인 초파리는 약물 B를 섭취하면 운동성이 결여된다.
⑤ 물리적 자극에 대한 운동성이 비정상인 초파리는 약물 B를 섭취하면 파킨슨씨병에 걸린다.

06 ⃞○△☒

다음 글에서 러셀의 추리가 성립하기 위하여 꼭 필요한 가정은?

> 버트런드 러셀의 '트리스트럼 샌디의 문제'는 무한한 개수의 원소를 가진 집합에 관한 것이다. 러셀은 이렇게 쓰고 있다. "트리스트럼 샌디는 그의 생애의 처음 이틀간의 이야기를 쓰는 데 무려 2년을 보내고서, 이런 속도라면 자기가 엮어낼 수 있는 것보다 이야깃거리가 너무 빨리 쌓여서 영원히 살더라도 결코 이야기를 끝낼 수 없을 것이라고 한탄하였다. 그러나 만일 그가 영원히 살고 이야기 쓰는 일을 싫증 내지 않는다면, 그의 전기의 어떤 부분도 영원히 쓰이지 않은 채로 남아 있는 일은 없을 것이라고 나는 주장하는 바이다.
>
> 러셀의 추리는 이렇다. 예를 들어 샌디가 1700년 1월 1일에 태어났고, 1720년 1월 1일부터 전기를 쓰기 시작했다고 하자. 글을 쓰는 첫해, 1720년은 그가 태어난 첫날, 즉 1700년 1월 1일의 이야기를 기록할 것이다. 또한 1721년은 1700년 1월 2일의 이야기를 기록할 것이다. 두 무한 계열은 이런 식으로 계속 진행될 것이다.
>
> 결국 태어난 후 모든 날에 대응하는 해가 있고, 쓰기 시작한 후의 모든 해에 대응하는 날이 있게 된다. 샌디가 1988년인 오늘날까지 쓰고 있다면 그는 1700년 9월의 사건들까지 쓰고 있을 것이다. 그렇다면 불멸의 샌디가 오늘의 사건을 기록하는 때는 대략 106840년이 될 것이다. 어떤 미래의 사건도 그것이 언제 기록될지를 계산할 수 있다. 그래서 러셀은 '그의 전기의 어떤 부분도 영원히 쓰이지 않은 채로 남아 있는 일은 없을 것'이라고 말했던 것이다.

① 셀 수 있는 두 무한 집합의 원소들 사이에 일대일 대응이 성립한다.
② 두 무한 집합의 경우, 한 집합이 다른 집합의 부분일 수 있다.
③ 무한 계열을 이루는 원소들로 이루어진 두 무한 집합의 크기를 비교할 수 없다.
④ 두 무한 집합의 원소가 무한 집합일 경우, 두 무한 집합 사이에 대응은 성립하지 않는다.
⑤ 규칙적으로 진행하는 두 무한 집합의 크기에 차이가 있다면 사건과 기록의 시간 간격은 갈수록 커질 수밖에 없다.

01 ○△×

다음 글의 논지로 가장 적절한 것은?

물리학의 근본 법칙들은 실재 세계의 사실들을 정확하게 기술하는가? 이 질문에 확신을 가지고 그렇다고 대답할 사람은 많지 않을 것이다. 사실 다양한 물리 현상들을 설명하는 데 사용되는 물리학의 근본 법칙들은 모두 이상적인 상황만을 다루고 있는 것 같다. 정말로 물리학의 근본 법칙들이 이상적인 상황만을 다루고 있다면 이 법칙들이 실재 세계의 사실들을 정확히 기술한다는 생각에는 문제가 있는 듯하다.

가령 중력의 법칙을 생각해 보자. 중력의 법칙은 "두 개의 물체가 그들 사이의 거리의 제곱에 반비례하고 그 둘의 질량의 곱에 비례하는 힘으로 서로 당긴다."는 것이다. 이 법칙은 두 물체의 운동을 정확하게 설명할 수 있는가? 그렇지 않다는 것은 분명하다. 만약 어떤 물체가 질량뿐만이 아니라 전하를 가지고 있다면 그 물체들 사이에 작용하는 힘은 중력의 법칙만으로 계산된 것과 다를 것이다. 즉 위의 중력의 법칙은 전하를 가지고 있는 물체의 운동을 설명하지 못한다.

물론 사실을 정확하게 기술하는 형태로 중력의 법칙을 제시할 수 있다. 가령, 중력의 법칙은 "중력 이외의 다른 어떤 힘도 없다면, 두 개의 물체가 그들 사이의 거리의 제곱에 반비례하고 그 둘의 질량의 곱에 비례하는 힘으로 서로 당긴다."로 수정될 수 있다. 여기서 '중력 이외의 다른 어떤 힘도 없다면'이라는 구절이 추가된 것에 주목하자. 일단, 이렇게 바뀐 중력의 법칙이 참된 사실을 표현한다는 것은 분명해 보인다. 그러나 이렇게 바꾸면 한 가지 중요한 문제가 발생한다.

어떤 물리 법칙이 유용한 것은 물체에 작용하는 힘들을 통해 다양하고 복잡한 현상을 설명할 수 있기 때문이다. 물리 법칙은 어떤 특정한 방식으로 단순한 현상만을 설명하는 것을 목표로 하지 않는다. 중력의 법칙 역시 마찬가지다. 그것이 우리가 사는 세계를 지배하는 근본적인 법칙이라면 중력이 작용하는 다양한 현상들을 설명할 수 있어야 한다. 하지만 '중력 이외의 다른 어떤 힘도 없다면'이라는 구절이 삽입되었을 때, 중력의 법칙이 설명할 수 있는 영역은 무척 협소해진다. 즉 그것은 오로지 중력만이 작용하는 아주 특수한 상황만을 설명할 수 있을 뿐이다. 결과적으로 참된 사실들을 진술하기 위해 삽입된 구절은 설명력을 현저히 감소시킨다. 이 문제는 거의 모든 물리학의 근본 법칙들이 가지고 있다.

① 물리학의 근본 법칙은 그 영역을 점점 확대하는 방식으로 발전해 왔다.

② 물리적 자연 현상이 점점 복잡하고 다양해짐에 따라 물리학의 근본 법칙도 점점 복잡해진다.

③ 더 많은 실재 세계의 사실들을 기술하는 물리학의 법칙이 그렇지 않은 법칙보다 뛰어난 설명력을 가진다.

④ 물리학의 근본 법칙들은 이상적인 상황을 다루고 있어 실재 세계의 사실들을 정확하게 기술하는 데 어려움이 없다.

⑤ 참된 사실을 정확하게 기술하려고 물리 법칙에 조건을 추가하면 설명 범위가 줄어 다양한 물리 현상을 설명하기 어려워진다.

02 ○△×

(가)와 (나)가 공통으로 받아들이고 있는 전제로 가장 적절한 것은?

(가) 한갓 오랑캐의 풍속으로써 중국의 아름다운 문화를 변화시키고, 사람을 금수로 타락시키면서도 이를 잘하는 일이라고 여기며 개화(開化)라는 이름을 붙입니다. 그러니 이 개화라는 말은 너무도 쉽게 나라를 망치고 집안을 뒤엎는 글자입니다. 간혹 자주(自主)라는 이름을 붙이기도 하는데 실상은 나라를 왜놈에게 주고서 모든 정사와 법령에 대해 반드시 자문을 구합니다. 또 예의를 무너뜨리고 오랑캐로 타락하면서 억지로 문명이라고 부릅니다. 지금 비록 하나하나 따질 수는 없지만 특히 의복 제도를 변경하는 일은 도리를 매우 심하게 해치고 있으므로 시급하게 먼저 복구하지 않을 수 없습니다. 물론 우리나라 의복 제도가 옛 법에 완전히 부합하지는 않지만 여기에는 중국의 문물(文物)이 내재되어 있습니다. 중국이 비록 외국이라도 중국의 문물은 선왕들께서 일찍이 강론하여 밝혀 준수해 온 것이며, 천하의 모든 나라들이 일찍이 우러러 사모하며 찬탄한 것입니다. 이러한데도 버린다면 요·순·문·무(堯舜文武)를 통해 전승해 온 문화의 한줄기를 찾을 수가 없게 되고, 기자(箕子) 및 선대의 우리 임금들이 중국의 아름다운 문화를 가져오신 훌륭한 덕과 큰 공로를 후세에 밝힐 수 없게 될 것입니다. 어찌 차마 이렇게 할 수 있겠습니까.

(나) 지금 조선이 이렇게 약하고 가난하며 백성은 어리석고 관원이 변변치 못한 이유는, 다름이 아니라 다 학문이 없기 때문이다. 조선이 강하고 부유해지며 관민이 외국 사람들에게 대접을 받기 위해서는 배워서 구습을 버리고 개화한 자주독립국 백성과 같이 되어야 한다. 그렇게 하면 나라의 문화는 활짝 꽃 필 것이다. 사람들이 정부에서 정치도 의논하게 되며, 각종의 물화(物貨)를 제조하게 되며, 외국 물건을 수입하거나 내국 물건을 수출하게 되며, 세계 각국에 조선 국기를 단 상선과 군함을 바다마다 띄우게 될 것이다. 또 백성들은 무명옷을 입지 않고 모직과 비단을 입게 되며, 김치와 밥을 버리고 우육(牛肉)과 브레드를 먹게 되며, 남에게 붙잡히기 쉬운 상투를 없애어 세계 각국의 인민들처럼 우선 머리가 자유롭게 될 것이다. 또 나라 안에 법률과 규칙이 바로 서서 애매한 사람이 형벌당하는 일이 없어지고, 약하고 무식한 백성들이 강하고 유식한 사람들에게 무리하게 욕보일 일도 없어지며, 정부 관원들이 법률을 두렵게 여김으로써 협잡이 없어지며, 인민이 정부를 사랑하여 국내에서 동학(東學)과 의병이 다시 일어나지 않을 것이다.

① 개화의 목적은 백성들의 물질적 풍요에 있다.

② 민족의 독립은 자주적인 정부를 통해 실현된다.

③ 외래문명의 추구와 민족의 자존(自尊)은 상충한다.

④ 자주독립국이 되기 위해서는 제도가 개선되어야 한다.

⑤ 외국문물의 수용과 자국문화의 발전은 별개의 문제가 아니다.

03 ○△✕

다음 글에서 직접적으로 표현되지는 않았지만 글의 결론을 성립시키는 데 필요한 전제로 가장 적절한 것은?

조사 결과, 클래식 음악의 곡 전개에서는 음의 변화폭이 별로 크지 않았다. 대체로 뒤의 음은 앞의 음의 높이 근처에서 더 낮은 음이나 높은 음으로 진행했고, 큰 음폭으로 변하는 경우는 상대적으로 드물었다. 주목할 만한 것은 그런 변화의 빈도가 두 음 간의 진동수 차이에 반비례한다는 점이었다. 다시 말해 음정의 변화폭이 클수록 한 곡에서 그런 멜로디가 등장하는 횟수는 줄어드는 양상이 나타난다. 이런 규칙에 따르는 음악을 '1/f 음악'이라고 부른다. (여기서 f는 인접한 두 소리의 '진동수 차이'를 가리킨다고 보면 되겠다.) 흥미로운 것은 대중에게 호감을 주는 곡일수록 이런 규칙이 정확히 들어맞는다는 사실이었다.

그런데 최근에 과학자들은 음향학적 분석을 토대로 해서 음악뿐 아니라 갖가지 새들의 울음소리나 시냇물 소리, 그리고 심장 박동 소리 같은 자연 생태계 속의 소리들이 대부분 1/f의 패턴을 따른다는 사실을 밝혀냈다. 결론적으로, 우리는 대중에게 호감을 주는 음악이 대개 1/f 음악인 이유가, 그런 음악과 자연의 소리 사이에 놓인 구조적 유사성 때문이라는 것을 알게 된다. 인기곡을 분석한 평론에 '멜로디의 진행이 자연스럽다'는 표현이 들어 있다면 이때의 '자연스럽다'라는 말은 글자 그대로 '자연을 닮았다'는 의미로 해석해도 좋을 것이다.

① 1/f 음악은 대중적 인기를 끌 만한 특성을 지닌다.

② 사람들은 1/f의 패턴을 지닌 자연의 소리에 호감을 느낀다.

③ 사람들에게 안도감을 주는 소리는 적절한 진동수 범위 안에 있다.

④ 작곡가들은 대중에게 인기 있는 곡을 작곡하려는 의도를 가지고 있다.

⑤ 창작된 음악과 자연의 음향 사이에는 항상 어느 정도의 구조적 동질성이 존재한다.

01 ○△✕   19년 행시(가) 30번

다음 글의 '나'의 암묵적 전제로 볼 수 있는 것만을 〈보기〉에서 모두 고르면?

나는 최근에 수집한 암석을 분석하였다. 암석의 겉껍질은 광물이 녹아서 엉겨 붙어 있는 상태인데, 이것은 운석이 대기를 통과할 때 가열되면서 나타나는 대표적인 현상이다. 암석은 유리를 포함하고 있었고 이 유리에는 약간의 기체가 들어있었다. 이 기체는 현재의 지구나 원시 지구의 대기와 비슷하지 않지만 바이킹 화성탐사선이 측정한 화성의 대기와는 흡사하였다. 특히 암석에서 발견된 산소는 지구의 암석에 있는 것과 동위원소 조성이 달랐다. 그러나 화성에서 기원한 다른 운석에서 나타나는 동위원소 조성과는 일치하였다.

놀랍게도 이 암석에서는 박테리아처럼 보이는 작은 세포 구조가 발견되었다. 그 크기는 100나노미터였고 모양은 둥글거나 막대기 형태였다. 이 구조는 매우 정교하여 살아 있는 세포처럼 보였다. 추가 분석으로 이 암석에서 탄산염 광물을 발견하였고 이 탄산염 광물은 박테리아가 활동하는 곳에서 형성된 지구의 퇴적물과 닮았다는 것을 알게 되었다. 이 탄산염 광물에서는 특이한 자철석 결정이 발견되었다. 지구에서 발견되는 A 종류의 박테리아는 자체적으로 합성한, 특이한 형태와 높은 순도를 지닌 자철석 결정의 긴 사슬을 이용해 방향을 감지한다. 이 자철석은 지층에 퇴적될 수 있다. 자성을 띤 화석은 지구상에 박테리아가 나타나기 시작한 20억 년 전의 암석에서도 발견된다. 내가 수집한 암석에서 발견된 자철석은 A 종류의 박테리아에 의해 생성되는 것과 같은 결정형과 높은 순도를 지니고 있었다.

따라서 나는 최근에 수집한 암석이 생명체가 화성에서 실재하였음을 나타내는 증거라고 확신한다.

〈보 기〉

ㄱ. 크기가 100나노미터 이하의 구조는 생명체로 볼 수 없다.
ㄴ. 산소의 동위원소 조성은 행성마다 모두 다르게 나타난다.
ㄷ. A 종류의 박테리아가 없었다면 특이한 결정형의 자철석이 나타나지 않는다.

① ㄱ
② ㄴ
③ ㄱ, ㄷ
④ ㄴ, ㄷ
⑤ ㄱ, ㄴ, ㄷ

02 ○△✕   18년 행시(나) 28번

다음 글의 빈칸에 들어갈 진술로 가장 적절한 것은?

야생의 자연이라는 이상을 고집하는 자연 애호가들은 인류가 자연과 내밀하면서도 창조적인 관계를 맺었던 반(反) 야생의 자연, 즉 정원을 간과한다. 정원은 울타리를 통해 농경지보다 야생의 자연과 분명한 경계를 긋는다. 집약적인 토지 이용이라는 전통은 정원에서 시작되었다. 정원은 대규모의 농경지 경작이 행해지지 않은 원시적인 문화에서도 발견된다. 만여 종의 경작용 식물들은 모두 대량 생산에 들어가기 전에 정원에서 자라는 단계를 거쳐 온 것으로 보인다.

농업경제의 역사에서 정원이 갖는 의미는 시대와 지역에 따라 매우 달랐다. 좁은 공간에서 집약적인 농사를 짓는 지역에서는 농부가 곧 정원사였다. 반면 예전의 독일 농부들은 정원이 곡물 경작에 사용될 퇴비를 앗아가므로 정원을 악으로 여기기도 했다. 하지만 여성들의 입장은 지역적인 편차가 없었다. 아메리카의 푸에블로 인디언부터 근대 독일의 농부 집안까지 정원은 농업 혁신에 주도적인 역할을 해온 여성들에게는 자신들의 제국이자 자존심이었다. 그곳에는 여성들이 경험을 통해 쌓은 지식 전통이 살아 있었다. 환경사에서 여성이 갖는 특별한 역할의 물질적 근간은 대부분 정원에서 발견된다. 지난 세기들의 경우 이는 특히 여성 제후들과 관련되어 있으며 자료가 풍부하다. 작센의 여성 제후인 안나는 식물에 관한 지식을 늘 공유했던 긴밀하고도 광범위한 사회적 네트워크를 가지고 있었는데 그중에는 식물 경제학에 관심이 깊은 고귀한 신분의 여성들도 많았으며 수도원 소속의 여성들도 있었다.

여성들이 정원에서 쌓은 경험의 특징은 무엇일까? 정원에서는 땅을 면밀히 살피고 손으로 흙을 부스러뜨리는 습관이 생겨났을 것이다. 정원에서 즐겨 이용되는 삽도 다양한 토질의 층을 자세히 연구하도록 부추겼을 것이 분명하다. 넓은 경작지보다는 정원에서 땅을 다룰 때 더 아끼고 보호했을 것이다. 정원이라는 매우 제한된 공간에는 옛날에도 충분한 퇴비를 줄 수 있었다. 경작지보다도 다양한 종류의 퇴비로 실험할 수 있었고 새로운 작물을 키우며 경험을 수집할 수 있었다. 정원에서는 좁은 공간에서 다양한 식물이 자라기 때문에 모든 종류의 식물들이 서로 잘 지내지는 않는다는 사실에도 주의를 기울였다. 이는 식물 생태학의 근간을 이루는 통찰이었다.

결론적으로 정원은 _____

① 자연을 즐기고 자연과 교감할 수 있는 야생의 공간으로서 집안에 들여놓은 자연의 축소판이었다.
② 여성들이 자연을 통제하고자 하는 이룰 수 없는 욕구를 충족하기 위하여 인공적으로 구축한 공간이었다.
③ 경작용 식물들이 서로 잘 지낼 수 있도록 농경지를 구획하는 울타리를 헐어버림으로써 구축한 인위적 공간이었다.
④ 여성 제후들이 농부들의 경작 경험을 집대성하여 환경사의 근간을 이루는 식물 생태학의 기초를 다지는 공간이었다.
⑤ 여성들이 주도가 되어 토양과 식물을 이해하고 농경지 경작에 유용한 지식과 경험을 배양할 수 있는 좋은 장소였다.

03 ○△✕

다음 물질 A의 이동 특성을 아래 〈실험〉에 비추어 볼 때 가장 잘 설명하는 가설은?

관(管)다발 식물은 내부에 여러 개의 관들을 가지고 있으며, 이 관들은 식물의 뿌리로부터 줄기 끝과 잎까지 연결되어 있다. 외부에서 흡수하는 물질이나 체내에서 합성하는 물질은 이 관들을 통해 식물 내 필요한 곳으로 이동하게 된다. 일반적으로 이러한 물질들은 특별한 방향성을 가지고 있지 않아서 줄기의 끝이나 뿌리 끝 어느 방향으로나 이동할 수 있다. 하지만 일부 특별한 물질들은 그 물질의 특성에 따라 식물의 줄기의 끝 방향이나 뿌리 끝 방향으로 이동 방향이 한정되는 경우도 있다. 최근 연구를 통해 특정 관다발 식물에서 물질 A가 체내에서 합성되는 것을 알아냈다. 그 식물 내에서 물질 A의 이동 특성을 알아보기 위해 다음과 같은 실험을 수행하였다.

〈보 기〉

〈실험 1〉 : 줄기 중간의 일정 부분을 절단하고, 이 줄기 조각의 방향(줄기 끝 방향과 뿌리 방향)을 그대로 유지한 후 줄기 끝 쪽 줄기 조각 부위에 물질 A를 처리하였다. 어느 정도 시간이 흐른 뒤 분석해 보니 물질 A가 뿌리 쪽 줄기 조각 끝 부위에만 있는 것을 알아냈다.

〈실험 2〉 : 〈실험 1〉과 동일한 조건에서 줄기 끝 쪽 줄기 조각 부위에 낮은 농도의 물질 A를 처리하였고, 뿌리 쪽 줄기 조각 부위에 높은 농도의 물질 A를 처리한 후 어느 정도 시간이 흐른 뒤 분석해 보니 물질 A가 뿌리 쪽 줄기 조각 끝 부위에만 있는 것을 알아냈다.

〈실험 3〉 : 〈실험 1〉과 동일한 조건에서 줄기 끝 쪽 줄기 조각 부위와 뿌리 쪽 줄기 조각 부위 모두에 동일한 높은 농도의 물질 A를 처리한 후 어느 정도 시간이 흐른 뒤 분석해 보니 〈실험 2〉와 같은 결과가 나왔다.

〈실험 4〉 : 〈실험 1〉과 동일한 조건에서 줄기 조각의 방향을 거꾸로 하고 뿌리 쪽 줄기 조각 끝 부위에 물질 A를 처리한 후 어느 정도 시간이 흐른 뒤 분석해 보니 물질 A가 뿌리 쪽 줄기 조각 끝 부위에만 있고 줄기 끝 쪽 줄기 조각 부위에는 없다는 것을 알아냈다.

① 물질 A는 항상 뿌리 끝 방향으로 이동한다.
② 물질 A의 이동은 농도 차이에 의해 결정된다.
③ 물질 A의 이동은 물질 A가 합성되는 장소에 의해 결정된다.
④ 물질 A는 뿌리 끝과 줄기 끝 방향으로 모두 이동할 수 있다.
⑤ 물질 A는 줄기 끝 방향으로 선택적으로 이동하는 특성이 있다.

CHAPTER
08 글의 문맥 · 구조

1 유형의 이해

이 유형은 글의 문맥이나 논증 구조를 파악할 수 있는지를 평가한다. 대표문항처럼 ① 논증 구조를 도식화하는 문제 외에도, ② 일부 문장에 밑줄을 치고 각 문장 간의 관계를 파악하는 문제나 ③ 문단을 알맞은 순서로 알맞은 순서로 배치하는 문제로 출제된다. 과거에는 ① 형태의 문제가 많이 출제되었으나 최근에는 ② 형태의 문제가 늘어나고 있으며, ③ 형태는 10년에 한 번 꼴로 출제된다. 매년 1문제 정도로 비중은 크지 않다.

2 발문 유형

- 다음 논증의 구조를 분석한 것으로 가장 적절한 것은?
- 다음 글의 결론이 참이 되도록 글을 수정한 것으로 옳은 것은?
- 다음 글을 내용의 흐름에 따라 순서대로 나열한 것은?

3 접근법

이 유형에서 묻고자 하는 것은 각 문장 간의 관계이다. 따라서 일치부합 문제와 달리 글 전체의 내용을 완벽히 이해할 필요는 없다. 대신 각 문장이 함축관계인지 지지관계인지를 파악해야 한다. 이 때 동일한 단어를 사용하는 문장은 어떤 관계를 가지고 있을 가능성이 높다.

시간을 절약하기 위해서는 전제와 결론을 모두 포함하는 문장을 먼저 찾아야 한다. 제시문은 전제에 해당하는 부분, 결론에 해당하는 부분, 그리고 전제와 결론의 관계를 설명하는 부분으로 나뉜다. 가장 먼저 전제와 결론의 관계를 설명하는 부분을 찾고, 전제와 결론에 해당하는 문장이 무엇인지 역으로 도출해 내면 문제를 빠르게 해결할 수 있다.

4 생각해 볼 부분

일부 문장에 밑줄을 치고 각 문장 간의 관계를 파악하는 문제의 경우, 밑줄 친 문장을 우선 읽으면 문제 풀이시간을 줄일 수 있다. 이외의 내용은 맥락 이해에 도움은 될 수 있으나 필수적인 내용은 아니다. 밑줄 친 문장만으로 문제가 해결되지 않는 경우에만 나머지 내용을 읽도록 하자.

도식화 하는 문제의 경우 선지를 활용할 수 있다. 가령 대부분의 선지에서 특정 문장을 결론으로 두었다면, 그 문장에서 풀이를 시작하면 된다.

다음 논증의 구조를 분석한 것으로 가장 적절한 것은?(단, ↑는 '위의 문장이 아래 문장을 지지함'을, ⓐ+ⓑ는 'ⓐ와 ⓑ가 결합됨'을 의미함)

> ⓐ 만약 어떤 사람에게 다가온 신비적 경험이 그가 살아갈 수 있는 힘으로 밝혀진다면, 그가 다른 방식으로 살아야 한다고 다수인 우리가 주장할 근거는 어디에도 없다. 사실상 신비적 경험은 우리의 모든 노력을 조롱할 뿐 아니라, 논리라는 관점에서 볼 때 우리의 관할 구역을 절대적으로 벗어나 있다. ⓑ 우리 자신의 더 '합리적인' 신념은 신비주의자가 자신의 신념을 위해서 제시하는 증거와 그 본성에 있어서 유사한 증거에 기초해 있다. ⓒ 우리의 감각이 우리의 신념에 강력한 증거가 되는 것과 마찬가지로, 신비적 경험도 그것을 겪은 사람의 신념에 강력한 증거가 된다. ⓓ 우리가 지닌 합리적 신념의 증거와 유사한 증거에 해당하는 경험은, 그러한 경험을 한 사람에게 살아갈 힘을 제공해줄 것이 분명하다. ⓔ 신비적 경험은 신비주의자들에게는 살아갈 힘이 되는 것이다. ⓕ 신비주의자들의 삶의 방식이 수정되어야 할 '불합리한' 것이라고 주장할 수는 없다.

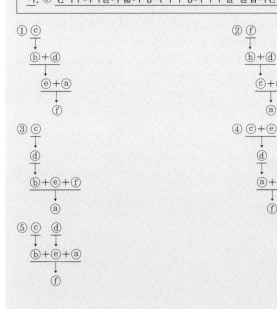

난도 중

풀이시간 2분 15초

합격생 가이드

선지를 보면 마지막에 배치되어야 하는 문장은 ⓐ혹은 ⓕ이다. 그런데 ⓐ는 전제와 결론 간의 관계를 설명하고 있으므로 (내용과 무관하게) 마지막에 배치되기에는 부적절하다. 결국 ⓕ를 결론으로 두고, 이를 도출하기 위한 재료들을 역산하여 도출하면 된다.

대표문항으로 선정한 이유

도식화 문제는 이 유형에서 가장 고전적인 형태이다. 한동안 출제되지 않다가 최근에 다시 출제 빈도가 늘어나고 있다. 다른 유형들과 가장 형태가 다른 문제인 만큼, 많이 연습하지 않으면 실전에서 당황할 수 있다. 선지를 어떻게 활용할지 고민하면서 풀어보자.

정답해설

우선 ⓐ는 전제와 결론 간의 관계를 설명하고 있다. 한편 ⓑ는 우리의 합리적인 신념과 신비주의자의 신념의 "증거"가 유사함을, ⓒ는 우리와 신비적 경험을 겪은 사람의 신념의 "증거"는 모두 "경험"임을 제시하고 있다. 따라서 ⓒ가 ⓑ를 함축한다. 다음으로, ⓓ는 "경험"이 살아갈 힘이 된다고 설명한다. ⓑ에서 "증거"는 곧 "경험"이므로, ⓑ와 ⓓ를 결합하면 "경험"은 살아갈 힘이 됨(ⓔ)이 도출된다. ⓔ와 ⓕ는 각각 ⓐ의 전제와 결론에 해당하므로, ⓐ와 ⓔ를 결합하면 ⓕ가 도출된다.

답 ①

01 ○△✕   08년 행시(꿈) 8번

한 편의 완결된 글을 작성하려고 할 때, 가장 적절한 문단 배열의 순서는?

> 가. 1000분의 1초(ms) 단위로 안구운동을 측정한 결과 미국 학생은 중국 학생에 비해 180ms 빨리 물체에 주목했으며 눈길이 머문 시간도 42.8% 길었다. 그림을 본 후 처음 300∼400ms 동안에는 두 그룹 사이에 별 차이가 없었으나 이후 420∼1100ms 동안 미국 학생은 중국 학생에 비해 '물체'에 주목하는 정도가 더 높았다.
>
> 나. 미국 국립과학아카데미(NAS) 회보는 동양인과 서양인이 사물을 보는 방식에 차이가 난다는 실험 결과를 소개했다. 미국 미시간대 심리학과 연구진은 백인 미국인 학생 25명과 중국인 학생 27명에게 호랑이가 정글을 어슬렁거리는 그림 등을 보여주고 눈의 움직임을 관찰했다. 실험 결과 미국 학생의 눈은 호랑이처럼 전면에 두드러진 물체에 빨리 반응하고 오래 쳐다본 반면 중국 학생의 시선은 배경에 오래 머물렀다. 또한 중국 학생은 물체와 배경을 오가며 그림 전체를 보는 것으로 나타났다.
>
> 다. 연구를 주도한 리처드 니스벳 교수는 이런 차이가 문화적 변수에 기인하는 것으로 봤다. 그는 "중국문화의 핵심은 조화에 있기 때문에 서양인보다는 타인과의 관계에 많은 신경을 써야 하는 반면 서양인은 타인에게 신경을 덜 쓰고도 일할 수 있는 개인주의적 방식을 발전시켜 왔다"고 말했다.
>
> 라. 니스벳 교수는 지각구조의 차이가 서로 다른 문화적 배경에 기인한다는 것은 미국에서 태어나고 자란 아시아계 학생들이 사물을 볼 때 아시아에서 나고 자란 학생들과 백인계 미국인의 중간 정도의 반응을 보이며 때로는 미국인에 가깝게 행동한다는 사실로도 입증된다고 덧붙였다.
>
> 마. 고대 중국의 농민들은 관개농사를 했기 때문에 물을 나눠 쓰되 누군가가 속이지 않는다는 것을 확실히 할 필요가 있었던 반면 서양의 기원인 고대 그리스에는 개별적으로 포도와 올리브를 키우는 농민이 많았고 그들은 오늘날의 개인 사업가처럼 행동했다. 이런 삶의 방식이 지각구조에도 영향을 미쳐 철학자 아리스토텔레스는 바위가 물에 가라앉는 것은 중력 때문이고 나무가 물에 뜨는 것은 부력 때문이라고 분석하면서도 정작 물에 대해서는 아무런 언급을 하지 않았지만, 중국인들은 모든 움직임을 주변 환경과 연관시켜 생각했고 서양인보다 훨씬 전에 조류(潮流)와 자기(磁氣)를 이해했다는 것이다.

① 가 – 나 – 다 – 마 – 라
② 나 – 가 – 다 – 라 – 마
③ 나 – 가 – 다 – 마 – 라
④ 마 – 라 – 나 – 가 – 다
⑤ 마 – 라 – 다 – 나 – 가

02 ○△✕   08년 행시(꿈) 32번

다음 논증의 구조를 올바르게 도식화한 것은?("丅"는 밑줄 위의 문장이 합쳐져서 화살표가 가리키는 문장을 지지한다는 의미이다)

> ㉠ 만약 인간을 다른 생물들보다 우월한 것으로 대우할 만한 자명한 이유가 없다면, 우리는 인간의 기본적인 욕구를 충족하기 위하여 다른 생물들의 기본적 욕구를 희생시켜서는 안 된다. ㉡ 만약 우리가 인간의 기본적인 욕구를 충족하기 위하여 다른 생물들의 기본적 욕구를 희생시켜서는 안 된다면, 우리는 인간을 다른 생물들보다 우월한 것으로 대우해서는 안 된다. ㉢ 만약 인간을 다른 생물들보다 우월한 것으로 대우할 만한 자명한 이유가 없다면, 우리는 인간을 다른 생물들보다 우월한 것으로 대우해서는 안 된다. ㉣ 인간을 다른 생물들보다 우월한 것으로 대우할 만한 자명한 이유가 없다. ㉤ 우리는 인간을 다른 생물들보다 우월한 것으로 대우해서는 안 된다. ㉥ 만약 우리가 인간을 다른 생물들보다 우월한 것으로 대우해서는 안 된다면, 우리는 인간을 다른 생물들과 평등한 것으로 대우해야 한다. ㉦ 우리는 인간을 다른 생물들과 평등한 것으로 대우해야 한다.

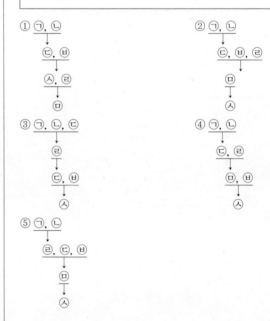

03 ⃞⃤⊠

다음 글의 ⓐ~ⓔ에 대한 평가로 적절한 것만을 〈보기〉에서 모두 고르면?

영혼이 영원한 존재라는 것을 증명하기 위해서는 먼저 소멸 가능한 존재에 관해 생각해 볼 필요가 있다. 예를 들어, 종이나 연필은 소멸 가능한 존재이다. 그것들을 소멸시키는 방법은 아주 간단하다. 그것들을 구성요소들로 해체시키면 된다. 소멸 가능한 존재는 여러 구성요소들로 이루어져 있다. 이제 소멸 불가능한, 즉 영원한 존재에 대해 생각해 보자. 예를 들어, 칠판에 적힌 숫자 '3'과는 달리 수 3은 절대로 소멸되지 않는다. 그 이유는 무엇일까? 그것은 바로 수 3은 구성요소들로 이루어진 결합물이 아니기 때문이다. 따라서 ⓐ 구성요소들로 이루어진 결합물일 경우에만 소멸 가능하다고 할 수 있다. 결합물에 대해서는 그 구성요소들을 해체한 상태를 상상할 수 있지만, 수 3과 같은 존재는 해체를 통한 소멸을 상상할 수 없다. 그것은 해체할 수 있는 구성요소들이 없는 단순한 존재이기 때문이다. 여기서 '단순한 존재'란 구성요소들로 이루어져 있지 않은 존재를 의미한다.

어떤 것이 결합물인지 단순한 존재인지를 가릴 수 있는 객관적 기준은 무엇일까? 그것은 바로 '변화'라고 할 수 있다. 예를 들어, 우리가 쇠막대기를 구부린다고 해보자. 쇠막대기를 파괴한 것은 아니고 단지 변화시켰을 뿐이다. 우리는 이렇게 어떤 존재를 구성하고 있는 요소들 사이의 관계를 새롭게 형성하는 방식으로 그 존재를 변화시킬 수 있다. 따라서 ⓑ 어떤 존재가 변화하지 않는다면, 그 존재는 구성요소들로 이루어진 결합물이 아니다.

변화하는 존재들에는 무엇이 있을까? 종이, 연필 등 우리가 일상적으로 볼 수 있는 모든 것들이다. 반면에 ⓒ 우리가 일상적으로 볼 수 없는 것들은 변화하지 않는다. 수 3을 다시 생각해 보자. 칠판에 적힌 숫자 '3'과는 달리 수 3은 절대로 변화하지 않는다. 어제도 홀수였고 내일도 모레도 홀수로 남아 있을 것이다. 수 3이 짝수가 될 가능성은 없다. 영원한 홀수이다. 우리는 영혼에 대해서도 똑같이 말할 수 있다. ⓓ 영혼은 일상적으로 볼 수 있는 것이 아니다. 우리가 일상적으로 볼 수 있는 것은 영혼을 가진 사람의 육체와 그것의 움직임일 뿐이다. 이제 우리는 다음과 같은 결론에 다다랐다. ⓔ 영혼은 소멸하지 않는 존재이다.

― 〈보 기〉 ―

ㄱ. ⓐ, ⓑ, ⓒ를 모두 받아들인다고 해도, 일상적으로 볼 수 없는 것들은 소멸하지 않는다는 것은 도출되지 않는다.

ㄴ. ⓒ에 대한 정당화가 충분하지 않다. 비록 수 3과 같은 수학적 대상이 변화하지 않는다는 것을 받아들인다고 해도, 일상적으로 볼 수 없는 모든 것이 변화하지 않는다는 것을 반드시 받아들일 필요는 없다.

ㄷ. ⓐ, ⓑ, ⓒ, ⓓ를 모두 받아들인다고 해도, ⓔ는 도출되지 않는다.

① ㄱ   ② ㄴ

③ ㄱ, ㄷ   ④ ㄴ, ㄷ

⑤ ㄱ, ㄴ, ㄷ

01 ○△✕

다음 글에 대한 분석으로 적절한 것만을 〈보기〉에서 모두 고르면?

"1 더하기 1은 2이다."와 "대한민국의 수도는 서울이다."는 둘 다 참인 명제이다. 이 중 앞의 명제는 수학 영역에 속하는 반면에 뒤의 명제는 사회적 규약 영역에 속한다. 그리고 위 두 명제 모두 진리 표현 '~는 참이다'를 부가하여, "1 더하기 1은 2라는 것은 참이다.", "대한민국의 수도는 서울이라는 것은 참이다."와 같이 바꿔 말할 수 있다. 이 '~는 참이다'라는 진리 표현에 대한 이론들 중에는 진리 다원주의와 진리 최소주의가 있다.

진리 다원주의에 의하면 ㉠ 수학과 사회적 규약이라는 서로 다른 영역에 속한 위 두 명제들의 진리 표현은 서로 다른 진리를 나타낸다. 한편, ㉡ 진리 표현은 명제가 속한 영역에 따라서 다른 진리를 나타낸다는 주장은 진리가 진정한 속성일 때에만 성립한다. 만약 진리가 진정한 속성이 아니라면 영역의 차이에 따라 진리를 구별하는 것은 무의미할 것이기 때문이다. 그러므로 진리 다원주의는 ㉢ 진리가 진정한 속성이라는 것을 받아들여야 한다. 한편, ㉣ 언어 사용을 통해 어떤 속성에 대한 모든 것을 알 수 있다면, 그것은 진정한 속성이 아니다. 진리가 진정한 속성이라면 언어 사용을 통해 진리에 관한 모든 것을 알 수 있는 것은 아니다. 진리 최소주의자들은 ㉤ 우리는 언어 사용을 통해 진리에 관한 모든 것을 알 수 있다고 주장한다. 그러므로 만약 진리 최소주의가 옳다면 어떤 결론이 따라 나오는지는 명확하다.

― 〈보 기〉 ―

ㄱ. ㉠과 ㉡은 함께 ㉢을 지지한다.

ㄴ. ㉣과 ㉤은 함께 ㉢을 반박한다.

ㄷ. ㉠, ㉡, ㉣은 함께 ㉤을 반박한다.

① ㄱ

② ㄷ

③ ㄱ, ㄴ

④ ㄴ, ㄷ

⑤ ㄱ, ㄴ, ㄷ

02 ○△✕

다음 글의 전체 흐름과 맞지 않는 한 곳을 ㉠~㉤에서 찾아 수정하려고 한다. 알맞게 수정한 것은?

노예들이 저항의 깃발을 들고 일어설 때는 그들의 굴종과 인내가 한계에 이르렀을 때이다. 개인의 분노와 원한이 폭발할 때에도 그것이 개인의 행위로 그칠 때에는 개인적 복수극에 그치고 만다. 저항의 본질은 억압하는 자에 대한 분노와 원한이 확산되어 가치를 공유하게 되는 데 있다. 스파르타쿠스가 저항의 깃발을 들어 올렸을 때, 수십만 명의 노예와 농민들이 그 깃발 아래 모여든 원동력은 바로 ㉠ 이러한 공통의 분노, 공통의 원한, 공통의 가치에 있었다.

프로메테우스의 신화에서도 저항의 본질을 엿볼 수 있다. 프로메테우스는 제우스가 인간에게 불을 보내주지 않자, ㉡ 인간의 고통에 공감하여 '하늘의 바퀴'에서 불을 훔쳐 지상으로 내려가서 인간에게 주었다. 프로메테우스의 저항에 격노한 제우스는 인간과 프로메테우스에게 벌을 내렸다. 인간에게는 불행의 씨앗이 들어 있는 '판도라의 상자'를 보냈고 프로메테우스에게는 쇠줄로 코카서스 산 위에 묶인 채 독수리에게 간을 쪼아 먹히는 벌을 내린 것이다.

저항에 나선 사람들이 느끼는 굴종과 인내의 한계는 ㉢ 시대와 그들이 처한 상황에 따라 다르게 나타난다. 그리스도교의 정신과 의식을 원용하여 권력의 신성화에 성공한 중세의 지배체제는 너무도 견고하여 농민들의 눈물과 원한이 저항의 형태로 폭발하지 못했다. 산업사회의 시민이나 노동자들은 평균적인 안락한 생활이 위협받을 때에만 '저항의 광장'으로 나가는 모험을 감행한다. 그들이 바라고 지키려는 것은 ㉣ 가족, 주택, 자동차, 휴가 따위이다.

저항이 폭발하여 기존의 지배체제를 무너뜨리고 새로운 왕조나 국가를 세우고 나면 그 저항의 힘은 시들어 버린다. 원한에 사무친 민중들의 함성이야말로 저항의 원동력이기 때문이다. 저항의 형태를 취하고 있으면서도 권력 쟁탈을 목적으로 한 쿠데타와 같은 적대 행위는, 그 본질에 있어서 지배와 피지배의 관계에서 발생하는 저항과는 다르다. 권력의 성채 속에서 벌어지는 음모, 암살, 배신은 ㉤ 이들 민중의 원한과 분노에서 시작된다.

① ㉠ – 이러한 극도의 개인적 분노와 원한에 있었다

② ㉡ – 독단적 결단에 따라 '하늘의 바퀴'에서 불을 훔쳐

③ ㉢ – 시대와 그들이 처한 상황 속에서도 일관성 있게 나타난다.

④ ㉣ – 상류층과 동등한 삶의 질이다.

⑤ ㉤ – 이들 민중의 원한과 분노에서 비롯된 것이 아니다.

03 ⃞⃝△✕   09년 행시(경) 37번

다음에 나타난 논증의 구조를 올바르게 도식화한 것은?(단, "⊤"는 밑줄 위의 문장들이 화살표가 가리키는 문장을 논리적으로 지지함을 의미한다)

> ㉠ 어떤 행위에 의해 직접적으로 영향을 받을 사람 모두가 그 행위가 이루어지길 선호한다면 그 행위는 도덕적으로 정당하다. ㉡ 체세포 제공자는, 자연임신에 의해 아이를 낳을 경우 자신의 유전자를 반만 물려줄 수 있지만 복제기술을 이용할 경우 자기 유전자를 온전히 물려줄 수 있다는 이유에서 복제기술을 선호할 것이다. ㉢ 복제기술을 통해 태어날 인간은 복제기술이 사용되지 않았더라면 태어나지 못했을 것이므로 복제기술의 사용을 선호할 것이다. ㉣ 복제기술에 의해 직접적으로 영향을 받을 사람은 자기 체세포를 이용하는 복제기술을 통해서 아이를 가지려는 사람들과 복제기술을 통해서 태어날 인간뿐이다. ㉤ 체세포 제공자와 복제기술로 태어날 인간은 모두 복제기술의 사용을 선호할 것이다. ㉥ 복제기술을 인간에게 사용하는 것은 도덕적으로 정당하다.

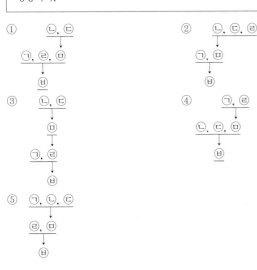

04 ⃞⃝△✕   07년 행시(외) 24번

다음 글의 내용 전개상 가장 적절한 문단 배열은?

> 2003년 7조 규모였던 인터넷쇼핑 시장이 2010년에는 19조에 이를 것으로 전망되고 있다. 이는 전체 소매유통의 8%에 육박하는 것으로, 인터넷 기술이 발달하고 인터넷 이용인구가 증가할수록 인터넷쇼핑 시장은 점점 확대될 것으로 예상된다.
>
> 가. 역선택(adverse selection)이란 품질이 좋은 상품이 시장에서 사라져 품질이 나쁜 상품만 거래할 수밖에 없게 된 상황을 말한다. 이를 최초로 제기한 애커로프(Akerlof)는, 역선택은 경제적 거래 이전에 소비자의 불비정보(不備情報)로 인해 발생한 것이므로 생산자는 광고를 통한 신호와 평판을 통해 상품의 유형을 정확히 소비자에게 알려 역선택으로 인한 사회 후생의 감소를 막아야 한다고 말했다. 합리적인 경제주체는 불비정보상황에 처할 경우 역선택을 염두에 두므로, 더 많은 정보의 획득을 통해 상품의 숨겨진 정보를 파악하고, 가격보다는 '정보'라는 비가격요소에 의해 물건의 구매를 결정짓게 되는 것이다.
>
> 나. 인터넷쇼핑 시장은 위와 같은 급격한 성장과 더불어 또 하나 흥미로운 점을 보이고 있다. 그것은 동일한 물품에 대해 수 천여 개 업체에서 가격 경쟁을 하고 있음에도 불구하고, 막상 매출 상위 업체를 살펴보면 물품단가가 낮지 않은 대기업체들의 시장점유율이 높다는 것이다. 상품의 품질이 동일한 경우 가격이 낮을수록 수요가 증가한다는 경제학의 기본 이론이 왜 인터넷쇼핑 시장에서는 통하지 않는 것일까?
>
> 다. 역선택은 '악화(惡貨)가 양화(良貨)를 구축(驅逐)한다'는 그레샴의 법칙과 유사하다. 불비정보 하의 역선택 상황이 발생하면, 시장에 고품질 상품은 사라지고 저품질 상품만 남게 되며, 그 시장은 소비자에게 외면당할 수밖에 없을 것이다. 정보보유자(생산자) 스스로 상품에 대한 적극적인 신호전략만이 불비정보게임 하에서 생존할 수 있는 유일한 방법임을 주지하고, 인터넷쇼핑몰 내에서 정보교환의 활성화를 통해 소비자와 생산자의 윈윈(win-win)을 이끌어내야 할 것이다.
>
> 라. 앞에서 말한 인터넷쇼핑 매출 상위 업체를 보면 제품상세정보, 상품 Q&A 메뉴를 운영하여 소비자에게 더 많은 정보를 제공하고 있다. 이렇게 생산자·소비자간 정보피드백, 광고, 평판을 전략적으로 이용할 때 온라인마켓에서의 성공이 가능한 것임에도 불구하고, 아직 많은 인터넷쇼핑몰은 가격인하 정책만을 고수하는 것을 목격할 수 있다. 완전정보게임이라면 가격과 수요가 반비례하는 수요의 법칙이 100% 통하겠지만 이는 교과서에나 나오는 모델일 뿐이다. 현실 경제의 대부분은 불비정보상황이거나 불완전정보게임으로 소비자와 생산자 모두 역선택과 도덕적 해이의 문제에 노출되어 있다는 것을 인식할 필요가 있다.
>
> 마. 이것은 온라인마켓과 오프라인마켓의 차이점에 기인한다. 온라인마켓의 경우 소비자가 직접 물건을 보고 만질 수 없으므로, 소비자는 자신이 알지 못하는 상품의 숨겨진 유형으로 인한 비대칭정보상황 속에 놓이게 된다. 이에 역선택을 하지 않기 위해서 가격이 아닌 다른 신호에 반응하는 것이다.

① 가 - 다 - 나 - 마 - 라
② 가 - 라 - 나 - 마 - 다
③ 나 - 가 - 다 - 마 - 라
④ 나 - 마 - 가 - 라 - 다
⑤ 나 - 마 - 라 - 가 - 다

01 ▢○△×

다음 ㉠~㉾에 대한 분석으로 가장 적절한 것은?

우리의 사고는 구조를 가지고 있을까? 이를 알아보기 위해 한국어 문장 "철수는 영희를 사랑한다."에서 출발해 보자. ㉠ 이 문장에 포함되어 있는 고유명사 '철수'와 '영희'가 지시하는 대상이 존재한다면, 이 문장이 유의미하다는 점을 부정할 사람은 없을 것이다. 그런데 ㉡ 이 문장이 유의미하다면, 두 고유명사의 위치를 서로 바꾼 문장 "영희는 철수를 사랑한다."도 유의미하다. 언어의 이러한 속성을 체계성이라고 한다. ㉢ 언어의 체계성은 해당 언어의 문장이 구조를 가질 경우에만 보장된다.

이번에는 언어의 생산성에 관해 생각해 보자. 한 언어가 생산적이라는 말의 의미는, 그 언어 내의 임의의 문장을 이용하여 유의미한 문장을 새롭게 구성할 수 있다는 것이다. 예를 들어, "철수는 귀엽다."와 "영희는 씩씩하다."는 문장들을 가지고 새로운 문장 "철수는 귀엽고 영희는 씩씩하다."를 얻을 수 있다. 또한 여기에다가 "영희는 철수를 사랑한다."를 덧붙여서 "철수는 귀엽고 영희는 씩씩하고 영희는 철수를 사랑한다."를 얻을 수 있다. 이러한 과정은 끝없이 확대될 수 있다. ㉣ 언어의 이러한 특성 역시 해당 언어의 문장이 구조를 가질 경우에만 보장된다.

이제 우리는 ㉤ 언어의 체계성과 생산성은 언어가 구조를 가질 경우에만 보장된다고 결론지을 수 있다. 이러한 결론은 우리의 사고에 대해서도 성립할 가능성이 있다. 왜냐하면 ㉥ 우리의 사고가 체계성과 생산성을 가지고 있다는 것은 부정할 수 없는 사실이기 때문이다. ㉦ 우리는 A가 B를 사랑한다고 생각할 수 있다면, B가 A를 사랑한다고 생각할 수도 있다. 뿐만 아니라 ㉧ 우리는 A가 귀엽다고 생각하고 B가 씩씩하다고 생각할 수 있다면, A는 귀엽고 B는 씩씩하다고 생각할 수 있다. 언어의 경우와 유사하게 사고의 경우도 이처럼 체계성과 생산성을 가지고 있다. 결국 언어와 마찬가지로 ㉾ 우리의 사고도 구조를 가지고 있다는 유추가 가능하다.

① ㉠은 ㉡을 지지한다.
② ㉥은 ㉤을 지지한다.
③ ㉢과 ㉣이 참이라고 할지라도 ㉤은 거짓일 수 있다.
④ ㉤과 ㉥이 참이라고 할지라도 ㉾은 거짓일 수 있다.
⑤ ㉥이 참이라고 할지라도 ㉦과 ㉧은 거짓일 수 있다.

02 ▢○△×

다음 글에 대한 분석으로 적절한 것만을 〈보기〉에서 모두 고르면?

어떤 사람들은 강한 존재가 약한 존재를 먹고 산다는 것을 의미하는 '약육강식'에 근거하여 동물을 잡아먹는 것을 도덕적으로 정당화하고자 한다. 그들의 논증은 다음과 같다. ⓐ 약육강식은 자연법칙이다. 그러므로 ⓑ 생태계 피라미드에서 상층의 존재들은 하층의 존재들을 마음대로 이용해도 된다. 그런데 ⓒ 인간은 생태계 피라미드에서 가장 높은 위치에 있는 존재이다. 결론적으로 ⓓ 인간은 다른 동물들을 얼마든지 잡아먹어도 된다. 그런데 이러한 논증에는 여러 문제점이 있고, 그것들에 대해서 다음과 같이 지적할 수 있다.

(가) 자연법칙이란 보편적으로 받아들여지는 것이다. 설령 약육강식을 자연법칙으로 받아들이던 시기가 있었다고 할지라도 오늘날에 그것을 자연법칙으로 받아들이는 사람은 거의 없다.

(나) 어떤 행동이 자연법칙에 따르는 것이라고 해서 그 행동이 도덕적으로 옳은 것이라는 결론으로 나아갈 수는 없다. 사실에 대한 판단에서 도덕적인 판단을 이끌어내는 것은 오류이기 때문이다.

(다) 물론 인간은 지금 자신의 지능을 활용하여 다른 동물들을 잡아먹거나 포획할 수 있다. 하지만 먼 옛날에는 오히려 인간이 육식동물들의 좋은 먹잇감이었다. 이런 점만 생각해 보아도 생태계 피라미드라는 것은 인간의 입장에서 만들어 놓은 일종의 형식이지 그러한 피라미드가 실제로 존재하는 것은 아니라는 것을 알 수 있다.

(라) 인간이 생태계에서 가장 높은 위치에 있다는 이유로 다른 존재를 잡아먹는 것이 도덕적으로 허용된다고 해보자. 그렇다면, 생태계에서 인간보다 높은 위치에 있는 존재가 나타날 경우 그들이 인간을 잡아먹는 것도 도덕적인 잘못이 아니라고 결론지어야 한다. 그러나 이러한 결론에 동의할 사람은 없다. 즉, 생태계에서 인간보다 높은 위치의 존재가 나타났다고 할지라도 그들이 인간을 잡아먹는 것을 도덕적으로 허용하는 사람은 없다는 것이다.

─────〈 보 기 〉─────

ㄱ. (가)의 주장이 참이면, ⓐ는 거짓이다.
ㄴ. (나)의 주장은, ⓑ에서 ⓓ를 이끌어내는 것이 오류라는 것이다.
ㄷ. (다)의 주장이 참이면, ⓒ가 거짓이다.
ㄹ. (라)의 주장은, ⓑ와 ⓒ를 받아들일 경우 우리가 받아들이기 힘든 결론이 도출된다는 것이다.

① ㄱ, ㄴ
② ㄱ, ㄷ
③ ㄷ, ㄹ
④ ㄱ, ㄷ, ㄹ
⑤ ㄴ, ㄷ, ㄹ

03 ○△✕   13년 행시(인) 33번

다음 글의 ㉠~㉣의 관계에 대한 설명으로 옳지 <u>않은</u> 것은?

천재성에 대해서는 두 가지 서로 다른 직관이 존재한다. 개별 과학자의 능력에 입각한 천재성과 후대의 과학발전에 끼친 결과를 고려한 천재성이다. 개별 과학자의 천재성은 일반 과학자의 그것을 뛰어넘는 천재적[1]인 지적 능력을 의미한다. 후자의 천재성은 과학적 업적을 수식한다. 이 경우 천재적[2]인 과학적 업적이란 이전 세대 과학을 혁신적으로 바꾼 정도나 그 후대의 과학에 끼친 영향의 정도를 의미한다.

다음과 같은 두 주장을 생각해 보자. 첫째, ㉠ 과학적으로 천재적[2]인 업적을 낸 사람은 모두 천재적[1]인 능력을 소유하고 있다. 둘째, ㉡ 천재적[1]인 능력을 소유한 과학자는 모두 반드시 천재적[2]인 업적을 낸다. 역사적으로 볼 때 ㉢ 천재적[1]인 능력을 갖추고도 천재적[2]인 업적을 내지 못한 과학자는 많다. 이는 천재적[1]인 능력을 갖고 태어난 사람들의 수에 비해서 천재적[2]인 업적을 낸 과학자의 수가 상대적으로 적다는 사실만 보아도 쉽게 알 수 있다. 실제로 많은 나라에서 영재학교를 운영하고 있으며, 이들 학교에는 정도의 차이는 있지만 평균보다 탁월한 지적 능력을 보이는 학생들이 많이 있다. 그러나 이들 가운데 단순히 뛰어난 과학적 업적이 아니라 과학의 발전과정을 혁신적으로 바꿀 혁명적 업적을 내는 사람은 매우 드물다. 그러므로 천재적[1]인 과학자라고 해서 반드시 천재적[2]인 업적을 남기는 것은 아니라고 할 수 있다. 천재적[2]인 업적을 내기 위해서는 반드시 천재적[1]이어야 하는가? 다행스럽게도 그렇지 않다. ㉣ 천재적[2]인 업적을 남긴 사람임에 분명한 코페르니쿠스나 멘델은 모두 뛰어난 지적 능력을 갖추었지만, 그 당시 사람들을 압도할 만한 능력을 갖춘 사람은 아니었다. 그러므로 우리는 천재적[1]인 지적 능력과 과학의 발전에서 매우 중요한 전환점을 마련해 주는 천재적[2]인 업적 사이에는 절대적인 상관관계가 없다고 결론내릴 수 있다.

① ㉠과 ㉡은 양립 가능하다.
② ㉠과 ㉢은 양립 가능하다.
③ ㉠과 ㉣은 양립 불가능하다.
④ ㉡과 ㉢은 양립 불가능하다.
⑤ ㉡과 ㉣은 양립 불가능하다.

04 ○△✕   12년 행시(인) 12번

다음 글의 A가 반드시 참이 되도록 ㉠~㉤ 부분을 수정하려고 할 때 적절한 것은?

2주 전 조사를 의뢰 받은 부식제 누출 사고의 분석 결과를 간략히 요약해서 말씀드리겠습니다. 귀사가 의뢰한 사안의 핵심에는 이 사고에 대해 책임을 져야 할 관련자의 범위를 규명하는 일과 더불어 위험 물질 관리시스템 RE-201과 이 사고의 연관성 여부를 규명하는 일이 있었으며, 우리의 분석은 여기에 초점을 맞추고 있습니다.

먼저, 관련자들의 담당업무를 분석한 결과 ㉠ 안전관리팀의 강 과장과 시설연구소의 남 박사 중 적어도 한 사람에게 이 사고와 관련된 책임이 있다는 판단에 도달했습니다. 물론 이 사고에 대한 책임의 소재는 추가로 밝혀질 수 있다는 점을 말씀드려둡니다. 그러나 ㉡ 사고 당일의 당직 책임자였던 도 부장과 박 과장에게는 어떠한 과실이나 책임의 여지도 없었습니다. 또 우리는 사고 당일을 포함하여 지난 수 개월 동안의 공장 전체의 부식제 분배 시스템 작동상황을 공학적 측면에서 면밀히 검토했습니다. 이 검토의 결론은 이렇습니다. ㉢ 만일 이 사고와 관련된 책임이 안전관리팀의 강 과장에게 있고 또 이 사고가 위험 물질 관리시스템 RE-201과 관련되었다면, 부식제 누출 사고는 공장의 S 구역에서만 일어났어야 합니다. 그러나 알려진 것처럼 ㉣ 누출 사고는 S 구역을 포함하는 광범위한 영역에서 일어났을 뿐만 아니라 상대적으로 T와 U 구역의 누출이 훨씬 더 심각했습니다.

마지막으로 알아낸 것은, ㉤ 만일 강 과장에게 이 사고와 관련된 책임이 있다면 남 박사에게도 책임이 있을 수밖에 없다는 것이었습니다. 책임 소재의 명확한 범위에 대한 분석은 아직 진행 중입니다. 그러나 일단 앞의 분석을 토대로 [A] 이번 사고가 RE-201과 관련되었다는 주장은 틀렸다는 결론을 내릴 수 있었습니다.

① ㉠을 '안전관리팀의 강 과장과 시설연구소의 남 박사 모두에게 이 사고와 관련된 책임이 있는 것은 아니다.'로 고친다.
② ㉡을 '사고 당일의 당직 책임자였던 도 부장과 박 과장에게도 책임의 여지가 있었습니다.'로 고친다.
③ ㉢에서 '관련되었다면'을 '관련되었다면, 그리고 그런 경우에 한해서'로 고친다.
④ ㉣을 '누출 사고는 S 구역이 아니라 T와 U 구역에서 일어났습니다.'로 고친다.
⑤ ㉤을 '남 박사에게는 이 사고와 관련된 책임이 없다.'로 고친다.

05 ⓞ△✕ 09년 행시(경) 26번

다음 단락들을 내용의 흐름에 따라 순서대로 나열한 것은?

(가) 매년 수백만 톤의 황산이 애팔래치아 산맥에서 오하이오 강으로 흘러들어 간다. 이 황산은 강을 붉게 물들이고 산성으로 변화시킨다. 이렇듯 강이 붉게 물드는 것은 티오바실러스라는 세균으로 인해 생성된 침전물 때문이다. 철2가이온(Fe^{2+})과 철3가이온(Fe^{3+})의 용해도가 이러한 침전물의 생성에 중요한 역할을 한다.

(나) 애팔래치아 산맥의 석탄광산에 있는 황철광에는 황화철(FeS_2)이 함유되어 있다. 티오바실러스는 이 황철광에 포함된 황화철을 산화시켜 철2가이온(Fe^{2+})과 강한 산인 황산을 만든다. 이 과정에서 티오바실러스는 일차적으로 에너지를 얻는다. 일단 만들어진 철2가이온은 티오바실러스에 의해 다시 철3가이온(Fe^{3+})으로 산화되는데, 이 과정에서 또 다시 티오바실러스는 에너지를 이차적으로 얻는다.

(다) 황화철(FeS_2)의 산화는 다음과 같이 가속된다. 티오바실러스에 의해 생성된 황산은 황철광을 녹이게 된다. 황철광이 녹으면 황철광 안에 들어 있던 황화철은 티오바실러스와 공기 중의 산소에 더 노출되어 화학반응이 폭발적으로 증가하게 된다. 티오바실러스의 생장과 번식에는 이와 같이 에너지의 원료가 되는 황화철과 산소 그리고 세포구성에 필요한 무기질이 꼭 필요하다. 이러한 환경 조건이 자연적으로 완비된 광산지역에서는 일반적인 방법으로 티오바실러스의 생장을 억제하기가 힘들다. 황화철과 무기질이 다량으로 광산에 있으므로 이 경우 오하이오 강의 오염을 막기 위한 방법은 광산을 밀폐시켜 산소의 공급을 차단하는 것뿐이다.

(라) 철2가이온(Fe^{2+})은 강한 산(pH 3.0이하)에서 물에 녹은 상태를 유지한다. 그러한 철2가이온은 자연상태에서 pH 4.0~5.0 사이가 되어야 철3가이온(Fe^{3+})으로 산화된다. 놀랍게도 티오바실러스는 강한 산에서 잘 자라고 강한 산에 있는 철2가이온을 적극적으로 산화시켜 철3가이온을 만든다. 그리고 물에 녹지 않는 철3가이온은 다른 무기이온과 결합하여 붉은 침전물을 만든다. 환경에 영향을 미칠 정도로 다량의 붉은 침전물을 만들기 위해서는 엄청난 양의 철2가이온과 강한 산이 있어야 한다. 이것들은 어떻게 만들어지는 것일까?

① (가) - (나) - (라) - (다)
② (가) - (라) - (나) - (다)
③ (라) - (가) - (다) - (나)
④ (라) - (나) - (가) - (다)
⑤ (라) - (나) - (다) - (가)

CHAPTER
09 강화·약화

1 유형의 이해

강화·약화 유형은 지문에 나타난 주장과 새롭게 제시된 진술 간의 관계를 파악하는 유형이다. 새롭게 제시된 진술이 주장을 뒷받침하여 설득력을 높일 경우 그 주장은 강화되며, 새롭게 제시된 진술이 주장을 반박하여 설득력을 낮출 경우 그 주장은 약화된다. 또한 새롭게 제시된 진술이 주장과 관련이 없어 설득력을 높이지도, 낮추지도 않는 경우에는 무관한 것으로 약화하지도 강화하지도 않게 된다. 이 유형의 경우 매년 출제가 되기 때문에 반드시 유형을 숙지하고 있어야 한다.

2 발문 유형

- 다음 글에 대한 평가로 적절하지 않은 것은?
- 다음 글의 논증을 약화하는 것을 모두 고르면?

3 접근법

주장을 강화 또는 약화하는 방식은 정형화되어 있기 때문에 기출분석을 통해 출제자는 어떤 경우를 강화 또는 약화하는 사례라고 보는지 정리해두어야 한다. 가령 기출에서 가장 흔히 쓰이는 방식 중 하나는 P → Q 라는 주장이 있을 때 P & Q인 사례는 해당 주장을 강화하며 P~Q인 사례는 주장을 약화한다. 또한 필자가 전제로 하고 있는 사실을 공격하거나, 전제로부터 결론이 반드시 도출되지 않음을 공격하는 등의 약화 방식도 자주 사용된다. 한편, 필자의 주장과 무관하지만 필자가 충분히 수용할 수 있는 선지는 필자의 주장을 강화하지도 약화하지도 않는다.

4 생각해 볼 부분

강화, 약화 유형의 경우 기호논리가 자주 사용된다. 지문에서 'p할 경우에만 q이다 (q → p)' 와 같은 문장이 나오면 선지로 만들어질 가능성이 높기 때문에 읽으면서 바로 논리기호로 치환하는 연습을 할 필요가 있다.

다음 글의 A~C의 주장에 대한 평가로 적절한 것만을 〈보기〉에서 모두 고르면?

난도 하

풀이시간 2분

같은 양의 50℃의 물과 30℃의 물을 얼렸을 때 30℃의 물이 먼저 얼 것이라는 예상과는 달리 50℃의 물이 먼저 어는 현상이 발견되었다. 이 현상의 원인에 대해 A, B, C는 다음과 같이 주장하였다.

A : 이러한 현상은 물의 대류로 설명할 수 있다. 물을 얼릴 때 처음에는 전체적으로 온도가 같던 물이라도 외부에 접촉한 곳이 먼저 식고 그렇지 않은 곳은 여전히 따뜻한 상태로 있다. 이러한 온도 차가 물 내부에 흐름을 만들어 내는데 이를 대류라 한다. 대류 현상이 활발하게 일어나면 윗부분과 아랫부분의 물이 섞여 온도 차이가 작아지고, 물이 빨리 식을 것이다. 대류 현상은 차가운 물보다 따뜻한 물에서 더 활발하다. 따라서 차가운 물보다 따뜻한 물이 외부로 열을 더 빨리 뺏겨 따뜻한 물이 차가운 물보다 빨리 얼게 된 것이다.

B : 따뜻한 물의 물 분자들은 차가운 물의 물 분자들보다 더 활발하게 활동하기 때문에, 차가운 물보다 따뜻한 물에서 물의 증발이 더 잘 일어난다. 따라서 따뜻한 물의 질량이 차가운 물의 질량보다 상대적으로 작아져 따뜻한 물이 차가운 물보다 더 빨리 얼게 된 것이다.

C : 따뜻한 물에는 차가운 물보다 용해기체가 덜 녹아 있다. 용해기체가 많으면 어는점이 더 많이 떨어진다. 따라서 따뜻한 물보다 용해기체가 더 많은 차가운 물의 어는점이 상대적으로 낮아 따뜻한 물이 먼저 얼게 된 것이다.

〈보 기〉

ㄱ. 다른 조건은 동일하고 용기 내부에서 물의 대류를 억제하여 실험을 했을 때도 따뜻한 물이 먼저 언다면 A의 주장은 강화된다.
ㄴ. 따뜻한 물과 차가운 물을 얼리는 과정에서 차가운 물에서 증발한 물의 질량보다 따뜻한 물에서 증발한 물의 질량이 더 크다면 B의 주장은 강화된다.
ㄷ. 차가운 물을 얼린 얼음에 포함되어 있는 용해기체의 양이 따뜻한 물을 얼린 얼음에 포함되어 있는 용해기체의 양보다 많다면 C의 주장은 약화된다.

① ㄱ
② ㄴ
③ ㄱ, ㄷ
④ ㄴ, ㄷ
⑤ ㄱ, ㄴ, ㄷ

합격생 가이드

A, B, C는 어떤 현상이 나타난 원인에 대해서 주장하고 있다. 따라서 원인이 없더라도 어떤 현상이 여전히 나타난다면 이는 주장을 약화하는 사례가 되며, 각 주장의 내용과 부합하는 선지는 주장을 강화하는 사례가 된다. 그에 따라 ㄱ 선지와 ㄴ 선지를 빠르게 판단할 수 있다.
한편, 본문에서는 얼음과 관련된 내용이 없으므로 얼음을 언급하고 있는 ㄷ 선지는 C의 주장과 무관한 선지가 된다.

대표문항으로 선정한 이유

해당 문항은 전형적인 강화, 약화, 무관의 방식을 취하고 있다. ㄴ 선지와 같이 글에서 나타난 주장과 부합하면 이는 주장을 강화하는 진술이며, ㄱ 선지와 같이 주장을 반박하거나 주장의 근거를 공격하면 이는 주장을 약화하는 진술이 된다. 또한 ㄷ 선지와 같이 주장과 관련이 없다면 해당 진술은 무관한 진술로 강화도 약화도 하지 않는다.

정답해설
ㄴ. 옳다. B는 따뜻한 물이 차가운 물보다 증발이 더 잘 일어나게 되어 따뜻한 물의 질량이 적어진다는 것을 원인으로 하고 있으므로 B의 주장과 부합한다. 따라서 B의 주장은 강화된다.

오답해설
ㄱ. 옳지 않다. A는 대류현상을 원인으로 제시하고 있으므로 대류를 억제한다면 따뜻한 물이 먼저 어는 현상을 설명할 수 없다. 따라서 A의 주장은 강화되지 않는다.
ㄷ. 옳지 않다. C는 따뜻한 물과 차가운 물에 녹아있는 '용해기체'의 차이를 원인으로 제시하고 있을 뿐, 얼음에 녹아있는 용해기체에 대해서는 언급한 바 없다. 따라서 이는 C의 주장과는 무관한 진술로 C의 주장을 약화하지 않는다.

目 ②

01 ◻△✕

다음 논쟁에 대한 평가로 적절한 것만을 〈보기〉에서 모두 고르면?

A : '거문고'라는 이름은 어디에서 유래했다고 생각하니?

B : 흥미로운 쟁점이야. 그에 관해서는 여러 가지 설이 있지만, 그 가운데 어느 것이 옳은가에 대해선 지금도 논란이 분분하지.

A : 내 주장은 '거문고'에서 '거문'은 색깔을 가리키는 말에서 유래했다는 것이야. '거문'은 '검다'로 해석되고, 한자로는 '玄'이라 쓰지. 김부식의『삼국사기』에 따르면, 고구려의 왕산악이 진나라의 칠현금을 개량해 새 악기를 만들고, 겸해서 백여 곡을 지어 연주했다고 해. 그러자 현학(玄鶴) 즉 검은 학이 날아와 춤을 추었고, 이로부터 악기의 이름을 '현학금'이라고 지었대. '현학금'이 훗날 '현금'으로 변했고, 다시 우리말 '검은고(거문고)'로 바뀐 것이지.

B : 내 주장은 '거문고'에서 '거문'은 나라 이름을 가리키는 말에서 유래했다는 것이야. 원래 '거문'은 '거무' 혹은 'ㄱㅁ'로 발음되기도 하는데, 옛날에는 '고구려'를 '거무'나 'ㄱㅁ'라고 불렀고, 이 말들은 '개마'라는 용어와도 쓰임이 같거든. '개마'는 고대 한민족이 부족사회를 세웠던 장소의 명칭이잖아. 일본인들은 고구려를 '고마'라고 발음하기도 해. 따라서 '거문고'는 '고구려 현악기' 혹은 '고구려 악기'라고 정의될 수 있어.

──── 〈보 기〉 ────

ㄱ. '단군왕검'에서 '검'이 '신(神)'을 뜻하는 옛말로 '굠', '감' 등과 통용되었다는 사실은 A와 B의 주장을 모두 강화한다.

ㄴ. 현악기를 지칭할 때 '고'와 '금(琴)'을 혼용하였다는 사실은 B의 주장을 약화한다.

ㄷ. '가얏고(가야+고)'의 사례에서 보듯이 악기의 이름 맨 앞에 국명을 붙이는 관습이 있었다는 사실은 A의 주장을 강화하지 않는다.

① ㄴ
② ㄷ
③ ㄱ, ㄴ
④ ㄱ, ㄷ
⑤ ㄱ, ㄴ, ㄷ

02 ◻△✕

다음 ⊙을 약화하는 진술로 가장 적절한 것은?

침팬지, 오랑우탄, 피그미 침팬지 등 유인원도 자신이 다른 개체의 입장이 됐을 때 어떤 생각을 할지 미루어 짐작해 보는 능력이 있다는 연구 결과가 나왔다. 그동안 다른 개체의 입장에서 생각을 미루어 짐작해 보는 능력은 사람에게만 있는 것으로 여겨져 왔다. 연구팀은 오랑우탄 40마리에게 심리테스트를 위해 제작한 영상을 보여주었다. 그들은 '시선 추적기'라는 특수 장치를 이용하여 오랑우탄들의 시선이 어디를 주목하는지 조사하였다. 영상에는 유인원의 의상을 입은 두 사람 A와 B가 싸우는 장면이 보인다. A와 싸우던 B가 건초더미 뒤로 도망친다. 화가 난 A가 문으로 나가자 B는 이 틈을 이용해 옆에 있는 상자 뒤에 숨는다. 연구팀은 몽둥이를 든 A가 다시 등장하는 장면에서 피험자 오랑우탄들의 시선이 어디로 향하는지를 분석하였다. 이 장면에서 오랑우탄 40마리 중 20마리는 건초더미 쪽을 주목했다. B가 숨은 상자를 주목한 오랑우탄은 10마리였다. 이 결과를 토대로 연구팀은 피험자 오랑우탄 20마리는 B가 상자 뒤에 숨었다는 사실을 모르는 A의 입장이 되어 건초더미를 주목했다는 ⊙해석을 제시하였다. 이 실험으로 오랑우탄에게도 다른 개체의 생각을 미루어 짐작하는 능력이 있는 것으로 볼 수 있으며, 이러한 점은 사람과 유인원의 심리 진화 과정을 밝히는 실마리가 될 것으로 보인다.

① 상자를 주목한 오랑우탄들은 A보다 B와 외모가 유사한 개체들임이 밝혀졌다.

② 사람 40명을 피험자로 삼아 같은 실험을 하였더니 A의 등장 장면에서 30명이 건초더미를 주목하였다.

③ 새로운 오랑우탄 40마리를 피험자로 삼고 같은 실험을 하였더니 A의 등장 장면에서 21마리가 건초더미를 주목하였다.

④ 오랑우탄 20마리는 단지 건초더미가 상자보다 자신들에게 가까운 곳에 있었기 때문에 건초더미를 주목한 것임이 밝혀졌다.

⑤ 건초더미와 상자 중 어느 쪽도 주목하지 않은 나머지 오랑우탄 10마리는 영상 속의 유인원이 가짜라는 것을 알고 있었다.

03 ◻◯△✕   16년 행시(5) 14번

다음 글의 ㉠에 대한 두 비판을 평가한 것으로 적절한 것만을 〈보기〉에서 모두 고르면?

경제 불평등은 어떻게 해결할 수 있을까? '㉠ 로빈후드 각본'이라고 불리는 방법은 막대한 부를 소유한 사람에게 세금을 통해 돈을 걷어 가난한 사람에게 나눠주는 것을 말한다. 가령 수조 원대의 자산가에게 10억 원을 받아 형편이 어려운 100명에게 천만 원씩 나눠준다고 가정해보자. 그 자산가에게 10억 원이라는 돈은 크게 아쉽지 않지만, 형편이 어려운 사람들에게 천만 원이라는 돈은 무척 소중하다. 따라서 이런 재분배 방식을 통해 사회 전체의 공리는 상승하여 최대화될 것이다.

이런 로빈후드 각본은 두 가지 방식으로 비판받을 수 있다. 첫 번째는 자산가들에게 많은 세금을 부과해 재분배하는 방식이 자산가의 일과 투자에 대한 의욕을 꺾어 생산성의 감소로 이어질 수 있다는 것이다. 이렇게 생산성이 감소한다면, 사회 전체의 경제 이익이 줄어 전체 공리도 감소할 것이다. 따라서 로빈후드 각본은 사회 전체의 공리를 최대화 하는 데 적합하지 않다. 두 번째는 부자에게 세금을 부과해 가난한 사람들을 돕는 행위가 기본권을 침해할 수 있다는 것이다. 자산가가 동의하지 않은 상태에서 그의 돈을 가져가는 행위는 자산가의 자유를 침해하는 강압 행위이다. 자유는 조금도 침해될 수 없는 절대적 가치이며 다수를 위해 소수의 희생을 강요하는 것은 절대 불가하다. 따라서 로빈후드 각본에 의한 부의 재분배는 인간의 기본권을 훼손하는 것이다.

〈보 기〉

ㄱ. 세금을 통한 재분배 방식이 생산성을 감소시킬 뿐만 아니라 빈부격차를 심화시킨다면, 첫 번째 비판은 강화된다.
ㄴ. 부의 재분배가 기본권의 침해보다 투자 의욕 감소에 더 큰 영향을 준다면, 두 번째 비판은 약화된다.
ㄷ. 행복한 삶을 추구할 수 있는 권리를 보호하기 위한 부의 재분배가 사회 갈등을 해소시켜 생산성이 증가한다면, 첫 번째 비판은 약화되지만 두 번째 비판은 약화되지 않는다.

① ㄱ
② ㄴ
③ ㄱ, ㄷ
④ ㄴ, ㄷ
⑤ ㄱ, ㄴ, ㄷ

04 ◻◯△✕   17년 행시(가) 16번

다음 글의 내용에 대한 평가로 가장 적절한 것은?

우리나라는 눈부신 경제 성장을 이룩하였고 일 인당 국민 소득도 빠른 속도로 증가해왔다. 소득이 증가하면 더 행복해질 것이라는 믿음과는 달리, 한국사회 구성원들의 전반적인 행복감은 높지 않은 실정이다. 전반적인 물질적 풍요에도 불구하고 왜 한국 사람들의 행복감은 그만큼 높아지지 않았을까? 이 물음에 대한 다음과 같은 두 가지 답변이 있다.

(가) 일반적으로 소득이 일정한 수준에 도달한 이후에는 소득의 증가가 반드시 행복의 증가로 이어지지는 않는다. 인간이 살아가기 위해서는 물질재와 지위재가 필요하다. 물질재는 기본적인 의식주의 욕구를 충족시키는 데 필요한 재화이며, 경제 성장에 따라 공급이 늘어난다. 지위재는 대체재의 존재 여부나 다른 사람들의 요구에 따라 가치가 결정되는 비교적 희소한 재화나 서비스이며, 그 효용은 상대적이다. 경제 성장의 초기 단계에서는 물질재의 공급을 늘리면 사람들의 만족감이 커지지만, 경제가 일정 수준 이상으로 성장하면 점차 지위재가 중요해지고 물질재의 공급을 늘려서는 해소되지 않는 불만이 쌓이게 되는 이른바 '풍요의 역설'이 발생한다. 따라서 한국 사람들이 경제 수준이 높아진 만큼 행복하지 않은 이유는 소득 증가에 따른 자연스러운 현상이다.

(나) 한국 사회의 행복 수준은 단순히 풍요의 역설로 설명할 수 없다. 행복에 대한 심리학적 연구에 따르면 타인과 비교하는 성향이 강한 사람일수록 행복감이 낮아지게 된다. 비교 성향이 강한 사람은 사회적 관계에서 자신보다 우월한 사람들을 준거집단으로 삼아 비교하기 쉽고 이로 인해 상대적 박탈감이 커질 수 있기 때문이다. 한국과 같은 경쟁 사회에서는 진학이나 구직 등에서 과열 경쟁이 벌어지고 등수에 의해 승자와 패자가 구분된다. 이 과정에서 비교 우위를 차지하지 못한 사람들은 좌절을 경험하기 쉬운데, 비교 성향이 강할수록 좌절감은 더 크다. 따라서 한국 사회의 행복감이 낮은 이유는 한국 사람들이 다른 사람들과 비교하는 성향이 매우 높은 데에서 찾을 수 있다.

① 지위재에 대한 경쟁이 치열한 국가일수록 전반적인 행복감이 높다는 사실은 (가)를 강화한다.
② 경제적 수준이 비슷한 나라들과 비교하여 한국의 지위재가 상대적으로 풍부하다는 사실은 (가)를 강화한다.
③ 한국 사회는 일 인당 소득 수준이 비슷한 다른 나라들과 비교하더라도 행복감의 수준이 상당히 낮다는 조사 결과는 (가)를 강화한다.
④ 한국보다 소득 수준이 높고 대학 입학을 위한 입시 경쟁이 매우 치열한 나라가 있다는 사실은 (나)를 약화한다.
⑤ 자신보다 우월한 사람들을 준거집단으로 삼는 경향이 한국보다 강함에도 불구하고 행복감이 더 높은 나라가 있다는 사실은 (나)를 약화한다.

05 ○△✕ 16년 행시(5) 16번

다음 글의 논지를 약화하는 것만을 〈보기〉에서 모두 고르면?

M이 내린 인가처분은 학교법인 B가 법학전문대학원 설치 인가를 받기 위해 제출한 입학전형 계획을 그대로 인정함으로써 청구인 A의 헌법상의 기본권인 직업선택의 자유를 제한하는 것처럼 보인다. 그러나 학교법인 B는 헌법 제31조 제4항에 서술된 헌법상의 기본권인 '대학의 자율성'의 주체이다. 이 사건처럼 두 기본권이 충돌하는 경우, 헌법의 통일성을 유지한다는 취지에서, 상충하는 기본권이 모두 최대한 그 기능과 효력을 발휘할 수 있도록 하는 조화로운 방법이 모색되어야 한다. 따라서 해당 인가처분이 청구인 A의 직업선택의 자유를 제한하는 정도와 대학의 자율성을 보호하는 정도 사이에 적정한 비례를 유지하고 있는지를 살펴본다.

청구인 A는 해당 인가처분으로 인하여 청구인이 전체 법학전문대학원중 B대학교 법학전문대학원 정원인 100명만큼 지원할 수 없게 되어 법학전문대학원에 진학할 기회가 줄어든다고 주장하고 있다. 그러나 여자대학이 아닌 법학전문대학원의 경우에도 여학생의 비율이 평균 40%에 달하고 있는 점으로 미루어, B대학교 법학전문대학원이 여성과 남성을 차별 없이 모집하였을 경우를 상정하더라도 청구인 A가 이 인가처분으로 인해 받는 직업선택의 자유의 제한 정도가 어느 정도인지 산술적으로 명확하게 계산하기는 어렵지만 청구인이 주장하는 2,000분의 100에는 미치지 못할 것으로 보인다. 반면 청구인 A는 B대학교 이외에 입학정원 총 1,900명의 전국 24개 여타 법학전문대학원에 지원할 수 있고 입학하여 소정의 교육을 마친 후 변호사시험을 통해 법조인이 될 수 있는 충분한 가능성이 있으므로, 이 인가처분으로 청구인이 받는 불이익이 과도하게 크다고 보기 어렵다. 따라서 이 인가처분은 청구인 A의 직업선택의 자유와 B대학교의 대학의 자율성 사이에서 적정한 비례 관계를 유지하고 있다 할 것이다.

학생의 선발, 입학의 전형도 사립대학의 자율성의 범위에 속한다는 점, 여성 고등교육 기관이라는 B대학교의 정체성에 비추어 여자대학교라는 정책의 유지 여부는 대학 자율성의 본질적인 부분에 속한다는 점, 이 사건 인가처분으로 인하여 청구인 A가 받는 불이익이 크지 않다는 점 등을 고려하면, 이 사건 인가처분은 청구인의 직업선택의 자유와 대학의 자율성이라는 두 기본권을 합리적으로 조화시킨 것이며 양 기본권의 제한에 있어 적정한 비례를 유지한 것이라고 할 것이다. 따라서 이 사건 인가처분은 청구인 A의 직업선택의 자유를 침해하지 않고, 그러므로 헌법에 위반된다고 할 수 없다.

─────── 〈보 기〉 ───────

ㄱ. 청구인의 불이익은 사실상의 불이익에 불과하고 기본권의 침해에 해당하지 않는다.

ㄴ. 권리를 향유할 주체가 구체적 자연인인 경우의 기본권은 그 주체가 무형의 법인인 경우보다 우선하여 고려되어야 한다.

ㄷ. 상이한 기본권의 제한 간에 적정한 비례관계가 성립하는지를 평가하기 위해서는 비교되는 두 항을 계량할 공통의 기준이 먼저 제시되어야 한다.

① ㄱ
② ㄷ
③ ㄱ, ㄴ
④ ㄴ, ㄷ
⑤ ㄱ, ㄴ, ㄷ

06 ○△✕ 12년 행시(인) 15번

다음 논증에 대한 평가로 적절한 것을 〈보기〉에서 모두 고르면?

원두커피 한 잔에는 인스턴트커피의 세 배인 150mg의 카페인이 들어있다. 원두커피 판매의 요체인 커피전문점 수는 2012년 현재 9천 4백여 개로 최근 5년 새 여섯 배나 급증했다. 그런데 같은 기간 동안 우울증과 같은 정신질환과 수면장애로 병원을 찾은 사람 또한 크게 늘었다.

몸 속에 들어온 커피가 완전히 대사되기까지는 여덟 시간 정도가 걸린다. 많은 사람들이 아침, 점심뿐만 아니라 저녁식사 후 6시나 7시 전후에도 커피를 마신다. 그런데 카페인은 뇌를 각성시켜 집중력을 높인다. 따라서 많은 사람들이 잠자리에 드는 시간인 오후 10시 이후까지도 뇌는 각성상태에 있다.

카페인은 우울증이나 공황장애와도 관련이 있다. 우울증을 앓고 있는 청소년은 건강한 청소년보다 커피, 콜라 등 카페인이 많은 음료를 네 배 정도 더 섭취했다. 공황장애 환자에게 원두커피 세 잔에 해당하는 450mg의 카페인을 주사했더니 약 60%의 환자로부터 발작 현상이 나타났다. 공황장애 환자는 심장이 빨리 뛰면 극도의 공포감을 느끼기 쉬운데, 이로 인해 발작 현상이 나타난다. 카페인은 심장을 자극하여 심박수를 증가시킨다.

이러한 사실에 비추어 볼 때, 커피에 들어있는 카페인은 수면장애를 일으키고, 특히 정신질환자의 우울증이나 공황장애를 악화시킨다고 볼 수 있다.

─────── 〈보 기〉 ───────

ㄱ. 수면장애로 병원을 찾은 사람들이 커피를 마시지 않는다는 사실이 밝혀질 경우, 위 논증의 결론은 강화되지 않는다.

ㄴ. 건강한 청소년은 섭취하지 않는 무카페인 음료를 우울증을 앓고 있는 청소년이 많이 섭취하는 것으로 밝혀질 경우, 위 논증의 결론은 강화된다.

ㄷ. 발작 현상이 공포감과 무관하다는 사실이 밝혀질 경우, 위 논증의 결론은 강화된다.

① ㄱ
② ㄷ
③ ㄱ, ㄴ
④ ㄴ, ㄷ
⑤ ㄱ, ㄴ, ㄷ

07 ⓞ△✕

다음 글에 대한 비판으로 가장 적절한 것은?

철학이 현실 정치에서 꼭 필요한 것이라고 생각하는 사람은 드물 것이다. 인간 사회는 다양한 개인들이 모여 구성한 것이며 현실의 다양한 이해와 가치가 충돌하는 장이다. 이 현실의 장에서 철학은 비현실적이고 공허한 것으로 보이기 쉽다. 그렇다면 올바른 정치를 하기 위해 통치자가 해야 할 책무는 무엇일까? 통치자는 대립과 갈등의 인간 사회를 조화롭고 평화롭게 만들기 위해서 선과 악, 옳고 그름을 명확히 판단할 수 있는 기준을 제시해야 할 것이다.

개인들은 자신의 입장에서 자신의 이해관계를 관철시키기 위해 의견을 개진한다. 의견들을 제시하여 소통함으로써 사람들은 합의를 도출하기도 하고 상대방을 설득하기도 한다. 이렇게 보면 의견의 교환과 소통은 선과 악, 옳고 그름을 판단하는 기준을 마련해 줄 수 있을 것처럼 보인다. 하지만 의견을 통한 합의나 설득은 사람들로 하여금 일시적으로 옳은 것을 옳다고 믿게 할 수는 있지만, 절대적이고 영원한 기준을 찾을 수는 없다.

절대적이고 영원한 기준은 현실의 가변적 상황과는 무관한, 진리 그 자체여야 한다. 따라서 인간 사회의 판단 기준을 제시할 수 있는 사람은 바로 철학자이다. 철학자야말로 진리와 의견의 차이점을 분명히 파악할 수 있으며 절대적 진리를 궁구할 수 있기 때문이다. 따라서 철학자가 통치해야 인간 사회의 갈등을 완전히 해소하고 사람들의 삶을 올바르게 이끌 수 있다.

① 인간 사회의 판단기준이 가변적이라 해도 개별 상황에 적합한 합의 도출을 통해 사회 갈등을 완전히 해소할 수 있다.
② 다양한 의견들의 합의를 이루기 위해서는 개별 상황 판단보다 높은 차원의 판단 능력과 기준이 필요하다.
③ 인간 사회의 판단 기준이 현실의 가변적 상황과 무관하다고 해서 비현실적인 것은 아니다.
④ 정치적 의견은 이익을 위해 왜곡될 수 있지만 철학적 의견은 진리에 순종한다.
⑤ 철학적 진리는 일상 언어로 표현된 의견과 뚜렷이 구분된다.

08 ⓞ△✕

다음 글에 나타난 식민사관을 비판하기 위한 방법으로 적절하지 않은 것은?

식민사관은 한마디로 일제어용학자들이 일본의 한국 침략을 역사적으로 정당화하기 위해 고안해낸 사관이다. 즉 일제가 한국을 강점한 뒤, 그 행위의 정당성을 한국 역사를 통해 입증하고, 이를 토대로 근대화론을 펼쳐 일제의 한국 진출과 침략을 정당화한 것이다.

식민사관의 핵심은 타율성이론(他律性理論)과 정체성이론(停滯性理論)이다. 이 두 이론을 구체적으로 설명하기에 앞서 일제가 자신들의 침략을 정당화하고 식민통치의 이론으로 사용한 일선동조론(日鮮同祖論)을 살펴보자. 일선동조론은 '일본과 조선은 같은 조상에서 시작되었다'는 뜻이다. 이 이론을 통하여 일제는 일본과 한국이 원래 같은 민족이었음을 강조함으로써 1910년 일제의 한국강점을 침략행위가 아니라고 주장하였다. 즉 같은 조상에서 출발한 한국과 일본이 그 동안에 분열과 갈등을 극복하고 같은 민족으로서 행복을 다시 찾게 된 것이 바로 1910년의 '한일합방'이라는 것이다.

타율성이론은 한국사가 한국인의 자율적 결단에 의해 전개되지 못하고 외세의 침략과 지배에 의해 타율적으로 전개되었다는 주장이다. 이 이론은 한국이 식민지로 전락한 것은 일제의 침략 때문이 아니고 외세의 지배로부터 벗어날 수 없었던 한국사의 필연적 결과일 뿐이라고 설명한다. 일제는 한국에 대한 자신들의 침략과 지배를 정당화하기 위하여 온 정력을 기울여 한국사의 '타율성'을 조작하였다. 그들이 한국사의 시작을 중국 이주자들의 식민지 정권에서 찾으며 기자와 위만을 강조하였던 것이 그 한 예이다. 이 외에도 일제는 고대 한국이 수백 년 동안 한사군과 일본의 지배를 받았으며, 그 후에도 중국과 만주, 몽고 등이 쉬지 않고 한국을 침략하였고, 이로 인해 한국사에 일관되게 흐르는 타율성이 형성되었다고 강조하였다.

식민사관의 또 한 축인 정체성이론을 살펴보자. 이 이론은 한국사가 왕조의 변천 등 정치 변화에도 불구하고 사회경제적 측면에서 거의 발전하지 않았다고 주장한다. 이를 통하여 일제는 한국 침략과 지배가 낙후된 한국 사회를 발전시키기 위한 행위였다고 정당화하였다. 한국사의 정체성 이론에 근거해 전개한 그들의 근대화론은 결국 일제의 한국 진출과 침략이 한국의 정체성을 극복하고 한국의 근대화를 위한 것이라는 말로 귀결된다.

① 동일한 혈통이라고 해서 침략이 정당화되지 않음을 밝힌다.
② 타율성이론이 제시한 역사적 사례들이 다양하게 해석됨을 밝힌다.
③ 조선후기 실학자들이 논한 신분제 철폐, 토지개혁, 상공업진흥론 등을 들어 근대화를 향한 사회·문화적 변화가 있었음을 밝힌다.
④ 한국이 독자적 언어, 문자, 문화를 형성했음을 사료를 통해 제시한다.
⑤ 사료를 통해, 1910년 이후에 민족자본이 형성되었음을 밝힌다.

09 ○△✕

다음 논증을 비판하는 방안으로 적절하지 <u>않은</u> 것은?

사이버공간은 관계의 네트워크이다. 사이버공간은 광섬유와 통신위성 등에 의해 서로 연결된 컴퓨터들의 물리적인 네트워크로 구성되어 있다. 그러나 사이버공간이 물리적인 연결만으로 이루어지는 것은 아니다. 사이버공간을 구성하는 많은 관계들은 오직 소프트웨어를 통해서만 실현되는 순전히 논리적인 연결이기 때문이다. 양쪽 차원 모두에서 사이버공간의 본질은 관계적이다.

인간 공동체 역시 관계의 네트워크에 의해 결정된다. 가족끼리의 혈연적인 네트워크, 친구들 간의 사교적인 네트워크, 직장 동료들 간의 직업적인 네트워크 등과 같이 인간 공동체는 여러 관계들에 의해 중첩적으로 연결되어 있다.

사이버공간과 마찬가지로 인간의 네트워크도 물리적인 요소와 소프트웨어적 요소를 모두 가지고 있다. 예컨대 건강관리 네트워크는 병원 건물들의 물리적인 집합으로 구성되어 있지만, 동시에 환자를 추천해주는 전문가와 의사들 간의 비물질적인 네트워크에 크게 의존한다.

사이버공간을 유지하려면 네트워크 간의 믿을 만한 연결을 유지하는 것이 결정적으로 중요하다. 다시 말해, 사이버공간 전체의 힘은 다양한 접속점들 간의 연결을 얼마나 잘 유지하느냐에 달려 있다. 이것은 인간 공동체의 힘 역시 접속점 즉 개인과 개인, 다양한 집단과 집단 간의 견고한 관계 유지에 달려 있다는 점을 보여준다. 사이버공간과 마찬가지로 인간의 사회 공간도 공동체를 구성하는 네트워크의 힘과 신뢰도에 결정적으로 의존한다.

① 사이버공간의 익명성이 인간 공동체에 위협이 될 수도 있음을 지적한다.
② 유의미한 비교를 하기에는 양자 간의 차이가 너무 크다는 것을 보여준다.
③ '네트워크'의 개념이 양자의 비교 근거가 될 만큼 명확하지 않다는 것을 보여준다.
④ 사이버공간과 인간 공동체 간에 있다고 주장된 유사성이 실제로는 없음을 보인다.
⑤ 사이버공간과 인간 공동체의 공통점으로 거론된 네트워크라는 속성이 유비추리를 뒷받침할 만한 적합성을 갖추지 못했음을 보인다.

01 ○△× 　　　　　　　　　　　　　　19년 행시(가) 18번

다음 글의 ㉠을 약화하지 않는 것은?

　　쾌락주의자들은 우리가 쾌락을 욕구하고, 이것이 우리 행동의 원인이 된다고 주장한다. 하지만 반쾌락주의자들은 쾌락을 느끼기 위한 우리 행동의 원인은 음식과 같은 외적 대상에 대한 욕구이지 다른 것이 아니라고 말한다. 이에, 외적 대상에 대한 욕구 이외의 것, 가령, 쾌락에 대한 욕구는 우리 행동의 원인이 될 수 없다. 그럼 반쾌락주의자들이 말하는 욕구에서 행동, 그리고 쾌락으로 이어지는 인과적 연쇄는 다음과 같을 것이다.

음식에 대한 욕구 → 먹는 행동 → 쾌락

　　이런 인과적 연쇄를 보았을 때 쾌락이 우리 행동의 원인이 아니라는 것은 분명하다. 왜냐하면 쾌락은 행동 이후 생겨났고, 나중에 일어난 것이 이전에 일어난 것의 원인일 수 없기 때문이다.
　　그러나 이런 반쾌락주의자들의 주장은 두 개의 욕구, 즉 음식에 대한 욕구와 쾌락에 대한 욕구 사이의 관계를 고려하지 않고 있다. 즉 무엇이 음식에 대한 욕구의 원인인지를 고려하지 않은 것이다. 하지만 ㉠ 쾌락주의자들의 주장에 따르면 위의 인과적 연쇄에 음식에 대한 욕구의 원인인 쾌락에 대한 욕구를 추가해야 한다.
　　사람들이 음식을 원하는 이유는 그들이 쾌락을 욕구하기 때문이다. 반쾌락주의자들의 주장이 범하고 있는 실수는 두 개의 사뭇 다른 사항들, 즉 욕구가 만족되어 경험하는 쾌락과 쾌락에 대한 욕구를 혼동하는 데에서 기인한다. 쾌락의 발생이 행위자가 쾌락 이외의 어떤 것을 원했기 때문이더라도, 쾌락에 대한 욕구는 다른 어떤 것에 대한 욕구를 발생시키는 원인이다.

① 어떤 욕구도 또 다른 욕구의 원인일 수 없다.

② 사람들은 쾌락에 대한 욕구가 없더라도 음식을 먹는 행동을 하기도 한다.

③ 음식에 대한 욕구로 인해 쾌락에 대한 욕구가 생겨야만 행동으로 이어진다.

④ 외적 대상에 대한 욕구는 다른 것에 의해서 야기되지 않고 그저 주어진 것일 뿐이다.

⑤ 맛없는 음식보다 맛있는 음식을 욕구하는 것은 맛있는 음식을 먹어 얻게 될 쾌락에 대한 욕구가 맛없는 음식을 먹어 얻게 될 쾌락에 대한 욕구보다 강하기 때문이다.

02 ○△× 　　　　　　　　　　　　　　16년 행시(5) 15번

다음 글의 논증에 대한 비판으로 적절하지 않은 것은?

　　진화론자들은 지구상에서 생명의 탄생이 30억 년 전에 시작됐다고 추정한다. 5억 년 전 캄브리아기 생명폭발 이후 다양한 생물종이 출현했다. 인간 종이 지구상에 출현한 것은 길게는 100만 년 전이고 짧게는 10만 년 전이다. 현재 약 180만 종의 생물종이 보고되어 있다. 멸종된 것을 포함해서 5억 년 전 이후 지구상에 출현한 생물종은 1억 종에 이른다. 5억 년을 100년 단위로 자르면 500만 개의 단위로 나눌 수 있다. 이것은 새로운 생물종이 평균적으로 100년 단위마다 약 20종이 출현한다는 것을 의미한다. 하지만 지난 100년간 생물학자들은 지구상에서 새롭게 출현한 종을 찾아내지 못했다. 이는 한 종에서 분화를 통해 다른 종이 발생한다는 진화론이 거짓이라는 것을 함축한다.

① 100년마다 20종이 출현한다는 것은 다만 평균일 뿐이다. 현재의 신생 종 출현 빈도는 그보다 훨씬 적을 수 있지만 언젠가 신생 종이 훨씬 많이 발생하는 시기가 올 수 있다.

② 5억 년 전 이후부터 지구상에 출현한 생물종이 1,000만 종 이하일 수 있다. 그러면 100년 내에 새로 출현하는 종의 수는 2종 정도이므로 신생 종을 발견하기 어려울 수 있다.

③ 생물학자는 새로 발견한 종이 신생 종인지 아니면 오래전부터 존재했던 종인지 판단하기 어렵다. 따라서 신생종의 출현이나 부재로 진화론을 검증하려는 시도는 성공할 수 없다.

④ 30억 년 전에 생물이 출현한 이후 5차례의 대멸종이 일어났으나 대멸종은 매번 규모가 달랐다. 21세기 현재, 알려진 종 중 사라지는 수가 크게 늘고 있어 우리는 인간에 의해 유발된 대멸종의 시대를 맞이하는 것으로 볼 수 있다.

⑤ 생물학자들이 발견한 몇몇 종은 지난 100년 내에 출현한 종이라고 판단할 이유가 있다. DNA의 구성에 따라 계통수를 그렸을 때 본줄기보다는 곁가지 쪽에 배치될수록 늦게 출현한 종임을 알 수 있기 때문이다.

03 ○△✕ 　　　　　　　　　　　　14년.행시(A) 34번

다음 판결문과 양립할 수 <u>없는</u> 것은?

> 민주주의 국가의 국민은 주권자의 입장에 서서 헌법을 제정하고 헌법을 수호하는 가장 중요한 소임을 가지므로, 이러한 국민이 개인 지위를 넘어 집단이나 집단 유사의 결집을 이루어 헌법을 수호하는 역할을 일정한 시점에서 담당할 경우에는 이러한 국민의 결집을 적어도 그 기간 중에는 헌법기관에 준하여 보호하여야 할 것이다. 이러한 국민의 결집을 강압으로 분쇄한 행위는 헌법기관을 강압으로 분쇄한 것과 마찬가지로 국헌문란에 해당한다.
>
> 헌법상 아무런 명문 규정이 없음에도 불구하고, 국민이 헌법의 수호자로서 지위를 가진다는 것만으로 헌법수호를 목적으로 집단을 이룬 시위국민들을 가리켜 형법 제91조 제2호에서 규정하고 있는 '헌법에 의하여 설치된 국가기관'에 해당하는 것이라고 말하기는 어렵다할 것이다. 따라서 위 법률 조항에 관한 법리를 오해하여 헌법수호를 위하여 시위하는 국민의 결집을 헌법기관으로 본 원심의 조처는 결국 유추해석에 해당하여 죄형법정주의의 원칙을 위반한 것이어서 허용될 수 없다고 할 것이다.

① 헌법상의 지위와 소임을 다하려고 시위하는 국민들을 헌법기관으로 보는 것은 경우에 따라 허용된다.
② 헌법수호를 위하여 결집된 국민들을 강압으로 분쇄한 행위는 국헌문란죄로 처벌받아야 한다.
③ 헌법수호를 위하여 싸우는 국민의 집단은 헌법기관에 준하여 보호되어야 한다.
④ 대한민국 국민 한 사람 한 사람은 헌법을 제정하고 수호하는 주권자이다.
⑤ 헌법수호를 위하여 결집된 국민들은 헌법기관이 아니다.

04 ○△✕ 　　　　　　　　　　　　11년. 행시(수) 37번

다음 글의 논지를 강화하기 위해 아래 〈사례〉를 활용하고자 할 때, 가장 적절한 방안은?

> 과학지식이 인공물에 응용되면 기술이 생긴다는 것이 일반적인 생각이다. 이 '응용과학 테제'에 따르면 과학은 지식이자 정신노동의 산물이고, 기술은 물건이자 육체노동의 산물이다. 기술을 과학의 응용으로 간주했던 사람은 과학을 발전시키면 자동적으로 기술도 발전한다고 생각했다. 하지만 과학과 기술의 상호작용은 지식과 지식 사이의 상호침투이다. 기술지식은 실용성, 효용, 디자인을 더 강조하고, 과학지식은 추상적 이론, 지식을 위한 지식, 본질에 대한 이해를 더 강조할 뿐이다. 과학과 기술은 지식과 지식응용의 차이가 아니라 오히려 지향하는 가치의 차이이다. 기술의 역사를 살펴보면, 기술은 역사적으로 과학에 앞서며, 실제로 과학의 기능을 수행했다.

〈사 례〉

ㄱ. 웨지우드는 진흙을 가열하면 부피가 줄어든다는 사실을 발견했고, 이를 바탕으로 매우 높은 온도를 재는 고온계를 발명했다. 하지만 이 사실을 발견한 것은 기술자로서 그의 경험 덕분이었다. 그는 화학계에 입성하기 이전에 도공 기술자로서 이미 큰 성공을 거두었다.

ㄴ. 와트는 응축기를 고안하여 뉴커먼 증기기관의 효율성을 획기적으로 향상시켰다. 와트 증기기관의 작동은 블랙의 숨은열 이론으로 설명될 수 있는데, 이 점은 증기기관이 상용화된 지 한참 후에야 밝혀졌다.

ㄷ. 미 국방부는 1945년부터 총 100억 달러 연구비 중 25억 달러를 순수과학에 할애했다. 국방부는 1945년 이후 연구 개발된 20개의 핵심무기 기술을 조사했는데, 중간보고서에 따르면 그 중 91%가 기술 연구개발에 기인했고 9%만이 과학연구에 기인한 것으로 밝혀졌다.

① 세 사례를 기술과 과학이 독립적으로 발전해 왔다는 근거로 삼아 기술과 과학의 차이점을 강조한다.
② ㄱ과 ㄴ을 기술이 과학의 응용으로서 발전한 것은 아니라는 근거로 삼고 ㄷ을 과학이 기술에 끼치는 영향이 제한적이라는 근거로 삼아, 기술이 과학의 응용이라는 주장을 반박한다.
③ ㄱ과 ㄴ을 기술과 과학의 구분이 명확하지 않았다는 근거로 삼고 ㄷ을 과학이 기술 발전에 큰 기여를 하지 못했다는 근거로 삼아, 기술은 과학과 독립적으로 발전했다고 주장한다.
④ ㄱ과 ㄴ을 기술도 지식이라는 점을 보여주는 근거로 삼고 ㄷ을 기술 분야에 연구개발비를 투자하는 것이 효율적이라는 점을 뒷받침하는 근거로 삼아, 기술에 더 많이 투자할 때 과학이 발전한다고 주장한다.
⑤ ㄱ을 기술이 과학과 독립적으로 발전해 왔다는 근거로 삼고 ㄴ을 기술 발전이 과학을 선도했다는 점을 뒷받침하는 근거로 삼고 ㄷ을 과학이 기술에 끼치는 영향이 제한적이라는 근거로 삼아, 과학과 기술의 상호작용이 복잡하다고 주장한다.

05 ○△✕

다음 글의 핵심 주장을 논리적으로 반박하는 글을 쓸 때 선택할 수 있는 알맞은 전략을 〈보기〉에서 모두 고르면?

① ㄱ, ㄴ
② ㄴ, ㄹ
③ ㄷ, ㅁ
④ ㄱ, ㄴ, ㄹ
⑤ ㄷ, ㄹ, ㅁ

우리는 자유주의 사상의 자기중심성과 "닫혀 있음"을 극복하기 위하여 "환대"라는 개념을 활용할 수 있다. 여기서 말하는 환대는 칸트가 주장한 환대가 아니라 데리다와 레비나스가 주장한 환대를 가리킨다. 칸트의 환대 개념은 원래 "이방인을 자기 땅에 맞아들이는 자의 의무인 동시에 누구든 낯선 땅에서 적대적으로 대우받지 않을 권리"를 의미하는데, 이것은 근본적으로 "내가 손님이 될 때를 염두에 둔 대칭적 상호성 원리"에 기반을 두고 있다. 따라서 이러한 환대는 "충돌과 갈등을 자기 관점에서 조정하고자 하는 하나의 허울"에 불과하다. 왜냐하면, 그것은 "타자와 공동체 내부의 차별성"을 전제하면서 단지 "배척되지 않을 소극적 권리"만을 부여하기 때문이다. 이러한 이유로 칸트의 환대 개념은 자유주의 사상의 자기중심성과 "닫혀 있음"을 벗어날 수 없다.

자유주의의 그러한 한계를 극복하기 위해서 우리는 칸트의 환대 개념으로부터 데리다와 레비나스의 환대 개념으로 나아가야 한다. 데리다와 레비나스가 제시하는 환대 개념은 상호적 권리로서의 환대가 아니라 "무조건적이고 유보 없는 환대"를 의미한다. 그것은 "어떠한 상호적 방식의 제약도 부과하지 않는 비대칭성"에 기반을 두고 있다. 따라서 그 개념은 나와 공통된 것만을 받아들이고 타자를 자기화하려는 동일화의 지배 논리를 넘어서며, 이 점에서 자유주의의 문제를 극복할 수 있다. 결국 우리는 권리 체계 이전에 타자가 있음을 보여주는 레비나스의 타자성의 철학에 기반을 둘 때, 권리를 출발점으로 삼는 자유주의에서 벗어날 수 있다. 이렇게 자기 자리를 내어주는 타자에 대한 비대칭적 수용으로서의 환대야말로 자본주의적 교환 관계와 자유주의적 이념의 문제를 해결할 수 있거나 그게 아니라면 최소한 비판할 수 있는 새로운 유토피아의 원리의 토대를 제공할 수 있다.

"나는 약자인 타자에게 나의 자리를 내주며 타자를 대접한다. 그럼으로써 나는 타자를 돕는 것이지만, 그 타자는 내가 그러한 행위를 통해 나의 경계를 넘어설 수 있도록 해줌으로써 나를 나의 경계 밖으로 이끌어 준다. 나보다 더 부족한 존재인 타자가 오히려 나를 돕는 것이다." 이러한 환대 개념은 봉사자가 도움이 필요한 사람을 일방적으로 돕기만 하는 것이 아니라 봉사를 통해 봉사자 스스로가 행복을 얻고 변화할 수 있다는 점에서 진정한 사회봉사의 이념이 될 수 있다. 헤겔의 "주인과 종의 변증법"이라는 개념을 빌어 말하면, 우리는 그것을 "주인과 이방인의 변증법", 또는 "봉사자와 도움 수요자의 변증법"이라고 표현할 수 있다.

─────── 〈보 기〉 ───────

ㄱ. 데리다와 레비나스의 환대 개념 역시 자기중심성을 가질 수 있다는 점에서 칸트의 개념과 큰 차이가 없음을 밝힌다.
ㄴ. 상호적 방식의 제약이 완전히 제거된 비대칭성에 근거한 환대는 현실적으로 실현 불가능한 개념임을 밝힌다.
ㄷ. 헤겔이 주장한 "주인과 종의 변증법" 개념은 레비나스와 데리다의 환대 개념과 직접적 관계가 없음을 밝힌다.
ㄹ. 진정한 사회봉사 이념에 반드시 비대칭성이 요구되는 것은 아님을 밝힌다.
ㅁ. 대칭적 상호성 원리에 기반을 둔 환대 개념은 자유주의의 적극적 자유를 보장할 수 없음을 밝힌다.

01 ○△✕　　　　　　　　　　　　　　　　　　17년 행시(가) 37번

다음 ㉠을 약화하는 것만을 〈보기〉에서 모두 고르면?

2001년 인간 유전체 프로젝트가 완료된 후, 영국의 일요신문 『옵저버』는 "드디어 밝혀진 인간 행동의 비밀, 열쇠는 유전자가 아니라 바로 환경"이라는 제목의 기사를 실었다. 유전체 연구 결과, 인간의 유전자 수는 애당초 추정치인 10만 개에 크게 못 미치는 3만 개로 드러났다. 해당 기사는 인간 유전체 프로젝트의 핵심 연구자였던 크레이그 벤터 박사의 ㉠ 주장을 다음과 같이 인용하였다. "유전자 결정론이 옳다고 보기에는 유전자 수가 턱없이 부족합니다. 인간 행동과 형질의 놀라운 다양성은 우리의 유전자 속에 들어있지 않다는 것이죠. 환경에 그 열쇠가 있습니다. 우리의 행동 양식은 유전자가 환경과 상호작용함으로써 비로소 결정되죠. 인간은 유전자의 지배를 받는 존재가 아닌 것이죠. 우리는 자유의지를 발휘할 수 있는 존재인 것입니다." 여러 신문들이 같은 기사를 실었다. 이를 계기로, 본성 대 양육이라는 해묵은 논쟁은 인간의 행동을 결정하는 것이 유전인지 아니면 환경인지 하는 논쟁의 형태로 재점화되었다. 인간이란 결국 신체를 구성하는 물질에 의해 구속받는 존재인지 아니면 인간에게 자유의지가 허락되는지를 놓고도 열띤 토론이 벌어졌다.

――――――〈보 기〉――――――

ㄱ. 자유의지가 없는 동물 중에는 인간보다 더 많은 유전자 수를 가지고 있는 경우도 있다.

ㄴ. 유전자에게 지배되지 않더라도 인간의 행동이 유전자와 환경의 상호작용으로 결정된다면, 그 행동은 인간 스스로의 자유로운 의지에 따라 행한 것이라고 볼 수 없다.

ㄷ. 다양한 인간 행동은 일정한 수의 유형화된 행동 패턴들의 중층적 조합으로 분석될 수 있고, 발견된 인간 유전자의 수는 유형화된 행동 패턴들을 모두 설명하기에 적지 않다.

① ㄱ
② ㄴ
③ ㄱ, ㄷ
④ ㄴ, ㄷ
⑤ ㄱ, ㄴ, ㄷ

02 ○△✕　　　　　　　　　　　　　　　　　　16년 행시(5) 13번

다음 글의 ㉠에 대한 평가로 적절하지 않은 것은?

중생대의 마지막 시기인 백악기(K)와 신생대의 첫 시기인 제3기(T) 사이에 형성된, 'K/T경계층'이라고 불리는 점토층이 있다. 이 지층보다 아래쪽에서는 공룡의 화석이 발견되지만 그 위에서는 전혀 발견되지 않는다. 도대체 그 사이에 무슨 일이 벌어진 것일까? 우리는 물리학자 앨버레즈가 1980년에 『사이언스』에 게재한 논문 덕분에 이 물음에 대한 유력한 답을 알게 되었다.

앨버레즈는 동료들과 함께 지층이 퇴적된 시간을 정확히 읽어내는 방법을 연구하고 있었다. 일반적으로 지층의 두께는 퇴적 시간과 비례하지 않는다. 얇은 지층이 수백 년에 걸쳐 서서히 퇴적된 것일 수도 있고, 수십 미터가 넘는 두께의 지층이라도 며칠, 심지어 몇 시간의 격변에 의해 형성될 수 있기 때문이다. 앨버레즈는 이 문제를 이리듐 측정을 통해 해결하려 했다. 이리듐은 아주 무거운 금속으로, 지구가 생성되던 때 핵 속으로 가라앉아 지구 표면에는 거의 남아 있지 않다. 오늘날 지표면에서 미량이나마 검출되는 이리듐은 우주 먼지나 운석 등을 통해 오랜 시간에 걸쳐 지구 표면에 내려앉아 생긴 것이다. 앨버레즈는 이리듐 양의 이러한 증가 속도가 거의 일정하다고 보고, 이리듐이 지구 표면에 내려앉는 양을 기준으로 삼아 지층이 퇴적되는 데 걸린 시간을 측정하려 했다.

조사 결과 지표면의 평균 이리듐 농도는 0.3ppb이었고 대체로 일정했다. 그런데 이탈리아 북부의 어느 지역을 조사했을 때 그곳의 K/T경계층에서 특이한 점이 발견되었다. 평균보다 무려 30배나 많은 이리듐이 검출된 것이다. 원래 이 경우 다른 지층이 형성될 때보다 K/T경계층의 퇴적이 30분의 1 정도의 속도로 아주 느리게 진행되었다고 결론을 내려야 했지만, 다른 증거들을 종합할 때 이 지층의 형성이 그렇게 오래 걸렸다고 볼 이유가 없었다. 그래서 이들은 다른 결론을 선택했다. 이 시기에 지구 밖에서 한꺼번에 대량의 이리듐이 왔다는 것이었다. 이리듐의 농도를 가지고 역산한 결과, 앨버레즈는 ㉠ 약 6,500만 년 전 지름 10킬로미터 크기의 소행성이 지구와 충돌했고 이 충돌에서 생긴 소행성과 지각의 무수한 파편들이 대기를 떠돌며 지구 생태계를 교란함으로써 대멸종이 일어나 공룡이 멸종했다는 결론에 도달했다. 공룡 멸종의 원인에 대한 이런 견해는 오늘날 과학계가 수용하고 있는 최선의 가설이다.

① 만일 신생대 제3기(T) 이후에 형성된 지층에서 공룡 화석이 대량으로 발견될 경우 약화된다.

② 고생대 페름기에 일어난 대멸종이 소행성 충돌과 무관하게 진행되었다는 사실이 입증되더라도 강화되지 않는다.

③ 동일한 시간 동안 우주먼지로 지구에 유입되는 이리듐의 양이 일정하지 않고 큰 변화폭을 지닌다는 사실이 입증되면 약화된다.

④ 앨버레즈가 조사한 이탈리아 북부의 지층이 K/T경계층이 아니라 다른 시기에 형성된 지층이었음이 밝혀질 경우 약화된다.

⑤ K/T경계층 형성 시기 이외에 공룡이 존재했던 다른 시기에도 지름 10킬로미터 규모의 소행성이 드물지 않게 지구에 충돌했음이 입증될 경우 강화된다.

03 ○△× 15년 행시(인) 37번

다음 글의 주장을 약화하는 것만을 〈보기〉에서 모두 고르면?

　베이즈주의는 확률을 이용해서 과학의 다양한 가설들을 평가하는 과학 방법론의 한 분야이다. 그것은 새로운 정보의 유입에 따른 과학적 가설의 확률 변화 메커니즘을 제시한다. 새로운 정보가 유입되기 전 확률을 사전확률, 유입된 후의 확률을 사후확률이라고 한다. 따라서 베이즈주의가 제시하는 메커니즘은 사전확률과 새로운 정보로부터 사후확률을 결정하는 것이라고 할 수 있다. 베이즈주의자들이 사전확률을 결정할 때 고려해야 할 기준은, "A가 참일 확률과 A가 거짓일 확률의 합이 1이어야 한다."는 것과 같은 확률론의 기본 규칙을 준수해야 한다는 것뿐이다. 그럼 동일한 가설에 대해서 두 과학자가 극단적으로 다른 사전확률을 부여하는 것도 단지 확률론의 기본 규칙을 어기지 않는다는 이유로 허용될 수 있는가? 그렇다고 할 때 베이즈주의는 주관적이고 임의적인 사전확률을 허용하는 것으로 볼 수 있다. 바로 이 점에서 베이즈주의 과학 방법론은 과학의 객관성을 확보할 수 없다고 비판받는다.

　하지만 동일한 가설에 부여하는 사전확률이 다르다는 것이, 그 사전확률의 결정이 완전히 임의적이라는 것을 함축하진 않는다. 물론 개개의 과학자들이 동일한 가설에 다른 사전확률을 부여할 때 가설에 대한 느낌에 의존할 수 있다. 이때 그 느낌은 가설을 제시한 사람에 대한 판단에서 비롯된 것일 수 있다. 하지만 과학자들이 사전확률을 부여할 때 의존하는 것은 느낌과 같은 것이 아니다. 그보다는 과학 공동체가 공유하고 있는 배경지식이 사전확률을 결정하는 데 있어 결정적인 역할을 한다.

　베이즈주의 비판자들이 문제 삼는 주관적인 사전확률이란 배경지식을 고려한 것이 아니라, 가설을 제시한 사람에 대한 느낌과 같은 요소만 고려한 경우이다. 하지만 현실 과학자들의 사전확률은 언제나 배경지식을 토대로 한다. 만약 동일 가설에 대해서 두 과학자가 극단적으로 다른 사전확률을 가지고 있다면, 아마도 그 둘은 완전히 다른 배경지식을 가지고 있기 때문일 것이다. 그렇지만 동시대 과학자들이 완전히 다른 배경지식을 가지고 있는 경우는 거의 없다. 따라서 과학자들은 동일한 가설에 대해서 비슷한 사전확률을 부여하게 될 것이며, 이에 사전확률의 주관성 문제는 크게 완화될 것이다. 그러므로 베이즈주의 과학 방법론이 객관성을 확보할 수 없다는 주장은 성급하다.

〈 보 기 〉

ㄱ. 동일한 배경지식을 가졌다는 것보다는 느낌과 같은 요소가 사전확률 결정에 더 중요한 영향을 미친다.

ㄴ. 특정 가설에 대해 동일한 사전확률을 부여한 사람들이 다른 느낌을 가지는 경우가 있다.

ㄷ. 동일한 배경지식을 가지고 있는 개개의 과학자들이 베이즈주의의 확률 변화 메커니즘을 따라 확률을 수정한다면, 그들 각각이 동일한 가설에 부여하는 확률들은 점차 일치할 것이다.

① ㄱ

② ㄴ

③ ㄱ, ㄷ

④ ㄴ, ㄷ

⑤ ㄱ, ㄴ, ㄷ

04 ○△× 13년 행시(인) 37번

다음 논증에 대한 분석으로 적절한 것은?

　최근 라이너스 폴링은 α-케로틴 분자가 나선 구조를 가지고 있음을 밝혀냈다. DNA가 α-케로틴과 흡사한 화학적 특성들을 지녔다는 점을 고려할 때, DNA 분자 역시 나선 구조일 것이다. 그리고 그런 가정 하에서 DNA의 X선 회절사진을 볼 때 나선 가닥의 수는 둘 아니면 셋이다. 나선 구조 속에 염기가 배열될 수 있는 위치는 두 가지다. 중추가 안쪽에 있고 염기가 바깥쪽에 있거나, 아니면 염기들이 중추의 안쪽에 배열되어 있을 것이다. 따라서 DNA의 가능한 구조는 모두 네 가지다. 이 가운데 염기가 바깥쪽에 있는 삼중나선 구조는 문제를 가지고 있다. 왜냐하면 자연 상태의 DNA 분자는 많은 수의 물 분자와 결합하고 있음이 분명한 반면, 이 삼중나선 모형이 옳다면 DNA 분자와 결합할 수 있는 물 분자의 개수가 너무 적게 되기 때문이다. 따라서 DNA 분자가 이와 같은 구조일 가능성은 배제된다. 거의 모든 중요한 생물학적 대상이 쌍을 이루고 있음을 고려한다면 DNA 분자 역시 쌍을 이루고 있다고 생각할 수 있다. DNA 분자가 이중나선 구조라면 염기들은 안쪽에 있는가, 바깥쪽에 있는가? 여기서 우리는 DNA의 X선 회절사진에 다시 한 번 주목해야 한다. 로잘린드 프랭클린이 DNA에 X선을 쪼여 얻은 이미지는 염기들이 나선 구조의 중추 안쪽에 있지 않다면 설명될 수 없는 것이었다. 이리하여 우리는 DNA 분자가 염기들이 안쪽에 있는 이중나선 구조라는 결론에 도달할 수 있다.

① DNA 분자의 구조가 염기가 안쪽에 배열된 삼중나선 형태일 가능성은 논박되지 않았다.

② 화학적 특성이 유사한 경우 분자의 구조도 유사하다는 전제를 부정해도 논증은 약화되지 않는다.

③ DNA 분자의 염기가 중추 안쪽에 있다는 사실이 DNA 분자가 이중나선 구조라는 주장의 근거로 사용되었다.

④ DNA 분자의 X선 회절사진 이미지는 DNA 분자의 구조가 삼중나선이 아니라는 판단의 근거로 사용되었다.

⑤ DNA 분자의 X선 회절사진이 판단의 근거로 인정되지 않는다면 DNA 분자의 구조가 나선형이라는 주장이 약화된다.

05 ⃞○ △ ×

다음 글의 논지를 강화하는 진술을 〈보기〉에서 모두 고르면?

인간의 의식을 이해하려면 인간이 세계 속에서 세계에 반응하며 삶을 영위하는 방식을 살펴보아야 한다. 의식을 이해하려면 이처럼 뇌보다 더 큰 체계의 수준에서 고찰할 필요가 있다. 의식은 뇌 안에서 생성되는 것이 아니라, 우리가 주변의 세계와 역동적으로 상호작용하는 동안 만들어진다. 즉, 의식은 뇌와 몸과 외부 세계의 상호작용을 요구한다. 의식은 그렇게 환경의 맥락 안에 있는 동물의 활동으로 이루어진 산물이다. 의식의 주체는 뇌가 아니다. 달리 말하자면, 당신은 당신의 뇌가 아니다. 뇌는 당신의 일부에 지나지 않는다. 물론 뇌가 필요하다는 것, 뇌의 특성이 의식의 면면에 영향을 미친다는 것은 부인할 수 없다. 그러나 의식이 있으려면 뇌만으로는 안 된다.

만일 의식이 뇌 안에서 생겨나는 것이라면, 실험용 접시나 플라스틱 통 속에 의식을 가진 뇌를 담는 일이 최소한 원리적으로 가능해야 한다. 그러나 그것은 터무니없는 생각이다. 만약 통에 담긴 뇌가 의식을 가지고 있다면, 최소한 그 통은 뇌에 대사활동에 필요한 영양을 공급하는 장치와 더불어 노폐물을 배출하는 장치를 갖추고 있을 것이다. 우리의 몸이 하는 것처럼 뇌로 보내는 자극을 통제할 수 있으려면 그 통은 아주 세련되고 다양한 기능들을 갖추고 있어야 한다. 이 사고실험의 세부사항들을 충분히 생각해 본다면, 그런 통은 살아있는 몸과 비슷한 어떤 것이 되어야 한다는 사실이 분명해진다. 결국 우리는 의식의 자리가 생리적인 뇌의 범위를 넘어서까지 펼쳐져 있다는 것과 우리처럼 몸을 갖고 주변 환경과 상호작용하면서 살아가는 동물에게만 의식이 있을 수 있다는 사실을 깨닫게 된다.

─────〈보 기〉─────

ㄱ. 통 속의 뇌에 충분한 영양이 공급되더라도 외부 세계와 정보를 교류할 수 있는 장치가 없다면 인간의 의식이 나타나지 않는다.
ㄴ. 뇌 영상을 통해 뇌의 각 부분이 활성화되는 양상을 관찰함으로써 어떤 종류의 인지작용이 진행되고 있는지 추정할 수 있다.
ㄷ. 뇌를 다른 몸에 이식하는 수술이 성공하더라도 이식된 뇌가 이식 전과 동일한 의식을 가지고 작동하지는 않는다.
ㄹ. 어떤 사람이 지닌 의식의 특성을 이해하려 할 때 그 사람의 신체 구조를 살피는 것은 도움이 안 된다.

① ㄱ, ㄴ 　　② ㄱ, ㄷ
③ ㄴ, ㄹ 　　④ ㄱ, ㄷ, ㄹ
⑤ ㄴ, ㄷ, ㄹ

06 ⃞○ △ ×

아래 글에 대한 설명으로 적절한 것을 〈보기〉에서 모두 고르면?

천동설은 다른 천체가 지구를 중심으로 돌고 있다는 설이고 지동설은 반대로 지구가 움직이고 있다는 설이다. 지동설과 천동설을 주장하던 사람들의 열띤 논쟁이 계속 된 적이 있었는데 천동설 학파는 "만약 지구가 고속으로 움직이고 있다면, 왜 지구 위에 서 있는 사람들이 움직임을 감지하지 못하는가?" 라는 강한 논지를 펴면서 지동설 학파를 공격하였다. 1623년 갈릴레오는 유명한「두 체계에 관한 대화」를 출판했는데 이 책에서 지동설 학파의 일원으로 등장하는 살비아티는 매우 설득력 있는 예를 들고 있다. 즉 어떤 배에 타고 있는 사람은 배 안에서 일어나는 개별적인 현상만 보고는 그 배가 일정한 속도로 움직이는지 정지해있는지를 판단할 수 없다는 것이다. 이것은 하나의 중요한 진리를 설명하고 있는데, 이러한 주장을 갈릴레오의 상대성 원리라고 부른다.

─────〈보 기〉─────

ㄱ. 갈릴레오의 상대성 원리를 사용해 천동설 학파의 논지를 반박하려면 지구가 일정한 속도로 움직이고 있음을 가정하여야 한다.
ㄴ. 일정 속도로 전진하는 배 안에서 일어나는 물리현상을 보고 배가 어떤 속도로 전진하고 있는지 알 수 있다면 천동설의 설득력이 약화된다.
ㄷ. 배의 운동과 지구의 운동에 동일한 원리가 적용된다고 가정해야만 천동설 학파의 논지가 정당화된다.
ㄹ. 배 안의 사람이 바깥 풍경이 움직이는 것을 볼 수 있듯이 지구에서 천체가 움직이는 것을 볼 수 있는 점은 갈릴레오 상대성 원리의 설득력을 약화시킨다.

① ㄱ
② ㄱ, ㄷ
③ ㄷ, ㄹ
④ ㄱ, ㄴ, ㄹ
⑤ ㄴ, ㄷ, ㄹ

07 ○△✕

다음은 한 변호사의 피고에 대한 변론이다. 이 변론을 가장 약화시킬 수 있는 진술은?

> 통계에 의하면 1억 명이 넘는 미국 여성 가운데 400만 명이 남편의 가정 폭력에 시달리고 있습니다. 그런데 FBI의 범죄통계에 따르면, 본 살인사건이 일어난 2006년에 살인 사건으로 살해된 여성은 모두 3,000명이었습니다. 이 가운데 평소 가정 폭력을 일삼던 남편에게 살해된 여성은 1,200명이었습니다. 저는 피고가 평소에 가정 폭력을 일삼았다는 점을 인정합니다. 저는 평소에 가정 폭력에 시달렸으면서 누군가에 의해 살해된 여성들 가운데 남편에게 살해된 여성의 비율이 중요하다고 생각합니다. 이와 더불어 남편에게 가정 폭력을 당하고 있는 여성은 무려 400만 명에 이르지만, 가정 폭력을 휘두르는 남편에 의해 살해된 여성의 수는 2006년 한 해 1,200명에 불과합니다. 따라서 검사 측에서 피고가 평소에 가정 폭력을 일삼았다는 것을 유력한 정황 증거로 삼아, 피고가 바로 이 살인 사건의 범인이라는 주장은 근거가 없어 보입니다.

① 2006년에 미국에서 벌어진 남편의 가정 폭력은 실제로 약 200만 건이었다.

② 2006년에 살해된 여성의 수는 실제로 FBI의 통계조사에서 나타난 것보다 두 배나 많다.

③ 2006년 미국 FBI 통계는 10년 전과 비교해 볼 때 남편의 가정 폭력에 시달린 여성의 수 대비 살해당한 여성의 수가 줄어들었음을 보여준다.

④ 2006년에 평소 남편의 가정 폭력에 시달린 여성이, 남편이 아닌 사람에게 살해된 사건은 200건이었다.

⑤ 통계를 통해 볼 때 살해된 여성 중 남편에게 살해된 비율이 상당히 높다.

CHAPTER
10 종합

1 유형의 이해

종합 유형은 19번, 20번과 39번, 40번에 배치되어, 한 지문을 읽고 두 문항을 푸는 유형이다. 19번과 39번은 주로 일치부합 또는 추론 형식의 문항이 출제되어 난도가 평이한 반면, 20번과 40번은 지문을 보다 구체적으로 적용하는 형식의 문제가 출제되어 앞선 문항에 비해서는 어려운 문항이 자주 출제된다. 최근 기출의 경향을 살펴볼 때, 논리나 확률을 소재로 한 지문이 자주 출제되고 있다.

2 발문 유형

- 위 글에서 추론할 수 있는 것은?
- 위 글에서 알 수 있는 것은?
- 위 글을 토대로 할 때, 〈실험결과〉에 대한 분석으로 적절한 것은?
- 위 글의 ㉠과 ㉡에 대한 평가로 적절한 것만을 〈보기〉에서 고르면?

3 접근법

종합 유형에서는 여러 가지 유형들이 혼합되어 나오기 때문에 일률적인 방도는 없다. 또 하나의 글을 토대로 두 문제를 병렬적으로 해결하는 것이기 때문에 한 문제에서 다른 문제를 풀기 위한 힌트를 얻을 수 있는 경우가 많지 않다. 따라서 종합 유형에서는 앞선 유형들의 접근 방식을 숙지하여 문항별로 달리 접근할 필요가 있다.

4 생각해 볼 부분

종합 유형을 언제 풀 것인지 개인별 전략을 세워두어야 한다. 다른 두 문제를 푸는 것보다 시간을 단축할 수 있으므로 자신의 전략에 따라 순차적으로 풀 것인지, 마지막에 풀 것인지 등을 정해두자.

※ 다음 글을 읽고 물음에 답하시오.

곤충이 유충에서 성체로 발생하는 과정에서 단단한 외골격은 더 큰 것으로 주기적으로 대체된다. 곤충이 유충, 번데기, 성체로 변화하는 동안, 이러한 외골격의 주기적 대체는 몸 크기를 증가시키는 것과 같은 신체 형태 변화에 필수적이다. 이러한 외골격의 대체를 '탈피'라고 한다. 성체가 된 이후에 탈피하지 않는 곤충들의 경우, 그것들의 최종 탈피는 성체의 특성이 발현되고 유충의 특성이 완전히 상실될 때 일어난다. 이런 유충에서 성체로의 변태 과정을 조절하는 호르몬에는 탈피호르몬과 유충호르몬이 있다.

탈피호르몬은 초기 유충기에 형성된 유충의 전흉선에서 분비된다. 탈피 시기가 되면, 먹이 섭취 활동과 관련된 자극이 유충의 뇌에 전달된다. 이 자극은 이미 뇌의 신경분비세포에서 합성되어 있던 전흉선자극호르몬의 분비를 촉진하여 이 호르몬이 순환계로 방출될 수 있게끔 만든다. 분비된 전흉선자극호르몬은 순환계를 통해 전흉선으로 이동하여, 전흉선에서 허물벗기를 촉진하는 탈피호르몬이 분비되도록 한다. 그리고 탈피호르몬이 분비되면 탈피의 첫 단계인 허물벗기가 시작된다. ㉠ 성체가 된 이후에 탈피하지 않는 곤충들의 경우, 성체로의 마지막 탈피가 끝난 다음에 탈피호르몬은 없어진다.

유충호르몬은 유충 속에 있는 알라타체라는 기관에서 분비된다. 이 유충호르몬은 탈피 촉진과 무관하며, 유충의 특성이 남아 있게 하는 역할만을 수행한다. 따라서 각각의 탈피 과정에서 분비되는 유충호르몬의 양에 의해서, 탈피 이후 유충으로 남아 있을지, 유충의 특성이 없는 성체로 변태할지가 결정된다. 유충호르몬의 방출량은 유충호르몬의 분비를 억제하는 알로스테틴과 분비를 촉진하는 알로트로핀에 의해 조절된다. 이 알로스테틴과 알로트로핀은 곤충의 뇌에서 분비된다. 한편, 유충호르몬의 방출량이 정해져 있을 때 그 호르몬의 혈중 농도는 유충호르몬에스터라제와 같은 유충호르몬 분해 효소와 유충호르몬결합단백질에 의해 조절된다. 유충호르몬결합단백질은 유충호르몬에스터라제 등의 유충호르몬 분해 효소에 의해서 유충호르몬이 분해되어 혈중 유충호르몬의 농도가 낮아지는 것을 막으며, 유충호르몬을 유충호르몬 작용 조직으로 안전하게 수송한다.

윗글에서 추론할 수 있는 것만을 <보기>에서 모두 고르면?

――――――〈보 기〉――――――

ㄱ. 유충의 전흉선을 제거하면 먹이 섭취 활동과 관련된 자극이 유충의 뇌에 전달될 수 없다.

ㄴ. 변태 과정 중에 있는 곤충에게 유충기부터 알로트로핀을 주입하면, 그것은 성체로 발생하지 않을 수 있다.

ㄷ. 유충호르몬이 없더라도 변태 과정 중 탈피호르몬이 분비되면 탈피가 시작될 수 있다.

① ㄱ
② ㄴ
③ ㄱ, ㄷ
④ ㄴ, ㄷ
⑤ ㄱ, ㄴ, ㄷ

난도 상

풀이시간 4분 30초

합격생 가이드

과학지문 중에서도 일련의 '과정'이 서술되어있는 지문은 해당 과정을 이용하여 선지를 만든다. 따라서 읽으면서 해당 '과정'을 시각화하여 적어두는 것이 좋다.

가령, 탈피호르몬의 경우 (먹이 섭취 자극 → 뇌 → 전흉선자극호르몬 분비촉진 → 전흉선자극호르몬의 전흉선 이동 → 탈피호르몬 분비→ 탈피 시작)의 과정을 거치게 된다.

그에 따라 ㄷ 선지를 빠르게 판단할 수 있다. 또한 '과정'에서의 일부가 차단된다고 하더라도 차단되기 이전의 과정은 여전히 일어날 수 있다는 점을 염두에 두어야 한다. 그에 따라 ㄱ 선지를 판단할 수 있다.

대표문항으로 선정한 이유

문 19는 추론유형이고 문 20은 이해한 지문을 바탕으로 적용하는 문항이다. 종합유형의 경우 앞선 문제에서는 추론유형이 출제되고, 뒷 문제에서는 적용유형이나, 평가하는 유형과 같이 심화된 유형이 출제되는 경향이 있다. 이러한 출제 경향에 부합하여 해당 문항을 선정하게 되었다.

정답해설

ㄴ. 옳다. 알로트로핀은 유충호르몬을 촉진하는 역할을 수행하므로, 알로트로핀의 주입으로 유충호르몬의 방출량이 증가할 경우 탈피 이후 성체로 발생하지 않고 유충으로 남아있을 수 있다.

ㄷ. 옳다. 유충호르몬은 탈피 촉진과는 무관하기 때문에 유충호르몬이 없더라도 탈피호르몬이 분비된다면 탈피가 시작될 수 있다.

오답해설

ㄱ. 옳지 않다. 전흉선을 제거할 경우 탈피호르몬이 분비되지 않을 뿐이며, 전흉선자극호르몬이 전흉선으로 도달하기 전에 이루어지는 일련의 과정들은 여전히 일어난다.

답 ④

※ 다음 글을 읽고 물음에 답하시오.

곤충이 유충에서 성체로 발생하는 과정에서 단단한 외골격은 더 큰 것으로 주기적으로 대체된다. 곤충이 유충, 번데기, 성체로 변화하는 동안, 이러한 외골격의 주기적 대체는 몸 크기를 증가시키는 것과 같은 신체 형태 변화에 필수적이다. 이러한 외골격의 대체를 '탈피'라고 한다. 성체가 된 이후에 탈피하지 않는 곤충들의 경우, 그것들의 최종 탈피는 성체의 특성이 발현되고 유충의 특성이 완전히 상실될 때 일어난다. 이런 유충에서 성체로의 변태 과정을 조절하는 호르몬에는 탈피호르몬과 유충호르몬이 있다.

탈피호르몬은 초기 유충기에 형성된 유충의 전흉선에서 분비된다. 탈피 시기가 되면, 먹이 섭취 활동과 관련된 자극이 유충의 뇌에 전달된다. 이 자극은 이미 뇌의 신경분비세포에서 합성되어 있던 전흉선자극호르몬의 분비를 촉진하여 이 호르몬이 순환계로 방출될 수 있게끔 만든다. 분비된 전흉선자극호르몬은 순환계를 통해 전흉선으로 이동하여, 전흉선에서 허물벗기를 촉진하는 탈피호르몬이 분비되도록 한다. 그리고 탈피호르몬이 분비되면 탈피의 첫 단계인 허물벗기가 시작된다. ㉠ 성체가 된 이후에 탈피하지 않는 곤충들의 경우, 성체로의 마지막 탈피가 끝난 다음에 탈피호르몬은 없어진다.

유충호르몬은 유충 속에 있는 알라타체라는 기관에서 분비된다. 이 유충호르몬은 탈피 촉진과 무관하며, 유충의 특성이 남아 있게 하는 역할만을 수행한다. 따라서 각각의 탈피 과정에서 분비되는 유충호르몬의 양에 의해서, 탈피 이후 유충으로 남아 있을지, 유충의 특성이 없는 성체로 변태할지가 결정된다. 유충호르몬의 방출량은 유충호르몬의 분비를 억제하는 알로스테틴과 분비를 촉진하는 알로트로핀에 의해 조절된다. 이 알로스테틴과 알로트로핀은 곤충의 뇌에서 분비된다. 한편, 유충호르몬의 방출량이 정해져 있을 때 그 호르몬의 혈중 농도는 유충호르몬에스터라제와 같은 유충호르몬 분해 효소와 유충호르몬결합단백질에 의해 조절된다. 유충호르몬결합단백질은 유충호르몬에스터라제 등의 유충호르몬 분해 효소에 의해서 유충호르몬이 분해되어 혈중 유충호르몬의 농도가 낮아지는 것을 막으며, 유충호르몬을 유충호르몬 작용 조직으로 안전하게 수송한다.

윗글을 토대로 할 때, 다음 〈실험 결과〉에 대한 분석으로 적절한 것만을 〈보기〉에서 모두 고르면?

──────〈실험 결과〉──────

성체가 된 이후에 탈피하지 않는 곤충의 유충기부터 성체로 이어지는 발생 단계별 유충호르몬과 탈피호르몬의 혈중 농도 변화를 관찰하였더니 다음과 같았다.

결과1 : 유충호르몬 혈중 농도는 유충기에 가장 높으며 이후 성체가 될 때까지 점점 감소한다.

결과2 : 유충에서 성체로의 최종 탈피가 일어날 때까지 탈피호르몬은 존재하였고, 그 구간 탈피호르몬 혈중 농도에는 변화가 없었다.

──────〈보 기〉──────

ㄱ. 결과1은 "혈중 유충호르몬에스터라제의 양은 유충기에 가장 많으며 성체기에서 가장 적다."는 가설에 의해서 설명된다.

ㄴ. "성체가 된 이후에 탈피하지 않는 곤충들의 경우, 최종 탈피가 끝난 다음에 전흉선은 파괴되어 사라진다."는 것은 결과2와 ㉠이 동시에 성립하는 이유를 제시한다.

ㄷ. 결과1과 결과2는 함께 "변태 과정에 있는 곤충의 탈피호르몬 대비 유충호르몬의 비율이 작아질수록 그 곤충은 성체의 특성이 두드러진다."는 가설을 지지한다.

① ㄱ   ② ㄷ   ③ ㄱ, ㄴ   ④ ㄴ, ㄷ   ⑤ ㄱ, ㄴ, ㄷ

정답해설

ㄴ. 옳다. 결과2와 ㉠이 동시에 성립한다면 이는 '유충에서 성체로 탈피가 이뤄지는 동안에는 탈피호르몬이 존재하였고, 마지막 탈피를 거친 성체가 되면 탈피호르몬이 없어진다'는 것으로 요약될 수 있다. 이때 전흉선에서 탈피호르몬이 분비되므로, 해당 가설은 전흉선이 유충에서 성체가 되는 과정에는 존재하였다가 최종 탈피를 거친 성체가 되면 전흉선이 사라진다는 것을 암시하게 된다. 따라서 해당 가설은 결과2와 ㉠이 동시에 성립하는 것을 설명할 수 있다.

ㄷ. 옳다. 결과2에 의해 탈피호르몬은 일정하게 분비됨을 알 수 있으며, 결과1에 의해 유충호르몬은 유충에서 성체가 될수록 분비되는 유충호르몬이 점차 감소함을 알 수 있다. 따라서 두 결과를 합친다면, 탈피호르몬 대비 유충호르몬의 비율은 성체가 될수록 작아진다는 결론이 도출되며 이는 해당 가설과 일치하므로 가설을 지지하게 된다.

오답해설

ㄱ. 옳지 않다. 유충호르몬에스터라제의 양이 많으면 유충호르몬이 분해되어 혈중 유충호르몬의 농도가 낮아지므로 결과1은 해당 가설에 의해서 설명될 수 없다.

정답 ④

※ 다음 글을 읽고 물음에 답하시오. [01~02]

(가) 우리나라의 고분, 즉 무덤은 크게 나누어 세 가지 요소로 구성되어 있다. 첫째는 목관(木棺), 옹관(甕棺)과 같이 시신을 넣어두는 용기이다. 둘째는 이들 용기를 수용하는 내부 시설로 광(壙), 곽(槨), 실(室) 등이 있다. 셋째는 매장시설을 감싸는 외부 시설로 이에는 무덤에서 지상에 성토한, 즉 흙을 쌓아 올린 부분에 해당하는 분구(墳丘)와 분구 주위를 둘러 성토된 부분을 보호하는 호석(護石) 등이 있다.

일반적으로 고고학계에서는 무덤에 대해 '묘(墓) - 분(墳) - 총(塚)'의 발전단계를 상정한다. 이러한 구분은 성토의 정도를 기준으로 삼은 것이다. 매장시설이 지하에 설치되고 성토하지 않은 무덤을 묘라고 한다. 묘는 또 목관묘와 같이 매장시설, 즉 용기를 가리킬 때도 사용된다. 분은 지상에 분명하게 성토한 무덤을 가리킨다. 이 중 성토를 높게 하여 뚜렷하게 구분되는 대형 분구를 가리켜 총이라고 한다.

고분 연구에서는 지금까지 설명한 매장시설 이외에도 함께 묻힌 피장자(被葬者)와 부장품이 그 대상이 된다. 부장품에는 일상품, 위세품, 신분표상품이 있다. 일상품은 일상생활에 필요한 물품들로 생산 및 생활 도구 등이 이에 해당한다. 위세품은 정치, 사회적 관계를 표현하기 위해 사용된 물품이다. 당사자 사이에만 거래되어 일반인이 입수하기 어려운 물건으로, 피장자가 착장(着裝)하여 위세를 드러내던 것을 착장형 위세품이라고 한다. 생산도구나 무기 및 마구 등은 일상품이기도 하지만 물자의 장악이나 군사력을 상징하는 부장품이기도 하다. 이것들은 피장자의 신분이나 지위를 상징하는 물건으로 일상품적 위세품이라고 한다. 이러한 위세품 중에 6세기 중엽 삼국의 국가체제 및 신분질서가 정비되어 관등(官等)이 체계화된 이후 사용된 물품을 신분표상품이라고 한다.

(나) 영희는 삼국 시대를 연구하고 있다. 그녀는 (가)의 글을 읽고 다음의 세 가설을 세웠다.

A : 시신을 넣어두는 용기는 목관, 옹관뿐이다.
B : 삼국 모두 묘 - 분 - 총의 발전단계를 보이며 성토가 높은 것은 신분의 높음을 상징한다.
C : 관리들의 의관(衣冠)에 관련된 부장품은 신분표상품이다.

그리고 자료 조사를 통해 가설들을 약화하는 근거가 발견되지 않으면 해당 가설을 수용할 생각이다. 영희가 최근 얻은 근거는 다음과 같다.

a. 신라의 황남대총은 왕릉이다.
b. 백제는 총에 해당하는 분이 없다.
c. 부여 가증리에서 석관(石棺)이 있는 초기 백제 유적이 발견되었다.
d. 삼국의 체제 정립 이전인 원삼국 시대 유물인 세발토기(土器)가 부장품으로 발견되었다.

01 ○△✕   15년 행시(인) 19번

윗글의 (가)에서 추론할 수 없는 것은?

① 묘에는 분구와 호석이 발견되지 않는다.
② 묘는 무덤의 구성요소뿐 아니라 무덤 발전단계를 가리킬 때에도 사용되는 말이다.
③ 피장자의 정치, 사회적 신분 관계를 표현하기 위해 장식한 칼을 사용하였다면 이는 위세품에 해당한다.
④ 생산도구가 물자의 장악이나 군사력을 상징하는 부장품에 사용되었다면, 이는 위세품이지 일상품은 아니다.
⑤ 성토를 높게 할수록 신분이 높다면, 같은 시대 같은 지역에 묻힌 두 피장자 중 분보다는 총에 묻힌 피장자의 신분이 높다.

02 ○△✕   15년 행시(인) 20번

윗글의 (나)에서, 영희의 가설과 근거 사이의 관계에 대한 평가로 적절하지 않은 것은?

① 근거 a는 가설 B를 강화한다.
② 근거 c는 가설 A를 약화한다.
③ 근거 d는 가설 C를 강화한다.
④ 근거 b와 c에 비추어 수용될 수 있는 가설은 한 개이다.
⑤ 근거 a~d에 비추어 수용될 수 있는 가설은 한 개이다.

※ 다음 글을 읽고 물음에 답하시오. [03~04]

재산보다 더 많은 빚을 진 사람이 세상을 떠나면 채권자들은 이 재산을 어떻게 나눠 가져야 할까? 예를 들어 채권자 1, 채권자 2, 채권자 3에게 각각 100만 원, 200만 원, 300만 원을 빚진 이가 죽었다고 하자. 그의 유산이 600만 원보다 적을 경우, 돈을 어떻게 나눠야 할까? 탈무드에 나오는 현자는 다음과 같은 해결 방안을 제안한다.

- 유산이 100만 원이라면, 모두 똑같이 3분의 1씩 나눠 가진다.
- 유산이 200만 원이라면, 채권자 1이 50만 원, 채권자 2와 채권자 3은 각각 75만 원씩 가진다.
- 유산이 300만 원이라면, 채권자 1이 50만 원, 채권자 2가 100만 원, 채권자 3이 150만 원을 가진다.

이와 같은 분배의 원리는 무엇인가? 히브리대학의 아우만과 매슐러는 '탈무드의 물병'이라는 개념을 가지고 이와 같은 분배를 일관성 있게 해석해 냈다. 아래와 같이 생긴 물병에 물을 채운다고 생각해보자. 물이 바닥부터 차츰 차면서 수면이 점점 올라온다. 부어지는 물을 유산이라고 보자. 예를 들어 100만 원에 해당하는 물을 부으면 물은 바닥에 고른 높이로 퍼질 것이고, 그 높이는 100만 원의 3분의 1에 해당하게 된다. 이는 채권자들이 각각 대략 33만 원씩 가져야 한다는 것을 의미한다. 유산이 200만 원이라면 어떨까? 그 경우 먼저 물병에 부어진 150만 원은 세 채권자의 부분을 50만 원씩 고루 채우겠지만, 남은 50만 원은 더 이상 채권자 1의 부분을 채울 수 없기 때문에 채권자 2와 채권자 3에게 25만 원씩 추가로 배분될 것이다. 이런 식으로 다른 경우에도 일관된 분배가 가능하다.

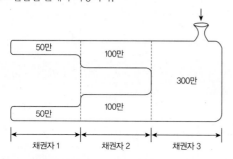

그런데, 설령 일관성이 있다고 해도, 사람들은 이런 분배를 과연 올바른 분배라고 생각할까? 실제로 채권자들을 모아 놓고 서로 충분히 의논하여 재산을 나누라고 해 보면 어떨까? 흥미롭게도, "의견 합일에 이르지 못하면 아무도 돈을 받을 수 없다." 등의 적절한 협상 규칙이 주어진 심리학 실험에서 사람들은 대략 '탈무드의 물병'이 제안하는 분배와 일치하는 결론에 도달하는 것으로 나타났다.

03 ○△✕   14년 행시(A) 19번

'탈무드의 물병'을 활용한 해법에 따를 때, 유산이 400만 원인 경우 세 명의 채권자에게 각각 분배될 금액은?

	채권자 1	채권자 2	채권자 3
①	50만 원	100만 원	250만 원
②	50만 원	125만 원	225만 원
③	75만 원	100만 원	225만 원
④	75만 원	125만 원	200만 원
⑤	75만 원	150만 원	175만 원

04 ○△✕   14년 행시(A) 20번

'탈무드의 물병'이 함축하는 분배 원칙에 대한 서술로 적절하지 <u>않은</u> 것은?

① 유산을 빌려준 돈의 비율대로 분배하게 되는 경우도 있다.

② 채권자가 여럿인 경우, 어떤 채권자도 유산 전부를 가져갈 수 없다.

③ 유산이 가장 큰 빚보다 작은 경우, 유산을 채권자 수로 나누어 똑같이 분배한다.

④ 가장 많은 돈을 빌려준 채권자가 빌려준 돈을 모두 가져간다면, 나머지 채권자도 그래야 한다.

⑤ 가장 많은 돈을 빌려준 채권자가 가장 적은 돈을 빌려준 채권자보다 적은 돈을 가져가게 해서는 안 된다.

※다음 글을 읽고 물음에 답하시오. [05~06]

'실은 몰랐지만 넘겨짚어 시험의 정답을 맞힌' 경우와 '제대로 알고 시험의 정답을 맞힌' 경우를 구별할 수 있을까? 또 무작정 외워서 쓴 경우와 제대로 이해하고 쓴 경우는 어떤가? 전자와 후자는 서로 다르게 평가받아야 할까, 아니면 동등한 평가를 받는 것이 마땅한가?

선택형 시험의 평가는 오로지 답안지에 표기된 선택지가 정답과 일치하는가의 여부에만 달려 있다. 이는 위의 첫 번째 물음이 항상 긍정으로 대답되지는 않으리라는 사실을 말해준다. 그러나 만일 시험관이 답안지를 놓고 응시자와 면담할 기회가 주어진다면, 시험관은 응시자에게 그가 정답지를 선택한 근거를 물음으로써 그가 과연 문제에 관해 올바른 정보와 추론 능력을 가지고 있었는지 검사할 수 있을 것이다.

예를 들어 한 응시자가 '대한민국의 수도가 어디냐?'는 물음에 대해 '서울'이라고 답했다고 하자. 그렇게 답한 이유가 단지 '부모님이 사시는 도시라 이름이 익숙해서'였을 뿐, 정작 대한민국의 지리나 행정에 관해서는 아는 바 없다는 사실이 면접을 통해 드러났다고 하자. 이 경우에 시험관은 이 응시자가 대한민국의 수도에 관한 올바른 정보를 갖고 있다고 인정하기 어려울 것이다. 이 예는 응시자가 올바른 답을 제시하는데 필요한 정보가 부족한 경우이다.

그렇다면, 어떤 사람이 문제의 올바른 답을 추론해내는 데 필요한 모든 정보를 갖고 있었고 실제로도 정답을 제시했다는 것이, 그가 문제에 대한 올바른 추론 능력을 가지고 있다고 할 필요충분조건이라고 할 수 있는가?

어느 도난사건을 함께 조사한 홈즈와 왓슨이 사건의 모든 구체적인 세부사항, 예컨대 범행 현장에서 발견된 흙발자국의 토양 성분 등에 관한 정보뿐 아니라 올바른 결론을 내리는 데 필요한 모든 일반적 정보, 예컨대 영국의 지역별 토양의 성분에 관한 정보 등을 똑같이 갖고 있었고, 실제로 동일한 용의자를 범인으로 지목했다고 하자. 이 경우 두 사람의 추론을 동등하게 평가해야 하는가? 그렇지 않다. 예컨대 왓슨은 모든 정보를 완비하고 있었음에도 불구하고, 이름에 모음의 수가 가장 적다는 엉터리 이유로 범인을 지목했다고 하자. 이런 경우에도 우리는 왓슨의 추론에 박수를 보낼 수 있을까? 아니다. 왜냐하면

⬚⬚⬚⬚⬚⬚⬚⬚⬚⬚⬚⬚⬚⬚⬚⬚⬚⬚

05 ⓞ△✕   10년 행시(수) 39번

위의 빈칸에 들어갈 진술로 가장 적절한 것은?

① 왓슨은 일반적으로 타당한 개인적 경험을 토대로 추론했기 때문이다.

② 왓슨은 올바른 추론의 방법을 알고 있음에도 불구하고 요행을 우선시했기 때문이다.

③ 왓슨은 추론에 필요한 전문적인 훈련을 받지 못해서 범인을 잘못 골랐기 때문이다.

④ 왓슨은 올바른 추론에 필요한 정보를 가지고 있긴 했지만 그 정보와 무관하게 범인을 지목했기 때문이다.

⑤ 왓슨은 올바른 추론에 필요한 논리적 능력은 갖추고 있음에도 불구하고 범인을 추론하는 데 필요한 관련 정보가 부족했기 때문이다.

06 ⓞ△✕   10년 행시(수) 40번

글의 논지를 약화시키는 진술은?

① 모든 필요한 증거가 구비되어 있음에도 불구하고 올바른 결론을 내리지 못하는 것은 추론 능력의 결함을 의미한다.

② 결론을 내리는 데 필요한 모든 정보를 갖고 있고 올바른 추론 능력도 갖고 있다면, 필연적으로 올바른 결론에 이를 수밖에 없다.

③ 머릿속에서 일어나는 추론의 과정을 가시화하는 것은 불가능하므로 확인할 길 없는 추론 과정을 평가의 대상으로 삼을 수는 없다.

④ 올바른 결론을 내리는 데 필요한 정보가 부족함에도 불구하고 상상력을 동원하여 올바른 결론을 내렸다면 올바른 추론 능력을 가졌다고 할 수 없다.

⑤ '서울은 한국에, 그리고 한국은 아시아에 있다'는 것을 알면서도 '아카시아'란 단어에서 '카'를 빼면 '아시아'가 된다는 이유로 '서울은 아시아에 있다'고 답한 사람은 올바른 추론 능력을 갖지 못했다고 할 수 있다.

※ 다음 글을 읽고 물음에 답하시오. [01~02]

인과 관계를 나타내는 인과 진술 '사건 X는 사건 Y의 원인이다'를 우리는 어떻게 이해해야 할까? '사건 X는 사건 Y의 원인이다'라는 진술은 곧 '사건 X는 사건 Y보다 먼저 일어났고, X로부터 Y를 예측할 수 있다'를 뜻한다. 여기서 'X로부터 Y를 예측할 수 있다'는 것은 '관련된 자료와 법칙을 모두 동원하여 X로부터 Y를 논리적으로 도출할 수 있다'를 뜻한다.

하지만 관련 자료와 법칙을 우리가 어떻게 모두 알 수 있겠는가? 만일 우리가 그 자료나 법칙을 알 수 없다면, 진술 'X는 Y의 원인이다'를 입증하지도 반증하지도 못하는 것이 아닐까? 경험주의자들이 이미 주장했듯이, 입증하거나 반증하는 증거를 원리상 찾을 수 없는 진술은 무의미하다. 예컨대 '역사는 절대 정신의 발현 과정이다'라는 진술은 입증 증거도 반증 증거도 아예 찾을 수 없고 이 때문에 이 진술은 무의미하다. 그렇다면 만일 관련 자료와 법칙을 모두 알아낼 수 없거나 거짓 자료나 틀린 법칙을 갖고 있다면, 우리가 'X는 Y의 원인이다'를 유의미하게 진술할 방법이 없는 것처럼 보인다.

하지만 꼭 그렇다고 말할 수는 없다. 다음과 같은 상황을 생각해 보자. 오늘날 우리는 관련된 참된 법칙과 자료를 써서 A로부터 B를 논리적으로 도출함으로써 A가 B의 원인이라는 것을 입증했다. 하지만 1600년에 살았던 갑은 지금은 틀린 것으로 밝혀진 법칙을 써서 A로부터 B를 논리적으로 도출함으로써 '사건 A는 사건 B의 원인이다'를 주장했다. 이 경우 갑의 진술이 무의미하다고 주장할 필요가 없다. 왜냐하면 갑의 진술 'A는 B의 원인이다'는 오늘날 참이고 1600년에도 참이었기 때문이다.

따라서 우리는 갑의 진술 'A는 B의 원인이다'가 1600년 당시에 무의미했다고 말해서는 안 되고, 입증할 수 있는 진술을 그 당시에 갑이 입증하지는 못했다고 말하는 것이 옳다. 갑이 거짓 법칙을 써서라도 A로부터 B를 도출할 수 있다면, 그의 진술은 입증할 수 있는 진술이고, 이 점에서 그의 진술은 유의미하다. 이처럼 우리가 관련 법칙과 자료를 모르거나 틀린 법칙을 썼다고 해서, 우리의 인과 진술이 무의미하다고 주장해서는 안 된다. 우리가 관련 법칙과 자료를 지금 모두 알 수 없다 하더라도 우리는 여전히 유의미하게 인과 관계를 주장할 수 있다.

'A는 B의 원인이다'의 참 또는 거짓 여부가 오늘 결정될 수 없다는 이유에서 그 진술이 무의미하다고 주장해서는 안 된다. 미래의 어느 시점에 그 진술을 입증 또는 반증하는 증거가 나타날 여지가 있다면 그 진술은 유의미하다. 이 진술이 단지 유의미한 진술을 넘어서 참된 진술로 입증되려면, 지금이 아니더라도 언젠가 참인 법칙과 자료로부터 논리적으로 도출할 수 있어야 하겠지만 말이다.

01 ☐△✕ 18년 행시(나) 19번

윗글로부터 알 수 있는 것은?

① 관련 법칙을 명시할 수 없다면 인과 진술은 무의미하다.

② 반증할 수 있는 인과 진술은 입증할 수 있는 인과 진술과 마찬가지로 유의미한 진술이다.

③ 논리적 도출을 통해 입증된 인과 진술들 가운데 나중에 일어난 사건이 원인이 되는 경우가 있다.

④ 가까운 미래에는 입증될 수 없는 진술 '지구와 가장 가까운 항성계에도 지적 생명체가 산다'는 무의미하다.

⑤ 관련된 자료들이 현재 알려지지 않아서 앞선 사건으로부터 나중 사건을 논리적으로 도출할 수 없다면, 두 사건 사이에는 인과 관계가 있을 수 없다.

02 ☐△✕ 18년 행시(나) 20번

다음 〈사례〉에 대한 평가로 옳은 것만을 〈보기〉에서 모두 고르면?

───────〈사 례〉───────

과학자 병호는 사건 A로부터 사건 B를 예측한 다음 'A는 B의 원인이다'라고 주장했다. 반면에 과학자 정호는 사건 C로부터 사건 D를 예측한 다음 'C는 D의 원인이다'라고 주장했다. 그런데 병호가 A로부터 B를 논리적으로 도출하기 위해 사용한 법칙과 자료는 거짓인 반면 정호가 C로부터 D를 논리적으로 도출하기 위해 사용한 법칙과 자료는 참이다.

───────〈보 기〉───────

ㄱ. 'A는 B의 원인이다'와 'C는 D의 원인이다'는 둘 다 유의미하다.

ㄴ. 'A는 B의 원인이다'는 거짓이다.

ㄷ. 'C는 D의 원인이다'는 참이다.

① ㄱ

② ㄴ

③ ㄱ, ㄷ

④ ㄴ, ㄷ

⑤ ㄱ, ㄴ, ㄷ

※ 다음 글을 읽고 물음에 답하시오. [03~04]

양자역학은 이론과 인간 경험 사이의 간극을 잘 보여준다. 입자 하나가 가상의 선을 기준으로 오른쪽에 있거나 왼쪽에 있다고 하자. 오른쪽에 있는 입자를 관측하면 우리는 그 위치를 '오른쪽'이라고 하고, 왼쪽에 있는 입자를 관측하면 그 위치를 '왼쪽'이라고 할 것이다. 반면 양자역학에 따르면 입자는 오른쪽과 왼쪽의 '중첩' 상태에 놓일 수 있다. 하지만 우리는 결코 이 중첩 상태를 경험하지 못하며, 언제나 '오른쪽' 또는 '왼쪽'이라고 관측한다. 입자의 위치를 측정하고 나면, 우리는 '오른쪽'과 '왼쪽' 가운데 오직 하나를 경험하며, 다른 경험은 결코 하지 못한다.

양자역학과 우리의 경험을 조화시키기 위해 양자역학에 대한 여러 해석이 제안되었다. 시간이 지남에 따라 우주가 여러 가지로 쪼개진다고 상상하고 여러 가지로 쪼개진 각각을 '가지'라고 하자. 이제 양자역학의 해석으로 다음 두 해석만 있다고 가정한다. 하나는 가지 치는 것을 허용하지 않는 ST 해석이고, 다른 하나는 이를 허용하는 MW 해석이다. 오직 두 해석만 있기 때문에 한 해석이 참이면 다른 해석은 거짓이다. 우리의 경험은 두 해석 중 무엇을 확증하는가?

알려졌듯이, 입자의 위치를 관측할 때 '오른쪽'이 관측될 확률과 '왼쪽'이 관측될 확률은 1/2로 동일하다. 이는 다음과 같이 표현될 수 있다.

	가지1	가지2
ST	'오른쪽' 또는 '왼쪽'이 관측되지만, 둘 다 동시에 관측될 수는 없다.	
MW	'오른쪽'이 관측된다.	'왼쪽'이 관측된다.

입자를 관측한 결과 '오른쪽'이 관측되었다고 가정하자. 이는 다음과 같은 증거 R이 주어졌음을 뜻한다.

R : 관측된 입자의 위치가 '오른쪽'인 가지가 존재한다.

이제 다음 정의를 받아들이자. '증거 E가 가설 H를 확증한다'는 것은 '가설 H가 참인 조건에서 증거 E가 참일 확률이 가설 H가 거짓인 조건에서 증거 E가 참일 확률보다 더 크다'는 것을 의미한다.

ST 해석과 MW 해석을 가설로 간주할 때 증거 R이 이들 가설을 각각 확증하는지 따져보자. ST가 참인 조건에서 R이 참일 확률은 1/2이다. 왜냐하면 ST가 참인 조건에서는 가지가 하나밖에 없고, 가지가 하나밖에 없는 우주에서 '오른쪽'이 관측될 확률은 1/2이기 때문이다. 반면 ST가 거짓인 조건, 즉 MW가 참인 조건에서 R이 참일 확률은 1이다. 왜냐하면 MW가 참이라는 조건에서는 두 개의 가지가 있고 이 중 하나에서는 반드시 '오른쪽'이 관측되기 때문이다. 비슷한 방식으로 우리는 MW가 거짓인 조건에서 R이 참일 확률이 얼마인지도 알아낼 수 있다. 따라서 [   ]

이제 '왼쪽'이 관측되었다면 어떻게 될까? 이는 다음과 같은 증거 L이 주어졌음을 뜻한다.

L : 관측된 입자의 위치가 '왼쪽'인 가지가 존재한다.

ST가 참인 조건에서 증거 L이 참일 확률은 1/2이다. 왜냐하면 ST가 참인 조건에서는 가지가 하나밖에 없고, 가지가 하나밖에 없는 우주에서 '왼쪽'이 관측될 확률은 1/2이기 때문이다. 반면 ST가 거짓인 조건, 즉 MW가 참인 조건에서 L이 참일 확률은 1이다. 왜냐하면 MW가 참인 조건에서는 가지가 두 개가 있고, 두 가지 가운데 하나에서는 반드시 '왼쪽'이 관측되기 때문이다.

지금까지의 논의를 종합할 때 우리는 ㉠ 흥미로운 결론에 도달한다.

03 ◯△✕　　　　　　　　　　　　　17년 행시(가) 39번

윗글의 빈칸에 들어갈 진술로 가장 적절한 것은?

① R은 ST와 MW를 모두 확증한다.

② R은 ST와 MW 중 어느 것도 확증하지 못한다.

③ R은 ST를 확증하지 못하지만 MW는 확증한다.

④ R은 ST를 확증하지만 MW는 확증하지 못한다.

⑤ R이 ST와 MW 중 하나를 확증하지만 어느 것인지는 알 수 없다.

04 ◯△✕　　　　　　　　　　　　　17년 행시(가) 40번

윗글의 ㉠으로 가장 적절한 것은?

① 양자역학의 한 해석이 확증되면 다른 해석도 확증된다.

② 우리의 모든 경험이 확증하는 양자역학의 해석은 없다.

③ 우리의 경험이 다르면 그 경험이 확증하는 양자역학의 해석도 다르다.

④ 특정한 경험은 양자역학의 두 해석을 모두 확증하거나 모두 확증하지 못한다.

⑤ 어떤 경험을 하든지 우리의 경험은 양자역학의 특정한 해석 하나만을 확증한다.

※ 다음 글을 읽고 물음에 답하시오. [05~06]

윤지는 여행길에서 처음 만난 송 씨 아저씨와 가족 이야기를 나누었다. 아저씨는 다음과 같은 물음을 던졌다.

• 물음1 : 저에겐 아이가 둘 있습니다. 이 가운데 적어도 하나는 딸입니다. 제 아이 둘 다가 딸일 확률은 얼마일까요?

윤지는 다음과 같은 풀이를 따라 그 답이 1/3이어야 한다고 생각한다.

• 풀이1 : 두 아이를 성별과 나이 순으로 나열할 때, 있을 수 있는 경우는 (딸, 딸), (딸, 아들), (아들, 딸), (아들, 아들), 이렇게 네 가지이다. 이 네 가지 가운데 하나가 이루어질 각각의 확률은 똑같다고 보아야 한다. 아저씨는 두 아이 가운데 적어도 하나가 딸이라고 말했다. 그렇다면 네 가지 가운데 (아들, 아들)의 경우는 배제해야 한다. 그래서 아저씨의 두 아이는 (딸, 딸)이거나 (딸, 아들)이거나 (아들, 딸)인 것이 분명하다. 이들 세가지 가운데 하나가 이루어질 각각의 확률은 여전히 똑같다고 보아야 한다. 따라서 아저씨의 두 아이가 (딸, 딸)일 확률은 1/3이고, (딸, 아들)일 확률은 1/3이고, (아들, 딸)일 확률은 1/3이다. 결국 아저씨의 두 아이 모두가 딸일 확률은 1/3이다.

윤지가 첫째 물음에 1/3이라고 답하자, 아저씨는 다른 물음을 던졌다. 첫째 물음에 한 문장이 덧붙여졌을 뿐이다.

• 물음2 : 저에겐 아이가 둘 있습니다. 이 가운데 적어도 하나는 딸입니다. (지갑에서 사진을 꺼내 보여 주며) 이 아이가 제 딸입니다. 제 아이 둘 다가 딸일 확률은 얼마일까요?

윤지는 다음과 같은 풀이를 따라 그 답이 1/2이어야 한다고 생각한다.

• 풀이2 : 사진에서 내가 보았던 아이는 아저씨의 딸이었다. 나는 아저씨의 다른 아이의 얼굴을 모르고 그가 딸인지 아들인지 모른다. 사진으로도 보지 못한 바로 그 아이가 딸일 확률은 아저씨의 두 아이 모두가 딸일 확률과 같다. 사진으로도 보지 못한 바로 그 아이는 딸이거나 아들이다. 그 아이가 딸일 확률과 아들일 확률은 같다. 따라서 사진으로도 보지 못한 바로 그 아이가 딸일 확률은 1/2이다. 결국 아저씨의 두 아이 모두가 딸일 확률은 1/2이다.

위의 물음들에 대해 왜 서로 다른 답변이 나오는가 하는 문제를 '두 딸의 수수께끼'라고 한다. 송 씨가 윤지에게 지갑에서 사진을 꺼내 보여주면서 "이 아이가 제 딸입니다."라고 말할 때 윤지가 받은 정보를 A라고 하자. 정보 A는 송 씨의 두 아이가 모두 딸일 확률을 바꿀 만한 정보일까?

송 씨는 아까 본 딸의 사진을 고려하지 말라고 하면서 셋째 물음을 던졌다. 이 물음도 첫째 물음에 한 문장이 덧붙여졌을 뿐이다.

• 물음3 : 저에겐 아이가 둘 있습니다. 이 가운데 적어도 하나는 딸입니다. 제 딸의 이름은 서현입니다. 제 아이 둘 다가 딸일 확률은 얼마일까요?

송 씨는 이 물음에 대해 다음과 같은 풀이를 제안했다.

• 풀이3 : 물음3의 답변을 구하기 위해 다음과 같은 표본 조사를 해보자. 우선 아이가 둘 있는 부부들을 무작위로 고른다. 이들 가운데 두 아이가 모두 아들인 부부들은 제외한다. 나머지 부부들 가운데서 딸아이의 이름이 '서현'인 경우를 찾는다. 표본조사 결과 다음과 같은 통계값들을 얻었다. 두 아이를 둔 부부 100만 쌍 중에서 딸아이를 적어도 한 명 둔 부부는 750,117쌍이었다. 750,117쌍 중에서 '서현'이란 이름의 딸아이가 있는 부부는 101쌍이었고, '서현'이란 이름의 딸아이가 있는 부부 중 두 아이가 모두 딸인 부부는 49쌍이었다. '서현'이라는 이름을 가진 딸을 둔 부부들 가운데서 두 아이가 모두 딸인 부부가 차지하는 비율은 거의 1/2이다. 물음3의 답변은 1/2이다.

05 ◻◯△✕ 　　　　　　　　　16년 행시(5) 19번

윗글의 정보 A에 대한 판단으로 적절한 것은?

① 정보 A가 송 씨의 두 아이가 모두 딸일 확률을 바꿀 만한 정보라면, 물음2의 답변은 1/2이 아니다.

② 정보 A가 송 씨의 두 아이가 모두 딸일 확률을 바꿀 만한 정보라면, 풀이1은 물음1의 올바른 답변이 아니거나 풀이2는 물음2의 올바른 답변이 아니다.

③ 정보 A가 송 씨의 두 아이가 모두 딸일 확률을 바꿀 만한 정보가 아니라면, 물음1과 물음2의 답변은 둘 다 똑같이 1/2이다.

④ 풀이1과 풀이2가 각각 물음1과 물음2의 올바른 답변이라면, 정보 A는 송 씨의 두 아이가 모두 딸일 확률을 바꿀만한 정보이다.

⑤ 풀이1은 물음1의 올바른 답변이 아니지만 풀이2는 물음2의 올바른 답변이라면, 정보 A는 송 씨의 두 아이가 모두 딸일 확률을 바꿀 만한 정보이다.

06 ◻◯△✕ 　　　　　　　　　16년 행시(5) 20번

다음 두 전제가 모두 참이라고 할 때, 윗글에서 추론할 수 있는 것은?

전제 1 : 만일 물음3의 올바른 답변이 1/2이라면, 물음2의 올바른 답변도 1/2이어야 한다.

전제 2 : 풀이3은 물음3에 대한 올바른 답변이다.

① 물음1의 답변과 물음2의 답변은 같아야 한다.

② 물음1의 답변과 물음2의 답변을 모두 수정해야 한다.

③ 물음1의 답변을 유지하는 대신에 물음2의 답변을 수정해야 한다.

④ 물음2의 답변을 유지하는 대신에 물음1의 답변을 수정해야 한다.

⑤ 이름을 알려주는 것이 확률을 바꾸는 정보를 주는 것이 아니라면, 물음1의 답변을 수정해야 한다.

※ 다음 글을 읽고 물음에 답하시오. [07~08]

브라질은 교역품에서 나라 이름을 따온 유일한 나라다. 염색에 사용되던 브라질우드라는 나무가 이 광활한 땅에 이름을 붙여 주었다. 그러나 브라질우드가 상품으로서의 명성을 날리는 기간은 아주 짧았고, 벌목 또한 어려웠다. 문제는 찌는 듯한 열대의 밀림에서 염료를 얻기 위해서 거대한 나무들을 베어내야 하고 이것을 다시 해안까지 수송해야 한다는 것이었다. 이를 위해 상당한 노동력이 필요했지만, 이 일을 하려고 열대지방까지 오려는 유럽인은 없었다. 그리고 현지 주민들에게 일을 시키는 것 역시 쉽지 않았다.

포르투갈인들이 브라질에서 만난 원주민 투피족은 반유목민으로 주로 사냥과 낚시, 채집 등으로 살아가고 있었다. 투피족 여자들은 아주 원시적인 방법으로 농사를 짓고 있었다. 노동은 거의 분화되지 않았고, 자본 축적 또한 없었다. 무계급 사회를 이루고 있던 투피족은 좀처럼 교역을 하지 않았고, 스스로를 위해 만드는 것이라고는 간단한 공예품 정도였다. 사유재산이나 상품과 같은 개념도 없었다. 대부분의 투피족이 흔쾌히 포르투갈인들과 얼마간의 물건을 거래하긴 했지만, 그들에게는 많은 물건이 필요 없었다.

투피족은 브라질우드가 나무로서 그대로 서 있는 편이 훨씬 낫다고 믿었다. 이런 투피족 사람들이 비지땀을 흘리며 힘들게 통나무를 옮기게 하려고 포르투갈과 프랑스 사람들은 원주민의 전통을 교묘히 이용하는 한편 적극적으로 수요를 창출해 내는 방법도 동원했다. 우선 유럽인들 일부가 원주민화 되었다. 포르투갈과 프랑스 사람들은 원주민 복장을 하고, 그들의 말을 배웠으며, 원주민 여인과 결혼해 원주민 사회 속으로 파고들었다. 이후 그들은 브라질우드를 유럽으로 실어보내기 위해 원주민들의 품앗이 노동을 활용했다.

한편, 유럽의 상인들은 호전적인 투피족 사람들이 육박전을 벌일 때 유용하게 사용할 만한 강철 칼과 도끼 따위를 선물로 주었다. 포르투갈인들은 몇몇 마을을 골라 동맹을 맺고 무기를 제공함으로써 원주민들에게 무기가 필요하도록 만들고자 했다. 그러자 프랑스인들은 포르투갈 무기로 무장한 마을의 위협을 내세워 상대편 마을과 동맹을 맺는 것으로 대응했다. 유럽과는 멀리 떨어진 남반구의 열대 밀림에서 염료의 재료를 둘러싼 다툼이 유럽의 전쟁을 그대로 흉내 내고 있었던 것이다. 그러나 유럽인들은 브라질 원주민들의 머릿속에 축적과 부라는 '미덕'을 심어놓지는 못했다. 기록에 따르면 당시 한 예수회 사제는 다음과 같이 불평했다. "투피족의 집에는 금속 연장이 가득하다. … 주변의 들판을 개간할 도끼가 없어서 항상 굶어 죽어가던 원주민들이 원하는 만큼 연장과 농지를 갖게 되었고, 게다가 쉬지 않고 먹고 마실 수도 있게 되었다. 이 사람들은 마을에서 항상 술을 마시고 있으며, 툭하면 전쟁을 하고 엄청난 말썽을 일으키곤 한다." 강철 도끼를 갖게 되면서 원주민 모두가 마치 유럽의 귀족처럼 살 수 있게 되었다. 하지만 투피족의 기본적인 욕구가 충족되고 나자 포르투갈인들이 그들을 착취하기가 어려워져 버렸다. 이제 포르투갈인들이 건강한 생계유지 이상의 것, 그러니까 증식하는 자본을 원한다면 다른 형태의 노동에 의존해야만 한다는 점이 분명해졌다.

투피족 노동시장의 법칙은 원주민들에게 지나치게 유리하게 정해져 있었다. 그렇다고 얼마 되지도 않는 포르투갈 인구 중에서 대서양을 건너와 열대지방에서 농사를 짓고 싶어 하던 사람들도 별로 없었다. 결국 포르투갈인들은 원주민을 노예로 만드는 수밖에 없었다. 그러나 이 방법 역시 만족스럽지 않기는 마찬가지였다. 대부분의 투피족 남자들은 여자의 일인 농사를 경멸했다. 따라서 이들은 땅을 파느니 차라리 죽는 쪽을 택했다. 그렇지 않은 경우라도 지리를 잘 알고 있었기 때문에 도망을 가 버리곤 했다. 마침내 포르투갈 상인들은 열대의 기후에 잘 적응할 수 있고, 농사에 대해서도 잘 알고 있는 사람들, 아프리카 노예들을 원하게 되었다. 그러나 노예를 구입하려면 브라질우드를 팔아서 버는 것보다 훨씬 더 많은 돈이 필요했다.

그 결과 포르투갈인들은 설탕 플랜테이션으로 눈을 돌렸다. 브라질우드의 시대가 끝나면서 브라질의 '황금시대'가 시작된 것이다. 브라질우드는 하찮은 교역품이 되었고 원주민들은 훨씬 더 깊은 내륙 지대로 밀려났다.

07 ○△✕
09년 행시(경) 7번

윗글의 중심 내용으로 가장 적절한 것은?

① 투피족의 노동 형태가 바뀌게 된 이유
② 브라질 원주민들이 유럽인의 노예로 전락하게 된 경위
③ 브라질 원주민들이 유럽인의 생활 습관을 따라가게 된 계기
④ 브라질우드가 브라질의 주요 교역품 지위에서 사라지게 된 내막
⑤ '브라질'이라는 나라 이름이 '브라질우드'라는 나무 이름에서 비롯된 이유

08 ○△✕
09년 행시(경) 8번

유럽인들이 투피족의 노동력을 얻기 위해서 시도했던 것을 〈보기〉에서 모두 고르면?

〈보 기〉
ㄱ. 투피족의 유럽 이주
ㄴ. 일부 유럽인의 원주민화
ㄷ. 투피족 내부의 갈등 조장
ㄹ. 원주민 마을 간의 군사 동맹 유도
ㅁ. 투피족 노예화

① ㄱ, ㄷ, ㄹ
② ㄱ, ㄷ, ㅁ
③ ㄴ, ㄷ, ㄹ
④ ㄴ, ㄷ, ㅁ
⑤ ㄴ, ㄹ, ㅁ

※ 다음 글을 읽고 물음에 답하시오. [01~02]

진리 정합론에 따르면, 어떤 명제가 참이라는 것은 그 명제가 대다수의 사람이 참이라고 믿는 명제와 정합적이라는 말과 같다. 그렇다면 어떤 명제가 다른 명제와 정합적이라는 것은 무슨 뜻일까? 진리 정합론자 X는 '정합성' 개념을 '논리적 일관성'으로 설명한다. 그렇다면 '논리적 일관성'이란 무엇인가? 다음 두 명제를 생각해보자.

(가) 숭례문은 서울에 있다.
(나) 서울은 대한민국의 유일한 수도이다.

이 두 명제가 동시에 참일 수 있을까? 즉, 둘 모두 참인 세계를 상상할 수 있을까? 그럴 수 있다면, 두 명제는 논리적으로 일관적이다. 우리는 두 명제가 동시에 참인 세계를 상상할 수 있다. 따라서 두 명제는 논리적으로 일관적이다. 다르게 말하여, 논리적 일관성이란 모두가 참이라고 해도 모순이 생기지 않는다는 뜻이다. 그런 점에서 논리적 일관성을 무모순성이라고도 한다. 이제 위의 두 명제에 명제 하나를 더하여 세 명제를 함께 생각해 보자.

(다) 서울이 대한민국의 유일한 수도라면, 숭례문은 서울에 없다.

이렇게 구성된 세 명제는 동시에 참일 수 없다. 우리는 (가)~(다) 모두가 참인 세계를 상상할 수 없다. 따라서 이 세 명제는 논리적으로 일관적이지 않다.

그러나 이러한 논리적 일관성으로 정합성 개념을 설명하는 것은 만족스럽지 않다. 어떤 명제들의 집합 A가 있다고 할 때, A와 논리적으로 일관적이지만 서로 동시에 참일 수 없는 두 명제를 찾아내기는 어렵지 않기 때문이다. 예를 들어 (가)와 (나)만을 원소로 갖는 집합을 A라 하자. 이 때, 두 명제 "영이는 석이를 사랑한다."와 "영이는 석이를 사랑하지 않는다."는 모두 A와 논리적으로 일관적이다. 그렇다면 집합 A의 명제들만을 믿고 있는 사람에게는 "영이가 석이를 사랑한다."는 것도 정합적이어서 참이고 "영이가 석이를 사랑하지 않는다."는 것도 정합적이어서 참이 되어야 한다. 그러나 이것은 논리적으로 있을 수 없는 일이다.

이러한 난점 때문에 진리 정합론자 Y는 '정합성'이라는 개념을 '논리적 함축'으로 설명한다. 그렇다면 (가)와 (나)만을 원소로 갖는 집합 A가 어떤 명제 p를 논리적으로 함축한다는 것은 무슨 뜻인가? 그것은 바로 A가 참인 경우에 p가 거짓일 수 없다는 것이다. 다음 두 명제를 가지고 생각해보자.

(라) 부산은 대한민국의 수도가 아니다.
(마) 철수는 행정안전부의 사무관이다.

(라)와 (마)는 모두 A와 논리적으로 일관적인 명제들이다. 그러나 A는 (라)를 논리적으로 함축하지만, (마)는 논리적으로 함축하지 않는다. A의 (나)가 참일 경우 (라)는 반드시 참이지만, A의 명제들이 모두 참이라 할지라도 (마)가 반드시 참이라고는 할 수 없기 때문이다. 따라서 A의 명제들만 믿는 사람이 참으로 받아들일 수 있는 명제는 (라)뿐이다.

그러나 이렇게 정합성을 설명하는 진리 정합론도 문제가 있다. 진리, 즉 참이라는 개념을 설명하기 위해서 정합성이라는 개념을 이용하고, 정합성의 개념을 논리적 함축이라는 개념을 이용하여 설명한다. 그런 다음, 논리적 함축을 "한 명제가 참이라면 다른 명제도 반드시 참이어야 한다."고 설명한다. 결국 진리가 무엇인지 설명하기 위해 진리 개념을 이용하고 있는 셈이다. 그러므로 정합성을 논리적 함축이라고 설명하는 진리 정합론은 순환 논증의 오류를 범하고 있다.

01 ▢△✕　　　　　　　　　　　12년 행시(인) 19번

윗글에서 추론할 수 있는 것을 〈보기〉에서 모두 고르면?

─〈보 기〉─

ㄱ. 두 명제 p와 q가 동시에 참인 세계를 상상할 수 있다면, p와 q는 모순이 아니다.

ㄴ. 두 명제 p와 q가 논리적으로 일관적이라면, p가 q를 논리적으로 함축하거나 q가 p를 논리적으로 함축한다.

ㄷ. 논리적으로 일관된 어떤 명제들의 집합 K가 어떤 명제 p를 논리적으로 함축하면, K와 p는 논리적으로 일관적이다.

① ㄱ
② ㄱ, ㄴ
③ ㄱ, ㄷ
④ ㄴ, ㄷ
⑤ ㄱ, ㄴ, ㄷ

02 ▢△✕　　　　　　　　　　　12년 행시(인) 20번

윗글에서 추론할 수 있는 것은?

① X는 대다수의 사람이 참이라고 믿는 명제로부터 논리적으로 함축되지 않는 명제는 반드시 거짓이라고 할 것이다.

② Y는 대다수의 사람이 참이라고 믿는 명제로부터 논리적으로 함축되는 명제라도 거짓일 수 있다고 할 것이다.

③ X의 입장보다 Y의 입장이 더 큰 문제점을 가지고 있다.

④ X는 어떤 명제가 참이라는 것을 설명하기 위해서 다른 명제가 반드시 필요하다고 하지만, Y는 그렇지 않다고 할 것이다.

⑤ 대다수의 사람이 참이라고 믿는 명제가 (가)와 (나)만일 경우, Y가 참이라고 받아들이는 명제는 X 역시 참이라고 받아들일 것이다.

※ 다음 글을 읽고 물음에 답하시오. [03~04]

"까마귀는 모두 검다."(H1)라는 가설을 생각해보자. 이 가설을 입증해주는 관찰사례는 어떤 것일까? 이에 대답하기는 아주 쉬워 보인다. 만약 a가 까마귀이고 색도 검다면 그 가설을 입증해주고, b가 까마귀인데 검지 않다면 그 가설을 반증해준다고 보아야 할 것이다. 나아가 까마귀가 아니면서 검은 대상 c나 까마귀도 아니고 검지도 않은 대상 d는 모두 '무관한 사례'라고 할 수 있을 것이다. 이런 조건들을 입증이 만족시켜야 할 '니코드 조건'이라고 부른다.

이번에는 "검지 않은 것은 모두 까마귀가 아니다."(H2)라는 가설을 생각해보자. 앞에 나온 니코드 조건을 그대로 적용하면, 사례 d처럼 검지 않고 까마귀가 아닌 것은 이 가설을 입증한다고 보아야 하는 반면, 사례 b처럼 검지 않고 까마귀인 것은 이 가설을 반증해준다고 보아야 할 것이다. 그리고 검은 대상은 그것이 까마귀이든 아니든 (즉 사례 a이든 사례 c이든) 상관없이 모두 무관한 사례라고 해야 할 것이다.

그런데 H1과 H2는 논리적으로 서로 '동치'인 가설들이다. 즉 H1과 H2는 언제든지 서로 바꿔 쓸 수 있는 동등한 가설들이다. 하지만 니코드 조건에 따르면, 사례 a와 d는 각각 H1과 H2 가운데 하나만을 입증하고 다른 하나에 대해서는 중립적이다. 이는 니코드 조건에 따를 경우 입증이 가설의 내용뿐만 아니라 표현 방식에도 의존하게 된다는 것을 의미한다. 이는 바람직하지 않은 결과로 보인다. 이런 문제점을 피하려면, "어떤 사례가 한 가설을 입증하면, 그 사례는 그 가설과 논리적으로 동치인 모든 가설들 역시 입증한다."는 조건, 즉 '동치 조건'을 받아들여야 할 것으로 보인다.

이제 '동치 조건'을 받아들인다고 가정하고, 니코드 조건과 방금 규정한 동치 조건을 결합시켜 보자. H1과 H2는 동치이므로, d는 H1도 입증한다고 해야 한다. 따라서 우리는 검은색도 아니고 까마귀도 아닌 대상, 예컨대 빨간 장미나 푸른 나뭇잎 등도 "까마귀는 모두 검다."라는 가설을 입증한다고 해야 한다. 그러나 이것은 이상하다.

우리는 이런 이상한 결론을 더 확장할 수도 있다. H1은 논리적으로 "까마귀이거나 까마귀가 아닌 대상은 모두 까마귀가 아니거나 검은색이다."(H3)와도 동치이다. 그런데 어떤 대상이든 '까마귀이거나 까마귀가 아니다.'에 해당될 것이므로, 결국 '까마귀가 아니거나 검은색'이기만 하면 무엇이든 H1을 입증한다는 얘기가 된다. 즉 오늘 아침에 본 노란색 자동차나 검은 고양이도 "까마귀는 모두 검다."라는 가설을 입증한다고 해야 한다. 이것이 바로 '까마귀의 역설'이라고도 불리는 입증의 역설이다.

03 ⦾△✕
11년 행시(수) 39번

위 글에서 추론한 것으로 올바르지 않은 것은?

① 니코드 조건과 동치 조건을 모두 받아들이고 아울러 H2와 H3이 동치라는 점을 인정한다면, c는 H2의 반증사례가 된다.

② 니코드 조건과 동치 조건을 모두 받아들이고 아울러 H1과 H2가 동치라는 점을 인정하면, a와 d는 모두 H2의 입증 사례가 된다.

③ 니코드 조건과 동치 조건을 모두 받아들이더라도 H1과 H2가 동치가 아니라고 가정한다면, a는 H1의 입증사례이지만 H2와는 무관한 사례가 된다.

④ 니코드 조건과 동치 조건을 모두 받아들이고 아울러 H1, H2, H3이 모두 동치라는 점을 인정한다면, 모든 사례는 H1의 입증 사례이거나 반증사례가 된다.

⑤ 니코드 조건과 동치 조건을 모두 받아들이고 아울러 H1과 H2는 동치라는 점도 인정하지만 이들이 H3과 동치가 아니라고 가정한다면, c는 H1과 무관한 사례가 된다.

04 ⦾△✕
11년 행시(수) 40번

위 글의 '까마귀의 역설'을 해소하는 방안으로 적절하지 않은 것은?

① 입증사례가 되기 위해서는 니코드 조건 외에도 충족시켜야 할 조건이 더 있음을 밝힌다.

② 검지 않은 까마귀는 H1의 반증사례가 되는 반면, H2와 H3의 반증사례는 될 수 없음을 밝힌다.

③ 한 사례가 어떤 가설을 입증한다고 해서 그 가설과 동치인 다른 가설도 입증한다고 볼 수 없음을 밝힌다.

④ H1과 H3은 서로 동치이지만, 양자가 입증사례를 공유하려면 논리적 동치 이상의 내용적 일치가 요구됨을 밝힌다.

⑤ H1과 H2는 각각 까마귀와 검지 않은 것에 관한 주장이기 때문에 별개로 입증되어야 할 독립적인 가설임을 밝힌다.

※ 다음 글을 읽고 물음에 답하시오. [05~06]

갈릴레오 이후 천문학자들은 보다 큰 망원경을 제작하여 별들을 관측하기 시작하였다. 그러던 중 마치 구름처럼 보이는 천체를 관측하였는데, 이를 '성운'이라 불렀다. 성운은 처음에는 몇몇 별들의 집합체로 추정되었다. 성운의 모양은 다양한데 우리 은하의 모양과 비슷한 것도 있다.

우리 은하는 가운데가 도톰한 원반과 같은 모양을 하고 있는데 원반면과 나란한 방향으로는 성운들이 관측되지 않았다. 즉 어떤 성운도 관측되지 않는 '금지 구역'이 존재하는 것이다.

문제는 성운들이 우리 은하 내부에 존재하는 별들의 집합인지, 아니면 우리 은하 외부에 존재하는 또 다른 은하인지 하는 것이었다. 1920년 미국과학학회는 서로 다른 두 주장을 펴는 과학자 A와 B를 초청하여 토론회를 개최하였다. 성운의 정체에 대해 두 과학자는 다음과 같이 주장하였다.

A : 만일 성운들이 우주 공간에 균일하게 분포되어 있다면, 우주의 어느 방향을 보든지 균일한 분포로 성운들이 관측되어야 할 것이다. 특정 방향으로 성운들이 관측되지 않는다면 성운들은 우주 공간에 균일하게 분포되어 있지 않다고 해야 한다. 성운들이 금지 구역에서 관찰되지 않는 것은 우리 은하의 독특한 구조 때문이다. 우리 은하는 도톰한 원반을 구성하는 보통 별들과 원반의 아래위에 분포되어 있는 성운들로 이루어져 있다. 성운들은 단지 우리 은하를 구성하는 또 다른 천체들일 뿐 우리 은하 외부에 있는 것이 아니다. 이것은 우리 은하가 우주에서 유일한 은하라는 믿음을 유지하게 한다.

최근 안드로메다 성운에서 발견된 신성*의 밝기에 관한 정보는 흥미롭다. 이 신성의 밝기는 안드로메다 성운 밝기의 10분의 1로 관측되었다. 만약 이 밝기가 하나의 별이 가질 수 있는 최대 밝기라면 안드로메다 성운에 있는 별의 개수는 최소 열 개 정도일 것이다.

문제는 안드로메다 성운에 최대 몇 개의 별이 있느냐는 것인데, 현재까지 관측된 바로는 안드로메다 성운에서 가장 어두운 별의 밝기는 안드로메다 성운의 전체 밝기의 대략 1000분의 1 정도였으므로, 관측 사실에 입각할 때, 안드로메다 성운은 최대 1000개 정도의 별들로 이루어졌을 것이다. 그러나 우리 은하는 수백만 개의 별들로 구성되어 있다. 따라서 안드로메다 성운은 우리 은하와 같은 지위의 은하가 아니라 단지 모양만 우연히 우리 은하와 비슷한 대략 1000개 이하의 별들의 집합체일 뿐이다.

B : 성운들이 우리 은하와 더불어 우주 공간에 균일하게 분포되어 있을 것이라는 가정을 쉽게 버리는 것은 현명하지 못하다. 성운들이 특정 지역에서 관측되지 않는다고 해서 그 지역에 실제로 성운들이 존재하지 않는다고 생각할 이유는 없다. 금지 구역은 단지 우리 은하 안에 있는 수많은 별들과 성간 물질 때문에 멀리 있는 다른 성운들의 빛이 지구에 잘 전달되지 않아서 생긴 것일 뿐이다.

A가 언급한 신성이 별 하나가 가질 수 있는 최대의 밝기라고 하더라도 그것은 안드로메다 성운에 있는 가능한 별의 개수의 최소값을 줄 뿐이다. 문제는 A가 말한 별의 개수의 최대값인데, 이것을 위해 우리가 안드로메다 성운에서 가장 어두운 별을 찾아야 한다. 성운 내에서 별 하나만을 분별해내어 관측하기란 별이 어두울수록 대단히 힘들다. 아마도 별 하나만을 분별해내는 관측을 통해 안드로메다 성운에 있는 별의 개수의 최대값을 아는 것은 실현 불가능할 지도 모른다. 안드로메다 성운 이외에도 우리 은하와 모양이 같은 성운들이 더 있다는 것을 우리는 알고 있다. 따라서 그러한 성운들은 우리 은하와 독립된 은하들이다.

※ 신성(新星) : 평소에는 어둡다가 평소 밝기보다 갑자기 밝아진 별

05 ◐△✕ 07년 행시(외) 39번

위 글에 나타난 두 과학자의 주장에 대한 평가로 적절하지 않은 것은?

① A와 B 중 누가 옳은가에 따라 은하의 유일성 여부가 판명된다.

② 우리 은하와 같은 모양의 성운이 더 많이 발견되면 B의 주장은 약화된다.

③ 금지 구역에 성운들이 존재한다는 사실이 확인된다면 B의 주장은 강화된다.

④ B는 금지 구역이 존재하는 원인을 A와 다르게 봄으로써 A의 주장을 반박하고 있다.

⑤ 개량된 최신 망원경으로 안드로메다 성운을 관측했더니 안드로메다 성운의 전체 밝기의 백만 분의 일 밝기의 별이 발견되었다면 A의 주장은 약화된다.

06 ◐△✕ 07년 행시(외) 40번

다음 글을 토대로 하여 위의 A와 B 중 누가 옳은지 판단하는 데 도움이 되는 연구과제로 가장 적절한 것은?

우리는 이미 성운의 겉보기 크기를 알고 있으므로, 우리가 지구에서 성운까지의 거리를 알아낸다면 성운의 실제 크기를 계산할 수 있을 것이다. 그 성운이 우리 은하의 크기보다도 굉장히 멀고 성운의 실제 크기가 이미 알려진 우리 은하 정도의 크기라면, 그 사실은 그 성운을 또 다른 은하로 볼 수 있는 강력한 증거가 될 것이다.

그렇다면 성운까지의 거리는 어떻게 알 수 있을까? 과학자들은 이를 위해 일정한 주기로 밝아졌다 어두워졌다 하는 변광성(變光星)에 주목했다. 레어비트(Leavitt)는 마젤란 성운에 속해 있는 변광성 25개의 밝기와 변광 주기를 면밀히 관찰한 결과 변광성의 최대 밝기가 변광 주기에 비례한다는 것을 알아냈다. 그런데 마젤란 성운에 속해 있는 변광성들은 지구로부터의 거리가 모두 비슷할 것이므로 최대 밝기와 변광 주기의 비례관계는 결국 최대 절대 밝기와 변광 주기 사이에도 그대로 성립할 것이다. 이 비례관계로부터 변광성들이 지구로부터 얼마나 떨어져 있는지 계산할 수 있다.

변광 주기가 같은 두 변광성 α와 β를 생각해 보자. 이 두 변광성은 절대적인 밝기가 같으므로 만일 α가 β보다 어둡게 관측된다면 이것은 α가 β보다 지구로부터 더 멀리 떨어져 있다는 것을 의미한다. 만일 우리가 지구와 β 사이의 거리를 알 수 있다면, α가 지구로부터 얼마나 멀리 떨어져 있는지도 계산해 낼 수 있다. 우리 은하 내부에 있는 변광성의 변광 주기와 지구로부터의 거리는 이미 충분히 보고되어 있다.

① 우주에서 관측되는 신성이 변광성인지 연구한다.

② 금지 구역 내에 있는 변광성의 밝기를 측정하여 변광 주기를 연구한다.

③ 변광성의 탄생 원인과 변광 주기의 원인에 대해 이론적 연구를 수행한다.

④ 우리 은하와 모양이 같은 성운에 있는 변광성의 밝기를 측정하여 변광 주기를 연구한다.

⑤ 마젤란 성운과 같이 여러 개의 변광성이 있는 다른 성운을 찾아 그 변광 주기와 밝기 사이의 관계가 레어비트의 발견에 부합하는지 연구한다.

SD에듀 5·7급 PSAT

유형 뽀개기! 시리즈

2022 5·7급 PSAT 언어논리 추론 + 논리퀴즈 유형 뽀개기!

▶ PSAT 언어논리 중 수험생들이 가장 어려워하는 유형인 추론 및 논리퀴즈 유형 집중 대비
▶ 추론 및 논리퀴즈 유형의 핵심이론 및 10점 UP 포인트 수록
▶ 5급 공채 최종합격생들이 엄선한 추론 및 논리퀴즈 유형 필수기출 160제 수록(유형별 80제)

2022 5·7급 PSAT 상황판단 퍼즐 + 계산 유형 뽀개기!

▶ PSAT 상황판단 중 수험생들이 어려워하는 유형인 퍼즐(수리+논리) 및 계산 유형 집중 대비
▶ 퍼즐 및 계산 유형의 핵심이론 및 10점 UP 포인트 수록
▶ 5급 공채 최종합격생들이 엄선한 퍼즐 및 계산 유형 필수기출 160제 수록(유형별 80제)

2022 5·7급 PSAT 자료해석 표 + 그림 유형 뽀개기!

▶ PSAT 자료해석 중 가장 큰 비중을 차지하는 유형인 표 및 그림 유형 집중 대비
▶ 표 및 그림 유형의 핵심이론 및 10점 UP 포인트 수록
▶ 5급 공채 최종합격생들이 엄선한 표 및 그림 유형 필수기출 160제 수록(유형별 80제)

2022 5·7급 PSAT 언어논리 전제·결론 + 강화·약화 유형 뽀개기!

▶ PSAT 언어논리에서 수험생들이 어려워하는 유형 중 하나인 전제·결론 및 강화·약화 유형 집중 대비
▶ 전제·결론 및 강화·약화 유형의 핵심이론 및 10점 UP 포인트 수록
▶ 5급 공채 최종합격생들이 엄선한 전제·결론 및 강화·약화 유형 필수기출 160제 수록(유형별 80제)

※ 도서의 구성 및 세부사항은 변경될 수 있습니다.

대한민국

모든시험
일정안내

내가 꼭 필요한 자격증 · 시험이 무엇인지 살펴보세요!

◀ 시대에듀와 함께 대한민국 모든 시험일정 확인!

- 한국산업인력공단 국가기술자격검정
- 자격증 시험일정
- 공무원 · 공기업 · 대기업 시험일정

합격의 공식 시대에듀

SD에듀

5·7급 공채 / 국립외교원 / 지역인재 7급 / 5·7급 민간경력자 대비

2023
최·신·개·정·판

행시 최종합격생 7인의

5급 PSAT
유형별 기출공략
언어논리

행시 최종합격생 7인 편저

SINCE 2010
PSAT 부문
누적
판매 6만 부

2010년부터 2022년 상반기까지
본사 PSAT 시리즈 전체 판매량 기준!

22.2.26. 시행
5급 PSAT 언어논리

최신 기출문제 및
해설 수록

정답 및 해설

SD에듀
(주)시대고시기획

목차

PART

02

행시 최종합격생 7인의 5급 PSAT 유형별 기출공략 〈언어논리〉

정답 및 해설

CHAPTER 01 일치부합

LEVEL I   하급

01	02	03	04	05	06	07	08	09	10
①	④	②	①	④	①	③	①	②	⑤
11	12	13	14	15	16	17	18	19	20
①	①	⑤	④	②	③	⑤	⑤	⑤	⑤
21									
②									

01 일치부합   답 ①

[난도] 하

[풀이시간] 1분 30초

[정답해설]

① 옳다. 지문의 두 번째 문단에서 확인 가능한 내용이다. '과연 이주민들이~조선에서 만났던 사람들이었다.'라는 내용과, '조선에 있는 그들의 동포들도 정직한 행정에 의해 수입이 정당하게 지켜질 수 있다면 인간다운 삶을 영위할 수 있으리라'는 부분을 통해 연해주에 이주한 조선 이주민들이 부를 축적할 수 있었던 것은 연해주 이주민과 조선 본토 주민 사이의 자질의 차이 때문이 아니라, 조선과 다른 러시아의 행정 때문이었음을 알 수 있다.

[오답해설]

② 알 수 없다. 두 번째 문단에서, 연해주 이주민들은 굶주리고 가난한 조선에서 만났던 사람들이었다는 내용과 조선의 게으른 농부의 태도가 러시아에서 변해 있었다는 내용을 통해 조선인들의 성공적 정착요인은 근면함이 아니었을 것으로 추정할 수 있다.

③ 알 수 없다. 지문에 나타나 있지 않은 내용이다.

④ 알 수 없다. 중국 관리들이 자치적 행정 운영을 했는지는 지문에서 확인할 수 없는 내용이다.

⑤ 알 수 없다. 지문에서는 조선인들이 조선의 기근을 피해 연해주로 이주했다는 내용만 확인할 수 있으며, 이들이 민중에 대한 가혹한 수탈로 인해 연해주로 이주했는지는 알 수 없다.

합격생 가이드

선지 내용을 통해 지문의 핵심 키워드가 '조선 이주민'일 것임을 미리 예상하고, 지문을 읽으면서 조선 이주민의 특성, 이주 원인, 러시아 행정의 특성과 관련된 내용에 집중해서 읽도록 한다. 이 문제와 같이 일치부합에서도 1번이 정답 선지인 경우가 있으므로, 5번 선지부터 읽기 시작하는 풀이 방식이 항상 수험적으로 우월한 것은 아님을 기억하고 문제풀이에 임하도록 하자.

02 일치부합   답 ④

[난도] 하

[풀이시간] 1분 30초

[정답해설]

④ 옳지 않다. 두 번째 문단에서, '민주제에서는 공화정에 도달하는 것이 폭력 혁명이 아니면 불가능하다'는 내용이 마지막 문장에 언급되어 있으므로, 지문에 부합하지 않는 내용이다.

[오답해설]

① 옳다. 첫 번째 문단의 '민주제는 필연적으로 전제적이다'에서 확인할 수 있다.

② 옳다. 마지막 문단의 '대의 제도를 실현해야 하고 그 제도를 통해서만 공화정이 가능하다'는 문장에서 확인할 수 있다.

③ 옳다. 두 번째 문단에서 '한 국가의 통치자의 수가 적으면 적을수록 ~그 국가의 정부는 공화정에 접근할 수 있다'는 문장에서 확인할 수 있다.

⑤ 옳다. 첫 번째 문단에서, '공화정에서는 입법부에서 정부의 집행권이 분리되고, 전제정에서는 정부가 법률을 제정하고 그 법률을 독단적으로 집행한다.'는 내용이 제시되어 있다.

합격생 가이드

지문에 나타난 내용을 거의 변경하지 않고 선지에서 그대로 제시한 비교적 쉬운 일치부합 문제 유형이다. 지문을 처음 읽을 때 각 문단에 어떤 내용이 포함되어 있는지 대략적으로 체크하고, 선지에 제시된 내용을 지문 내용과 대조하면서 지문 내용과 부합하지 않는 선지를 찾아내면 쉽게 정답을 찾을 수 있다.

03 일치부합   답 ②

[난도] 하

[풀이시간] 1분 30초

[정답해설]

② 옳다. 세 번째 문단에서, '히브리어도 아랍어도 모르는 유대인들을 위해 그리스어로 번역된 성서를 낸 것이고 그것이 곧 칠십인역이다'라는 내용을 확인할 수 있으므로, 칠십인역 성서는 유대인들의 일상어가 그리스어로 변화했음을 보여준다.

[오답해설]

① 옳지 않다. 히브리어 성서가 유럽 기독교도들의 경전이 되었는지는 지문을 통해 알 수 없다.

③ 옳지 않다. 탈굼의 등장은 유대인들이 페르시아의 지배에 의해 아람어를 많이 사용하게 되었고 그에 따라 히브리어를 잊게 되었기 때문이지, 지문 내용을 통해 페르시아인과 바빌로니아인이 유대인의 성서를 많이 읽었는지는 알 수 없다.

④ 옳지 않다. 마지막 문단에서 히브리어를 공용어로 채택하게 된 배경에 대해 '2천 년 동안 오직 학자들의 언어에 불과했던 언어를 일부 지식층 주도하에 순전히 정치적 이유로 채택한 것'이라고 하였으므로, 히브리어를 다양한 지역의 유대인들이 지속적으로 사용했다고 보기 어렵다.

⑤ 옳지 않다. 지문을 통해 알렉산더 대왕의 정복으로 이집트 유대인들이 아람어를 버리고 그리스어를 쓰게 되었다는 내용은 알 수 있으나, 이 정복으로 히브리어가 유대인 중 특정 계층만이 사용하는 언어로 변화했는지는 알 수 없다.

합격생 가이드

첫 번째 문단에서, '역사적 흐름에 따라 유대인들이 자신들의 언어를 손쉽게 바꿔왔다'는 것이 지문의 핵심 내용임을 알 수 있다. 이를 참고하여 이하의 지문을 읽을 때 역사적 사건과 유대인 언어의 변천사에 집중하면서 읽어야 할 것임을 미리 예상할 수 있어야 한다.

---

04 일치부합 　　　　　　　　　 답 ①

난도 하

풀이시간 1분 30초

정답해설

① 옳지 않다. 인간 사회의 특성과 사회 갈등 형성 및 해소를 희생제의와 희생양의 관계를 통해 설명하는 것은 인류학적 연구이다.

오답해설

② 옳다. 네 번째 문단에서 확인할 수 있다.

③ 옳다. 희생제의가 동서양을 막론하고 여러 문화권에서 지속적으로 행해져 왔다는 내용을 통해 알 수 있다.

④ 옳다. 마지막 문단의 마지막 문장에서 확인할 수 있다.

⑤ 옳다. 제물은 인간과 제사를 받는 대상이 상호 소통하도록 돕는 역할을 하였다는 부분을 통해 알 수 있다.

합격생 가이드

문제 자체의 난도는 높지 않으나, 실전에서 긴장하게 되면 선지 ①과 같은 함정에 빠질 가능성이 있다. 이와 같이 지문 내용에서 단어 하나를 변경하여 오답 선지를 만드는 문제의 경우가 종종 있으므로, 실전에서 일치부합 유형 문제를 풀 때 침착하게 선지를 읽을 필요가 있다.

---

05 일치부합 　　　　　　　　　 답 ④

난도 하

풀이시간 1분 30초

정답해설

④ 옳지 않다. 지문의 내용은 강화 학습 시스템이 가정을 가지고 있는 경우 자율적인 학습을 통해 유연성을 가지고 문제를 해결할 수 있게 된다는 것이지, 강화 학습 시스템이 가진 정보와 문제 생성의 효율성 사이의 관계에 대해서는 알 수 없다.

오답해설

① 옳다. 첫 번째 문단의 '대부분의~정형화된 규칙에 한정되지 않는 방식으로 대처하는 매우 큰 유연성을 필요로 한다.'는 부분에서 확인 가능한 내용이다.

② 옳다. 첫 번째 문단의 마지막 문장에서 확인 가능하다.

③ 옳다. 두 번째 문단에서, '그 어떤 시스템도 아무런 가정 없이 학습을 시작할 수는 없는 법이다.'라는 내용과, '가정이 없다면 그 시스템은 결국 아무 것도 배울 수 없다.'는 내용에서 확인 가능하다.

⑤ 옳다. 강화 학습 시스템과 생물학적 유기체는 배경 정보가 없는 경우 매우 간단한 문제조차 풀지 못하게 된다는 점에서 유사하다는 마지막 문단의 내용을 통해 알 수 있다.

합격생 가이드

지문에 있는 문장의 단어 등을 변경하여 선지를 구성한 문제로, 지문과 선지 내용이 완전히 동일하게 출제된 문제보다는 까다롭게 느껴질 수 있다. 이 문제의 경우, 다른 선지에서는 지문에 이미 언급된 단어나 개념들을 제시하고 있는 반면에 선지 ④만 지문에서 한 번도 언급되지 않았던 '문제 생성' 개념을 포함하고 있으므로, 선지 ④가 '강화 학습 시스템'에 대한 설명으로 적절하지 않은 내용일 가능성이 높음을 염두에 두고 문제를 풀이하면 쉽게 답을 찾을 수 있다.

---

06 일치부합 　　　　　　　　　 답 ①

난도 하

풀이시간 1분 30초

정답해설

① 옳다. 공기 중 오염 입자가 늘어나면 글로벌 디밍이 발생하고, 글로벌 디밍이 발생하면 해수 온도가 내려간다.

오답해설

② 옳지 않다. 글로벌 디밍은 태양에서 지구에 도달하는 빛과 열이 줄어드는 현상이며, 태양이 내는 빛과 열이 줄어들지 않았더라도 글로벌 디밍이 발생할 수 있음을 지문을 통해 알 수 있다.

③ 옳지 않다. 환경오염이 글로벌 디밍의 원인이 될 수 있으나, 글로벌 디밍이 환경오염을 유발한다는 내용은 지문을 통해 확인할 수 없다.

④ 옳지 않다. 지문에서는 글로벌 디밍이 글로벌 워밍을 억제할 수 있다는 내용만 제시되어 있고, 그 역이 성립하는지는 알 수 없다.

⑤ 옳지 않다. 현재 지구에 도달하는 태양의 빛이 줄어드는 것이 태양이 불안정해져서 빛을 잃었기 때문인지는 지문의 내용을 통해 확인할 수 없다.

합격생 가이드

②와 ⑤의 경우 매력적인 오답이 될 수 있다. ②의 경우 글로벌 디밍의 개념과 원인을 정확하게 이해하고, ⑤는 지문을 통해 알 수 없는 정보라는 것을 파악할 수 있어야 한다.

---

07 일치부합 　　　　　　　　　 답 ③

난도 하

풀이시간 1분 30초

정답해설

③ 옳다. 동일한 자전거 그림이라도 자전거를 팔겠다는 것으로 이해될 수도 있고, 사겠다는 것으로 이해될 수도 있다는 지문 내용을 통해 확인할 수 있는 내용이다.

① 옳지 않다. 언어적 표현의 의미와 지문의 내용은 관계가 없다.

② 옳지 않다. 기호가 무엇을 의미하는지는 약속에 의해 결정된다는 내용을 통해, 약속에 의해서는 기호의 의미가 결정될 수 있을 것임을 알 수 있다.

④ 옳지 않다. 의미가 확정된 표현이 없다면 지문 내용과 같이 자신이 무엇을 원하는지 분명히 전달할 수 없는 상황에 처하게 되어 성공적인 의사소통이 어려울 것임을 알 수 있다.

⑤ 옳지 않다. 지문 내용을 통해 동일한 사물 그림이 상이한 의미로 이해될 수 있다는 사실은 알 수 있으나, 상이한 사물에 대한 그림들이 동일한 의미로 이해될 수 있는지는 알 수 없다.

합격생 가이드

③을 제외하고는 지문에서 아예 언급되지 않은 내용을 포함하거나, 지문의 핵심 내용과 동떨어진 내용을 포함하고 있기 때문에 상대적으로 지문을 꼼꼼히 읽지 않더라도 정답을 쉽게 골라낼 수 있는 문제이다. 이런 유형의 문제가 나오는 경우 지문의 지엽적 내용에 집착하지 않고 빨리 정답을 찾아내 시간을 절약하는 문제로 삼도록 해야 한다.

08 일치부합 답 ①

난도 하

풀이시간 1분 30초

정답해설

① 옳지 않다. 우산도는 현재의 독도를 의미한다.

오답해설

② 옳다. '우산도와 울릉도가 두 개의 섬이라는 것을~ 필요가 없다'라는 부분을 통해 확인할 수 있다.

③ 옳다. 일본정부는 『세종실록지리지』를 인용하면서 우산국과 우산도는 같은 섬이라는 것을 전제하고 있다.

④ 옳다. 일본정부는 『세종실록지리지』를 인용하며, 우산국과 울릉도가 같은 섬이라고 주장하고 있다.

⑤ 옳다. 일본정부는 우산도와 우산국을 같은 섬으로 보았고, 『세종실록지리지』에 따라 우산도와 울릉도 역시 같은 섬이라고 주장하였다.

합격생 가이드

지문에서 대한민국 정부의 핵심 주장은 우산도(현재의 독도)와 울릉도는 다른 섬이라는 것이고, 일본 정부의 핵심 주장은 두 섬이 같은 섬이라는 것이다. 이러한 주장의 대비와 우산국, 우산도, 울릉도 사이의 관계를 이해해야 정답을 도출할 수 있다.

09 일치부합 답 ②

난도 하

풀이시간 1분 30초

정답해설

② 옳지 않다. 소자의 물리적 특성을 연산자로 활용하는 것은 아날로그 연산이다.

오답해설

① 옳다. 마지막 문단의 '실제 신경세포를 통해 뇌에 전달되는 것~디지털 정보이다'를 통해 알 수 있다.

③ 옳다. 마지막 문단 첫 번째 문장에서 알 수 있는 내용이다.

④ 옳다. 첫 번째 문단에서, '그러나 디지털 연산에서는~소자 자체의 특성 변화에 거의 영향을 받지 않는다.'에서 알 수 있다.

⑤ 옳다. 마지막 문단에서, '감각기관에 분포하는~전달되는 입력의 특정 패턴을 감지하여'를 통해 알 수 있다.

합격생 가이드

지문에 있는 문장과 선지 문장이 거의 유사하여, 쉽게 답을 찾을 수 있는 일치부합 유형 문제이다. 이러한 유형의 경우, 선지를 먼저 읽은 다음 지문에서 선지에 제시된 내용이 나와 있는지 찾는 방식으로 풀이하는 것이 효율적이다.

10 일치부합 답 ⑤

난도 하

풀이시간 1분 30초

정답해설

⑤ 옳다. 지배세력의 교체로 고려의 청자 형태가 변화했다는 것이 지문의 핵심 내용이다.

오답해설

① 옳지 않다. 나전기술이 무신집권기에 개발되었는지는 지문을 통해 알 수 없다.

② 옳지 않다. 청자의 생산이 아닌 청자의 사용 역시 무신의 집권과 더불어 등장하게 된 문화양상인지는 알 수 없다.

③ 옳지 않다. 몽골과의 전쟁이 아닌 몽골과 강화 후 친원세력의 집권에 따라 상감청자가 쇠락하기 시작했다.

④ 옳지 않다. 무신들은 세속을 벗어난 삶을 살고자 했던 열망을 상감청자의 학 문양에 담았다는 것을 알 수 있다.

합격생 가이드

지문의 핵심 내용을 파악하면 곧바로 정답을 찾을 수 있기 때문에 어렵지 않은 일치부합 문제이다. 청자의 생산과 청자의 사용이 선지에서 혼재되어 있어 헷갈릴 수 있으므로, 주의 깊게 읽을 필요가 있다.

11 일치부합 답 ①

난도 하

풀이시간 1분 45초

정답해설

ㄱ. 옳다. 두 번째 문단에서 뇌물거래 방지가 통상과 직결된다는 내용과, 네 번째 문단에서 '반부패 레짐'은 뇌물거래 방지를 목표로 한다는 것을 확인할 수 있으므로, 반부패 레짐은 핵심 의제인 '통상'과 부수 의제인 '부패'와 모두 관련된다는 것을 알 수 있다.

ㄷ. 옳다. 세 번째 문단에서 정치 민주화와 경제 발전이 부패 척결의 필요조건이라는 내용과, 같은 문단에서 '개도국의 실질적 민주화와 경제 근대화 및 이에 따른 부패 척결'이라는 내용을 통해 정치 민주화와 경제적 근대화가 이루어지지 않으면 개도국의 부패 척결을 이룰 수 없음을 알 수 있다.

오답해설

ㄴ. 옳지 않다. 냉전기에 국제적 관심이 핵심 의제에만 머물렀던 것과 달리 탈냉전기에 부수 의제에도 관심이 쏠리기 시작한 것이지, 핵심 의제인 통상과 금융이 현재 부수 의제가 되었는지는 알 수 없다.

ㄹ. 옳지 않다. 지문에 나타나 있지 않은 내용이다.

합격생 가이드

〈보기〉에 제시된 내용을 먼저 빠르게 훑어보고, 지문을 읽을 때 확인해야 하는 정보가 무엇인지 우선적으로 판단한 후 지문 읽기에 돌입하면 문제를 효율적으로 풀이할 수 있다. 이 문제와 같이 보기에서 알 수 있는 내용들을 골라내야 하는 일치부합 유형의 경우, 확실하게 답이 아님을 알 수 있는 보기가 포함되어 있는 선지를 우선 배제하고 남은 선지 중 정답을 도출하기 위해 확인해야 하는 보기가 무엇인지 판단하는 방식으로 풀어나가면 빠르게 정답을 찾을 수 있다.

12 일치부합   답 ①

난도 하

풀이시간 1분 45초

정답해설

ㄱ. 옳다. 공동식사를 통해 참가자들이 공동체에 소속되어 있다는 확신을 얻게 되는 반면, 카스트와 유대인, 길드의 예시에 나타난 바와 같이 자신의 집단이 아닌 다른 집단에 대한 경계는 더욱 강화되는 것을 알 수 있다.

오답해설

ㄴ. 옳지 않다. 새로운 종교 창출과 공동 식사의 관계는 지문을 통해 알 수 없는 내용이다.

ㄷ. 옳지 않다. '이러한 공동 식사 중에는 ~ 식사 자체의 이기주의적 배타성이 극복된다.'는 내용을 통해 식사가 본질적으로 이타적인 행위가 아님을 알 수 있다.

합격생 가이드

어렵지 않은 일치부합 문제이다. 이 문제와 같은 선지 구성의 경우, 보기 ㄱ, ㄴ 지문과의 일치 여부를 옳게 판단했다면 보기 ㄷ을 읽어볼 필요 없이 정답을 찾을 수 있으므로 시간 절약이 가능하다.

13 일치부합   답 ⑤

난도 하

풀이시간 1분 45초

정답해설

⑤ 옳지 않다. 마지막 문단에서, 강제불임시술을 규정하고 있는 주들 중 대부분이 이러한 불임시술을 판결 전에는 실제로 하고 있지 않았다는 부분을 통해 그 법을 집행하고 있지 않았다는 사실을 알 수 있다.

오답해설

① 옳다. 우생학은 캐리 벅과 같은 정신박약자들을 유전적 결함을 가진 대상으로 보았다.

② 옳다. 버지니아주의 불임시술 강제법은 우생학에 기반하고 있었으며, 우생학은 정신박약 등 결함이 있는 유전자가 유전될 수 있다고 보았기에 결함이 있는 유전자를 제거하여 인류를 개선하는 것을 목표로 했다.

③ 옳다. 버지니아주법은 강제불임시술을 함으로써 당사자의 건강과 이익을 증진하는 것을 목적으로 하였다는 부분을 통해 알 수 있다.

④ 옳다. 홈즈는 사회가 무능력자로 차고 넘치는 것을 막기 위해 그들에게 희생을 강제할 수 있다고 보았다.

합격생 가이드

지문에 있는 문장을 그대로 선지에서 제시하는 유형보다는 난도가 있는 일치부합 문제이다. 지문의 내용을 바탕으로, 선지에 있는 내용이 지문 내용으로부터 도출할 수 있는 것인지 판단해야 한다.

14 일치부합   답 ④

난도 하

풀이시간 1분 45초

정답해설

④ 옳다. 알코어 재단이 시신을 수령할 무렵 이미 살아있는 뇌세포가 하나도 남아있지 않았다는 내용을 통해 알 수 있다.

오답해설

① 옳지 않다. 지문에서 냉동보존술이 제도권 내에 안착하지 못한 원인에 대해서는 알 수 없다.

② 옳지 않다. 유리질화를 이용한 냉동보존은 커넥톰 보존이 아니라 시신 조직의 미시적 구조 손상을 방지하기 위한 것이다.

③ 옳지 않다. 저속 냉동보존술이 세포의 손상을 줄여주나, 여전히 세포 손상이 존재한다는 사실을 지문을 통해 알 수 있다.

⑤ 옳지 않다. 뇌과학자 A가 머리 이외의 신체 보존 방식에 대해서 어떠한 견해를 가지고 있는지는 지문을 통해 알 수 없다.

합격생 가이드

기존의 냉동보존 방식과 그 한계 → 새로운 냉동보존 방식 → 새로운 방식의 한계의 구조로 이루어져 있는 지문이다. 이러한 지문 구조의 경우, 기존의 방식이 가진 어떠한 한계를 극복하기 위해 새로운 방식이 등장했는지와, 새로운 방식이 가지는 한계는 무엇인지에 주목하면서 지문을 읽어야 한다.

15 일치부합   답 ②

난도 하

풀이시간 1분 45초

정답해설

② 옳다. 매우 높은 산성의 환경에서도 잘 살 수 있는 유산균이 혐기성 세균의 한 종류에 해당한다는 내용을 통해 확인 가능하다.

오답해설

① 옳지 않다. 풀은 효모와 세균 등 미생물의 증식을 위한 영양분의 역할을 할 뿐, 풀이 효소로 바뀌는지는 알 수 없다.

③ 옳지 않다. 김치를 발효시키는 유산균이 김치 국물의 시큼한 맛에 관여하는 것이고, 유산균은 혐기성 세균의 한 종류이다.

④ 옳지 않다. 특색 있는 김치 맛을 만드는 것은 유산균의 발효 정도가 달라지기 때문이다.

⑤ 옳지 않다. 김치에 들어 있는 효모는 세균보다 그 수가 훨씬 적다.

합격생 가이드

유산균이 매우 높은 산성의 환경에서도 살 수 있다는 것과, 그러한 유산균이 혐기성 세균의 한 종류에 해당한다는 것으로부터 ②의 내용을 유추할 수 있어야 한다. ①은 아예 지문에 제시되지 않은 정보이며, ③, ④, ⑤는 지문에 제시된 내용에 있는 단어를 바꿔 오답 선지화 한 것이다. 지문에 있는 내용을 단어만 바꾼 경우와 달리, 아예 제시되지 않은 정보가 선지로 제시되는 경우 당황하여 지문을 처음부터 다시 읽느라 시간을 소모하게 될 수 있다. 이때 곧바로 지문으로 돌아가지 말고, 모르는 정보가 제시된 선지는 보류한 채 다른 선지들의 정오판별을 우선하도록 하자.

16 일치부합   답 ③

난도 하

풀이시간 1분 45초

정답해설

③ 옳다. 임금이 삭감되었는데도 노동과 시간의 조건이 이전과 동일하면, 수면에 사용되는 시간 역시 이전과 동일하고, 임금이 삭감되면 일 이외의 활동에 들어가는 시간의 비용이 감소할 것이므로, 수면에 들어가는 총 시간의 비용 역시 이전보다 줄어들 것이다.

오답해설

① 옳지 않다. 영화 관람보다 수면의 시간 비용이 작다고 주장했으나, 정확히 수면 몇 시간의 비용과 영화 몇 시간의 비용이 동일한지 제시되지 않았으므로 알 수 없는 내용이다.

② 옳지 않다. 주말당 단위 시간의 비용이 줄어드는 것은 맞으나, 수면과 영화 관람의 상대적 감소폭 차이는 알 수 없다.

④ 옳지 않다. 개인이 느끼는 시간의 비용과 주관적 시간의 길이의 관계는 지문에서 제시되지 않았다.

⑤ 옳지 않다. 린더와 베커 모두 시간의 비용이 가변적이라고 생각하였으나, 베커와 린더는 사람들에게 주어진 시간을 고정된 양으로 전제했다. 이때 기대수명이 시간의 비용에 영향을 미치는지 여부에 대한 두 사람의 견해는 지문을 통해 알 수 없다.

합격생 가이드

①, ②의 경우 지문에서 제시된 내용은 맞으나, 지문에서 구체적인 수치를 알려주지 않았기 때문에 알 수 없는 정보라는 점에 주의해야 한다. 이와 같이 'A > B이다'등의 관계를 지문에서 제시하고, 구체적 수치가 주어지지 않은 경우 '~한 경우에도 A > B관계가 성립한다' 혹은 'A가 B에 비해 ~만큼 크다' 등의 내용을 포함하는 오답 선지의 정오 여부가 헷갈릴 수 있으므로 항상 주의하도록 하자.

17 일치부합   답 ⑤

난도 하

풀이시간 1분 45초

정답해설

⑤ 옳다. 마지막 문단에서 확인 가능한 내용이다.

오답해설

① 옳지 않다. 지문을 통해 알 수 없는 내용이다.

② 옳지 않다. 공유한 정보의 양이 아니라, 정보 공유 기능과 사회적으로 긴밀한 협력 기능이 사피엔스 성공의 직접적 원인이었다.

③ 옳지 않다. 사피엔스가 다른 인간 종을 몰아내기 시작한 정확한 시기는 지문으로부터 알 수 없다.

④ 옳지 않다. 주변 환경과 사회 구성원에 대한 정보 중 어떤 것이 더 중요했는지는 알 수 없다.

합격생 가이드

지문에서 제시된 정보와 그렇지 않은 정보가 무엇인지 정확히 구별할 수 있어야 한다. 시간을 절약하기 위해 선지의 키워드만 대강 보고 지문에서 제시되지 않은 정보를 알 수 있는 정보로 착각하지 않도록 한다.

18 일치부합   답 ⑤

난도 하

풀이시간 1분 45초

정답해설

⑤ 옳다. 힐렌브랜드는 원초적 경고음을 상기시키기 때문에 특정 소리가 혐오스럽게 느껴진다는 데 동의하지 않으며, 소리보다 시각이 혐오감을 불러일으킨다고 주장하였다. 따라서 청각을 손상시킬 수 있는 위험 때문에 소음이 혐오스럽다는 생각에는 동의하지 않을 것이다.

오답해설

① 옳지 않다. 지문에서 알 수 없는 내용이다.

② 옳지 않다. 블레이크는 소음이 혐오감을 주는 이유를 해당 소음이 사람에게 원초적인 경고음 또는 맹수의 소리 같은 것을 상기시키기 때문이라고 보았다.

③ 옳지 않다. 솜머리비단원숭이들은 석판에 긁히는 소리를 전혀 소음으로 느끼지 않았으므로, 블레이크의 이론에 따르더라도 솜머리비단원숭이들이 석판 긁는 소리를 맹수의 소리와 유사하게 느끼지는 않았을 것임을 알 수 있다.

④ 옳지 않다. 선천적으로 귀가 들리지 않는 사람들을 피실험자로 사용한 이유는 소리보다는 시각이 어떤 혐오감을 불러일으킨다는 것을 확인하기 위함이었다. 선천적으로 소리를 듣지 못하는 사람들마저 칠판을 손톱으로 긁는 행위에 혐오감을 느낀다면, 그것은 소리가 아니라 시각적 요소에 의해 촉발된 혐오감이라고 추정할 수 있기 때문이다.

19 일치부합

답 ⑤

난도 하

풀이시간 1분 45초

정답해설

⑤ 옳지 않다. 부류의 같고 다름은 외양이 아닌 본성의 같고 다름에 말미암은 것이다.

오답해설

① 옳다. 새나 짐승들은 지각만을 할 뿐 이치를 추론하지 못한다는 점에서, 겉으로 드러나는 바가 사람과는 다르다. 이러한 기능적 차이는 근본적으로 혼의 차이에서 비롯되므로, 짐승의 각혼과 사람의 영혼을 하나로 할 수 없는 것은 기능적 차이 때문이다.

② 옳다. 부류의 같고 다름은 본성의 같고 다름에 말미암은 것이다. 외양이 다르기 때문에 부류가 다른 것이 아니라, 부류의 다름이 외양을 다르게 만드는 것이다.

③ 옳다. 사람으로 하여금 사물들을 추론하고 이치를 분석하게 하는 것은 영혼의 기능이다.

④ 옳다. 영혼은 최상급의 혼이며, 생혼과 각혼의 기능을 모두 갖추고 있고 다른 사물들을 추론할 수 있도록 한다.

20 일치부합

답 ⑤

난도 하

풀이시간 1분 45초

정답해설

⑤ 옳다. 중국의 수학적 사고는 대수적이었고, 이러한 대수 중심적 수학적 사고는 중국인들의 여러 위대한 기술적 발명의 성공적인 실현을 막지 못했다는 것을 통해 확인할 수 있다.

오답해설

① 옳지 않다. 입자론적 이론의 도움 없이도 당 · 송 · 원 시기의 몇몇 연금술 저서에서 이미 화학적 친화력의 개념이 등장했음을 알 수 있고, 유럽에서도 입자론적 이론들이 근대화학 출현에 매우 중요하게 된 것은 결국 르네상스 이후 시기였다는 부분을 통해 알 수 있다.

② 옳지 않다. 유기체적 관점을 가진 중국의 3세기 문헌에서 이미 '분리된 것들 사이의 작용'이 아무런 물리적 접촉 없이 나타날 수 있다는 언급이 있다는 것을 통해 유기체적 관점에서도 원격 작용의 개념이 성립한다는 것을 알 수 있다.

③ 옳지 않다. 중국에는 유클리드가 없었지만 그것이 천문학적 좌표 체계를 발전시키는 것을 막지는 못했다는 점을 알 수 있다.

④ 옳지 않다. 서구의 입자론이 없었음에도 중국인들은 유럽보다 수 세기 앞서 눈 결정이 육각형이라는 사실을 발견했다.

21 일치부합

답 ②

난도 하

풀이시간 1분 45초

정답해설

② 옳다. 필자에 따르면 대중예술이 모두 미적 기준이 전혀 발휘되지 못한 것은 아니기 때문에, 미적으로 나쁜 예술이 곧 대중예술은 아니지만, 대중예술에도 미적으로 실패한 것들은 존재한다.

오답해설

① 옳지 않다. 갠스 역시 대중예술과 고급예술을 구별하여, 하류계층이 고급문화를 선택하는 데 필요한 사회 경제적 교육 기회를 갖지 못하고 있기 때문에 일종의 차선책으로 대중예술을 허용해야 하는 것이라고 주장했다.

③ 옳지 않다. 갠스는 대중예술이 열등하다는 인식을 극복하기 위해 그것의 미적 특징을 밝히기보다, 대중이 고급예술을 선택하지 못하고 대중예술을 선택할 수밖에 없는 상황을 정상 참작해야 한다고 주장하였다.

④ 옳지 않다. 필자는 대중예술이 항상 미적으로 결점을 가지고 있는 것은 아니며, 대중예술에 대한 옹호는 미적인 변호를 필요로 한다고 주장하였다.

⑤ 옳지 않다. 지문에 나타난 필자의 주장과 관계없는 내용이다.

LEVEL II   중급

01	02	03	04	05					
③	①	③	③	⑤					

01   일치부합   답 ③

난도 중

풀이시간 2분

정답해설

③ 옳다. '죽어야 할 때 죽는 것은~군자는 자기 몸을 죽여서 인을 이룬다.'에서 알 수 있다

오답해설

① 옳지 않다. 유교는 정념이 일어나는 것을 두려워하지 않는다는 부분에서, 정도전이 감정의 배제를 주장하지 않았다는 것을 알 수 있다.

② 옳지 않다. 정도전이 불교와 도교 중 어느 것을 더 비판하였는지는 지문을 통해 알 수 없다.

④ 옳지 않다. 정도전은 불교와 도교의 수양방법을 비판했으나, 불교와 도교의 가치의식이 잘못된 근본 이유와 수양방법을 연관짓지는 않았다.

⑤ 옳지 않다. 정도전은 불교의 마음과 도교의 기운이 서로 비슷하게 하고, 유교가 양자의 이치를 올바르게 주재해야 한다고 주장하였다.

합격생 가이드

생소하고 추상적인 개념들이 등장하여 어렵게 느껴질 수 있는 문제이나, 정도전이 불교, 도교에 비해 유교의 우월성을 주장하는 근거들을 지문을 통해 이해하면 어렵지 않게 풀 수 있는 문제이다. 이처럼 특정 인물의 관점에서 다른 관점을 비판하거나 지지하는 글의 경우 그 근거와 관련한 선지가 제시될 가능성이 크므로, 주장의 근거에 집중하여 지문을 읽을 필요가 있다.

02   일치부합   답 ①

난도 중

풀이시간 2분

정답해설

① 옳다. 공법의 경우 토지의 비옥 정도에 따라 세금 부과의 기준이 되는 1결의 절대 면적이 달라지고, 1등전에 가까울수록 비옥한 땅이며 비옥한 토지일수록 세금 부과 기준이 되는 1결의 절대 면적이 작아진다. 따라서 공법에 따라 같은 군현에 있는 마을들이라면 같은 세액 정책을 적용받을 것이고, 1등전만 있는 마을이 세금 부과 기준이 되는 1결의 절대 면적이 더 작으므로, 두 마을의 농지 절대 면적의 총합이 동일하다면 1등전만 있는 마을 주민들이 내는 조세 총액이 더 크다.

오답해설

② 옳지 않다. 공법의 경우 결당 세액이 군현별로 조정되므로, 같은 등급이라고 하더라도 군현이 다르다면 내야 하는 조세의 액수가 다를 수 있다.

③ 옳지 않다. 절대 면적이 동일하다면, 1등전만 있는 마을이 2등전만 있는 마을보다 세금 부과 기준이 되는 1결의 절대 면적이 작아지므로, 결과적으로 총 결의 수가 더 많아질 것이다.

④ 옳지 않다. 공법 시행에 따라 세종은 도 관찰사로 하여금 매년 그 땅의 작황을 조사해 보고하도록 하였다.

⑤ 옳지 않다. 세종의 초안에 따라 결당 세액을 고정하는 경우 함경도 주민들이 내는 조세 총액이 전라도 주민들이 내는 조세 총액보다 많은지는 지문을 통해 알 수 없다.

합격생 가이드

지문에서 토지의 절대 면적과 '결'이라는 세금 부과 기준이 되는 토지단위를 서로 혼동하지 않도록 한다. 공법이 세금 부과 기준이 되는 '결'의 절대적인 크기를 각 토지의 비옥도에 따라 달리 책정해서 기존 조세제도의 문제점을 해소하고자 했다는 것이 지문의 핵심 내용이므로, 같은 1결의 절대 면적이 토지마다 달라질 수 있다는 것을 이해할 수 있어야 한다.

03   일치부합   답 ③

난도 중

풀이시간 2분

정답해설

③ 옳지 않다. 노드들이 연속된 메모리 위치에 저장되어 있는지와 관계 없이 연결 리스트 방식에서는 각 노드의 주소셀에 저장된 주소값을 따라 다음 노드를 찾아갈 수 있다.

오답해설

① 옳다. 전체 자료의 개수를 미리 알 수 없는 경우, 저장할 수 있는 자료들의 최대 개수를 미리 확보하는 배열 방식보다 자료의 추가가 필요할 때마다 새로운 메모리 공간을 확보하는 연결 리스트 방식이 유리하다.

② 옳다. 연결 리스트는 자료의 추가가 필요할 때 노드 하나 크기만큼의 메모리 공간을 할당받는다.

④ 옳다. 일정한 개수의 같은 크기의 자료들을 저장하는 경우, 연결 리스트는 자료 하나를 저장할 자료셀과 메모리 주소를 저장할 주소셀이 필요하나, 배열의 경우 주소셀이 따로 필요하지 않으므로 배열이 메모리 공간을 더 적게 사용한다.

⑤ 옳다. 연결 리스트에서 어떤 자료를 찾기 위해서는 처음 노드에서 시작하여 각 노드의 주소값을 따라 다음 노드를 찾아가는 과정을 거쳐야 하므로, 특정 자료를 찾는 데 걸리는 시간은 그 자료가 위치한 순서에 따라 달라질 수 있다.

04   일치부합   답 ③

난도 중

풀이시간 2분

정답해설

ㄱ. 옳다. 지문에서는 딸과 아들의 재산 분배에 차등을 두어야 한다고 주장하고 있으며, 마지막 문장에서 '누가 일반 관례와 달라 안 된다고 하겠는가?'라는 내용을 통해, 기존의 관례는 딸과 아들의 구별 없이 재산을 분배하는 것이었음을 알 수 있다.

ㄹ. 옳다. '딸은~죽은 후에는 제사를 지내지 않게 되니 어찌 재산인 토지와 노비를 (제사를 지내는)아들과 똑같이 줄 수 있겠는가?'라는 내용을 통해, 제사를 상속하는지 여부에 따라 재산의 상속이 영향을 받을 수 있음을 알 수 있다.

ㄴ. 옳지 않다. 다른 집안에서는 사위집에 제사를 윤행시키는 경우가 수없이 많
다는 내용으로부터, 다른 집안에서는 아들 외에 사위 등도 제사를 지냈다는
것을 알 수 있다.

ㄷ. 옳지 않다. '우리나라에서는 종가의 법이 제대로 지켜지지 않은 지 오래되
어~관례가 되었으니 이를 바꿀 수는 없다'는 내용을 통해, 부안 김씨 가문
에서도 종가에서만 제사를 지낸 것은 아니라는 것을 알 수 있다.

---

05 일치부합   답 ⑤

난도 중

풀이시간 2분

정답해설

⑤ 옳다. 연변봉수대에서 외적의 접근에 따라 급보를 전하면 그 소식이 내지봉
수대에 전달되도록 되어 있었고, 조선군이 외적과 전투를 시작하는 경우 5개
의 봉수를 올려야 했으므로 옳은 선지이다.

오답해설

① 옳지 않다. 선조가 봉수 제도를 폐지했는지는 알 수 없다.

② 옳지 않다. 햇빛이 강한 날에 봉수를 올리지 않았는지는 지문을 통해 확인할
수 없다.

③ 옳지 않다. 봉수란 밤에는 횃불, 낮에는 연기를 사용해 신호를 보내는 것이다.

④ 옳지 않다. 봉수대에서 외적이 국경을 넘는 경우는 봉수를 4개 올려야 했다.

합격생 가이드

①과 같이 지문에 제시된 정보와 제시되지 않은 정보가 혼재하는 경우, ⑤와
같이 지문의 내용들을 통해 보충적인 추론이 필요한 경우 정오판단에 어려
움을 느낄 수 있다. ①과 같은 경우 지문에 제시되지 않은 정보를 지문에서
알 수 있는 것으로 착각하지 않도록 하고, ⑤와 같은 경우 지문에서 제시된
내용을 종합하여 정오판단을 정확히 할 수 있도록 한다.

CHAPTER
02 추론

02 추론 답 ④
난도 하
풀이시간 1분 45초
정답해설

LEVEL Ⅰ 하급

01	02	03	04	05	06	07	08	09	10
③	④	①	②	④	③	⑤	①	③	④
11									
①									

01 추론 답 ③

난도 하

풀이시간 1분 30초

정답해설

지문에 제시된 세 가지 입장을 요약하면 다음과 같다.

극단적 도덕주의 : 도덕적 가치가 가장 우선, 모든 예술작품은 도덕적 가치판단의 대상

온건한 도덕주의 : 도덕적 가치와 미적 가치는 서로 연결, 일부 예술작품만이 도덕적 판단의 대상

자율성주의 : 어떤 예술작품도 도덕적 가치판단의 대상이 될 수 없음, 도덕적 가치와 미적 가치는 서로 자율성 유지

ㄱ. 옳다. 자율성주의는 예술작품에 대한 도덕적 가치판단을 범주착오에 속하는 것으로 보기 때문에, 예술작품에 대한 도덕적 가치판단을 긍정하는 극단적 도덕주의와 온건한 도덕주의 모두 범주착오를 범하고 있는 것으로 볼 것이다.

ㄷ. 옳다. 극단적 도덕주의는 모든 예술작품이 도덕적 판단의 대상이 된다고 보므로, 옳은 보기이다.

오답해설

ㄴ. 옳지 않다. 극단적 도덕주의가 모든 도덕적 가치가 예술작품을 통해 구현된다고 보는지는 지문을 통해 알 수 없는 내용이다.

합격생 가이드

첫 문단에서 예술과 도덕의 관계에 대한 세 가지 입장을 소개하고 있으므로, 이 지문의 경우 세 가지 입장의 차이점 비교가 문제 풀이의 핵심이 될 것임을 예상할 수 있다. 부차적인 예시보다 각 입장의 핵심적인 주장이 무엇인지, 다른 입장과 어떠한 차이를 가지는지에 집중하면서 지문을 읽도록 한다.

02 추론 답 ④

난도 하

풀이시간 1분 45초

정답해설

〈보기〉의 대화를 통해, 두 경우 모두 질병을 치료하는 시점이 임신부의 건강에는 아무런 영향을 주지 않는다는 것이 전제되어 있으므로 갑과 을 모두 '아이의 삶을 보장하는 방식으로' 질병을 언제 치료할지를 결정해야 한다는 데 동의한다는 것을 알 수 있다. 그러나 갑과 을 의견의 핵심적인 차이는, 갑은 임신 시점이 달라지더라도 첫 번째로 임신하게 될 아이는 '첫째 아이'라는 점에서 동일하다고 보는 반면, 을은 임신 시점이 달라지면 그 아이는 원래 예정된 시점에 '계획대로라면 태어날 아이'였던 아이와 다른 아이가 되며, 임신 시점을 변경하는 것은 원래 태어날 아이가 태어나지 못하게 함으로써 원래 태어날 예정이었던 아이의 삶을 보장하지 않는 것이라고 본다는 데 있다.

④ 옳다. 을은 둘째 경우에서 여성이 임신을 미루는 경우, 미뤄진 임신을 통해 태어날 태아는 '원래 계획대로라면 태어날 아이'였던 태아와 다른 존재이기에 임신을 미루는 행위는 '계획대로 태어날 태아'의 삶을 보장하지 않는 것이 된다고 생각할 것이므로, 여성이 계획대로 임신해야 한다고 주장할 것이다.

오답해설

①, ② 옳지 않다. 갑과 을은 모두 첫 번째 경우에서 여성이 치료를 받지 않으면 태아가 위태롭게 되기 때문에, 치료를 미루지 말아야 한다는 것에 동의할 것이라고 추론할 수 있다.

③ 옳지 않다. 갑은 둘째 경우에서 여성이 치료를 미루고 계획대로 임신을 하는 경우 태어날 아이가 기형아가 될 가능성이 높고, 임신을 미룬 후 나중에 태어나게 될 아이 역시 '첫째 아이'라는 점에서 원래 태어날 예정이었던 아이와 동일한 아이이므로, 태아의 삶을 보장하기 위해 여성이 치료를 받고 임신을 미뤄야 한다고 주장할 것이다.

⑤ 옳지 않다. 첫 번째 경우에서는 갑과 을의 견해가 일치하겠지만 두 번째 경우는 갑은 태아의 건강을 우선시하여 치료 시기가 결정되어야 한다고 주장할 것이나, 을은 태아가 기형아로 태어나더라도 태어나지 않는 것보다는 나은 것이므로 치료를 미뤄야 한다고 주장할 것이다.

합격생 가이드

〈보기〉의 대화를 통해 갑과 을 주장의 공통점과 차이점을 정확히 파악해야 문제를 풀 수 있다. 이러한 유형의 경우 주로 두 주장의 차이점이 문제를 푸는 핵심 열쇠가 될 가능성이 높으므로, 두 가지 입장의 차이점이 무엇인지에 특히 주목하면서 대화를 읽도록 한다.

03 추론

답 ①

난도 하

풀이시간 1분 45초

정답해설

수진 : 옳다. 〈패키지 블루〉는 〈유니버스 2004〉의 프로그램들에 몇 가지 부수적 프로그램을 추가해 만든 것이고, 〈패키지 블루〉와 〈패키지 오렌지〉간에 공통된 프로그램은 하나도 없으므로, 〈유니버스 2004〉와 〈패키지 오렌지〉사이에는 공통된 프로그램이 없다.

오답해설

우보 : 옳지 않다. 지문의 내용만으로는 〈빨간 꾸러미〉가 Z사의 제품인지 알 수 없다.

미경 : 옳지 않다. 〈패키지 블루〉는 〈유니버스 2004〉에 몇 가지 부수적 프로그램을 추가해 만든 것인데, 만약 두더지 잡기 게임이 이러한 부수적 프로그램 중 하나라면 두더지 잡기 게임은 〈패키지 블루〉에는 있지만 〈유니버스 2004〉에는 포함되어 있지 않을 수도 있다. 따라서 지문으로부터 올바른 추론을 하고 있는 사람은 수진뿐이다.

04 추론

답 ②

난도 하

풀이시간 1분 45초

정답해설

② 옳다. 카오스계는 예측 가능성이 지극히 제한적이므로, 예측이 자신의 주요 임무라고 생각하는 과학자들은 카오스계의 존재를 부담스럽게 느낄 수 있다.

오답해설

① 옳지 않다. 지문에서 명확히 제시되지는 않았으나, 진자처럼 단순한 결정론적 방정식을 따르는 물리계라 하더라도 초기 조건에 민감하며 아주 복잡한 운동을 보인다는 내용을 통해 카오스계가 아니라고 단정할 수 없다.

③ 옳지 않다. 아무리 성능이 뛰어난 컴퓨터라고 해도 초기 데이터와 수많은 변수들을 아주 정밀하게 처리하는 것은 어려우므로, 날씨 예측에 있어 부정확성을 완전히 제거하는 것은 불가능할 것이다.

④ 옳지 않다. 물리계의 예측 불가능성은 물리법칙을 따르는지 여부가 아니라 초기 조건의 민감성 때문이므로, 동일한 물리법칙이 적용되더라도 변화 예측에 필요한 시간이 감소하는지는 알 수 없다.

⑤ 옳지 않다. 결정론적 법칙을 따르는지의 여부와 카오스 현상 발생 간의 관계는 지문에서 제시되지 않은 내용이다.

05 추론

답 ④

난도 하

풀이시간 1분 45초

정답해설

④ 옳다. 동물실험을 거친 화장품 판매 금지가 WTO 규정 위반이 될 것이라는 유엔의 권고가 있었다는 내용을 통해 알 수 있다.

오답해설

① 옳지 않다. WTO 규정 위반을 우려하여 동물실험을 거친 화장품의 판매 금지를 실행하지 못한 것으로 볼 때, 통상 조건에서 EU가 환경의 문제를 항상 최우선적으로 고려한다고 보기 어렵다.

② 옳지 않다. 지문에서 미국의 EU에 대한 관세 보복에 대해 WTO가 이를 승인하기는 했으나, 상소기구의 결정에 불복하는 경우 WTO가 적극적인 제재조치를 취하는지는 지문을 통해 알 수 없다.

③ 옳지 않다. 지문을 통해 알 수 없는 내용이다. WTO가 성장 촉진 호르몬이 투여된 쇠고기의 판매 금지 조치에 대한 미국의 제소를 받아들인 이유는 호르몬 사용이 사람의 건강을 위협한다고 믿을 만한 충분한 과학적 근거가 없었기 때문이지, WTO가 사람의 건강에 대한 위협을 방지하는 것보다 국가 간 통상의 자유를 더 존중하는지는 알 수 없다.

⑤ 옳지 않다. EU의 모피 수입 금지 조치에 대해 미국, 캐나다, 러시아가 WTO에 제소하겠다고 위협했다는 내용을 통해 WTO 규정에 의하면 각 국가가 자국 정책을 이유로 타국의 제품 수입을 금지하지 못하는 것으로 추측할 수 있다.

06 추론

답 ③

난도 하

풀이시간 1분 45초

정답해설

(라)에는 (다)와 모순인 '우리반 학생은 모두 여학생이다'가 들어가야 한다. (라)에 따라 우리반 학생은 모두 여학생이고, (가)에 따라 여학생은 모두 화장을 하므로 (마)에는 '우리반 학생은 모두 화장을 한다'가 들어가야 한다. (아)와 모순이려면 (자)에는 '우리반 학생은 모두 여학생이다'가 들어가야 한다. (사) '화장을 하는 학생은 모두 우리반 학생이다'와 (자) '우리반 학생은 모두 여학생이다'로부터 (차)에는 '화장을 하는 학생은 모두 여학생이다'가 들어가야 한다는 것을 알 수 있다.

지훈: (라)와 (자)에 동일한 명제가 들어가므로 올바른 추론이다.

연길: (마) '우리반 학생은 모두 화장을 한다'와 (차) '화장을 하는 학생은 모두 여학생이다'가 참이라면, 화장을 하는 학생 중 남학생은 존재하지 않고 우리반 학생은 모두 화장을 하므로 (라) '우리반 학생은 모두 여학생이다'는 참일 수밖에 없다. 따라서 올바른 추론이다.

오답해설

혁진: (라) '우리반 학생은 모두 여학생이다'가 참이고, (마) '우리반 학생은 모두 화장을 한다'가 참이더라도, (차) '화장을 하는 학생은 모두 여학생이다'가 도출되지는 않는다. 예를 들어, 다른 반에 남학생이면서 화장을 하는 학생이 존재할 수 있다. 따라서 올바른 추론이 아니다.

합격생 가이드

빈칸 안에 들어가는 명제를 모두 논리적으로 추론해내야 하기 때문에 다른 추론 문제에 비해서 어렵게 느껴질 수 있으나, 지문에서 주어진 삼단논법의 논리적 구조가 단순하므로 막상 풀어보면 어렵지 않게 풀 수 있다. 논리 퀴즈 유형과 마찬가지로, 반례를 생각하면서 풀이하면 정답이 아닌 내용을 쉽게 소거할 수 있다.

07 추론 답 ⑤

난도 하

풀이시간 1분 45초

정답해설

⑤ 옳다. 잔여손실은 감시비용이 지출되었음에도 대리인 때문에 발생한 주인의 손실이므로, 주주가 적절히 이사회를 구성하고 올바른 감사를 임명하더라도 잔여손실은 발생할 수 있다.

오답해설

① 옳지 않다. 잔여손실이 준다고 확증비용이 증가하는 관계에 있는 것은 아니다.

② 옳지 않다. 영업보고서의 공시는 확증비용을 발생시킨다.

③ 옳지 않다. 주주와 경영자가 주인–대리인 관계에 있다는 것을 고려할 때, 주주와 경영자는 모두 자신의 이익을 극대화하기 위해 노력할 것임을 알 수 있고, 경영자가 자신의 이익보다 주주의 이익을 우선시하지 않는 대리인 문제를 해소하기 위해 대리인 비용을 지출하는 것이므로 틀린 선지이다.

④ 옳지 않다. 첫 번째 문단에서, '주인과 대리인 서로 간의 이해가 상충하면 대리인 문제가 발생한다'고 하였으므로, 서로 간의 이해가 상충하지 않아도 대리인 문제가 발생하는지는 알 수 없다.

08 추론 답 ①

난도 하

풀이시간 1분 45초

정답해설

ㄱ. 옳다. 부족 A의 사람들은 친척이 한 명 죽을 때마다 상명을 한 가지 추가로 갖게 되는 것이므로, 부족 A의 어떤 사람이 죽을 때까지 가질 수 있는 상명의 수는 그의 친척이었던 모든 사람의 수보다 많을 수 없다.

오답해설

ㄴ. 옳지 않다. 부족 B의 어떤 사람의 모친이 죽어 모친의 재혼으로 인해 새로운 이름을 갖게 되는 일이 없더라도, 자신의 이름을 지어 준 사람이 모친의 죽음 이후에 죽게 되면 그 사람이 지어준 이름을 쓸 수 없기 때문에, 모친이 죽는다고 해서 기존의 이름이 최종적인 이름이 되는 것은 아니다.

ㄷ. 옳지 않다. 부족 A의 사람들은 고유명을 갖고 태어난 후 친척의 죽음에 따라 계속해서 다른 상명을 갖게 되지만, 이름이 없이 지내게 되는 경우는 존재하지 않는다.

합격생 가이드

부족 A의 이름 변화 조건과 부족 B의 이름 변화 조건을 정확하게 파악한다면 어렵지 않게 풀 수 있는 문제이다. 다만 보기 ㄴ의 경우, 모친이 죽는 경우 모친의 재혼을 통해 이름을 새롭게 부여받을 가능성이 사라지므로 기존의 이름이 최종적 이름이 된다고 착각하기 쉽다. 추론 문제에서는 항상 논리적으로 가능한 모든 반례를 고려해야 한다는 점을 기억하자.

09 추론 답 ③

난도 하

풀이시간 1분 45초

정답해설

③ 옳지 않다. 첫 번째 문단 내용에 따라 허공을 제외하면 비물질적인 것은 존재하지 않으므로, 몸과 영혼 역시 물질적인 존재일 수밖에 없다.

오답해설

① 옳다. '허공이라고 부르는 것이 없다면~움직일 수 있는 공간도 없을 것이다'로부터 추론할 수 있다.

② 옳다. '몸의 나머지 구조에 의해 보호되지 않으면 영혼은 감각을 가질 수 없고, 영혼이 몸을 떠나면 몸은 더 이상 감각을 소유하지 않는다'는 내용으로부터 추론할 수 있다.

④ 옳다. 마지막 문단의 마지막 문장으로부터, 몸 전체가 분해되는 경우 영혼이 해체된다는 것을 추론할 수 있다.

⑤ 옳다. 마지막 문단에서 몸의 일부가 소실되어 거기에 속했던 영혼이 해체되어도, 나머지 영혼이 여전히 몸에 존재할 수 있고, 그 경우 여전히 감각을 유지할 수 있다는 것을 추론할 수 있다.

합격생 가이드

문두에 '추론'이라는 단어가 포함되어 있으나 실질적으로 일치부합 유형과 흡사한 추론문제로, 난도는 낮은 편이다. 일치부합 문제와 같이 선지를 우선 훑어보고, 지문에서 해당 내용이 제시되어 있는지 찾아가는 방식으로 접근하면 풀이 소요 시간을 줄일 수 있다.

10 추론 답 ④

난도 하

풀이시간 1분 45초

정답해설

지문에 제시된 스마트폰 회사 예시를 표로 나타내면 다음과 같다.

회사 A \ 회사 B	공격적 광고	광고 자제
공격적 광고	3/3	6/2
광고 자제	2/6	5/5

④ 옳다. 회사 B가 공격적 광고를 하는 경우, 회사 A는 함께 공격적 광고를 하는 경우가 광고를 자제하는 경우에 비해 큰 수익을 낼 수 있다. 회사 B가 광고를 자제하는 경우에도 마찬가지로 공격적 광고 전략을 취하는 경우가 광고를 자제하는 경우에 비해 더 큰 수익을 낼 수 있으므로, 회사 A에게 공격적인 광고 전략은 'D전략'에 해당한다. 반대로, 회사 A에게 광고 자제 전략은 'S전략'에 해당한다.

이러한 방식을 두 병원의 예시에 동일하게 적용하면, 각 병원은 자기 병원을 제외한 다른 한 병원이 어떤 전략을 취하는지와 상관없이 첨단 장비를 도입하는 전략이 더 큰 순이익을 가져다주므로, 첨단 장비 도입이 'D전략'에 해당한다는 것을 알 수 있다. 따라서, 첫 번째 예시에서 각 회사의 공격적인 광고와, 두 번째 예시에서 각 병원의 첨단 장비 구입이 D전략에 해당한다.

오답해설

① 옳지 않다. 각 병원의 첨단 장비 구입은 D전략이다.

② 옳지 않다. 각 회사의 공격적인 광고는 D전략이다.

③ 옳지 않다. 각 병원의 기존 장비 유지는 S전략이다.

⑤ 옳지 않다. 각 병원의 첨단 장비 구입은 D전략이다.

합격생 가이드

이 문제와 같이 지문에서 다양한 경우를 포함하는 사례를 제시하는 경우, 해설과 같이 표를 그려가면서 지문 내용을 정리하는 방식으로 풀이하면 효과적이다. 표로 지문 내용을 우선 정리하고, 정리한 내용을 바탕으로 각 사례에서 무엇이 D전략 혹은 S전략에 해당하는지 파악하면 정답 도출은 어렵지 않다.

11 추론
답 ①

난도 하

풀이시간 1분 45초

정답해설

선호도 방식은 적극적 지지자와 소극적 지지자 모두 지지자로 분류하고, 지지도 방식은 적극적 지지자만 지지자로 분류, 나머지는 기타로 분류한다. 즉, 양 방식의 차이점은 소극적 지지자를 지지자에 포함하는지의 여부이다.

ㄱ. 옳다. 지지도 방식은 소극적 지지자를 지지자에 포함하지 않기 때문에, A후보가 B후보보다 적극적 지지자의 수가 많다면 지지도 방식에 따를 때 더 많은 지지를 받을 것이다.

오답해설

ㄴ. 옳지 않다. 선호도 방식은 적극적 지지자, 소극적 지지자를 모두 지지자의 수에 포함하기 때문에, 선호도 방식에서 더 큰 지지를 받으려면 적극적·소극적 지지자를 모두 합한 지지자 총수가 중요하다. 즉, 특정 후보가 소극적 지지자의 수가 많다고 해도 총 지지자수를 알 수 없으므로 선호도 방식에 따른 결과를 알 수 없다.

ㄷ. 옳지 않다. 선호도 방식은 적극적 지지자와 소극적 지지자 수 각각의 격차를 모두 포함하는 반면, 지지도 방식은 적극적 지지자 수의 격차만을 포함하므로, 두 후보 간 지지자 수의 격차는 선호도 방식에서 더 크거나 같다.

합격생 가이드

이 문제의 경우, 선호도 방식과 지지도 방식의 차이는 소극적 지지자를 지지자에 포함하는지의 여부이고, 이 차이점이 문제를 푸는 데 결정적인 역할을 한다. 이 문제와 같이 두 가지 견해나 방식을 비교하는 경우, 두 방법의 공통점과 차이점이 무엇인지에 주목하면서 지문을 읽어야 한다.

LEVEL II 중급

01	02	03	04	05	06	07		
①	②	①	②	①	②	②		

01 추론
답 ①

난도 중

풀이시간 2분

정답해설

ㄱ. 옳다. 부촉매는 에너지 장벽을 높이는 역할을 하고, 에너지 장벽이 높아지면 화학반응의 속도가 높아진다.

오답해설

ㄴ. 옳지 않다. 복잡한 구조를 지닌 분자들 간 화학반응에서는 에너지 장벽이 촉매에 의해 조정되지 않는 것이 아니라, 촉매의 투입만으로는 반응속도를 조절하기 어려우므로 분자들의 충돌 방향 역시 중요하다는 것이 지문의 내용이므로 옳지 않은 보기이다.

ㄷ. 옳지 않다. 온도를 올리면 화학반응 속도가 증가하는 것은 맞으나, 온도를 올리는 것이 에너지 장벽을 낮추는지는 지문의 내용을 통해 확인할 수 없다.

합격생 가이드

이 문제와 같이 지문에서 생소한 과학 용어들이 등장하는 경우 문제가 어렵게 느껴질 수 있으나, 지문에 등장하는 용어들의 개념과 과학 원리의 작용 메커니즘을 빈공간에 요약해 정리하면서 지문을 읽으면 문제를 빠르고 정확하게 풀이할 수 있다. 이 문제의 경우, 정촉매와 부촉매의 개념과, 촉매의 작용원리 등을 간단히 정리해놓고 보기의 정오를 판별하면 보다 용이한 풀이가 가능하다.

02 추론
답 ②

난도 중

풀이시간 2분

정답해설

② 옳지 않다. 진동하는 현의 배의 수와 그 현의 기음이 갖는 진동수 사이의 관계는 지문에 나와 있지 않으므로 알 수 없다.

오답해설

① 옳다. 현이 진동하더라도 양단은 고정되어 있어 진동이 일어나지 않기 때문에, 항상 마디에 해당한다.

③ 옳다. 지문의 내용을 통해, n배 진동의 경우 n+1개의 마디가 생기고, n개의 배가 생긴다는 것을 알 수 있다. 따라서 양단이 고정된 현의 중앙을 뚱겼을 때 발생하는 배의 수는 마디 수보다 항상 작다.

④ 옳다. 지문에서 현을 뚱기는 경우 1배, 3배, 5배, 7배 등을 진동수로 갖는 다양한 진동이 동시에 발생하고, 1배 진동에서 발생하는 기음을 포함한 다양한 진동수의 부분음들이 발생하고 중첩된다는 것을 알 수 있다.

⑤ 옳다. 두 번째 문단에서, '이는 공명기의 내부에 존재하는 공기의 양에 따라 특정한 진동수를 갖는 부분음에 대해서만 공명이 일어나고~'를 통해 알 수 있다.

03 추론 **답 ①**

난도 중

풀이시간 2분

정답해설

ㄱ. 옳다. Y염색체가 있으면 생식샘이 고환으로 발달하고, 고환에서 뮐러관 억제인자가 분비된다.

오답해설

ㄴ. 옳지 않다. 태아의 성별과 관계없이 임신 10~12주경이면 외생식기의 해부학적 모양을 통해 성 구분이 가능해지는데, 이 중 여성이 될 수정란에서는 성 결정인자가 만들어지지 않는다.

ㄷ. 옳지 않다. 배아의 성별과 관계없이 배아는 원시 생식관인 볼프관과 뮐러관을 모두 가지고 있고, 이 중 남성으로 발달할 배아는 Y염색체를 가지므로 틀린 보기이다.

05 추론 **답 ①**

난도 중

풀이시간 2분

정답해설

지문의 내용에 따라, 본인만이 느끼는 어떤 감각을 지시하여 'W'라는 용어의 의미로 삼는 경우 용어의 올바른 사용과 잘못된 사용을 구분할 방법이 어디에도 없게 되고, 이처럼 올바른 적용에 관해 결정을 내릴 수 없는 용어는 아무런 의미도 갖지 않는다. 즉, 본인만이 느끼는 감각을 지시하는 용어는 결과적으로 아무 의미도 갖지 않는다는 것이 지문의 핵심 내용이고, 이를 통해 추론할 수 있는 것은 선지 중 ①뿐이다. 다른 선지들은 지문의 내용과 관계가 없다.

04 추론 **답 ②**

난도 중

풀이시간 2분

정답해설

② 옳지 않다. 전자기파의 파장이 커짐에 따라 복사에너지 방출량이 커지다가 다시 줄어들지만, 공동의 온도와 복사에너지 방출량 사이의 관계는 지문을 통해 알 수 없다.

오답해설

① 옳다. 흑체는 온도에 따라 다양한 색을 띨 수 있다는 내용으로부터 알 수 있다.

③ 옳다. 가열된 흑체는 다양한 파장의 전자기파를 방출하고, 공동 구멍에서 방출되는 전자기파의 특성은 같은 온도에서 이상적인 흑체가 방출하는 전자기파의 특성과 일치한다고 하였으므로, 옳은 내용이다.

④ 옳다. 마지막 문단 마지막 문장에서 확인할 수 있다.

⑤ 옳다. 공동 내벽에서는 전자기파의 방출, 반사, 흡수가 일어나지만 가시영역의 전자기파가 없어 공동 구멍은 검게 보인다는 내용으로부터 알 수 있다.

06 추론 **답 ②**

난도 중

풀이시간 2분

정답해설

ㄴ. 옳다. 동일한 수익을 얻은 경우, 민감성 반응 특징에 따라 더 많은 자산을 가진 경우 수익에 더 둔감하게 반응할 것이다. 따라서 자산 x였을 때에 y였을 때보다 더 큰 만족감을 느꼈다면, 자산 x가 y보다 더 작을 것이다.

오답해설

ㄱ. 옳지 않다. 지문을 통해 손실을 입은 경우 반드시 상실감을 느끼는지의 여부는 알 수 없다. 예를 들어, 준거점 의존성에 따라 기대손실이 100만 원이었는데 실제로 50만 원 만큼 손실을 봤다면 50만큼의 만족감을 느끼는 경우를 가정할 수 있으므로, 옳지 않은 보기이다.

ㄷ. 옳지 않다. 지문의 내용을 통해서는 동일한 크기의 손실 혹은 수익에 대해서로 다른 사람 간 비교가 가능한지 알 수 없다.

07 추론　　　　　　　　　　　　　　　　　　답 ②

난도 중

풀이시간 2분

정답해설

ㄷ. 옳다. 동전 개수가 증가했을 때 80점을 받는 사람이 한 명쯤 나오려면 동전 개수의 증가에 맞춰 그룹 인원수도 크게 증가해야 하므로, A 그룹만 참가자 각각의 동전 개수가 1,000개로 증가한 경우 80점을 받는 사람이 한 명쯤 나오기 위해 B 그룹보다 훨씬 많은 인원이 필요할 것이다.

오답해설

ㄱ. 옳지 않다. A 그룹 참가자와 B 그룹 참가자의 동전 개수를 각각 절반으로 줄이는 경우, 각 그룹의 동전 개수는 각각 5개, 50개가 되고, 이 때 B 그룹에서 5점 이상 얻는 사람들이 상당수 있을 것이고, 이는 A 그룹 사람들 중에서 누구도 이길 수 없는 점수이므로, 여전히 승자는 B 그룹에서 나올 가능성이 높다.

ㄴ. 옳지 않다. B 그룹만 인원을 매우 크게 늘린다면, 90점을 받는 사람이 한 명쯤 나올 가능성을 배제할 수 없다.

LEVEL Ⅲ　　상급

01	02	03						
②	④	⑤						

01 추론　　　　　　　　　　　　　　　　　　답 ②

난도 상

풀이시간 2분 30초

정답해설

ㄱ. 옳다. 150×3.2>100×4.0이므로, 인구수에 삶의 질 지수 평균을 곱한 값이 높은 마을이 더 좋은 마을이라는 기준에 따르면 계획 A를 채택하는 것이 옳다.

ㄷ. 옳다. 40/150>20/1000이므로, 삶의 질 지수가 1.0 미만인 사람이 차지하는 비율이 더 작은 마을이 더 좋은 마을이라는 기준에 따르면 계획 B를 채택하는 것이 옳다.

오답해설

ㄴ. 옳지 않다. 계획 A의 경우 살아갈 가치가 있다고 생각하는 사람의 수는 150-40으로 110명이고, 계획 B의 경우는 100-20으로 80명이므로, 계획 A를 채택하는 것이 옳다.

ㄹ. 옳지 않다. 지문에서 제시된 것은 삶의 질 지수의 평균치이므로, 평균치와 인구수만으로는 각 계획을 시행하는 경우 마을에서 삶의 질 지수가 가장 높은 사람과 가장 낮은 사람 사이의 삶의 질 지수 차이를 알 수 없다.

> **합격생 가이드**
>
> 정답 도출에 요구되는 계산이 어렵지는 않으나 시간이 많이 소요될 수 있다. 선지 구성도 보기 ㄱ, ㄴ, ㄷ, ㄹ 정오를 모두 판단하지 않으면 정답을 도출할 수 없도록 되어 있어, 상당히 시간적 압박을 느낄 수 있는 문제이다. 평소 언어논리 과목에서 시간이 부족한 수험생이 실전에서 이러한 문제를 만난다면, 우선 보류하고 다른 문제로 넘어가는 것이 시간 활용상 효율적인 전략일 수 있다.

02 추론　　　　　　　　　　　　　　　　　　답 ④

난도 상

풀이시간 2분 30초

정답해설

ㄴ. 옳다. ⓑ에서 일어나는 근육 수축은 전체근육의 길이가 변하지 않는 등척수축에 해당하며, 이러한 등척수축은 골격근의 주변 조직과 근육섬유 내에 있는 탄력섬유의 작용에 의해 일어난다.

ㄷ. 옳다. 최대 장력이 10kg인 이두근이 있는 팔의 팔꿈치가 일정한 각도를 유지하고 있다는 것은 현재 이두근이 정확히 10kg에 해당하는 장력을 만들고 있어 전체근육 길이가 변하지 않는 것이다. 이때 이두근에 10kg을 초과하는 부하를 걸면 이두근의 장력을 초과하는 부하가 걸려 전체근육의 길이가 늘어나게 되고, 이는 그래프에서 ⓒ에 해당한다.

오답해설

ㄱ. 옳지 않다. ⓐ에서 일어나는 근육 수축은 전체근육이 수축하는 동심 등장수축이다.

합격생 가이드

난도가 비교적 높은 추론 문제이다. 제시된 그래프의 Y축이 전체근육의 길이가 아니라 전체근육의 수축속도를 의미한다는 것에 주의해야 한다. 이러한 문제의 경우, 각 개념의 의미와 관계, 작용 메커니즘 등을 간단히 요약해 두고 풀이하는 것이 실수를 줄이는 방법이 될 수 있다.

03 추론   답 ⑤

난도 상

풀이시간 2분 15초

정답해설

⑤ 옳다. 별의 질량이 커지면 탈출 속도도 커진다. 이때 빛의 속도는 고정되어 있으므로, 탈출 속도와 빛의 속도가 같게 만들려면 별의 둘레가 증가해서 탈출 속도를 감소시켜야 한다. 별의 질량이 커지면 임계 둘레가 커진다.

오답해설

① 옳지 않다. 임계 둘레보다 큰 둘레를 가진 별에서는 빛이 탈출할 수 있으므로, 임계 둘레 이하의 둘레를 가진 별에 사는 존재라도 다른 별로부터 탈출한 빛은 관찰할 수 있을 것이다.

② 옳지 않다. 초기 속도가 빛보다 빠르다고 해도, 해당 별의 둘레가 임계 둘레보다 매우 작아서 그 입자가 탈출하지 못할 수 있다.

③ 옳지 않다. 탈출 속도는 별 질량을 별의 둘레로 나눈 값의 제곱근에 비례하므로, 둘레가 변하지 않고 별 질량이 커진다면 탈출 속도는 빨라진다.

④ 옳지 않다. 임계 둘레 이하의 둘레를 가진 별의 표면에서 빛 입자를 쏘아 올릴 수 없는 것이 아니라, 쏘아 올릴 수 있더라도 빛이 그 별을 탈출하지 못하는 것이다.

CHAPTER
03
밑줄·빈칸 채우기

LEVEL I   하급

01	02	03	04	05	06	07	08	09	10
①	④	①	①	⑤	④	③	①	③	④
11	12								
②	③								

01 밑줄 · 빈칸 채우기   답 ①

(난도) 하

(풀이시간) 1분 45초

(정답해설)

㉮ : ㄱ

㉮ 이전 내용을 보면, 1만 년 전부터 5천 년 전 사이에 일어난 농업 발전에 의해 농촌의 인구가 점차적으로 증가해 도시가 되었다는 주장이 있으나 고고학적 연구에 따라 농촌 인구는 점차적으로 증가하지 않았음이 확인되었다는 것을 알수 있다. ㉮ 이후에 바로 이어지는 내용은 '2천 명이 넘는 인구를 수용한 마을은 거의 발견되지 않았다'는 것이므로, ㉮에 들어갈 내용은 농촌 인구가 만약 점차적으로 증가했다면 인구가 2천 명이 넘는 마을도 종종 발견되었어야 한다는 것을 포함해야 한다. 따라서 ㉮에 들어갈 적절한 내용은 ㄱ이다.

㉯ : ㄹ

㉯ 이전 내용을 보면, 거주 인구의 비약적 변화가 가능했던 원인은 사회적 제도의 발명에서 찾을 수 있다는 것을 알 수 있다. ㉯ 이후에 바로 이어지는 내용은 '따라서 거주 인구가 비약적으로 증가하기 위해서는 사회적 제도의 발명이 필수적'이라는 것이므로, 이를 통해 ㉯ 안에는 왜 거주 인구의 비약적 변화에 있어 사회적 제도 발명이 필수적인지 그 이유가 들어가야 한다. 따라서 ㉯에 들어갈 적절한 내용은 ㄹ이다.

합격생 가이드

난도가 크게 높지 않은 빈칸 추론 문제이다. 이 문제의 경우, 빈칸 앞뒤에 바로 이어지는 문장들에만 주목하더라도 〈보기〉 중 빈칸에 들어갈 적절한 문장을 쉽게 골라낼 수 있다.

02 밑줄 · 빈칸 채우기   답 ④

(난도) 하

(풀이시간) 1분 45초

(정답해설)

빈칸의 앞 문장에서는 '우리는 설명이 있는 것이 낫다고 믿으므로, 특정한 유형의 원인만을 써서 설명을 만들어 낸다.'는 내용이 제시되어 있고, 빈칸의 바로 뒤에서는 '그래서 특정 유형의 설명만이 점점 더 우세해지고, 그런 설명이 우리 사고를 지배하게 된다.'는 내용이 이어지고 있다. 따라서 빈칸 부분에 들어갈 문장은 '우리가 특정한 유형의 원인을 사용하여 설명을 만들어내는 경우, 왜 특정 유형의 설명만이 점점 더 우세해지게 되는지'의 이유를 포함하고 있어야 한다. 지문 내용을 통해 보면, 우리가 익숙한 것을 원인으로 삼는 것은 알려지지 않은 것을 알려진 것으로 치환함으로써 우리 마음의 불안을 제거하기 위한 것이다. 그러므로, 빈칸에는 ④와 같이 이것이 낯설고 체험하지 않았다는 느낌을 가장 빠르고 쉽게 제거해 버리기 때문이라는 원인 설명이 들어가야 한다.

합격생 가이드

지문의 핵심 주제를 파악했다면 어렵지 않게 풀이할 수 있는 문제이다. 정답인 ④ 외의 다른 선지들은 지문 내용과 거의 관련이 없는 내용들이므로, 쉽게 정답 후보에서 배제할 수 있다.

03 밑줄 · 빈칸 채우기   답 ①

(난도) 하

(풀이시간) 1분 45초

(정답해설)

지문 내용으로부터,

P : 비가 오고 구름이 끼어 있다.

Q : 비가 온다.

P이지만 Q는 아니다 : 비가 오고 구름이 끼어 있지만, 비가 오지 않는다.

임을 알 수 있다. 또한 (가)이전에 '이는 자기모순적인 명제이다'라는 내용으로부터, (가)에는 ㄱ이 들어가야 함을 알 수 있다.

(나) 이전에 '명제 A이지만 명제 B가 아니다'가 자기모순적인 명제가 아니라는 것으로부터, '명제 B는 명제 A로부터 도출되지 않는다.'는 것을 알 수 있다. 이때 명제 A는 '타인을 돕는 행동은 행복을 최대화한다.'이고, 명제 B는 '우리는 타인을 도와야 한다.' 이므로, '명제 B는 명제 A로부터 도출되지 않는다.'는 내용을 명제 B와 명제 A의 내용으로 치환한 ㄷ이 (나)에 들어가야 한다.

합격생 가이드

주어진 예시 문장을 지문에 제시된 P, Q 등의 기호를 써서 치환하면 빈칸에 들어갈 내용을 쉽게 유추할 수 있는 문제이다.

04 밑줄 · 빈칸 채우기   답 ①

난도 하

풀이시간 1분 45초

정답해설

지문의 내용에서, 동성애 성향이 유전자를 통해 다음 세대로 전달되며, 동성애 유전자가 X염색체에 위치하고, 동성애 유전자가 남성에게 있으면 자식을 낳아 유전자를 남기는 번식이 감소하지만, 동성애 유전자가 여성에게 있으면 여타 조건이 동일한 상황에서 자식을 많이 낳아 유전자를 많이 남긴다는 것을 알 수 있다.

㉠ 직전의 내용에서, 만약 동성애 남성이라면 동성애 유전자를 어머니로부터 물려받은 것이라는 내용이 있으므로, 이와 관련되는 것은 부계 혈통인 고모가 아닌 모계 혈통인 이모이다. 따라서, ㉠과 ㉡ 모두 이모가 들어가야 한다.

㉢에는 앞선 내용에서 동성애 유전자가 여성에게 있는 경우 자식을 많이 낳는다는 내용이 제시되었으므로, 동성애 남성의 이모 한 명이 낳은 자식 수가 이성애 남성의 이모 한 명이 낳은 자식 수보다 많다는 내용이 들어가야 한다. 따라서 답은 ①이다.

> **합격생 가이드**
>
> 선지에 제시된 단어들과 빈칸의 위치를 먼저 보면, 문제에서 묻고자 하는 내용이 동성애 유전자와 생산 자녀 수 사이의 관계성과 관련될 것임을 예상할 수 있다. 이와 같이 문제에서 묻고자 하는 내용을 미리 짐작할 수 있는 경우, 지문에서도 해당 내용에만 집중해서 읽으면서 효율적으로 풀이하도록 한다.

05 밑줄 · 빈칸 채우기   답 ⑤

난도 하

풀이시간 1분 45초

정답해설

지문에서는 오늘날의 민주주의가 본래의 민주주의에서 변질되었으며, '무제한적 민주주의'로서 유권자 다수가 원하는 것이면 무엇이든 실현 가능한, 제약 없는 민주주의가 되었다고 비판하고 있다. 지문에서는 무제한적 민주주의의 경우 권력 행사가 무제한적으로 이루어져 개인의 자유와 권리를 제약하는 문제가 발생하므로, 적절한 권력의 제한이 필요하다고 주장하고 있다.

빈칸의 앞에서는 민주주의 자체가 목적이 되어서는 안 되고, 개인의 자유와 권리를 보장하지 못하는 민주주의는 본래의 민주주의가 아니라는 내용이 제시되었다. 따라서 빈칸에는, 본래의 민주주의는 현재 이같이 변질된 민주주의와는 대립되는 특성을 가지고 있었다는 내용이 들어가야 한다. 따라서 빈칸에 들어갈 내용으로 적절한 것은 ⑤와 같이 과도한 권력을 제한할 수 있었다는 내용이다.

> **합격생 가이드**
>
> 지문에서는 전반적으로 변질된 민주주의의 특성에 대해 이야기하고 있다. 빈칸의 바로 앞에 '본래의 민주주의는'이라는 단서를 통해, 빈칸 내용에는 변질된 민주주의와 대립되는 본래 민주주의의 특성이 포함되어야 할 것임을 짐작할 수 있으므로, 지문에서 제시된 변질된 민주주의의 문제적인 특성의 핵심을 파악하고 그에 반대되는 내용을 선지에서 찾으면 된다.

06 밑줄 · 빈칸 채우기   답 ④

난도 하

풀이시간 1분 45초

정답해설

자연발생설 지지자들은 적당한 유기물과 충분한 공기라는 조건이 갖추어진 경우, 생명이 없는 물질로부터 생명체가 생겨날 수 있다고 주장하였다. (가)의 바로 앞부분에서는 스팔란차니의 실험 결과 미생물이 없는 유기 물질에서 새로운 미생물이 발생할 수 없다는 것이 밝혀졌다는 주장이 제시되는데, (가)에는 이에 대해 자연발생설 지지자들이 반박하는 내용이 포함되어야 하므로 '적당한 유기물과 충분한 공기 중 한 가지 조건이 부정되어 미생물이 발생하지 않은 것'이라는 내용이 들어가야 한다. 따라서, (가)에 포함될 내용은 ㄴ이다.

(나) 이전에는 스팔란차니 실험의 한계를 보완하기 위해, 19세기 생물학자들이 공기를 주입하여 실험한 결과, 미생물이 발견되지 않는 경우가 있었다는 내용이 제시되어 있다. (나)에는 이에 대해 자연발생설의 지지자들이 반박하는 내용이 포함되어야 하므로, 공기 외의 다른 조건인 적당한 유기물의 존재라는 조건이 부정되었다는 내용이 들어가야 한다. 따라서 (나)에 들어갈 적절한 내용은 ㄷ이다.

> **합격생 가이드**
>
> 자연발생설 지지자들은 적당한 유기물과, 충분한 공기라는 두 가지 조건이 갖추어진 경우에만 생명체가 생겨날 수 있다고 보았다는 첫 번째 문단의 내용으로부터, 이 두 가지 조건이 부정되는 경우 자연발생설에 따르더라도 생명체가 생겨날 수 없으므로 이것이 자연발생설 지지자들의 핵심적 반박 논거가 될 것임을 예상할 수 있다. 빈칸의 내용은 문상 각각의 실험 결과 생명체가 관찰되지 않은 이유에 대한 자연발생설 지지자들의 반박이 포함되어야 하므로, 위의 사실을 염두에 둔다면 보기 중 쉽게 정답을 도출할 수 있다.

07 밑줄 · 빈칸 채우기   답 ③

난도 하

풀이시간 1분 30초

정답해설

마지막 문단에서 ㉠ 결과가 포함된 문장 바로 앞 문장의, '인지부조화 이론에 따라 현명한 사람을 자기 편, 우매한 사람을 다른 편이라 생각할 때 마음이 편안해질 것이다'라는 내용에 주목하면 쉽게 답을 찾을 수 있다. 이 내용으로부터, 인종차별에 관한 글을 읽는 실험 결과 사람들은 논리적인 글이 자신의 입장과 동일한 경우, 그리고 억지스러운 글이 자신의 반대 입장과 동일한 경우에 마음이 편안해질 것이라는 것을 예상할 수 있다. 따라서, 실험 결과로 올바른 것은 사람들이 자신의 입장에 동의하는 논리적인 글과, 반대편의 입장에 동의하는 터무니없고 억지스러운 글을 기억할 것이라는 ③의 내용이다.

오답해설

모든 글을 기억한다는 내용이 포함되어 있는 ②, ⑤의 경우 지문에서 제시된 내용과 관계가 없으므로 오답이며, ①, ④의 경우도 마지막 문단의 내용에 부합하지 않는 진술을 하고 있으므로 오답이다. 따라서, 마지막 문단 내용을 통해 예상할 수 있는 적절한 실험 결과는 ③이다.

08 밑줄 · 빈칸 채우기 답 ①

난도 하

풀이시간 1분 45초

정답해설

지문에서 매우 불명료하고 엄밀하게 정의될 수 없는 용어들을 발룽엔이라고 하며, 발룽엔이 과학적 이론이나 가설을 검사하는 과정에 개입하는 경우 증거와 가설 사이의 논리적 관계가 무엇인지 결정하기 어려워진다고 하였다. 또한 마지막 문단에서 논리실증주의자들이나 포퍼는 증거와 가설 사이의 관계를 논리적으로 정확히 판단할 수 있다고 했으나, 지문의 필자는 그에 대해 반박하고 있다. 지문에 따르면 증거와 가설의 논리적 관계에 대한 판단을 위해서는 증거가 의미하는 것이 무엇인지 파악하는 것이 선행되어야 한다. 따라서 ㉠에는 발룽엔의 존재를 염두에 둔다면 이것이 불가능하다는 내용이 들어가는 것이 자연스럽다. 따라서 답은 ①이다.

09 밑줄 · 빈칸 채우기 답 ③

난도 하

풀이시간 1분 30초

정답해설

지문의 내용에 따르면, 어떤 권리를 소유할 수 있으려면 최소한 그 권리와 관련된 욕망을 가질 수 있어야 한다. 이를 생명에 대한 권리에 적용하면, 자신을 일정한 시기에 걸쳐 존재하는 개별존재로서 파악할 수 있는 존재만이 생명에 대한 권리를 가질 수 있다. 앞선 지문의 내용과 연관지어 추측하면, 자신을 일정한 시기에 걸쳐 존재하는 개별존재로서 파악할 수 있는 존재만이 개별존재로서 생존을 지속시키고자 하는 욕망을 가질 수 있고, 특정 권리와 관련된 욕망을 가질 수 있는 존재만이 그 권리를 소유할 수 있기 때문인 것이다. 따라서 빈칸에 들어갈 내용으로 적절한 것은 ③이다.

10 밑줄 · 빈칸 채우기 답 ④

난도 하

풀이시간 1분 30초

정답해설

첫 번째 괄호의 바로 앞 문장을 보면, 실학이 과연 근대정신에 해당하는지 의문을 제기하고 있으므로, 이어지는 내용으로는 실학이 근대정신에 해당하지 않는다는 주장이 들어가는 것이 자연스럽다. 따라서 ㄹ이 들어가야 한다. 두 번째 괄호의 경우, 실학의 비판 기조가 당우의 상대와 같이 옛것에 근거한 것이었다는 내용 다음에 제시될 내용으로는 실학의 비판에 대한 평가와 관련된 내용인 ㄱ이 들어가는 것이 자연스럽다. 세 번째 괄호는 실학이 봉건사회의 제 현상에 대한 반항이기는 하였으나~사실상 보수적 행동으로 이를 따른 것이었으므로, 실학이 여전히 유교와의 밀접한 관련을 가진 것이었다는 내용인 ㄷ이 들어가야 한다. 마지막 괄호에는, 앞선 내용에도 불구하고 실학은 근대정신의 내재적인 태반의 역할을 했다고 하였으므로, 실학이 근대정신에 대한 가교 역할을 했다는 ㄴ이 들어가는 것이 자연스럽다. 따라서 정답은 ④이다.

11 밑줄 · 빈칸 채우기 답 ②

난도 하

풀이시간 1분 45초

정답해설

중간 결론의 내용과 전제 1, 2의 내용을 토대로 볼 때, 근대 국가의 인구가 매우 큰 규모였다는 것과, 직접 민주주의의 시행이 어려운 경우 대의제가 발달한다는 전제로부터 서구에서 근대 민주주의가 대의제 형태로 발전할 수밖에 없었다는 결론을 도출하려면, 인구 규모가 일정 규모 이상인 경우 직접 민주주의의 시행이 어려워진다는 전제가 추가되어야 한다. 따라서 A에는 이러한 내용을 포함하는 문장이 들어가야 하므로, 선지 중 적절한 것은 '인구와 지역 규모가 매우 큰 경우 직접 민주주의는 실현되기 어렵다.'이다.

중간 결론 이후의 전제들을 보면, 인류는 공간적 한계를 극복하고 있고, 대규모 의견 처리가 가능해지고 있으며 이는 직접 민주주의의 시행을 가능하게 하는 요건이다. 또한 전제 8에 따라 직접 민주주의는 대의제보다 더 나은 제도이다. 이때 머지않은 장래에 직접 민주주의가 도래할 것이라는 결론이 도출되기 위해서는, 인류가 항상 더 나은 제도를 도입하고자 할 것이라는 전제가 추가되어야 한다. 따라서 B에는 '인류는 더 나은 제도를 선택한다.'가 들어가야 한다.

12 밑줄 · 빈칸 채우기   답 ③

[난도] 하

[풀이시간] 1분 30초

[정답해설]

이 문제에 대해 연구한 제임스 매디슨의 고민과 대안이 지문의 핵심 내용을 이루고 있으므로, 매디슨의 주장을 이해하여 이 문제가 무엇이었을지 추론해야 한다. 매디슨은 다수가 파벌을 형성하여 공화국 정부에 미칠 악영향을 우려하였으며, 이에 대한 대책으로 다수 파벌의 형성 자체를 막거나 파벌의 형성 자체를 제한하지는 않더라도 파벌의 행동을 통제하는 것이 있다고 언급하였다. 이때 매디슨은 파벌 형성 자체를 억제하는 것은 또 다른 자유의 제한이므로, 후자의 방법을 택해야 하며 어떤 집단도 통제되지 않는 힘을 행사하지 못하도록 막는 장치를 고안해야 한다고 주장했다. 이러한 내용을 토대로 판단하면, 매디슨이 해결하고자 고민했던 이 문제로 가장 적절한 것은 ③ '어떻게 하면 민주주의를 다수 파벌의 횡포로부터 보호할 수 있는가?'이다.

LEVEL II   중급

01	02	03	04				
②	②	③	②				

01 밑줄 · 빈칸 채우기   답 ②

[난도] 중

[풀이시간] 2분

[정답해설]

빈칸 직전에 대법원이 '직업안전보건법이 비용 등 다른 조건은 무시한 채 전혀 위험이 없는 작업장을 만들기 위한 표준을 채택하도록 직업안전보건국에 무제한의 재량권을 준 것은 아니'라고 밝혔다는 내용과, 빈칸 이후에 직업안전보건국이 '과학적 불확실성에도 불구'하고 '더욱 엄격한 기준을 시행해야 하며', '자신들에게 책임을 전가하는 것에 반대'했고 '노동자를 화학물질에 노출시키는 사람들이 안전성을 입증해야 한다'고 주장했다는 내용을 통해서 빈칸에 들어갈 내용을 추론해야 한다. 이때 빈칸에 들어갈 내용은 빈칸 앞뒤의 핵심적인 내용을 포함하면서, 앞 뒤 문장을 자연스럽게 연결하는 것이어야 한다.

② 옳다. 빈칸 앞 뒤 내용을 통해 추론할 때, 빈칸에는 ②와 같이 비용 문제에도 불구하고 1ppm의 엄격한 기준을 적용하도록 하기 위해서는 노동자들을 벤젠 1ppm이상에 노출시키는 경우 노동자들의 건강이 실질적으로 위협받는다는 것을 직업안전보건국이 입증하도록 대법원이 그 책임을 부여했다는 내용이 들어가야 한다.

[오답해설]

① 옳지 않다. 빈칸의 내용에는 1ppm이라는 기준이 지나치게 엄격하므로, 이 이상 벤젠에 노출되면 인체에 반드시 해를 미친다는 사실을 입증할 책임을 대법원이 직업안전보건국에 부여했다는 내용이 포함되어야 한다.

③ 옳지 않다. 벤젠 노출 농도 제한 기준을 10ppm 수준에서 1ppm수준으로 직업안전보건국이 강화한 것이므로, 이 선지 내용은 빈칸에 들어갈 내용과 무관하다.

④ 옳지 않다. 지문의 전반적인 내용을 통해 볼 때 직업안전보건국이 전혀 위험이 없는 환경과 미미한 위험이 있는 환경을 구별해야 한다고 주장했을 것으로 추론할 수 없다.

⑤ 옳지 않다. 직업안전보건국이 벤젠이 인체에 미치는 위해 범위가 과학적으로 불확실하다는 점을 강조했다면, 빈칸 다음 문장에서 과학적 불확실성에도 불구하고 더욱 엄격한 기준을 시행하는 것이 옳다고 주장하지 않았을 것이다.

[합격생 가이드]

①의 경우 매력적인 오답이 될 수 있으나, 빈칸 뒤에 이어지는 내용을 통해 '대법원이 직업안전국에 입증책임을 부여했다'는 내용이 빈칸 안에 반드시 포함되어야 함을 알 수 있으므로, 틀린 선지임을 알 수 있다. 이러한 유형의 경우 빈칸의 바로 앞 뒤에 있는 문장 외에 지문에 있는 다른 내용을 모두 포괄할 수 있는 선지인지를 확인하여 정답을 골라내야 한다.

02 밑줄 · 빈칸 채우기   답 ②

난도 중

풀이시간 2분

정답해설

ㄴ. 옳다. 예를 들어 영희의 믿음의 문턱이 0.5라고 하고, 내일 비가 온다는 명제가 참이라고 영희가 기존에 0.6의 확률로 믿고 있었다면 영희는 내일 비가 온다는 명제가 참이라고 믿는 것이다. 이때 영희의 섬세한 믿음의 태도가 0.7로 변화하더라도 영희는 여전히 내일 비가 온다는 명제를 참이라고 믿는 것이므로, 영희의 거친 믿음 태도는 변하지 않았다.

오답해설

ㄱ. 옳지 않다. 철수의 믿음의 문턱이 0.5인 경우, 철수가 특정 명제를 0.5보다 큰 확률로 참 혹은 거짓이라고 믿기만 한다면 철수가 참 혹은 거짓이라고 믿는 명제가 존재할 수 있다.

ㄷ. 옳지 않다. 철수와 영희가 동일한 수치의 믿음의 문턱을 가지고 있고, 두 사람 모두 내일 비가 온다는 명제를 참이라고 믿고 있지 않다고 해도, 두 사람 모두 내일 비가 온다는 명제를 거짓이라고 믿는지는 알 수 없다. 지문의 내용에 따라 특정 명제를 참이라고 믿지도 않고 거짓이라고 믿지도 않는 경우도 가능하기 때문이다.

03 밑줄 · 빈칸 채우기   답 ③

난도 중

풀이시간 2분

정답해설

㉠ : [x]를 들어도 [y]로 인식한다면 [x]는 [y]의 변이음이다.

지문의 내용에 따르면, 변별적으로 인식할 수 있는 소리를 음소, 변별적으로 인식하지 못하는 소리를 이음 또는 변이음이라고 한다. ㉠의 바로 앞 문장에서, [x]와 [y]가운데 하나는 음소이고 다른 하나가 음소가 아니라면, 두 가지를 서로 변별적으로 인식하지 못한다고 하였다. 이때 음소만이 변별적으로 인식될 수 있는 소리이므로, 서로 유사하게 들리는 변이음인 음성과 음소인 음성을 각각 듣게 되면, 두 가지 소리 모두 동일한 음소인 음성으로 인식할 것이라고 예상할 수 있다. 따라서, ㉠에는 '[x]를 들어도 [y]로 인식한다면 [x]는 [y]의 변이음이다.'가 들어가야 한다.

㉡ : 그 소리를 모국어에 존재하는 음소 중의 하나로 인식하게 된다.

㉡의 경우, '모국어의 음소 목록에 포함되어 있지 않은 소리를 들었다면' 이후에 들어갈 내용을 추측해야 한다. 지문의 내용에 따라, 모국어의 음소 목록에 포함되어 있지 않은 소리를 들었다면, 청자는 해당 소리를 변별하지 못할 것이고, 음소만이 변별적으로 인식될 수 있으므로, 그 소리를 자신이 알고 있는 음소 중 하나로 치환하여 듣게 될 것이다. 따라서, ㉡에는 '그 소리를 모국어에 존재하는 음소 중의 하나로 인식하게 된다.'가 들어가야 한다.

합격생 가이드

변별적으로 인식하는 소리를 음소, 그렇지 못한 소리를 변이음이라고 한다는 핵심 내용만 이해하면 빈칸의 바로 앞 문장만 보고도 쉽게 풀이할 수 있는 문제이다. 또한 '중간음'등의 단어나 개념은 지문에서 전혀 제시되지 않았으므로, 선지 내용상 ④, ⑤와 같은 선지는 쉽게 정답에서 배제할 수 있다.

04 밑줄 · 빈칸 채우기   답 ②

난도 중

풀이시간 2분

정답해설

지문 내용에 따라, 루이는 게르만어를 쓰는 지역을, 샤를은 로망어를 쓰는 지역을 할당받았다는 사실을 알 수 있다. 빈칸의 바로 앞 문장에서는 '서로 상대측 영토의 세속어로 서약했다는 점에 주목'했다는 내용이 제시되고, 빈칸 바로 뒤에서는 '그러므로 루이와 샤를 중 적어도 한 명은 서약 문서를 자신의 모어로 작성한 것이 아니다'라는 내용이 제시되어 있다. 따라서 루이는 로망어로, 샤를은 게르만어로 서약에 참여했는데, 주어진 선지 중 이 조건을 충족하면서 둘 중에 한 사람은 자신의 모어로 서약 문서를 작성하지 않았음을 추론해 낼 수 있는 것을 찾아야 한다.

② 옳다. 루이와 샤를 모두 게르만어를 모어로 사용했다면, 적어도 로망어로 서약 문서를 작성한 루이는 자신의 모어가 아닌 언어로 서약 문서를 작성한 것이 되므로 빈칸에 들어가기에 적절한 내용이다.

오답해설

① 옳지 않다. 이 경우 샤를과 루이 둘 다 자신의 모어로 서약 문서를 작성하지 않았을 가능성이 발생한다.

③ 옳지 않다. 로타르가 분배받은 스트라스부르의 세속어는 빈칸에 들어갈 내용과 관계가 없다.

④ 옳지 않다. 이 경우 둘 다 자신의 모어로 작성했을 가능성이 생기므로, 적절하지 않은 내용이다.

⑤ 옳지 않다. 역시 각자 자신의 모어로 서약 문서를 작성했을 가능성이 생기므로, 옳지 않다.

합격생 가이드

루이는 게르만어를 쓰는 지역을, 샤를은 로망어를 쓰는 지역을 할당받았다는 것과 빈칸 바로 앞뒤의 문장 내용만 파악해도 충분히 답을 찾을 수 있는 문제이다. 빈칸 유형 문제의 경우 정답 도출을 위해 항상 지문 전체를 읽을 필요는 없으므로, 빈칸 바로 앞뒤 내용을 보고도 답이 도출되지 않는 경우가 아니라면 굳이 지문을 끝까지 꼼꼼히 읽으면서 시간을 소모하지 않도록 하자.

CHAPTER
04 사례 찾기·적용

01	02	03	04	05	06	07	08	09	10
②	③	③	⑤	②	③	⑤	④	④	③

01 사례 찾기 · 적용   답 ②

난도 하

풀이시간 1분 30초

정답해설

〈조건〉에서 주장은 역사적 진실과 일치하면 참이고 일치하지 않으면 거짓이라는 사실을, 지문에서 실제로 수학의 불완전성 정리를 증명한 사람은 슈미트라는 사실을 각각 알 수 있다.

② 옳다. 상규의 어제 주장은 거짓이고 오늘 주장이 참이려면, 어제의 '쿠르트'와 오늘의 '쿠르트' 모두 쿠르트여야 한다.

오답해설

① 옳지 않다. 상규의 어제 주장과 오늘 주장이 둘 다 참이려면, 어제의 '쿠르트'는 슈미트를, 오늘의 '쿠르트'는 쿠르트를 가리켜야 한다.

③ 옳지 않다. ②의 해설과 마찬가지로 오늘과 어제의 '쿠르트' 모두 쿠르트여야 한다.

④, ⑤ 옳지 않다. 상규의 어제 주장은 참이고 오늘은 거짓이려면, 오늘과 어제의 '쿠르트'는 모두 슈미트여야 한다.

합격생 가이드

난도가 높은 문제는 아니나, 주어진 조건과 지문의 내용을 정확하게 파악하지 않으면 선지 구성이 모두 유사하기 때문에 헷갈릴 수 있다. 하지만 조건과 지문에서 주어진 사실을 정확히 파악한다면, 오히려 선지 구성이 유사하므로 정답이 아닌 선지를 상대적으로 쉽게 배제할 수 있는 문제이다. 예를 들어, ②번의 옳고 그름 여부를 가리기 위해 선지 내용에 지문과 조건의 내용을 대입하면, 자동적으로 ③이 정답에서 배제되는 형식이므로, 문제 풀이에 소요되는 시간은 길지 않다.

02 사례 찾기 · 적용   답 ③

난도 하

풀이시간 1분 30초

정답해설

ㄱ. 옳다. 구들에 앉는 경우 배가 고루 덥혀 지지 않아 소화 과정에 불균형이 발생하는 것을 해결하기 위해 자극적인 음식을 발전시켰다는 내용과 부합한다.

ㄴ. 옳다. 구들 생활에 익숙해진 우리 민족은 야외 작업에서도 앉아서 하는 습관을 갖게 되었다는 내용으로부터 추론할 수 있다.

오답해설

ㄷ. 옳지 않다. 우리 민족의 남자아이들과 여자아이들이 특정 놀이를 즐겨 하게 된 배경과 구들 사용 간의 관계는 지문을 통해 확인할 수 없다.

합격생 가이드

어렵지 않은 사례 찾기 문제이다. 지문에서 구들 사용으로 어떠한 영향이 생겼는지 이미 제시되었으므로, 이에 부합하는 것을 보기에서 찾으면 된다. 보기 ㄷ의 경우 지문의 내용과 아무런 관계가 없으므로 쉽게 배제할 수 있다.

03 사례 찾기 · 적용   답 ③

난도 하

풀이시간 1분 30초

정답해설

지문에서 제시된 배분원칙의 핵심 내용은 특정 재화나 서비스를 배분할 때 수요자의 개별 특징에 따라 차등적으로 배분해야 한다는 것이다.

ㄷ. 옳다. 이해 당사자들 간 이해관계의 연관성과 민감도라는 개별 특성을 고려하여 사회문제에 대한 결정권에 차등을 두자는 주장이므로, 지문에 나타난 배분원칙이 적용된 것으로 볼 수 있다.

오답해설

ㄱ. 옳지 않다. 취학 연령 아동들의 개별 특성을 고려하지 않고 추첨을 통해 무작위로 선발하는 방식이므로, 지문에 나타난 배분원칙이 적용되지 않았다.

ㄴ. 옳지 않다. 유권자 개인의 특성을 고려하지 않고 유권자 모두에게 동일한 지원액을 분배하자는 주장이므로, 지문의 배분원칙이 적용되지 않았다.

합격생 가이드

지문의 길이가 길지 않으므로 핵심 내용을 쉽게 파악할 수 있다. 지문에서 제시된 배분원칙의 핵심을 파악하고, 그에 부합하는 사례를 찾으면 된다. 최근에는 사례 적용 문제에서 주어지는 지문이 이 문제와 같이 짧은 경우는 많지 않으므로, 난도 상승에 대비할 필요가 있다.

04 사례 찾기 · 적용
답 ⑤

난도 하

풀이시간 1분 30초

정답해설

⑤ 옳다. 지문에 따르면, 마태 효과가 논문 심사, 연구 프로젝트 선정 단계부터 나타날 경우 논문의 질보다 과학자의 명성에 의해 심사 결과가 좌우되어, 과학적 진보를 왜곡할 수 있다는 것이 핵심적인 부정적 측면이다. 따라서 익명성을 유지하여 심사의 공정성을 확보하는 것이 가장 적절한 해결책이 될 것이다.

오답해설

① 옳지 않다. 마지막 문단에 따르면 심사위원이 대개 엘리트로 구성되기 때문에 마태효과의 부정적 측면이 발현되는 것이기도 하기 때문이다.

② 옳지 않다. 지문에 따르면 신진 과학자의 투고율이 낮은 것이 마태 효과의 부정적 측면을 발현시키는 핵심 문제가 아니다. 신진 과학자의 투고율이 높더라도 심사 구조 바꾸지 않으면 마태 효과의 부정적 측면 해소가 어렵다.

③ 옳지 않다. 신진 연구자에 대한 심사가 신진 연구자의 연구 질이나 공로를 평가 절하하는 경향으로 인해 마태효과의 부정적 측면을 유발하는 것이므로, 신진 연구자에 대한 심사절차를 까다롭게 하는 것은 적절한 해결법이 될 수 없다.

④ 옳지 않다. 엘리트 과학자 역시 자신의 명성이 아니라 논문 자체의 질에 의해 평가받아야 한다는 것이 지문의 핵심 내용이며, 이들의 공헌도를 제대로 평가하지 않으면 오히려 다른 방식으로 과학적 진보를 왜곡할 수 있다.

합격생 가이드

지문 내용에 따라 마태 효과의 부정적 측면이 나타나게 되는 핵심 이유가 연구 프로젝트나 논문의 심사 과정에서 연구자의 명성 정도가 심사 결과에 영향을 미치게 되는 것이므로, 이를 배제하기 위해서는 연구자의 명성이 심사결과에 미치는 영향을 제거하기 위한 해결방법을 채택해야 한다는 것을 이해해야 한다.

05 사례 찾기 · 적용
답 ②

난도 하

풀이시간 1분 45초

정답해설

② 옳다. 나영은 가희를 부러워하므로, 부러움의 정의에 따라 (1)보다 (2)를 더 선호한다. 따라서 현재와 같이 가희와 자신 모두 새 옷을 가진 경우보다. 자신은 새 옷을 가졌지만 가희는 새 옷을 갖지 못한 경우를 더 선호할 것이므로, 가희의 새 옷이 없어지길 바랄 것이다.

오답해설

① 옳지 않다. 가희는 나영을 질투하므로, (1)과 (2)의 상황 중 어떤 것을 더 선호하는지 알 수 없다. 따라서 나영의 새 옷이 없어지길 바라는지 알 수 없다.

③ 옳지 않다. 나영은 (1), (2), (4) 중 (2)를 가장 선호하므로, 둘 모두의 옷이 없어지기보다 가희의 새 옷만 없어지기를 바랄 것이다.

④ 옳지 않다. 나영은 (1), (2), (4) 중 (1)을 가장 덜 선호하므로, 둘 다 새 옷을 잃는 것이 둘 다 새 옷을 갖고 있는 것보다 낫다고 생각할 것이다.

⑤ 옳지 않다. 가희는 나영을 질투하므로, 현재상황인 (1)과 둘 다 새옷을 잃는 (4)의 상황 중 어떤 것을 더 선호하는지 알 수 없다.

합격생 가이드

지문에서 제시된 '부러움'과 '질투심'의 정의를 정확히 이해하고, 선지의 사례에 적용할 수 있어야 한다. 이때, 부러움과 질투심에 대한 정의에서 명확하게 비교되지 않은 상황 간의 선호 순서는 알 수 없는 정보임에 주의하자.

06 사례 찾기 · 적용
답 ③

난도 하

풀이시간 1분 45초

정답해설

지문에서 제시된 네트워크의 특성은 총괄 지휘관이 없이도 네트워크가 형성될 수 있으며, 허브가 사라져도 유지가 가능하고, 허브와 다른 조직이 직접 연결되지 않고 분산되어 있으며, 다른 조직들이 자체적으로 유지 가능하다는 것으로 요약될 수 있다.

③ 옳다. 백신 프로그램을 배포하더라도 네트워크는 분산되어 있어 자체적으로 유지 가능하다는 특성을 가지고 있으므로 바이러스가 쉽게 사라지지 않을 것이다.

오답해설

① 옳지 않다. 지문의 내용에 따르면 허브를 파괴하더라도 네트워크는 유지되는 특성을 보인다.

② 옳지 않다. 네트워크에서는 허브와 다른 조직이 나뭇가지 구조의 형태로 연결되어 있지 않다는 내용을 통해 허브와 다른 웹페이지가 두세 클릭만으로 도달 가능하다는 내용은 네트워크의 사례로 적절하지 않음을 알 수 있다.

④ 옳지 않다. 특정 부분에서 발생한 고장이 다른 부분에 연쇄적으로 영향을 주어 정전을 일으켰다는 내용은 조직이 분산되어 자체적으로 유지되는 네트워크의 특성에 부합하지 않는다.

⑤ 옳지 않다. 전 세계 지원자들의 컴퓨터를 하나의 컴퓨터처럼 작동하게끔 연결시킨다는 것은 허브에 있는 사람이 네트워크 전체를 일괄적으로 통제하지 않는다는 네트워크의 특성에 부합하지 않는다.

07 사례 찾기 · 적용
답 ⑤

난도 하

풀이시간 1분 45초

정답해설

A에서 제시된 연구 결과에 따라, 말을 더듬는 사람들이 말을 심하게 더듬는 것은 자신이 말을 더듬는 것을 매우 수치스럽게 여기는 것과 관련이 있다는 것을 알 수 있다. 이는 결국 자신의 결점을 지나치게 부끄럽게 여기는 것이 상황을 악화시킬 수 있다는 것을 나타내고, 이러한 연구 결과와 적절하게 연결될 수 있는 사례는 ㄴ이다.

B에서 제시된 연구 결과에 따라, 한 팔은 정상적이고, 다른 한 쪽 팔은 회복이 필요한 경우 정상적인 팔을 사용하지 못하도록 하고 회복이 필요한 팔만 사용하게 하면 회복이 빨라진다는 것을 알 수 있다. 이러한 연구 결과와 적절하게 연결될 수 있는 사례는 ㅁ이다.

08 사례 찾기 · 적용 답 ④

난도 하

풀이시간 1분 45초

정답해설

지문의 ⊙ 망각의 전략은 변화한 현실을 새로운 현실로 받아들이고, 이전의 정체성과 기억을 잊는 것을 의미한다. 이전의 것을 잊어버리고 이전의 정체성을 버려야만 현실적인 변화가 가능하기 때문이다.

④ 옳지 않다. 자신의 정체성이 분열되었음을 직시하는 경우, 이는 이전의 인간 본질을 기억하고 붙들고 있는 것이므로 새로운 변화를 꾀할 수 없다. 따라서 이는 망각의 전략에 해당하지 않는다.

오답해설

① 옳다. 물화된 세계를 새로운 현실로서 받아들이는 것은 망각의 전략에 해당한다.

② 옳다. 이전의 본질을 버리고 변화를 꾀하는 것은 망각의 전략에 해당한다.

③ 옳다. 현실이 왜곡되었다는 사실을 망각한 채 자기합리화를 통해 이를 수용하는 것은 망각의 전략에 해당한다.

⑤ 옳다. 발생한 변화를 새로운 현실로 인정하며 그 현실에 맞는 새로운 언어를 얻고자 하는 것은 망각의 전략에 해당한다.

합격생 가이드

망각의 전략과 관련된 핵심 키워드는 '수용' 혹은 '적응'이라는 것을 지문 내용을 통해 알 수 있다. 지문의 전체 내용을 읽지 않더라도, 선지 구성 상 망각의 전략과 관련된 핵심 키워드와 반대되는 내용을 담고 있는 한 선지가 이질적으로 느껴지므로, 선지를 우선 읽고 잠정적 정답을 생각해본 후 지문을 가볍게 읽으면서 생각한 정답이 실제 정답이 맞는지 확인만 하고 넘어가도록 한다.

09 사례 찾기 · 적용 답 ④

난도 하

풀이시간 1분 45초

정답해설

이하에서 각 법률의 합헌 여부를 따질 때 언급되지 않은 '중립 원칙'이 있다면, 해당 원칙들은 모두 준수되었다는 것을 의미한다.

법률 B : 합헌이다. 법률 B의 입법을 정당화하면서 법률 B와 관련된 모든 가치관에 의존하였으므로, 합헌이다.

법률 C : 법률 C는 관련된 가치관 중 어느 것도 억제하지 않았으므로 합헌이다.

오답해설

법률 A : 위헌이다. 법률 A와 관련된 인종차별 찬성과 반대라는 두 가지 가치관 중 인종차별에 찬성하는 가치관 하나만을 장려하는 의도를 가졌으므로 위헌이다.

합격생 가이드

이 문제와 같이 조건과 사례의 개수가 동일하게 제시되는 경우, 조건과 사례를 일대일로 매칭해서 판단해야 하는 문제일 가능성이 높다. 문제에서는 중립 원칙 모두를 준수하는 경우 중립으로 판단한다고 하였으나, 실질적으로 한 사례에서 문제가 되는 중립 원칙은 각각 한 가지씩이므로, 이를 염두에 두고 중립 원칙 위반 여부를 판단하면 된다.

10 사례 찾기 · 적용 답 ③

난도 하

풀이시간 2분

정답해설

지문의 내용에 따라 A~E와 보기의 ㄱ~ㅁ을 짝지으면 다음과 같다.

ㄱ - B

ㄴ - A

ㄷ - C

ㄹ - E

ㅁ - D

따라서, 선지 중 A~E와 보기의 ㄱ~ㅁ을 알맞게 짝지은 것은 ③ C - ㄷ 이다.

합격생 가이드

난도는 높지 않으나, 보기와 지문의 내용을 각각 매칭해야 하므로 시간이 많이 소요될 수 있는 문제이다. 각 유형의 특성이 비교적 명확하게 구별되므로, 실전이라면 지문을 꼼꼼히 읽지 않고 핵심 특성만 파악한 후 매칭하는 방식으로 시간을 절약해야 한다.

LEVEL II　중급

01	02							
⑤	④							

01　사례 찾기 · 적용　　　🖹 ⑤

[난도] 중

[풀이시간] 2분

[정답해설]

ㄷ. Ⅰ이 참인 경우, 페르시안 고양이 역시 모든 고양이에 포함되므로 페르시안 고양이 중 혀에 가시돌기가 없는 개체가 발견된 적이 없다는 명제는 반드시 참이 된다. 따라서 ㄷ은 ⊙에 해당한다.

ㅁ. Ⅰ이 참인 경우, Ⅱ는 거짓이 될 수밖에 없으며, Ⅰ이 거짓인 경우, 이에 반대되는 내용인 Ⅱ는 자동적으로 참이 된다. 따라서 ㅁ은 ⓒ에 해당한다.

[오답해설]

ㄱ. Ⅰ이 참이더라도 Ⅱ가 참 또는 거짓이라고 확정할 수 없다. 따라서 ⊙, ⓒ 중 어디에도 해당하지 않는다.

ㄴ. ㄱ과 같은 이유로 ⊙, ⓒ 중 어디에도 해당하지 않는다.

ㄹ. Ⅰ이 참인 경우, Ⅱ는 반드시 거짓이 된다. 그러나 Ⅰ이 거짓이라고 해서, Ⅱ가 반드시 참이라고 할 수 없으므로 ⊙, ⓒ 중 어디에도 해당하지 않는다.

합격생 가이드

보기 ㄹ의 경우, 관계 ⓒ의 정의 중 앞부분은 충족시키기 때문에 정답에 해당하는 것으로 착각할 수 있다. 관계 ⓒ의 정의에 포함된 두 가지 조건을 모두 충족시켜야 한다는 데 주의하고, 항상 밑줄을 끝까지 보도록 하자.

02　사례 찾기 · 적용　　　🖹 ④

[난도] 중

[풀이시간] 2분

[정답해설]

지문에 제시된 관용의 본질적인 두 요소는 첫째, 관용을 실천하는 사람이 관용의 대상이 되는 믿음이나 관습을 거짓이거나 잘못된 것으로 여겨야 한다는 것이고, 둘째, 관용의 대상을 용인하거나 최소한 불간섭해야 한다는 것이다. 이로부터 발생하는 역설은, 어떤 사람이 특정 의견을 폄하하고자 하는 욕구가 클수록, 그리고 비난을 피해 이런 욕구를 성공적으로 자제할수록 관용적이라고 평가하게 된다는 것이다. 또 다른 역설은, 어떤 사람이 용인하는 믿음의 수가 많을수록 더 관용적이라고 평가할 수 있다면, 도덕적으로 잘못된 것까지 용인하는 사람을 우리는 더 관용적이라고 평가해야 하므로 관용적일수록 도덕적으로 잘못을 저지르게 될 가능성이 높아진다는 것이다.

④ 옳다. 그 내용과 관계없이 단순히 더 많은 믿음들을 용인하는 경우 관용적으로 평가된다면, 그렇지 않은 사람에 비해 도덕적으로 잘못된 가르침을 주장하는 종교까지도 용인하는 사람을 더 관용적이라고 평가하게 될 우려가 있다는 것이 지문에서 나타난 '역설'의 내용이다.

[오답해설]

① 옳지 않다. 특정 문제에 대해 별다른 의견이 없는 사람에 대한 평가는 지문의 내용과 관계없다.

② 옳지 않다. 지문의 내용에 따르더라도, 모든 종교적 믿음을 배척하는 사람을 관용적이라고 평가하게 된다는 결론은 도출되지 않는다.

③ 옳지 않다. 다른 믿음을 용인하지 않고 자신의 종교가 주는 가르침만이 유일한 진리라고 믿는 사람은 지문의 내용에 따라 관용적이라고 평가되지 않을 것이다.

⑤ 옳지 않다. 다른 종교의 믿음까지도 용인하는 사람일수록 더 관용적이라고 평가될 수 있으나, 이 선지에는 '역설'의 핵심 내용이 포함되어 있지 않다.

합격생 가이드

단순히 지문의 내용에 부합하는 것을 찾는 것이 아니라, 지문에서 제시된 '역설'의 사례에 해당하는 것을 찾는 문제임에 주의해야 한다. 지문의 '역설'의 핵심 내용은, 단순히 더 많은 믿음을 포용하는 것을 더 관용적이라고 평가한다면, 도덕적으로 옳지 않은 믿음까지도 포용하는 사람을 더 관용적이라고 평가하게 될 위험이 있다는 것이다. 이러한 역설의 핵심 내용을 적절히 포함하고 있는 선지를 찾을 수 있어야 한다.

LEVEL Ⅲ 상급

01	02	03	04						
⑤	①	③	④						

01 사례 찾기 · 적용 답 ⑤

난도 상

풀이시간 2분 15초

정답해설

ㄱ. 옳다. 적혈구가 파괴되면서 빌리루빈이라는 물질이 유리되고, 빌리루빈이 여러 과정을 거치면서 결합 빌리루빈으로 변환되고, 소장으로 배출된 뒤 유로빌리노젠으로 전환된 뒤 그 일부가 소변으로 배출되는 과정을 거치는 것이므로, 소변 내 유로빌리노젠의 양이 정상치보다 높다는 것은 빌리루빈의 생성량이 많다는 것을 의미한다. 따라서, 이 경우 혈액의 적혈구 파괴 비율이 증가하여 빌리루빈 생산량이 많아진 것으로 추측할 수 있다.

ㄴ. 옳다. 비결합 빌리루빈은 혈류를 따라 간으로 이동한 후, 담즙을 만드는 간세포에 흡수된 뒤 글루쿠론산과 결합하여 결합 빌리루빈으로 바뀌게 된다. 이때 혈액 내에 비결합 빌리루빈의 양이 정상치보다 높다는 것은 담즙을 만드는 간세포의 기능에 문제가 있어 비결합 빌리루빈이 결합 빌리루빈으로 전환되지 못한 것으로 해석할 수 있으므로, 옳은 선지이다.

ㄷ. 옳다. 간세포에서 분비된 담즙을 통해 소장으로 들어온 결합 빌리루빈의 절반은 대변으로 배출되므로, 대변 내 결합 빌리루빈이 발견되지 않는 것은 결합 빌리루빈이 소장으로 들어오지 못한 것일 수 있다. 이 경우, 담즙의 배출에 문제가 생겨서 결합 빌리루빈이 소장으로 이동하지 못한 것으로 해석할 수 있으므로 옳다.

합격생 가이드

㉠ 추측의 사례로 적절한 것을 찾기 위해 지문의 전반적인 내용을 이해해야 하는 문제이다. 이 문제와 같이 복잡한 메커니즘을 순차적으로 설명하는 지문이 제시되고, 그 메커니즘에 대한 이해가 문제 풀이의 핵심이 되는 경우 간단한 단어와 화살표 등을 활용하여 내용을 정리하면서 지문을 읽어나가야 문제 풀이 과정에서 지문을 여러 번 읽느라 시간을 낭비하지 않을 수 있다.

02 사례 찾기 · 적용 답 ①

난도 상

풀이시간 2분

정답해설

ㄱ. 옳다. 기차의 정상 운행이라는 사건의 부재로 인해 영지가 지각하게 된 것을 인과의 한 유형으로 받아들임으로써, 영지가 새벽 3시에 일어나 직장에 걸어가는 것이라는 사건의 부재 역시 영지가 지각하게 된 원인으로 받아들여야 하는 문제가 발생하게 된다는 것이므로, ㉠ 문제에 해당하는 적절한 사례이다.

오답해설

ㄴ. 옳지 않다. 영수가 아닌 다른 사람들이 야구공을 던졌다면 역시 유리창은 깨졌을 것이다. 따라서 이 경우, 많은 사람 각각이 야구공을 던지지 않은 것은 유리창이 깨어진 사건의 원인이라고 볼 수 없다.

ㄷ. 옳지 않다. 햇빛을 과다하게 쪼이거나 지속적으로 쪼였다면 화분의 식물이 역시 시들어 죽었을 것이라는 사실로부터, 햇빛을 쪼이는 것 자체가 식물의 성장 원인이 아니라는 결론은 도출되지 않는다. 또한 이 보기는 부재 인과를 인과의 하나로 받아들이면 원인이 아닌 수많은 부재들을 원인으로 받아들여야 하는 문제가 생긴다는 지문 내용과도 부합하지 않는다.

03 사례 찾기 · 적용 답 ③

난도 상

풀이시간 2분

정답해설

③ 옳지 않다. 폭군은 자기 일신만을 받들고 신하의 진실한 충고를 배척하고, 자기만 성스러운 체하는 것인데, 덕종은 자신의 일신만을 받들었다고 보기 어렵고 때로 유능한 관리의 충언도 들었으므로, ㉢에 부합하는 예라고 보기는 어렵다.

오답해설

① 옳다. 태갑과 성왕의 자질이 뛰어나지 못해도, 이윤과 주공이라는 뛰어난 신하에게 정사를 맡겨 인의의 도를 실천할 수 있었으므로 ㉠에 부합하는 예이다.

② 옳다. 문공과 고조는 나라를 부강하게 하였으나, 권모술수의 정치를 행해 백성의 도덕적 교화를 이루지 못했으므로 ㉡에 부합하는 예이다.

④ 옳다. 신종은 왕도정치를 회복하고자 했으나, 왕안석 등 간사한 이들을 분별하지 못해 나라를 망친 경우이므로 ㉣에 부합하는 예이다.

⑤ 옳다. 난왕, 희종, 영종 등은 무기력하고 나태하여 구습만 따르다 점차 나라가 망해가는 것을 지켜보았으므로, ㉤에 부합하는 예이다.

04 사례 찾기 · 적용

답 ④

난도 상

풀이시간 2분 15초

정답해설

밑줄 친 주장을 반박하는 사례가 되기 위해서는, 누군가가 어떤 것을 아는데도 불구하고 위의 세 조건을 충족하지 못하거나, 세 조건을 충족시킴에도 특정한 사실을 안다고 할 수 없는 경우여야 한다.

④ 옳다. 해당 조건은 경찰이 실제로 골목에 와 있고, 경이가 그것을 믿으며, 경찰 복장의 두 남자가 내리는 것을 창을 통해 보았다는 합리적인 근거가 있으므로 TTT의 상황에 해당한다. 그러나 경이가 이때 진짜로 골목 보이지 않는 곳에 경찰이 와 있다는 사실을 안다고 할 수는 없으므로, 세 가지 조건이 만족되었음에도 불구하고 석이가 그 사실을 안다고 할 수 없다. 따라서 밑줄의 주장을 반박하는 적절한 사례이다.

오답해설

① 옳지 않다. FTT의 상황이며, 이 경우 선이가 유한소수임을 사실로서 안다고 할 수도 없다.

② 옳지 않다. TTF의 상황이며, 이 경우 석이가 실제로 정답을 알고 있었다라고 할 수 없다.

③ 옳지 않다. TTT의 상황이고, 이 경우 실제로 민이가 '이번에 마술사가 주사위를 던지면 3이 나올 것이다'라는 것을 알았으므로 밑줄 친 주장을 반박하는 사례로 적절하지 않다.

⑤ 옳지 않다. FTT의 상황이다. 이 경우 연못에 다섯 마리의 오리가 있다는 것 자체가 사실이 아니므로, 숙이가 이 사실을 안다고 할 수도 없다.

CHAPTER 05 논리퀴즈

01	02	03	04						
③	④	③	②						

01 논리퀴즈 답 ③

난도 하

풀이시간 1분 45초

정답해설

지문에서 주어진 조건을 정리하면 다음과 같다.

1) 정희 < 갑수

2) 을수 ≤ 정희, 철희

3) 갑수 ≤ 병수

4) 철희 = 병수 +1 or −1

1)과 2)로부터, 을수 ≤ 정희 < 갑수 의 관계를 확정할 수 있으므로, 을수와 정희는 갑수보다 반드시 나이가 적다. 3)에 따라, 병수는 갑수와 나이가 같거나 갑수보다 나이가 많을 수 있으므로, 갑수보다 나이가 적은 사람에서 배제된다. 4)조건으로부터, 철희는 병수보다도 나이가 많을 가능성이 있다는 것을 알 수 있으므로, 철희 역시 갑수보다 반드시 나이가 적은 사람에서 배제된다. 따라서 답은 ③ 정희, 을수이다.

합격생 가이드

지문의 내용을 부등호 관계로 적절하게 치환했다면 쉽게 풀 수 있는 문제이다. 이때 4)와 같이 확정되지 않은 조건의 경우, 철희가 갑수보다 나이가 적지 않은 경우가 존재할 수 있는지 반례를 찾아 배제하는 방식으로 접근해야 한다.

02 논리퀴즈 답 ④

난도 하

풀이시간 1분 45초

정답해설

문제의 조건을 논리식 형태로 변형하면 다음과 같다.

1) A → B

2) ~A → ~D ∧ ~E

3) B → C ∨ ~A

4) ~D → A ∧ ~C

이 때, 만약 A가 채택되지 않는다고 가정하면, 2)로부터 ~D, ~E이고, 4)로부터 A ~C임을 알 수 있는데, 이는 처음 A가 채택되지 않는다고 가정했던 것과 모순되는 결과이다. 따라서, A는 반드시 채택되어야 한다.

A가 채택되면, 1)에 따라 B도 채택되고, 3)에 따라 C도 채택되어야 한다는 것을 알 수 있다. 또한 4)의 대우에 따라 D도 채택되어야 하며, E의 채택 여부는 알 수 없다. 따라서, 반드시 채택되는 업체는 A, B, C, D 네 군데이다.

합격생 가이드

전형적인 논리 문제이다. 지문의 내용을 빠르고 정확하게 논리식으로 치환한 후, 각 조건 간 연결이나 대우로의 변환 등을 활용하여 정답을 찾으면 된다.

03 논리퀴즈 답 ③

난도 하

풀이시간 1분 45초

정답해설

ㄱ과 ㄴ에 따라 X 행성은 델타 행성을 침공하지 않으며 베타 행성을 침공한다는 것을 알 수 있다. 그리고 이 사실과 ㄹ로부터, X 행성은 감마 행성을 침공하지 않는다는 것을 알 수 있다. 또한 ㄷ에서, X 행성이 감마 행성을 침공하지 않으므로 알파 행성을 침공한다는 것을 알 수 있다. 따라서, X 행성이 침공할 행성을 모두 고르면 알파와 베타 행성이다.

04 논리퀴즈　　　　　　답 ②

난도 하

풀이시간 2분

정답해설

지문의 조건을 간략하게 나타내면 다음과 같다.

- 생산적 사회에서 평화롭게 사는 것 : 생산·평화
- 기본적인 사회 원리를 수용하는 것 : 사회 원리
- 물리적 힘이 사용되는 것 : 물리
- 생각의 자유와 자신의 이성적 판단에 따라 행동할 수 있는 자유 인정 : 자유
- 개인의 권리 침해 : 권리 침해
- 지식 교환의 가치를 사회로부터 얻는 것 : 지식 교환

1) 생산·평화 → 사회 원리

2) 사회 원리 → ∼권리 침해

3) ∼자유 → 권리 침해

4) 권리 침해 → 물리

5) 지식 교환 → 생산·평화

ㄱ. 옳다. 보기 ㄱ을 논리 기호로 표현하면 생산·평화 → 자유이다. 1), 2)와 3)의 대우를 연결하면 도출 가능한 내용이므로, 옳은 보기이다.

ㄹ. 옳다. 보기 ㄹ를 논리 기호로 표현하면 권리 침해 → ∼지식 교환이다. 조건 1), 2), 5) 각각의 대우를 연결하면 도출 가능한 내용이므로, 옳은 보기이다.

오답해설

ㄴ. 옳지 않다. 보기 ㄴ을 논리 기호로 표현하면 ∼물리 → 생산·평화이다. 지문이 조건에 따라 도출할 수 없는 내용이다.

ㄷ. 옳지 않다. 보기 ㄷ을 논리 기호로 표현하면 물리 → 자유이다. 지문의 조건 3)과 4)를 통해 이 명제의 역이 성립한다는 사실은 확인할 수 있으나, 그로부터 ㄷ 내용이 참인지는 알 수 없다.

합격생 가이드

이러한 유형의 논리퀴즈 문제의 경우, 지문에 주어진 긴 문장들을 해설과 같이 짧은 키워드로 치환하여 논리식으로 정확하게 정리하는 것이 문제 풀이의 핵심이다. 지문이 길어 보이더라도 막상 논리식으로 정리하면 어렵지 않은 문제인 경우가 많으므로, 평소 모의고사를 통해 지문 내용을 논리식으로 바꾸는 연습을 많이 해보아야 한다.

LEVEL II	중급

01	02	03	04	05	06	07	08	09	10
②	②	⑤	②	④	②	②	④	①	②
11	12	13	14	15	16				
③	①	⑤	⑤	②	③				

01 논리퀴즈　　　　　　답 ②

난도 중

풀이시간 2분

정답해설

C의 진술이 참이라고 가정하면, D는 2위이고, C의 진술이 참이기 위해 C는 1위가 되어야 한다. 그러나 이 경우 A가 C보다 낮은 순위임에도 불구하고 A의 C에 대한 진술이 참이 되는 모순이 발생한다. 따라서 C의 진술은 거짓일 수밖에 없고, D는 2위가 아니면서 C보다 높은 순위라는 것을 알 수 있다. D가 3위이고 C가 4위인 경우를 가정하면, A가 C보다 높은 순위이므로 A의 진술은 참이 되어야 하나 C가 4위이므로 A의 C에 대한 진술은 거짓이 되어야 한다. 이는 모순이므로, D는 1위여야 한다는 것을 알 수 있다. 만약 C가 2위라면, A의 C에 대한 진술이 참이지만 A는 C보다 낮은 순위이므로 A의 C에 대한 진술은 거짓이어야 하는 모순이 발생한다. 따라서 C는 2위가 될 수 없으며, A의 진술이 거짓이어야 하기 때문에 A는 C보다 순위가 낮다는 것을 알 수 있다. 따라서 이 모든 조건을 만족하기 위해 B가 2위, C가 3위, A가 4위여야 한다. 이에 따르면, 반드시 참인 것은 ②이다.

합격생 가이드

주로 문제에서 주어진 진술 중 C의 진술과 같이 가장 단순한 진술을 우선적으로 참 또는 거짓으로 가정한 후, 그에 따라 논리를 전개하는 경우 모순이 발생하는지를 체크하면서 문제를 풀어야 한다. 조건을 순차적으로 적용하면서 모순이 존재하는 상황을 배제하여, 논리적으로 모순이 없는 상황을 찾아내고, 그 상황에 부합하는 선지를 골라낸다.

02 논리퀴즈　　　　　　답 ②

난도 중

풀이시간 2분

정답해설

문제에서 주어진 진술에 1, 2, 3, 4, 5 순서대로 번호를 붙이고, 각 진술을 단순화하면 다음과 같다.

1. 갈색 ∨ 키가 큼

2. 갈색 → 안경 씀

3. 안경 씀 ∨ 왼손잡이

4. 갈색 → ∼안경 씀

5. ∼안경 → ∼키가 큼

진술 2와 진술 4는 서로 모순관계이므로, 이 진술들이 모두 참이기 위해서는 범인의 머리카락이 갈색이 아니어야 한다는 사실을 알 수 있다. 진술 1에 따라, 범인의 머리카락이 갈색이 아니므로 범인은 키가 크다. 진술 5의 대우는 '키가 큼 → 안경 씀'이므로, 범인은 안경을 쓴다는 것을 알 수 있다. 범인이 왼손잡이인지 여부는 주어진 진술들을 통해 도출할 수 없다.

② 옳다.

오답해설

① 옳지 않다. 왼손잡이인지 여부는 알 수 없다.

③ 옳지 않다. 왼손잡이인지 여부는 알 수 없다.

④ 옳지 않다. 머리카락이 갈색이 아님을 확실히 알 수 있다.

⑤ 옳지 않다. 키가 크다는 사실은 확실히 알 수 있다.

합격생 가이드

진술 2와 진술 4와 같이 서로 명확하게 모순관계인 진술들이 제시된 경우, 해당 진술들로부터 문제 풀이를 시작하는 것이 좋다. 명확한 모순관계인 진술들로부터 먼저 정보를 얻고, 획득한 정보를 바탕으로 다른 진술들을 통해 범인의 인상착의에 해당하는 것을 순차적으로 도출해 나가야 한다.

---

03 논리퀴즈

답 ⑤

난도 중

풀이시간 2분

정답해설

지문을 통해 알아낼 수 있는 정보들을 정리하면 다음과 같다.

- 시험관 X에 D는 포함되어 있지 않음

네 가지 방법에 의한 결과가 모두 양성이라는 사실로부터,

- 시험관 X에 A와 C가 포함되어 있음
- 시험관 X에 B는 포함되어 있지 않음
- 감마 방법보다 베타 방법을 먼저 사용했음(베타 방법이 마지막으로 사용한 방법이 아님)
- 감마 방법을 델타 방법보다 먼저 사용했고, 시험관 X에 D가 포함되지 않았으므로 E가 포함되어 있음

따라서, ㄱ, ㄴ, ㄷ 모두 옳다.

합격생 가이드

네 가지 검사 방법의 내용을 논리적 기호로 치환하여 풀이하면 간단히 풀 수 있는 문제이다. 감마 방법의 경우, 다른 방법과 달리 '~한 조건 하에서 음성이다'라는 형식으로 문장을 제시하여 사소한 변칙적 함정을 만든 듯하다. 실전에서는 이러한 디테일을 놓치기 쉬우므로, 평소 사소한 함정에 빠지지 않기 위해 지문을 꼼꼼하고 정확하게 읽는 연습을 해야 한다.

---

04 논리퀴즈

답 ②

난도 중

풀이시간 2분

정답해설

② 옳다. 병은 무가 수용분야에 선정되지 않았다고 진술하고, 정은 무가 수용분야에 선정되었다고 진술하고 있으므로 병과 정의 진술이 동시에 참일 수는 없다. 따라서, 네 사람 중 병 혹은 정이 틀린 진술을 한 사람이므로, 둘 중 한 사람의 말이 참이고 다른 한 사람의 말은 거짓인 경우를 가정하여 접근해야 한다.

만약 병의 진술이 참이고 정의 진술이 거짓이라면, 을은 이해분야에 선정되지 않고 무는 수용분야에 선정되지 않아야 한다. 또한 갑, 을, 무의 진술 역시 참이어야 하므로, 무의 진술에 따라 병은 선정되지 않고, 정은 확산분야에 선

정되어야 한다. 이에 따르면 무는 수용분야에 선정되지 않고, 정은 확산분야에 선정되어야 하는데, 이는 을의 진술과 모순이다. 따라서, 병의 진술이 거짓이고 갑, 을, 정, 무의 진술이 참이라는 것을 알 수 있다. 정의 진술이 참이므로, 갑은 융합분야에, 무는 수용분야에 선정되고, 무의 진술에 따라 정은 확산분야에 선정된다. 병을 제외한 네 명이 선정되어야 하므로 을은 이해분야에 선정되어야 한다.

오답해설

① 옳지 않다. 갑은 선정되었다.

③ 옳지 않다. 병은 선정되지 않았다.

④ 옳지 않다. 정은 확산분야에 선정되었다.

⑤ 옳지 않다. 무는 수용분야에 선정되었다.

합격생 가이드

병과 정의 진술과 같이 서로 모순되는 진술이 문제에서 제시되는 경우, 해당 진술들이 동시에 참일 수는 없으므로 한 진술이 참이고, 다른 진술이 거짓인 경우를 가정하여 문제에 접근하면 쉽게 풀 수 있다. 처음 가정한 상황에 따라 논리를 전개하다 모순이 발견되는 경우, 처음 가정에 반대되는 가정이 참이므로, 참인 가정에 따라 논리를 전개하며 정답을 찾으면 된다.

---

05 논리퀴즈

답 ④

난도 중

풀이시간 2분

정답해설

주어진 정보들을 바탕으로 세 사람의 지붕 색, 애완동물, 직업을 추론하면 다음과 같다. 광수는 광부이고, 농부와 의사의 집은 서로 이웃하여 있지 않으므로 광부인 광수가 가운데 집에 살아야 한다. 가운데 집에 사는 사람은 개를 키우지 않으므로, 광수는 개를 키우지 않는다. 의사의 집과 이웃한 집은 가운데 집밖에 없으므로, 광수는 노란 지붕 집에 산다. 원태는 빨간 지붕 집에 살기 때문에, 수덕은 파란 지붕 집에 살면서 고양이를 키운다. 따라서 원태는 개를 키우고, 광수는 원숭이를 키우게 되며, 수덕과 원태의 직업은 확정되지 않는다. 이를 표로 나타내면 다음과 같다.

구분	수덕	원태	광수
지붕색	파랑	빨강	노랑
동물	고양이	개	원숭이
직업	농부 or 의사	농부 or 의사	광부

따라서, 보기 중 반드시 참이라고 할 수 없는 것은 ㄱ, ㄴ, ㅁ이다.

06 논리퀴즈   답 ②

[난도] 중

[풀이시간] 2분

[정답해설]

지문의 내용을 정리하면, 합리적 선택에 따른 행위는 모두 자발적 행위에 포함되며, 자발적 행위의 범위는 합리적 선택에 따른 행위의 범위보다 더 넓다. 따라서 자발적 행위 중 합리적 선택에 따른 행위가 아닌 것이 있다. 또한, 욕망이나 분노에서 비롯된 행위 중 마땅히 욕망해야 할 것을 하는 행위는 자발적 행위에 포함되며, 그렇지 않은 행위는 비자발적 행위이다.

② 옳다. 자제력이 있는 사람은 합리적 선택에 따라 행위하고, 합리적 선택에 따른 행위는 모두 자발적인 것이므로 옳은 선지이다.

[오답해설]

① 옳지 않다. 욕망에 따른 행위 중 마땅히 욕망해야 하는 것을 욕망하는 행위만 자발적인 행위에 포함된다.

③ 옳지 않다. 자제력이 없는 사람은 욕망 때문에 행위하나, 욕망에 따른 행위가 모두 비자발적인 것은 아니므로 옳지 않다.

④ 옳지 않다. 합리적 선택에 따른 행위는 모두 자발적인 행위이나, 자발적인 행위의 범위는 그보다 더 넓다는 내용을 통해, 자발적인 행위가 모두 합리적 선택에 따른 행위는 아니라는 것을 알 수 있다.

⑤ 옳지 않다. 마땅히 욕망해야 할 것을 하는 행위는 자발적인 행위에 해당하나, 자발적인 행위의 범위는 합리적 선택에 따른 행위의 범위보다 넓기 때문에 마땅히 욕망해야 할 것을 하는 행위라고 해서 항상 합리적 선택에 따른 행위라고 할 수는 없다.

합격생 가이드

지문에서 합리적 선택에 따른 행위와 자발적 행위, 욕망이나 분노에 따른 행위 사이의 관계를 여러 문장으로 복잡하게 제시하고 있어 헷갈릴 수 있다. 이러한 유형의 경우 벤다이어그램과 같은 관계도를 활용하여 행위들 사이의 관계를 정립하면 문제 풀이가 보다 수월해진다.

07 논리퀴즈   답 ②

[난도] 중

[풀이시간] 2분

[정답해설]

지문에서 주어진 정보들을 순서대로 1, 2, 3, 4, 5번 조건이라고 하자. 2, 4번 조건에 의해, 대한민국은 B국과 상호방위조약을 갱신하고, A국과는 갱신하지 않는 것을 알 수 있다. 또한 1, 3번 조건으로부터, A국과 상호방위조약을 갱신하지 않고, 주변국과 합동 군사훈련을 실시한다는 사실이 확정되었으므로 동북아 안보 관련 안건을 상정할 수 없다는 사실을 알 수 있다. 이에 더해 조건 5로부터, 대한민국이 동북아 안보 관련 안건을 상정할 수 없는 경우 6자 회담을 올해 내로 성사시켜야 한다는 사실을 알 수 있으므로, 대한민국은 6자 회담을 올해 내로 성사시켜야 한다.

즉 정리하면, 대한민국이 반드시 선택해야 하는 정책은 B국과의 상호방위조약 갱신, 주변국과 합동군사훈련을 실시, 올해 내 6자회담 성사이다. 따라서 선지 중 답은 ②이다.

합격생 가이드

주어진 조건이 여러 가지인 경우, 조건 2, 3, 5와 같이 '만약~라면, ~이다' 형태의 불확정적 조건보다는, 조건 4 혹은 조건 1과 같이 이미 확정되어 있는 정보로부터 문제 풀이를 시작해야 한다. 확정되어 있는 정보를 다른 조건에 대입하여, 논리적으로 도출해 낼 수 있는 정보들을 찾아내는 방식으로 풀이하면 쉽게 풀 수 있는 유형의 문제이다.

08 논리퀴즈   답 ④

[난도] 중

[풀이시간] 2분

[정답해설]

④ 옳지 않다. CFA와 같이 위촉하는 경우 D와 E 모두 위촉하지 않을 수 있다.

[오답해설]

① 옳다. 총 3명만 위촉하는 방법은 CDA, CFA, CFB의 세 가지이다.

② 옳다. CFB와 같이 위촉하는 경우 A는 위촉하지 않을 수도 있다.

③ 옳다. B를 위촉하는 경우, C가 반드시 위촉된다는 사실은 이미 알려져 있으며, C를 위촉하기 위해서는 D, E, F 중 적어도 한 명을 위촉해야 한다. 이때, B가 위촉되었으므로 D를 위촉할 수는 없고, 따라서 E혹은 F가 위촉되어야 하는데 E를 위촉하는 경우에는 반드시 F도 위촉해야 하므로, 어떠한 경우를 가정하건 B가 위촉된다면 F도 위촉되어야 한다.

⑤ 옳다. C는 반드시 위촉된다는 사실이 이미 알려져 있고, A와 B중 한 사람은 필수적으로 위촉해야 하므로 D를 포함해서 최소인원을 위촉하는 방법은 CDA 한 가지밖에 없다. 따라서 총 3명을 위촉해야 한다.

합격생 가이드

이 문제의 경우, 선지 ①에서 생각해낼 수 있는 예시들을 그대로 활용하여 선지 ②, ④, ⑤의 정오를 쉽게 판단할 수 있다. 논리퀴즈 유형에서 반례를 찾아야 하는 문제의 경우, 한 가지 선지 혹은 보기에서 생각해낼 수 있는 사례를 가지고 다른 선지 혹은 보기들의 정오판별이 가능한 경우가 많다. 매 선지 혹은 보기마다 다른 사례를 생각해내려 하지 말고, 앞서 찾았던 사례를 우선적으로 활용하여 효율적으로 다른 선지들의 정오판단을 하도록 하자.

09 논리퀴즈

답 ①

난도 중

풀이시간 2분

정답해설

지문에 제시된 조건들을 다음과 같이 단순하게 치환하였다.

- 기계 M의 오작동이 원인 : M
- X공장 또는 Y공장에서 화재 발생 : X, Y
- 방화가 화재의 원인 : 방화
- 감시카메라에 수상한 사람이 찍힘 : 감시
- 방범용 비상벨이 작동 : 방범
- B지역 또는 C지역으로 화재 확대 : B, C
- 시설 노후화로 인한 누전이 화재의 원인 : 누전
- 을, 병, 정에게 책임이 있음 : 을, 병, 정

이를 이용하여, 지문의 내용을 논리식 형태로 정리하면 다음과 같다.

M → X∧Y, X

방화 → 감시∧방범, 방범 → B∧~C, ~B, 감시

누전 → 을∨병, 을 → ~정

ㄱ. 옳다. 주어진 조건으로부터, X, Y공장에서 모두 화재가 발생했다고 해서 기계 M의 오작동이 화재의 원인이라고 단정할 수 없다.

ㄷ. 옳다. 주어진 조건에서 C지역에 화재가 확대되었다면, 방범용 비상벨이 작동하지 않았을 것이고, 방법용 비상벨이 작동하지 않았다면 방화가 이번 화재의 원인이 아님을 알 수 있다.

오답해설

ㄴ. 옳지 않다. 병에게 책임이 없다고 해도, 을에게 책임이 있는지 여부는 알 수 없으므로, 정의 책임 여부를 확정할 수 없다.

ㄹ. 옳지 않다. 정에게 이번 화재의 책임이 있다면, 을에게는 이번 화재의 책임이 없지만, 을에게 이번 화재의 책임이 없다는 것만으로는 주어진 조건 하에서 누전이 화재의 원인이라고 단정할 수 없다.

합격생 가이드

지문의 내용을 간명한 논리식 형태로 정확하게 치환하는 것이 문제풀이의 핵심이다. 각 보기의 내용이 주어진 조건 내에서 논리적으로 도출 가능한 정보인지 아닌지를 잘 판단해야 한다.

10 논리퀴즈

답 ②

난도 중

풀이시간 2분

정답해설

지문의 내용을 단순하게 치환해서 나타내면 다음과 같다.

진화 심리학∧유전자 결정론 → ~자유 의지

~자유 의지 → ~양심과 도덕의 문제에 관심

양심과 도덕의 문제에 관심

~유전자 결정론 → 현대 생물학의 몇몇 이론 포기

~현대 생물학의 몇몇 이론 포기

현대 생물학이 몇몇 이론 포기 → 과학 전반을 불신

ㄱ, ㄷ 지문을 통해 양심과 도덕의 문제에 관심을 갖지 않을 수 없다는 것을 확인할 수 있으므로, 인간에게 자유의지가 있음을 알 수 있다. 또한 현대 생물학의 몇몇 이론을 포기할 수 없다는 것으로부터, 유전자 결정론이 옳다는 것을 알 수 있고, 인간에게 자유 의지가 있고 유전자 결정론이 옳다는 것으로부터 진화 심리학의 가르침이 옳지 않다는 것을 알 수 있다.

오답해설

ㄴ. 옳지 않다. 유전자 결정론은 옳지만 진화 심리학의 가르침이 옳지 않다.

ㄹ. 옳지 않다. 지문에서 알 수 없는 내용이다.

11 논리퀴즈

답 ③

난도 중

풀이시간 2분

정답해설

우선 지문에 주어진 조건으로부터, 〈미래〉는 업무적격성 재평가 대상에서 제외되었으며, 가용과 나윤 모두 개인 평가에서 부적격 판정을 받지 않았다는 것을 알 수 있다.

ㄱ. 옳다. 가용은 개인 평가에서 부적격 판정을 받지 않았으므로, 〈미래〉의 또 다른 과제였던 나노 기술 지원 사업은 성공적이었어야 한다.

ㄴ. 옳다. 드론 법규 정비 작업이 성공적이지 않은 경우 나윤과 다석 중 적어도 한 사람이 개인 평가에서 부적격 판정을 받게 되므로, 다석 역시 개인 평가에서 부적격 판정을 받지 않았다면 드론 법규 정비 작업은 성공적이었을 것임을 알 수 있다.

오답해설

ㄷ. 옳지 않다. 드론 법규 정비 작업이 성공적이지 않다면 나윤과 다석 중 한 사람은 개인 평가에서 부적격 판정을 받았을 것이고, 나윤이 개인 평가에서 부적격 판정을 받지 않았다는 것은 확인된 사실이므로 이 경우 다석이 부적격 판정을 받았을 것이다. 그러나 이로부터 라율이 개인 평가에서 부적격 판정을 받았을 것인지는 알 수 없다.

12 논리퀴즈

답 ①

난도 중

풀이시간 2분

정답해설

A팀에서 독신인 사원은 모두 파견을 가지 않았고, 파견을 가지 않은 사원은 모두 여성이라는 점에서, 독신이면서 여성인 사원이 존재하기 위해 충족되어야 하는 조건은 독신인 사원이 한 명이라도 존재해야 한다는 것이다. 따라서 (가)에는 ㄱ이 들어가야 한다.

B팀에는 남성이면서 독신인 사원이 여럿 있고, 모든 독신 사원들은 사내의 이성과 연인이 되기를 갈망하므로, 남성이면서 독신인 사원은 모두 사내의 이성과 연인이 되기를 갈망할 것이다. 따라서, (나)에는 ㄷ이 들어가야 한다.

합격생 가이드

A팀에서 '박사학위를 지닌 팀원' 조건이나 'B팀에서 A팀으로 파견을 가고 싶어 하는 사람이 있을지도 모른다'는 내용은 정답 도출과 관련이 없다. 논리 문제에서도 문제 풀이에 필요한 조건과 필요하지 않은 내용을 정확하게 분별하여 접근하지 않으면 쓸데없이 시간을 소모하게 되므로, 문제에서 찾아야 하는 것이 무엇인지 파악하고 정답 도출을 위해 필요한 조건이 무엇인지 선별해내야 한다.

13 논리퀴즈

답 ⑤

난도 중

풀이시간 2분

정답해설

A상자의 안내문 2)와 C상자의 안내문 1)이 동일하고, 이 안내문들은 B상자의 안내문 2)와 D상자의 안내문 1)과 모순된다. 우선 C상자에 진짜 열쇠가 들어있지 않다고 가정하면, A상자의 안내문 2)와 C상자의 안내문 1)이 거짓이 되므로, 자동으로 A상자의 안내문 1)과 C상자의 안내문 2)가 참이 된다. A상자의 안내문 1)에 따라 D상자의 안내문 1)이 거짓이 되므로, D상자의 안내문 2)가 참이어야한다. D상자의 안내문 2)가 참이면 C상자의 안내문 2)가 거짓이어야 하는데, 이는 앞서 가정한 것과 모순이다. 따라서, C상자에 진짜 열쇠가 들어있다는 것을알 수 있다.

C상자에 진짜 열쇠가 들어 있으므로, A상자의 안내문 2)와 C상자의 안내문 1)이 참이고, B상자의 안내문 2)는 거짓이고 안내문 1)은 참이며, D상자의 안내문 1)은 거짓이고 안내문 2)는 참이라는 것을 알 수 있다. 이 때 D상자의 안내문 2)가 참이므로, C상자의 안내문 2)가 거짓이라는 것은 알 수 있지만, 주어진 내용을 통해 A상자의 안내문 1)의 참 거짓 여부는 알 수 없다.

⑤ 옳지 않다. 주어진 내용을 통해 A상자의 안내문 1)의 참 거짓 여부를 알 수 없으므로, 어떤 진짜 열쇠도 순금으로 되어 있지 않다는 문장의 진위 여부를 판별할 수 없다.

오답해설

① 옳다. B상자의 안내문 1)이 참이므로 B상자에 가짜 열쇠가 들어있지 않다는 것을 알 수 있다.

② 옳다. C상자의 안내문 1)이 참이므로, C상자에 진짜 열쇠가 들어 있지 않다는 문장이 거짓임을 확인할 수 있다.

③ 옳다. C상자에 열쇠가 들어있으므로, D상자의 안내문 1)은 거짓임을 확인할수 있다.

④ 옳다. D 상자의 안내문 2)가 참이므로, 가짜 열쇠 중 어떤 것은 구리로 되어 있다는 문장이 참임을 알 수 있다.

14 논리퀴즈

답 ⑤

난도 중

풀이시간 2분 15초

정답해설

세 명의 사무관들이 각각 외부 인사의 성명을 한 사람만 올바르게 기억해야 한다는 조건을 만족시키는 이름의 조합을 선지에서 찾아야 한다.

⑤ 옳다. 모든 조건을 만족하는 적절한 조합이다.

오답해설

① 옳지 않다. 혜민과 서현이 한 명의 성명도 올바르게 기억하지 못하는 것이 되므로 조건을 만족하는 조합이 될 수 없다.

② 옳지 않다. 서현이 모든 외부 인사의 성명을 올바르게 기억하는 것이 되므로 조건을 만족하는 조합이 될 수 없다.

③ 옳지 않다. 민준이 외부 인사 두 명의 성명을 올바르게 기억하는 것이 되므로 조건을 만족하는 조합이 될 수 없다.

④ 옳지 않다. 민준이 외부 인사 한 명의 성명도 올바르게 기억하지 못하는 것이 되므로 조건을 만족하는 조합이 될 수 없다.

세 사무관 모두 이름은 정확하게 기억하고 있고, 성에 대한 기억이 다른 것이므로, 세 외부 인사의 이름과 각각의 사무관들이 기억하고 있는 성씨를 표로 그려서 접근하도록 한다. 논리식을 써서 풀이할 수 있는 유형의 문제가 아니므로, 표를 미리 그려 놓고 선지의 이름 조합 중 조건을 만족시키지 못하는 선지를 소거하는 방식으로 푸는 것이 좋다.

15 논리퀴즈

답 ②

난도 중

풀이시간 2분 15초

정답해설

ㄷ. 옳다. 정은 서울 청사에 근무하고, 서울 청사의 사무관 수가 가장 적다.

오답해설

알려진 네 가지 사실과 다른 조건을 토대로 할 때, 정은 서울 청사에서 근무하고, 갑과 병 중 한 명이 세종 청사에서 근무하며, 과천 청사에서 근무하는 사무관이 이들 중 2명이므로, 을은 과천 청사에서 근무하는 것을 알 수 있다. 또한 을이 근무하는 청사는 사무관 수가 가장 적은 청사가 아니고, 을이 일자리 창출 업무를 겸임하지 않는다는 것으로부터 과천 청사는 사무관 수가 두 번째로 많은 청사가 아니다. 따라서, 사무관 수가 많은 순서대로 청사를 나열하면, 과천, 세종, 서울 순이다.

ㄱ. 옳지 않다. 을 외에 모든 사무관이 일자리 창출 업무를 겸임하고 있으므로, 서울 청사에서 근무하는 정 역시 일자리 창출 업무를 겸임한다.

ㄴ. 옳지 않다. 을은 과천 청사에서 근무하고, 병은 세종 혹은 과천 청사에서 근무한다.

조건을 차근차근 적용해 나가면 답은 어렵지 않게 도출되므로 난도 자체는 높지 않으나, 문제 해결을 위해 고려해야 하는 조건이 많아 시간을 많이 소요할 수 있는 문제 유형이다. 지문의 조건이 많기 때문에 실전에서 당황하면 주어진 조건을 놓쳐서 답이 확정되지 않는 것으로 착각할 수 있으므로, 시간적 여유가 없다면 일단 넘어갔다가 다른 문제를 풀고 돌아와서 차분히 여유를 두고 풀 필요가 있다.

16 논리퀴즈

답 ③

난도 중

풀이시간 2분 15초

정답해설

A~E의 진술 중, E는 무단투기하는 사람을 아무도 보지 못했다고 하는 반면, A와 B는 E가 무단투기범을 보았다고 진술하고 있으므로, 진술이 서로 모순된다. 또한 C는 E의 진술이 참이라고 진술하였으므로, E의 진술이 참이면 C의 진술도 참이 되고, E의 진술이 거짓이면 C의 진술도 거짓이 된다. 이에 따라 A, B의 이야기가 거짓이거나, C, E의 이야기가 거짓인 두 가지 경우를 나누어서 생각해볼 수 있다.

ⅰ) A, B의 진술이 거짓이고 C, D, E의 진술이 참인 경우

C의 진술에 따라 D는 무단투기범이 아니고, D의 진술에 따라 B도 무단투기범이 아니며, E의 진술에 따라 A와 E도 무단투기범이 아니다. 따라서, C가 쓰레기를 무단투기한 사람이 된다.

ⅱ) C, E의 진술이 거짓이고 A, B, D의 진술이 참인 경우

B의 진술이 참이므로, D가 쓰레기를 무단투기한 범인이다. 그런데 E의 진술이 거짓이므로, A와 E 중 쓰레기를 무단투기한 사람이 있어야 한다. 쓰레기를 무단투기한 사람은 한 명 뿐이므로, 이는 모순이다. 따라서, 모순 없이 논리적으로 가능한 경우는 ⅰ)뿐이라는 것을 알 수 있다.

합격생 가이드

A, B의 진술과 E의 진술이 모순되고, C의 진술은 E의 진술과 참거짓 여부가 동일할 수밖에 없다는 점을 가장 먼저 파악해야 한다. 이러한 유형의 논리 문제는 대체로 모순되는 경우들을 각각의 상황으로 설정하고, 어떠한 경우가 논리적으로 가능한 경우인지 확인하여 정답을 도출하는 전형적인 방법을 따른다는 것을 기억하자.

LEVEL Ⅲ   상급

01	02	03	04	05	06			
④	②	④	①	⑤	③			

01 논리퀴즈 답 ④

난도 상

풀이시간 2분

정답해설

④ 옳다. 나선형 바이러스는 항상 뮤-파지 방식으로 감염되므로, 바이러스 Y가 람다-파지 방식으로 감염된다는 것을 고려할 때 바이러스 Y는 나선형일 수 없다.

오답해설

① 옳지 않다. 두 번째 문단에서, '이 형태들 중에서 많이 발견되는 것이 나선형, 원통형, 이십면체형이다'라는 내용이 제시되었으므로, 이 세 형태 이외에도 다른 형태가 존재할 수 있다. 따라서, 바이러스 X가 람다-파지 방식으로 감염되었더라도 원통형이 아닐 수 있다.

② 옳지 않다. 첫 번째 문단에서, 람다-파지 방식의 경우 중추신경계와 호흡기에 감염이 가능하다는 것을 알 수 있다.

③ 옳지 않다. 바이러스 Y 역시 바이러스 X와 마찬가지로 람다-파지 방식으로 감염되므로, 중추신경계 또는 호흡기에 감염이 가능하고, 따라서 항상 호흡기에 감염된다고 할 수 없다.

⑤ 옳지 않다. 나선형 바이러스는 모두 뮤-파지 방식으로 감염되고, 뮤-파지 방식은 중추신경계를 감염시키지 않는다.

합격생 가이드

나선형 바이러스 → 뮤-파지 방식 감염의 관계는 성립하지만, 두 번째 문단에서 가장 많이 발견되는 세 유형 이외에 다른 유형들이 존재한다는 단서를 주었으므로, 이 관계의 역은 성립하지 않을 수 있다는 것을 파악해야 한다. 이 단서를 놓치는 경우 ①과 ④ 모두 정답인 것으로 오인할 수 있으므로, 긴 지문 형태로 주어지는 논리 문제의 경우 단서를 놓치지 않도록 주의하자.

02 논리퀴즈 답 ②

난도 상

풀이시간 2분 15초

정답해설

지문에 제시된 조건들을 다음과 같이 치환하였다.

• A정책이 효과적이다 : A효과
• 부동산 수요가 조절되거나 공급이 조절된다 : 수요, 공급
• 부동산 가격이 적정 수준에서 조절된다 : 가격
• 물가가 상승한다 : 물가
• 서민들의 삶이 개선된다 : 서민

지문에서 제시된 정보에 따라,

1) A효과 → 수요 ∨ 공급
2) 가격 → A효과
3) 가격 ∧ ~물가 → 서민

4) 가격

5) 물가 → ~수요∧~서민

6) 물가

② 옳다. 2)와 4)로부터 A 정책이 효과적이라는 것을 알 수 있고, 5)와 6)으로부터 부동산 수요가 조정되지 않는다는 것을 알 수 있으므로, 1)에 따라 부동산 공급이 조절되어야 한다.

오답해설

① 옳지 않다. 물가가 상승한다는 것과, 부동산 가격이 적정 수준에서 조절된다는 조건이 확정되었으므로, 5)로부터 부동산 수요가 조절되지 않고, 서민의 삶이 개선되지 않는다는 것을 알 수 있다.

③ 옳지 않다. 6)으로부터 A 정책의 효과성 여부와 관계없이 물가는 상승한다는 것을 알 수 있다.

④ 옳지 않다. 5)와 6)으로부터 A 정책의 효과성 여부와 관계없이 부동산 수요가 조절되지 않는다는 것을 도출할 수 있다.

⑤ 옳지 않다. 4)로부터 A 정책의 효과성 여부와 관계없이 부동산 가격은 적정 수준에서 조정된다는 사실을 알 수 있다.

합격생 가이드

지문을 논리식으로 치환하는 과정에서, 처음에 부동산 수요와 공급, 가격 조절을 각각 구분해야 하는지 헷갈릴 수 있다. 이와 같은 문제가 주어지는 경우, 각각의 명제를 정확하게 구분하여 치환해야 한다. 또한 이 문제와 같이 4)와 6)처럼 확정적인 조건을 제시해 주는 경우, 해당 조건을 가장 먼저 이용하여 문제를 풀어야 한다는 사실을 잊지 말자.

03 논리퀴즈 답 ④

난도 상

풀이시간 2분 15초

정답해설

지문에서 제시된 관계들을 간략하게 정리하면 다음과 같다.

1) 양적완화 → 달러화 가치 하락

2) 양적완화 → 달러 환율 하락 → 수출 감소 → ~경제 주요지표 개선

3) ~양적완화 → 미국 금리 상승 → 우리 금리 상승 → 외국인 투자 증가

4) ~양적완화 → 미국 금리 상승 → 우리 금리 상승 → 가계부채 심화 → 국내 소비 감소 → 경제 전망 어두움

④ 옳다. 2)의 대우에 의해, 우리나라 경제 주요지표가 개선되었다면 수출이 감소하지 않았을 것이고, 그에 따라 달러 환율도 하락하지 않았을 것임을 알 수 있다.

오답해설

① 옳지 않다. 2)로부터 우리나라 수출이 증가한 경우, 달러 환율이 하락하지 않았으며, 미국이 양적완화를 시행하지 않았다는 것은 알 수 있으나, 미국이 양적완화를 시행하지 않은 것으로부터 달러화 가치 하락 여부는 알 수 없다.

② 옳지 않다. 4)에 따라 미국이 양적완화를 중단하는 경우 우리나라의 가계부채 문제가 심화되나, 그 역의 관계가 성립하는지는 알 수 없다.

③ 옳지 않다. 3)에 따라 외국인투자가 감소하는 경우, 미국이 양적완화를 중단하지 않은 것은 알 수 있으나, 이로부터 우리나라 경제전망이 어두워진다는 것은 도출할 수 없다.

⑤ 옳지 않다. 4)의 대우에 의해 우리나라의 국내소비가 감소하지 않았다는 것으로부터 우리나라의 금리가 상승하지 않았다는 것은 도출할 수 있으나, 외국인 투자가 감소하지 않았는지는 알 수 없다.

합격생 가이드

1)과 2), 그리고 3)과 4)의 경우 각각 미국이 양적완화를 시행하는 경우, 중단하는 경우로 시작하여 서로 연결되는 조건으로 착각하기 쉽다. 서로 별개의 조건임을 인지해야 한다. 예를 들어 1)과 2)를 하나의 조건으로 착각하는 경우, 2)에 따라 수출이 감소하지 않는다면 달러 환율이 하락하지 않으며, 달러화 가치 역시 하락하지 않는 것으로 착각하지 않도록 주의해야 한다.

04 논리퀴즈 답 ①

난도 상

풀이시간 2분 15초

정답해설

네 사람의 예측 중, 갑의 예측이 옳았다고 가정해보자. 그렇다면 가영이는 미국에, 나준이는 프랑스에, 다석이는 중국에 간다. 이 말이 참이라면, 을의 예측은 자동으로 옳은 예측이 되고, 병과 정의 예측은 자동으로 그른 예측이 된다. 그리고 이 경우에 모순이 발생하지 않는다.

다음으로, 갑의 예측이 그른 예측이었다고 가정해보자. 그리고 을과 병의 예측 중 적어도 한 예측은 그른 예측이므로, 을의 예측 역시 그르다고 가정하면, 가영이는 미국에 가고, 나준이는 중국에 가며, 다석이는 프랑스에 가야 한다. 그러나 이 경우 정의 예측 역시 그른 예측이 되므로, 모순이 발생한다. 마찬가지로 을의 예측은 옳고 병의 예측은 그르다고 가정하면, 나준이는 프랑스에, 다석이는 중국에, 가영이는 미국에 가게 된다. 그러나 이 경우 갑의 예측이 옳은 예측이어야 하므로, 앞서 가정한 것과 모순이 발생한다. 따라서, 지문의 내용을 토대로 볼 때 가능한 경우는 갑과 을의 예측이 옳은 예측이고, 병과 정의 예측이 그른 예측이며, 가영이는 미국, 나준이는 프랑스, 다석이는 중국에 가는 경우이다.

따라서 반드시 참인 것은 ㄱ 뿐이다.

합격생 가이드

이러한 유형의 경우 갑의 예측과 같이 확정적인 진술이 참, 혹은 거짓인 경우를 각각 가정하는 것으로부터 시작해야 한다. 내용이 비교적 단순하고 확정적인 진술을 참 혹은 거짓으로 우선 가정해놓고 다른 조건들에 맞게 논리를 전개하다가, 모순을 발견하면 해당 경우는 성립할 수 없으므로 가능한 사례 집합에서 배제한다.

05 논리퀴즈 답 ⑤

난도 상

풀이시간 2분 15초

정답해설

만약 을의 말이 참이라고 가정해보면, 을은 아랫마을에 살고, 갑은 남자여야 한다. 이 말이 참이면, 병의 진술 역시 모두 참이 되므로 을은 남자여야 한다. 그러나 아랫마을에 사는 남자는 거짓말만 하므로, 을의 말은 참이 될 수 없다. 따라서, 을의 진술은 거짓이어야 하므로, 을은 윗마을에 살고, 여자이며, 갑도 여자라는 사실을 알 수 있다. 을이 윗마을에 살기 때문에 병의 진술은 거짓이 되고, 정의 진술은 참이 된다는 것을 알 수 있다. 따라서 병은 윗마을에 산다. 네 명 중 두 명은 아랫마을 사람이므로, 갑과 정이 아랫마을 사람이 된다. 따라서 갑의 진술은 참이며, 갑은 여자이다. 이때 정의 진술 역시 참이고, 정은 아랫마을 사람이므로 여자이다.

⑤ 옳다. 대화에 참여하는 네 명 모두 여자이다.

오답해설

① 옳지 않다. 갑은 아랫마을에 산다.

② 옳지 않다. 갑은 아랫마을에, 을은 윗마을에 산다.

③ 옳지 않다. 을과 병 모두 윗마을에 산다.

④ 옳지 않다. 정 한 사람만 아랫마을 사람이다.

합격생 가이드

진술의 참 거짓을 가리는 문제 유형의 경우 항상 비교적 판단하기 쉬운 진술의 참 거짓 여부를 가정하는 것에서부터 시작해야 함을 잊지 말자. 또한 이 문제와 같이 진술과 함께 다른 조건이 추가적으로 주어지는 경우, 진술의 참 거짓을 판단하는 과정에서 다른 조건의 존재를 잊기 쉬우므로 주의해야 한다. 문제에서 주어진 조건을 모두 만족하면 가능한 경우의 수는 항상 한 가지 혹은 두 가지 등 소수로 좁혀질 수밖에 없다.

06 논리퀴즈 답 ③

난도 상

풀이시간 2분

정답해설

문제에서 주어진 조건을 요약하면 다음과 같다.

1) ~성격 → 발달 ∧ 임상
2) 임상 → 성격
3) ~인지 → ~성격 ∧ 발달
4) ~인지 ∧ ~발달

우선 영희가 들은 수업의 최소 개수가 무엇인지 알아내기 위해, 4)가 옳은 진술이라고 가정하고 모순이 발생하지 않는지 확인해본다. 4)에 따라, 영희는 〈인지심리학〉과 〈발달심리학〉 모두 수강하지 않는다. 이 경우, 1)의 대우에 따라 영희는 〈성격심리학〉은 수강해야 한다. 이때 3)이 그른 진술이라고 가정하면 영희가 〈인지심리학〉을 듣지 않고 〈성격심리학〉만 수강하더라도 모순이 발생하지 않는다. 따라서, 영희가 〈성격심리학〉 1개의 수업만 듣는 경우가 가능하다.

다음으로 영희가 들은 수업의 최대 개수가 무엇인지 알아내기 위해, 4)가 그른 진술이라고 가정해보자. 영희가 만약 〈인지심리학〉과 〈발달심리학〉을 모두 수강하고, 나머지 세 진술이 옳은 진술이라고 하면, 〈성격심리학〉과 〈임상심리학〉을 모두 수강하더라도 모순이 발생하지 않는다. 따라서 영희가 4개의 수업을 모두 수강하는 경우가 가능하므로, 영희가 수강할 수 있는 최대 수업 수는 4개이다.

CHAPTER .06 견해 비교·대조

LEVEL I 하급

---

01 견해 비교·대조 탭 ⑤

난도 하

풀이시간 1분 40초

정답해설

ㄱ. 옳다. A는 오른쪽 눈을 감고 본 세상과 왼쪽 눈을 감고 본 세상은 사물의 위치가 미묘하게 다르다는 일상적 경험에 착안하여 얻은 예측과, 별이 늘 같은 위치에 있는 것으로 관측된다는 관측 결과를 근거로 지구 공전 가설이 틀렸다고 평가했다. 한편 B는 달리는 마차와 정지한 마차에서 본 빗방울 모양이 다르다는 일상적 경험에 착안하여 얻은 예측과, 별이 늘 같은 위치에 있는 것으로 관측된다는 관측 결과를 근거로 지구 공전 가설이 틀렸다고 평가했다.

ㄴ. 옳다. A와 B 모두 별은 늘 같은 위치에 있는 것으로 관측된다고 주장했다. 이 주장에는 당시 관측 기술의 한계는 고려되지 않았다.

ㄷ. 옳다. A는 "지구 공전 가설이 옳다면, 지구 공전 궤도 상에서 가장 멀리 떨어진 두 위치에서 별을 관측한다면 별의 위치가 다르게 보일 것이다."라고 하여 관측자의 관측 위치가 달라지는 경우를 생각했다. 한편 B는 "지구 공전 가설이 옳다면 지구의 운동 속도는 상당히 빠를 것이고 반년이 지나면 운동 방향이 반대가 될 것이다."라고 하여 운동 방향이 바뀌는 경우를 생각했다.

합격생 가이드

처음 읽을 때에는 A와 B의 주장이 생소하게 느껴질 수 있다. 다만 선지가 매우 평이하고, 각 주장을 정확하게 이해할 것을 요구하지 않는다. 선지를 훑어보고 글을 얼마나 꼼꼼히 읽을 것인지를 판단하자.

---

02 견해 비교·대조 탭 ④

난도 하

풀이시간 1분 40초

정답해설

④ 옳다. 갑은 처벌이 다른 사회 구성원들을 교육하고 범죄자를 교화하는 기능을 수행해야 한다고 주장한다. 한편 병은 범죄자에 대한 처벌의 교화 효과가 나타나지 않는 사례를 제시하여, 갑의 주장을 반박한다.

오답해설

① 옳지 않다. 처벌의 정당성을 확립하기 위한 고려사항으로 갑은 사회 전체의 이득을 고려한다. 반면 을은 사회 전체의 이득을 고려해서는 안 되며, 처벌은 오로지 악행 그 자체로만 정당화되어야 한다고 본다. 따라서 두 입장은 양립 가능하지 않다.

② 옳지 않다. 갑은 "현대 사회에 접어들어 구성원들의 이해관계는 더욱 복잡해졌으며, 그 이해관계 사이의 충돌은 심각해졌다."라고 주장한다. 한편 을은 이에 대해 특별히 언급하고 있지 않다. 따라서 을이 이를 부정한다고 보기 어렵다.

③ 옳지 않다. 을은 사람이 타고난 존엄성을 가진다고 본다. 한편 갑은 이에 대해 특별히 언급하고 있지 않다. 따라서 갑이 이를 부정한다고 보기 어렵다.

⑤ 옳지 않다. 병은 갑의 주장을 반박하고 있다. 을은 악행에 의해서만 처벌이 정당화될 수 있다고 주장하는데, 이에 대해 병은 특별히 언급하고 있지 않다.

합격생 가이드

이 글은 갑의 주장을 을과 병이 서로 다른 방식으로 반박하고 있다. 처음 글을 읽으면서 의견이 서로 상충하는 지점을 표시해두면 더욱 빠르게 문제를 해결할 수 있다.

---

03 견해 비교·대조 탭 ④

난도 하

풀이시간 1분 45초

정답해설

④ 옳지 않다. D는 과학의 사회적 영향에 대한 논의 과정에 과학자들의 참여가 필요하다고 말한다. 그러나 B는 과학자가 사회적 문제에 대한 전문가가 아니므로, 여기에 개입할 필요가 없다고 말한다.

오답해설

① 옳다. A는 과학자는 사실의 기술에 충실해야 하고, 윤리적 문제는 고려할 필요가 없다고 말한다. B 또한 과학자가 윤리적 문제에 집중하다보면 과학이 가져다 줄 수 있는 혜택을 놓치게 될 수 있다고 말한다.

② 옳다. B는 전문가 사회에서 윤리적 문제를 전문적으로 연구하는 윤리학자들이 있고, 과학자들은 윤리 문제에 개입할 필요가 없다고 말한다. C 또한 과학 윤리에 과학자가 전문성이 없다는 것을 인정한다.

③ 옳다. B와 C 모두 과학이 불러올 미래는 확실히 예측할 수 없다는 점에 동의한다. 다만 B와 달리 C는 과학자도 함께 문제 해결에 참여해야 한다고 본다.

⑤ 옳다. C는 윤리학자와 과학자의 협력을 중요하다고 본다. D 또한 인문학, 사회과학, 자연과학 등 다양한 분야의 전문가들이 함께 소통해야 한다고 본다. 둘 모두 과학자와 다른 분야 전문가 사이의 협력을 강조하고 있다.

합격생 가이드

여러 사람이 대화에 참여하여 의견을 개진하고 있다. 선지에서도 4명의 의견이 서로 어떤 관계를 가지는지를 물어보고 있다. 따라서 글을 읽을 때 지지관계나 상충관계를 표시하면서 읽으면 시간을 줄일 수 있다.

04 견해 비교 · 대조 　답 ④

난도 하

풀이시간 1분 45초

정답해설

ㄱ. 옳다. (가)는 과거와 달리 오늘날의 대중은 지식인이 정해준 기준과 예측, 방향성을 피동적으로 받아들이는 존재가 아니라고 말한다. 대신, 자신들의 가치기준과 투쟁 목표를 스스로 설정하는 능동적인 존재라고 본다.

ㄷ. 옳다. (가)와 (나) 모두 과거 지식인들이 대중의 현실인식, 가치판단에 영향을 미쳤다는 점에 동의한다.

오답해설

ㄴ. 옳지 않다. (나)는 과거 지식인들이 실제 현실을 제대로 파악하지 못하면서 대중을 호도했다고 본다. 즉, 과거 지식인은 현실을 올바르게 인식하지 못했고 대중을 올바르게 인도하지도 못했다.

05 견해 비교 · 대조 　답 ③

난도 하

풀이시간 1분 50초

정답해설

③ 옳다. B는 인간 삶에 대한 모든 탐구가 생물학의 영역 내에 있다고 본다. 그러나 A는 생물학과 인문학의 영역을 구분하고, 생물학은 사회 · 정치 · 윤리의 차원을 설명할 수 없다고 생각한다.

오답해설

① 옳지 않다. A와 B는 생물학의 범위에 대한 견해를 제시하고 있다. 유전자 결정론을 받아들이는지 여부는 나타나 있지 않으며, 생물학이 유전자 결정론보다 넓은 범위인지에 대해 견해가 다를 뿐이다.

② 옳지 않다. B는 생물학의 범위를 넓게 보면서 "우리 삶 전체가 생물학의 차원 안으로 들어오게 된다."고 말한다. 따라서 B가 생물학의 역할을 높게 평가한다고 볼 수도 있다. 다만 그렇다고 해서 A가 생물학의 역할을 부정한 것은 아니다.

④ 옳지 않다. B는 인문학과 사회과학 모두 생물학의 차원에 놓여 있다고 생각한다. 반면 A는 인문학과 사회과학 모두 생물학과 다른 차원이라고 생각한다.

⑤ 옳지 않다. A와 B 모두 생물학의 범위 · 차원에 대해 이야기하고 있다. 인문학은 대화의 주제가 아니다.

합격생 가이드

이 문제는 세부적인 내용이 아닌 포괄적인 견해 차이를 묻고 있다. 따라서 세세한 내용에 신경 쓰기보다는 각 견해의 인상을 빠르게 파악하는 것이 중요하다. 이 글의 주제는 생물학의 범위이므로 쉽게 답을 고를 수 있을 것이다.

06 견해 비교 · 대조 　답 ①

난도 하

풀이시간 1분 50초

정답해설

① 옳다. (가)에 따르면 가난한 문필가의 가문들에서는 과거의 홍패를 안고서 관직을 얻지 못해 탄식하는 자가 매우 많았다. 홍패는 급제자에게 주는 증서로서, 붕당의 폐해가 극심하여 과거에 급제하고도 기용되기 힘들어졌다는 것을 알 수 있다.

오답해설

② 옳지 않다. (나)에 의하면 당파 간 논쟁으로 개인적인 역사 기술이 성행했고, 통일되지 않은 다양한 견해들이 제시되었다. 그러나 서로의 의견을 민주적으로 수렴하고 토론이 이루어지는 과정은 나타나 있지 않다. 따라서 당파 간 논쟁이 민주적인 공론의 장을 형성했다고 볼 수 없다.

③ 옳지 않다. (다)에 의하면 중소 지주들의 정치참여 욕구가 높아진 결과 관료의 선발 방식으로서의 과거제도가 활성화된 것이다. 선지는 원인과 결과를 바꾸어 서술하고 있다.

④ 옳지 않다. (가)는 전근대 시기 우리나라의 당파 대립이 극심했다는 점에 동의한다. 그러나 (다)에서는 이에 대해 특별히 언급하고 있지 않다.

⑤ 옳지 않다. (나)는 과거 제도에 대해 특별히 언급하고 있지 않다. (다)는 과거제도가 활성화된 배경에 대해 언급하고 있으나, 그에 대해 어떠한 평가를 내리고 있지는 않다.

07 견해 비교 · 대조 　답 ②

난도 하

풀이시간 1분 50초

정답해설

② 옳다. 데카르트는 동물이 고통을 느끼지 못한다고 본다. 반면 공리주의 생명윤리학자들은 "인종이나 성별과 무관하게 고통은 최소화되어야 하듯, 동물이 겪고 있는 고통도 마찬가지이다."라고 하여 동물이 고통을 느낄 수 있다고 본다.

오답해설

① 옳지 않다. 데카르트는 동물실험에 찬성하지만, 이는 동물이 영혼이 없어 고통을 느끼지 않는다고 보기 때문이다. 반면 칸트는 동물실험에 반대한다.

③ 옳지 않다. 칸트는 이성 능력과 도덕적 실천 능력을 가진 인간은 목적으로서 대우해야 하지만, 이성도 도덕도 가지지 않는 동물은 그렇지 않다고 본다. 한편 리건은 몇몇 포유류에 대해 권리를 인정하지만, 인간과 동물의 근본적 차이나 대우에 대해서는 언급하고 있지 않다.

④ 옳지 않다. 공리주의 생명윤리학자들은 "이성이나 언어 능력에서 인간과 동물이 차이가 있더라도"라고 하여, 인간과 동물의 차이를 인정한다.

⑤ 옳지 않다. 리건의 견해는 동물이 고통을 느낄 수 있는지 여부와 무관하다. 그는 단지 몇몇 포유류의 경우 각 개체가 가치 및 동물권을 지닌다고 생각할 뿐이다.

08 견해 비교·대조 답 ⑤

난도 하

풀이시간 2분

정답해설

⑤ 옳지 않다. 가영의 견해는 참인지 분명하지 않은 전제에서 결론을 도출할 수 없다는 것이다. 가영 또한 전제가 확실히 참이라면 이를 통해 논리적 추론을 이용해 참인 결론을 얻을 수 있다고 본다. 가영의 2번째 발언 중 "그 논리적 추론이야 물론 당연합니다."에서도 확인할 수 있다.

오답해설

① 옳다. 가영은 3번째 발언, 나정은 1번째, 3번째 발언에서 책임 소재 규명에 대한 증거의 역할을 인정하고 있다.

② 옳다. 가영의 3번째 발언에서 새로운 증거가 나타난다면 최초 전제의 개연성이 흔들릴 수 있다고 주장한다.

③ 옳다. 가영은 개연성이 높은 판단이라도 결국 거짓으로 밝혀질 수 있고, 따라서 이를 그대로 수용할 수 없다고 본다. 반면 나정은 3번째 발언에서 제한된 증거 하에서 개연성이 높은 판단을 수용해야 한다고 주장한다.

④ 옳다. 가영의 견해는 개연성이 높은 판단을 그대로 수용할 수 없다는 것이다. 나정은 3번째 발언에서 나타나지도 않은 증거를 기다리면서 언제까지 판단을 미룰 수 없다고 주장한다.

LEVEL II 중급

01	02	03	04	05	06			
④	①	⑤	③	④	③			

01 견해 비교·대조 답 ④

난도 중

풀이시간 2분

정답해설

④ 옳지 않다. B는 은하 사이에 새로운 은하가 생겨나지 않고, 은하들이 서로 점점 멀어지고 있다고 본다. 그러나 A는 은하 사이의 거리가 멀어지면서 새로운 은하가 생성된다고 본다. 이 경우 인접한 은하들 사이의 평균 거리는 일정하게 유지된다.

오답해설

① 옳다. A에 따르면 은하와 은하가 멀어질 때 그 사이에서 물질이 연속적으로 생성된다. 따라서 물질의 총 질량은 보존되지 않고, 계속해서 늘어난다.

② 옳다. A는 우주의 시간이 무한히 오래되었다고 본다. 즉, 우주에는 시작이 없다. 반면 B는 우주가 시공간적으로 한 점에서 대폭발로 시작되었다고 본다.

③ 옳다. A에 따르면 우주는 항상성을 유지하고, 우주 전체의 평균 밀도는 일정하게 유지된다. 은하 사이의 거리가 멀어지면서 새로운 은하가 생성되므로 국소적 변화는 있으나 전체적 변화는 없다.

⑤ 옳다. A는 은하 사이에서 새로 생성되는 은하를 관측함으로써, B는 대폭발 이후 방출된 전자기파를 관측함으로써 각각 자신의 주장을 입증할 수 있다고 말한다.

02 견해 비교·대조 답 ①

난도 중

풀이시간 2분

정답해설

① 옳다. B는 세 번째 발언에서 맥퀸, 블레인 등의 견해를 예로 들어 생활 조건 향상이나 노동 조건 개선 등 의학 외적 요인을 통해 평균 수명이 늘어난 측면을 지적한다.

오답해설

② 옳지 않다. B는 첫 번째 발언에서 현대 의학 발전에도 불구하고 질병이 아직 정복되지 않았다고 말한다. 난치병이 현대 의학 발전으로 곧 치료 가능할 것이라는 사실에 동의하는 것은 A이다.

③ 옳지 않다. A는 현대 의학 발전이 인간 복지를 향상시킬 것이라고 생각한다. 그러나 B는 세 번째 발언에서 의사의 개입으로 병원성 질환이 초래될 가능성을 제시하고 있다. 따라서 B는 현대 의학 발전이 인간 복지를 보편적으로 향상시킬 것이라는 점에 동의하지 않을 것이다.

④ 옳지 않다. B는 병원성 질환 등 현대 의학의 부작용 및 한계를 언급하고 있다. 그러나 약품 사용이나 그 부작용으로 평균 수명에 심각한 악영향을 미칠 것이라고 주장하지는 않는다. 이는 B의 발언을 확대해석한 것이다.

⑤ 옳지 않다. B는 현대 의학의 부작용 및 한계를 언급하고 있지, 현대 의학이 나아가야 할 방향성을 제시하고 있는 것은 아니다.

03 견해 비교 · 대조

답 ⑤

난도 중

풀이시간 2분 15초

정답해설

⑤ 옳지 않다. 페스탈로치는 타고난 능력이 같은 쌍둥이 망아지의 비유를 통해 교육의 중요성을 설명하였다. 한편 비테는 타고난 재능이 적은 아이도 교육에 따라 더 뛰어날 수 있다고 하여 교육의 중요성을 강조하였다. 두 사람의 전제가 다르지만 이 전제가 상충되는 것은 아니다.

오답해설

① 옳다. 루소는 "특별한 교육을 받아도 멍청한 강아지가 똑똑한 강아지가 되지는 않는다."고 하여, 영재는 타고나는 것이라고 보았다. 한편 비테는 교육을 통해 아이를 영재로 키울 수 있다고 보았다. 따라서 루소는 비테의 결론에 동의하지 않을 것이다.

② 옳다. 엘베시우스는 교육의 중요성을 강조하였다. 페스탈로치도 쌍둥이 망아지의 비유를 통해 환경과 교육의 중요성을 강조하였다. 따라서 엘베시우스는 페스탈로치의 주장에 동의할 것이다.

③ 옳다. 비테는 사람들이 서로 다른 재능을 가지고 태어난다는 전제 하에 교육의 중요성을 강조하였다. 한편 엘베시우스는 사람들이 누구나 똑같이 태어난다고 가정하고 교육의 중요성을 강조하였다. 두 사람의 결론은 같지만, 전제가 다르다.

④ 옳다. 페스탈로치는 교육과 환경의 중요성을 강조한 반면, 루소는 타고나는 측면을 강조하였다.

합격생 가이드

하나의 주제에 대해 여러 사람들의 관점이 제시되고 있다. 글을 읽으며 누구의 주장이 어디에 위치해 있는지를 표시해두자. 또 선지의 "양립 가능하지 않다."라는 표현에 주의해야 한다. 이는 "동의하지 않을 것이다."보다 훨씬 강한 표현이다. 서로의 전제 혹은 결론이 모순될 때에만 양립 가능하지 않은 것이다. 서로 완전히 무관한 주제에 대해 이야기하거나, 동시에 참일 수 있다면 양립 가능하다고 보아야 한다.

04 견해 비교 · 대조

답 ③

난도 중

풀이시간 2분 15초

정답해설

③ 옳다. 데카르트와 라이프니츠는 모두 빈 공간을 부정했다. 그러나 데카르트는 공간을 정신과 독립된 객관적 실재로 보았고, 라이프니츠는 공간을 정신과 독립된 실재라고 보지 않았다. 따라서 라이프니츠의 견해가 옳다면, 데카르트의 견해는 옳지 않은 것이 된다.

오답해설

① 옳지 않다. 뉴턴은 사물들이 들어올 자리를 마련해 주기 위한 빈 공간이 있다고 보았다. 또한 객관적이고 영원히 변하지 않는 절대공간 개념을 제시했다. 반면 라이프니츠는 빈 공간을 부정하고, 공간을 정신과 독립된 실재라고 보지도 않았다. 따라서 공간의 본성에 관한 뉴턴의 견해가 옳다면, 라이프니츠의 견해는 틀린 것이 된다.

② 옳지 않다. 데카르트는 빈 공간을 부정하고, 운동을 물질이 자리바꿈 하는 것이라고 보았다. 반면 데모크리토스는 빈 공간을 인정하고 운동을 원자들이 빈 공간에서 움직이는 것이라고 보았다. 따라서 데카르트의 견해가 옳다면, 데모크리토스의 견해는 틀린 것이 된다.

④ 옳지 않다. 데카르트는 빈 공간이 존재하지 않는다고 보았다. 반면 뉴턴은 빈 공간을 인정했다. 따라서 데카르트의 견해가 옳다면 뉴턴의 견해는 틀린 것이 된다.

⑤ 옳지 않다. 데모크리토스는 빈 공간이 존재한다고 보았다. 뉴턴 또한 빈 공간을 인정했다. 따라서 빈 공간의 존재에 관한 데모크리토스의 견해가 옳다면, 뉴턴의 견해는 옳지 않다.

합격생 가이드

"공간의 본성"은 "빈 공간의 존재"를 포함한다. 너무 어렵게 생각해서 둘을 구별해서 생각할 필요가 없다. "빈 공간의 존재"에 대한 견해가 다르다면, 당연히 "공간의 본성"에 대한 견해가 다른 것이다.

05 견해 비교 · 대조

답 ④

난도 중

풀이시간 2분 15초

정답해설

④ 옳지 않다. 정의 논증은 최초로 두뇌정보를 이식한 사람과 인조인간 Ⅱ가 서로 다른 두뇌정보를 가지고 있기에 둘을 동일인으로 볼 수 없다는 것이다. 한편 병의 유일성 조건은 동일한 두뇌 정보를 동시에 이식할 수 없도록 하는 것이다. 이는 정의 논증과 전혀 무관하다.

오답해설

① 옳다. 동시에 존재하는 두 인간이 동일인일 수 없다면, 을의 논증에서 동일한 두뇌정보를 이식받은 B와 C는 동일인일 수 없고 서로 다른 인조인간이 된다.

② 옳다. 을은 동일한 두뇌정보를 이식받은 B와 C를 서로 다른 인조인간이라고 보고 있다.

③ 옳다. 을은 갑의 논증에 대해 동일한 두뇌정보를 둘에게 동시에 이식하는 경우를 들어 비판하고 있다. 이에 병은 두뇌정보를 한 명에게만 이식한다는 '유일성 조건'을 제시하여 갑의 입장을 옹호하고 있다.

⑤ 옳다. 정에 따르면 나와 인조인간 Ⅱ는 유사하지만 서로 다른 두뇌정보를 가지고 있다. 따라서 둘을 동일인이라고 할 수 없다.

06 견해 비교 · 대조

답 ③

난도 중

풀이시간 2분 15초

정답해설

③ 옳지 않다. B는 근대화와 개화를 중시하고 근대적 국민국가 건설을 위해 서양 문화 전반을 적극적으로 수용하고자 했다. 반면 C는 외세의 침략에 저항하고 민중의 생명권을 확보하고자 했다. 따라서 B는 외부의 과학기술에 긍정적이었을 것이나, C는 부정적이었을 것이다.

오답해설

① 옳다. A는 전통 유가 이데올로기와 조선의 주체성을 중시했으므로 군왕제에 긍정적일 것이다. 반면 C는 만민평등권을 쟁취하기 위해 전통사상과 제도를 타파하고자 했으므로 군왕제에 부정적일 것이다.

② 옳다. D는 시장경제 등 사회분야에서 서양 제도를 수용하고자 했다. 또 이전의 성리학자들과 달리 국가 경제 발전을 중시했다. A는 서양 문화 전반을 배척하는 입장이므로, D의 경제사상에 대해 반대할 것이다.

④ 옳다. D는 근대 민주주의 등 서양 문화를 받아들이면서도 기존의 유교적 가치를 유지하고자 했다. 반면 B는 전통 문화를 비판하고 근대화와 개화를 중시했다. 따라서 B는 D의 정치사상은 받아들일지라도, 유가윤리는 거부할 것이다.

⑤ 옳다. C는 만민평등권을 쟁취하고자 했으므로 신분제에 부정적일 것이다. D 또한 근대 민주주의를 수용하고자 했으므로 신분제에 부정적일 것이다.

합격생 가이드

A, B, C, D의 견해는 두 번째 문단에 모두 나와 있다. 이렇게 각 견해가 어디에 위치해 있는지 명확히 드러나는 글은 필요한 부분만 읽으면 시간을 아낄 수 있다. 두 번째 문단을 우선 읽고, 잘 이해가 되지 않는다면 그 때 첫 번째 문단을 읽으면 된다.

LEVEL III 상급

01	02	03	04	05					
⑤	②	①	②	④					

01 견해 비교 · 대조 답 ⑤

난도 상

풀이시간 2분 20초

정답해설

⑤ 옳다. 갑은 세 번째 문단에서 "필연적인 행동이 자유롭지 않은 이유는 다른 행동을 할 가능성이 차단되었기 때문이다."라고 주장한다. 반면 을은 마지막 문단에서 "철수의 행동 A가 필연적인지의 여부는 그 행동이 자유로운 것인지의 여부를 가리는 데 결정적인 게 아니야."라고 주장한다.

오답해설

① 옳지 않다. 을은 마지막 문단에서 "철수의 행동 A에는 A에 대한 철수 자신의 의지가 반영되어 있어."라고 하여, 전지전능한 신이 존재하더라도 철수의 행동에 철수의 의지가 반영될 수 있다고 생각한다.

② 옳지 않다. 을은 두 번째 문단에서 "비록 어떤 행동이 필연적이더라도 그 행동에 누군가의 강요가 없다면 자유로운 행동이 될 수 있어."라고 말한다. 따라서 을은 강요에 의한 행동을 자유로운 것으로 생각하지 않는다.

③ 옳지 않다. 갑과 을 모두 필연적인 행동에는 다른 행동의 가능성이 차단된다고 생각한다. 둘의 의견이 갈리는 부분은 필연성이 자유로움을 결정하는지에 대한 것이다.

④ 옳지 않다. 을은 전지전능한 신이 존재하더라도 철수의 행동이 자유로울 수 있다고 생각한다. 다만 갑은 전지전능한 신을 전제로 견해를 밝히고 있고, 전지전능한 신이 존재하지 않을 경우에 대한 갑의 견해는 나타나 있지 않다.

02 견해 비교 · 대조 답 ②

난도 상

풀이시간 2분 20초

정답해설

② 옳다. A1에서는 강력한 시장 자유화의 필요성을 역설하면서, 그 근거로 정보통신기술 혁명으로 인한 자본, 노동, 상품에 대한 규제가 철폐될 수밖에 없는 사회가 되었음을 들고 있다.

오답해설

① 옳지 않다. 이 논쟁의 핵심 쟁점은 정보통신기술 혁명 이후 개인, 기업, 국가가 취해야 할 자세이다. A1은 이에 대해 각 주체들이 더욱 유연한 자세를 취해야 하고, 시장 자유화가 필요하다고 본다. 반면 B1은 A1의 전제를 비판하며, 각 주체들이 잘못된 결정을 내리게 될 것이라고 본다.

③ 옳지 않다. B1은 A1이 제시한 근거가 잘못되었고, 따라서 A1의 주장을 받아들일 수 없다고 주장하고 있다.

④ 옳지 않다. B1은 가전제품의 영향력을, A2는 인터넷의 영향력을 각각 강조하고 있다.

⑤ 옳지 않다. B2는 A2가 특정 결과(세계화)에 대해 잘못된 원인(정보통신기술 혁명)을 들고 있다고 주장한다. 원인과 결과를 뒤바꾸어 해석한 것은 아니다.

03 견해 비교·대조

답 ①

난도 상

풀이시간 2분 25초

정답해설

ㄱ. 옳다. A는 옛 음악을 똑같이 재연하는 것이 가능하고, 이를 통해 당시와 똑같은 느낌을 구현할 수 있다고 본다. 한편 C는 똑같이 재연하지 못하더라도 정격연주가 가능하다고 보고 있다. 즉, 적어도 옛 음악을 과거와 똑같이 재연한다면 과거 연주 느낌이 구현될 수 있다는 것을 부정하는 것은 아니다.

오답해설

ㄴ. 옳지 않다. B는 과거와 현재의 연주 관습상 차이 때문에 옛 음악을 똑같이 재연하는 것이 불가능하다고 본다. 한편 D는 정격연주를 실현하려면 작곡자의 의도와 연주 관습을 모두 고려해야 한다고 말했을 뿐, 과거 연주 관습이 재현될 수 있는지 여부는 언급하지 않았다.

ㄷ. 옳지 않다. C는 명확히 작곡자의 의도를 파악할 수 있다면 정격연주를 할 수 있다고 본다. 한편 D는 "작곡자의 의도대로 한 연주가 작곡된 시대에 연주된 느낌을 정확하게 구현하지 못할 수 있다."고 하여, 작곡자의 의도뿐만 아니라 연주 관습을 강조하고 있다. 따라서 작곡자의 의도를 파악하는 것이 곧 정격연주를 가능하게 한다는 것에 동의하지 않는다.

합격생 가이드

글 자체는 매우 쉽고 술술 읽힌다. "정격연주", "작곡자의 의도", "연주 관습" 등에 유의하며 읽도록 하자. 다만 선지의 표현을 조심해야 한다. 누가 무엇을 주장했는지, 각 주장을 과대해석하지는 않았는지 점검해보자. 헷갈린다면 논리 문제를 풀 때처럼 구조화 하는 것도 도움이 된다.

04 견해 비교·대조

답 ②

난도 상

풀이시간 2분 25초

정답해설

② 옳지 않다. 이 글은 임금 격차 문제에 대한 각 학파의 대응방안을 다루고 있다. A 학파의 주장은 정규직과 비정규직의 임금 격차 문제는 경쟁을 통해 자연적으로 해소될 것이므로, 특별한 조치를 취할 필요가 없다는 것이다. A 학파가 경쟁을 언급하기는 했으나, 시장에 개입하는 정책을 수립하는 것은 A 학파의 입장에 반하는 것이다.

오답해설

① 옳다. A 학파는 경쟁을 통해 차별적 기업들이 자연적으로 도태될 것이라고 주장한다. 따라서 경쟁이 치열할수록 비차별적 기업들만이 생존할 것이고, 정규직과 비정규직의 비합리적 임금차별이 줄어들 것이다.

③ 옳다. A 학파는 경쟁을 통해, B 학파는 강제적 제도를 통해 임금차별이 줄어든다고 주장한다.

④ 옳다. B 학파는 "기업의 경우엔 조직의 정당성이 낮아지게 되면 조직의 생존 가능성 역시 낮아지게 된다. 그래서 기업은 임금차별을 줄이는 강제적 제도를 수용함으로써 사회적 비용을 낮추는 선택을 하게 된다는 것이다."라고 주장한다. 여기에는 기업들이 생존 가능성을 위해 기업이 임금차별을 줄이는 강제적 제도를 수용한다는 전제가 내포되어 있다.

⑤ 옳다. B 학파는 임금차별을 법과 제도에 의한 규제를 통해 줄어들 것이라고 본다.

합격생 가이드

대다수의 선지가 병렬적으로 구성되어 있다. 따라서 A 학파에 대한 문단을 읽고 ①, ②를 우선 해결한 뒤에 B 학파에 대한 문단을 읽으면 된다. 이 문제의 경우 A 학파에 대한 문단만으로 답을 고를 수 있다.

05 견해 비교·대조

답 ④

난도 상

풀이시간 2분 25초

정답해설

④ 옳지 않다. B에 따르면 동물은 오상을 전부 갖추지 못하였다. 그러나 인간은 다섯 가지 뛰어난 기를 얻어 오상을 모두 갖추었다.

오답해설

① 옳다. A에 따르면 오행은 다섯 가지 기이고, 오상은 오행의 이치이다. 따라서 오상은 기의 이치이다. B에 따르면 오행인 기 가운데서도 뛰어난 기의 이치만 오상이 된다. B 또한 오상을 기의 이치로 보고 있는 것이다.

② 옳다. A에 따르면 인간과 동물은 모두 오행인 다섯 가지 기를 얻어 태어났으나, 다만 동물은 인간과 달리 본성이 불순하다. 한편 B에 따르면 사람과 동물이 오행인 기를 부여 받은 것은 마찬가지이나, 그 본성에 있어서 차이가 있다. A와 B 모두 인간과 동물이 오행인 기를 부여받았다는 점에서는 동의하고 있다.

③ 옳다. A에 따르면 인간은 다섯 가지의 덕을 모두 발휘할 수 있지만, 동물은 그 일부밖에 발휘하지 못한다.

⑤ 옳다. A에 따르면 인간과 동물의 차이는 부여받은 기에 달려 있다. 한편 B에 따르면 사람은 다섯 가지 뛰어난 기를 얻었으나 동물은 뛰어난 기를 하나 둘밖에 얻지 못하였다. A, B 모두 기의 차이를 통해 인간과 동물 간 오상의 차이를 설명하고 있다.

합격생 가이드

오상, 오행, 이치, 기 등 동양철학을 소재로 한 문제가 종종 출제된다. 철학을 공부하지 않았다면 글의 내용을 온전히 이해하기 어려울 수도 있다. 다만 이 문제를 포함해 많은 문제들은 완벽한 내용이해를 요하지는 않고, 표면적인 구조를 파악할 수 있는지만 묻는다. 어려운 소재라고 해서 바로 넘기지 말고 30초~1분 정도 문제를 훑어보고 넘길지 결정하자.

CHAPTER 07 전제·결론

① 옳지 않다. 최소배양액만 있어도 정상 세균의 생식과 생장이 이뤄지는 것은 사실이다. 그러나 이는 글의 실험 결과와는 무관하게 확인된 내용이다.

② 옳지 않다. 정상 세균의 유전자가 변형된 것이 돌연변이 세균이며, 돌연변이 세균이 생식하기 위해 정상 세균의 유전자가 변형되어야 하는 것은 아니다.

③ 옳지 않다. 서로 다른 돌연변이 세균을 접촉시키면 최소배양액 내에서도 생식과 생장이 가능하다.

④ 옳지 않다. 완전배양액 없이도 서로 다른 돌연변이 세균을 접촉시켜 생식과 생장이 이뤄질 수 있다.

합격생 가이드

발문은 "실험 결과를 가장 잘 설명하는 가설"을 묻고 있으나, 결국은 글의 결론을 묻는 것과 같다. 옳은 진술이라도 글 전체를 포괄하지 못한다면 답이 될 수 없다는 것에 유의하자.

LEVEL I 하급

01	02	03	04	05	06
②	⑤	⑤	①	②	①

01 전제·결론 답 ②

난도 하

풀이시간 1분 40초

정답해설

② 옳다. 이 글의 논지는 붕당이 아닌 재능에 따라 인재를 등용해야 한다는 것이다. 과거와 달리 붕당을 만드는 것이 군자나 소인이 아니므로, 붕당을 없애야 한다고 말하고 있다.

오답해설

①, ③, ④ 옳지 않다. 이 글은 붕당을 없애야 한다고 주장하고 있다.

⑤ 옳지 않다. 이 글에 따르면 과거에는 군자당(진붕)과 소인당(위붕)이 있었다. 따라서 임금은 붕당을 모두 없애서는 안 되고, 군자당과 소인당을 잘 가려야 했다. 반면 오늘날에는 진붕도 위붕도 없이 의견 대립만 있을 뿐이다. 따라서 여러 붕당을 고루 등용하는 것이 아니라, 붕당 자체를 혁파하고 유능한 인재를 등용해야 한다는 것이 이 글의 주장이다.

합격생 가이드

단순히 글의 논지를 물어보는 문제는 매우 쉽다. 글을 전부 읽을 필요도 없고, 훑으면서 글의 인상만 확인하면 보통 답을 고를 수 있다. 너무 어렵게 생각하지 말자.

03 전제·결론 답 ⑤

난도 하

풀이시간 1분 50초

정답해설

⑤ 옳다. 인문학 본연의 역할은 인간의 삶을 풍요롭게 만드는 것이다. 그러나 현대 인문학은 자연과학처럼 객관적 지식을 추구하는 학문이 되었고, 전통적 기능을 상실하게 되었다.

오답해설

① 옳지 않다. 이 글은 현대 인문학자가 전문 직업인으로 전락한 것을 비판하고 있다.

② 옳지 않다. 이 글은 인문학이 자연과학처럼 객관적 지식을 추구하는 학문이 되어 그 존재가치가 퇴색되었다고 보고 있다.

③ 옳지 않다. 이 글에서 다룬 내용과 전혀 무관하다.

④ 옳지 않다. 현대 인문학의 위기는 생물학적 욕구나 물질적 가치를 중요시해서가 아니라, 과거 인문적 활동을 객관적으로 연구하고자 하면서 초래되었다.

02 전제·결론 답 ⑤

난도 하

풀이시간 1분 50초

정답해설

⑤ 옳다. 이 실험은 A를 합성하지 못하는 세균과 B를 합성하지 못하는 세균을 섞으면 정상 세균이 되지만, 직접 접촉하지 못하면 정상 세균이 되지 못한다는 것을 보여준다. 결국 돌연변이 세균이 정상 세균이 되기 위해서는 직접적 접촉이 있어야 한다는 것을 알 수 있다.

04 전제 · 결론   답 ①

난도 하

풀이시간 1분 50초

정답해설

① 옳다. '위안부 누드' 사건은 성별 권력 격차를 보여준다. 일반 누드이든 위안부 누드이든 핵심은 권력 관계이며, 위안부 누드는 이를 극대화하여 보여주는 것이다.

오답해설

② 옳지 않다. 핵심은 권력 관계이지 위안부라는 소재가 아니다.

③ 옳지 않다. 강조점에 따라 해석이 달라질 수는 있으나, 이 글에서 주장하는 바가 아니다.

④ 옳지 않다. 이 글에서는 누드를 일종의 정치적 사건이자 권력 관계의 문제라고 본다. 따라서 정치적 관점에서 해석하는 것이 위안부 누드의 의미를 바르게 이해하는 것이다.

⑤ 옳지 않다. 위안부 누드 사건은 불평등이 에로틱하게 여겨지는 현상을 드러낸다. 평등을 에로틱하게 여겨야 하는 이유는 나타나 있지 않다.

합격생 가이드

글 자체는 길다. 그러나 논지를 묻는 문제인 만큼 쉽다. 글을 전부 꼼꼼하게 읽을 필요가 없다. 논지 문제에서 중요한 것은 디테일이 아니라 글의 전반적 인상이다.

05 전제 · 결론   답 ②

난도 하

풀이시간 1분 50초

정답해설

정상 초파리는 약물 B 투여 여부와 무관하게 위로 올라가는 성질을 보였다. 반면 유전자 A가 돌연변이 된 초파리는 약물 B를 넣지 않는 경우에만 위로 올라갔다.

② 옳다. 유전자 A가 돌연변이 된 초파리가 약물 B를 섭취한 경우에만 위로 올라가지 못했다. 이는 초파리가 파킨슨씨병에 걸린다는 가설로 설명할 수 있다.

오답해설

① 옳지 않다. 정상 초파리는 약물 B를 섭취하더라도 위로 올라갔다.

③ 옳지 않다. 유전자 A가 돌연변이 된 초파리가 약물 B를 섭취할 경우 운동성이 결여된다.

④ 옳지 않다. 정상 초파리는 약물 B를 섭취하더라도 운동성을 유지한다.

⑤ 옳지 않다. 유전자 A가 돌연변이 된 초파리가 약물 B를 섭취하면 파킨슨씨병에 걸리는 것이다. 물리적 자극에 대한 운동성이 비정상인 것은 파킨슨씨병의 증상이다.

06 전제 · 결론   답 ①

난도 하

풀이시간 1분 50초

정답해설

① 옳다. 러셀에 따르면 샌디가 태어난 후 모든 날에 대응하는 해가 있고, 쓰기 시작한 후의 모든 해에 대응하는 날이 있다. 따라서 샌디가 무한히 생존하여 기록한다면 어떤 미래의 사건도 그것이 언제 기록될지를 계산할 수 있다. 결국 "샌디가 태어난 후 모든 날"이라는 하나의 무한 집합과, "샌디가 쓰기 시작한 후의 모든 날"이라는 무한 집합의 원소들 사이에는 일대일 대응이 성립한다.

오답해설

② 옳지 않다. 러셀이 제시한 두 무한 집합은 포함관계가 아니다.

③, ④ 옳지 않다. 러셀이 제시한 두 무한 집합의 원소들 사이에는 일대일 대응이 성립하며, 두 무한 집합의 크기가 같다.

⑤ 옳지 않다. 사건과 기록의 시간 간격은 계속해서 일정하게 유지될 것이다.

LEVEL II 　　중급

01	02	03							
⑤	⑤	②							

01 　전제 · 결론 　　　　　　　　　　　답 ⑤

[난도] 중

[풀이시간] 2분

[정답해설]

⑤ 옳다. 이 글은 물리학 근본 법칙의 설명력에 대해 다루고 있다. 근본 법칙은 이상적인 상황만을 다루고 있고, 따라서 사실을 정확히 기술하지는 못한다. 그러나 근본 법칙이 유용한 것은 다양한 현상들을 설명할 수 있기 때문이며, 이를 위해 일정 부분 정확성을 포기하는 것이다.

[오답해설]

① 옳지 않다. 이 글에서 물리학의 근본 법칙이 어떻게 발전해 왔는지는 다루고 있지 않다.

② 옳지 않다. 물리학의 근본 법칙이 유용한 것은 다양한 현상들을 설명할 수 있기 때문이다. 자연 현상이 복잡해지더라도 물리학의 근본 법칙은 단순해야 한다.

③ 옳지 않다. 설명력과 사실에 부합하는 정도는 반비례한다. 뛰어난 설명력을 가진 법칙은 실재 세계의 사실들을 정확히 기술하지 못한다.

④ 옳지 않다. 물리학의 근본 법칙들은 이상적인 상황을 다루고 있고, 따라서 실재 세계의 사실들을 정확하게 기술하지 못한다.

02 　전제 · 결론 　　　　　　　　　　　답 ⑤

[난도] 중

[풀이시간] 2분 10초

[정답해설]

(가)는 개화에 부정적이며, 기존의 아름다운 문화를 지켜야 한다고 본다. 반면 (나)는 개화를 통해 문화가 발전할 것이라고 본다.

⑤ 옳다. (가)는 외국문물 수용이 자국문화에 부정적인 영향을 줄 것으로 본다. 한편 (나)는 외국문물을 수용함으로써 자국문화가 더욱 발전할 것이라고 본다.

[오답해설]

① 옳지 않다. (가)는 개화가 나라를 망칠 것이라고 주장한다. 또한 개화와 백성의 물질적 풍요에 대해서 언급하고 있지도 않다.

② 옳지 않다. (가)는 민족의 독립을 이야기하고 있지도 않고, 기존 중국 문화를 지켜야 한다는 것을 볼 때 자주적인 정부를 지향하는 것도 아니다.

③ 옳지 않다. (나)는 외래문명을 받아들임으로써 민족이 융성해질 수 있다고 주장하고 있다.

④ 옳지 않다. (가)는 기존 체제와 문화를 지키고자 한다. 자주독립국을 지향하거나, 이를 위해 제도를 개선해야 한다고 말하고 있지 않다.

03 　전제 · 결론 　　　　　　　　　　　답 ②

[난도] 중

[풀이시간] 2분 10초

[정답해설]

② 옳다. 이 글에 따르면 자연의 소리는 대부분 1/f의 패턴을 따른다. 그리고 대중에게 호감을 주는 음악이 대개 1/f 음악인 이유는, 이러한 음악이 자연의 소리와 구조적으로 유사하기 때문이다. 이러한 논증이 성립하기 위해서는 사람들이 자연의 소리에 호감을 느낀다는 전제가 필요하다.

("자연이 1/f"＋"사람들이 자연의 소리에 호감을 느낌" → "1/f 음악을 자연스럽다고 생각하며 호감을 느낌")

[오답해설]

① 옳지 않다. 1/f 음악이 대중적으로 인기를 끌 만한 특성을 지닌다는 것은 이 글의 결론이다.

③ 옳지 않다. 우선 사람들에게 안도감을 주는 소리인지에 대해서 전혀 언급이 없다. 만일 안도감을 호감이라고 해석하더라도, 이는 글에 명시적으로 제시된 내용이다.

④ 옳지 않다. 작곡가의 의도는 글과 전혀 무관하다.

⑤ 옳지 않다. 음악과 자연의 음향이 항상 구조적으로 동질성을 가지는 것은 아니다. 일부 대중적으로 인기 있는 음악이 자연의 음향과 유사한 것이다.

01	02	03							
④	⑤	①							

LEVEL Ⅲ 상급

01 전제 · 결론 　　　　　　　　 답 ④

[난도] 상

[풀이시간] 2분 25초

[정답해설]

이 글에서 '나'가 내린 결론은 "최근에 수집한 암석이 생명체가 화성에서 실재하였음을 나타내는 증거"라는 것이다.

ㄴ. 옳다. 수집한 암석에서 발견된 산소가 지구의 암석에 있는 것과 동위원소 조성이 다르고, 대신 화성에서 기원한 다른 운석에서 나타나는 동위원소 조성과 일치하였다. '나'는 이를 토대로 이 암석이 화성에서 온 것이라는 결론을 내린다. 이 논증이 타당하려면 산소의 동위원소 조성은 행성마다 달라서, 산소의 동위원소 조성을 통해 암석의 출신지를 구별할 수 있어야 한다.

ㄷ. 옳다. '나'는 지구에서 A 종류의 박테리아가 특이한 자철석 결정을 생성하고, 수집한 암석에서도 이와 같은 자철석이 발견된다는 것을 근거로 화성에서도 A 종류의 박테리아와 같은 생명체가 있을 것이라고 주장한다. 이 논증이 타당하려면 특이한 자철석 결정이 나타났다면 A 종류의 박테리아가 있는 것이라는 전제가 필요하다.

[오답해설]

ㄱ. 옳지 않다. 암석에서 발견된 작은 세포구조의 크기가 100나노미터이다. 그러나 '나'는 이것이 생명체인지 여부를 판단할 때 그 크기를 전혀 고려하고 있지 않다. 오히려 '나'는 이 세포구조를 생명체로 여기는 것처럼 보인다.

[합격생 가이드]

이 문제는 결론을 제시하고, 이를 도출하기 위해 추가되어야 할 전제를 묻고 있다. 전제를 묻는 문제는 빈출되는 유형은 아니지만, 전제를 주고 결론을 도출하는 문제보다 훨씬 까다롭다. 문제를 빠르게 풀기 위해서는 우선 결론을 찾고, 그 다음 선지를 확인하자. 결론에서 역으로 필요한 전제를 도출하고 선지에서 고르면 된다.

02 전제 · 결론 　　　　　　　　 답 ⑤

[난도] 상

[풀이시간] 2분 25초

[정답해설]

⑤ 옳다. 여성들이 정원을 가꾸면서 지식과 경험을 쌓을 수 있었다는 것이 이 글의 주제이다.

[오답해설]

① 옳지 않다. 정원은 반(反) 야생의 자연이다.

② 옳지 않다. 여성들이 정원을 자신의 자존심으로 여겼으나, 여기에 자연을 통제하고자 하는 이룰 수 없는 욕구가 반영되어 있다는 것은 나타나지 않는다.

③ 옳지 않다. 정원은 자연과 분명한 경계를 긋기 위해 울타리를 설치한 공간이다.

④ 옳지 않다. 정원은 여성 제후를 포함한 여성들이 경험을 쌓은 공간이다. 그 과정에서 모든 종류의 식물들이 서로 잘 지내지는 않는다는 통찰이 이루어지기도 한다. 그러나 여성 제후들이 의도적으로 식물 생태학의 기초를 다진 것은 아니다.

03 전제 · 결론 　　　　　　　　 답 ①

[난도] 상

[풀이시간] 2분 30초

[정답해설]

• 〈실험1〉에서는 방향을 유지했을 때 줄기 끝 쪽 줄기 조각 부위에 뿌리 쪽 줄기 조각 끝 부위로 물질 A가 이동했다.

• 〈실험2〉에서는 방향을 유지하고 농도를 달리했을 때 뿌리 쪽 줄기 조각 끝 부위로 물질 A가 이동했다.

• 〈실험3〉에서는 방향을 유지하고 농도를 일정하게 했을 때 뿌리 쪽 줄기 조각 끝 부위로 물질 A가 이동했다.

• 〈실험4〉에서는 방향을 거꾸로 했을 때 뿌리 쪽 줄기 조각 끝 부위로 물질 A가 이동했다.

결국, 방향 및 농도 등을 달리한 모든 상황에서 물질 A가 뿌리 끝 방향으로 이동했음을 알 수 있다.

[합격생 가이드]

여러 실험이 병렬적으로 제시되어 있다. 문제는 "뿌리 쪽 줄기 조각 끝", "줄기 끝 쪽 줄기 조각 부위" 등 유사한 단어가 반복되어 헷갈린다는 것이다. 이럴 때에는 각 실험 결과를 그림으로 나타내면서 차분히 정리해보자.

CHAPTER 08 글의 문맥·구조

난도 하

풀이시간 2분 15초

정답해설

ㄴ. 옳다. 이 글은 ⓒ를 정당화하는 사례로 숫자 '3'만을 들고 있다. 얼마든지 반례를 제시할 수 있으므로, 이러한 귀납 논증은 ⓒ를 충분히 정당화하지 못한다.

오답해설

ㄱ. 옳지 않다. ⓐ는 "소멸 가능하다면, 구성요소들로 이루어진 결합물이다."로 바꾸어 표현할 수 있다. ⓐ의 대우 명제는 "구성요소들로 이루어진 결합물이 아니라면, 소멸 가능하지 않다."가 된다. 따라서 ⓐ, ⓑ, ⓒ를 모두 받아들인다면 우리가 일상적으로 볼 수 없는 것들은 소멸하지 않는다는 것이 도출된다.

ㄷ. 옳지 않다. ⓐ, ⓑ, ⓒ를 받아들이면 우리가 일상적으로 볼 수 없는 것들은 소멸하지 않는다는 것이 도출된다. 그리고 ⓓ를 받아들이면 영혼은 일상적으로 볼 수 있는 것이 아니므로, 결국 영혼은 소멸하지 않는다는 것이 도출된다.

LEVEL Ⅰ   하급

01	02	03							
③	④	②							

---

01 글의 문맥·구조   답 ③

난도 하

풀이시간 2분 10초

정답해설

글 전체를 훑어보면, 미국인 학생과 중국인 학생에 대한 실험 결과와 그 실험 결과에 대한 설명 이렇게 두 부분으로 나뉜다. 따라서 실험 결과를 먼저 제시하고, 그 결과에 대한 설명을 배열해야 할 것이다.

• 가 문단과 나 문단은 실험 결과를 제시하고 있으며, 라 문단과 마 문단은 실험 결과를 설명하고 있다. 그리고 다 문단은 실험 결과에서 결과 설명으로 전환하고 있다. 따라서 다 문단이 중간에 배열되어야 한다.

• 가 문단과 나 문단을 살펴보면, 나 문단은 일반적인 실험의 내용을, 가 문단은 실험의 구체적 수치를 제시하고 있다. 따라서 나 문단이 먼저 오고, 그 뒤에 가 문단을 배열해야 한다.

• 다음으로 실험 결과에서 결과 설명으로 전환하는 다 문단이 와야 한다. 그리고 마 문단에서는 문화적 변수에 대한 자세한 설명이 제시되고 있으므로 다 문단 바로 뒤에 배열해야 한다. 한편 라 문단은 미국에서 태어나고 자란 아시아계 학생들에 대한 추가적 실험 결과를 제시하고 있다. 따라서 라 문단은 가장 마지막에 배열해야 한다.

---

02 글의 문맥·구조   답 ④

난도 하

풀이시간 2분 10초

정답해설

조건문 ㉠의 결론이 조건문 ㉡의 전제이다. 따라서 삼단논법에 따라 ㉢이 도출된다. ㉣은 조건문 ㉢의 전제에 해당하므로, ㉢과 ㉣을 결합하여 ㉢의 결론인 ㉤이 도출된다. 한편 ㉤은 ㉥의 전제이므로 ㉤과 ㉥을 결합하여 ㉥의 결론인 Ⓐ이 도출된다.

합격생 가이드

선지를 적극 활용할 수 있다. ㉤ 혹은 Ⓐ이 결론이고, ㉠과 ㉡이 합쳐져 ㉢ 혹은 ㉣이 도출되어야 한다. 우선 ㉤이 결론인 경우는 ①번 선지 뿐이다. 그런데 Ⓐ, ㉣으로 ㉤이 도출되지 않으므로 오답이다. 결국 결론은 Ⓐ임을 알 수 있다. 한편 ㉠, ㉡에서 ㉢이 도출되는 것은 자명하며, 추가적인 전제가 필요하지 않다. 따라서 ③번 선지와 ⑤번 선지를 소거할 수 있다. 이 문제 자체는 쉽지만, 헷갈린다면 선지를 활용하자.

LEVEL II　중급

01	02	03	04						
⑤	⑤	①	④						

01　글의 문맥·구조　답 ⑤

난도 중

풀이시간 2분 15초

정답해설

ㄱ. 옳다. ㉡은 "진리 표현은 명제가 속한 영역에 따라서 다른 진리를 나타낸다면, 진리가 진정한 속성이다."(A이면 B이다.)라고 바꾸어 표현할 수 있다. ㉠은 "서로 다른 영역에 속한 두 명제들의 진리 표현은 서로 다른 진리를 나타낸다."(A이다.)로 바꾸어 표현할 수 있다. 따라서 ㉠, ㉡에서 ㉢ "진리가 진정한 속성이다."(B이다.)가 도출된다.

ㄴ. 옳다. 언어 사용을 통해 진리에 관한 모든 것을 알 수 있으므로, 진리는 진정한 속성이 아니다. 따라서 ㉣, ㉤은 진리가 진정한 속성이라는 ㉢을 반박한다.

ㄷ. 옳다. ㉠, ㉡에서 진리가 진정한 속성이라는 것이 도출된다.(C이다.) 한편 ㉣의 대우명제는 "진정한 속성이라면, 언어 사용을 통해 그 속성에 대한 모든 것을 알 수 없다."가 된다. (C이면 ～D이다.) 따라서 ㉠, ㉡, ㉣에서 "언어 사용을 통해 진리에 관한 모든 것을 알 수 없다."(～D이다.)가 도출된다. 이는 ㉤과 상충된다.

> **합격생 가이드**
>
> 다른 부분은 문제를 푸는 데에 큰 도움이 되지 않으니 밑줄 친 문장 간 논리적 관계만 보면 된다. 문제가 복잡할수록 해설처럼 기호화하여 푸는 것이 도움이 된다.

02　글의 문맥·구조　답 ⑤

난도 중

풀이시간 2분 15초

정답해설

⑤ 옳다. 네 번째 문단은 민중의 저항과 쿠데타와 같은 적대 행위를 대조하고 있다. ㉤은 민중의 저항에 대한 내용이므로, ⑤번 선지와 같이 수정해야 한다.

오답해설

이 글은 특정 결론을 논리적으로 도출하기보다는, 각 문단에서 저항에 대해 병렬적으로 이야기하고 있다. 따라서 각 문단별로 중심내용을 찾아 문맥에 맞게 문장을 수정해야 한다.

① 옳지 않다. 첫 번째 문단은 저항의 본질이 분노와 원한이 확산되어 가치를 공유하게 되는 데 있다고 말한다. 따라서 ㉠은 흐름에 맞는 문장이며, 저항을 개인적 분노와 원한에 기인한 것으로 수정하는 것은 타당하지 않다.

② 옳지 않다. 두 번째 문단은 첫 번째 문단과 연결된다. 즉, 저항은 공통의 분노, 공통의 원한, 공통의 가치에 기인한다. 따라서 프로메테우스도 인간의 고통에 공감한다는 내용이 더욱 타당하다.

③ 옳지 않다. 세 번째 문단은 중세와 산업사회의 저항 양상이 서로 다르게 나타났다고 말한다.

④ 옳지 않다. 산업사회의 시민이나 노동자들은 평균적인 안락한 생활이 위협받을 때에만 저항을 한다. 이들이 지키려는 것은 평균적인 안락한 생활이지, 상류층과 동등한 삶이 아니다.

03　글의 문맥·구조　답 ①

난도 중

풀이시간 2분 15초

정답해설

최종적으로 도출되는 결론은 ㉥으로, 논증을 통해 복제기술을 인간에게 사용하는 것이 도덕적으로 옳다는 것을 보여야 한다.

㉠에서는 어떤 행위의 직접적 영향을 받을 사람 모두가 그 행위를 선호한다면 그 행위가 도덕적으로 정당하다고 말한다. 한편 ㉣에서는 복제기술의 직접적 영향을 받을 사람은 아이를 가지려는 사람과 태어날 인간뿐이라고 말한다. 그리고 ㉦에서는 체세포 제공자와 태어날 인간 모두 복제기술의 사용을 선호할 것이라고 말한다. 따라서 ㉠, ㉣, ㉦을 결합하면 최종 결론인 ㉥이 도출된다.

㉡은 체세포 제공자가 복제기술을 선호할 것임을, ㉢은 태어날 인간이 복제기술을 선호할 것임을 말한다. 이를 통해 체세포 제공자와 복제기술을 통해서 태어날 인간 모두 복제기술을 선호할 것이라는 ㉦을 도출할 수 있다.

04　글의 문맥·구조　답 ④

난도 중

풀이시간 2분 15초

정답해설

서론에서는 인터넷쇼핑 시장이 확대된다는 내용을 제시하고 있으나, 이후 글에서는 역선택에 대해서만 다루고 있다. 따라서 바로 다음 문단으로 역선택에 대한 문제를 제기하는 나 문단이 와야 한다.

다음으로 마 문단을 배열해야 한다. 나 문단 마지막에 물음으로 끝내고 있는데, 마 문단 처음에 "이것은 온라인마켓과 오프라인마켓의 차이점에 기인한다."고 하며 그 답을 제시하고 있기 때문이다.

마 문단 다음으로는 가 문단이 와야 한다. 마 문단에서 역선택이라는 개념이 처음 제시되었으므로, 그 개념에 대한 정의와 설명이 제시되어야 한다.

한편 라 문단에서는 인터넷쇼핑몰의 역선택 문제에 대해 부연설명하고 있고, 다 문단에서는 생산자의 적극적 신호전략을 역선택의 해결책으로 제시하고 있다. 따라서 라-다 순으로 배열해야 한다.

> **합격생 가이드**
>
> 각 문단에서 특정 단어를 어떻게 표현하는지 잘 살펴보자. 특별한 개념을 제시하면 그에 대한 설명이 반드시 이어져야 한다. 또 대명사가 나왔다면 그 앞에 이에 대한 본래 단어가 나왔어야 한다.

LEVEL Ⅲ   상급

01	02	03	04	05					
④	④	⑤	⑤	②					

01 글의 문맥 · 구조 답 ④

난도 상

풀이시간 2분 25초

정답해설

④ 옳다. ⑩은 언어에 대해, ⑭은 사고에 대해 이야기하고 있다. 언어와 사고가 모두 체계성과 생산성을 가지고 있다고 해서, 반드시 사고도 언어처럼 구조를 가진다고 볼 수 없다. 즉, ⑩과 ⑭에서 ㉧이 논리적으로 도출되지 않는다.

오답해설

① 옳지 않다. ㉠은 "A이면 B이다.", ㉡은 "B이면 C이다."로 치환할 수 있다. ㉠과 ㉡은 지지나 반박 관계가 아니다.

② 옳지 않다. ⑩은 언어에 대해, ⑭은 사고에 대해 이야기하고 있다. ⑩, ⑭은 어떠한 논리적 관계를 가지고 있지 않다.

③ 옳지 않다. ㉢은 언어의 체계성이 언어가 구조를 가지고 있을 때에만 보장됨을, ㉣은 언어의 생산성이 언어가 구조를 가지고 있을 때에만 보장됨을 말하고 있다. 따라서 ㉢, ㉣에서 언어의 체계성과 생산성이 언어가 구조를 가지고 있을 때에만 보장된다는 것이 도출된다. 결국 ㉢과 ㉣이 참이면 ㉤이 참이다.

⑤ 옳지 않다. ㉺과 ⑮은 각각 사고의 체계성과 생산성을 보여준다. 따라서 ⑭이 참이라면, ㉺과 ⑮은 참이다.

> **합격생 가이드**
>
> 밑줄 친 문장의 수가 많고, 밑줄 친 문장 외에도 글 전체를 읽어야 선지를 고를 수 있다. 또한 기호화하여 치환하기도 어렵다. 특히 "XX는 XX인 경우에만 보장된다."를 기호로 치환하려면 더 헷갈릴 수 있다. 오히려 단순하게 내용만 이해하고 넘어갔다면 쉽게 답을 고를 수 있다. 글의 구조를 묻는 문제에 대해 기본적인 전략은 세워두되, 때로는 유연하게 접근할 수 있어야 한다.

02 글의 문맥 · 구조 답 ④

난도 상

풀이시간 2분 25초

정답해설

ㄱ. 옳다. (가)의 주장은 약육강식이 오늘날에는 더 이상 자연법칙이 아니라는 것이다. 따라서 (가)의 주장이 참이면, ⓐ는 거짓이다.

ㄷ. 옳다. (다)의 주장은 생태계 피라미드가 실제로 존재하지 않는다는 것이다. 따라서 (다)가 참이라면, 생태계 피라미드에서 인간이 가장 높은 위치에 있다는 ⓒ는 거짓이 된다. ⓒ는 생태계 피라미드가 존재함을 전제하고 있다.

ㄹ. 옳다. (라)의 첫 문장에서 ⓑ와 ⓒ가 제시되어 있다. 이에 따르면 생태계에서 인간보다 높은 위치에 있는 존재가 나타날 경우 그들이 인간을 잡아먹는 것도 도덕적인 잘못이 아니라고 결론이 도출된다. 그러나 이는 우리들이 받아들이기 힘든 결론이다.

오답해설

ㄴ. 옳지 않다. (나)의 주장은 사실에 대한 판단에서 도덕적인 판단을 이끌어낼 수 없다는 것이다. 그러나 ⓑ와 ⓓ는 모두 일종의 도덕적 판단이므로, ⓑ에서 ⓓ를 이끌어내는 것은 (나)의 주장과 무관하다.

03 글의 문맥 · 구조 답 ⑤

난도 상

풀이시간 2분 25초

정답해설

천재적 능력을 A, 천재적 업적을 B로 두자.

⑤ 옳지 않다. ㉣은 B이면서 ~A인 경우를 제시하고 있다. ㉡, ㉣의 전제가 다르므로 둘은 양립 가능하다.

오답해설

① 옳다. ㉠은 B이면 A임을, ㉡은 A이면 B임을 주장한다. 따라서 A이면 B이고, B이면 A인 경우 ㉠과 ㉡은 모두 참이 된다. 즉 천재적 업적과 천재적 능력이 동치가 되는 경우이다.

② 옳다. ㉢은 A이면서 ~B인 경우가 있음을 제시하고 있다. ㉠, ㉢의 전제가 다르므로 둘은 양립 가능하다. ㉢이 ㉠의 반례가 되려면 B이면서 ~A인 경우를 제시해야 한다.

③ 옳다. ㉣은 B이면서 ~A인 경우를 제시하고 있다. 이는 ㉠의 반례이므로 둘은 양립 가능하지 않다.

④ 옳다. ㉢은 A이면서 ~B인 경우를 제시하고 있다. 이는 ㉡의 반례이므로 둘은 양립 가능하지 않다.

> **합격생 가이드**
>
> 논리 문제에서 양립 가능한지 여부는 동시에 참이 될 수 있는지 여부로 판단한다. 동시에 참이 될 수 있는 경우가 있다면 양립 가능한 것이다. 이 문제는 어떤 조건문에 대해 특정 조건이 반례가 될 수 있는지를 묻고 있다. "A이면 B이다."라는 조건문에 대한 반례는 A이면서 ~B인 경우뿐이라는 점을 명심하자.

04 글의 문맥·구조 답 ⑤

난도 상

풀이시간 2분 25초

정답해설

이 글의 결론은 이번 사고가 RE-201과 관련되지 않았다는 것이다. 이에 대해 언급하고 있는 문장은 ⓒ이므로 이를 우선 살펴보자. ⓒ의 대우명제는 "사고가 공장의 S구역에서만 일어나지 않았다면, 책임이 강 과장에게 없거나 사고가 RE-201과 관련되지 않아야 한다."이다. 따라서 결론을 도출하기 위해서는 사고가 S구역에서만 일어나지 않고, 책임이 강 과장에게 있어야 한다.

우선 ⓓ에서 사고가 S구역에서만 일어나지 않은 것이 나타난다. 따라서 ⓓ은 수정할 필요가 없다. 다음으로 책임이 강 과장에게 있다는 것을 도출해야 한다. 강 과장에 대해 이야기하고 있는 문장은 ⑤과 ⓔ이다. 그런데 이 두 문장으로는 강 과장에게 책임이 있다는 사실을 도출할 수 없다. 따라서 ⑤ 혹은 ⓔ이 수정되어야 한다.

이제 선지를 확인하자. ①번 선지에 따라 ⑤을 수정하더라도 강 과장에게 책임이 있다는 것은 도출되지 않는다. 반면 ⑤번 선지에 따라 ⓔ을 수정하면 남 박사에게는 책임이 없고, 강 과장에게 책임이 있다는 것이 도출된다.

합격생 가이드

이와 같이 문맥에 맞게 일부 문장을 수정하는 문제는 자주 출제되지는 않는다. 다만 문제에 접근하는 방법은 다른 문제와 크게 다르지 않다. 결론이 제시되어 있으므로, 결론부터 역순으로 이를 도출하기 위한 논증 과정을 구성하면 된다.

각 선지에 따라 수정하였는데, 논증 구조에 큰 영향을 미치지 않는다면 답이 아니다. 이러한 방법을 통해 선지만 읽고 몇 개는 소거할 수 있다. 이렇게 확실하게 옳은 문장을 도출하여 이를 토대로 논증을 구성하면 시간을 단축할 수 있다.

05 글의 문맥·구조 답 ②

난도 상

풀이시간 2분 25초

정답해설

- (가)에서 오하이오 강이 붉게 물드는 이유로 티오바실러스 세균 및 그로 인한 침전물을 제시하고 있다. (나), (다), (라) 등에서는 티오바실러스 세균에 대해 자세하게 설명하고 있으므로, (가)가 첫 문단이 되어야 한다.
- (라)에서는 다량의 붉은 침전물을 만들기 위해 엄청난 양의 철2가이온과 강한 산이 있어야 함을 설명하고 있다. 그리고 이들이 어떻게 만들어지는지 의문을 제기하고 있다. 문제를 제기하는 문단은 앞에 배열되어야 하므로 (라)가 두 번째 문단이 되어야 한다.
- (나)에서는 철2가이온과 강한 산에 대해 설명하고 있다. 이는 (라)의 문제제기와 연결되므로 세 번째 문단이 되어야 한다. 그리고 (다)에서 황화철의 산화가 가속되는 내용을 추가적으로 다루고 있으므로, (나)에 이어 마지막에 배열되어야 한다.

합격생 가이드

난도가 높은 문항은 처음 문단이나 마지막 문단을 고정해 주지 않는다. 이 경우 선지를 활용하여 첫 문단이 될 수 있는 후보를 좁히자. 이 문제의 경우 (가)와 (라)를 먼저 읽고 순서를 배열하면 된다.

CHAPTER 09 강화·약화

01	02	03	04	05	06	07	08	09
②	④	③	⑤	④	①	①	⑤	①

01 강화·약화

정답 ②

난도 하

풀이시간 1분 45초

정답해설

ㄷ. 옳다. A는 '거문고'의 '거문'과 '현학금'의 '현학'을 모두 색상과 관련짓고 있다. 따라서 악기의 이름 맨 앞에 국명을 붙이는 관습은 A의 주장과 달라 A의 주장을 강화하지 않는다.

오답해설

ㄱ. 옳지 않다. A와 B는 '거문고'의 유례에 대해서 논쟁하고 있으며 '단군왕검'은 거문고와 관련 없는 사실이므로 무관하다. 따라서 A와 B의 주장을 강화하지 않는다.

ㄴ. 옳지 않다. B의 마지막 줄울 볼 때, B는 '고'가 현악기를 지칭한다는 사실을 받아들이고 있음을 알 수 있다. 또한 B는 '금'이 현악기를 지칭하는지에 대해 언급하고 있지 않으므로 B의 주장을 약화하지 않는다.

02 강화·약화

정답 ④

난도 하

풀이시간 1분 45초

정답해설

④ 옳다. ㉠은 오랑우탄들에게는 다른 개체의 생각을 유추할 수 있는 능력이 있기 때문에 건초더미를 주목한 것이라고 설명하고 있다. 하지만 단지. 오랑우탄들은 자신들에게 가까운 것에 주목했기 때문에 해당 결과가 나온 것으로 밝혀진다면 ㉠과 양립할 수 없기 때문에 ㉠을 약화하게 된다.

오답해설

① 옳지 않다. 오랑우탄이 외모유사성에 따라 판단한다는 것은 글의 내용과 관련이 없으므로 ㉠을 약화하지 않는다.

② 옳지 않다. ㉠의 해석은 오랑우탄의 행동에 관한 것으로, 사람에 대해 동일한 실험을 진행한다고 하더라도 ㉠을 강화하지 않는다.

③ 옳지 않다. 새로운 실험에서 21마리의 오랑우탄들이 건초더미를 주목한 이유를 알 수 없으므로, 새로운 실험의 결과는 ㉠을 강화하지도, 약화하지도 않는다.

⑤ 옳지 않다. ㉠은 건초더미에 더 많은 오랑우탄들이 주목하게 된 원인을 제시하고 있는 것이기 때문에 건초더미와 상자 중 어느 쪽도 주목하지 않은 나머지 오랑우탄에 대한 진술은 ㉠과 무관하여 약화하지 않는다.

합격생 가이드

㉠은 해당 실험결과가 나타나게 된 원인을 제시하고 있다. 즉, 더 많은 오랑우탄이 건초더미에 주목한 이유를 개체유추능력에서 찾고 있는 것이다. 그에 따라 해당 실험결과를 설명할 수 있는 또 다른 원인이 있다면, 이는 ㉠과 경쟁관계에 있는 진술로서, ㉠을 약화시킨다. 따라서 실험결과에 대한 새로운 원인을 제시하고 있는 ④번이 ㉠을 약화하게 된다.

03 강화·약화

정답 ③

난도 하

풀이시간 1분 45초

정답해설

로빈후드 각본에 대한 두 가지 비판을 정리하면 다음과 같다.

• 첫 번째 비판 : 재분배는 생산성을 감소시켜 사회전체 공리도 감소한다.

• 두 번째 비판 : 재분배는 절대적 가치인 자유라는 기본권을 훼손한다.

ㄱ. 옳다. 재분배가 생산성을 감소시키고 동시에 빈부격차를 심화시킨다면, 이는 재분배가 생산성을 감소시킨다는 첫 번째 비판을 포함하게 되어 첫 번째 비판은 강화된다.

ㄷ. 옳다. 행복추구권을 위한 재분배가 생산성 증대를 초래한다면, 이는 재분배로 인해 생산성이 감소될 것이라는 첫 번째 비판과 상충한다. 따라서 첫 번째 비판은 약화된다. 하지만 이로부터 재분배가 기본권을 훼손한다는 것을 이끌어낼 수는 없으므로, 두 번째 비판과는 상충하지 않아 두 번째 비판은 약화되지 않는다.

오답해설

ㄴ. 옳지 않다. 부의 재분배가 기본권 침해보다 투자의욕감소에 더 큰 영향을 준다는 사실로부터, 부의 재분배가 기본권을 침해하지 않는다는 것을 이끌어낼 수 없으므로 두 번째 비판과 충돌하지 않는다. 따라서 두 번째 비판을 약화하지 않는다.

합격생 가이드

어떠한 주장과 무관하거나 양립가능한 진술이 그 주장을 강화하는 진술과 혼합되어 있는 경우에는, 전체 진술이 해당 주장을 결과적으로 강화하게 된다. 약화의 경우에도 마찬가지이다.

04 강화·약화

답 ⑤

난도 하

풀이시간 2분

정답해설

⑤ 옳다. (나)에 따르면, 자신보다 우월한 사람들을 준거집단으로 삼는 경향이 한국보다 강한나라는 상대적 박탈감과 좌절을 더욱 크게 느낄 것이고 그에 따라 한국보다 행복감이 낮아야한다. 따라서 해당 국가의 행복감이 한국보다 높다면 이는 (나)의 입장과 정면으로 배치되어 (나)를 약화한다.

오답해설

① 옳지 않다. (가)에 따를 때, 만약 지위재에 대한 경쟁이 치열하여 지위재 획득이 어려워진다면 국가의 전반적인 행복감이 낮아질 것이다. 따라서 선지는 (가)에 부합하지 않는다.

② 옳지 않다. 지위재로 행복감을 설명하는 (가)의 입장에 따를 때, 경제적 수준이 비슷한 나라들과 비교하여 지위재가 풍부하다면 행복감도 비교적으로 높아야할 것이다. 따라서 한국이 지위재가 풍부하지만 행복감이 낮다면 이는 (가)의 입장을 약화하는 사례가 된다.

③ 옳지 않다. (가)는 지위재로 행복을 설명하고 있으므로 지위재에 대한 정보가 있어야 행복감을 비교할 수 있다. 따라서 일인당 소득 수준이 한국과 비슷한 나라의 지위재가 한국과 비교하여 상대적으로 풍부한지를 알 수 없기 때문에 해당 조사결과는 (가)를 강화하지 않는다.

④ 옳지 않다. 이러한 사실에 대해 (나)는 해당 국가가 한국보다 행복감이 낮을 것이라는 해석을 제시할 수 있기 때문에, 해당 사실은 (나)를 약화시키지 않는다.

합격생 가이드

대략적으로 훑어봤을 때, 우리나라의 행복감이 낮은 현상에 대해 (가)와 (나)가 서로 다른 이유를 제시하고 있음을 알 수 있다. 따라서 각각 그 원인을 어디서 찾고 있는지를 압축적으로 이해할 필요가 있다. (가)는 그 원인을 '지위재'에서 찾고 있으며 (나)는 그 원인을 '비교하는 성향'에서 찾고 있다. 따라서 (가) : 지위재↑ → 행복감↑ , (나) : 비교성향↑ → 행복감↓ 이라고 간략히 도식화한 뒤, 그에 따라 선지를 판단하면 쉽게 접근할 수 있다.

05 강화·약화

답 ④

난도 하

풀이시간 1분 45초

정답해설

ㄴ. 옳다. 무형의 법인의 기본권과 구체적 자연인의 기본권을 비교함에 있어, 구체적 자연인의 기본권을 우선하여 고려한다면 글은 더 이상 '적정한 비례를 유지'한 것이라고 할 수 없어 글의 논지가 약화된다.

ㄷ. 옳다. 글에서는 상이한 기본권 간의 제한을 비교하는 공통의 기준을 제시하고 있지 않고 있으므로 만약 공통의 기준이 없다면 두 기본권을 비교할 수 없다고 주장한다면 글의 논지가 약화된다.

오답해설

ㄱ. 옳지 않다. 글의 마지막 문단에서 '청구인 A의 직업선택의 자유를 침해하지 않고'라고 하였으므로 글의 논지와 일치하여 논지를 약화하지 않는다.

합격생 가이드

'학교법인 B의 대학의 자율성과 청구인 A의 직업선택의 자유는 기본권의 제한에 있어 적정한 비례를 유지하고 있다'는 주장을 펼치기 위하여 '청구인 A가 받는 불이익이 산술적으로 크지 않다는 점', '정책 유지여부는 대학 자율성의 본질적인 부분에 속한다는 점' 등을 근거로 채택하고 있다. 따라서 논지를 약화하는 가장 대표적인 방식은 채택된 근거가 타당하지 않다고 공격하는 것이다.

06 강화·약화

답 ①

난도 하

풀이시간 1분 30초

정답해설

ㄱ. 옳다. 글에서는 카페인을 수면장애의 원인으로 보고 있다. 선지의 사례는 원인인 카페인은 없었지만 결과인 수면장애가 나타난 것으로 글과 무관하여 위 논증의 결론을 강화하지 않는다.

오답해설

ㄴ. 옳지 않다. 원인인 카페인의 섭취여부가 제시되지 않았으므로 글과 무관하여 위 논증의 결론을 강화하지 않는다.

ㄷ. 옳지 않다. 세 번째 문단을 볼 때, 카페인은 심장을 자극하여 심박수를 증가시키고, 공황장애 환자는 심장이 빨리 뛰게 되면 극도의 공포감을 느껴 발작 현상이 일어남을 알 수 있다. 따라서 발작 현상과 극도의 공포감이 무관하다면 위 논증의 결론은 약화된다.

합격생 가이드

이러한 인과가설과 관련하여 유의할 점은 원인이 유일한지, 아니면 원인이 다양한지에 따라 개별 사례의 강화·약화 여부가 달라진다는 점이다. '카페인이 수면장애를 유발한다'는 인과관계를 살펴보자. (~카페인∧수면장애)의 사례는 카페인이 수면장애의 충분조건이지만 필요조건은 아닌 상황에서 무관한 사례가 된다. 하지만 만약 카페인이 수면장애의 필요충분조건이어서 카페인이 수면장애의 유일한 원인이라면 위의 사례는 약화하는 사례가 된다.

글에서는 카페인이 수면장애의 유일한 원인이라는 언급이 없으므로 카페인이 수면장애의 충분조건이라는 것만 알 수 있고, 그에 따라 ㄱ은 결론과 무관한 사례가 되는 것이다.

07 강화 · 약화   답 ①

난도 하

풀이시간 1분 15초

정답해설

① 옳다. 글에서는 절대적인 진리를 궁구할 수 있는 철학자가 통치해야 인간 사회의 갈등을 완전히 해소할 수 있다고 주장하고 있다. 만약 절대적인 진리가 없더라도 합의를 통해 사회갈등을 완전히 해소할 수 있다면 글이 약화된다. 따라서 적절한 비판이다.

오답해설

② 옳지 않다. 이는 개별상황을 벗어난 절대적인 진리가 필요하다는 글의 맥락과 부합한다. 따라서 적절하지 않은 비판이다.

③ 옳지 않다. 글에서는 현실의 가변적 상황과 무관한 진리를 통해서 사회의 갈등을 해소할 수 있다고 주장하고 있으므로, 이는 그러한 진리가 현실적으로 사용될 수 있음을 전제하고 있는 것이다. 따라서 적절하지 않은 비판이다.

④ 옳지 않다. 합의에 의해 도출된 기준보다 절대적인 진리가 사회갈등을 해소하는 것에 더 적합하다는 글의 맥락과 부합한다. 따라서 적절하지 않은 비판이다.

⑤ 옳지 않다. 글의 내용과 무관한 것으로 글을 약화하지 않아 적절한 비판이라고 할 수 없다.

08 강화 · 약화   답 ⑤

난도 하

풀이시간 1분 30초

정답해설

⑤ 옳지 않다. 글에는 민족자본과 관련된 일제의 식민사관이 나타나있지 않다. 따라서 글에 나타난 식민사관을 비판하기 위한 방법으로 적절하지 않다.

오답해설

① 옳다. 일본과 한국이 같은 민족일지라도 침략행위가 정당화되지 않는다면 일선동조론의 타당성은 약화된다.

② 옳다. 일제는 여러 역사적 사례들을 일관되게 해석하여, 한국의 역사는 타율적으로 전개되었다는 주장을 펼치고 있지만 역사적 사례들이 다양하게 해석된다면 타율성이론의 타당성은 약화된다.

③ 옳다. 한국에서 근대화를 향한 노력이 있었다면 근대화론의 타당성은 약화된다.

④ 옳다. 한국이 일제와는 구분된 독자적인 언어, 문자, 문화를 형성했다면 일선동조론의 타당성이 약화된다.

09 강화 · 약화   답 ①

난도 하

풀이시간 1분 15초

정답해설

① 옳지 않다. 제시된 논증은 사이버공간과 인간 공동체가 유사하다는 것을 논증하고 있다. 따라서 사이버공간의 속성이 인간 공동체에 위협이 될 수 있다는 것은 제시된 글의 내용과 무관하여 적절한 논증 비판이라고 할 수 없다.

오답해설

② 옳다. 공통적 요소보다 차이가 더욱 부각된다면 둘 간의 유사성은 다소 약화되어 논증의 타당성이 떨어진다.

③ 옳다. 제시된 글에서는 '네트워크'의 개념을 빌려 둘 사이의 유사성을 주장하고 있다. 따라서 만약 '네트워크'의 개념이 명확하지 않다면 유사성의 근거가 모호해지는 것이라 할 수 있다. 따라서 논증의 타당성이 떨어진다.

④ 옳다. 제시된 글에서 주장한 유사성이 실제로는 존재하지 않는다면 논증의 타당성이 떨어진다.

⑤ 옳다. 네트워크라는 공통적 속성이 사이버공간과 인간 공동체가 유사하다는 근거로 적합하지 않다면 둘 간의 유사성은 다소 약화되어 논증의 타당성이 떨어진다.

합격생 가이드

제시된 논증은 사이버공간과 인간 공동체의 유사점에 기초하여 유비추리의 형식을 띠고 있다. 유비추리를 약화하는 가장 대표적인 방법은 두 대상이 유사하지 않음을 보이는 것이다. ②~④는 모두 사이버공간과 인간 공동체가 유사하지 않다는 맥락에서 비판하고 있기 때문에 유비추리를 약화하는 적절한 선지가 된다.

LEVEL II 중급

01	02	03	04	05			
⑤	④	①	②	④			

01 강화·약화 답 ⑤

[난도] 중

[풀이시간] 2분

[정답해설]

⑤ 약화하지 않는다. 쾌락주의자들은 쾌락에 대한 욕구의 정도를 비교하고 있지 않으므로 선지는 ㉠과 무관하며 약화하지 않는다.

[오답해설]

① 약화한다. 세 번째 문단을 볼 때, 쾌락주의자들은 쾌락에 대한 욕구가 음식에 대한 욕구의 원인이라고 주장하고 있으므로, 어떤 욕구는 또 다른 욕구의 원인일 수 있다고 보고 있다. 따라서 선지는 ㉠을 약화한다.

② 약화한다. 첫 번째 문단에서 볼 때, 쾌락주의자들은 쾌락을 욕구하는 것이 우리 행동의 원인이 된다고 주장하므로 쾌락을 욕구하지 않았지만 행동이 발생했다면 ㉠은 약화된다.

③ 약화한다. 대상에 대한 욕구가 쾌락에 대한 욕구의 원인이라면 쾌락에 대한 욕구가 대상에 대한 욕구의 원인이라는 ㉠과 인과적 연쇄 방향이 달라지게 되어 약화된다.

④ 약화한다. 세 번째 문단을 볼 때, 외적 대상에 대한 욕구는 쾌락에 대한 욕구를 원인으로 하기 때문에 ㉠은 약화된다.

02 강화·약화 답 ④

[난도] 중

[풀이시간] 1분 45초

[정답해설]

④ 옳지 않다. 인간에 의해 유발된 대멸종이 발생하고 있다는 주장은 새롭게 출현한 종이 없기 때문에 진화론이 거짓이라는 주장과 무관하다. 따라서 글의 논증을 약화시키지 않아 비판으로 적절하지 않다.

[오답해설]

글에 나타난 논증을 정리하면 다음과 같다.

5억 년 전부터 지금까지 출현한 생물종은 1억 종이며, 5억 년은 100년 단위로 자를 경우 500만 개의 단위로 나누어진다. 따라서 1억 종을 500만으로 나누면, 100년 단위마다 평균적으로 약 20종씩 출현한다는 결론을 도출할 수 있다. 하지만 지난 100년간 새롭게 출현한 종은 없다. 따라서 진화론은 거짓이다.

① 옳다. 글의 논증은 평균적인 수치에 근거하고 있으므로, 종의 출현 빈도가 균일하게 분포되어 있지 않다고 주장하는 것은 적절한 비판이다.

② 옳다. 지금까지 출현한 생물종이 1억 종이라는 전제를 반박하는 선지로, 글의 논증을 약화시키는 적절한 비판이 된다.

③ 옳다. 글의 논증에서는 새롭게 출현한 종이 없음을 이유로 진화론을 거짓이라고 결론내리고 있지만, 생물학자가 새로 발견한 종이 신생 종인지 아니면 기존의 종인지를 판단할 수 없다면, 새롭게 출현한 종이 없다고 확신할 수 없게 된다. 따라서 신생 종의 부재로 진화론을 부정하는 글의 논증을 약화시키는 적절한 비판이 된다.

⑤ 옳다. 글의 논증은 새롭게 출현한 종이 없음을 이유로 진화론을 거짓이라고 결론내리고 있지만, 만약 생물학자들이 발견한 몇몇 종이 100년 내에 출현한 종이라면 이는 '새롭게 출현한 종이 없다'는 논증의 전제를 반박하는 사실이 된다. 따라서 글의 논증을 약화시키는 적절한 비판이 된다.

03 강화·약화 답 ①

[난도] 중

[풀이시간] 1분 45초

[정답해설]

① 양립할 수 없다. 두 번째 문단에서 '헌법수호를 목적으로 집단을 이룬 시위국민들을 가리켜 헌법에 의하여 설치된 국가기관에 해당하는 것이라고 말하기는 어렵다할 것이다'고 말하고 있다. 따라서 국민들을 헌법기관으로 볼 수 없음을 전제하고 있어 판결문과 양립할 수 없다.

[오답해설]

② 양립할 수 있다. 첫 번째 문단에서 '국민의 결집을 강압으로 분쇄한 행위는 국헌문란에 해당한다'고 하고 있어 판결문과 양립할 수 있다.

③ 양립할 수 있다. 첫 번째 문단에서 '국민의 결집을 적어도 그 기간 중에는 헌법기관에 준하여 보호하여야 할 것'이라고 하고 있어 판결문과 양립할 수 있다.

④ 양립할 수 있다. 첫 번째 문단에서 '국가의 국민은 헌법을 제정하고 헌법을 수호하는 중요한 소임'을 가진다고 하고 있어 판결문과 양립할 수 있다.

⑤ 양립할 수 있다. 두 번째 문단에서 '헌법수호를 목적으로 집단을 이룬 시위국민들을 가리켜 헌법기관에 해당하는 것이라고 말하기는 어렵다'고 하고 있어 판결문과 양립할 수 있다.

합격생 가이드

글을 대충 읽은 경우, 첫 번째 문단과 두 번째 문단이 서로 모순되는 것처럼 보일 수 있다. 그로 인해 국민을 헌법기관으로 볼 수 있는지를 다루고 있는 ①, ③, ⑤ 중에 고민하다가 틀린 선지를 고른 경우도 있을 것이다. 두 문단이 모순되어 보였던 이유는 해당 판결문이 원심의 판결문을 반박하는 상급심 판결문이라는 것을 놓쳤기 때문이다. 두 번째 문단에서는 '원심에서 국민의 결집을 헌법기관으로 본 것은 유추해석에 해당하여 죄형법정주의원칙을 위반한 것'이라는 말을 통해 국민들을 헌법기관으로 볼 수 없음을 명확히 하고 있다.

또한 첫 번째 문단의 '준하여'라는 말은 양자가 동일하지 않음을 전제한 것임에도 불구하고 이를 확대하여 이해한 결과 ①을 양립할 수 있는 선지라고 판단하였다면, 이는 글을 이해함에 있어 배경지식이나 선입견이 개입된 경우에 해당한다. 따라서 글을 이해할 때에는 최대한 주관적인 이해를 배제하고 읽을 수 있도록 연습할 필요가 있다.

04 강화·약화 답 ②

난도 중

풀이시간 2분

정답해설

ㄱ, ㄴ 기술이 과학에 앞선 역사적 사례이며 ㄷ 과학연구보다 기술연구가 기술 발전에 더욱 많이 기여한 것을 보여주는 사례이다.

② 옳다. ㄱ, ㄴ은 기술이 과학에 앞서서 발전했다는 점을 보여주고 ㄷ은 과학이 기술에 끼치는 영향이 적다는 걸 보여주므로 적절한 활용방안이다.

오답해설

① 옳지 않다. 세 사례 모두 기술과 과학의 연관성을 보여주고 있기 때문에 차이점을 강조하는 것은 적절하지 않다.

③ 옳지 않다. 글은 과학이 기술에 앞선다는 통념을 부정하는 것일 뿐, 두 영역이 독립적으로 발전했다고 주장하려는 것은 아니다. 따라서 적절하지 않다.

④ 옳지 않다. 글의 논지는 과학과 기술의 관계가 상호 침투라는 것에 있지 기술에 더 많이 투자할 때 과학이 발전한다고 주장하려는 것은 아니다. 따라서 적절하지 않다.

⑤ 옳지 않다. ㄱ, ㄴ은 기술이 과학에 앞선 역사적 사례를 보여주고 있으므로 ㄱ을 과학과 기술이 독립적으로 발전한 근거로 사용하려는 것은 적절하지 않다.

합격생 가이드

글은 과학적 지식이 기술에 앞선다는 통념을 부정하고 있으며 두 영역은 상호침투라는 것을 주장하고 있다. 또한 역사적으로는 기술이 과학에 앞선다고 주장하고 있다. 이를 통해 '과학과 기술이 독립적'임을 언급하고 있는 선지부터 제거하면 빠르게 풀 수 있다.

05 강화·약화 답 ④

난도 중

풀이시간 2분

정답해설

ㄱ. 옳다. 글에서는 칸트의 환대 개념은 자기중심성을 가진다고 비판하면서 그 대안으로 데리다와 레비나스의 환대 개념을 제시하고 있다. 따라서 데리다와 레비나스의 환대 개념 역시 자기중심성을 가진다면 글의 논지는 약화된다.

ㄴ. 옳다. 글에서는 상호적 권리로서의 환대를 비판하고 비대칭적 수용으로서의 환대를 옹호하고 있다. 하지만 비대칭성에 근거한 환대가 현실적으로 실현 불가능한 개념이라면 글의 논지는 약화된다.

ㄹ. 옳다. 비대칭적인 환대 개념이 있어야 봉사자 스스로가 행복을 얻고 변화할 수 있다는 점에서 진정한 사회봉사의 이념이 될 수 있다고 주장하고 있다. 따라서 진정한 사회봉사 이념에 비대칭성이 반드시 요구되는 것이 아니라면 글의 논지는 약화된다.

오답해설

ㄷ. 옳지 않다. 글에서는 헤겔의 주장과 레비나스와 데리다의 환대 개념이 직접적인 관계가 있다고 주장하지 않는다. 단지 헤겔의 표현을 빌어 말할 뿐이다.

ㅁ. 옳지 않다. 글에서는 대칭적 상호성 원리에 기반을 둔 칸트의 환대개념은 자유주의 사상을 벗어날 수 없다고 언급하며, 칸트의 환대 개념을 비판하고 있다. 따라서 다른 근거를 들어 칸트의 환대 개념을 비판한다고 하더라도 글의 주장이 약화되는 것은 아니다.

LEVEL Ⅲ 　상급

01	02	03	04	05	06	07		
④	⑤	①	①	②	①	④		

01 강화·약화 　답 ④

난도 상

풀이시간 2분

정답해설

박사의 주장을 도식화하여 정리하면 다음과 같다.

① ~유전자 수 ↑

② ∴ ~유전자 결정론 (①과의 결합을 통해 '유전자결정론 → 유전자수 ↑'를 전제하고 있음을 알 수 있음)

③ 인간의 행동은 유전자와 환경의 상호작용에 의해 결정됨

④ ∴ 자유의지 (③과의 결합을 통해, '유전자와 환경의 상호작용결정 → 자유의지'를 전제하고 있음을 알 수 있음)

ㄴ. 옳다. 유전자와 환경의 상호작용으로 결정된 행동은 자유의지에 따른 행동으로 볼 수 없다면, 이는 박사가 전제하고 있는 '유전자와 환경의 상호작용결정 → 자유의지'와 부합하지 않아 ㉠을 약화한다.

ㄷ. 옳다. 박사는 '유전자결정론이 옳다고 보기에는 유전자 수가 턱없이 부족하다'고 하여 유전자수를 근거로 유전자결정론을 부정하고 있다. 하지만 만약 ㄷ 선지대로 인간의 유전자수가 턱없이 부족한 것이 아니라면, 유전자결정론이 옳을 가능성도 여전히 남게 된다. 따라서 유전자 결정론을 부정하는 ㉠을 약화한다.

오답해설

ㄱ. 옳지 않다. '유전자결정론 → 유전자수 ↑'이 거짓이 되는 유일한 경우는 전건인 유전자결정론이 참이면서 후건인 유전자수 ↑가 거짓인 경우다. 따라서 유전자수 ↑인 해당 사례는 후건을 긍정하고 있기 때문에 박사의 주장을 거짓으로 만들 수 없다. 따라서 ㉠을 약화하지 않는다.

합격생 가이드

강화·약화의 유형에서는 논증형식으로 된 문장이 많기 때문에 문장을 곧바로 이해하려고 하면 어렵고 헷갈리기 쉽다. 따라서 최대한 문장을 도식화하여 이해하려는 노력이 필요하다. 또한 ㄱ 해설과 같이, 도식화된 문장에 기호논리의 진리치 개념을 사용하여 접근한다면, 문제 해결이 보다 용이하다. 진리치란 전건과 후건의 참, 거짓에 따라 전체 명제의 참, 거짓을 판단하는 방식으로 'P → Q'라는 명제가 있을 때,

P → Q 라는 명제의 참과 거짓은 다음과 같이 결정된다.

• T　T : 명제 T
• T　F : 명제 F
• F　T : 명제 T
• F　F : 명제 T

따라서 진리치로 명제의 참거짓을 판단하는 연습을 지속적으로 해두면, 논리퀴즈 유형에서뿐만 아니라, 강화·약화 유형에서도 큰 도움을 받을 수 있다.

02 강화·약화 　답 ⑤

난도 상

풀이시간 3분

정답해설

⑤ 옳지 않다. K/T경계층 형성 시기가 아닌 다른 시기에도 소행성이 드물지 않게 지구에 충돌했다면, 소행성과 지각의 무수한 파편들도 빈번하게 나타났을 것이다. 따라서 소행성 충돌은 공룡 대멸종의 원인이라고 볼 수 없으며 그에 따라 ㉠은 약화된다.

오답해설

① 옳다. 신생대 제3기(T) 이후에 형성된 지층은 K/T경계층 위에 위치한다. 해당 지층에서 공룡화석이 대량으로 발견되었다면, 이는 K/T경계층이 생성된 시기 이후에도 공룡이 있었다는 것을 의미한다. 따라서 K/T 경계층이 생성되던 시기에 공룡이 멸종했음을 전제하는 ㉠은 약화된다.

② 옳다. ㉠은 중생대와 신생대 사이에 일어난 멸종이 소행성 충돌로 인해 발생하였다고 결론내리고 있으므로, 고생대에 일어난 멸종은 이와 무관하여 ㉠을 강화하지 않는다.

③ 옳다. 앨버레즈는 이리듐이 증가속도는 일정하다고 보아, 이리듐의 양과 퇴적에 걸린 시간이 비례관계에 놓여있다는 것을 도출하였다. 따라서, 이리듐의 증가속도가 일정하지 않다면 앨버레즈의 전제가 틀린 것이 되며 그에 따라 도출된 ㉠도 약화된다.

④ 옳다. 만약 이리듐의 농도가 다량으로 검출된 지층이 K/T경계층이 아니라 다른 지층이었다면, 공룡이 멸종된 시기도 K/T경계층 형성 시기가 아니라 다른 지층의 형성 시기라고 보아야할 것이다. 따라서 K/T경계층 형성 시기에 공룡이 멸종했다는 ㉠은 약화된다.

03 강화·약화 　답 ①

난도 상

풀이시간 2분

정답해설

ㄱ. 옳다. 두 번째와 세 번째 문단을 볼 때, 베이즈주의자들은 사전확률 결정에 있어 느낌이 아닌, 과학공동체가 공유하고 있는 배경지식이 결정적인 역할을 한다는 것을 전제로 하고 있다. 따라서 사전확률 결정에 느낌과 같은 요소가 배경지식보다 더 중요한 영향을 미친다면 베이즈주의 과학방법론이 객관성을 확보하기가 어려워질 수 있어 글의 주장이 약화된다.

오답해설

ㄴ. 옳지 않다. 다른 느낌을 가진 사람들이 동일한 사전확률을 부여했다면 이는 오히려 사전확률을 부여할 때 느낌에 의존하지 않았다는 것을 의미한다. 따라서 글의 주장과 부합하여 주장을 약화하지 않는다.

ㄷ. 옳지 않다. 세 번째 문단을 볼 때, 동일한 배경지식을 가진 과학자들은 동일한 가설에 대해 비슷한 사전확률을 부여하게 될 것이라는 점을 알 수 있다. 따라서 글의 주장과 같은 맥락이므로 주장을 약화하지 않는다.

합격생 가이드

이 글의 주장은 마지막 문장인 '베이즈주의 과학방법론은 객관성을 확보할 수 있다'는 것이다. 따라서 '베이즈주의 과학방법론은 주관적'이라는 내용의 선지는 이 글의 주장을 약화하는 것이 된다. 이를 기준으로 판단할 때, ㄱ 선지는 베이즈주의는 주관적이라는 맥락에 놓여있기 때문에 약화하는 선지가 된다.

04 강화 · 약화   답 ①

난도 상

풀이시간 2분 15초

정답해설

① 옳다. DNA의 가능한 구조는 네 가지이고, 이 중에서 염기가 바깥쪽에 있는 삼중나선 형태와 염기가 바깥쪽에 있는 이중나선 형태일 가능성은 논박되었다. 따라서 염기가 안쪽에 배열된 삼중나선 형태일 가능성은 여전히 남아있다.

오답해설

② 옳지 않다. DNA와 α–케로틴이 흡사한 화학적 특성을 지녔다는 점을 전제로 DNA 분자의 구조를 유추하고 있기 때문에 화학적 특성이 유사한 경우 분자의 구조도 유사하다는 전제가 부정된다면 논증은 약화된다.

③ 옳지 않다. DNA 분자가 이중나선 구조라는 주장은 '거의 모든 중요한 생물학적 대상이 쌍을 이루고 있음'을 근거로 성립하고 있으며 염기가 중추 안쪽에 있다는 사실은 해당 주장의 근거로 사용되지 않았다.

④ 옳지 않다. X선 회절사진 이미지는 염기들이 중추의 안쪽에 배열되어있음을 주장하는 근거로 사용되었을 뿐이며 DNA 분자의 구조에 대한 근거로는 사용되지 않았다.

⑤ 옳지 않다. X선 회절사진은 염기들이 중추의 안쪽에 배열되어있음을 주장하는 근거로 사용되었으므로 X선 회절사진이 판단의 근거로 인정되지 않는다고 하더라도 DNA 분자의 구조가 나선형이라는 주장은 약화되지 않는다.

> **합격생 가이드**
>
> 논증이 복잡한 경우, 선지와 글을 반복적으로 오가며 시간을 낭비하기 쉽다. 따라서 표나 그림을 그려서 이해한 내용들을 간략하게 정리하며 읽는 습관이 필요하다. 이번 문제에서도 DNA의 가능한 구조 네 가지를 2×2 표로 그려서 이해했다면 수월하게 풀 수 있었을 것으로 보인다.

05 강화 · 약화   답 ②

난도 상

풀이시간 2분 15초

정답해설

ㄱ. 옳다. 의식은 뇌와 몸과 외부세계가 상호작용한 결과물이므로, 통 속의 뇌에 충분한 영양이 공급되더라도 외부세계와 상호작용을 할 수 없다면 의식은 있을 수 없다. 따라서 글과 부합하여 논지를 강화한다.

ㄷ. 옳다. 의식은 뇌와 몸과 외부세계가 상호작용한 결과물이므로, 몸이 이전과 동일하지 않다면, 의식도 동일하다고 할 수 없다. 따라서 글과 부합하여 논지를 강화한다.

오답해설

ㄴ. 옳지 않다. 뇌를 관찰함으로써 인지작용을 추정할 수 있다면 이는 글에서 부정하고 있는 '의식은 뇌 안에서 생성'되는 것을 뒷받침하기 사례이기 때문에 논지를 약화한다.

ㄹ. 옳지 않다. 의식을 이해할 때에는 의식을 구성하는 뇌와 몸과 외부세계를 모두 고려해야하며, 뇌에만 국한하여 의식을 이해하려고 해선 안 된다는 것이 논지이다. 따라서 의식의 특성을 이해하려 할 때, 다른 요소들과 동시에 신체 구조를 살핀다면 의식 이해에 도움이 될 수도 있다. 따라서 도움이 안 된다고 단정하는 것은 글과 부합하지 않기 때문에 논지를 강화하지 않는다.

> **합격생 가이드**
>
> 강화 · 약화 파트의 경우 논리학을 전공한 교수님들께서 출제를 하기 때문에 글의 중간에 기호화할 수 있는 문장이 있는 경우 이는 의도적으로 던져진 문장일 가능성이 높다. 따라서 그런 문장들을 기호화하는 습관을 들이는 것이 필요하다. 명확하게 기호논리를 사용할 수 있는 문장의 경우 대부분이 선지로 만들어진다는 점 역시 숙지할 필요가 있다.
>
> 이 문제에서는 마지막 문단의 마지막 줄에 기호화할 수 있는 문장이 숨어있다. '몸을 갖고 주변 환경과 상호작용하면서 살아가는 동물에게만 의식이 있을 수 있다'는 문장은 [의식 → (몸 ∧ 주변 환경 ∧ 상호작용)]으로 기호화할 수 있다. 이를 대우명제로 바꾸면 [(~몸∨~주변 환경∨~상호작용) → ~의식]이다. ㄱ에서는 ~상호작용 인 경우를 제시하고 있으며 (~상호작용 → ~의식)이기 때문에 ㄱ 선지는 논지와 부합하게 되는 것이다.

06 강화 · 약화   답 ①

난도 상

풀이시간 2분

정답해설

ㄱ. 옳다. 갈릴레오 상대성 원리에 따르면 배에 타고 있는 사람은 배 안에서 일어나는 현상을 보고, 배가 일정한 속도로 움직이는지 아니면 정지하고 있는지를 구분할 수 없다. 즉, 배가 일정한 속도로 움직인다면 이는 정지했을 때 일어나는 현상들과 차이가 없다는 의미로서, 일정한 속도로 움직이지 않는다면 배에 타고 있는 사람은 배가 움직이는지 아니면 정지하고 있는지를 구분할 수 있게 된다. 따라서 일정한 속도로 지구가 움직인다는 가정이 필요하다.

오답해설

ㄴ. 옳지 않다. 일정한 속도로 움직이고 있음에도 불구하고 그 속도를 감지할 수 있다면 천동설의 설득력이 강화된다.

ㄷ. 옳지 않다. 배의 운동과 지구의 운동에 동일한 원리가 적용된다는 가정은 지동설 학파에 필요한 가정이다.

ㄹ. 옳지 않다. 갈릴레오 상대성 원리의 내용과 관련이 없어 설득력을 약화시키지 않는다.

07 강화 · 약화   답 ④

난도 상

풀이시간 3분

정답해설

④ 약화한다. 해당 수치에 따르면 가정 폭력에 시달렸으면서 누군가에 의해 살해된 여성 중 남편에게 살해된 여성은 1,400명 중 1,200명이 된다. 따라서 남편이 범인일 가능성이 매우 높아지므로 변호사의 변론을 가장 약화한다.

오답해설

① 약화한다. 미국에서 벌어진 남편의 가정 폭력이 실제로 약 200만 건이었다면 변호사가 주장한 가정 폭력을 휘두르는 남편에 의해 살해된 여성의 비율인 '400만 명 중 1,200명'이 '200만 명 중 1,200명'으로 바뀌면서 변호사의 주장이 다소 약화된다.

② 강화한다. 살해된 여성의 수가 3,000명보다 더 많았다면 평소에 가정 폭력에 시달렸으면서 누군가에 의해 살해된 여성들의 수도 많아질 수도 있다. 따라서 '평소에 가정 폭력에 시달렸으면서 누군가에 의해 살해된 여성들 가운데 남편에게 살해된 여성의 비율'이 낮아지게 되어 변호사의 변론은 강화된다.

③ 약화하지 않는다. 변호사는 2006년의 통계만을 언급하여 남편이 범인이라는 주장을 반박하고 있다. 따라서 10년 전의 통계는 변호사의 변론과 무관하다.

⑤ 약화하지 않는다. 살해된 여성 중 남편에게 살해된 비율은 변호사가 주장한 바가 없어 변호사의 변론과 무관하다.

합격생 가이드

변호사는 "평소에 가정 폭력에 시달렸으면서 누군가에 의해 살해된 여성들 가운데 남편에게 살해된 여성의 비율이 중요하다"고 언급하고 있다. 따라서 해당 비율을 낮추는 진술은 변론을 강화하고, 해당 비율을 높이는 진술은 변론을 약화한다.

한편, ①과 ④ 모두 변호사의 변론을 약화하지만 남편이 범인일 확률을 가장 약화하는 선지는 ④번이다. 이 문항의 경우, 변호사의 변론이 복잡하게 서술되어있어 헷갈리기가 쉬웠다. 따라서 가정폭력, 살해된 여성, 남편에게 살해된 여성을 각각 요소로 두고 교집합 기호로 분자와 분모를 표현하였다면, 조금이나마 쉽게 풀 수 있었을 것으로 보인다.

CHAPTER
10 종합

LEVEL I   하급

01	02	03	04	05	06			
④	③	②	③	④	③			

01 종합   답 ④

난도 하

풀이시간 3분

정답해설

④ 옳지 않다. 생산도구는 일상품이기도 하지만 동시에 물자의 장악이나 군사력을 상징하는 부장품이기도 하다. 이것들은 일상품적 위세품이라고 부른다. 따라서 일상품이면서 동시에 위세품이 된다.

오답해설

① 옳다. 묘는 성토하지 않은 무덤으로 성토된 부분에 해당하는 분구와 그를 보호하는 호석이 발견되지 않는다.

② 옳다. 고고학계에서 발전단계를 상정할 때 '묘'를 사용하며, 목관묘와 같이 매장시설을 가리킬 때도 사용된다.

③ 옳다. 무기와 같은 것은 물자의 장악이나 군사력을 상징하는 부장품으로, 일상품적 위세품이라고 한다.

⑤ 옳다. 분은 지상에 분명하게 성토한 무덤을 가리키며, 이 중에서도 성토를 높게 하여 뚜렷하게 구분되는 대형 분구를 가리켜 총이라고 한다. 따라서 성토를 더 높게 한 총에 묻힌 피장자의 신분이 분에 묻힌 피장자의 신분보다 높다.

02 종합   답 ③

난도 하

풀이시간 3분

정답해설

③ 옳지 않다. 근거 d는 원삼국 시대에 관한 근거로, 삼국시대에 대해 서술하고 있는 가설 C와 무관하다. 따라서 강화하지 않는다.

오답해설

① 옳다. 성토가 높은 황남대총이 왕릉이라는 점은 가설 B를 강화한다.

② 옳다. 목관과 옹관 외의 용기인 석관이 발견되었다면 이는 가설 A를 약화한다.

④ 옳다. 백제에는 총에 해당하는 분이 없다면, 삼국 모두 묘-분-총의 발전단계를 보인다는 가설 B는 수용될 수 없다. 또한 석관이 발견되었다면 가설 A는 수용될 수 없다. 따라서 가설 C만이 근거 b와 c에 비추어 수용될 수 있는 가설이 된다.

⑤ 옳다. 근거 b는 가설 B를 기각하며, 근거 c는 가설 A를 기각한다. 한편, 세 가설은 삼국 시대에 관련한 것으로 근거 d는 삼국 이전인 원삼국 시대에 관한 것으로 가설 C와 무관하다. 따라서 가설 C는 여전히 수용될 수 있는 가설이다.

03 종합   답 ②

난도 하

풀이시간 2분 45초

정답해설

물병에 400만 원을 채워 넣는다고 상상해보자. 150만 원까지 넣었을 때, 세 채권자는 50만 원씩을 가져가게 된다. 여기에서 추가적으로 돈을 넣는다고 하더라도 물병의 모양에 의해 채권자 1에게 분배되는 부분은 생기지 않고 채권자 2와 3에게만 분배된다. 이는 250만 원에 이를 때까지 지속된다. 그에 따라 채권자 1은 50만 원, 채권자 2는 100만 원, 채권자 3도 100만 원씩을 가져가게 된다. 이후 350만 원이 될 때까지의 금액은 채권자 3에게 모두 귀속되며 이후 나머지 50만 원은 채권자 2와 3에게 25만 원씩 균등하게 분배된다. 따라서 이를 더해보면 답은 ②이다.

04 종합   답 ③

난도 하

풀이시간 2분 45초

정답해설

③ 옳지 않다. 탈무드의 물병에서 유산이 150만 원보다 적을 때에는 채권자 간에 동일한 금액을 가져가게 되지만 유산이 그보다 많다면 채권자 간의 분배 몫이 달라지게 된다.

오답해설

① 옳다. 유산이 총 빚과 동일한 경우 모든 채권자는 빌려준 돈을 모두 가져가게 된다. 이 경우에는 유산은 빌려준 돈의 비율만큼 분배된다.

② 옳다. 탈무드의 물병에서 한 채권자가 모든 유산을 가져가는 경우는 존재하지 않는다.

④ 옳다. 탈무드의 물병에서 채권자 3이 자신이 빌려준 돈을 모두 가져가는 경우는 물병이 모두 차는 경우뿐이다. 따라서 채권자 3이 빌려준 돈을 모두 가져간다면 채권자 1과 채권자 2도 빌려준 돈을 모두 가져가게 된다.

⑤ 옳다. 탈무드의 물병에서 유산이 150만 원보다 적을 때에는 채권자 3이 채권자 1과 동일한 금액을 가져가지만, 150만 원보다 많아지면 채권자 3은 채권자 1보다 항상 더 많은 금액을 가져가게 된다. 따라서 가장 많은 돈을 빌려준 채권자가 가장 적은 돈을 빌려준 채권자보다 적은 돈을 가져가는 상황은 없다.

05 종합　　　　　　　　　　　　답 ④

난도 하

풀이시간 3분 45초

정답해설

④ 옳다. 왓슨은 올바른 추론에 필요한 정보를 가지고 있었지만 해당 정보를 사용하지 않고 범인을 지목하였다.

오답해설

① 옳지 않다. 이름의 모음의 수가 적다는 이유는 일반적으로 타당한 개인적 경험이라 볼 수 없다.

② 옳지 않다. 글의 내용과 관련이 없다.

③ 옳지 않다. 추론하기 위해서 전문적인 훈련을 받아야한다는 내용은 글에서 찾을 수 없다.

⑤ 옳지 않다. 왓슨은 올바른 추론에 필요한 정보를 가지고 있었기 때문에 정보가 부족했다고 할 수 없다.

06 종합　　　　　　　　　　　　답 ③

난도 하

풀이시간 3분 45초

정답해설

③ 옳다. 만약 추론 과정을 평가의 대상으로 삼을 수 없다면 글의 추론 능력에 관한 평가는 무의미해진다. 따라서 글의 논지가 약화된다.

오답해설

① 옳지 않다. 올바르지 못한 결론을 제시하였다면 올바른 추론 능력을 가지지 못한 것으로 보는 관점은 글의 논지와 일치한다. 따라서 약화하지 않는다.

② 옳지 않다. 글의 논지에 따르면 올바른 추론 능력이 있다는 것은 곧 추론에 필요한 정보를 가지고 있으며, 그러한 정보를 올바르게 사용하여 올바른 결론을 내릴 수 있음을 의미한다. 따라서 이는 글의 논지와 일치하여 약화하지 않는다.

④ 옳지 않다. 추론에 필요한 정보가 없다면 올바른 결론을 내렸다고 하더라도 올바른 추론 능력을 가졌다고 할 수 없다는 것은 글의 논지와 일치하여 약화하지 않는다.

⑤ 옳지 않다. 추론에 필요한 정보는 가지고 있었지만, 정보를 올바르게 사용하지 않았다면 올바른 추론 능력을 가지고 있다고 할 수 없다. 따라서 글의 논지와 일치하여 약화하지 않는다.

합격생 가이드

글의 논지를 기호화하면 다음과 같다.

추론 능력＝(추론에 필요한 정보∧올바른 정보 사용∧올바른 결론 제시)

만약 추론에 필요한 정보가 없거나, 정보가 있다고 하더라도 이를 올바르게 사용하지 않았거나, 올바르지 못한 결론을 제시하였다면 추론 능력을 가지지 못한 것이 된다.

따라서 글의 논지를 약화하기 위해서는 추론에 필요한 정보가 없거나, 정보를 올바르게 사용하지 않았거나, 올바르지 못한 결론을 제시한 경우일지라도 추론 능력을 가진 것으로 볼 수 있다는 선지가 필요하다. 또는 추론에 필요한 정보를 가지고 있고 정보를 올바르게 사용하였으며 올바른 결론을 제시한 경우일지라도 추론 능력을 가진 것으로 볼 수 없다는 선지가 필요하다.

③번 선지는 이러한 기호화 자체가 무의미하다는 내용의 선지이므로 글을 약화시키는 진술이 된다.

LEVEL II   중급

01	02	03	04	05	06	07	08		
②	③	③	⑤	④	⑤	④	④		

01 종합
답 ②

난도 중

풀이시간 3분 30초

정답해설

② 옳다. 5문단에서는 "입증 또는 반증하는 증거가 나타날 여지가 있다면 그 진술은 유의미하다."고 언급하고 있다.

오답해설

① 옳지 않다. 4문단에서는 "우리가 관련법칙과 자료를 모르거나 틀린 법칙을 썼다고 해서, 우리의 인과 진술이 무의미하다고 주장해서는 안 된다."고 언급하고 있다.

③ 옳지 않다. 1문단에서는 "'사건 X는 사건 Y의 원인이다'라는 진술은 곧 '사건 X는 사건 Y보다 먼저 일어났고, X로부터 Y를 예측할 수 있다'를 뜻한다."고 언급하고 있다. 따라서 원인이 되는 사건이 결과가 되는 사건보다 먼저 발생할 것을 인과 진술의 요건으로 하고 있음을 알 수 있다.

④ 옳지 않다. 5문단에서는 "미래의 어느 시점에 그 진술을 입증 또는 반증하는 증거가 나타날 여지가 있다면 그 진술은 유의미하다."고 언급하고 있다. 따라서 먼 미래에 입증될 여지가 있다면 무의미하다고 해선 안 된다.

⑤ 옳지 않다. 5문단의 마지막 문장에서는 어떤 진술이 지금이 아니더라도 언젠가 참인 법칙과 자료로부터 논리적으로 도출할 수 있다면 그 진술은 참된 인과 진술로 입증될 수 있음을 언급하고 있다.

02 종합
답 ③

난도 중

풀이시간 3분 30초

정답해설

ㄱ. 옳다. 4문단에서는 거짓 법칙을 써서라도 인과 진술을 도출할 수 있다면 그 진술은 유의미하다고 언급하고 있다. 따라서 인과 진술을 논리적으로 도출하기 위해 사용한 법칙과 자료의 참·거짓 여부는, 도출된 진술이 유의미하다는 점에 대해 영향을 미치지 못한다.

ㄷ. 옳다. 1문단에서는 원인 ≡ (먼저 일어남 ∧ 도출)으로 제시하고 있다. 정호는 C로부터 D를 예측하여 도출하였다. 따라서 C는 D의 원인이다.

오답해설

ㄴ. 옳지 않다. 병호는 거짓인 법칙과 자료를 사용하였기 때문에 해당 인과 진술을 참으로 입증하지 못하였을 뿐이지 거짓이라고 단정할 수는 없다.

합격생 가이드

〈사례〉는 글의 3문단과 그대로 대응되고 있다. 따라서 '오늘날의 우리'에 정호를 대입하고, '갑'에 병호를 대입하여 풀었다면 쉽게 풀 수 있었을 것이다.

03 종합
답 ③

난도 중

풀이시간 3분 45초

정답해설

'증거 E가 가설 H를 확증한다'는 것은 '가설 H가 참인 조건에서 증거 E가 참일 확률이 가설 H가 거짓인 조건에서 증거 E가 참일 확률보다 더 크다'는 것을 의미한다. 증거 R이 두 해석을 확증하는지에 대해 살펴보면 다음과 같다.

- ST가 참인 조건에서 증거 R이 참일 확률 = 1/2
  ST가 거짓인 조건에서 증거 R이 참일 확률 = 1
∴ 증거 R은 ST를 확증하지 못한다.

- MW가 참인 조건에서 증거 R이 참일 확률 = 1
  MW가 거짓인 조건에서 증거 R이 참일 확률 = 1/2
∴ 증거 R은 MW를 확증한다.

따라서 빈칸에 들어갈 진술은 R은 ST를 확증하지 못하지만 MW를 확증한다는 ③번이다.

04 종합
답 ⑤

난도 중

풀이시간 3분 45초

정답해설

증거 L이 ST와 MW 중 어떤 것을 확증하는지를 살펴보면 다음과 같다.

- ST가 참인 조건에서 증거 L이 참일 확률 = 1/2
  ST가 거짓인 조건에서 증거 L이 참일 확률 = 1
∴ 증거 L은 ST를 확증하지 못한다.

- MW가 참인 조건에서 증거 L이 참일 확률 = 1
  MW가 거짓인 조건에서 증거 L이 참일 확률 = 1/2
∴ 증거 L은 MW를 확증한다.

논의에 따르면 증거가 R일 때와 L일 때 모두 두 가지 해석 중 MW 하나만을 확증하고 있음을 알 수 있다. 따라서 어떤 경험을 하든지 우리의 경험은 하나의 해석만을 확증한다는 ⑤번이 정답이 된다.

05 종합 답 ④

[난도] 중

[풀이시간] 4분

[정답해설]

④ 옳다. 정보 A가 송 씨의 두 아이가 모두 딸일 확률을 바꿀 만한 정보가 아니라면 풀이1과 풀이2의 확률은 달라선 안 된다. 따라서 상이한 확률이 모두 올바른 답변으로 인정된다면, 이는 정보 A가 송 씨의 두 아이가 모두 딸일 확률을 바꿀 만한 정보이기 때문이다.

[오답해설]

① 옳지 않다. 정보 A가 송 씨의 두 아이가 모두 딸일 확률을 바꿀 만한 정보라면, 물음2의 답변은 1/3이 아니다.

② 옳지 않다. 정보 A가 송 씨의 두 아이가 모두 딸일 확률을 바꿀 만한 정보라면, 둘 다 올바른 답변일 수 있다.

③ 옳지 않다. 정보 A가 송 씨의 두 아이가 모두 딸일 확률을 바꿀 만한 정보가 아니라면, 물음1과 물음2의 확률은 같아야 한다. 다만, 그 확률이 1/3로 같아도 되기 때문에 반드시 1/2라고 단정 할 수는 없다.

⑤ 옳지 않다. 정보 A가 송 씨의 두 아이가 모두 딸일 확률을 바꿀 만한 정보가 아니더라도 풀이1이 올바른 답변이 아니면서 동시에 풀이2가 올바른 답변이 될 수 있다.

합격생 가이드

정보 A가 두 아이가 모두 딸일 확률을 바꿀 만한 정보라는 것은 물음1에 대한 답변과 물음2에 대한 답변이 달라야 함을 의미하며, 확률을 바꿀 만한 정보가 아니라면 물음1에 대한 답변과 물음2에 대한 답변이 같아야 함을 의미한다.

06 종합 답 ⑤

[난도] 중

[풀이시간] 4분

[정답해설]

⑤ 옳다. 이름을 알려주는 것이 확률을 바꾸는 정보를 주는 것이 아니라면, 물음1과 물음3은 사실상 동일한 물음이 되고 그에 따른 답변도 같아야한다. 따라서 물음1의 답변을 1/3에서 1/2로 수정해야 한다.

[오답해설]

① 옳지 않다. 물음1과 물음2 사이에는 정보 A가 주어졌는지 여부에 대한 차이가 여전히 존재하므로 두 물음의 답변이 같아야 할 이유가 없다.

② 옳지 않다. 물음2에 대해 1/2라고 답변하고 있으므로 답변을 수정할 필요가 없다.

③ 옳지 않다. 물음2에 대해 1/2라고 답변하고 있으므로 답변을 수정할 필요가 없다.

④ 옳지 않다. 전제1과 전제2는 물음1과 무관하기 때문에 두 전제가 주어졌다고 하더라도 물음1의 답변을 수정할 필요가 없다.

07 종합 답 ④

[난도] 중

[풀이시간] 3분 15초

[정답해설]

④ 옳다. 글 초반에는 유럽인이 브라질의 교역품인 브라질우드를 유럽으로 실어 보내기 위해 어떠한 노력을 하였는지를 설명하고 있다. 하지만 브라질우드를 파는 것이 비용적으로 이득이 되지 않자 글 후반에는 설탕 플랜테이션으로 눈을 돌렸고, 이로 인해 브라질우드가 하찮은 교역품으로 밀려나게 되었다고 서술하고 있다. 따라서 브라질우드가 브라질의 주요 교역품 지위에서 사라지게 된 내막이 중심 내용이 된다.

[오답해설]

① 옳지 않다. 투피족의 노동형태의 변화에 관한 내용은 윗글에서 찾아볼 수 없다.

② 옳지 않다. 이는 5문단에 국한되어 있는 선지로 중심내용으로 적절하지 못하다.

③ 옳지 않다. 브라질 원주민들이 유럽인의 생활 습관을 따라간 내용은 윗글에서 찾아볼 수 없다.

⑤ 옳지 않다. 첫 번째 문단에만 국한되어 있는 선지로 중심내용으로 적절하지 못하다.

08 종합 답 ④

[난도] 중

[풀이시간] 3분 15초

[정답해설]

ㄴ. 옳다. 3문단에서 알 수 있다. 유럽인들 일부가 원주민화 되어 원주민 사회 속으로 파고들었다.

ㄷ. 옳다. 4문단에서 알 수 있다. 유럽의 상인들은 호전적인 투피족 사람들이 육박전을 벌일 때 도움이 될 것들을 선물하였다. 포르투갈인들은 몇몇 마을을 골라 동맹을 맺고 무기를 제공하였고 프랑스인들은 그러한 마을들의 위협을 내세워 상대편 마을과 동맹을 맺어 갈등을 부추겼다.

ㅁ. 옳다. 5문단에서 알 수 있다. 포르투갈인들은 원주민을 노예로 만들었다.

[오답해설]

ㄱ. 옳지 않다. 투피족이 유럽으로 이주한 것은 나타나있지 않다.

ㄹ. 옳지 않다. 원주민 마을 간의 군사 동맹을 유도한 것이 아니라 원주민 마을과 유럽인들이 동맹을 맺었다.

LEVEL Ⅲ   상급

01	02	03	04	05	06			
③	⑤	①	②	②	④			

01 종합   답 ③

난도 상

풀이시간 4분 15초

정답해설

ㄱ. 옳다. 2문단에서 알 수 있다. 두 명제 p와 q가 동시에 참인 세계를 상상할 수 있다면 이는 논리적으로 일관적이라는 것이며 논리적 일관성이란 모두가 참이라고 해도 모순이 생기지 않는다는 뜻이다.

ㄷ. 옳다. 집합 K가 명제 p를 논리적으로 함축한다는 것은 집합 K가 참이면 명제 p도 참이라는 것이다. 따라서 집합 K와 명제 p가 모두 참인 상황이 가능하므로 K와 p는 논리적으로 일관적이다.

오답해설

ㄴ. 옳지 않다. 명제 p가 명제 q를 논리적으로 함축한다는 것은 p가 참인 경우에 q도 반드시 참이 된다는 것이다. 두 명제 p와 q가 모순되지 않는다고 하여 둘 중 하나가 참일 때 나머지 하나가 반드시 참이라고 할 수는 없다.

02 종합   답 ⑤

난도 상

풀이시간 4분 15초

정답해설

⑤ 옳다. 대다수의 사람이 참이라고 믿는 명제가 (가)와 (나)만 있을 경우, Y는 두 명제가 함축하는 명제만을 참이라고 받아들인다. 이 경우 (가)와 (나), 그리고 두 명제가 함축하는 명제 모두가 동시에 참인 세계를 상상할 수 있다. 따라서 X 역시 두 명제가 함축하는 명제를 참으로 받아들일 것이다.

오답해설

① 옳지 않다. X는 정합성의 개념을 논리적 일관성으로 설명하고 있으므로 대다수의 사람이 참이라고 믿는 명제로부터 논리적으로 함축되지 않는 명제라고 하더라도 반드시 거짓이라고 하지는 않을 것이다.

② 옳지 않다. Y는 정합성의 개념을 논리적 함축으로 설명하고 있으므로 대다수의 사람이 참이라고 믿는 명제로부터 논리적으로 함축되는 명제라면 반드시 참이라고 할 것이다.

③ 옳지 않다. 마지막 문단에서 알 수 있듯 각각의 입장은 모두 한계를 가지고 있으므로 어떤 입장이 우월하다고 할 수 없다.

④ 옳지 않다. X와 Y는 모두 진리 정합론자로, 진리 정합론은 '어떤 명제가 참이라는 것은 그 명제가 대다수의 사람이 참이라고 믿는 명제와 정합적'이라고 주장하고 있다. 따라서 X와 Y 모두 대다수의 사람이 참이라고 믿는 명제를 필요로 한다.

03 종합   답 ①

난도 상

풀이시간 5분

정답해설

니코드 조건만을 받아들인 상태에서 각 가설과 사례 간의 관계를 표로 정리하면 다음과 같다. (표1)

	H1	H2
a	입증	무관
b	반증	반증
c	무관	무관
d	무관	입증

	H1	H2
a	입증	입증
b	반증	반증
c	무관	무관
d	입증	입증

동치조건을 추가적으로 받아들인 상태에서 각 가설과 사례 간의 관계를 표로 정리하면 다음과 같다. (표2)

	H1	H2	H3
a	입증	입증	입증
b	반증	반증	반증
c	입증	입증	입증
d	입증	입증	입증

이후 H3에 대하여도 니코드 조건과 동치조건을 적용시킨다면 각 가설과 사례 간의 관계는 다음과 같다. (표3)

① 옳지 않다. 표3에서 보듯 c는 H2의 입증사례가 된다.

오답해설

② 옳다. 표2에서 보듯 a와 d는 모두 H2의 입증사례가 된다.

③ 옳다. 두 조건을 모두 받아들인다고 하더라도 H1과 H2가 동치가 아니라면 표1을 통해 판단하여야한다. 표1에 따를 때 a는 H1의 입증사례이지만 H2와는 무관한 사례가 된다.

④ 옳다. 표3에서 보듯 모든 사례는 H1의 입증사례이거나 반증사례이다.

⑤ 옳다. 두 조건을 모두 받아들인다고 하더라도 H1과 H2는 동치이지만 이들이 H3와 동치가 아니라면, 표2를 통해 판단하여야 한다. 표2에 따를 때, c는 H1과 무관한 사례이다.

04 종합   답 ②

난도 상

풀이시간 5분

정답해설

② 옳지 않다. 검지 않은 까마귀는 '동치 조건'이 성립하지 않는다고 하더라도 H1, H2, H3의 반증사례가 된다. 따라서 이는 까마귀의 역설과는 무관하다.

오답해설

① 옳다. 첫 번째 문단에서는 입증이 만족시켜야할 조건으로 '니코드 조건'만을 들고 있다. 만약 '니코드 조건' 외에 추가적으로 충족시켜야하는 조건이 있다면 까마귀의 역설은 해소될 수 있다.

③ 옳다. '동치 조건'이 타당하지 않다고 밝혀질 경우 까마귀의 역설은 해소될 수 있다.

④ 옳다. 논리적인 동치만을 요구하는 '동치 조건'에 내용적 일치라는 추가적인 요건이 필요함을 밝힌다면 까마귀의 역설은 해소될 수 있다.

⑤ 옳다. '동치 조건'이 타당하지 않다고 밝혀질 경우 까마귀의 역설은 해소될 수 있다.

> **합격생 가이드**
>
> 까마귀의 역설은 '니코드 조건'과 '동치 조건'을 동시에 받아들일 때 발생하는 역설이다. 따라서 '니코드 조건'이나 '동치 조건' 둘 중 하나라도 받아들이지 않는다면 까마귀의 역설은 해소될 수 있다. ①번 선지는 글에서 정의한 '니코드 조건'을 그대로 받아들일 수 없다는 취지의 선지이며, ③, ④, ⑤번 선지는 '동치 조건'을 그대로 받아들일 수 없다는 취지의 선지이다.

05 종합   답 ②

난도 상

풀이시간 5분

정답해설

② 옳지 않다. B는 안드로메다 성운 이외에도 우리 은하와 모양이 같은 성운들이 더 있다는 사실을 받아들이고 있기 때문에 B의 주장은 약화되지 않는다.

오답해설

① 옳다. A가 옳다면 우리 은하는 유일한 은하가 되며, B가 옳다면 우리 은하와 독립된 은하들이 존재하게 된다.

③ 옳다. B는 성운들이 특정 지역에서 관측되지 않는다고 해서 그 지역에 실제로 성운들이 존재하지 않는 것은 아니라고 주장하고 있다. 따라서 금지 구역에는 성운이 관측되지 않을 뿐, 실제로는 성운이 존재한다면 B의 주장은 강화된다.

④ 옳다. A는 금지 구역이 생긴 원인을 우리 은하의 독특한 구조에서 찾고 있다. 하지만 B는 금지 구역은 멀리 있는 다른 성운들의 빛이 지구에 잘 전달되지 않아서 생긴 것으로 보아 A의 주장을 반박하고 있다.

⑤ 옳다. A는 안드로메다 성운에서 가장 어두운 별의 밝기는 안드로메다 성운의 전체 밝기의 대략 1000분의 1이며, 이를 근거로 안드로메다 성운은 최대 1000개 정도의 별들로 이루어졌을 것이라 추측하고 있다. 하지만 만약 가장 어두운 별의 밝기가 100만 분의 1이라면 안드로메다 성운은 최대 100만 개 정도의 별들로 이루어졌을 것이기 때문에 A의 주장은 약화된다.

06 종합   답 ④

난도 상

풀이시간 5분

정답해설

④ 옳다. 우리 은하와 모양이 같은 성운에 있는 변광성의 밝기를 측정하여 변광 주기를 연구한 결과, 우리 은하와 모양이 같은 성운에 있는 변광성의 변광 주기와 우리 은하에 있는 변광성의 변광 주기가 같을 경우 이로부터 지구로부터 우리 은하와 모양이 같은 성운까지의 거리를 알 수 있을 것이다. 이 거리를 통해 얻은 그 성운의 실제 크기가 우리 은하의 크기와 비슷하다면 그 성운은 또 다른 운하로 볼 수 있게 된다. 따라서 A와 B 중 누가 옳은지 판단할 수 있게 되므로 적절한 연구과제이다.

오답해설

① 옳지 않다. 우주 내에서 관측되는 신성이 변광성인지는 A와 B의 논쟁과 관련이 없어 연구과제로 적절하지 않다.

② 옳지 않다. 금지 구역 내에 있는 변광성의 밝기와 변광 주기를 안다고 하여 우리 은하가 유일한지를 알 수 있는 것은 아니다. 따라서 연구과제로 적절하지 않다.

③ 옳지 않다. 변광성을 통해 지구에서 성운까지의 거리를 아는 것이 중요한 쟁점이지, 변광성 자체에 대해 연구하는 것이 중요한 것은 아니다. 따라서 연구과제로 적절하지 않다.

⑤ 옳지 않다. 레어비트가 발견한 비례관계 덕분에 지구에서 성운까지의 거리와 성운의 실제 크기를 통해 A와 B 중 누가 옳은지를 판단할 수 있게 되었다. 만약 다른 성운을 연구한 결과 레어비트의 발견이 틀린 것으로 결론지어진다면 A와 B 중 누가 옳은지를 판단할 수 없게 된다. 따라서 둘 중 누가 옳은지 판단하는 데 도움이 되는 연구과제로는 적절하지 않다.

MEMO

MEMO

좋은 책을 만드는 길
독자님과 함께하겠습니다.

도서나 동영상에 궁금한 점, 아쉬운 점, 만족스러운 점이
있으시다면 어떤 의견이라도 말씀해 주세요.
SD에듀는 독자님의 의견을 모아 더 좋은 책으로 보답하겠습니다.

www.sdedu.co.kr

2023 행시 최종합격생 7인의 5급 PSAT 유형별 기출공략 〈언어논리〉

개정2판1쇄 발행	2022년 06월 02일 (인쇄 2022년 04월 15일)
초 판 발 행	2020년 11월 05일 (인쇄 2020년 09월 07일)
발 행 인	박영일
책 임 편 집	이해욱
편 저	행시 최종합격생 7인
편 집 진 행	송재병 · 정유진
표지디자인	박종우
편집디자인	채경신 · 박서희
발 행 처	(주)시대고시기획
출 판 등 록	제 10-1521호
주 소	서울시 마포구 큰우물로 75 [도화동 538 성지 B/D] 9F
전 화	1600-3600
팩 스	02-701-8823
홈 페 이 지	www.sdedu.co.kr
I S B N	979-11-383-2300-0 (13350)
정 가	18,000원